KB273079

IMPAC

종족과도시선교저널

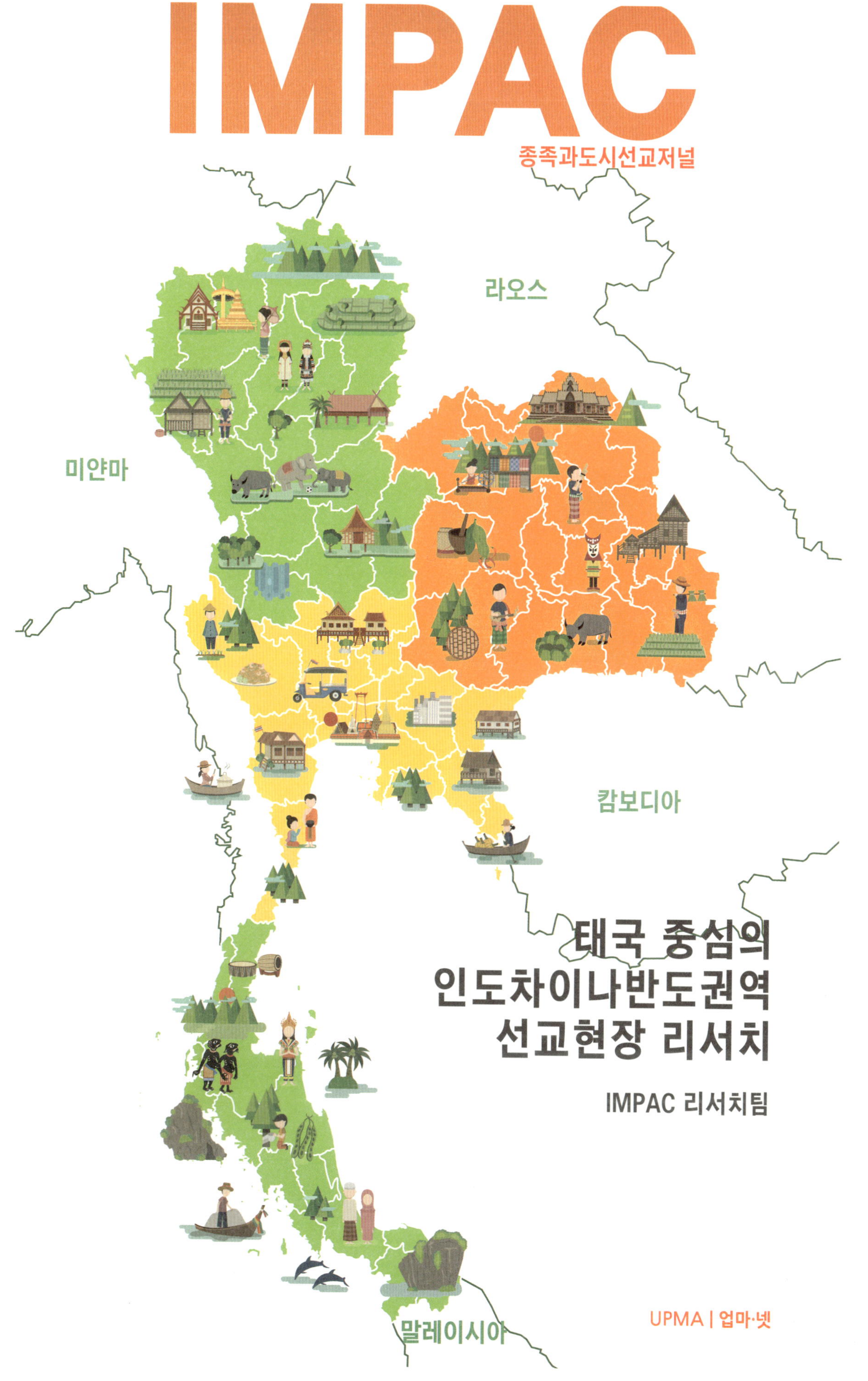

태국 중심의
인도차이나반도권역
선교현장 리서치

IMPAC 리서치팀

UPMA | 업마·넷

태국 중심의
인도차니반도권역
선교현장 리서치

초판 발행　2021년 5월 20일

지 은 이　IMPAC(종족과도시선교연구소) 리서치팀
발　　행　UPMA | 업마·넷
발 행 인　정 보 애
편 집 인　강호세아
디 자 인　장 영 순
주　　소　서울시 영등포구 버드나루로 51 조광빌딩 301호
전　　화　02) 815-4052~4
팩　　스　02) 815-4056
홈페이지　www.upma21.com
전자우편　upma21@gmail.com
ISBN　　979-11-952933-5-3

IMPAC | 종족과도시선교연구소
Institute for Mission to People And City

(본서를 발행한) 종족과도시선교연구소(IMPAC)는 UPMA의 '도시와 사람들(City & People)' 전략관점에 기초한 관문/거점 도시와 미전도종족 선교전략개발 사역을 위해 설립된 현장중심의 전문 연구기관입니다.

업마·넷

업마 · 넷은 UPMA(미전도종족선교연대)가 한국선교를 섬기기 위해 연구개발한 자료들을 출판하는 공식지정기관입니다. 본서를 포함한 업마 · 넷의 모든 출판물들은 저작권법에 의해 보호받는 UPMA 또는 저작권자의 고유한 지적재산이므로 승인 없이 어떠한 형태로든지 일부 또는 전부를 무단 복제하거나 다른 매체에 기록하는 등의 임의적 사용을 할 수 없습니다.

UPMA 태국 중심의 인도차이나반도권역 선교현장 리서치

UPMA | 업마·넷

Contents

I. 태국 개관

CAS 디스커버리

이슈 인사이드

도시와 사람들

엄마가 만난 사람

Contents

태국 중심의 인도차이나반도 선교현장 리서치

출처: unsplash.com

2016년 12월부터 시작된 UPMA의 '태국 중심의 인도차이나반도 선교현장 리서치 프로젝트(이하 태인차)' 사역. 태국을 중심으로 하여 주변 인도차이나 국가들의 동서남북 국경을 넘나들며, 한국을 기착과 종착지로 왕복하면서 각 현장으로 들어간 횟수는 총 7번이었다. 또한 직접 참여관찰하면서 리서치 했던 현지의 도시와 지역은 모두 49곳이고, 본 사역에 소요한 기간은 총 3년 2개월이다.

단행본의 서문을 쓰기 위해 관련 자료들을 살펴보는 동안 코로나로 인한 안타까움까지 더해져 타문화 현장과 그곳에서 만난 사람들이 더 그리워진다. 한 장 한 장 현장의 사진들과 그동안 게재했던 글들을 보면서 인도차이나에 대한 상념으로 가슴이 벅차온다. 처음 도보로 태국과 미얀마의 국경 지역을 넘어갈 때의 에피소드, 버스와 자동차, 뚝뚝으로 통과했던 태국과 라오스 국경 지역의 풍경들, 태국 동북부 우본 라차타니를 기점으로 비행기로 다녀온 캄보디아 여정 등. 21세기 인도차이나에는 여러 모양의 다양한 사람들이 함께 어우러져 살아가고 있었는데, 그 실제 속으로 들어가 인도차이나의 얼굴, 인도차이나의 생각을 직접 경험하는 귀한 시간들이었다.

태인차에는 함께 한 사람들이 있었다. 바로 우리 UPMA 동료 선교사들이다.

채형림, 장영순, 강호세아 선교사 등 세 명의 동역자들이 필자(정보애)와 함께 현장 리서치 팀 사역을 했다. 여성 3명, 남성 1명으로 구성된 4명의 리서치 선교사들은 숙소 찾기, 운전하기, 현장에서의 의식주 해결하기 등 매일의 삶 속에서 현장이 주는 긴장감과 설렘, 기쁨과 실망도 동시적으로 겪어야 했다. 매번 느끼는 거지만, 연구와 정보제공 사역이 결코 낭만적이거나 고상하지 않다는 것은 이번에도 여실히 확인할 수 있었다.

사역자들은 사진 찍기, 사진 정리하기, 현장에서 만난 사람들을 인터뷰하기 위해 질문 목록 구성하기, 녹음하기, 녹취록을 글로 재작성하는 작업, 현장에서 발견된 중요한 이슈들을 중심으로 주제로 설정하여 관련 자료들을 찾고, 읽으며 원고 작성하기, 계속되는 전략회의와 기도모임, 편집 디자인작업, 교정작업, 완성본을 SNS에 올리고 이메일 발송하기 등 외적으로 보이는 사역 이면에 길고, 지리한 보이지 않는 수고를 해야만 했다. 특별히 태인차 여정은 많이 걷거나 혹은 차로 계속해서 도시를 이동하면서 진행되었기에 카메라와 노트북의 무게로 손목, 목과 어깨, 다리와 허리 통증 등 온 몸이 아픈 사역자들은 저녁회의 때마다 태국의 유명한 호랑이 연고를 바르면서 사역을 강행했기에 그 향기가 가득한 매일의 연속이었다.

국내로 돌아와서도 UPMA 사역자들의 땀과 노력은 계속되었다. 현장에서 리서치한 결과물을 정기적으로 1년에 분기별로 4회, 혹은 2개월마다 웹저널 형태로 선교회 홈페이지와 SNS를 통해 발행했다. CAS 6호를 시작으로 CAS 21호까지 한국교회와 선교단체에 인도차이나 특집으로 정보를 제공해왔다. 매호의 CAS 내용은 현장의 이슈와 발견된 사항, 도시와 사람들 관점에서의 현장이야기, 현장리서치를 통해서 발견된 구체적인 기도제목 등으로 구분하여 정보를 제공해왔다. 이와 같은 긴 수고의 과정을 거친 그 동안의 CAS 자료가 드디어 금년 2021년 5월에 단행본이라는 결실로 나온 것이기에 대표로서 감회가 남다를 수밖에 없다.

그런데 왜 인도차이나권역, 그 중에서도 태국을 중심으로 주변 국가들을 현장 리서치 했을까?

지난 2018년은 한국의 미전도종족선교가 25년이 되는 뜻 깊은 해로, 이 사역이 선교현장에서 어떻게 진척되어왔는지 파악하는 것이 무척이나 중요한 때였다. 한국교회, 선교단체와 미전도종족선교를 함께 동역해온 단체의 대표로서 현장에서 미전도종족선교의 과거와 현재, 미래에 관한 현지 리서치를 통해 의미 있는 시간을 가지고 싶었기에 기도의 시간과 관련자료 강독을 통

해 인도차이나의 관문(關門) 태국을 선정하였다.

태국은 지리적으로 인도차이나반도 권역의 중앙에 위치하고 있다. 상대적으로 가격이 저렴한 비행기 등 태국은 경제적 접근성 뿐 아니라 태국 내에서의 지역 간 이동성, 교통 인프라, 숙박 시설 등이 다른 인도차이나 국가들에 비해 훨씬 발달되어 있다. 이러한 비교우위는 현지 리서치에 있어서 가장 큰 부담이 되는 재정과 시간 소요를 최소화하면서 태국 북부, 동부, 중부, 남부 등 각 지역별 리서치와 태국에서 다른 인도차이나 국가로 진입하여 리서치하기에 안성맞춤이었다.

태국은 국경을 맞댄 주변 국가들인 미얀마, 라오스, 캄보디아, 말레이시아 등에 직간접적으로 영향을 미치는 관문국가(Gateway Country)였기 때문이다. 특별히 관광국가의 노하우로 인해 외국인들이 태국 국경을 통해 주변 인도차이나로 갈 수 있는 서류수속 절차가 비교적 간단한 것도 장점이었다.

뿐만 아니라 인도차이나 소승불교 권역의 협력선교와 전략개발에도 태국의 역할이 중요하다. 인도차이나 소승불교 권역에 속하는 5개국(베트남, 태국, 미얀마, 캄보디아, 라오스) 가운데, 가장 열린 선교 환경을 가진 곳이 바로 태국이기 때문이다.

태국을 제외한 나머지 다른 국가들은 식민주의 유산과 사회주의 공산주의의 영향으로 선교가 제한적인 국가들이기 때문이다. 또한 현재 약 300만 명 이상의 주변 미얀마, 라오스, 캄보디아, 베트남 이주민들이 태국에 살고 있어서, 태국에서 이들을 선교하여 본국과 연계된 전략적 사역을 전개할 수가 있다. 실제로 태국 내에서 미얀마, 라오스 사람들을 대상으로 선교하는 선교사들의 현장을 방문하기도 했다.

현재 인도차이나권역은 한국 선교사들이 가장 많이 파송되어 있는 지역이다. 예전에는 선교사 파송 규모로 중국이 1위였으나, 계속되는 선교사들의 추방으로 인해, 현재 한국선교사들은 인도차이나권역에서 가장 많이 사역하고 있다. 최대 사역지라는 의미에는 숫자상 규모가 중요한 것이 아니라, 실제 이 시대의 선교적인 변화와 환경적인 기회를 선용하고 있는지, 또한 과제가 무엇이지를 알고 선교 위기 시대에 보다 올바른 방향으로 사역을 하는 것이 더 중요하다는 뜻이 내포되어 있다.

현재 인도차이나 소승불교 권역에서 선교돌파를 위한 최대 과제는 바로 '주류종족(내 사회 각 계층집단), 거점 도시와 사람들' 복음화이다. 태국 타이 족, 라오스 라오룸 족, 미얀마 버마 족, 캄보디아 크메르 족 등은 각 국가에서 60%~75% 이상 차지하는 거대한 미전도종족들이다. 이들이 거주하는 거점 지역을 중심으로 계층별로 다르게 접근하는 노력이 필요하다. 이에 대하여 한국교회가 성경적이고 전략적인 선교적 관점을 가지고 우선 태국과 태국인을 이해하고 나아가 태국을 통해 인도차이나반도 권역의 복음화를 위한 실제적인 협력과 동역, 현지 정보에 입각한 구체적인 기도제목을 가지고 기도하기를 요청한다. 그러한 의미에서 만들어진 태인차 결과물인 본 단행본을 통해 한국교회와 선교단체에 인도차이나반도에 대한 선교적 필요와 방향, 기회와 과제가 더 많이 공유되길 바란다.

정보애선교사(UPMA 대표)

‘태국 중심의 인도차이나반도권역 선교현장 리서치(이하 태인차)’는 UPMA에서 사실상 처음 시도된 본격적인 권역 단위의 장기 프로젝트라고 할 수 있다.[1]

기존의 단회적 현장 방문 사역이 갖는 연속성 있는 지역 리서치가 되지 못하는 한계를 넘어보고자, 개인 모금과 사비를 들여가며 한 걸음 한 걸음을 내딛은 것이 2016년부터 2019년까지 햇수로 4년에 걸친 장기 사역 프로젝트로 진행된 것이다. 수십 일간 현장에서 리서치를 진행하고, 돌아와서는 지역연구를 토대로 선교전략정보를 생산하는 반복된 과정이었다.

본 편집인은 이 프로젝트의 3번째 사역부터 참여하였으며, 5번째 사역부터 현장 리서치 코디네이터와 본 책의 오리지널 판인 UPMA의 웹저널 CAS 기획편집 책임을 맡으면서 본 책의 출판에까지 이르게 되어 감회가 새롭다.

본 태인차 프로젝트에 대해 거창하게 소개했지만, 사실 아쉬움과 부족함이 더 컸

음을 부정할 수 없다. 무엇보다 인도차이나반도권역 전체를 충분히 다 다루지 못한 점이다. 인도차이나반도권역은 태국, 미얀마, 라오스, 캄보디아, 베트남, 스리랑카까지 총 6개 국가가 포함되어 있다. 그래서 각 국을 충분히 경험하며 연구해야 하나, 그렇게 할 때 우선 프로젝트 기간이 상당히 늘어나 그에 따른 필요 경비는 기하급수적으로 늘어날 것이기 때문에 제한된 후원에 의존하는 본 단체가 감당할 수 없다고 판단했다.

또한 본 선교회의 현장 리서치의 의의는 현장성 못지않게 시의성 즉, 최신화된 현장의 정보와 상황을 한국교회와 선교계에 알리는데 있기 때문에 리서치 기간이 과도하게 늘어날 경우 바로 그 시의성을 담보할 수 없다고 보았기 때문에 연구 범위를 한정해야 할 필요가 있었다.

그래서 리서치 과정에서 확인한 인도차이나반도권역의 관문 및 거점국가로서의 태국의 중요성과 태국을 중심으로 한 인접 국가들의 상관관계, 각 지역 및 권역 전체의 선교적 기회 등을 중심으로 연구계획을 구체화하여 진행하였다. 그러다보니 미얀

---

(1) UPMA는 우선 복음화 지역으로 선정된 미전도종족 및 전방개척 12개 권역에 선교역량을 집중할 수 있도록 전략정보연구네트워크 사역을 진행해오고 있고, 인도차이나반도권역 역시 그 중 하나이다.

마와 캄보디아 내륙지역, 인도차이나반도 다른 국가들과 역사, 종교적 이질성을 갖는 베트남과 지리적으로 아예 동떨어져 있는 스리랑카를 다루지 못한 것은 본 연구의 한 계이자 가장 큰 아쉬움이라 할 수 있다.

그럼에도 인도차이나반도권역에 대해 태국을 중심으로, 한국교회에 잘 알려지지 않은 지역 정보와 이슈, 선교전략적 기회들을 다룰 수 있었던 것은 보람된 일이었다. 현장의 많은 상황들이 본 연구팀들에게도 생소하거나 정확하게 알지 못하고 있던 것들이 많았고, 방콕 한 번 다녀오고 태국 선교를 다 아는 듯 논하는 격의 선교지에 대한 무지와 교만함을 발견하면서 또 한 번 겸손하게 배움의 자세로 임해야 할 필요를 확인하는 시간들이었다.

이러한 한계들에도 불구하고, 본 책은 무려 600페이지에 달하는 방대한 분량으로 세상에 나오게 되었다. 그 탓에 현장에서 찍어온 수많은 사진자료들을 충분히 다 싣지 못함도 아쉬움이다.[2]

이러한 본 책의 구성은 우선 크게는 태국을 중부, 북부, 동북부, 남부 등 4개 지역으로 나눈다. 중부는 방콕(Bangkok)을 중심으로 이미 많이 알려져 있고 상대적으로 선교역량이 집중된 지역이기 때문에 개관으로 간략히 다루고, 나머지 3개 지역을 중심으로 인접 국가 또는 같은 태국 내 지역이라도 문화적으로 이질적인 지역을 함께 묶는 방식으로 챕터를 구분하였다.

또한 각 지역별 챕터의 세부 항목으로 UPMA 웹저널 CAS의 오리지널 분류에 따라 'Issue Inside', 'CAS Discovery', '도시와 사람들', '엄마가 만난 사람' 등을 살려 구성하였다. 여기에 더하여 CAS의 주요 카테고리인 '인도차이나반도권역을 위한 기도'를 별도의 기도책자로 발간하여 인도차이나반도권역 선교에 관심을 가지고 기도할 여러 사역자, 성도들의 동역을 돕고자 하였다.[3]

그래서 본 책의 효과적인 활용을 위한 제언을 하자면, 해당 지역에 대한 전략정보를 원하는 현장 후보 선교사 및 파송 교회 선교 담당자들은 본 책의 지역별 챕터에 따라 도움을 얻고, 보다 상세한 정보나 현장 선교사와의 연결은 본 선교회를 통해 도움을 받을 수 있으며, 보다 실천적인 중보기도 동역을 원하는 성도들은 먼저 기도책

---

(2) 본 책의 오리지널 판인 UPMA의 웹저널 CAS(www.upma21.com)에서는 보다 많은 현장의 모습을 볼 수 있다.

(3) 각 카테고리의 취지는 다음과 같다.
- Issue Inside : 해당 지역의 지금 이슈가 되는 사안에 대한 시의적인 이해와 분석 연구
- CAS Discovery : 해당 지역에 대한 객관적 이해와 전략 도출을 위한 역사, 현황 등의 연구
- 도시와 사람들 : 본 선교회의 연구관점으로서의 '도시와 사람들'에 대한 현장 스케치
- 엄마가 만난 사람 : 해당 지역 선교사역을 대표할 수 있는 사역자에 대한 인터뷰
- 인도차이나반도권역을 위한 기도 : 해당 지역의 선교전략정보를 토대로 엮은 기도동원 자료

자를 통해 기도하면서 연결된 본 책의 해당
내용을 통해 보다 구체적인 정보를 얻으면
유용하게 본 책을 활용할 수 있을 것이다.

　본 책은 단지 연구보고 목적이 아니
라, 인도차이나반도권역을 태국 중심으로
이해하고, 현재 선교적 이슈를 전략정보 형
태로 함께 공유하여 선교적 관심과 동역을
동원하는 목적으로 한 것이다. 그렇기 때문
에 모든 연구 주제는 선교적 가치 관점에서
선택되고 다루어졌기 때문에 일반 지역연
구나 사회학적 연구와는 차별화됨을 밝힌
다.

　끝으로 본 책이 나오기까지 헌신적으
로 사역에 참여한 모든 UPMA 동역자들과
특히 현재 본 선교회에서 함께 하지 못하지
만 모든 현장 리서치 사역을 중심적으로 수
행한 채형림 선교사께 깊은 감사의 말씀을
전하며, 이 모든 사역의 처음과 끝을 인도
해주신 하나님께 영광과 감사를 올려드린
다. 이상의 자료들은 계속해서 YOUTUBE
채널을 통해서 업로드 될 예정이며, 모든
수고가 많은 선교현장과 교회, 성도들에게
작지만 큰 도움이 되기를 소망한다.

2021년 5월 편집인

미얀마
바간
만달레이
네피도
양곤
하노이
루앙프라방
치앙마이
비엔티안
수코타이
라오스
후에
다낭
태국
베트남
아유타야
방콕
바탐방
캄보디아
프놈펜
호치민
아누라다푸라
캔디
콜롬보
스리랑카
전방개척 12권역
중앙아시아
투르크
북국반점
페르시아
중국내지
북아프리카
게반도
아라비아반도
서남아무슬림
힌두권+서남아무슬림
중복지역
힌두권
인도차이나
동남아무슬림
전체종족수 : 17,461 / 미전도종족수 : 7,432 / 비율 : 42.6%
출처: www.joshuaproject.net, 2021.4

'Web JOURNAL CAS(카스)'는

현장 리서치를 기반으로 UPMA(미전도종족선교연대)가 발행하는 웹 **선교전략정보 저널**입니다.
알려지지 않은 생생한 **선교현장의 정보**와 오늘날 현장의 **시급한 선교전략적 필요**를 나누고자 합니다.
UPMA는 CAS를 통해 변화하는 시대의 **선교전략정보네트워크(SIReN)** 플랫폼을 지향합니다.

City & people(도시와 종족)

사도 바울은 도시선교, 특히 관문도시 선교의 선구자라 할 수 있다. 그는 빌립보, 에베소, 고린도와 같은 당시 관문거점도시에서 각 도시의 특성을 파악하여 도시 중심의 선교전략을 펼쳤다. 예나 지금이나 도시는 선교적으로 중요하다. 2000년을 전후로 급속하게 진행된 전 세계적 도시화는 국경을 초월한 전 방위적 이촌향도의 '이주현상'과 그로 인한 새로운 변화를 야기했다. 세계 주요 국가에서 인구 100만 이상의 메가시티들이 출현하고, 사람과 문화, 물자가 집중되는 국가나 지역의 거점도시, 관문도시, 국경도시로서의 복합적인 기능을 하면서 그 어느 시대보다 도시의 영향력이 강력해졌다.

특히 이러한 세계적 도시화와 이주현상은 그동안 접근이 어려웠던 원 거주지의 미전도종족들을 개방된 도시에서 쉽게 접할 수 있게 만들어 선교 판도의 변화를 가져왔다. 이는 곧 선교적 기회이자 시대적 책무로서 우리에게 주어진 것이다. 그러므로 오늘날 선교 현장으로서의 도시(City)와 그곳에 사는 사람들(people)을 바르게 이해하고 우선선교 대상으로 주목해야 할 선교전략적 이유가 충분하다.

Area(미전도 전방개척권역)

전 세계 인구의 42%인 '미전도종족'의 복음화는 '모든 민족을 제자 삼으라.'라는 예수님의 지상명령 완수를 위한 시대적 과업이다. 이 '남은 과업' 완수를 위해 지정학적 경계를 넘어 종족–언어학적, 종교–문화적 경계를 고려하여 최우선적으로 집중해야 할 12+α 전방개척권역을 구분하고, 이를 우선 선교지역으로 지정하여 중복을 피하고 효과적인 연합 선교가 수행될 수 있도록 전략화 한다.

Specialization(사역 영역 전문화)

우선 선교대상인 '도시와 사람들', 우선 선교지역인 '전방개척권역'이라는 선교전략적 타겟을 설정하였다면, 이제 우리는 선교현장에서 실효적 사역이 가능한 모든 영역을 전문화하여 미전도종족 복음화를 위해 가용한 모든 자원을 동원하고 총력을 기울여야 한다. 여기에는 교회개척, 제자훈련, 성경공부, 신학교 전통적 사역뿐만 아니라 인간 의식주를 포괄하는 비즈니스(BAM), 의료, 환경, 문화, 스포츠 등 복음 전도를 위해 접촉가능한 생소한 모든 분야를 포함한다. 이러한 사역 영역의 전문화는 동일 종족, 동일 지역 내에서 동일한 목표를 가진 선교사간의 전략적 분담(assignment)과 협업(Collaboration)이 가능하여 전략적 효율을 이룰 수 있고, 선교현장에서의 선교사 간의 마찰을 기술적으로 다룰 수 있는 대안을 제시할 수 있다.

I. 태국 개관

태국 미전도종족 리스트

정리 | 황 혜진

출처: unsplash.com

출처: www.joshuaproject.net

인구(명)	주요 종교	복음주의(%)	미전도 종족 전체 종족	주요 미전도종족
69,585,000	소승불교(88.7%)	0.65	77 / 113	타이족, 북부 크메르족, 빠따니 말레이족, 다라잉 몬족, 푸 타이족, 코랏족

종족	태국내 인구(명)	언어	종교	복음주의 (%)	주요 거주지
타이족	22,600,000	타이어	불교	0.27	중부(방콕 중심)
이산 타이족	18,458,000	동북 타이어	불교	0.27	동북부(코랏 고원 중심)
북부 타이족	7,561,000	북부 타이어	불교	0.27	북부(치망마이, 치앙라이, 람팡, 수코타니 등)
남부 타이족	5,199,000	남부 타이어	불교	0.25	남부(수라타니, 나콘시탐마랏, 쏭클라, 푸켓 등)
빠따니 말레이족	1,527,000	빠따니 말레이어	이슬람	0.01	남부(쏭클라, 빠따니, 얄라 등)

북부 크메르족	1,458,000	북부 크메르어	불교	1.33	동북부(수린, 부리람, 시사껫, 우본라차타니 등)
타이 이슬람	1,328,000	남부 타이어	이슬람	0.00	중부(방콕 중심)
푸 타이족	491,,000	푸 타이어	불교	0.10	동북부(칼라신, 묵다한, 나콘파놈, 우돈타니 등)
쿠이족	421,000	쿠이어	불교	0.41	동북부(수린, 부리람, 시사껫, 우본라차타니)
라오 푸안족	209,000	푸안어	불교	0.10	중부, 동북부(우돈타니, 롭부리, 수코타이 등)
버마	207,000	버마어	불교	0.10	북부(매홍손, 치망마이, 딱 등)
베트남인	122,000	베트남어	불교	1.80	중부(방콕 중심)
몬족	120,000	몬어	민속 종교	0.03	중부(칸차나부리, 나콘파톰, 파툼타니, 랏차부리 등)
타이만 샨족	99,000	샨어	불교	0.36	북부(매홍손, 치앙마이, 치앙라이 등)
타이 루족	31,000	루어	불교	0.10	북부(치앙라이 중심)
타이 후이족	89,000	만다린어	이슬람	0.00	북부(치앙마이 중심)
북부 푸 카렌	84,000	북부 푸 카렌어	민속 종교	2.00	북부(치앙마이, 람푼, 매홍손 등)
냐우족	9,100	냐우어	불교	0.00	동북부(사콘나콘, 나콘파놈, 우돈타니 등)
한족, 하카	79,000	하카어	불교	2.00	중부, 북부, 동북부(방콕, 치앙마이, 나콘 라차시마, 우돈타니 등)
소족	7,300	소어	불교	0.50	동북부(칼라신, 나콘파놈, 농카이, 사콘나콘 등)
신할리족	72,000	신할리어	불교	1.00	중부(방콕 중심)
일본인	71,000	일본어	불교	0.30	중부(방콕 중심)
크메르족	65,000	크메르어	불교	1.60	중부(사케오 중심)
펀자브인	62,000	펀자브어	시크교	0.00	중부(방콕 중심)
라오족	60,000	라오어	불교	2.00	중부(방콕 중심)
아카족	59,000	아카어	기독교	2.00	북부(치망마이, 치앙라이, 매홍손)
라오 크랑족	58,000		불교	0.00	중부(수판부리, 우타이타이 등)
라오 Wieng	57,000		불교	0.60	중부, 동북부(나콘나욕, 우돈타니 등)
코랏족	11,000	타이어	불교	0.40	중부(나콘 라차시마 중심)
라오 느가우족	35,000	타이어	불교	0.00	중부, 동북부(롭부리, 나콘사완, 싸라부리, 펫차분, 농카이 등)
룸족	29,000		불교	0.00	동북부(르이, 펫차분, 농카이 등)

2018년 태국 북부, 중부, 동북부, 남부지역과 사람들

글 | 정 보애(SIReNer)

태국은 동남아, 인도차이나 반도 중앙에 위치하고 있어 '게이트웨이 국가(Gateway Country)'로 불린다. 인구는 대한민국보다 많은 69,950,844명(2021년 현재)[1]이다. 여기서는 그러한 동남아, 인도차이나권역의 선교 게이트웨이 국가로서의 태국과 태국인들에 대해 한국교회가 좀 더 이해하도록 돕는데 그 초점이 있다.

태국은 역사, 문화, 사회, 경제적으로 북부, 중부, 동북부, 남부 등 4개 지역으로 구분이 된다. 이러한 구분은 태국 내부적으로나 외부 태국 연구학자들 사이에서도 대체로 일치한다.

(1) 출처: 통계청(https://ko.zhujiworld.com/th)

태국 중부지역과 사람들: 방콕과 타이 족

먼저 현재 태국의 주류 방콕정부가 속해 있는 중부지역을 살펴보자. 태국 중부지역에 살고 있는 사람들을 '시암인'이라고 부르기도 한다. 이 명칭은 역사적으로 타일랜드 이전 국명이 '시암(Siam), 사이암'이었던 것에서 기인한 것이기도 하지만, 지금은 수도 방콕 중심의 중부 지역에 사는 타이 족 사람들을 다른 지역 사람들과 구분하는 관행적 표현으로 더 많이 사용된다. 태국을 연구하는 학자들은 특히 지역 갈등이나 종족 갈등을 다룰 때, 이 용어를 사용하기도 한다. 사실 방콕과 그 위성도시에서부터 동북부 이산지역으로 들어가는 관문인 나콘 랏차시마[Nakhon Ratchasima 또는 코랏(Khorat)]에 이르는 태국 중부 지역은 다른 지역보다 더 발전되어 있다. '방콕 공화국'이라는 말이 있을 정도로 경제, 교육, 문화, 행정 등 거의 전 부문의 개발이 중부 지역에 집중되어 있다. 방콕 정부는 이 지역을 타이 족 중심의 태국 국가 정체성 확립을 위한 거점이자 통치의 핵심 지대로 활용하고 있다.

태국 북부지역과 사람들
: 고산족과 중국인, 그리고 미얀마 이주민

태국의 북부지역은 고산족을 빼놓고 이야기하기가 어렵다. 북서쪽으로 미얀마와 북쪽으로 중국과 긴 국경을 공유하고 있어서 카렌[Karen, 꺼인(Kayin)] 족, 몽(Hmong) 족, 몽(Hmong) 족, 아카(Akha) 족, 미엔(Mien) 족 등 미얀마와 중국 남부에서 남하 한 고산족들이 많이 살고 있다. 태국 전체 인구에서 차지하는 비율은 얼마 되지 않지만, 태국 고산족들은 자기 종족만의 독특한 문화와 언어를 바탕으로 각 종족 집단 중심의 삶을 영위해오고 있다.

그러나 주요 생계수단이 화전농사인 탓에 상대적으로 경제 수준이 낮아 '미개한 시골뜨기'라는 별명이 있을 정도로 중부 타이 족들이나 같은 북부지역이라도 저지대에 살고 있는 타이 족들은 이들 고산족들을 무시하는 경향이 짙다. 이러한 상황은 복음적인 필요와 열린 수용성을 제공하여 태국 내 상당수 한국 선교사들이 북부 고산족 사역에 직간접적으로 연결되어 있어서 중복사역의 양상이 적지 않게 나타나고 있다.

한편 태국 북부 지역 전체에서 실제적으로 가장 큰 영향력을 발휘하는 것은 중국과 중국계 타이인들이다. 북부 어디를 가든 호텔, 기업, 식당, 상점 등에서 중국어 간판과 1층 로비에 중국인들이 좋아하는 관우(關羽)상(재물 신으로 통하는)을 쉽게 볼 수 있다. 또 중국어를 구사하는 태국 혹은 미얀마 종업원들도 쉽게 만날 수 있다.

21세기 들어 북부 지역의 새로운 변

중국 남부에서 남하하여 태국 북부지역에 정착한 중국인

화는 미얀마인들의 태국으로의 유입이라 할 것이다. 태국과 미얀마는 상당히 긴 국경을 맞대고 있고, 작은 다리 하나만 건너면 될 정도로 가까운 거리를 두고 있다. 그래서 상대적으로 경제가 어려운 미얀마에서 일자리를 찾아 태국으로 유입되는 미얀마 인구가 증가하고 있다.

현재 태국 전역에 공식적으로 약 200여 만 명, 비공식적으로는 최대 약 300여만 명의 미얀마인들이 거주하고 있는 것으로 추산된다. 특히 태국 북부 지역 국경에 있는 매사이(Mae Sai)와 매솟(Mae Sot) 두 도시는 작은 미얀마라 불릴 정도로 대표적인 미얀마인 집중거주지이다. 이 두 도시는 미얀마 이주민 사역을 위한 관문도시로 두 도시의 미얀마교회와 사역자들은 8~9년 전부터 미얀마 본토에 교회를 개척하고 훈련된 사역자들을 파송하기 시작했다. 본 선교회가 북부 지역을 정탐해보니 종교적으로는 태국불교 외에 중국 관세음보살을 모신 중국 불교 사찰, 중국 회(Hui, 回) 족 모스크, 고산부족인 카렌 족, 아카 족, 몽 족, 라후 족 등의 산지부족 교회, 미얀마 이주민들이 세운 미얀마인 교회 등 다양한 사람들의 다양한 종교 활동들이 눈에 띤다.

특히 이 지역에는 '골든 트라이앵글'

동북부 코랏 지역의 야시장

로 유명한 중국, 미얀마, 라오스와의 다중 접경지역이 있다. 태국에서 골든트라이앵 글을 보려면 '치앙샌(Chiang Saen)'과 '치 앙콩(Chiang Khong)' 두 도시로 가야 한 다. 이 두 도시는 선교적으로 중국, 미얀마, 라오스 3국을 통한 사역과 네트워크를 위 해서 매우 중요하다. 한편 란나 왕국의 고 도(古都)인 '치앙마이(Chiang Mai)'와 '치 앙라이(Chiang Rai)'도 역사적 유적이 많 이 남아 있어서 2천 년대 이후 국제 관광 도시로 부상하고 있다.

태국 동북부지역과 사람들
: 이산지역과 라오스세계

다음으로 태국의 동북부로 가보자. 이 지역은 태국 전체의 ⅓의 인구[2]가 거주하 고 있으며, 오랜 기간 태국, 라오스, 캄보디 아 등 주변 민족들의 이동과 혼혈의 과정을 통해 형성되었다. 그 중 특히 라오스 계열 이 가장 많은데, 그 이유는 14세기 란쌍 왕 국을 세운 '파응움(Fa Ngum)' 왕이 나콘 랏차시마를 제외한 코랏 고원(지금의 태국 동북부) 전 지역을 지배하게 되면서, 라오

---

(2) 태국 전체 인구 중 중부 타이인은 36%, 라오계 타이인(Lao-Thai) 은 32%로 근소한 차이를 보인다.

스인들을 이 지역으로 대거 이주시켰기 때문이다. 이러한 태국 동북부 지역의 라오스적 특성은 '이산'이라는 또 다른 이름과 정체성에서 나타난다. 따라서 과거에는 미전도종족집단 분류에서 '이산 족'이라는 하위 종족집단으로 규정되기도 했다. 하지만 태국 중앙 정부의 오랜 시간에 걸친 '태국화' 교육정책으로 현재는 상당히 이중적인 정체성을 가지고 있는 것 같다. 그럼에도 불구하고 여전히 이 지역 사람들은 스스로 자신들의 지역적, 종족적 정체성을 '이산'이라는 용어로 내면화하고 있는 것이 사실이다.

이러한 독특성은 특히 태국을 통한 전방개척 선교의 관점에서 라오스 선교 혹은 태국과 라오스간의 전략적 선교의 중심 역할을 기대하게 한다. 이를 더욱 가능하게 하는 것은 언어이다. 태국어와 라오스어가 약 70% 정도 유사하지만, 이산 지역 사람들이 주로 사용하는 소위 '이산어'는 라오스어와 거의 90% 이상 유사성을 가지고 있기 때문이다. 이와 같은 역사적, 종족적, 언어적인 특성이 이산 지역을 넓은 의미에서 '라오 세계'에 속한다고 보는 이유일 것이다. 이러한 밀접한 연관성 때문에 라오스에 접한 국경도시 '농카이(Nong Khai)'와 비교적 근거리에 있는 거점 도시인 '우돈타니(Udon Thani)' 등이 대(對) 라오스 전략 도시로서 부상하고 있다.

마침 지난 이산 지역 리서치 여행 중 한 도시에서 라오스 신학생 훈련이 진행되고 있는 것을 볼 수 있었다. 또 라오스 수도 비엔티안에 거주하는 한국 선교사들이나 심지어 라오스인들도 국경도시 농카이를 수시로 드나들면서 라오스에 없는 생필품도 구매하고, 병원 치료도 받는 등 사실상 태국 이산 생활권 안에 살아가는 것을 보면서 이산 지역을 통한 라오스 선교의 열린 기회를 확인할 수 있었다. 더욱이 현재 이 지역은 중국과 태국을 잇는 아시안 하이웨이와 고속철도 건설이 한창 진행 중이다. 이를 통해서 앞으로 이산 지역은 중국-동남아 거대 경제권의 전략적 요충지로서 경제 뿐 아니라 선교적으로도 그 가능성이 더욱 증대될 것으로 예상된다. (*본 책의 다른 글 '중국 일대일로와 함께 떠오르는 이산' 참조.)

태국 남부지역과 사람들: 말레이계 무슬림

이제 남부지역만 남았다. 태국 남부는 말레이계 이슬람 분리주의 운동으로 인해 방콕정부와 갈등을 겪으며 유혈충돌도 잦은 지역이다. 태국 전체 인구의 9%인 태국의 무슬림들은 크게 말레이계 무슬림, 인도계 무슬림, 참족 무슬림, 윈난(운남) 출신 중국 무슬림 등을 포함하고 있다. 그 가운데 가장 많고, 영향력이 큰 것이 태국 남부 빠따니(Pattani) 주(State), 사뚠(Satun)

남부 나콘 랏차시마 지역의 모닝 마켓

주, 얄라(Yala) 주, 나라티왓(Narathat) 주 등 태국 남부 말레이계 무슬림들이다. 이들 은 이 지역 인구의 ¾이상을 차지하고 있 다.

이 지역은 원래 민족적, 언어적, 문화 적으로 말레이 세계의 일부였다. 그러나 태 국 입장에서는 이 지역이 말레이 세계 진출 을 위한 교두보로서 전략적으로 매우 중요 한 지역이었다. 그래서 태국은 과거 14세기 타이 족 중심의 아유타야 왕조 때부터 이 지역 빠따니를 거점으로 말레이 반도로의 진출을 꾀하는 남하 정책을 펴왔던 것이고, 사실상 말레이 세계에 속한 현재의 태국 남

부 지역을 차지하고 있는 것이다.

문제는 태국 중앙 정부가 이 지역에서 도 소위 '태국화'를 위한 단일화된 교육 정 책을 시행하면서 이 지역 말레이 무슬림들 의 민족말살에 대한 위기의식과 반정부저 항 의식이 지속적으로 강화되고 있는 것이 다. 이 교육정책에는 철저히 태국어만 인정 하는 언어통합교육과 태국 국민으로서 불 교에 대한 충성심을 강화하는 종교통합교 육이 포함되어 있다. 여기에 태국 정부의 중부 중심 경제개발로 인해 남부지역이 개 발에서 소외되면서 심각한 경제 악화까지 더해지면서 이 지역은 항상 반군과 테러의

위험에 노출되어 있다.

　이러한 상황은 선교적으로도 상존하는 위험성 때문에 선교적 돌파는 물론 접근조차 잘 이루어지지 않는 불모지로 알려져 있다. 때문에 이 지역에 대한 정보도 거의 전무한 상황이다. 향후 우리 선교회는 인도차이나 반도와 동남아시아 무슬림 권역을 잇는 허브로서 이 태국 남부 무슬림 지역 현장 리서치를 2018년 올해 하반기에 계획하고 있다. 따라서 태국 남부 지역과 사람들에 대한 더 자세한 이해는 현장 리서치 이후 더 자세하게 다루도록 하겠다.

태국 지역 이해는 태국을 위한 기도와 선교의 첫걸음

　종합적으로 본 선교회의 현장 리서치를 통해 '2018년 태국'을 연구하고 이해하면서, 태국은 방콕 중심의 중부 타이 족 주류 집권세력들이 역사적으로 주변 민족과의 영토경쟁을 통해 북부, 동북부, 남부의 민족적, 지역적으로 다소 이질적인 현재의 판도를 형성하게 되었음을 알게 되었다. 그래서 그들은 당면한 국가운영을 위해 1990년대 이후부터 강력한 단일화 교육과 행정 정책, 각 지역을 잇는 도로 건설 등을 통해서 태국화된 국가 정체성과 통합을 강조해왔고, 시간이 지나면서 실제로 젊은 층을 중심으로 통합의 효과가 달성된 면이 없지

않다. 그러나 한편 이러한 정책은 지극히 타이 족 중심주의로 인해 이율배반적으로 지역과 종족 간의 갈등이 더욱 심화되고, 비(非) 타이 족 종족의 불만과 저항 역시 더욱 높아지게 된 결과를 초래하기도 하였다.

　이러한 이중적인 태국의 현실은 오히려 태국 선교의 열린 기회가 될 수 있음을 보게 된다. 향후 한국교회와 선교사들이 태국 각 지역에 대한 다양한 필요를 충분히 이해하고 접근할 수 있다면 과거 태국 고산족 중심의 선교뿐 아니라 태국 전체를 대상으로 한 본격적인 선교 돌파가 가능해질 것이다. 때문에 진정한 태국 복음화를 위한 기도와 선교의 첫걸음은 이러한 태국 각 지역과 사람들에 대한 정확한 이해로부터 시작되어야 할 것이다. 예수님의 성육신적 선교방식처럼 말이다.

인도차이나의 최대 미전도종족 1억명의 타이 세계 사람들

글 | 정 보애(SIReNer)

출처: unsplash.com

이번 원고의 주제는 '인도차이나의 최대 미전도종족 1억 명의 타이 세계 사람들'이다. 이는 국가와 국경을 초월한 인도차이나의 이해에 초점을 두고, 지난 2017년 2월부터 시작된 '태국을 통해서 살펴 본 인도차이나' 현장 연구 조사를 마무리하는 의미가 있다. 회고해 보니 태국 내 미얀마 이주민이 많이 살던 태국 매솟(Maesot) 국경과 미얀마 샨(Shan) 족의 주도(主都) 짜이퉁(Kyingtong)을 조사한 내용부터 시작되었다. 아니, 이 글의 주제 타이 세계 사람들과 관련해서는 중국 광시좡족자치구(廣西壯族自治區)와 좡(壯族, Zhuang) 족에서부터 시작된다. 지난 3년 동안 현장을 연구조사하고 다니면서 궁금했던 질문이 있다. 바로 언어, 종교, 문화, 지역 등을 주요 표지로 하는 종족 관점에서 타이 족 세계에는 어떠한 미전도된 민족과 종족들이 있을까? 하는 타이 족과 동일한 종족 혹은 하위 종족에 관한 것이다. 이 질문은 미전도종족선교연대(UPMA)라는 우리 선교회의 정체성과 우선적으로 선택하고 집중해야 할 미전도종족들에 관한 것이기 때문이다.

"따이(Tai) 족은 태국의 타이(Thai) 족, 라오스의 라오(Lao) 족, 미얀마의 샨(Shan) 족, 인도 아삼(Assam) 주(State)의 아홈(Ahom) 족, 베트남 북부의 따이(Tày) 족과 타이(Thai) 족, 눙(Nùng) 족, 중국 광시좡족자치구의 좡 족, 윈난(云南) 성(省) 시솽반나(西双版納)[1] 다이족자치주(傣族自治州)의 다이(Dai, 傣族) 족 등을 포함한다.[2]

인도차이나, 동남아 지역 전문가인 조흥국 박사의 말이다. 위에 언급한 종족들은 모두 따이까따이 어족(語族)에 속하는 사람들이며, 9개 종족을 대표하는 단어로 조흥국 박사는 '따이 족'이라는 용어를 사용하고 있다. 하지만 이 글에서는 '따이 족' 대신 '타이 족'이라는 용어를 사용하려 한다.

두 가지 이유가 있는데 첫째는 현재 인도차이나권역에서 태국과 타이 족의 영향력과 중요성 때문이다. 이들은 중국 남부에서 기원하여 태국 북부, 동부, 중부, 남부로 확산 정착했을 뿐 아니라 주변 라오스, 캄보디아, 베트남 등 다른 인도차이나 국가로 이주하면서 다양한 민족과 종족으로 분화하고 확산하여, 오늘날 '1억 명의 타이 족들의 세계'에서 구심점 역할을 하고 있기 때문이다.

---

(1) 시솽반나는 태국어로 십송빤나 (Sipsong PanNa: สิบสองปันนา) 라고 하는데, 곧 12(십송 : Sipsong) 개의 행정구역 (빤나 : PanNa) 으로 이루어진 성읍 국가를 뜻한다. 다른 이름으로 치앙훙 왕국이라 부르기도 했는데, 이유는 현재 중화인민공화국의 시솽반나 다이족자치주의 징훙 (景洪) 시 지역을 중심으로 하여 존재하였던 따이 족 계열 왕조이기 때문이다. 이 왕조가 가장 강성했던 시기는 13 세기로, 당시에는 태국 북부 고원지대의 넓은 땅을 소유한 왕국으로 그 영토는 오늘날 미얀마 샨 주의 짜이퉁, 베트남 디엔비엔 (Tỉnh Điện Biên) 성의 디엔비엔푸 (Thành Phố Điện Biên Phủ), 라오스의 루앙프라방까지 걸쳐 있었다. 그러다가 원나라, 란나 왕국, 버마 제국 등과의 세력 경쟁에서 밀리면서 약화되었다.(wikipedia 태국편 참조)

(2) 조흥국,『태국불교와 국왕의 나라』, 서울 : 소나무, 2007 년, pp, 15~22 : 조흥국, "라오스 화인 사회의 형성과 변화",『로컬리티 인문학』, 부산 : 부산대학교 한국민족문화연구소, 2016 년 10 월, pp, 175~203.

두 번째 이유는 한국어로 호칭(呼稱)하고 발음을 하는데서 초래되는 혼란 때문이다. 위 조홍국 박사의 인용문에서 전체를 아우르는 개념으로 사용된 따이 족과 베트남 북부의 따이 족의 경우, 한국어로는 동음(同音)이어서 영어로 표기된 현지 베트남어 스펠링을 주의해서 보지않는 한 구분이 안된다. 따라서 이와같은 두가지 이유로 이 글에서는 전체 타이 족을 아우르는 대표적 개념 용어로 타이 족이라는 단어를 사용했다.

위에서 살펴본 것처럼 현재 타이 족의 세계에 살고 있는 인도차이나 여러 민족과 종족은 주로 태국과 라오스 외에도, 베트남, 미얀마 북동부, 캄보디아, 중국 남부 지역 등 광범위하게 분포하면서 살아오고 있다. 그러면 타이 족들은 과연 어떠한 경로를 거쳐서 분화되고 확산되었을까? 타이 족의 분화와 확산에는 크게 다음과 같은 두 개의 원인이 있다.

첫째는 내부적인 요인으로 타이 족의 인구가 자연적으로 증가하면서 점차 집단이 커지고 상호 격리가 되면서 그들 사이에 언어적인 분화 현상이 발생했기 때문이다. 처음에 중국의 윈난 성, 구이저우(貴州) 성, 광시 성 등지에 살고 있던 타이 족들이 주변 지역의 남부와 서남부 방향으로 확산되기 시작했다. 그리고 일부는 베트남 북부의 홍 강(紅江, 베트남어로 Sông Hồng) 일대와 라오스 동북부 지방까지 내려가기 시작했다.

둘째는 중국과 베트남이라는 외부적인 요인 때문이다. 당시 중국의 한족(漢族)은 기원 후 수세기 동안 베트남의 북부 지역으로 세력을 팽창하는 가운데, 베트남의 비엣족(Việt)도 홍 강 일대에서 점차 영역을 확대해가기 시작하면서 이 때 중국과 베트남이라는 외부 세력의 압박으로 타이 족이 크게 두 개의 그룹으로 분화가 되었다. 곧 북부 그룹과 남부 그룹으로 지칭된다.

첫 번째 그룹은 베트남 홍 강의 북부와 동북부에 남아있었던 북부 그룹으로, 오늘날 광시 성의 쫭 족과 베트남의 따이 족과 눙 족 등이 이 그룹에 속한다. 두 번째 그룹은 홍 강의 남쪽에 흐르는 흑수 강(黑水江, 베트남어로 Song Đa) 유역과 라오스 동북부 및 그 주위의 중국 땅에 정착해있었던 그룹으로 남부 그룹으로 지칭된다. 이후 북부 그룹과 남부 그룹은 분화된 이후 점차 언어 및 문화적으로 서로 다른 길을 걷게 되는데, 특히 북부 그룹은 중국 혹은 베트남이라는 강한 국가의 오랜 정치적인 통제와 문화적인 영향으로 타이 족이라는 민족적 뿌리가 많이 약화되고 말았다. 그에 비해 남부 그룹은 타이 족에 대한 문화적, 민족적 정체성을 더 많이 유지하고 있다. 이는 특히 이 그룹의 구전 전승과 언어에서 확인이 되는데, 태국의 타이 족과 라오스의 라오 족에서 가장 강하게 나타나며, 미얀마 샨 족의 경우에는 약하게 나타나고 있다.

타이 족의 분화와 관련해 북부 그룹에 비해 남부 그룹이 이동한 지역은 거주하는 인구가 희박하고 매우 원시적인 부족들이 주로 살았던 곳이었기 때문에, 남부 그룹의 타이 족이 정착하고 확산 발전하는데 훨씬 더 용이하고 적합했다. 이후 남부 그룹은 약 7세기부터 자체적으로 분화가 일어나, 서부 및 서남부 방향으로 이동과 팽창이 진행되었다. 이들은 8세기 경에는 라오스의 동북부 및 북부 지역과 태국의 북부 지역과 미얀마의 동북부 지역 그리고 중국 윈난 성의 중남부 지역에까지 확산되어 결국 중국 윈난 성의 다이 족, 미얀마 샨 주의 샨 족, 라오스의 라오 족, 태국의 타이 족 그리고 멀리는 인도 동북부 아삼 주의 아홈 족을 형성하게 된다. 이 가운데 현재 1억 명에 이르는 타이 족 세계를 대표하는 4개의 그룹이 있는데 곧 태국의 주류민족 타이 족과 라오스의 주류민족 라오 족, 중국 윈난 성 내 시솽반나 다이족자치주의 다이 족, 광시좡족자치구의 좡 족이다. 아래에서는 대표적인 타이 족 그룹들과 그 이외 인도차이나의 타이 족 종족들을 간단히 개관하여 타이 족 세계에 살고 있는 민족과 종족들을 좀 더 세부적으로 이해해보려 한다. 모두 9

개 종족인데 아쉽게 베트남의 타이 족은 베트남의 공식적인 54개 소수민족임에도 관련된 문헌 자료를 구할 수가 없어 이 글에서 제외하였다.

1. 타이 족

타이 족은 일반적으로 태국어를 사용하는 태국의 주요 민족 혹은 태국의 국민을 가르키는 용어로 사용되는데 보통은 전자의 표현이 더 많이 사용된다. 타이 족의 언어는 따이까다이 어족의 일부로 분류되어 있으며, 이 어족 중에서 가장 인구가 많다. 현재 6,900만 명의 태국 총인구 중 타이 족은 75%인 5,175만 명으로, 이들은 지역적으로 북부 타이 족(Northern Thai), 중앙 타이 족(Central Thai), 남부 타이 족(Southern Thai) 등 다시 세 부류로 세분화(細分化) 된다.

태국의 복음화율이 현재 1% 미만인 이유는 주류민족으로 구성되어 현재 태국의 정치, 경제, 사회, 문화, 종교를 주도하고 있는 타이 족에 대한 선교적인 돌파가 제대로 이루어지지 못하고 있기 때문이다. 태국의 가장 큰 미전도종족은 주류 타이 족들이다. 따라서 타이 족 선교를 하려면 우선 지역적으로 각각 북부 타이 족, 중앙 타이 족, 남부 타이 족을 주요 사역 대상으로 하는 선택과 집중의 선교가 필요하다. 이들

태국 방콕, 출처: unsplash.com

은 주로 상좌부 불교(上座部佛敎, 소승불교라고도 함)를 신봉한다. 타이 족에 대한 지역적인 특성과 상세한 자료는 CAS 저널 6호~19호에 잘 나와 있으므로 참조하면 된다(*홈페이지 www.upma21.com).

2. 라오 족

700만 인구의 라오스에서 라오 족은 현재 전체 인구가운데 약 60%를 차지하며 태국의 타이 족처럼 역시 주류민족으로 살고 있다. 또한 라오스와 국경을 접하고 있는 태국에는 상호간에 14세기부터 본격화된 영토 확장 전쟁과 그로 인한 이주, 공산화 등 역사적 부침의 영향으로 라오스 본토보다도 훨씬 더 많은 규모의 라오 족들이 살고 있다. 이들은 태국 안에서도 특별하게 동 북부에 해당하는 이산 지역에 많이 모여서 살고 있다. 현재 라오스 라오 족은 라오 언어를, 태국 이산지역 라오 족은 이산어를 구사하는데, 실제로는 서로 동일한 언어 계통으로 80~90% 이상 의사소통이 가능하다. 한편 태국의 이산 지역에 살고 있는 라오 족들은 20세기 태국 정부가 시행한 주류 타이 족 중심의 민족동화적인 국가 건설 정책 때문에 태국 동북부 '이산(Issan)'

라오스 라오족, 출처:Wikipedia

이라는 지역적인 정체성과 호칭을 더 선호한다. 태국 동북부 이산에는 현재 태국 전체 6,900만 명의 인구가운데 ⅓에 해당하는 2,300만 명이 이산 족이라는 거대 미전도종족으로 살아오고 있다. 이들의 역사를 거슬러 올라가면 선조들은 라오스 라오인들이다.

3. 다이 족

다이 족은 중국을 구성하고 있는 55개의 공식적인 소수민족의 하나이다. 2017년 11월 말 한국 외교부에서 발행하는 중국 개황 통계자료에 의하면 중국 내 다이족의 인구는 당시 126만 명으로 100만 이상의 인구를 가진 18개 소수민족중 하나로 영향력이 있는 종족에 속한다. 중국에서 다이 족들은 대다수가 남부지역에 위치한 윈난 성의 시솽반나 다이족자치주와 더훙자치주(德宏自治州)에 살고 있다. 이들은 주변 라오스와 베트남, 태국, 미얀마에까지 걸쳐 분포하며, 다른 이름으로 타이 루(Tay Lu), 타이 담(Tay Dam) 등으로 불리고 있다.

흥미롭게도 시솽반나와 더훙 일대는 타이 족의 선조들이 살던 초창기 주거 지역

중국의 다이 족, 출처: wikipedia

인데, 중국 역사 기록에 의하면 그들의 선조는 한나라, 진나라 시대엔 '전월(滇越)', '탄(撣)', '천(擅)', '구요(鳩僚)' 등으로 불리던 민족으로, 금과 은박으로 앞 이(치아=齒)를 장식하는 풍습이 있었기 때문에 당나라 송나라 때는 '금치(金齒)'·'은치(銀齒)'라는 별명으로도 불리웠다. 역사상 남조(南詔)와 대리국(大里國)의 지배를 받았고, 코끼리를 소처럼 부려서 밭을 갈고 논농사를 지으며 살던 사람들이다. 각 마을마다 마을의 중심이 되는 절이 있으며, 남자들은 성년이 되기 전에 절에 들어가 중이 되었다가, 결혼하기 전에 환속하는 풍습을 대대로 지켜오고 있었다. 다이 족은 현대 인도차이나의 불교도 종족들의 행사인 태국의 송크란(Songkran)에 해당하는 '퍼수이지에(潑水節)' 절기에 서로에게 물을 뿌려 재앙을 씻어내고 형통과 복을 기원한다.

다이 족의 주식은 쌀이고, 쏸쑨(酸筍)이라는 요리를 대단히 좋아하는데, 죽순을 뜨거운 물에 데쳐서 2~3일간 물에 불렸다가 식초를 쳐서 먹는 요리이다. 이들의 음식 요리에는 태국 음식처럼 레몬 그라스가 많이 사용되며, 음료수와 차로도 레몬 그라스를 많이 마신다. 중국 윈난에서 쿤밍(昆明)을 방문하면 식사 시간마다 긴 줄이 늘

광시좡족자치구에 살고 있는 좡 족

어서는 다이 족 전통 음식점 두어꺼수이다이웨이찬팅(多哥水傣味餐厅)이 제일 유명하다. 특히 파인애플밥이라 불리는 보뤄판(菠萝饭), 삼겹살구이인 카오싼셴러우(烤三线肉), 그리고 생선구이(烤鱼, 카오위)가 유명하다.

4. 좡 족

좡 족은 현재 중화인민공화국 최대의 소수 민족으로 인구 통계가 1,800만 명에 이른다. 이들의 주요 거주 지역은 광시좡족자치구이며 그 외 광둥(广东) 성, 원난 성, 구이저우 성 등 3개 지역에도 많이 살고 있다. 한국사람에게 좡 족은 몽고 족(Mongolian, 蒙古)이나 티베트 족(Tibetan, 藏族)보다는 잘 알려져 있지 않으나, 구이린(桂林, 계림)이라는 관광지와 그곳에 사는 사람들이 바로 좡 족들이라고 하면 그제서야 고개를 끄덕인다. 또한 1980년대 중국 체조계의 왕자로 불리우던 올림픽의 영웅 리닝(李宁)을 아는 한국인들도 있는데 리닝은 광시성(廣西省) 라이빈(来宾市) 출신의 좡 족이다. 현재는 리닝 스포츠 용품 브랜드 기업가로 활동하고 있는 유명인사이다.

한편 한 족 다음으로 많은 민족이기도 한 좡 족의 호칭(呼稱) 변천사를 보면 중화민족을 대표하는 한 족 중심적인 세계 질서와 그들의 주변 민족과 종족에 대한 인식과 태도가 어떠했는지 잘 알 수 있다. 좡 족은 처음에는 獞族(중국어로 퉁족, 한문으로 동족)으로 불리웠는데 글자 "獞"은 "야생 들개"를 뜻하는 인종적인 비하와 멸시를 담고 있는 사람에 대한 가치를 폄하시키는 오명(汚名)이다.

이 때문에 1948년에 두 번째로 그 이름을 부수에 큰 개를 뜻하는 '시(犭)'에서 사람을 뜻하는 '인(亻)'으로 바꾸어 僮族(퉁족)이 되었으나 이 역시 미숙한 어린아이를 뜻하는 말이기에 세 번째로 다시 '僮(퉁)'을 '壯(좡)'으로 바꾸었는데, 바뀐 글자 좡(壯)의 중국어 뜻은 '강한 장수'이다. 마오쩌둥(毛澤东)과 함께 중화인민공화국을 건설한 쩌우언라이(周恩来)가 중국 최대 소수민족 좡 족이 1949년 새로운 공산주의 국가 중화인민공화국 성립에 협력 파트너로서 기여한 공로로 지어준 이름이다.

좡 족과 광시좡족자치구에 대한 보다 상세한 연구자료는 본 회에서 발행한 CAS 저널 1호~5호를 홈페이지에서 구독하거나, 또는 본회에서 발행한 2017년 단행본 『모든 곳에서 모든 곳으로의 선교』, CAS 합본 광시좡족자치구 좡 족 특집호를 구매

하면 더 도움을 받을 수 있다.

5. 샨 족

샨 족은 주로 미얀마의 샨 주에 살고 있지만, 일부는 만달레이(Mandalay 구(Division), 카친(Kachin) 주, 카인(Kayin) 주와 중국과 태국의 접경 지역에도 살고 있다. 샨 족의 인구수는 약 600만 명으로 추정되는데, 주류민족 버마(Burmese) 족 다음으로 최대의 소수민족이다. 미얀마 역사와 문화에서 샨 족은 미얀마의 패권을 두고 버마 족과 각축을 벌이던 민족이었다. 특히 이들은 샨 왕국을 중심으로 한 미얀마의 북동부 지역을 기반으로 하여 중부지역 패권자인 버마 족과 경합을 벌였던 민족이다.

이후 중부의 버마 족이 미얀마를 지배한 이후에 샨 왕국은 마치 중국의 한족과 만주 족(滿洲族) 관계처럼 몰락한 이전 왕조로 경계와 차별의 대상이 되었으며, 샨 궁전이 있었던 샨의 주도(主都) 짜이퉁의 왕궁에는 짜이퉁 호텔(Kyingtong Hotel)이 세워져 있는데, 왕궁과 왕실의 흔적은 거의 찾아볼 수 없다.

샨 족과 관련하여 흥미로운 사실은 19세기 1824년부터 영국과 버마의 전쟁으로 인하여 이후 영국 군인들이 지속적으로 당시 1만 명의 샨 족들을 근거지 미얀

마 동북부에서 미얀마 중부 지역인 따응우(Toungoo)인근으로 강제 이주시켰는데, 이로 인해 미얀마 최초의 샨 족 선교가 시작될 수 있었다는 점이다. 미얀마 선교역사에서 아도니람 저드슨 이래 미국 침례교단이 1860년 빅스비(Moses H. Bixby)를 미얀마 최초의 샨 족 선교사로 파송하였기 때문이다. 샨 족과 관련하여 더 상세한 자료는 '미얀마 역사와 문화를 형성한 3대 종족: 버마, 샨, 몬'글과 '샨은 왜 아직도 1% 인가?', 그리고 "마이슌 카(*샨어, 안녕하세요)~짜이퉁)'등 3개의 글을 참고하면 도움이 된다.

6. 따이 족

따이 족은 베트남 북부의 구릉 지대와 산악 지대에서 주로 살고 있다. 특히 북부 소수민족들이 많이 사는 까오방(Cao Bằng) 성에 가장 많이 거주하고 있다. 이 곳은 중화인민공화국과 국경을 접하고 있는 베트남의 최북단 지역이다. 그 다음으로 박깐(Bắc Kạn) 성, 타이우옌(Thái Nguyên) 성, 꽝닌(Quảng Ninh) 성 등에 거주하며, 이외 박닌(Bắc Ninh) 성, 하장(Hà Giang) 성에도 일부가 거주하고 있다.

따이 족의 총 인구는 170만 명으로 베

베트남 북부의 따이 족, 출처: wikipedia

트남 주류민족인 비엔 족 다음으로 가장 많은 소수민족 이다. 이들의 주식은 쌀로 벼 농사를 하는 전형적인 타이 족의 후손들인데, 현재는 특수 원예 작물도 재배하면서 베트남의 공식적인 54개 소수종족중 부유한 편에 속한다.

따이 족은 특히 베트남의 눙 족, 그리고 중국의 좡 족과 매우 밀접한 관계가 있는 종족으로 오래 전 동일한 종족들이 이주를 하면서 사는 지역과 국가가 달라지면서 분화가 된 경우에 해당된다. 따이 족들이 사는 가옥의 구조에서도 이 사실을 증명할 수 있는데 따이 족의 집 구조는 앞, 뒤 두 구조로 나누어 구분되어져 있다. 이는 중국 좡 족과 동일한 형태로 집집마다 기본적으로 조상신 숭배 제단쪽은 앞 거실인데 거실 중앙에는 조상을 모시는 제단을 일년 365일 설치해놓고 아침, 저녁으로 제단이 설치되어 있으며, 이외 공자, 부처, 재물신인 관우 상을 비치해 놓기도 한다. 집의 뒤쪽으로는 침실과 부엌이 위치해 있다.

현재 베트남 따이 족 중 유명인사는 박깐 성 출신으로 베트남 내에서 호찌민(Hồ Chí Minh)의 아들이라는 소문이 있었던 농득마인(Nông Đức Mạnh, 農德孟, 농덕맹) 전임 공산당서기장이다. 그는 지난

2001년~2011년까지 제6대 베트남 공산당 서기장을 역임했던 인물이다.

7. 눙 족

눙 족은 인구수가 100만 명에 이르는 베트남의 7대 소수민족 중 하나이다. 주로 까오방 성, 랑선 성에 많이 거주하며 그 외에 박장 성, 박깐 성에도 일부가 거주하고 있다. 베트남의 따이 족과 동일한 지역에 정착, 거주해오고 있었기 때문에 눙 족들은 자기 종족명을 따이-눙(Tày-Nùng)이라고 부르기도 한다. 종족 정체성에 대한 자부심이 매우 강하며 언어는 베트남의 따이 족처럼 중앙 타이 언어를 사용한다. 눙 족은 대부분 불교를 믿는데, 집집마다 조상제단의 위쪽에 불상을 모시고 지극하게 섬기며 쇠고기와 개고기를 먹지 않는다. 특히 역사적으로 19세기 중국의 태평천국(太平天國)의 난(亂)이 발생한 1850년~1864년 기간과 20세기 초까지 중국 남부 광시 성에서 계속된 전란(戰亂)과 가뭄 때문에 쫭 족들이 대거 베트남 북부로 이민행렬을 가게 되었다. 이들이 베트남에 정착하면서 눙 족이 된 것이다. 베트남에서 눙 족은 지형때문에 주로 계단식 언덕에서 쌀 농사를 위주로

전통 의상을 입은 타이-아홈 족, 출처: wikipedia

생활하면서 이외 옥수수, 콩을 재배하면서 살아오고 있다. 또한 이들은 부지런하여 베트남 최고의 원예사로 불리우기도 하는데 귤, 감, 커스타드 애플과 같은 과수를 재배하면서 비교적 윤택하게 생활해오고 있다.

8. 아홈 족

아홈 족은 인도의 북동부 아삼 주 및 중화인민공화국과 국경을 접하고 있는 아루나찰 프라데시(Arunachal Pradesh) 주에 살고 있는 타이계열의 종족이다. 이들은 13세기 1228년에 몽고 족의 위협을 피해 중국 윈난 성에서 인도의 아삼 지역 브라마푸트라(Brahmaputra) 계곡으로 이주해왔다. 당시 타이 족 왕자 차오 룽 수카파(Chao Lung Sukaphaa) 왕자와 가족들, 그리고 그를 수행했던 9천 명의 타이 족 군인들이 이곳에 정착하면서 그를 제 1대 왕으로 추대하여 아홈 왕국을 세웠는데 이후 그 지역 사람들과 통혼한 후손들이 아홈 족이다. 그래서 아홈 족은 자기 이름을 타이-아홈(Tai-Ahom)이라고 부르기도 한다.

이후 아홈 왕국(1228 ~ 1826)은 아삼의 브라마푸트라 계곡을 중심으로 거의 600년 동안 북동부 인도에서 작지만 강력

한 주권을 유지하면서 당시 인도의 무슬림 제국 무굴 왕국의 북동부 지역으로의 확장을 저지시켰던 종족이기도 하다. 아삼 주에만 거의 130만 명으로 추정되는 아홈 족들이 살고 있다.

이제 마지막으로 타이 족의 흥기와 관련하여 가장 큰 전환기에 해당하는 13세기의 태국의 외부적 상황과 태국 내부적 상황을 잠깐 언급하고 이 글을 마무리하려한다. 왜냐하면 이 시기를 전후하여 인도차이나의 패자였던 캄보디아의 크메르(Khmer) 앙코르(Angkor) 제국이 급격히 쇠퇴하기 시작했으며, 태국과 전쟁을 벌여오던 미얀마의 버간(Bagan) 왕국은 몽골 군대의 공격 때문에 멸망했기 때문이다.

한편 중국 남부지역의 윈난 성에서는 남조(南詔) 왕국의 수도 다이리(大里)가 북방 초원에서 일어난 징기스칸의 몽골 군대에게 정복당하고 말았다. 이로써 이들 왕국의 주변부에서 지금까지 움츠리고 있던 타이 족 성읍 국가들이 제법 큰 규모의 왕국으로 발전할 수 있는 여건이 드디어 마련되었다. 인도차이나 역사에서 13세기는 실로 '타이 족이 부상하는 세기'라고 일컬을 정도로 이 시기에 타이 족 여러 왕국이 곳곳에서 부상 흥기하기 시작했다.

태국 방콕의 Loha Prasat, 출처: unsplash.com

또한 13세기에는 태국 국내 역사에서 수코타이 왕조 시대가 시작되는데 이 시기부터 태국의 타이 족은 '시암(Siam)'이라는 민족 및 국가로서의 명칭을 갖게 되었다. 그 의미는 이제부터 태국의 타이 족은 라오스의 라오 족과 미얀마의 샨 족과 심지어 타이 유안(Thai-Yuan)이라고 부르던 태국 북부의 타이 족과도 서로 다른 태국의 중부 지역을 기반으로 하는 지역적 정체성 중부 타이, 혹은 중앙 타이 족으로 더욱 더 세분화되기 시작했다는 뜻이다.

이후 '시암' 타이 정체성은 타이 근현대사의 전개 과정에서 특히 중앙의 행정 체계와 문화가 그 주변부로 확대됨으로써 태국 전역으로 확산되어 오늘날 태국 타이인의 정체성으로 발전하여 이후 타이 민족주의로 발전하는 가장 근본적인 동인(動因)으로 작동하고 있다.

이제 글을 맺으며 필자 자신에게 먼저 자문(自問)해본다. 2021년 현재 인도차이나 최대 미전도종족 1억 명의 타이 세계 사람들! 그 세계에는 모두 9개의 타이 제(諸)종족들이 인도차이나의 가장 큰 미전도종족 집단으로 살아오고 있다.

이 예수님을 알지 못하는 타이 세계

태국 방콕 길거리, 출처: unsplash.com

사람들은 생존을 위하여 본토, 친척, 아비 집을 떠나 낯선 땅으로 이주하였다. 처음에는 난민, 디아스포라, 이주민이라는 주변인으로 시작된 이들의 정착과 삶은 지금은 중화인민공화국, 태국, 라오스, 베트남, 미얀마, 인도 등 6개 국가에서 타이 족의 후손들로서 그 명맥을 이어 살아오고 있다.

태국과 라오스 두 국가에서는 주류 민족으로서, 다른 네 나라 중국과 인도, 그리고 베트남과 미얀마에서는 소수종족이라는 신분을 지니고 살고 있다. 그 가운데 가장 안타까운 것은 오랜 기독교 선교에도 불구하고 여전히 불교도와 정령을 숭배하는 최대 규모의 미전도종족이라는 사실이다.

열방이 주 볼때까지 가까운 이웃 열방인 1억 명의 타이 세계 사람들을 위하여 그동안 나와 우리 단체, 그리고 한국교회와 선교사들은 과연 어떻게 선교하고 있는가? 큰 의문이 든다.

태국 무슬림 복음화를 위한 도전

글 | 박 아굴라 선교사

박아굴라 선교사는 태국 무슬림사역자로 1992년 선교한국에서 무슬림 선교에 헌신하여 2005년 GMTC 훈련 후 GMP에 허입, 같은 해 10월 파송되어 2006년 3월 태국에 입국하여 현재까지 사역하고 있다.

필자는 태국의 무슬림사역자로 지난 2006년 3월에 태국에 입국했다. 이 글은 학적인 목적이 아니라, 아직도 우리에게 많이 알려져 있지 않고, 복음으로부터 소외된 상태의 태국 내 무슬림들을 향한 선교적 도전이 일어나기 원하는 소망에서 비롯되었다. 또한 보편적으로 무슬림 사역자들은 보안을 문제로 자신의 사역을 가능한 오픈하지 않는 특징이 있어서 타 단체나 사역자들의 이야기 보다는 필자의 소망과 사역을 나누는 것에 더 집중하였다.

1. 태국 무슬림의 유래

A. 태국에 이슬람이 전래된 것은 11세기 또는 13세기라고 보는데, 전쟁시 용병 혹은 재력가, 종교 지도자로 들어오거나 무역하는 상인들에 의해 이슬람이 전파되었다. 특히 상인들에 의한 이슬람 전파는 다양한 경로가 이용되었는데, 아랍의 부유한 상인들은 주로 지도자들에게 영향을 주거나 일부는 지역의 여성들과 결혼하여 아랍으로 돌아가지 않고 지역에 머물러 살게 되면서 자연히 이들의 영향을 받아 무슬림이 전파되었다. 이렇게 무슬림이 된 이들은 주로 힌두교나 불교의 영향을 상대적으로 덜 받고 있던 사람들이거나 미신을 믿는 사람들이었고 이러한 이슬람의 수용은 지속적으로 진행 되었다.[1] 이

미 수코타이(Sukhothai) 왕조 람캄행(Ram Khamhaeng) 대왕시대에 수코타이 시내에 이슬람 시장이 여러 곳에 세워져 상인들과 머물 집들이 있었다.[2]

B. 태국이 최초로 이슬람을 받아들인 곳은 주로 최남단 국경지역의 빠따니(Pattani) 지역이다.[3] 그 시기는 일반적으로 불기 약 1,800년(서기 약 1,200년) 수코타이가 세워지기 전으로 주요 이슬람 전파 경로인 말레이 반도나 인도네시아에 이미 이슬람이 전파되었기 때문에,[4] 중국 남부에서 태국인이 이주하기 전에 이미 이 지역에 무슬림들이 살고 있었다고 한다. 그러므로 태국의 무슬림은 이주가 아니라, 기존 토착민이 외부에서 전래된 이슬람을 수용한 전형적인 예라고 할 수 있다. 수코타이 왕국 당시에 빠따니는 나콘 시 탐마랏

---

(1) มุสลิมในประเทศไทย: ชายขอบหรือเพียงแค่แตกต่างอารี จาปากลาย, ธีรนงค์

สกุลศรี และอาซิส ประสิทธิหิมะ 2012.

(2) วิทยาสาร ปีที่ ๑๔ ฉบับที่ ๔๑ หน้า ๕๒, 같은 곳, 재인용.

(3) 1386년경에 이슬람이 전파 되었던 트랭가누(Trengganu)지역에 힌두 왕국이었던 랑카수카ลังกาสุกะ에 무슬림 상인이 와서 한센병에 걸린 왕을 낫게 하면 이슬람을 신봉하라는 제안에 병이 낫고 무슬림이 되었으나 곧 옛 힌두신앙으로 돌아갔고, 이후 2번 재발되어 같은 약속으로 고침을 받은 후에는 무슬림 왕국이 되었다. 그래서 자신을 술탄이라 하고 현 빠따니 지역으로 천도한 후 빠따니 1457년경 이슬람왕국이 되었다.(KJFM-그날을 기대하며-Y종족이야기 참조)

(4) 학자들은 이미 태국 역사가 시작되기 전 서기 9세기 이전에 말라카มะละกา 지역에 이슬람이 전파되었고 중국 윈난 성ยูนนานใต้(云南省) 지역에서 이주해 오기 전에 이미 무슬림들이 살고 있었다고 한다. 공통점은 수코타이สุโขทัย가 세워지기 전부터 이슬람을 신앙하는 사람들이 지역 내에 있었다고 말하고 있다. 마르코 폴로가 인도네시아 차와ชวา지역에 도착했을 때 이미 지역전체가 무슬림이었다는 기록이 있으며 중국과 수마트라 사이의 무역로로 이용되던 빠사이ปาไซ(Pasai), 아쩨อัจเจ(Atje Aceh), 말레이시아มาเลเซีย, 말라카มะละกา(Malacca) 지역이 이슬람화 되었다.

(Nakhon Si Thammarat)의[5] 관할 하에 있어서 3년 마다 조공을 바쳐야 했고, 만약 이를 어기면 군대에 의해 징벌을 당했다. 14세기 후반에는 말라카 지역의 무슬림들이 빠따니 지역으로 이주했고, 이후 이들은 태국 내 다른 여러 짱왓(Changwat, province 개념의 태국 행정단위)들에 지속적으로 이슬람을 전파하여 16세기에는 나콘 시 탐마랏까지 이르게 되었다.[6] 빠따니 지역은 불기 2449년(서기 1906년) 라마 5세 때 짱왓을 7개에서 4개로 개편하고, 불기 2476년(서기 1933년) 3개의 짱왓으로 나누어져 현재에 이르고 있다.

2. 태국 내 무슬림의 종족별 분류 및 지역별 분류[7]

A. 현재 태국 무슬림은 여러 종족들이 다양한 경로를 통해 이주해 왔다. 크게 두 가지 경로를 확인할 수 있는데, 첫째는 바닷길이다. 아랍 상인들이 인도양을 거쳐 수마트라(Sumatra) 섬과 자바(Java) 섬을 통해 말레이 반도로 태국 남부에 들어온 경로이고, 둘째는 육로를 이용하여 중국 서남쪽을 통해 태국으로 유입된 경로이다. 오랜

시간에 걸쳐 태국에 들어온 무슬림들은 다양한 여러 종족들이 있었다. 첫 번째 가장 큰 그룹은 앞서 언급했던 말레이 반도 내의 말라유 혹은 말레이(Malay) 족이다. 그리고 두 번째는 페르시아계이고, 세 번째는 자바 족이고 네 번째는 크메르(Khmer) 참(Cham) 족이고, 다섯 번째는 남아시아계(인도, 파키스탄, 방글라데시, 아프카니스탄 등)이고, 마지막으로는 중국계 무슬림들이다.

B. 말라유 혹은 말레이 족

태국 내 무슬림들 중 가장 큰 종족그룹인 말라유 혹은 말레이족은 주로 남부국경 지역 빠따니, 나라티왓(Narathiwat), 얄라(Yala), 그리고 사뚠(Satun)과 쏭클라(Songkhla) 지역에 살고 있다. 또 적지 않은 수가 끄라비(Krabi)와 팡아(Phang Nga) 그리고 푸껫(Phuket)에도 살고 있는데 오래전 고대 무역경로를 따라 얄라 인접의 현 말레이시아 지역 싸이부리(Sai Buri, 케다)에서 푸껫의 탈랑(Thalang) 지역으로 이주해서 살고 있다. 특히 아유타야(Ayutthaya) 지역에는 라마 5세 때 이후 많은 말레이 족들이 살고 있다. 그 외 나콘나욕(Nakhon Nayok), 차층싸오(Chachoengsao) 지역에도 많이 살고 있으며 특히 수도 방콕(Bangkok) 내 톤부리, 씨엑반켁, 퉁카루, 프라쁘라뎅, 방커렘, 마

말레이 족 커플, 출처 wikipedia

하나, 프라카농, 크렁딴, 민부리, 넝쩍 등지에 살고 있다.

C. 아랍계 페르시안, 이란 족

수코타이 시대부터 태국에서 살게 된 아랍계 페르시안과 이란 족 사람들은 상인으로 아유타야 시대, 라따나꼬씬(Rattanakosin) 시대를 거쳐 태국으로 들어와서 남쪽에까지 퍼져 살고 있다. 이들은 주로 시아파 사람들로 페르시아 사람들이라는 뜻의 무어(Moor)인들 혹은 켁무어라 불렸다. 이들은 아유타야 왕조의 나레수안(Naresuan) 왕 때 시아파 이슬람

전파를 위해 처음 태국에 들어왔다. 쏭탐(Song-tham) 왕 때는 정부의 조언자로, 기관의 수장으로, 또 수출입 관세담당으로, 해외무역선의 보호관찰 등으로 일하면서 태국 내에 이슬람을 전파했다. 이들은 주로 톤부리(Thonburi) 지역 짜런팟에 거주하고 있다.

D. 자바 족

인도네시아 자바지역은 수코타이 시대와 아유타야 시대에도 태국과 교류가 있었던 지역이다. 라마 5세 때부터 태국의 노동비가 자바 지역보다 3배나 비싸 자연스

무어인, 출처: *joshuaproject.net*

자바 귀족과 하인, 출처: wikipedia

럽게 타이 반도에 흘러들어와 살게 되었고, 제 2차 세계대전 시에는 일본군에 잡혀와 철도건설에 동원되었다. 일본패전 후에도 이들은 고향으로 가지 않고 그대로 정착해 살기 시작했다. 수도권지역(프라라차왕, 차나쏭크람, 방쿤펀홈, 쌈센, 두싯, 낭릉, 쁘라쩨찐, 반타와이, 싸톤, 방락, 파후랏, 쌈란랏 등)에는 말레이 족 사람들에 비길 만큼 많은 수의 자바 족 사람들이 살고 있다.

E. 참-크메르 족

과거 참 족은 단일국가를 이루었으나 현재는 종족적 분류로만 이해된다. 아유타야 왕조 카톳롯 왕 때 베트남이 참 족 지역을 침공하면서 이슬람을 신앙하는 참 족 중 일부가 태국으로 피난오면서 자진하여 태국의 용병이 되었다. 그리고 아유타야가 미얀마(옛 버마)에 2번째 패했을 때 태국인과 함께 포로가 되었다. 또 다른 부류의 사람들은 라마 5세 때 그들의 고향을 떠나 짜런폰이라 불리는 클렁쎈쩹을 건설하기 위해 들어왔고, 같은 시대에 현재 싸문프라이로 유명한 당시 캄보디아(크메르)의 관리를 지낸 짜오프라야아파이푸벳 일족이 들어왔다. 이들은 라차테위반크루아 지역에 살게 되었다. 그리고 캄보디아 국경 지역인

참-크메르 족, 출처: wikipedia

뜨랏(Trat)과 태국 남부의 수랏타니(Surat Thani)에도 많이 거주하고 있다.

F. 남아시아계

아유타야 시대에 인도계 상인들이 태국에 들어와서 부자가 되었다. 그리고 라따나꼬신(Rattanakosin) 라마 4세 때 서구열강에 개화하면서, 원활한 무역 목적의 영어 학습을 위해 인도, 파키스탄, 아프카니스탄의 무슬림들을 태국으로 초청했다. 그래서 방콕과 텝방락, 마하낫, 라차옹, 쌈쎈, 야와랏, 와라짝, 씰롬, 그리고 일부는 천을 팔기위해 지방으로 이주해 갔다. 태국 여인들과 결혼하여 주요 상인들이 되었고, 현재는 태국경제의 주요 요직에서 일하는 사람들도 많다.

G. 중국 회 족

주로 라마 5세 때부터 태국 북쪽국경을 통해 들어온 이들은 치앙라이(Chiang Rai), 람 푼(Lamphun), 매홍손(Mae Hong Son)과 치앙마이(Chiang Mai) 등지에 살고 있으며, 최근에는 중국이 공산화될 때 순응하지 않고 이주해 온 사람들이 있다. 이들은 태국에 들어와 오랜 시간 살면서도 종교적으로 아랍어를 사용하고 꾸란

중국 회 족, 출처: wikipedia

을 가르치며 이슬람 문화와 생활양식을 이어가고 있다. 이슬람 신앙의 종교적 관습 외에도 의복착용, 장례나 결혼풍습, 음식과 관련된 풍습, 대가족제도, 어른을 공경하는 모습, 부모가 없을 경우 가장 가까운 이가 돌보는 모습 등 일반 생활 관습에서도 그들의 방식을 유지하고 있다.

3. 방콕과 수도권 무슬림들의 (강제) 이주 역사[8]

(8) 필자가 수도권 무슬림 사역자이므로 어떻게 수도권에서 무슬림들이 번성하게 되었고, 흩어졌는지를 언급하여 우리 주변에서 쉽게 볼 수 있는 무슬림들의 이주역사를 살펴보고자 한다. www.alisuasaming.com 참조.

A. 일명 말라유 꾸룽텝 혹은 무슬림 방콕이라 불리는 사람들은 남부 출신의 선조들이 이주한 경우로서 아유타야, 톤부리, 라따나꼬씬 시대를 거쳐 살게 되었다. 라마 1세 때(불기 2329년, 서기 1786년) 남부의 빠따니 지역에서 짜오프라야(Chao Phraya) 강 주변으로 강제 이주되었다. 그리고 톤부리 시대에 또 한 번 이주되었는데 이들은 켁까오(오랜 손님)라고 불렸다.

B. 아유타야가 미얀마에 의해 함락되었을 때, 빠따니 영주는 불기 2310년(서기 1767년) 말레이반도 내의 영주들과 나콘시 탐 마랏, 쏭클라, 파탈룽(Phatthalung)

지역 영주들과 함께 톤부리 왕조를 인정하지 않고 독립을 선포했다.[9] 그러다가 라마 1세 때 정벌당하여 중앙 정부는 빠따니 지역 주민들을 사로잡아 수도권의 민부리 지역과 넝쩍 지역에 강제 이주시켰고, 라마 3세 때는 7개 지역에서 다시 반란을 일으켰지만 모두 진압당해서 톤부리 지역과 반쏨뎃, 수안파루, 끄라이키앙 지역으로 강제이주 되었다.

C. 예전부터 왕의 연대기에는 수도권 이외의 광범위한 지역을 쎈쌥(Saen Saep)이라 불렀으며 혹은 방콕의 오른쪽 지역을 퉁이라 불렀다. 농사를 짓기 위한 땅 프라메루와 싸남루앙지역을 제외한 다른 지역을 퉁파야타이라고 불렀고, 이외의 지역들은 퉁쌈센, 퉁방까삐, 퉁마하멕이라고 불렀다. 퉁쎈쎕과 퉁방까삐는 라따나꼬신 연대기 초기[10]에 나타나는데, 프라밧쏨뎃 프라낭끄라오짜오유후아 시대(라마 3세) 때인 불기 2369년(서기 1826년)에 싸라부리(Saraburi)의 짜오아누비엔티안의 반역으로 인해 캄보디아 프놈펜(Phnom Penh)에서 군사들을 데려와서 퉁우와람펑에서부

---

(9) ประยูรศักดิ์, 2539. มุสลิมในประเทศไทย. กรุงเทพฯ 참조.

(10) 왕실기록 쫀마이루앙우돔쏨반 제9권에 기록—คลองแสนแสบและบรรพชนมุสลิมเชื้อสายต่างๆ 참조.

터 퉁방까삐까지 방어진을 치게 하였다. 이들은 참 족 무슬림들로 이후에 클렁방까비, 쎈쎕 지역에 농사를 짓고 물고기를 기르며 머물러 살게 하였다.[11] 이 지역은 농사짓는 것 외에는 어느 것에도 적당치 않는 황폐한 땅이었다. 라마 1세 때 쎈쎕은 반크루아를 지나 굽어졌다가 자연스레 넓어지는 클렁만 지역 후아막까지의 모양을 따라 북 쎈쎕과 남 쎈쎕으로 구분해서 명명했다. 왕의 연대기에 라마 3세는 쭐라싹까랏 1199년(불기 2380년 12월)에 클렁 쎈쎕을 남 쎈쎕과 북 쎈쎕으로 나누었고, 남 쎈쎕은 언제 마쳤는지 확인할 수 없지만 아마 라마 1세 때 자원 용병인 참 족과 빠따니 말라유 사람들을 통해 남 쎈쎕을 팠다고 기록되어 있다.[12]

D. 북 쎈쎕은 후아막에서부터 민부리, 넝쩍, 방카낙을 지나 방빠꽁으로 흘러가는데 하천 공사를 중국 사람들에게 맡기려 했으나 예산 부족으로 라마 1세 때와 라마 3세 때에 북 쎈쎕 구간을 빠따니 말라유 농부들을 이주시켜 강제노역을 시켰다. 클렁 마하낙에서부터 남 쎈쎕, 북 쎈쎕을 지나 방빠꽁 강에 이르는 73.8km의 구간을 크메르 족과 말라유 빠따니 사람들이 전쟁 포로 신분으로 변변한 작업 도구도 없이 하

천을 파는 노역을 하였다. 비록 북 쎈쎕 구간을 중국 사람들에게 하청으로 주었지만 이들 무슬림들은 무임금으로 가장 일하기 힘든 강 밑바닥에서 일해야 하는 중노동이었다. 그들 중 하천 공사를 다 마치고 고향으로 돌아가지 않고 정착한 이들이 그 지역에서 농사를 짓고 살게 된 것이다.[13]

E. 라마 3세 때에 말라유 말레이 무슬림 족 수천, 수만 지역주민들을 강제 이주시켰기 때문에 차층싸오, 나콘나욕 외의 지역에도 무슬림들이 번성하게 되었다. 그리고 반크루아 지역과 클렁마하낙에서 북 쎈쎕으로도 강제이주가 이루어졌고, 이들은 오랜 기간 야생 숲 지대를 개간하여 농지로 만들고 마스지드(Masjid, 이슬람 사원)와 묘지, 학교 등을 세우며 지역사회를 건설하였다. 이러한 노력 후에 개간한 지역 내에서 땅과 많은 권리를 갖게 되었다. 또 이들은 논타부리(반타잎, 땀본빡끄렛, 땀본방부아등)와 빠툼타니(클렁, 클렁루앙, 반수안프릭타이) 그리고 싸뭇쁘라깐(퉁쿠루, 방못, 빡끄랏, 방콕 내 프라쁘라뎅 등) 등지로도 강제이주 되었고, 일부 말라유 말레이 족 무슬림들은 살길을 찾아 촌부리와 라영, 짠타부리, 뜨랏 등지로 흩어져 정착하게 되었다.

F. 태국 전체 인구 약 6,900만 명 중

---

(11) ศันสนีย์ วีระศิลป์ชัย, ชื่อบ้านนามเมือง, มติชน (๒๕๔๐) หน้า ๑๗,๑๘. คลองแสนแสบและบรรพชนมุสลิมเชื้อสายต่างๆ 참조.

(12) 같은 곳 คลองแสนแสบและบรรพชนมุสลิมเชื้อสายต่างๆ 참조.

(13) 같은 곳 คลองแสนแสบและบรรพชนมุสลิมเชื้อสายต่างๆ 참조.

방콕 근교 민부리 지역

약 10%[14] 넘는 무슬림들은 이제 거의 태국 전역에 분포되어 있다. 앞서 언급한 아유타야 시대나 라마 1세, 라마 3세 때 강제노역으로 이주된 무슬림들도 많지만, 이제는 시대변화에 따라 수도권 지역이 발전되면서 더 좋은 학업과 직장을 얻고자 이주하는 인구도 늘어나고 있다. 현재 태국 내 마스지드와 종교학교 뽄독(Pondok, 말라유)은 4,400개(마스지드 3,658개소, 종교학교 742개소)이며, 방콕(175, 30)과 빠툼타니(30, 21), 논타부리(19, 21), 싸뭇쁘라깐(12, 15), 차층싸오(65, 25)등 수도권의 마스지드과 종교학교 뽄독은 전체 413(301, 112)개소이다.[15]

G. 수도권 지역 무슬림 급증의 또 다른 요인은 불안정한 남부의 상황을 뒤로하고 수도권으로 이주하는 온건한 무슬림들이 많아졌기 때문이다. 지난 2004년 남부 지역의 무장봉기 사건은 무슬림들에게 큰

---

(14) 태국 정부통계로는 약약 500만 명이라고 한다. 그러나 '주 사우디아라비아' 태국 대사관 홈페이지에서는 750만 명으로 말하고 있고 지난 2009년 라마단 기간 중 방콕포스트 영문지는 이미 800만 명으로 보도 한바있다. 이슬람 지도자들도 정확한 수치는 모르지만 대략700만에서 1,000만으로 이야기하고 있다. 그러므로 이미 태국 내 무슬림 인구는 전체인구의 10%를 넘어 섰다고 볼 수 있다. (주 사우디아라비아 태국 대사관: www.thaiembassy.org/riyadh/th/organize/29025-Muslim-in-Thailand.html)

(15) 필자가 2015년 8월 넝쩍 지역에 소재한 이슬람 총 회관 방문 시에 기재된 내용을 사진 찍어 전산화하였다. 이슬람 종교학교는 이후 1961년 중앙 정부 규제로 공립초등학교가 되었다. 이때부터 무슬림들에게 고등교육의 기회가 주어졌다.

아픔을 주었고, 이로 인해 태국 남부는 무장군인들의 감시 속에서도 여전히 폭탄테러와 총기테러가 빈번히 일어나고 있다. 그래서 안정적인 생활을 찾아 수도권으로 이주가 왕성하게 되었다.(16)

H. 이들을 향한 복음전도의 노력은 근래 조금씩 눈에 띄고 있는 상황이다. 최근 몇 년 전부터 무슬림이 75% 이상 거주하는 C지역에 주요 교단의 교회들이 개척되고, 사역하는 것을 보고 있으나 실제 이들의 주된 사역대상은 여전히 불교도들이다. 그러나 특기할 것은 지역의 특성상 무슬림들이 ¾ 이상 되는 지역이므로 자연히 크리스천 주위에 있는 무슬림 이웃들의 어려움을 이웃과 친구로서 함께 기도하고 도우면서 자연스럽게 그들에게 기독교 신앙과 믿음이 전해지게 되는 일들이 목격되고 있어 고무적이다.

4. 필자의 사역 현장이야기

A. 현재 태국에서 무슬림을 섬기는 한인 선교단체는 필자가 속한 단체를 포함하여 3개 단체의 약 8개 가정 정도 일하고 있지만 지역적으로는 수도권에 2가정 외에

---

(16) 정확한 통계는 아니지만 OMF의 한 관계자는 지난 10년 내로 수도권의 무슬림인구가 100만에서 400만으로 증가했다고 이야기했다. 앞서 기술한 불안정한 요인들로 인해 수도권 내 무슬림이 10년 사이 약400만 명으로 늘어났다는 것이 그리 놀랄 일이 아니다. 이들의 수적 증가는 회집하는 회당의 증설이 필요한 상황이고 실제로 사역 반경이 넓지 않고 오래지 않은 필자의 사역 반경 내 N 지역에도 증설된 회당 2개이며 C 지역에도1개가 증설되었다.

모두 남부에서 사역하고 있다. 그 중 2가정은 필자가 속한 단체 소속이다. 이들의 일하는 방식은 대부분 일반적인 무슬림 사역자들의 정체성을 확보하기 위한 방법과 절차를 따르고 있다. 가령, 비즈니스사역, 언어센터, 지역개발사역, 친구관계를 통한 우정전도, 매스컴 사용 등이다. 필자가 존경하는 태국 무슬림 선교사님 한 분은 언어교육을 통해 사역의 발판을 마련하고 우정관계를 바탕으로 꾸란과 성경의 비교 공부를 통한 정확한 복음 전달을 위한 사역을 하고 있다.

B. 태국 중부 무슬림 사역은 지난 1995년 이들을 섬기기 위해 입국한 임스데반 선교사를 통해 처음 사역이 시작되었고, 스포츠, 언어, 발마사지, 지역주민 돕기 등 다양한 관계형성으로 복음을 전하였으며, 태국 교회내의 R선교사(국제단체에 소속하여 15년 선교사역 경험으로 태국 교회의 선교를 주도함)와 협력하여 성경번역과 태국 교회를 무슬림사역에 동역하도록 돕는 귀한 사역을 진행했다.

같은 사역을 위해 2006년 3월에 입국한 필자의 가정도 역시 언어과정을 마친 후 무슬림 마을에 집을 얻고, 회심자 T자매와 함께 생활하기도 했고, 개인 전방개척사역으로 집으로 초대하거나 함께 놀이를 가거나 음식을 나누는 등 다양하게 친구관계로

발전시켜 복음을 전하였고(N과 그의 친구들 E, A, F와 친구, S가정 등) 스포츠 교사와 관련 물품판매자로서의 정체성을 가지고, 지역 청소년들에게 복음의 통로 역할을 감당하고 있다(SI, ME, SA, BA, MA, BE, VI, PI, TO, IS, IN 등).

스포츠를 가르치는 선생님이라는 신분과 정체성은 어디에서든 자연스럽게 무슬림을 만날 수 있는 조건을 갖추게 되었고, 눈에 보이는 사역이 가능한 지역이라면 스스럼없이 저들의 회당에 찾아가 신분을 소개하고 함께 앉아 차를 마시며 주변의 아이들에게 스포츠를 가르쳐 주겠다고 하거나, 혹은 언어가 부족하니 언어를 배울 수 있도록 도와 달라는 이야기를 할 수 있었다. SR이라는 친구는 스포츠 사역하는 마을의 회당에 가서 언어 도움을 위한 언어교사로 만나게 된 쏭클라 지역 출신 형제이다. 근 3년 가까이 만나며 SR형제는 필자와 함께 외부에서 주 2회씩, SR의 부인 T자매는 저희 가정의 아이들 태국어 지도를 명목으로 매주 한 차례씩 집으로 오게 하였다. T자매에게는 특별히 복음을 전하기가 어려웠지만, SR형제 가정과 좋은 교제를 나누는 시간이 되었고, SR형제에게는 깊은 복음의 진리를 전할 수 있었다. 비록 복음에 반응하지는 않았고, 재정 문제가 얽히면서 관계가 소원해져서 다른 평화의 사람을 찾게 되었다.

C. 지난 2010년 첫 안식년 기간 동안 지난 사역을 점검해 보면서 다음 몇 가지 결론을 얻게 되었다.

(1) 스포츠를 매개로 한 방법보다는 개인 전방개척사역으로 복음을 전한 사례가 더 많았고 더 깊은 복음을 전했다는 사실을 인지하였다.

(2) 수도권의 무슬림들은 이미 250여 년을 다수 불교도들과 함께 수도권에 살고 있으므로 태국 문화적인 특성이 많이 나타나고 있기 때문에 불교권의 전도방식이 유용할 것이라는 생각을 하게 되었다.

(3) 다른 선교사님들을 통해 주변의 불교도들 역시 복음을 접했던 이전 경험 속에 현재의 회심의 열매로 나타나는 것을 확인할 수 있었다.

D. 그래서 이후로는 스포츠사역의 비중을 낮추고 무슬림들에게 적극적인 복음 전파에 집중하게 되었다. 방법을 고심하던 중에 최근 몇 년간 무슬림 인구 유입이 가장 많은 지역인 C지역에서 개척을 시작하신 W단체 Y선교사님과 함께 C지역 내 마을과 마을을 다니면서 약 1년 6개월 이상 전도지를 나누며 복음을 전했다.

그리고 하나님의 섭리하심 속에 비즈니스 사역 선교사님과 협력하여 성경공부를 의무사항으로 하는 4개의 미니 소그룹을 만들어 매주 1, 2차례 만나게 되었다 (TY, RN, RY, SB, GR, DA 등).

E. C지역의 SM 아주머니는 처음엔 거리에서 만나다가 라마단 기간을 계기로 아주머니 댁에서 정기적으로 만나 무슬림용 전도책자인 '낙타 전도법'과 무슬림용 '누가복음'(현재 태국 무슬림용으로 완역된 성경이 없이 쪽 복음만 몇 권 있는 상황이다.)을 브리스길라 선생과 매 주일 정량을 읽고 의견을 나누는 등 복음으로 인도하는 과정을 통해 복음에 반응하게 되었다. 그러던 어느 날 갑자기 나타난 상복부 위암의 병세로 암 판정을 받고 불과 두 달여 만에 소천 하였다. 소천 하시기 얼마 전에 SM 아주머니가 간병을 받고 있는 그녀의 오빠 집에 찾아가 저희가 미리 준비한 MP4 플레이어에 누가복음 음성화일과 이싸(예수)가 하나님의 꾸르반(희생제물)되심을 영상화한 무슬림용 전도영상을 전해주며 SM 아주머니에게 평안을 주시도록 그리고 전해주는 플레이어가 온 집안에 계속 보여 지고 들려져서 복음이 온전히 전해지도록 기도해 드렸다. 집안 식구들 모두가 외국인이 자기 집을 방문한 것에 놀라며 지켜보는 가운데 저희 부부가 함께 손을 붙잡고 예수 그리스도의 이름으로 기도해 드릴 때 조용히 함께 기도하며 아멘으로 받는 SM 아주머니의 복음에 대한 반응과 수용을 통해 우리는 SM 아주머니께서는 이미 천국백성이 되었다고 믿는다. 아주머니의 소천 후 잠시 소원해졌었으나 최근에 휴대와 설치가 간편한 정수기를 공급받아 MI 아저씨 댁에 설치하고, 올 해부터 교육센터에서 장학금을 지급하면서 아저씨 댁에 큰 손주에게도 혜택을 주면서 MI아저씨와 마을 내 종교지도자와 주민들과 정기적인 만남을 이어가며 안부와 근황을 나누며 복음으로 인도하려고 하는 중이다.

F. 약 1년이 넘는 기간 동안 소그룹 사역을 진행하던 중 비즈니스사역 선교사님이 사업을 포기하고 더 이상 미니 소그룹을 운영하기 어려워진 상황에서 전도하던 C지역에 적합한 장소를 주셔서 교육센터를 오픈하여 약 4년여 동안 진행하고 있다.

C지역 내 교육센터는 초기에 같은 단체소속 2분 선교사님 가정과 함께 연합하여 언어사역에 집중하였고, 이후 마침 태국 무슬림사역에 헌신한 미국인 D선교사와 연합할 수 있어서 현재는 영어, 한국어, 기타, 피아노, 스포츠 등 다양한 교육의 창구를 통해 이웃 무슬림들을 만나고 각자 자기반에서 만나는 무슬림학생들에게 가장 적당하고 효과적인 방법으로 복음을 전하려 노력하고 있다. 한류 열풍을 힘입어 센터 내에서 '한국의 문화와 풍속을 소개하고 경험하게 하는' 행사도 진행하면서 더 많은

기회를 얻고 있다. 초기엔 무슬림들의 참여 율이 낮았으나 만 3년을 지나면서 전체 약 7~80여명의 청소년 학생들 중 50% 이상의 무슬림 청소년들의 참여율이 나타나고 있다.

G. 그간의 사역을 돌아보면, 초기사역 5~6년간을 보안사역, 이른바 친구관계를 통한 우정 전도형식으로 사역자 신분을 숨기고 친구 되기에 주력하는 사역에 집중하다 보니 자연히 사역자 신분이 드러나지 않는 스포츠 사역에 집중하게 되었다. 그러나 주간 4일 이상을 스포츠 사역과 이후 주말과 휴일을 이용하여 개인적인 만남을 갖는 사역의 형태로는 복음을 전하기가 무척이나 어렵고 많은 시간이 소요되었다. 그렇지만 좋은 장점도 있었는데, 그것은 스포츠와 관련한 물품판매업과 스포츠를 가르치는 선생님이라는 신분의 안정된 정체성으로 개인적인 만남을 통한 복음전도는 큰 도움이 되었다. 안식년을 마치고 두 번째 사역을 시작할 때는 좀 더 적극적인 사역의 방법을 위해 기도하기 시작하였고, 그즈음 무슬림이 75%이상 되는 C지역에 막 교회를 개척한 W단체의 Y선교사님을 만나고 협력하며 직접 전도를 하게 되었다. 그리고 얼마 지나지 않아 소그룹으로 인도함을 받았고 소그룹을 통해 SM 아주머니를 만나 복음을 전하고 한 영혼이 돌아오는 기쁨도 맛보게 되었다.

H. 현재 C지역의 센터 안에서는 모든 기독교인의 절기 때 그에 적당한 방법으로 복음을 전하고 있다. 가령 부활주일에는 성구를 적은 계란을 나누어 주며 한국 기독교인의 문화라고 하며 복음을 전하고 성탄주일에도 마찬가지로 선물을 나누며 예수님이 이 땅에 오신 근본적인 이유와 왜 오셔야만 하는지에 대한 복음을 나누고 있다. 물론 교과를 진행하면서도 기회를 보아 복음을 전한다.

I. 짧은 필자의 경험으로는 우리가 일반적으로 배우고, 사용하는 죄 사함의 복음은 이들에게 큰 영향을 미치지 못하고 있는 것을 경험한다. 그래서 지금의 가장 간절한 기도는 이들의 마음을 움직일 가장 효과적인 복음 제시를 배우는 것이다.

J. 올해부터 교육센터에서 공부하는 학생들과 직장인들을 중심으로 하는 '학생자치회'를 구성하여 교육센터의 전반적인 일을 공유하고 함께 의견을 모아 진행하고 있다. 장기적으로 이들이 공공기관으로서의 교육센터를 책임지고 이끌어가는 주체가 되길 기도하고 있고, 머지않은 시간 내에 복음을 수용할 수 있도록 기도와 복음 전도자로서 최선을 다하고 있다.

또한 그리스도의 사랑을 실천하기 위해 자원봉사를 진행할 계획도 가지고 있으며 매년 2회씩 학기 초에 총 14명에게 장학

지원을 시작하였다. 직간접으로 복음을 전하되 매달 정기모임에는 자치회 멤버들과 깊은 교제 속에 기독교 세계관으로 비형식적인 교육, 훈련을 진행하고 있다.

K. 그리고 다른 무슬림 지역인 S지역에서는 지난 3년 동안 단기팀과 더불어 정기적인 방문으로 지역 내의 두 곳 학교에서 직접 전도를 진행하고 있다. 점차적으로 아직 복음의 영향을 받지 못하는 수도권의 다른 무슬림 지역들에도 인근 지역의 지역교회들과 연합하여 무슬림 마을에서의 노방전도와 축호전도 등을 진행기 위해 지역연구를 진행 중이다.

5. 태국의 무슬림 복음화를 위한 도전

A. 최근에 접한 한 논문의 글은 그간 사역을 진행해오면서 경험하고 기도하고 이어 실천하게 되었던 과정들에 대한 명확한 답을 제시해주는 것 같아 참 반가운 마음이 들었다. 논문의 저자는 단지 이슬람이기 때문에 복음전파가 힘든 것만은 아니라고 말하고 있다. 근본주의와 민족주의가 결합하거나 세속주의가 강한 곳에는 어디든 어렵지만, 그는 논문을 통해 그리스도께로 나아온 무슬림들의 간증과 사례연구에서 그들을 회심으로 이끈 몇 가지 공통적인 요소를 다음 몇 가지로 이야기하고 있다.

B. 효과적인 무슬림 전도를 위한 기본 원리[17]

(1) 사역자들의 경건한 삶과 태도

하나님은 한 사람을 구원하실 때 전도의 방법을 사용하시고, 전도하는 사람을 통해 일하시는데, 무슬림들의 문화와 신앙을 존중하면서 그들과 친구가 되고 이웃이 되어 살아가면서 담대히 복음을 전하는 사역자가 되어야 하지만 많은 사역자들은 자민족, 자문화 중심주의에서 벗어나지 못하고 있다고 말하면서 복음을 전할 때 진리에 대한 논쟁을 피할 수는 없으나 진지하고 겸손한 태도로서 논쟁을 이기려하기보다 자신들의 말에 귀를 기울여 줄 때 사역자가 설명하는 복음에도 귀를 기울여 주게 된다고 말한다.

(2) 상황화된 전도

무슬림들이 그리스도께 나아오는 각각의 상황은 다르지만 복음을 접하는 사람들의 문화적 가치들이 복음 전달의 수단들과 중대하게 조화되는 것에서 더 많은 회심이 있었다는 것이다. 상황화된 전도는 무슬림 전도에 있어서 문화적인 장애가 제거되고 자신들이 이해할 수 있는 언어나 내

---

(17) 무슬림 전도를 위한 기본 원리에 대한 연구, 김성운, Muslim-Christian Encounter.(필자는 간략하게 요약을 하지만 무슬림 사역에 관심이 있거나 사역자인 경우 기회를 찾아서 정독해 보시길 추천한다.)

용 그리고 형식으로 복음을 전달하는 것을 의미한다. 그래야만 무슬림들이 자신의 문화 내에서 회심을 하고 주님을 따르며 그리스도인으로서 살아갈 수 있게 할 수 있다.[18] 김요한 선교사님이 전해주는 상황화의 목적은[19] "이슬람이라는 문화/사회적 상황 가운데에, 견고하게 뿌리를 내린 자급, 자전하는 역동적인 그리스도의 몸이 세워지는 것이다. 이를 죤 와일더와 찰스 크래프트는 '이슬람 내부로부터의 대중운동(People movement from within the Islam)'이라고 표현하였다."고 말해주고 있다.

C. 앞서 언급한 김요한 선교사는 미전도종족을 향한 전방개척에는 전방개척적인 스피릿을 요구하고 있다고 말하고 있다. "랄프 윈터가 지적한 바와 같이 미전도종족 가운데에 교회를 세우는 일인 이러한 전방개척적인 스피릿은 사도행전에 등장하는 초대교회 예수님의 모든 제자들이-그들이 기도와 말씀 전파에 전무해야 한다고 생각하고 목회학적 돌봄에 그 주 관점을 두었던 사도들이건, 교회에서 구제와 돌봄을 위하여 마치 보조적인 역할을 위하여 세움을 받은 집사들이건-실제적으로 실천하여야 했던 것으로서 지금의 전방개척 선교지에서 동일하게 적용되어야 할 것이다. 목회적인 경험이나 목회를 위한 준비와는 전혀 다른 전방개척적인 스피릿을 요구한다."[20]

D. 말레이 무슬림사역, 특히 태국 내 무슬림 사역에는 전방개척적인 스피릿을 요구한다. 이를 위해 다양한 영역의 활동이 가능하다고 생각한다. 특히 태국은 동남아시아의 어느 나라보다 무슬림들에게 복음을 전하기가 수월하다고 말할 수 있다. 물론 쉽다는 것이 아니라 이슬람국가에서 혹은 무슬림반군 활동지에서 복음을 전하기보다는 좋은 조건이라는 의미이다. 그러므로 다양한 복음전도의 스펙트럼을 활용할 수 있는 기회의 땅이기도 하다. 필자는 얼마 전 인도네시아의 무슬림 사역자 모임에 다녀왔다. 동남아시아[21]의 최대 무슬림 국가이면서도 넓은 나라인데 필자가 방문한 지역은 그 중에서도 기독교인의 비율이 20%쯤 되는 지역이었다. 모임을 통해 나누는 사역현장의 이야기는 참 도전이 되었다. 복음 전파를 위해 인도네시아 곳곳에서 다양한 시도들을 하고 있는 나눔 속에서 필자

---

(18) 최근 이슬람 선교의 화두는 '내부자운동'이다. 이렇게 기독교인의 정체성으로 선교사적 마인드로 속해 있는 이슬람공동체 내에서 복음의 영향을 끼치는 것이 진정한 내부자운동이라 생각한다.

(19) 전방개척선교지(KJFM), 이슬람 상황화와 교회개척운동, 김요한.-무슬림 사역 전문단체인 인사이더스의 국제필드 대표인 그는 말하길 "상황화(contextualization)는 혼합주의(syncretism)과 혼동되는 경향이 있는데, 사실은(상황화는) 혼합주의를 경계하기 위하여 등장한 것으로 복음전도에 있어서 문화적인 이해에 초점을 맞춘 것이라고 할 수 있다."라고 말하고 있다.

(20) 전방개척 선교지, 교회구조와 지도자 양육에 대한 소고-관련된 제반 이슈들과 토의. 김요한. 3장 교회개척과 교회개척운동. 참조

(21) 전체 무슬림 수는 전 세계 인구의 23.2%인 약 16억 명인데, 이 중 아시아의 무슬림 숫자는 약 62%에 해당하는 9억 7천 2백 5십만 명으로 아주 많은 수의 무슬림들이 살고 있다. 동남아시아에는 253백만 명, 남아시아에는 484백만 명, 그리고 중앙아시아에 235백만 명 그 외 태평양 연안 지역에 약 50만 명 정도가 살고 있다. (PEW 센터 Mapping the Global Muslim Population-2009 참조)

가 섬기는 태국 내에서도 이런 다양한 시도들이 있어야 하겠다는 도전을 받았다.

(1) 일반적으로 무슬림 사역자들은 친구 관계를 통한 우정전도의 방법을 사용한다. 그러나 필자가 가까이 서 지켜보면서 접하게 되는 것은 지역교회 내에서 직접전도를 통한 회심도 가능하다는 것을 지난 짧은 사역기간을 통해 경험하였다. 그래서 필자는 태국 내 무슬림 사역에 있어서 친구관계를 통한 우정전도를 사역방법으로 채택하던지 혹은 신분을 어느 정도 오픈하여 직접 전도의 방법을 택하던지 필자가 중점을 두는 것은 신분과 정체성이 분명한 상황 속에서 정기적인 만남이 진행되는 것이다.

(2) 분명한 정체성, 그리고 정기적인 만남은 이전의 비즈니스 성격을 띠었던 미니 소그룹에서도 기독교인 회사의 하청을 받은 자로서의 신분과 현재 진행되는 스포츠 교사와 물품 판매 그리고 교육센터에서도 기독교인 사회봉사자로서 정기 만남 등이 그 한 예라고 볼 수 있다. 무슬림 사역의 넓은 스펙트럼의 반대쪽은 기독교 사역자로서의 정체성으로 정기적인 방문을 통해 공개적인 직접전도를 진행하고 있다.

E. 현재 무슬림 지역의 지역교회에서, 또 일반적으로 기독교인이 무슬림 이웃과 좋은 관계를 통해 회심하는 경우가 자주 발견되고 있어서 태국은 분명 이웃 다른 나라의 무슬림 사역과 비교하여 조금 더 기회가 많은 사역지로 평가되고 있다. 물론 이마저도 우정전도의 한 모습이기는 하지만 사역자의 신분을 숨기고 우정 전도에 집중하는 저와 같은 사역자들에게는 좋은 모델이 되고 있다.

6. 글을 마치며

A. 필자의 궁극적인 사역의 목표는 태국 무슬림들 가운데 자신들의 언어로 예배하는 신앙공동체가 생기는 것이다. 곧 교회가 개척되는 것이다. 앞서 말한 무슬림 사역을 위한 정체성이나 정기적인 만남은 그저 무슬림들을 안정적으로 만나는 도구에 지나지 않다. 어떤 사역이나 마찬가지이지만 사역자에게 가장 중요한 것은 사역대상이 되는 이들의 역사와 문화와 고민과 아픔을 함께 공유하고 대상자들 마음 가운데 사역자들의 사랑과 섬김이 깊이 자리 잡기 시작할 때 이 비전은 결국 이루어질 것이다.

우리 가운데 가장 먼저 선교사로 오셨던 예수님처럼 온전한 성육신이 이루어질 때 비로소 교회가 시작될 수 있을 것이다. 무슬림을 위해 사역하는 사역자들 뿐 아니라 이 땅의 모든 사역자들이 신실하고 거룩한 삶을 살아감으로 말에 그치는 복음이 아니라 삶으로 증거 되는 복음 전달자가 되길 소망한다. 그리고 저들의 눈높이로 낮아져서 저들이 이해하고 수용할 수 있는 언어와 도구를 사용하여 분명한 복음을 전할 때 비로소 하나님의 각 개인을 향한, 그리고 이 시대를 향한 비전이 성취될 것이다.

B. 한국 교회의 부흥이 시작되던 때인 1970년대 초 이 땅에는 이미 순교의 피가 흘려졌다. 1953년 중국에서 철수한 OMF 선교사들이 태국의 무슬림사역을 시작하여 남부 싸이부리(Sai Buri) 지역에 한센병 환자들을 위해 사역을 시작했고 전문병원을 세워 사역했다. 선교사역이 활발히 진행되어 말레이 종족 사람 5명이 세례를 받는 등 약 100여 명 정도 개종자가 생길 즈음인 1974년 지역 테러리스트들이 사역하던 간호 선교사 두 분을 납치하여 돈을 요구했고, 선교정책에 따라 불응하자 1975년 4월 두 분은 시신으로 발견 되었다.[22]

하나님께서는 순교의 피를 그냥 간과하지 않으신다는 것을 지난 선교의 역사 속에서 발견하게 된다. 귀한 순교로 말미암은 복음의 씨앗은 하나님의 때에 하나님의 방법으로 싹이 틔고 자라게 될 것이다. 우리를 불러 사역자로 사명과 비전을 주시는 하나님께서 혹 이때, 이 사역을 위해 우리를 부르심이 아닌가? 불같은 열정이 주께로부터 임하시길 소망한다.

C. 몇 가지 기도제목

(1) 한국교회에 많이 알려지지 않은 미전도종족 사역인 태국 무슬림 선교에 한국교회의 뜨거운 기도와 더 많은 헌신자, 물적, 영적 지원이 일어나도록

(2) 근래 태국 교회의 무슬림에 대한 관심은 증가하면서, 몇몇 교회들을 중심으로 회심자 수련회와 모임이 일어나고 있지만 공명심이 앞서고 있어서 안타까운 상황인데, 정말 자신의 종족을 향한 열정과 비전에 사로잡힌 사역자들의 활동이 효과적으로 일어나도록

D. 바라기는 이 글을 접한 모든 이가 태국의 무슬림사역이 동남아 무슬림사역의 열쇠로 작용하도록 기도하는 기도의 동역으로 성장하길 소원한다.

'어떤 상황 속에서도 복음은 전진합니다.(빌1:12)'

(22) OMF Thailand 선교역사참조 https://omf.org/thailand/omf-thailand-history/

• 태국 무슬림 사역에 관심이 있거나, 더 알고 싶으신 분들을 위한 연락처 :
박 아굴라 선교사 : help4thaim@gmail.com

쿠데타와 태국의 현대사

글 | 정 보애(SIReNer)

방콕 짜오프라야 강, 출처: unsplash.com

들어 가는 말

4년 전 2014년 5월 22일 태국에서 쿠데타가 발생했다. 태국 육군 총사령관 '쁘라윳 짠오차(Prayuth Chanocha)'가 이끄는 군부가 제 60대 '잉락 친나왓(Yingluck Shinawatra)' 총리 내각에 반기를 들고 군사 쿠데타를 일으킨 것이다. 쿠데타 이후 군인과 경찰로 구성된 국가평화유지위원회(NPOMC)는 기존 입헌군주제 하에 군정(軍政) 지배를 받는 과도 의원내각제 군주국으로 태국의 정부형태를 전환시켜 현재까지 집권해오고 있다. 국가평화유지위원회 의장은 쿠데타 주동자인 쁘라윳 짠오차 육군 총사령관이 맡았으며, 5월 26일 국왕 푸미폰 아둔야뎃 라마 9세는 쿠데타를 공식적으로 승인했다.

이처럼 최근 100여 년 동안 태국에서는 무려 21차례의 쿠데타가 일어났는데, 그 가운데 15차례는 라마 9세 재임 기간 중에 일어났다. 대부분의 쿠데타는 사후 국왕의 추인을 받는 것으로 사실상 왕권–군권 결합 형태로 일어나고 있어서 '친위 쿠데타'라고 불리기도 한다.

소위 '도서 동남아'라 불리는 '말레이시아, 인도네시아, 브루나이, 필리핀, 싱가포르'와 '대륙 동남아' 혹은 '인도차이나'라고 불리는 '베트남, 미얀마, 캄보디아, 라오스' 등 9개 국가들은 19세기와 20세기 중반까지 서구 열강에 의한 식민지 지배라는 굴욕의 역사를 겪었다. 그러나 유일하게 태국만은 식민지를 경험하지 않고 오늘에 이르고 있어서 이것이 태국인들의 자부심이 되고 있다. 18세기와 19세기 초 까지 태국은 식민지 제국주의의 위협 속에, 20세기 초반에는 1차 세계대전과 경제대공항의 도전 아래, 20세기 중반에는 2차 세계대전의 격랑 속에서 유명한 '대나무 외교'를 통해 국가를 보존한다. 대나무 외교란 태국이 당시 대부분의 동남아를 양분하여 지배하던 영국과 프랑스 사이에서 지정학적으로 완충지대 역할을 하다가 1, 2차 세계대전으로 서구 영향력이 약화되던 시기에는 식민지 후발주자인 동아시아 맹주 일본에 기대어 친일 외교노선을 펼치고, 2차 대전 중 미국이 급부상하자 다시 친미 외교로 연합국에 가담하여 국제무대에 등장하게 된 것을 말한다.

또한 1970년대 캄보디아, 베트남, 라오스가 차례로 사회주의 국가 체제로 편입되며 인도차이나반도에 공산화 바람이 불자 태국은 미군이 주둔할 수 있도록 태국 내 미군주둔기지와 공군 비행장을 제공하는 등 적극적인 친미 노선을 취하여 자본주의, 민주주의 체제하에서 태국을 유지, 발전시킬 수 있었다. 그러나 이러한 결과는 그냥 주어지지 않았다. 태국 국가정체의 존속과 더불어 동전의 양면 같은 근대화와 국가 발전이라는 과제는 흥미롭게도 쿠데타와 아주 밀접한 상관관계가 있다. 따라서 이 글은 '왕실-군부-민간정부'라는 태국의 엘리트 지배 트라이앵글 구조가 어떻게 형성 발전되었는지 '시대 환경과 인물'이라는 관점으로 살펴봄으로써 태국이라는 나라와 선교 현장을 보다 더 현실적으로 이해해보고자 한다.

앞서 언급한 지난 100여 년 동안 일어난 무려 21번의 태국의 쿠데타와 관련해서 네 명의 인물들이 그 역사의 중심에 서 있다. 이들은 태국의 오늘을 형성한 인물들이자 태국 정치, 사회가 어떠한 미래로 갈 것인지에 있어서도 여전히 매우 큰 영향을 미치는 중요한 인물들이다. 먼저 출생 순으로 피분 송크람(Phibun Songkhram, 1897년-1964년), 쁘리디 파놈용(Pridi Phanomyong, 1900년-1983년), 푸미폰 아둔야뎃(Phumiphon Adunyadet, 1927년-2016년), 탁신 친나왓(Thaksin Shinawatra, 1949년-1983년)이다. 앞의 두 사람은 절대왕정체제를 무너뜨린 근대 태국 건국의 아버지로 불리는 이들이고, 세 번째 인물은 현 태국 짜끄리(Chakri) 왕조에서 가장 장수한 왕이자 국민들의 신적 추앙을 받던 인물로 지난 2016년에 사망한 라마 9세 전 국왕이다. 마지막 네 번째 인물, 탁신 전 총리는 소위 엘로우 셔츠(Yellow shirts)에 대항한 레드 셔츠(Red

피분 송크람, 출처: wikipedia

shirts) 붐을 몰고 온, 2000년 이후 태국 관련 검색어 1위에 오를 만큼 대중적 이슈가 되는 인물이다. 이들을 차례로 살펴보자.

1. 피분 송크람
(Phibun Songkhram, 1897-1964)

짜끄리 왕조 라마 7세 때인 1932년 6월 24일, 피분 송크람(혁신 군부), 쁘리디 파놈용(소장파 관료) 등 프랑스 유학파 엘리트로 구성된 카나랏싸던(Khana Ratsadon)[1]이 쿠데타/혁명을 일으켰다.

---

(1) 프랑스 파리에서 1927에 태국 육군 23명, 해군 14명, 민간관료 24명으로 결성된 비밀 결사조직. 카나랏싸던의 세력은 세 부류로 분류할 수 있는데, 첫째는 파혼 대령을 리더로 하는 실질적 군권과 영향력을 가진 노장파 장교집단이다. 둘째는 민간측 지도자 쁘리디 파놈용을 리더로 하는 사회주의적 이념을 가지고 있었던 집단이며, 셋째는 피분 송크람 소령을 리더로 하는 소장파 장교집단으로 군국주의 추진 세력으로 이후 태국에서가장 강력한 세력을 가지게 된다.1932년 6월 24일에는 자기 스스로를 인민당(the People's Party)이라고 하면서 약

이 혁명은 '시암 혁명'이라고도 하는데, 이는 짜끄리 왕조로는 150년, 과거 수코타이(Sukhothai) 왕조부터 거슬러 올라가면 700년 동안 유지되어 오던 태국 절대왕정체제를 무너뜨리고, 서구식 민주제도를 도입하여 입헌군주제 정체를 정착시켰기 때문이다. 또한 세계에서 유례를 찾아보기 힘든 민간과 군부집단이라는 상호 이질적인 두 집단이 합동으로 일으킨 혁명이라는데 그 의의가 있다. 그러나 훗날 이 둘은 프랑스의 드골(Charles de Gaulle)과 페탱(Henri Philippe Benoni Omer Joseph Pétain)처럼 함께 혁명을 일으켰던 혈맹 동지에서 영원한 정치적 숙적으로 갈라서게 된다. 현재 피분 송크람은 '태국 군부독재의 아버지'로, 쁘리디 파놈용은 '태국 민주주의의 아버지'로 서로 상반되는 평가를 받고 있다.

1897년에 방콕 인근 논타부리(Nonthaburi)에서 중국계 태국인으로 태어난 피분 송크람은 태국 군사 엘리트 코스인 '출라촘클라오 왕립군사학교(Chulachomklao Royal Military Academy)'[2]를 거쳐 1924년 국방부유학생으로 프랑스 유학을 가게 된다. 그는 1934년에 국방장관이 되고, 1938년에 총리직에 올라 당시 태국 제 3대 총리(1938년 12월 26일-1944년 8월 1일)가 된다.

피분 송크람의 총리 재임기간에 태국 역사상 가장 혁명적인 사건이 발생하는데 바로 국가명을 '시암(Siam)'에서 '타이(Thai)', '타일랜드(Thailand)'로 변경한 것이었다. 이는 태국 왕국이라는 기존 정체성을 버리고 새로운 근대국가로 발전하고자 하는 방향을 담고 있는 것이었다.

그러나 한편 피분 송크람은 그의 재임기간 동안 극단적인 태국화와 태국 민족주의 정책을 추진하여 많은 원성을 사기도 했다. 중국계 태국인들을 비롯한 화교들의 태국 경제에 미치는 영향력을 제한하는 정책을 폈을 뿐 아니라 모두 태국식 이름을 가지도록 강요했으며, 태국어 만을 사용하도록 했다. 또한 태국에 거주하는 무슬림들에게도 이들을 진정한 태국인으로 개조시킨다는 미명하에 언어, 문화는 물론 태국 소승불교로 강요하고 이슬람교를 탄압했다. 이 때문에 당시 불교도들에 의한 무슬림 학살이 자행되기도 했다. 이러한 태국민족주의 정책을 '랏타니욤(Rathaniyom)'이라고 하는데, 일종의 국수주의적 애국주의 정책이었다.

그 후 피분 송크람은 1941년 태평양전쟁을 기화로 태국을 통해 프랑스령 인도차이나로의 진입하려던 일본의 위협에 일

99명의 해외유학파들이 태국 왕실 앞에서 혁명을 주도했다. 자유 태국 최초의 정당이 인민당이다.

(2) 지난 2014년에 태국에서 군사 쿠데타를 일으켜 현재까지 총리로 있는 쁘라윳 짠오차도 이 학교 출신이다.

쁘리디 파놈용 , 출처: wikipedia

2. 쁘리디 파놈용
(Pridi Phanomyong, 1900-1983)

5남매 중 차남으로 태어난 쁘리디 파놈용은 중국계 태국인으로서 선조는 중국 광동성 출신이었다. 쫄라롱꼰 대학교(Chulalongkorn University) 법학과를 졸업한 뒤 태국 국가 장학금으로 프랑스 유학을 가게 되었다. 그는 파리 대학교에서 법학을 공부하면서 프랑스 공화정 체제에 매료당한다. 귀국 후 '시암 혁명'을 성공시키며 바로 태국 신(新)헌법을 제정하였으며, 라마 7세 퇴위 후 아직 아홉 살 밖에 되지 않은 어린 새로운 왕 라마 8세를 대신해 섭정역할도 맡게 된다.

그러나 쁘리디 파놈용은 당시 소련의 경제정책을 모티브로 한 프랑스식 사회주의 정책을 태국 신(新)경제정책으로 도입하여 기득권층이던 왕족과 고위관료, 보수파 군부로부터 불만을 사기 시작한다. 그 정책들의 골자는 곧 토지국유화, 노동자의 공무원화 같은 급진 개혁정책이었다. 그로 인해 같은 인민당 내부에서도 온건파와 급진파로 분리 대립이 일어나게 되고, 1933년 4월에는 국회에서 신경제정책을 강행처리에 반대한 당시 수상과 군부가 국회를 정지시키고 공산주의를 제한하는 법률을 제정하였다. 이에 신변의 위협을 느낀 쁘리디 파놈용은 일단 프랑스로 피신을 하게 된다. 이후 돌아온 쁘리디 파놈용은 1934년에는

본과 방위동맹을 체결하고 제2차 세계대전에 참전하였다가 이로 인해 전후 전범으로 체포되었다. 이후 1946년 석방 후 1947년 쿠데타를 일으켜 다시 태국의 제 11대 총리(1948년 4월 8일-1957년 9월 17일)에 올라 막강한 권력을 행사하였다. 1951년에는 해군에 의한 반(反) 피분 쿠데타의 위기를 극복하고, 1952년 제7차 내각을 조직하여 중화인민공화국 비(非)승인, 동남아시아조약기구(SEATO; The Southeast Asia Treaty Organization) 가입 등 반공친미(反共親美)정책을 전개했다. 그러나 1957년 쿠데타로 실각 후 1959년부터 일본에 망명하여 여생을 보냈다.

'탐마삿'이라는 명문대학을 설립하였으며, 내무장관, 외무장관, 재무장관 등 현대 태국 내각제에서 주요한 요직을 섭렵했다. 하지만 피분 송크람과는 정치체제와 국가관에 있어 현격한 노선 차이로 대립하다가 결국 2차 세계대전 전후로 피분의 친일적 행위에 노골적인 적의를 드러내면서 완전히 정적(政敵)이 되어 양립할 수 없는 길을 가게 된다.

쁘리디 파놈용이 수상으로 있던 1946년에 라마 8세의 총기사고 사망 사건이 발생하면서 태국 국내 정세의 혼란 방지를 빌미로 피분 송크람이 그 다음해인 1947년에 쿠데타를 일으켜서 재집권에 성공하게 된다. 그러자 쁘리디 파놈용 역시 이를 저지하기 위해 1949년에 태국 민주주의의 회복을 기치로 정변을 시도했지만 실패하고 중국으로 망명하게 된다. 이후 1965년에 타이 애국전선을 결성하여 국권회복을 위해 노력하였으나, 끝내 고국을 찾지 못한 채 1983년 5월 2일에 프랑스에서 생을 마감한다. 그가 세운 탐마삿 대학교(Thammasat University)는 쁘리디 파놈용의 민주주의와 자유, 국가와 헌법을 향한 투쟁과 열정, 정신, 영향력이 깃든 학교이다. 쫄라롱꼰 대학교 다음으로 태국에서 두 번째로 정식 국립대학이 되기도 하였다. 이 대학은 원래 '법정치대학'으로 불리며 주로 정치학과 법학을 중심으로 가르쳤던 학교였는데, 현재

도 이 분야에서 태국 최고라는 평가를 받고 있다. 이 학교가 전 세계적으로 주목받게 된 것은 1976년에 일어난 태국의 민주화 운동에 중추적인 역할을 하게 되면서부터이다. 당시 군부세력에 대항한 많은 학생들이 집단 학살을 당하는 사태까지 벌어졌다.

태국 수도 방콕에 가면 쁘리디 파놈용 소이(Pridi Panomyong Soi)라는 그의 이름을 딴 거리가 있고, 그가 국왕에게 하사 받은 이름인 프라딧마누탐(Praditmanutham)이라는 지명(地名) 역시 존재한다. 또한 그를 현대 태국 건국의 아버지이자 민주화의 국부(國父)로 기리기 위해 그의 생일 1900년 5월 11일을 쁘리디 파놈용의 기념일로 지정했고, 방콕에 그가 주도한 '자유타이운동(Free Thai Movement)'을 기념한 공원과 기념 도서관이 있으며, 유네스코는 그의 불굴의 정신과 정치적 이상을 기리기 위해 그의 탄생 100주년이 되던 2000년에 '세계 위인 역사 달력'에 쁘리디 파놈용을 추가시켰다.

3. 푸미폰 아둔야뎃
(Phumiphon dunyadet, 1927-2016)

라마 9세로 불리며, 지금도 태국 전역의 관공서, 학교, 시장, 호텔을 비롯한 곳곳에 그의 사진이 게시되어 있다. 1946년에

등극하여 2016년 10월 16일에 서거하기까지 70년 동안 재위한 왕이다.

푸미폰은 1946년 자신의 형 아난다 마히돈(Ananda Mahidol, 라마 8세 1925년-1946년) 국왕이 총상으로 자신의 침실에서 사망한 이후 즉위했는데, 당시 만 18세의 나이였다. 미국에서 태어나 태국의 정치와 사회에 대한 경험이 거의 없었을 뿐 아니라, 갑자기 죽은 형을 대신하여 왕위에 오른 푸미폰 아둔야뎃은 입헌군주로서 자신의 역할이 무엇인지 매우 불확실한 상황에서 국왕이 되었다. 푸미폰 아둔야뎃의 초기시대는 당시 반(反)왕실적인 피분 송크람에 대해 1957년에 쿠데타를 일으킨 사릿(Sarit)과 타놈(Thanom)이라는 친(親)왕실적인 군인출신 총리들이 등장함으로 일단 전화위복을 맞게 된다. 이들은 태국의 존속과 발전이라는 국가적 과제를 해결하기 위해 친(親)일본, 반(反)국왕 노선을 견지하는 피분 송크람도, 소련이나 프랑스의 급격한 개혁과 좌익적 민주화 노선을 추구하는 쁘리디 파놈용도 아닌 제 3의 길을 선택한다. 이는 몰락해가는 국왕과 왕실을 태국적 가치를 지닌 구심점이자 상징으로 다시 추대, 선전하면서 태국사회의 안정과 자신들의 입지를 공고하게 도모하기 시작했다.

이들은 그들을 지지하는 군부 네트워크와 함께 50년대 말에서 70년대까지 상호

푸미폰 아두야뎃, 출처: wikipedia

원원(win-win)할 수 있었다. 소위 사릿 시대라 일컫는 이 시대에 푸미폰 국왕은 총리와 그 지지 세력에 의해 이미지 제고가 가능했고, 국내 이산 지역 등 빈곤지역 순방, 해외 23개국 순방, 기업가들과의 관계구축과 국교인 불교에의 기부금 증대를 통한 부의 재분배 등은 국왕의 이미지와 왕실의 영향력을 확대시킬 수 있는 기반을 마련하게 되었다.

푸미폰의 중기에는 1973년 10월 혁명과 그 후 계속된 1976년의 군사독재에 항거하는 학생들과 민간관료들의 민주투쟁과 유혈사태로 도전을 맞게 된다. 특별히

1976년 탐마삿 대학교 학살 사건, 태국 공산당의 영향력 증대, 국왕과 불교, 군인에 대한 학생들의 노골적 모욕과 경멸, 주변 베트남, 캄보디아, 라오스의 공산화에 대한 불안으로 결국 푸미폰 아둔야뎃은 태국 왕실과 사회 안정을 유지시켜 줄 군부에 손을 들어줌으로 1980년대 ~ 2000년대까지 태국이라는 국가와 불교의 명실상부한 구심점이자 조율사, 해결사로서 자리매김하게 된다.

이 시대 특이한 것은 왕실에서 한국의 새마을 운동과 같은 수많은 프로젝트를 시행함으로서 태국 국민들에게 왕실 이미지가 절대 왕정 시대만큼 제고되었다는 점이다. 푸미폰 국왕이 1986년 12월 5일 60회 생일을 맞이했을 때, 태국 역사상 살아 있는 국왕으로서는 처음으로 국민투표를 통해 '마하랏(Maharat)', 즉 '대왕' 칭호를 획득했다. 또한 1992년 5월 민주화 시위 과정에서 시위대가 왕실 찬가를 부르자 발포 사격하던 군인들이 사격을 중지한 것도 태국 사회에서 푸미폰 국왕의 위상이 어떠한지를 충분히 알 수 있게 해준다. 1992년에는 푸미폰 국왕이 군부독재 수장 수찐다 끄라쁘라윤(Suchinda Kraprayoon) 장군과 반대편 민주화 시위 대표자인 짬렁 시므앙(Chamlong Srimuang) 두 사람을 불러 국왕 앞에서 무릎을 꿇리고 중재하는 장면과 사진이 전 세계 TV와 신문에 대서특필되었

다. 이후 태국은 민주주의 체제로 전환하여 발전의 시간을 갖게 된다.

그러나 푸미폰 아둔야뎃의 말기시대는 큰 위기와 도전을 맞았다. 시기적으로는 그가 80세를 넘긴 2000년대 이후부터 시작된다. 직접적인 이유는 푸미폰의 신체적인 노화와 질병, 그리고 왕실에 대한 불만이 주요한 원인이 되었다. 푸미폰 국왕은 젊어서 왕위 등극 전에 교통사고를 당하여, 척추를 크게 다쳤을 뿐 아니라, 한쪽 눈이 실명되어 의안을 장착하고 있었다. 이후 후유증과 건강문제는 평생 그를 따라다녔다. 그와 더불어 그의 후계 문제와 관련된 왕실에 대한 불만과 우려가 누적되었고, 이것이 다시 태국 국민과 사회 발전에 대한 새로운 갈망으로 표출되기 시작했다. 그것이 바로 탁신을 지지하는 레드셔츠들의 등장이다.

4. 탁신 친나왓
(Thaksin Shinawatra, 1949-현재)

2천 년 대 이후 태국 관련 뉴스들은 옐로셔츠와 레드셔츠에 대한 언급으로 가득하다. 간단히 말하면 옐로셔츠란 태국 국민민주주의연대, PAD(People's Alliance for Democracy)를 의미하며 이들은 왕당파로 불리며 태국 보수층을 대변한다. 여기에는 군부 엘리트 집단, 방콕 등 중부와 남부 중심의 상류층과 중산층, 사회 안정을

바라는 기업가 계층과 민간 엘리트 등이 속
해 있다.

반면 일명 레드셔츠는 반독재 국
가민주연합전선, UDD(The National
United Front of Democracy Against
Dictatorship)로서 개혁파, 급진파로 불리
며 태국북부의 치앙마이와 가난한 태국 동
북부 이산 지역, 도시 빈민들의 전폭적인
지지를 받고 있다. 레드셔츠의 지도층들은
군부 독재 및 왕실을 개혁의 대상으로 보
는 사회 활동가들, 친(親) 탁신 경찰, 군부,
민간관료, 기업가 집단으로 구성되어 있다.
여기에 '태국왕실 모독법'에 의해 처벌받은
진보성향 학자집단도 가세하고 있다.

탁신은 1949년 태국의 중국 객가계
(하카계: 客家係) 화교 출신으로 치앙마이
에서 태어났다.

그는 세계적인 화교 자본가로서 1987
년에 그는 친나왓 그룹을 설립했으며,
1994년에는 외무부 장관에 임명되면서 정
치에 입문하였고, 1997년 8월에는 태국 연
립정부 부총리를 역임하다가, 1998년에 대
중들의 정당인 타이락타이당(TRT; Thai
Rak Thai Party, 태국애국당)을 창당하고,
2001년 2월에 제 31대 태국 총리(2001년
2월 9일–2006년 9월 19일)가 되었다.

그러던 2006년, UN 총회 참석차 뉴

탁신 친나왓, 출처: wikipedia

욕방문 중 부정부패 혐의등이 빌미가 되어
군사 쿠데타[3]를 당해 실각하였다. 이후 탁
신은 2008년 태국으로 돌아온 후 자기 계
열의 총리를 후임으로 세웠으며, 다시 여동
생 잉락 친나왓을 총리로 선출하는데 힘썼
다. 잉락 친나왓은 2011년부터 2014년까
지 총리로 재임하였다. 탁신 계열의 연속적
인 총리 선출은 태국 빈곤층과 대중적인 지
지, 인기와 선거로 인한 영향력이 증대되었
기 때문에 가능했던 일이다.

2006년 쿠데타 이래 등장한 레드셔츠
들은 2008년, 2009년 방콕에서 소요를 일

---

(3) 2006년 쿠데타는 2006년 9월에 발생했다. 이 사건은 왕립태국군
소속 군병력이 선거로 선출된 탁신 친나왓 전 태국 총리의 위임정부
를 무력으로 전복시킨 무혈 쿠데타 사건이다. 이 쿠데타는 이전 15년
동안에 발생한 최초의 비헌법적 정권교체 사건이었고, 이후 탁신 전
총리와 그 지지세력, 그리고 그 반대파들 사이에 1년에 걸친 정치적
소요사태가 발생했다.

으켜 이로 인한 비상계엄령 선포, 파타야 (Pattaya) 가두시위와 소요 등을 일으켰으나 모두 무력 진압되었으며, 2009년에는 탁신의 일반여권 말소, 2010년에는 탁신의 재산 절반의 국고 몰수 등으로 태국 보수파와 왕당파들이 기선을 잡게 된다. 이후 2014년 5월 22일 다시 발생한 쿠데타로 보수파의 육군 총사령관 쁘라윳 짠오차가 전임 잉락 친나왓의 후임으로 제 38대 총리가 되어 현재까지 이르고 있다.

태국은 정치적 과도기를 지나고 있으며, 전에 없는 대학생 등 젊은 층을 중심으로 한 반정부 시위가 진행되고 있다. 또한 2014년 쿠데타로 집권한 쁘라윳 짠오차 총리의 내각은 계속되는 총선요구 압력에 직면해 있다. 태국의 미래를 위해 어떠한 체제가 가장 바람직할 것인지 관심을 가지고 함께 기도해야 할 것이다.

나오는 말

지금까지 현대 태국의 정치사회적 굴곡과 발전을 쿠데타라는 렌즈를 통해 중요한 4대 인물 중심으로 살펴보았다. 이들은 결국 태국 현대사에 등장한 3개 그룹의 신흥 지배 엘리트층이라고 정리해 볼 수 있다. 바로 '군인-민간관료-왕실'이다. 1945년 이후 이들이 태국 민족국가 건설, 공산주의의 위협, 1990년대 후반 국제통화기금 (IMF; International Monetary Fund) 경제위기라는 대외적인 도전, 경제발전과 사회안정이라는 대내적인 과제 앞에서 이 반복된 쿠데타를 통해 태국을 이끌어오고 있다.

지난 2016년 10월 13일 라마 9세 푸미폰 아둔야뎃의 사망과 이후 12월 마하 와치랄롱꼰(Maha Vajiralongkorn, 1952년생)의 라마 10세 즉위를 거치면서, 현재

태국의 화교

글 | 정 보애(SIReNer)

방콕 차이나타운, 출처: unsplash.com

태국에는 '타이 차이니즈(Thai Chinese)'[1]라는 명칭이 있다. 곧 태국의 화교(華僑)를 의미한다. 일반적으로 부모가 태국으로 이주하여 거기서 태어난 중국인 자손세대를 이르는 말이나 넓게는 태국인으로 귀화한 중국인 또는 가계에 중국혈통이 섞인 이들을 통틀어 부르는 말이다. 실제로 태국에서 살던 한국인이 쓴 글을 보면 태국 화교가 자기를 어떻게 인식하고 있는지 알 수가 있다.

"내가 태국 지방에 거주할 때의 일이다. 태국 지인과 이런 저런 이야기를 나누다가 태국인들의 특성에 대해 이야기를 나누던 중 자신은 '콘 찐(Con Jin)'이며 '콘 찐'은 '콘 타이(Con Tai)'와는 다르다는 말을 들었다. 태국말로 '콘 찐'은 중국사람 그리고 '콘 타이'는 태국 사람이란 뜻이다. 그 태국인 지인은 태국에서 태어나고, 태국에서 평생 살았고, 태국에서 정규 교육을 받은 전형적인 태국 사람이라고 생각하였는데, 자신은 '콘 찐' 이라면서 중국계 태국 사람과 원 태국 사람과 명백한 선을 긋는 것이 놀라웠다. 그는 할아버지, 할머니가 중국 사람이었던 중국계 태국인이다".[2]

위 인용문은 태국 사회에 타이계와 구별되는 민족 정체성에 관한 것인데, 그러면 태국에 살고 있는 화교들은 얼마나 될까?

태국의 화교 인구 수(數)와 비율

지난 2018년 위키피디아 자료에는 태국의 화교(華僑)[3] 705만 명으로, 전체 태국 인구의 14%라고 했다. 한편 중앙일보와 공동투자한 차이나 랩에서는 태국의 화교를 1,200만 명으로 전체 인구의 18%라고 발표했다.[4] 사실 위키피디아 통계는 지난 2000년에 조사한 태국 인구조사 자료 통계에 근거하고 있어서 20년이 지난 현재 상황에서는 태국 화교를 1,200만 명으로 보는 것이 더 타당해 보인다. 또 차이나 랩에서는 전 세계에서 화교들이 많이 사는 나라 Top 10 가운데, 태국이 2위라고 발표했다. 인도네시아가 화교들이 1,250만으로 가장 많지만 전체 인구중 차지하는 비율은 5%이기 때문에 총 인구 비율로는 태국이 18%로 가장 높다. 심지어 태국 화교를 연구한 전문가 중 한 사람인 사라신 위라폰

---

(1) 타이 차이니즈 즉, 화교(華僑)는 중국을 뜻하는 '화(華)'와 다른 나라에서 사는 것을 의미하는 '교(僑)'가 합쳐진 말이다. 중국 이외의 곳에 거주하는 중국인을 가리킨다. 화교는 크게 세 가지 부류로 나뉜다. 우선 중국 본토 외 국가나 지역에서 거주하는 중국인을 화교라 말한다. 이들의 2, 3세는 현지 국적을 취득한 사람이 다수인데, 화교와 구분하기 위해 '화인(華人)'이라 부른다. 화인 가운데 중국계 사회에 참여하지 않은 현지 국적자를 '화예(華裔)'로 분류한다. 최근엔 화예를 제외한 화교와 화인만을 화교라 칭하고 있다.

(2) 김창희, "중국계 태국인들의 사회적 발전과 특성", PRIDE, vol. 31,

2016, 겨울호.

(3) 화교(華僑)는 중국을 뜻하는 '화(華)'와 다른 나라에서 사는 것을 의미하는 '교(僑)'가 합쳐진 말이다. 중국 이외의 곳에 거주하는 중국인을 가리킨다. 화교는 크게 세 가지 부류로 나뉜다. 우선 중국 본토 외 국가나 지역에서 거주하는 중국인을 화교라 말한다. 이들의 2, 3세는 현지 국적을 취득한 사람이 다수인데, 화교와 구분하기 위해 '화인(華人)'이라 부른다. 화인 가운데 중국계 사회에 참여하지 않은 현지 국적자를 '화예(華裔)'로 분류한다. 최근엔 화예를 제외한 화교와 화인만을 화교라 칭하고 있다.

(4) 선우경선, '화교들이 많이 사는 나라 TOP 10', 『차이나 랩』, 2017. 6. 5.

(Sarasin Viraphol)은 "태국 인구의 90% 정도가 중국인 피를 지니고 있다"고 했다.[5] 물론 이것은 과장된 수치로 보아야 하겠지만, 장구한 이주와 정착의 역사를 갖고 있는 태국의 화교들이 태국 사회의 오랜 혼혈과 깊은 동화 과정을 거치면서 중국적 요소가 얼마나 광범위하고 깊게 퍼져 있는지를 잘 보여준다.[6]

지난 2001년 태국 방콕(Bangkok)을 취재한 한국 기자의 아래 기사보도 내용에서도 위와 같은 사실을 재확인할 수 있다.

소규모 사업을 경영하는 한 태국인은 "태국에서는 중국인과 태국인을 굳이 구별할 이유가 없죠. 왕가에서부터 밑바닥층까지 이래저래 피가 다 섞인 데다 거의 태국 사람으로 귀화했는데요. 그래도 샘 날 때가 많죠. 부지런하고 잇속에 밝은 중국인을 느려 터진 태국인이 어떻게 따라가겠어요." 라며 웃는다.[7]

기자는 당시 태국 화교들이 태국경제의 80%를 쥐고 있다고도 보도했다. 태국사회에서 화교가 지닌 경제적인 영향력이 절대적이라는 의미이다. 이뿐 아니라 태

국에서 태국 화교들의 위상과 영향력은 정치에서도 막강하다.[8] 대표적인 현대 정치계 화교 인물은 태국 여성으로 첫 총리가 된 잉락 친나왓(Yingluck Shinawatra)[9]과 그 오빠 탁신 친나왓(Thaksin Shinawatra)[10], 아피싯 웨차치와(Abhisit Vejjajiva)[11], 짬롱 시므앙(Chamlong Srimuang)[12]을 들 수 있다.

태국 왕조사(王朝史)와 화교

그럼 본격적으로 태국에서 화교들의 영향력이 언제부터 시작되었는지 역사적으로 한 번 살펴보자. 태국 전문학자 조흥국 박사는 타이 왕조사에서 화교에 의한 왕조의 창건이 14세기 1351년에 태국 중부

---

(8) 아래 태국 연구 학자가 쓴 글을 참조하라. "1932~1990년간 화교 출신 총리가 총8명이나 된다. 1990년 이후에도 6명의 화교 총리가 배출됐다. 현재 잉락 친나왓 총리의 조상도 광동 출신이다. 1991년 태국 의원 357명 중 화교가 거의 100명에 달했으며, 당시 44명으로 구성된 정부 내각에도 중국 혈통이 반 이상을 차지했다. 2005년 탁신 총리가 연임에 성공한후 구성한 35명 내각 중 70%가 화교였다." 왕 왕 버(王望波), 중국샤먼(廈門)대학 동남아연구센터 남양연구원(南洋研究院) 교수의 '현지인 대우받는 태국 화교: 태국 정부, 중국어 교육에 적극 나서'에서 인용

(9) 화교로 객가계(客家界) 출신 여성 정치인이다. 탁신 친나왓의 막내 여동생으로 타이 최초의 여성 총리이며, 2011년부터 2014년까지 총리직을 재직하였다.

(10) 객가계 화교로 치앙마이에서 출생했으며, 태국의 정치인이자 대재벌이다. 2천년 대 두 번의 총리를 역임했다. 정치 전문가들은 21세기 태국 정치는 친탁신 진영과 반탁신 진영의 갈등이라고 할 정도로 유명한 인물이다.

(11) 객가계 화교인 부모에게 출생했으며, 1992년 민주당에 입당한 뒤 태국 역사상 최연소인 27세로 하원 의원에 당선되었다. 44세에 총리가 된 인물로 부패한 정치 문화와 선을 긋는 '클린' 행보로 차별화에 성공했다.

(12) 톤부리의 화교 마을에서 광동(廣東) 산터우(汕頭)에서 이주한 아버지와 태국 출생 화교 어머니 사이에 태어나 1992년 태국의 민주화 시위를 이끌었던 전 방콕시장으로 현재는 정계에서 은퇴를 했다.

---

(5) 조흥국, '현대 태국 화인사회의 발전과 변화', 『동남아시아 연구』, 7권, 1999. 1.

(6) 정나원, '동양의 유태인 타이 차이니즈' 『오마이뉴스』, 2001. 12. 03.

(7) 정나원, '동양의 유태인 타이 차이니즈' 『오마이뉴스』, 2001. 12. 03.

방콕 차오프라야 강의 저녁 풍경, 이 강의 수많은 운하를 중국 화교들이 건설

지역에 건립된 아유타야(Ayutthaya) 왕국이라고 주장한다.[13] 이 왕국을 세운 유통(U Thong)은 짜오프라야(Chao Phraya) 강 하류 지방을 거점으로 활동하던 부유한 중국 상인의 아들이며, 그의 근거지인 펫차부리(Phetchaburi)에 많은 화교들이 살고 있었을 것이라고 했다.[14] 아유타야 왕국은 중국과 활발한 무역 활동을 통해 당시 타이 정부의 사신이 되어 타이 관료사회의 일원이 된 화교들을 관료 화상(官僚 華商)이라고도 하는데, 이러한 관료 화상의 화교 유형은 아유타야 시대뿐만 아니라 이후 타이의 톤부리(Thon buri) 및 라따나꼬신(Rattanakosin) 왕조 시대에 걸쳐 지속적으로 나타났다. 대개 화교 사회의 상층부를 형성하는 이들은 타이 정부와 중국 정부 사이에서뿐만 아니라 타이 정부와 태국의 화교 사회 사이에서도 중요한 중개자의 역할을 했다.

또한 18세기 중반 미얀마 군대가 타이를 침공할 때 딱(Tak) 지방의 태수였다가 중국계 군대의 힘과 영향력을 빌려 미얀마 군대를 물리친 후 톤부리에 새로운 왕

(13) 조흥국, 『태국 불교와 국왕의 나라』, 서울: 소나무, 2007, p. 174.

(14) 태국의 화교 전문 연구학자인 찬윗 까셋시리의 주장을 조흥국, 위의 책, p.171 재인용.

조 톤부리 왕국을 건설한 딱신(Taksin) 역시 화교 출신이다. 그는 중국 광동(廣東) 조주(潮州) 출신인 아버지와 타이 족 어머니 사이에서 태어났다. 톤부리 왕조는 왕조 건설 과정에서 화교 특히 딱신의 부친의 동향 사람들인 조주 화교와의 관계가 각별히 두터워, 방콕 짜오프라야 강변 일대에 화교들이 대거 모여 살 수 있도록 거주 구역을 조성하여 그의 통치 시대에 많은 조주 화교들이 태국으로 이주했다. 당시 이들은 태국과 중국 무역에서 가장 중요한 쌀 무역을 독점했다. 딱신 왕의 특별한 후견의 덕을 보았던 화교들은 태국어로 '찐 루웡(Jin-Luang)'이라고 불렀는데, 그 뜻은 '왕실 화교(Royal Chinese)'란 의미이다.[15] 딱신 시대 화교 가운데는 새로운 왕조의 관료로 기용된 이들도 많아, 타이 사회에서 화교들의 위상이 크게 높아졌다.

이후 18세기 말 1782년에 방콕을 수도로 한 라따나꼬신(Rattanakosin) 왕조를 세운 짜그리(Chakr) 즉 라마 1세 역시 화교 출신이다. 라마 1세의 아버지는 아유타야의 부유한 화교 가문의 후예이며, 어머니는 광동성 출신 화상(華商)의 딸이었다. 흥미로운 것은 현대 태국의 기틀을 다진 현재 라따나꼬신 왕조의 타이 국왕들의 피에 화교의 피가 다분히 섞여 있다는 사실이다. 라마 1세는 재위 초부터 타이 정부의 최대

수입원이 중국 무역이었기에 화교들에게 상업 활동의 자유와 해외 무역의 독점적인 지위를 부여하여 타이 화교사회는 더욱 확대 발전하게 되었다. 특별히 라마 3세 때에는 중국인들이 방콕의 운하 건설에 많이 참여하게 되었는데, 그 이유는 태국의 당시 농업 노비들은 지역 제한으로 국내 이동이 자유롭지 않았기 때문이다. 또한 태국인들에 비해 중국인들이 훨씬 더 근면하고 처신에 능했기 때문이기도 하다. 이처럼 태국의 화교들은 14세기의 아유타야 왕국 건립부터 왕, 관료 등 정치계의 상류 계층 뿐 아니라, 중산 계층, 서민 계층, 노동자 계층 등 다양한 화교 사화 구성원들로 분화 발전되어 현재까지 이르고 있다.

태국 화교의 거주 지역과 출신지

지금까지 태국 화교의 영향력을 인구 규모와 태국 왕조 건설 중심으로 살펴보았다. 이제는 태국 화교들의 지역별 분포와 중국 출신지를 통해 태국 화인 사회의 성격을 좀 더 이해해보려 한다. 태국 화교 사회는 이주 초기부터 상업상 유리하고 중요한 짜오프라야강 하류 지역과 해안 지방 그리고 주석 광산 및 고무 산업이 발달해 있는 말레이 반도를 중심으로 정착하여 마을을 이루고 발전해왔다. 특히 1950년 이전까지 화교들의 67%가 방콕, 아유타야, 펫차부리, 촌부리(Chonburi), 사라부

<hr>

(15) 조흥국, 위의 책, p. 174.

태국 사라부리, Thailand출처: unsplash.com

리(Saraburi) 등의 도시에 거주하며 살았다.[16] 그중에서도 당시 태국 화교가 가장 밀집해 있던 곳은 중국인들에게 태국의 관문이자 태국의 교통 및 상업의 중심인 방콕이었다. 그리하여 방콕의 상업 중심 지역은 주민의 38.5%가 중국 국적 화교, 39.6%가 태국 국적 화교여서, 지역 인구의 4분의 3이 화교였다. 방콕의 다른 지역에서는 화교가 주민의 약 45%를 차지했다. 이것은 태국의 수도가 화교에 의해 장악되어 있었다는 것을 의미하는 것이다.[17]

한편 태국의 화교들이 중국 어느 지역으로부터 이주해왔는지를 출신지별 사용언어로 분류하면 다음과 같다. 중국 광동성(廣東省)의 조주어(潮州語)를 사용하는 비율이 56%로 가장 많다. 그 나머지 16%는 복건성(福建省) 객가어(客家語), 12%는 해남성(海南省) 해남어(海南語), 기타 7%가 광동성 광동어(廣東語), 2%가 복건어(福建語)＝민남어(閩南語) 사용자들로 구분된다.[18]

이 가운데 최대 사용 언어인 광동성 조주 사람들은 대부분 방콕의 짜오프라야

---

(16) 조흥국, 위의 책, p. 193.

(17) 조흥국, 위의 책, p. 193-195.

(18) 조흥국, 위의 책, p. 194.

강 주변에 집중적으로 모여 살고 있다. 이들 중 많은 이들이 태국 정부에서 일하고 있으며, 나머지는 상업에 종사하고 있다.

또한 복건어 사용 화교들은 태국 남부 지역 쏭클라(Songkhla)와 푸껫(Phuket) 지역에서 최대의 화교 방언 그룹을 이루며 살고 있다. 특별히 라농(Ranong)에서부터 뜨랑(Trang)에 이르는 말레이 반도의 연안 지역, 특히 위에서도 언급한 푸껫과 빠따니(Pattani) 등 상업과 주석 산지 등 경제적으로 중요한 지역들에서는 대부분 푸젠인들이 지배적이다. 흥미로운 사실은 광동 조주인(潮州人)과 푸젠(福建) 객가인이 태국의 치앙마이(Chiang Mai)와 이산(Isan) 지역 등 동북부 지방 화교 인구의 80%를 차지하는데, 이는 1900년대 태국의 철도 및 도로망 확대로 관련 건설 노동자 인력으로 이주, 정착했기 때문이다. 또한 객가어 사용 화교들은 태국 내에서 특히 민영은행들을 많이 소유하고 있는데, 그 대표적인 사례가 '까시꼰 은행(Kasikorn Bank, 곧 泰華農民銀行, 태국농민은행)'이다.

태국에서 유명한 화교 경제 기업

한편 21세기 2021년 현재 태국 경제를 주도하는 기업들 중 화교 기업으로는 씨피(CP Group), 방콕 은행(Bangkok Bank Group), 람삼(Lamsamm Group), 사하(Saha Group)외에도 많은 중국 재벌 기업들이 있다. 사실 태국에는 약 20 여개의 재벌이 1, 000개 이상의 자회사들을 산하에 두고 있는데, 그 중 80%가 화교 기업이라고 한다. 이중 왕실계 싸이암(The Siam Cement Group), 맥주 분 로 브레리(Boon Rawd Brewery), 정부계 쿠룽 타이 은행(Krung Thai Bank Group), 티엠비 은행(TMB Bank) 등 몇몇 기업을 제외하고 재벌 기업의 오너 대부분이 전부 다 화교이다. 이들 중 전통적으로 소위 '4대 가문'이 특히 유명한데 곧 람삼(Lamsamm), 소폰파닛(Sophonphanich), 테차파이분(Techaphaibun), 라따나락(Rattanarak)이다.[19] 이가운데 소폰파닛 가문은 방콕은행, 람쌈 가문은 타이농민은행을 바탕으로 태국 국내 뿐 아니라 아시아 금융 네트워크를 주도하고 있다.

또한 CP 기업은 태국 최대라기보다 사실 동남아시아 최대 그룹으로 원래 이름은 짜른 포카판(Charoen Pokphand Group)이다. 이 회사는 1921년에 태국으로 이주 해 온 '시에 이추(謝易初)'에 의해 설립된 식품 무역회사 '쩡따주앙항(正大莊行)'으로부터 시작되었으며, 4대 째 아들인 시에 구어민(謝國民) 대에 급성장을 하게 된다. CP 기업은 사료, 육계용 닭 브로일러, 옥수수, 양계, 양돈. 식품가공까지 일괄

---

(19) 조흥국, 위의 책, p. 196.

태국 최초 다국적기업인 CP 그룹이 운영하는 CP Fresh Mart

한 종합 시스템과 태국 최초 다국적기업으로 중국대륙에 적극적인 투자를 하고 있는 기업이기도 하다. 지난 2017년엔 이마트의 중국매장 5개를 사들이기도 했다. CP그룹은 지난 2019년에는 미국으로부터 세계적 경제잡지인 포춘(Fortune)을 인수하면서 위상을 과시하기도 했다. CP그룹은 당시 현금 1억5000만달러(약 1800억원)를 지급했으며 창업주의 아들이 포춘 경영에 참여하고 있다. CP그룹은 태국에서 농업, 식품, 유통을 바탕으로 이제는 에너지, 통신, 녹색 환경 공학 등의 제 분야에서 사업을 확장하고 있다. 이들은 현재 태국 국내총생산(GDP)의 10%가량을 차지하는 태국 내 최대 기업이다.[20]

위에서 태국 화교들의 경제적 영향력을 재벌 기업 중심으로 간략하게 살펴보았는데, 끝으로 '중화총상회(中華總商會)'를 중심으로 한 태국 화교들의 조직적인 네트워크를 통해 태국 화교사회를 좀 더 이해해보자. 태국 중화총상회는 지난 20세기 초 1908년에 창설되었는데, 그 전 1905년과 1906년에 일본과 싱가포르에서 설립된 화교총상회가 직접적인 모델이 되었다. 이후

---

(20) 강동균, '화상 동남아경제 70% 장악...일대일로 타고 글로벌 진격' 한경닷컴 www.hankyung.com, 2019. 07.28.

태국 중화총상회는 태국 정부에 대해 태국 화교 사회 전체의 이해관계를 대변하는 조직으로 발전하게 되었다. 이들은 태국 화교들의 공동체성과 중국적 정체성을 강화하는 학교, 병원, 공동묘지 조성 등 각종 사업을 조직적으로 전개하면서 태국 화교들의 구심점 역할을 해왔다. 이 상조조직은 조주 협회 등 모두 7개 협회로 구성되어 산하 태국 화교의 이익을 옹호하고 같은 고향 사람들에게 직업을 알선하는 유럽 '길드형태'와 성격의 전문 조직으로 구성되어 있다. 당시 자료를 보면 구체적 일례로 정미업자의 97%는 조주계, 피혁 사업자의 98%는 객가계, 양복점의 90%는 객가계, 레스토랑의 50%는 광동계라고 한다. 이처럼 태국 중화총상회는 동향별(同鄕別) 직업군(職業群)으로 자기 동향인에 의한 강한 결집력과 상호 협력이 바탕이 되어 태국 화교사회를 더 발전시켜 오늘날까지 이르고 있다.[21]

태국 화교는 누구인가? 정체성과 역할

이제 '태국의 화교'라는 주제를 갈무리하면서 태국 화교의 정체성과 역할을 규정해보겠다. 현재 태국의 정치, 경제, 사회 각 지배층까지 파고든 태국의 화교들은 다른 나라의 화교들과는 조금 다른 모습을 보이기도 한다. 곧 태국 화교들의 강한 이중적 정체성이다. 이들은 중국적 정체성과 태국적 정체성이 다른 동남아 국가 화교들에 비해 매우 강하게 통합되어 있다. 이유는 오랜 이주 역사로 인한 동화와 또한 태국의 근현대 역사에서 반(反)중국정서와 태국 민족주의 고취운동이 일어나던 1930년대 태국인들의 태국 화교에 대한 경제적, 정치적 경계심과 반(反)화교적인 타이 민족주의 때문에 비롯된 것이다. 그래서 이들은 그 이후로 겉으로는 중국인이라기보다 태국어를 쓰고 태국 이름을 가진 태국인에 가까운 면모를 보인다. 태국 화교 그룹들의 조정역할을 하는 중화총상회 대표는 자신들은 명함에 태국어와 중국어 이름을 같이 새겨 다닌다고 했다.[22] 이들 중에는 중국어를 구사하거나 다시 배우는 사람들이 많은데, 이유는 중국 대륙과의 사업과 유대 강화를 위한 목적이라고도 했다. 하지만 자신들은 이미 태국인으로 태국에 대한 조국애를 바탕으로 자신들이 정착한 태국이라는 나라에 대한 이해를 더 우선시하며 태국 사회에 더 잘 흡수되기 위한 노력이 더 중요하다고 말하기도 했다.[23]

태국 화교를 연구하는 한 사회학자에 따르면 라마 5세 쭐라롱콘대왕 재임 시절부터 본격적으로 중국인들의 집단 이주와 상호 결집이 시작되었다고 한다. 당시 근

---

(21) 조흥국, 위의 책, p. 188-189.

(22) 강동균, 위의 글.

(23) 강동균, 위의 글.

대화 작업으로 많은 노동력이 필요했던 라마 5세는 '태국 말을 하고 태국 이름을 가지고 있으면 태국민이다'라는 슬로건을 내세우며 화교 수용에 호의적이었고, 화교 또한 태국 말을 배우고 자기의 중국 이름까지 바꿔가며 태국 사회에 스며들기 위해 무한한 노력을 하였는데, 현재 이 시기에 유입된 화교들의 3-4세들이 태국 지배층을 구성하고 있다는 통계도 있다.[24]

결론적으로 태국의 화교는 인도차이나지역에서 타이 족 중심의 패권을 장악해가던 13세기 수코타이, 14세기 아유타야, 17세기 톤부리 시대부터 21세기 현재 짜끄리 왕조 라마 10세 때까지 태국의 국가건설에 주도적인 역할을 해오고 있다. 이들은 실제로 태국 중심의 역사발전에 왕국을 세워 왕으로, 관료로, 군인과 상인계층으로 국가발전을 주도하는 한편 태국의 지역별로 북부, 동북부, 방콕을 중심한 중부, 남부 지역에 이르기까지 태국의 모든 중요 도시와 마을마다 화교사회를 볼 수 있다. 태국 화교들은 정치, 경제, 사회, 문화, 교육 등 태국의 제 방면에서 리더들이다. 이들은 국가적으로는 태국인이면서 민족적으로는 중국적이다. 따라서 태국사회의 가장 큰 특성은 타이 족과 태국 화교가 한 몸처럼 상호 결합하여 그 오랜 뿌리가 얽혀 분리가

불가능하다고 말할 수 있다. 마치 '태국이라는 마차를 이끌어가는 두 마리의 말'처럼 이 둘을 분리하면 태국 자체의 존립이 불가능하다. 태국과 화교는 단순히 민족, 종족에 관한 것이 아니라 태국이라는 국가 수립과 관련이 되는 중요한 주제였다.

---

(24) 조흥국, '1910년 이전 화인사회 연구' 중 라마 4세-라마 5세 근대화 시기의 화인사회 편.

불교국가 태국의 마이너리티(minority),
무슬림을 위한 사역자

글 | 유 ○○ 선교사

Islam center of Thailand, 방콕

Q. 어떻게 태국 선교사가 되셨는지..

A. 90년대 초에 아직 완전히 번역되지 않았던 미션 퍼스펙티브스를 부분적으로 번역해서 읽으면서 개척선교에 대한 비전을 가지고, 예수전도단에서 선교전략 파트 사역을 하고 있었다. 그때 현재 UPMA의 전신이었던 AAP(미전도종족입양운동본부)의 한정국 선교사님이 오셔서 미전도종족 선교에 대한 강의를 해주셨는데 도전을 많이 받았다. 결혼 전에 본인은 태국에, 아내는 이슬람권에 선교비전을 가지고 있었다. 처음에는 태국에 무슬림들이 있는지도 몰랐기 때문에 결혼 후에 선교지를 정하려고 할 때 고민이 많이 되었는데, 나중에 태국 남부에 무슬림들이 많이 있다는 정보를 알게 되어 두 사람의 비전을 다 이룰 수 있겠다는 생각이 들어 태국 남부로 사역지를 결정하게 되었다.

지금도 마찬가지이지만, 그때는 태국 남부에 대한 정보가 너무 없어서 한정국 선교사님께 지역 정보를 요청 드렸는데, "거기 가서 살면 그 사람이 전문가가 된다."라고 말씀하셨다. 그 말을 듣고 우리가 들어가서 살면서 정보가 모아지면 그것을 이후에 이곳으로 올 사람들에게 제공할 수 있으면 좋겠다는 생각이 들어서 당시가 마침 IMF 상황이었기 때문에 과연 이러한 시국에 선교 파송을 받을 수 있을지, 가는 것이 맞는지 고민을 많이 했지만 기도하면서 나오게 되었다.

그래서 정착하게 된 곳이 태국 남부의 중심도시라 할 수 있는 핫야이(Hat Yai)였다. 이곳은 태국이지만, 무슬림들이 많고, 특히 말레이시아와 가까운 곳이기 때문에 이슬람 영향을 많이 받는 곳이었다. 이곳에서 사역하는 한국인 선교사는 없었지만, 서양 선교단체에서 사역하는 선교사들은 많이 있었다. OMF는 1950년대부터 태국 남부의 빠따니(Pattani)와 얄라(Yala) 지역에서 사역했고, 당시 이미 빠따니는 OMF, 얄라는 프론티어스를 중심으로 사역이 진행되고 있었다. 그리고 보다 이슬람이 강성인 빠따니, 얄라, 나라티왓(Narathat)에서 선교하는 사역자들이 핫야이에 모여서 기도회도 하고 전략회의, 세미나도 하는 등 핫야이가 태국 남부 무슬림 선교의 중심적인 역할을 하고 있었다. 우리도 가서 그런 단체들과 협력하여서 사역을 했다.

그 당시만 해도 한국에서는 태국에 무슬림이 있는지도 잘 몰랐고, 태국에서 사역하고 있던 선교사님들도 태국의 무슬림에 대해서 잘 모르던 때였는데, 우리가 나오기 이미 오래 전부터 서양 선교사님들은 이 지역에서 자녀들 보낼 학교도 없어서 홈스쿨링하면서 사역하고 있는 것을 보고 이 분들의 선교에 대한 헌신이 참 대단하다는 생각을

나콘 시 탐마랏(Nakhon Si Thammarat)의 한 모스크

많이 하였다. 그리고 그 분들이 선교회 간에 서로 분담하고 협력하는 모습을 보면서, 한국 선교사들이 독점적이고 배타적인 생각에서 벗어나야 한다는 것을 많이 배울 수 있었다.

Q. 태국 남부에서의 사역은 어떠셨는지..

A. 우리가 처음 태국 남부에 들어갈 당시만 해도 '상황화'가 매우 큰 이슈였다. 먼저 들어와서 사역하던 OMF나 프론티어스 같은 서양 선교단체들은 이미 상당 정도 상황화 사역을 진행하고 있었는데, 우리가 속한 예수전도단도 그들에는 미치지 못하지만 어느 정도 상황화 전략을 쓰고 있었다. 그런데 전통적인 장로교단 목사로서 교회 중심의 선교에 익숙한 우리는 그러한 접근이 불편한 부분이 많았다. 그래서 과연 어떻게 접근해야 할지 고민이 많았고, 여러 서양선교단체나 선교사들, 심지어 기회가 되어 필파샬(Phil Parsahll), 우드베리(J. Dudley Woodberry) 박사 같은 분들 모셔서 이야기를 나누기도 했었는데 어느 하나로 규정하기는 쉽지 않은 문제였다. 결국 '상황화를 어떻게 할 것인가?', '한국인으로서 어떻게 접근할 것인가?', '내가 속한 선교단

방콕 근교 마을에서 사는 무슬림

체의 장점을 어떻게 접목할 것인가?' 이러한 고민들을 하면서, 이후 이 지역에서 사역할 분들에게 도움이 될 수 있을 것 같아서 자료로 남기기도 했었다.

우리가 속한 예수전도단의 강점은 단기 선교 운동인데, 이것이 갖는 역동성을 접목해 보면 어떨까 생각했다. OMF 등이 잘 만든 이슬람 대상의 '쪽 복음'을 우리 단기 선교팀들을 활용해서 무슬림들에게 나누고, 서양 선교사들이 영어 교육을 접촉점으로 삼듯이 우리는 단기선교팀이 한국어 캠프를 준비해서 드라마나 댄싱 사역 등으로 복음의 접촉점을 만드는 방식으로 사역하기도 했다.

Q. 태국 남부에서 사역하시다가 방콕으로 사역지를 옮기셨는데, 방콕에서는 주로 어떠한 사역을 하고 계시는지...

A. 현재 태국 예수전도단 안에서 '소수 부족 센터(Center for the minority)'의 책임자를 맡고 있다. 그런데 여기서 말하는 그 소수 부족이 태국 무슬림이다. 그리고 태국 내 무슬림 사역자 네트워크의 책임자도 맡고 있어서, 그 분들을 돕기도 하고 자료를 만드는 역할을 하고 있다. 일종의 센터

같은 역할을 하는데, '소중한 사람들의 집' 이라고 해서 무슬림 선교사들뿐 아니라 다른 지역 선교사들이 와서 머물면서 교제도 하고, 디브리핑도 하고, 함께 태국 사역전략도 나누고, 기도도 한다. 또, 단기팀 사역 프로그램도 운영하는데, 태국 무슬림 사역에 적합한 프로그램, 즉 단순히 교회가 원하는 대로가 아니라, 이 단기팀들이 교회로 돌아가서 태국 무슬림이 무서운 존재가 아니라는 사실을 알리는 일종의 홍보대사 역할을 할 수 있도록 실제 태국 무슬림을 잘 이해하고 경험할 수 있는 문화, 전도 등의 프로그램을 운영하고 있다. 이것은 매년 정기적으로 하지는 않고, 우리 단체나 다른 단체가 연합해서 필요한 경우에 진행한다.

사실 외관상 무슬림에만 포커스를 맞춘 사역을 하는 것은 아니고, 한국 캠프 등 여러 가지를 하지만 그 안에 이슬람적 요소를 하나의 부분으로 넣으면서 다양한 사역을 한다. 그래서 그 안에서 태국 이슬람도 접할 수 있도록 한다. 이곳 무슬림 젊은이들도 K-POP을 좋아하기 때문에 단기팀들이 준비해 올 수 있도록 하고, 이슬람 사역자들을 불러 강의도 듣게 하고 간단한 리서치도 진행하게 한다. 예를 들어 무슬림에 관한 리서치 페이퍼를 만들어서 대학생 중심으로 조사하게 하는데, 방콕(Bangkok)에서도 하고 남부로 내려가서도 하게 한다. 방콕에서 남부로 내려가려면 17시간 동안 기차를 타고 가야 하는데, 그 여정에서 다양한 것을 다룰 수 있다. 태국 남부의 현실과, 무슬림들이 사는 곳에 직접 가서 보고 느낀 것을 가지고 기도하게 한다. 그러면서 이슬람이 더 이상 '포비아(phobia)'가 아니라 우리와 동일한 사람들이고, 그들에게도 복음이 전해져야 한다는 생각을 가지고 한국으로 돌아가게 되도록 태국의 무슬림들을 한 번이라도 더 알리려고 하고 있다.

Q. 태국 남부의 대규모 테러 이후, 현재 태국 무슬림 사역은 어떻게 진행되고 있는지..

A. 태국 무슬림 인구를 적게 잡아도 600~700만 정도로 보는데, 방콕에 100만 정도가 있다. 우리 단체에서 방콕과 태국 이슬람의 본산이라 할 수 있는 남부를 놓고, 어느 쪽의 무슬림들이 복음화 수용성이 높을지 조사한 적이 있다. 일반적으로 생각할 때 방콕 무슬림들은 대도시에 노출되어 문화적으로나 종교적으로 훨씬 자유로운 환경에 있고, 남부 무슬림들은 빈번한 테러가 발생하고 훨씬 전통적인 이슬람 환경에 있으니, 방콕 무슬림들이 복음화 수용성이 더 높을 것이라고 예상했는데, 결과는 의외로 남부 무슬림들이 복음화 수용성이 더 높은 것으로 나타났다. 여러 가지 관점에서 해석해볼 수 있겠지만, 개인적으로 이것은 중보기도의 힘이었다고 생각한다. 왜냐하면 OMF와 같은 선교단체들은 1950

남부 핫야이(Hat Yai) 센트럴페스티벌(Central Festival)

년대부터 이 태국 남부 무슬림들을 위해 계속 기도해왔고, 1970년대에는 OMF 미국 여자 선교사 2분이 납치, 순교당하는 사건이 발생하면서 전 세계적인 중보기도 운동이 일어나기도 했다.

그에 반해 방콕 무슬림들은 남부에서 사역하던 선교단체들도 별로 관심이 없었다. 그 당시 선교 패러다임이 무슬림 선교라고 하면 전통 이슬람을 대상으로 해야 한다는 경향이 있어서 태국에서도 이슬람의 본산이라 할 수 있는 남부에 초점을 맞추고 강조해온 것이다. 그러다가 이러한 패러다임이 불가피하게 깨지게 된 것이 2004년 이래로 남부의 대규모 테러 사건들이 연이어 터지면서부터이다. 계속되는 테러의 위협 때문에 더 이상 남부 이슬람 주요 도시에 선교사들이 상주하는 것은 물론 사역을 위해 진입하는 것조차 어려워지게 된 것이다. 상당수 선교사들이 이 지역에서 철수하고, 사역지를 옮기는 과정에서 재발견되게 된 곳이 방콕이라고 할 수 있다. 방콕에도 100만 이상의 무슬림들이 거주하고 있기 때문에 선교단체들이 방콕으로 선교사들을 보내기 시작했다. OMF도 방콕 무슬림 선교 사역을 본격적으로 시작한지 몇 년 되었다. OMF 뿐 아니라 스웨덴 선교사가 와서 무슬림 마을에 영어 학원을 매개로 사역을 시작하기도 하고, 필리핀 선교사들이 와서 사역하기도 한다.

그리고 선교사와 기독교인들이 많고, 인프라가 잘 갖춰진 치앙마이 중심의 태국 북부에서도 무슬림 사역자들이 정보를 수집하고 미디어를 통해 태국 무슬림을 알리고 기도운동을 일으키는 사역을 하는 팀들이 있다.

Q. 앞으로 태국 무슬림 선교는 어떻게 이루어져야 한다고 생각하시는지..

A. 방콕 도시 무슬림 대상 사역의 선구자라 할 수 있는 임 스데반 선교사님도 말씀하시는 것이 태국 무슬림 사역은 앞으로 우리 같은 선교사들이 직접 전면에서 접근하기보다 예수 믿는 태국 현지인들이 선교적 관점에서 접근하는 것이 훨씬 더 효율적이고, 이러한 사실을 태국 교회를 깨우쳐 인식하도록 해야 한다는 것이다. 초창기부터 열심히 해온 서양 단체들도 전통 무슬림들을 대상으로 한 직접 선교에서 최근에는 지역교회와 함께 협력하고, 지역교회를 통해서 사역을 진행해야 한다는 인식이 생겼다.

실제로 최근 이슬람 사역자 회의에 참석해서 느끼는 것이 초창기 때와는 분위기가 많이 다르다는 것이다. 예전에는 선교사 중심으로 운영되는 사역들이 이제 태국의 EFT(The Evangelical Fellowship of Thailand) 교단 안에 무슬림 사역 부서와 담당자도 생기고, 방콕이나 북부의 주요 교회들에서도 자국 무슬림들에게 관심을 가지고 사역하고자 하는 사람들이 많이 생겨나고 있다. 선교사 중심에서 현지교회 중심으로 주체가 조금씩 옮겨가고 있다고 할 수 있다. 아주 깊은 단계의 상황화 사역들도 조금씩 완화된 영역을 허용하거나 남부 중심에서 방콕이나 북부 지역으로 무슬림 사역의 범주가 넓혀지고 다양화되어 가는 것 같다.

그리고 아직 테러 위협으로부터 완전히 자유롭지 못하지만, 점차 안정되어 간다면 결국 태국 남부 무슬림 사역도 다시 재개되어야 할 것이다. 태국 남부는 언어적인 부분에서 정체성이 좀 더 태국에 친화되었느냐? 아니면 좀 더 말레이 계통이냐 나뉘는 이슈가 있다. 태국 남부에서도 교육을 받은 청년들은 태국어를 쓴다. 그런데 나이가 많을수록 태국어에 익숙하지 않은 사람들이 많다. 언어가 굉장히 중요하다고 생각하는데 우리도 일제 강점기 때 언어의 정체성을 잊지 않기 위해서 한글을 교육시켰듯이 이들도 자신의 정체성을 잃지 않기 위해서 종교적인 이슬람교육도 시킬 뿐만 아니라 언어적인 교육도 시킨다. 보다 이슬람 강성인 빠따니, 얄라, 나라티왓 등은 기성 세대들은 태국어보다는 빠따니 말레이어를 많이 사용하는 경향이 많고, 핫야이나 사뚠(Satun) 지역은 태국어를 사용 빈도가 더 많은 편이다. 그리고 왜 남부 3개주 빠따니, 얄라, 나라티왓 이 지역이 강성인가를 말레이시아에서 온 친구 선교사를 통해서 들었을 때, 말레이시아에서도 북부지역 즉, 태국 남부의 빠따니, 얄라, 나라티왓 바로 아래 있는 지역이 이슬람이 가장 강한 지역이어서 이 지역들을 묶어서 강성 이슬람 지역으로 본다고 한다.

사역을 하면서 태국 남부는 태국과는 이질적으로 이슬람 주류의 사회이지만, 공용어 태국어가 통하는 태국 교회가 선교적인 마인드를 가지고 사역하면 효과적일 것이라는 생각을 많이 했다. 또한 반대로 나라는 다르지만 빠따니 말레이어와 거의 70% 유사한 언어권이면서 동일한 이슬람 문화권인 인접한 말레이시아 교회에서 관심을 가지고 이 지역을 선교하는 것도 매우 효과적인 사역일 될 것이라고 생각했다. 태국에서 무슬림 사역하는 시니어 선교사들도 지금은 우리가 사역하지만, 결국 그들이 주축이 되어서 태국 남부 선교를 감당하도록 해야 한다는 것에 공감하고 있다.

Q. 끝으로 하시고 싶은 말씀이 있다면..

A. 태국은 누구나 다 아는 불교 국가이다.

그 말이 맞다. 그러나 이곳에도 무슬림들이 있다. 그것도 결코 적지 않은 수가 비주류, 소수자(minority)로 살아가고 있다. 살아가는 환경도 그러한데, 복음과 선교에 있어서도 마찬가지 상황이다.

그러나 어쨌든 이들도 복음을 들을 기회는 가져야 하지 않겠는가? 태국 선교 대상에 이들도 있다는 것을 알려야 하지 않겠는가?

그래서 우리는 이 태국 무슬림들에 대한 정보를 만들어서 한국교회나 단체에 알리고, 태국 무슬림에 관심을 갖고, 이들을 위한 기도운동이 일어나도록 돕는 사역을 계속해 나갈 것이다. 많은 이들이 일어나도록 함께 기도해 주시기를 부탁한다.

Ⅱ. 태국 북부와 미얀마

미얀마 미전도종족 리스트

정리 | 황 혜진

출처: unsplash.com

인구(명)	주요 종교	복음주의(%)	미전도 종족 전체 종족	주요 미전도종족
54,311,000	소승불교(77.9%)	4.88%	53 / 149	버마족, 몬족, 라카인족, 로힝야족, 샨족

종족	태국내 인구(명)	언어	종교	복음주의 (%)	주요 거주지
버마족	31,156,000	버마어	불교	0.08	중부(양곤, 네피도, 만달레이 등)
타이만 샨족	4,523,000	샨어	불교	0.82	동북부(샨 중심)
라카인족	2,699,000	라카인어	불교	0.05	서부(라카인 중심)
몬족	1,143,000	몬어	불교	0.82	남부(몬 중심)
만다린 한족	979,000	만다린어	불교	1.40	동북부(샨 중심)
파오족	864,000	파오어	불교	0.30	동북부(샨 남서부 중심)
로힝야족	477,000	로힝야어	이슬람	0.00	서부(라카인 마웅도, 부티다웅 중심)
다웨이족	457,000	타보얀어	불교	0.04	남부(따닌따리 중심)
네팔인	259,000	네팔어	힌두교	0.70	중부(양곤, 네피도, 만달레이 등)
팔레 팔라웅족	292,000	팔레 필라웅어	불교	0.06	중부(만달레이)
뱅골족	282,000	벵골어	이슬람	0.13	서부(라카인 시트웨 중심)
슈에 팔라웅족	233,000	슈에 팔라웅어	불교	0.12	동북부(샨 남산 중심)
차웅타족	184,000	라카인어	불교	0.07	중부
루마이 팔라웅	159,000	루마이 팔라웅	불교	0.20	북부(까친)
남아시아인	138,000	텔루구어	힌두교	1.20	중부(양곤 중심)
힌디	131,000	힌디어	힌두교	0.25	중부(양곤 중심)
타이 쿤족	130,000	쿤어	불교	1.90	동부(샨 껭통 중심)
다나우족	127,000	다나우어	불교	0.40	동부(샨 중앙, 카야 북부)
남아시아인	120,000	오디아어	힌두교	0.20	서부(라카인 북부)
다누족	115,000	타누어	불교	0.50	동부(샨)
타이 라잉족	114,000	타이 라잉어	불교	0.03	북부(까친 중심)
타이 누아족	103,000	타이 누아어	불교	0.35	북부(까친 중심)
인타족	102,000	인타어	불교	0.07	동부(샨 슈웨 나웅 마을)

키워드로 보는 아도니람 저드슨과 미얀마 선교역사

글 | 강 호세아(SIReNer)

미얀마 몬(Mon) 주(State) 몰레먀인(Mawlamyine)에 세워진 미얀마 최초의 제1침례교회(First Baptist Church)

미얀마는 최근 아웅산 수치(Aung San Suu Kyi)가 이끄는 민주화 세력이 집권하면서 자유화와 개방의 문이 열리고 급속한 변화의 시대를 맞이하고 있다. 이제 1년 비즈니스 비자가 가능해졌고 최근 종교비자도 법안 통과를 눈앞에 두고 있어 인도차이나 반도에서 가장 역동적인 선교 잠재력을 지닌 나라로 부상하고 있다.

이제 닫혀졌던 미얀마에 남아있는 선교의 흔적들을 다시 복원하고, 그 선교의 역사를 다시 읽는 노력이 필요하리라 생각한다. 그러한 의미에서 미얀마 선교 하면, 결코 빼놓을 수 없는 큰 줄기와 같은 사람이 미국 최초의 선교사 아도니람 저드슨(Adoniram Judson, 1788-1850)일 것이다.

그렇다면 아도니람 저드슨의 미얀마 선교에 관한 몇 가지 키워드를 통해 미얀마 선교역사를 이해해 보고자 한다.

미얀마 최초의 선교사?

아도니람 저드슨은 미국이 파송한 최초의 선교사이긴 했지만, 아쉽게도 미얀마 최초의 선교사는 아니었다. 미얀마 개신교 선교보다 253년 앞선 로마 카톨릭 선교(1554년)가 선행되었다. 개신교 선교사로서 미얀마 땅을 처음 찾은 것은 1807년

아도니람 저드슨, 출처: wikipedia

영국 선교사 채터와 윌리엄 캐리(William Carrey)의 아들인 펠릭스 캐리(Felix Carey)에 의해서였다. 올해(2021년)로 미얀마 선교 214주년이 되는 셈이다. 이들은 버마(Burmese) 족 선교를 시작했지만, 미얀마 정부의 강력한 불교유일정책의 압박을 이기지 못하고 5년 만인 1812년에 사역을 포기하고 철수하게 된다. 그러나 이들이 내디딘 첫발은 결코 헛되지 않아서 곧 이어 1813년 하나님께서 우연을 가장한 필연으로 아도니람 저드슨을 양곤(Yangon) 땅에 도착하게 하셨다.

초기 선교사 공식 = 수재 + 방황 + 헌신

초기 선교사들이 대체로 그러했던 것

아도니람 저드슨은 1813년 7월 13일 랑군(양곤)에 도착했다, 출처: 아도니람 저드슨의 생애

처럼 아도니람 저드슨 역시 뛰어난 수재였다. 1788년 미국 매사추세츠 주의 한 회중교회(Congregational Church) 목사의 아들로 태어난 그는 16세에 브라운 대학교에 입학하여 4년 과정을 3년 만에, 그것도 수석으로 졸업하였다. 학창시절 자연신론(deism, 이신론) 사상의 영향으로 한동안 신앙적 방황을 겪게 된다. 그러던 중 친구의 우연한 죽음 앞에 충격을 받고 영혼에 관한 문제로 깊이 고민하게 되었고, 결국 앤도버 신학교(Andover Theological Seminary)에 들어가 회심하게 되면서 하나님 앞에 헌신을 서약하게 되었다.

회중교회 선교사? 침례교 선교사?

1812년 아도니람 저드슨은 처음에는 미국 회중교회의 선교사로 파송 받아 출발했다. 그러나 그는 인도로 가는 4개월간의 여정 중 성경에 관한 연구와 토론 끝에 세례에 관한 침례교의 교리가 정확하다고 결론을 내리고, 인도에 도착하여 윌리엄 캐리 선교팀의 워드(Ward)에게 침례를 받고 회중교회 선교사를 포기하고, 침례교 선교사가 되었고, 미얀마는 침례교단이 주류를 이루게 되었다.

윌리엄 캐리와의 아이러니 한 인연

아도니람 저드슨이 선교에 헌신한 것은 오늘날 근대 선교의 아버지라 불리는 윌리엄 캐리의 선교사역 보고서를 읽고 감동을 받은 것이 결정적 계기가 되었다. 그는 선교지를 정하기 위해 우선 인도로 향하게 되는데, 그곳에서 윌리엄 캐리를 만나 교제를 나누게 된다.

당시 저드슨은 자신이 사역할 선교지로 버마를 마음에 품고 있었다. 그런데 마침 윌리엄 캐리의 아들 펠릭스 캐리가 버마족을 대상으로 선교하다가 너무나도 거센 불교도의 저항을 버티지 못하고 사역을 포기하고 철수하려던 시점이었기 때문에 윌리엄 캐리는 저드슨에게 진심어린 조언으로 미얀마 선교를 피할 것을 권유한다. 저드슨은 다른 사람도 아닌 윌리엄 캐리의 조언이었기에 고심 끝에 말레이 반도의 페낭(Penang)을 선교지로 결정하게 되었다.

그 와중에 인도에 체류 중인 미국 국적자들에 대한 영국 동인도 회사(EIC; 東印度會社, East India Company)의 추방 압력이 거세지면서 저드슨은 급히 인도를 떠날 수밖에 없게 되어 무조건 가장 빨리 떠나는 배를 타고 떠나야 했는데, 아이러니하게도 그 배가 버마로 향하는 배였던 것이다. 저드슨은 그것을 하나님의 뜻으로 여기고 양곤에 정착하여 미얀마 선교를 시작하게 되

었던 것이다.

짜얏과 첫 회심자 마웅나우

아도니람 저드슨의 선교팀은 다음과 같은 사역 목표를 설정하였다.

"우리의 유일한 목적은 버마제국에 예수그리스도의 복음을 증거하는 일이다."
- 성경의 번역과 인쇄, 보급을 힘쓴다.
- 복음을 전한다.
- 전도지와 복음 소책자를 계속 배포한다.
- 현지 어린이를 지원하고 양육한다.

위와 같은 선교 목표를 가지고 사역을 시작한 그는 1819년 4월 4일 버마인들과 가까이 살면서 그들의 눈높이에 맞는 전도의 기회를 만들기 위해 한국의 정자와 유사한 형태의 '짜얏(zayat, 미얀마식 정자)'을 만들어 그들과 어울리게 된다. 짜얏을 만든 지 한 달 후에 마웅나우(Maung Naw)라는 청년이 복음을 듣고 신앙을 고백하게 되고, 얼마 후 아도니람 저드슨의 미얀마 선교 첫 회심자이자, 첫 세례자가 탄생하게 되었다.

안타까운 가정사

아도니람 저드슨이 미얀마에 남긴 선교적 유산은 엄청난 것이었다. 그는 '영국-버마(Anglo-Burmese) 전쟁'이 발발하여

1819년 6월, 버마(現 미얀마)에서 선교를 시작한지 6년만에 처음으로 '마웅 나우'가 침례를 받고 그리스도를 따르기로 하다. 출처: 아도니람 저드슨의 생애

모든 외국인을 간첩으로 의심한 미얀마 정부에 의해 감옥에 수감되어 모진 고문과 고초를 겪기도 했다. 고된 선교사역 속에 가족들을 제대로 돌볼 수 없었던 그는 첫 번째 아내 앤(Ann) 저드슨과 생후 9개월 된 어린 딸 마리아를 1826년 말라리아로 잃었으며, 1834년 카렌[Karen, 또는 꺼인(Kayin)]족 선교사 미망인인 사라 보드만(Sarah Hall Boardman)과 재혼하였으나 그녀도 1845년 출산 후 병을 얻어 치료차 미국으로 가던 중 사망하게 되고 얼마지 않아 그 아기도 사망한다. 이후 미국에서 순회선교 보고 중 만난 20세의 작가 에밀리(Emily Chubbuck)와 1846년 수많은 비판 여론에도 불구하고 세 번째 결혼을 하게 된다.

아도니람 저드슨이 남긴 선교 유산

아도니람 저드슨은 팔리어(Pali, 불교 언어)-버마어 사전을 편찬하고, 1817년까지 기독교 소책자와 마태복음을, 1823년 신약성경, 1834년 버마어 성경 전체를 완역하여 출판했고, 1848년에 영어-미얀마 사전을 완성했다. 또한 수많은 병원과 학교, 특히 양곤에 아도니람 저드슨 대학(훗날 네윈(Ne Win) 정부에 의해 국유화 되어

양곤대학으로 개칭)을 세우기도 하였다. 아
도니람 저드슨이 1813년부터 1850년까지
37년간 사역하는 동안 그가 닦아놓은 선교
의 터 위에 사역한 개신교 선교사는 48명
이었고 그들에 의해 74개의 교회가 세워졌
고 7,904명의 기독교인이 보고되었다. 아
도니람 저드슨은 마지막까지 버마 족 선교
의 허락을 얻기 위해 미얀마 국왕에게 건
의하는 등 모든 노력을 기울였지만, 정부의
불교 이외 종교에 대한 탄압으로 그 뜻을
이루지 못했다.

1819년 6월, 버마(現 미얀마)에서 선교를 시작한지 6년
만에 처음으로 '마웅 나우'가 침례를 받고 그리스도를 따
르기로 하다, 출처: 아도니람 저드슨의 생애

미얀마 역사와 문화를 형성한 3대 종족: 버마, 샨, 몬

글 | 정 보애(SIReNer)

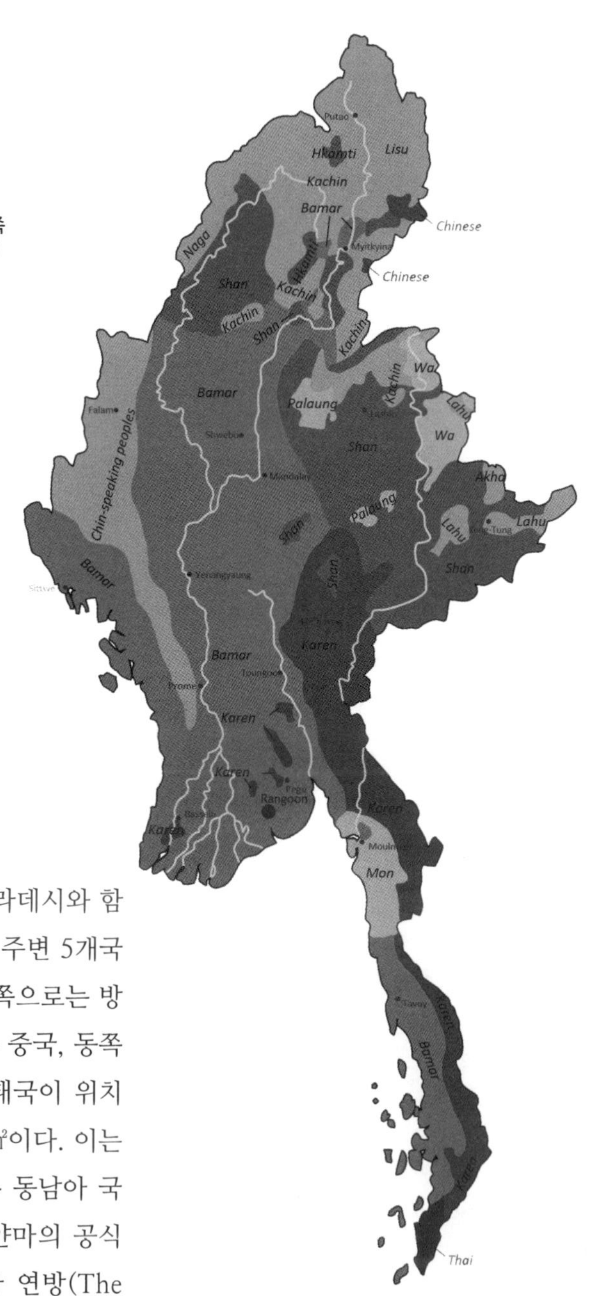

미얀마는 인도 동부, 방글라데시와 함께 북벵골 만에 위치한 나라로, 주변 5개국과 국경을 공유하고 있다. 북서쪽으로는 방글라데시와 인도, 북동쪽으로는 중국, 동쪽으로는 라오스, 남동쪽으로는 태국이 위치한다. 국토 면적은 67만 6,578㎢이다. 이는 한반도의 3배 크기이며, 대륙부 동남아 국가 가운데 가장 크다. 현재 미얀마의 공식적인 국호는 1989년 5월 '버마 연방(The Union of Burma)'에서 변경된 '미얀마 연방(The Union of Myanmar)'이며, 정치체제는 대통령제이다.

미얀마 역사와 문화를 이해하는 데 가장 중요한 종족은 아무래도 버마(Burmese), 샨(Shan), 몬(Mon) 족일 것이다. 이 세 종족은 우리 역사의 고구려, 백제, 신라처럼 지역 패권을 두고 오랜 세월 대립과 통합을 거듭한 종족들이다. 과거 미얀마는 에야와디[Ayeyarwady, 이라와디(Irrawaddy)] 강 유역 평원 지대를 중심으로 상부(上部)와 하부(下部) 단순하게 나눌 수 있는데, 상부는 버마 족과 샨 족이 지역 패권을 놓고 각축전을 벌였으며, 하부(下部) 미얀마는 전통적으로 몬 족의 영향력 아래 있었다. 그러나 점차 버마 족이 강성하여 남진함에 따라 버마 족 중심의 중부(中部) 미얀마를 따로 구분할 필요가 생겼고, 근래에는 상(上), 중(中), 하(下)의 3개 지역으로 구분하고 있다. 이렇게 미얀마 역사를 형성해온 세 종족에 대해 알아보자.

버마 족과 3대 통일 왕조

버마 족은 현재 미얀마의 지배종족으로 미얀마 전체 인구의 약 70%를 차지한다. 인종 계통상 버마 족은 '티베트 버마계(Tibeto-Burmese)'로 분류한다. 이는 '시노티베트(Sino-Tibetan)'족의 지류인데, 이들은 원래 중국과 티베트를 거쳐 히말라야 산록 그리고 인도아대륙의 동부와 동북부 등지에 살고 있었다. 버마 족들은 AD 9세기에 미얀마로 유입되기 시작했다. 9세기 후반 무렵에는 상부지역 비옥한 평원지대인 짜욱세(Kyaukse)에서 농경생활을 통해 정착하고 버마 족 근거지를 이룩했다는 기록을 찾을 수 있다.

최초의 버마 족 왕조이자 통일 왕조는 영어로 바간(Bagan), 미얀마어로 버강이라 불린다. '바간'은 왕조 이름이면서 동시에 11세기부터 13세기까지 4백만 파고다의 도시로 알려진 수도의 지명(地名)이기도 하다. 이 왕조는 1044년 아노여타(Anawyahta) 왕에 의하여 성립되었는데, 그는 미얀마의 상부와 하부지역을 통합하고, 몬 족 국가의 수도인 타톤(Thaton)을 공격하여 500여 명의 몬 족 승려와 함께, 팔리(Pali) 경전 등 상좌부 불교와 문화를 받아들여 불교 문명을 미얀마 전 지역에 확대 보급시켰다. 그는 전통 정령신앙 '낫(Nat)' 대신 고등 종교인 불교를 통해 국민을 통합시키려 했다. 지금도 바간 지역은 버마 족과 불교의 종족적, 종교적 정체성을 결합한 상징적으로 중요한 의미를 가지고 있다.

다음으로 미얀마 역사 두 번째 통일왕조는 따웅우(Taungoo) 왕조이다. 16세기 1510년 버마 족 왕조가 미얀마 거의 대부분을 통일했다. 특히 버잉나웅(Bayinaung) 왕은 잉와(Inwa) 왕조를 멸망시키고 인도의 마니푸르(Manipur), 중국의 윈난(云南)성(省) 그리고 태국 등지까지 정복에 나섰

미얀마 바간 파고다, 출처: unsplash.com

다. 그는 독실한 불교도로 정복지의 사람들로 하여금 불교를 믿도록 강요했을 뿐 아니라, 수많은 불탑을 보수하고 불교 경전을 일반에 보급하는 데 노력했다. 또한 스리랑카에서 불교가 발전될 수 있도록 지원하였으며, 북쪽의 샨 족 지역 산간벽지에도 불교 전법사(傳法師)를 파견하였다.

18세기 중엽 버마 족 얼라웅퍼야(Alaungphaya) 왕이 1753년 꼰바웅(Konbaung) 왕조 시대를 시작했는데, 이 왕조가 미얀마 역사상 세 번째 통일왕조이다. 당시 초대왕 얼라웅퍼야는 팽창정책으로 태국 아유타야(Ayutthaya)까지 원정했고, 제 5대 보도퍼야(Bodawpaya) 왕 때에는 동쪽의 테나세림(Tenasserim)에서 서쪽의 아라칸[Arakan; 오늘날의 미얀마라카인(Rakhine) 주]까지 미얀마 최대의 판도를 누렸다. 그러나 영국 세력과 충돌하여 3차에 걸친 영국-미얀마 전쟁을 통해 결국 1885년 제 10대 왕인 시보가 영국군에 포로가 되면서 왕조는 133년 만에 멸망하게 되었다. 시보의 아버지인 민돈(Mindon) 왕은 수도를 잉와에서 만달레이(Mandalay)로 옮기고, 내륙 중심부를 흐르는 에야와디 강의 항로를 정비하고 교통 체계를 확대하는 등 산업화와 근대화에 힘

미얀마 따웅우, 출처: wikipedia

쓰는 한편, 영국의 위협에 맞서 민심을 불법(佛法)으로 수습하고자 제 5차 불교 결집(結集)까지 대대적으로 시도했으나 성공하지 못했다. 결국 미얀마는 영국 제국주의와 1824년과 1852년의 두 차례의 전쟁에 이어 마지막 세 번째 침탈 해(年)인 1886년 1월 1일을 기해 영국령으로 전락하고 만다. 이후 곧 바로 미얀마는 영국령 인도의 한 주(州)로 편입되었다.

안타까운 영국 식민지시대의 유산
: 지역·종족·종교 분리와 갈등

영국은 식민정책에 있어서 '분할 통치(divide and rule)' 노선을 채택하여, 미얀마 식민지를 다수종족인 버마 족과 소수종족들에 대해 각각 차별적인 방식으로 지배하였다. 즉 다수종족인 버마 족이 주로 거주하고 있는 중앙평원지역은 영국 식민정부가 직접 통치하고, 소수종족들은 그들 고유의 정치와 사회 제도를 그대로 인정하는 간접지배방식을 채택한 것이었다.

또한 기독교 국가인 영국은 불교도이면서 지배종족인 버마 족에 대한 견제 수단으로 주변 산간 지역 소수종족들의 기독교 개종을 정책적으로 지원했다. 실제로 불

교 영향력이 상대적으로 적고 부족 토속 신앙이 강한 문맹의 산악 지역 사람들이 많이 개종되었다. 오늘날까지 이어오는 미얀마 종족, 종교 간의 갈등을 초래한 역사적 배경에 불교도 종족보다 소수종족에 더 치중하여 선교한 기독교 선교사들과 이를 정책적으로 지원한 영국 식민정부의 책임은 현재도 자유롭지 못하다. 이러한 통치술은 1948년 미얀마의 독립과정에서도 그대로 계승되어, 이후 현재까지 미얀마의 고질적인 지역분리, 종족 갈등, 종교 갈등의 문제가 되고 말았다.

샨 족의 형성과 골든 트라이앵글 아편

현재 미얀마에서 샨 주는 그 면적이 가장 크다. 인구는 대략 800만인데, 이 중 약 470만이 샨 족이다. 샨 족의 정체성을 결정하는 특징은 평야, 논, 농사라는 3종 세트이다. 전통적인 미얀마 북부의 강자로서의 샨 족은 농경과 정착생활의 조직적 시스템 구축을 통하여 카친(Kachin), 라후(Lahu, 拉祜), 와(Wa, 佤), 아카(Akha) 등 북부 소수종족들을 지배하고 영향을 끼쳐왔다. 이들은 샨 잉와 중앙 왕조가 있을 때부터, 버마 왕조, 영국 식민지 시대, 심지어 1948년 독립 후에도 지방 봉건 소왕국 형태의 수많은 토호 세력들을 이루어 왔다. 이들 소왕국 통치자는 '샤오파(Saohpa)'로 불렸는데, 곧 '하늘의 군주'라는 의미이다. 현재 짜이퉁(Kengtung)에 있는 Kengtung Hotel은 원래 샨 궁전으로 1903년 영국식민지시대의 샨 왕자에 의해 세워진 것을 1991년 중국 자본에 의해 개조된 것이다.

그렇다면 왜 13세기에 샨 족이 득세하게 되었을까? 그것은 버마 족 최초 왕조인 바간 왕조가 몽골의 쿠빌라이 칸(Kublai Khan) 군대에 의해 1287년에 멸망당했기 때문이다. 재미있는 사실은 당시 몽골군들이 중국 남부 운남 일대를 점령하게 되자, 이때 운남 시쑤앙빤나(西雙版納) 지역 주변에 살고 있던 타이계열 따이(Tai) 족의 한 갈래인 샨 족이 남하하여 미얀마로 유입되는 결과를 가져왔다.

샨 족은 지리적 위치상 중국과 미얀마, 태국 사이에 중간에 있어, 특히 중국과 태국의 영향을 많이 받을 수밖에 없었다. 이는 비단 과거뿐만 아니라 현재도 마찬가지 이다. 미얀마에서 샨 족의 팽창과 발전은 특히 14세기에서 16세기 중반에 최절정을 맞는다. 당시 미얀마 상부지역에서 '잉와(Inwa; 혹은 Ava)'로 불리는 샨 왕국들은 버마 족들이 상대적으로 약화된 3세기 동안 전성기를 이루며 이 지역의 패권을 주도하게 된다. 또한 18세기 중후반과 19세기에는 영국 식민정부의 분할통치 정책의 결과로 상대적으로 버마 족보다 자유를 누릴 수 있었다. 그러나 샨 족 등 무장반군단체들이 군자금을 마련하기 위해 엄청난 아편을 재배하여 1970년대부터 불과 얼마 전까지만 해도 이 일대, 특히 골든 트라이앵글(Golden Triangle) 지역이 전 세계 아편의 최대 공급지로 악명이 높았다.

샨 족 출신 마약왕 쿤사와 아편 박물관

전 세계에 마약 왕으로 악명을 떨쳤던 쿤사(Khun Sa)는 본명이 장치푸(張奇夫)로, 중국계 아버지와 샨 족 어머니 사이에서 출생하였다. 그는 원래 미얀마 정부군 장교로 샨 족 반군 토벌 임무를 수행하다가, 1970년대부터 샨 지역에서 양귀비 재배에 앞장서면서 그 후 40년 동안 전 세계 마약의 60%를 공급하는 최대 마약상이 되었다. 주로 태국, 라오스, 미얀마와의 국경에 거주하는 카친 족, 라후 족 등 소수 종족을 자기 세력에 흡수하여 골든트라이앵글 지역을 마약 밀매의 장으로 만들어 버렸다. 마침 우리가 방문한 치앙샌에 아편 박물관이 있어서 마약 왕 쿤사와 그 지역민들의 아편 재배와 중독의 실상을 전시하여 마약의 위험성과 폐해를 교육시키고 있었다.

이후에 쿤사는 1993년 12월에 태국 접경에 있는 샨 주의 독립을 선언하고, 호

몬 주의 짜익커미 파고다(Kyaikhami Pagoda)

몽을 샨국의 수도로 선포하여, 위세를 떨치기도 했다. 그러나 계속되는 미얀마 정부군의 대규모 소탕작전으로 1996년 결국 미얀마 정부에 투항했으며, 1만 명에 달하던 반군들도 자진 해산하여 그 세력이 약화되었다. 당시 쿤사는 투항의 조건으로 자신의 핵심 측근들의 안전 보장과 루비, 금 광산 및 호텔 등 막대한 수익 사업권을 보장받은 것으로 알려졌다. 그는 양곤(Yangon)에서 미얀마 정부의 보호 속에 살다가 2007년 10월 26일, 74세의 일기로 양곤 자택에서 사망했다.

몬(Mon) 족

몬 족의 과거 중심도시는 양곤에서 차로 2시간 거리에 있는 바고(Bago)이다. 이 도시는 몬 족의 한타와디(Hanthawaddy) 왕조의 수도이자, 중심지였다. 여기에 있는 쉐모도 파고다(Shwemawdaw Paya)는 '위대한 황금의 신(神)'이란 뜻으로 탑의 높이가 114m나 되는 미얀마에서 제일 큰 파고다이다. 이 파고다는 1000년 전 몬 족에 의해서 건립되었으며 부처의 머리카락 두 개를 모셨다고 한다. 또한 쉐달랴웅 파고다(Shwethalyaung Pagoda)는 AD 994년 몬 족 왕 미가데파 2세(Migadepa II)가 건축했는데, 이 안에 조성한 와불상이 유명하다.

바고 외에 전에 미얀마의 수도였던 양곤도 몬 족과 깊은 상관관계가 있다. 18세기 중반까지 양곤은 '다곤(Dagon)'으로 불렸다. 바로 몬 족의 주요 도시 중 하나였기 때문이다. 몬 족 한타와디 왕조(825년-1747년) 기간 동안 줄곧 다곤으로 불리다, 1755년 버마 족 꼰바웅(Konbaung) 왕조의 얼라웅파야(Alaungphaya) 왕이 '전쟁의 끝'이라는 뜻을 지닌 '양곤'으로 개칭하여 버마 족의 자존심이 되었다.

현재 미얀마의 몬 족은 대부분 몬 주, 바고 구, 이라와디 삼각주와 태국-미얀마의 경계지역에 분포하여 살고 있다. 동남아시아에서 가장 초기부터 거주하던 종족 중 하나인 몬 족은 미얀마와 태국에 상좌부 불교를 전파하였을 뿐 아니라, 버마 문화 형성에 막대한 영향을 끼쳤다. 티벳계 버마 족의 문명화와 문화 발전에 기초적인 토대를 제공했다.

이들의 기원은 기원전 1500년경으로, 현재 동남아시아 소수종족으로서 최초라고 추정되고 있다. 그 후 기원전 300년경 태국 수완나품(Suwannaphum) 왕국을 건국하고, 기원전 200년에는 인도 아소카(Ashoka Maurya) 왕이 보낸 전도자에 의해 상좌부 불교를 믿기 시작했다. 그 후 몬 족은 AD 550년경 태국 차오프라야

강 유역에 정착하게 된다. 몬 족의 초기 왕국 드바라바티(Dvaravati)와 하리푼자야(Haripunjaya)는 고대 캄보디아 왕국, 중국, 북부 말레이 왕국들과 유대를 맺고 있었으며, 크메르 문화로부터 큰 영향을 받았다. 이후 몬 족은 825년경 하부지역 미얀마에서 확고히 자리 잡고 바고시를 세웠다. 서쪽의 하부 미얀마로 이동한 후 스리랑카 실론 섬과 남부 인도에서 소승불교를 받아들여 국교로 삼고 인도의 팔리 문자를 채택했다. AD 1000년경까지 몬 족은 동남아시아에서 번영했으며, 몬 문자 등을 개발해 선두 문명 종족으로서 동남아시아에 군림해왔다.

버마와 미얀마 연방 사이의 딜레마

미얀마의 현재 공식 국가 명칭은 미얀마연방공화국(The Republic of the Union of Myanmar)이다. 그럼에도 불구하고 이 나라에 대한 호칭(呼稱)은 아직도 뜨거운 감자로, 지금도 영국, 미국 등 많은 국가들이 버마라 부르고 있다. 이유는 미얀마 군부 독재 정부에 대한 인정 여부 때문이다. 과거의 명칭이었던 버마는 미얀마에서 가장 많은 종족인 버마 족의 나라라는 의미였기에 여러 종족을 아우른다는 의미에서 미얀마연방공화국으로 바꾸었으나 원래 미얀마라는 단어의 어원이 결국 버마이기 때문에, 다종족성을 표방한다는 근거가 전혀 없

다는 비판을 받고 있다. 무엇보다 1989년 미얀마 연방 공화국으로 국호를 개칭할 때 그에 관여한 대부분의 사람들이 군부와 관련된 사람들이었기 때문에, 군부의 독단적인 행위로 생각하는 사람들이 많다. 대표적으로, 버마 민주화의 상징인 아웅산 수치(Aung San Suu Kyi) 여사는 버마라는 단어를 사용해달라고 주장하고 있는 입장이다.

비단 국가 이름에서 만이 아니라, 미얀마는 지금도 지역, 종족, 종교 갈등의 딜레마로 국가 통합의 어려움을 겪고 있다. 135개의 다양한 종족으로 구성된 나라. 그럼에도 불구하고 버마 족는 전체 인구의 70%를 차지하는 주류 종족이다. 버마 족 다음으로 인구가 많은 종족이 샨 족으로 전체 인구의 약 9%에 해당된다. 그러면 몬 족은 어떤가? 인구 2%가 몬 족이다. 고대부터 18세기 중반까지 동남아시아의 전통 강자이자 버마의 불교문명을 주도적으로 이끌어오고 버마 족에게 전수하였던 몬 족은 미얀마에서 버마 족과의 결혼, 버마 족들의 대대적인 이주와 버마 화를 통해 소수종족으로 전락해버린 것이다. 몬 족을 생각하면 중국 청나라의 만주 족이 연상된다. 게다가 영국식민지 시대에 몬 주 수도인 몰레먀인(Mawlamyine)은 영국 기독교 선교의 기지였을 뿐 아니라, 인도 무슬림들을 대거 이주시킴으로 독립 후 버마 족 군부정부에게 식민지, 외세와 기독교 선교 이미지를

부정적으로 각인시켜버렸다. 카렌 족 기독교도들처럼 말이다. 그래서 지금도 카렌 족 불교도, 카렌 족 크리스천, 샨 족 불교도, 샨 족 크리스천, 몬 족 불교도, 몬 족 크리스천 등 종교와 종족 정체성, 여기에 로힝야(Rohingya) 족 탄압으로 인한 이슬람교 박해와 갈등까지 아웅산 수치 정부가 풀어야 할 숙제가 대한민국 현 정부의 과제처럼 산적해 있다.

13세기 란나 왕국의 관문도시 세 곳의 "치앙"

글 | 강 호세아(SIReNer)

치앙마이의 삼왕상(3 kings Monument): 치앙마이 건립을 책임진 수코타이, 파야오, 란나 왕국의 세왕을 기념한 조각상

태국 하면 '푸껫(Phuket)', '파타야(Pattaya)' 등의 휴양지가 먼저 떠오르기도 하지만, 나름 태국을 안다는 사람들이라면 빼놓지 않고 손꼽는 도시들이 바로 태국 북부의 '치앙마이(Chiang Mai)', '치앙라이(Chiang Rai)', '치앙샌(Chiang Saen)' 등의 '치앙○○' 도시들이다. '치앙'은 태국어로 '도시'라는 뜻이다. 그리고 이 도시들은 모두 태국의 고도(古都)들이었다. 추측컨대, 우리나라의 '경주(慶州)', '공주(公州)' 등 역사가 오랜 도시들에 의례 州(고을 주)자가 붙듯이 태국의 '치앙'도 그런 유사성에서 이해해봄직 할 것 같다. 이렇게 이름에 대한 궁금증을 갖다보니 자연스레 '치앙' 뒤에 오는 '마이', '라이', '샌'은 무슨 의미인지 궁금해졌다. 그 궁금증을 풀어가다 보니 이 도시들이 갖는 하나의 공통분모를 어렵잖게 발견하게 되었는데 그것이 바로 '란나(Lanna)'라는 태국 역사 속의 한 왕국이었다.

'란나 왕국'은 13세기부터 18세기까지 현재 태국 북부지역을 중심으로 흥망성쇠를 거듭했던 옛 왕국이다. 종족 면에서는 현재 태국의 짜끄리(Chakri) 왕조와 동일한 타이(Thai) 족 계열이지만 이 태국 중남부의 주류 역사와 경쟁하며 독자적으로 형

치앙마에 넓게 펼쳐진 논, 출처: unsplash.com

성된 태국의 '또 다른 역사'라고 할 수 있다.

'란나'라는 말은 태국어로 '수백만 평의 논'이라는 뜻이다. 버스를 타고 치앙 마이와 치앙라이를 오가며 바라 본 차창 밖 굽이쳐 흐르는 강과 드넓은 평야를 생각하면 그 이름이 쉽게 납득이 되었다. 란나 왕국은 1292년 오늘날 치앙샌 지역에 자리 잡은 토호(土豪) 중 하나였던 언양(Ngoenyang)국의 25대 왕 멩라이(Mengrai) 왕이 태국 북부 지역의 다른 12개 지방 토호들과 몬(Mon) 왕국을 정복(1281년)하고 통합 왕국을 세우면서 시작되었다.

이 정복과 통합의 과정에서 멩라이 왕은 도읍을 여러 차례 옮겼는데, 그 첫 번째 도읍지가 바로 '치앙라이(1262년)'였다. 여기서 '라이'가 멩라이 왕의 이름에서 따온 것이다. 멩라이 왕이 직접 도시를 건설하고 자기 이름을 따서 도시의 이름을 붙였으니, 치앙라이는 '멩라이 왕의 도시'인 셈이다. 당시 란나 왕국은 지금의 미얀마와 라오스 일부 지역까지 판도로 하고 있었기 때문에 세력 확장을 위해 관문도시 성격의 치앙라이의 입지는 최적의 요충지로서의 가치가 있었다.

그러나 당시 강성했던 버마(Burma)

와 크메르(Khmer) 왕국에 의해 더 이상 북방으로의 진출이 용이하지 않자, 멩라이 왕은 세력 확장을 위해 남하하게 되고, 그 과정에서 람푼(Lamphun, 1281년), 위앙쿰캄(Wiang Kum Kam, 1287년) 등의 도시를 차례로 도읍으로 삼게 된다. 하지만 잦은 홍수로 도시가 물에 잠기는 등 이들은 란나 왕국의 항구적 도읍이 될 운명은 아니었던 듯싶다. 특히 란나 왕국 건국 당시 도읍이었던 위앙쿰캄은 1294년 핑(Ping) 강의 대범람으로 침수되고 이후 버마의 침공까지 더해지면서 완전히 파괴되어 사람들의 기억 속에서 잊혀졌다가 700년 만인 1984년에야 발견된다.

이곳은 이후 지금까지 란나 왕국의 유적과 사원들을 발굴 중에 있다. 거듭되는 정복전쟁과 대내적 부침 속에서도, 멩라이 왕은 1292년 비로소 새 왕국을 창건하게 된다. 이와 함께 또 한 번 완전히 새로운 도시를 건설(1296년)하게 되는데, 그것이 바로 '치앙마이'였던 것이다. 태국어로 '새로운'이라는 뜻의 '마이'를 붙이면서, 멩라이 왕은 치앙마이가 자신이 이룩한 새 왕국 란나의 '새 도읍'임을 드러내고자 했던 것이다.

시간이 흐르고 란나 왕국의 치세가 안정되면서, 멩라이에 이어 왕이 된 그의 손자 샌푸(Saen Phu) 왕은 모든 왕조가 그러하듯 승자 중심의 역사 정지작업을 한 것

치앙샌, 샌푸 왕의 동상

으로 보인다. 이는 란나 건국사를 조부와 자신의 뿌리인 언양국에 의한 통합의 역사로 정리하는 작업이었을 것이다. 그러한 맥락에서 계속되는 전쟁과 천도로 인해 방치되다시피 했던 왕국의 뿌리 '언양'을 재건하게 된다. 그러면서 선왕이 그러했듯, 도시의 이름을 자기 이름을 딴 '치앙샌'이라고 개칭하면서 후대에 자신의 이름을 남기게 된다. 즉 치앙샌은 란나의 역사를 재건한 '샌푸의 도시'가 되는 것이다. 이는 자칫 오늘날 메콩(Mekong) 강을 사이에 둔 태국-미얀마-라오스 3국 접경지역으로서의 지정학적 특이성이나 한 때 세계 최대 아편

치앙샌에서 보는 골든 트라이앵글

생산지로서의 암울했던 '골든 트라이앵글(Golden Triangle)'의 오명으로만 각인될 뻔 했던 치앙샌을 란나 왕국의 뿌리인 역사적인 도시 '치앙샌'으로 기억하게 하는 근거가 되는 것이다.

비록 란나 왕국은 수많은 침략과 지배의 부침 속에 1774년 주류 태국 왕조인 톤부리(Thonburi) 왕조에 의해 멸망하고, 19세기 말에 현 태국 왕조인 시암 왕국 짜끄리 왕조에 의해 완전히 복속되게 되지만, 치앙마이, 치앙라이, 치앙샌은 700여 년이 지난 지금까지도 태국의 또 다른 역사 '란나 왕국'의 '치앙(도시)'으로서의 유산과 맥을 이어오고 있다.

란나 왕국 건설 당시에도 이 도시들은 새롭게 재편되는 권력과 통치의 흐름과 함께 매우 중요한 지정학적 관문도시로서 세워지고 성장했으며, 사람들은 이러한 새로운 가능성과 기회가 있는 도시로 모여들어 그들의 삶과 문화, 신앙을 발전시키고, 확산시키며 살아갔다. 비록 영원할 것 같던 찬란한 란나 왕국은 이제 낡은 역사의 유물이 되어버렸지만, 란나의 이야기를 마음에 품고 직접 경험한 이 '치앙' 도시들은 오늘날까지도 태국 북부지역은 물론 인접 미얀마와 라오스, 더 나아가 중국과 세계를 연

결하는 중심 관문도시로서의 위용이 여전
히 살아 있음을 확인하게 된다. 그렇게 13
세기 란나 왕국의 관문도시, '치앙마이, 치
앙라이, 치앙샌' 이 세 도시들은 이제 새로
운 시대, 새로운 물결의 또 다른 관문을 열
준비를 하고 있다.

참고문헌

- Patit Paban Mishra, 『the History of
  Thailand』(ABC-CLIO, 2010)

- Wikipedia; History of Lanna

- 두산백과; 란나 왕국, 치앙 마이, 치앙 라이,
  치앙 샌

태국에서 미얀마를 품고 섬기는 그레이스 선교부

글 | 강 호세아(SIReNer)

그레이스 선교부 개척 1호 교회: 치앙마이 그레이스 교회 15주년 기념예배

들어가는 말

오늘날 선교현장에서의 팀 사역의 중요성은 이론의 여지가 없고, 많은 현장에서 팀 사역이 이루어지고 있다. 그러나 팀 사역의 좋은 모델을 만나기는 쉽지 않은 것이 현실이다. 우리는 이번 태국-미얀마 리서치에서 팀 사역의 좋은 사례가 될 만한 선교팀을 만나 소개하고자 한다.

태국 내 미얀마 이주민을 대상으로 사역하는 그레이스 선교부는 1997년 고신 총회세계선교회(KPM) 파송을 받은 신성호 선교사에 의해 설립되었다. 당시 신성호 선교사는 미얀마 본토에서 사역을 시작하였지만, 첫 번째 안식년 후 비자 문제로 미얀마 본토로 들어가지 못하게 되면서 태국 치앙마이(Chiang Mai)로 옮겨 사역의 돌파구를 찾게 되었다. 그러던 중 태국-미얀마 국경지대에서 미얀마 이주근로자들을 만나게 되면서 2002년부터 본격적인 태국 내 미얀마 사역을 시작하게 되었다.

처음에는 신성호 선교사 단독으로 사역을 시작하였지만, 사역초기부터 매년 3-4개의 교회를 동시에 개척하게 되면서 혼자서는 감당이 안 되어 동생 신정호 선교사(2003년, KPM)의 동역을 처음으로 요

그레이스 선교부 사역자 가족

매솟 매카사교회 어린이사역

청하게 되었다. 그 후에 신학교, 훈련원 등의 사역이 확장되면서 신정호 선교사의 동기인 한다윗 선교사(2004년, GMS), 이 후 최승훈 선교사(2009년, GMS), 박권수 선교사(2010년, 고신 부산노회), 최현 선교사(2011년, KPM) 가정이 함께 합류하면서 현재의 6인 체제의 선교팀으로 함께 사역하고 있다.

특이할 만한 것은 팀 구성에 있어서 KPM 목사 3가정, 고신교단 평신도 1가정, GMS 목사 2가정으로 출신 교단, 직분의 제한이 없다는 것이다. 그 중 평신도 시니어 선교사인 박권수, 최경희 선교사 부부는 이 팀에서 유일하게 대도시 치앙마이가 아닌 국경지대 매솟(Mae Sot)에 거주하며 현지인 목회자와 함께 교회개척을 도우며, 지역 교회를 겸손히 섬기는 '서번트 리더십(servant leadership)'의 모델을 보여주고 있다. 구성부터 다른 현장에서는 정착 사례를 찾아보기 힘든 그야말로 '연합' 선교팀이라 할 수 있겠다.

팀 사역 원리

그레이스 선교부를 설립한 신성호 선교사는 팀 사역의 원리를 묻는 질문에 "팀 선교를 시작한 것은 필요에 의한 필연적인 선택이었기 때문에 팀 사역에 대한 특별한 원리는 없다.”고 하면서도, 지나온 사역의 과정을 통해 자연스럽게 형성된 실제적 원리를 소개했다.

첫째, 사역에 대한 주인의식 공유

“다른 팀 사례들에서 보면 설립자 또는 선임 선교사가 후임 선교사를 ‘동역자’가 아닌 ‘보조 선교사’ 정도로 생각하는 경향 때문에 후임 선교사가 ‘내 사역’이라는 주인 의식을 갖지 못하고, 결국 중도에 팀을 떠나게 되는 경우가 많다.”

그래서 그레이스 선교부는 팀에 정식 허입된 선교사들이 언어 훈련이 끝나면 연차에 상관없이 1년씩 돌아가면서 선교팀장으로서 전체 선교부를 이끄는 파격적인 제도를 시행했다. 처음에는 과연 감당할 수 있을까 우려했지만 오히려 이로 인해 책임감과 성취감이 강화되고, 현지인들에게도 인정을 받게 되면서 자연스럽게 팀 사역에 대한 주인의식을 갖게 되었다.

둘째, 사역 재정의 공유

그레이스 선교부는 특이하게도 선교사들이 각자 많으면 많은대로 적으면 적은대로 후원금 전액을 선교부에 공동으로 모으는 재정 원칙을 세웠다. 이들은 팀 사역에서 가장 중요한 것은 서로간의 신뢰라는 전제가 있어서 그 정신을 재정 원칙에 반영한 것이다. 당연히 오래 사역한 선임 선교사들의 사역 후원비가 더 많게 되지만, 이 원칙에 따라 선임 선교사들이 먼저 더 헌신하여 후임 선교사들의 부족함을 채워 주고, 또한 모아진 사역비는 공동으로 투명하게 관리함으로서 배려와 신뢰의 관계가 더욱 강화될 수 있었던 것이다.

셋째, 허입 전 협력회원 제도

그레이스 선교부는 신입 선교사 허입 전 1년간 ‘협력회원 제도’를 두어, 1년간 다양한 관점에서 서로 겪어보고 지켜본 후에 정회원 허입 여부를 만장일치로 결정하고 있다. 여러 선교 현장에서 서로를 알지 못하고 신입 팀원을 받았다가 나중에 어려움을 겪고 급기야 서로 상처를 남기며 팀이 깨어지는 경우를 많이 보아온 이유다. 신성호 선교사는 “서로 겪어보면서 서로 맞지 않는 경우 후배 선교사가 자신의 사역을 찾아가도록 길을 열어주는 것이 서로를 위해 좋은 선택일 수 있다.”고 말한다.

넷째, 사역보다 관계에 우선순위

요한복음 15장 포도나무 비유에서 말씀하는 바와 같이 열매를 맺기 위해서 팀 사역도 포도나무의 가치처럼 잘 연결된 팀 관계를 우선시한다. 그레이스 선교부는 실제로 자녀들을 포함한 전체 선교사 가족들이 함께 모여 예배하고, 식사하고, 교제하는 시간이 많다. 이러한 시간들을 통해서 자연스럽게 팀원들 간의 긴장이 없어지고 아름다운 팀워크와 동역관계가 이루어질 수 있는 것이 팀 사역에도 좋은 영향을 미칠 수 있었던 것으로 보인다.

교회개척의 원리

그레이스 선교부는 핵심 사역인 교회개척에 있어서 '3년 자립, 5년 재생산'의 사역 비전을 따라 사역해 왔고, 또한 이 비전은 목표지향적인 순환 훈련(매주 기도회, 매월 목회코칭, 연 2회 전체 사역자 수련회)을 통해 현지인 사역자들도 동일한 '자립과 재생산'의 비전으로 팀 사역의 외연을 확장해가고 있다.

그레이스 선교부는 교회 개척 과정에서 치앙마이, 치앙라이(Chiang Rai) 등 도시 지역에 개척된 교회일수록 대체로 자립이 빠르다는 점에 착안하여 주로 교회가 없는 도시 지역을 중심으로 선택과 집중의 교회개척 사역을 진행해 왔다.

그렇게 자립이 빠른 만큼 재생산하는 교회로의 전환이 활성화되어서 현재 재생산된 교회의 수가 14개 교회로 그레이스 선교부 안에 세워진 총 49개 교회 중 약 ⅓ 정도의 교회가 개척된 교회에 의해 재생산된 교회인 것을 알 수 있다. 매솟에 거주하는 미얀마 인들이 이주 근로자들, 즉 재정적 자립을 가능하게 할 수 있는 성도들이라는 점이 교회 자립을 가능케 한 큰 이유 중 하나다.

그레이스 선교부의 교회개척 과정에서 특이할 만한 것은 이 사역이 전적으로 '성경적인 재생산'에 초점이 맞춰져 있다는 것이다. 우선 이 사역이 처음에는 선교사에 의해 시작되었지만, 이제 잘 훈련된 현지 사역자들에 의해 목회와 새로운 교회 개척이 이루어지는 사람과 사역의 재생산이 이루어졌다. 또한 개척된 교회들은 본 교회의 성장에 골몰하는 것이 아니라 또다시 교회가 없는 곳이라면 어디든 훈련된 사람들을 보내어 교회를 재생산하는 일에 헌신되어 있다. 더욱이 핵심은 그들이 재생산한 교회들 가운데 미얀마 본토에 개척한 교회들도 상당수 있는데, 이는 이들이 비록 여러 가지 사정으로 고국을 떠나 태국에 거주하고 있지만 지금도 모국 미얀마 본토 선교를 향한 열정을 가지고 있음을 보여준다. 여기서 그레이스 선교부와 선교사의 일정한 조력과 동역은 계속 되겠지만, 태국 뿐 아니라 미얀마 본토 선교는 이제 이들 현지인 사역자와 교회들의 몫으로 이루어질 것을 기대하게 되는 것이다.

나가는 말

누군가는 신성호 선교사의 리더십을 '형님 리더십'으로 표현하기도 한다. 이는 엄격한 규율이 있는 것은 아니지만 가족처럼 서로를 신뢰하고, 큰 형님처럼 잘못과 실수를 포용한다는 의미로 사용한 것이다. 한 명의 선교사가 씨앗이 되어 시작된 태국 내 미얀마인 사역은 교파와 직분을 초월한 한국인 선교사 6가정의 팀 사역으로 꽃을 피웠고, 이제 동일한 비전 아래 훈련된 현지인 사역자들과 교회의 확장된 팀 사역으로 그 열매를 맺고 있다.

그레이스 선교부는 지금까지 기회와 가능성이 열린 미얀마 외의 국경도시[치앙마이, 매솟, 매사이(Mae Sai)]에서 교회를 세우고, 현지인 사역자들을 통해 미얀마에 교회를 개척하는 본토 선교에 대한 비전을 지향해 왔다. 그러나 여기에 안주하지 않고, 이제 곧 활짝 열릴 미얀마 내에서의 새로운 사역을 준비하고 있다. 앞으로 그레이스 선교부가 지향하는 미얀마 내에서의 새로운 팀 사역이 어떻게 꽃을 피우고 열매를 맺어갈지 기도와 관심을 가지고 지켜볼 대목이다.

참고자료

- 팀 선교의 효율성을 높이기 위한 협력 자세에 관한 소고(신성호 선교사, 2014.2.22., 인터넷 daum cafe, '미얀마 선교 이야기', http://cafe.daum.net/missionmyanmar)
- 그레이스 선교부의 사역자 훈련(신성호 선교사, 2017.3.3., 인터넷 daum cafe, '미얀마 선교 이야기', http://cafe.daum.net/missionmyanmar)

태국과 미얀마의 변화가 가져온 기회

글 | 정 보애(SIReNer)

그레이스 선교부 개척 1호 교회: 치앙마이 그레이스 교회 15주년 기념예배

아시안 하이웨이 도로 표시판

태국은 동남아, 인도차이나 권역의 중심 국가이다. 특별히 경제, 관광, 무역 부분에서 중심적 역할을 하고 있다. 아시아 32개 나라를 그물망 구조로 연결시켜 나가고 있는 아시안 하이웨이(AH; Asian Highway)는 경제, 무역 허브이자 중심축으로 태국의 위상을 더욱 제고시키고 있다. 이런 태국이 미얀마 최대 교역국으로 자리매김했다. 지난 2013년에는 미얀마 전체 수출의 50%, 수입의 20% 내외를 차지할 정도다.

과거 동남아 역사 속에서 한일관계처럼 애증과 갈등으로 지속된 태국과 미얀마 관계가 달라졌다. '방콕(Bangkok) – 다웨이(Dawei) 프로젝트'는 양국 관계 변화를 극명하게 보여준다. 원래 다웨이는 미얀마 남부 타닌다리(Tanintharyi) 구의 항구도시로 바다가 깊어 역사적으로 미얀마와 태국이 서로 차지하려고 빈번하게 전쟁을 벌였던 곳이다. 여기에 미얀마 최초의 특별경제구역이 들어섰다. 태국은 140억 달러를 투자한 이 프로젝트로 인해 싱가포르로 돌아가지 않아도 되므로 시간과 비용 측면에서 이득을 보게 되었고, 미얀마로서도 항구 개발을 통해 낙후된 남부의 경제를 되살릴 수 있게 되었다.

국경시장에서 장사하는 미얀마인

2017년 4월 기준 미얀마 해외 투자 국가를 살펴보면 태국이 세 번째로 투자를 많이 한 나라다. 중국과 싱가포르 다음의 투자유치국이다. 특히 1997년 태국이 미얀마의 아세안(ASEAN)가입에 적극적인 역할을 한 이후, 2천 년대 들어오면서 양국 간 주요 갈등 원인이던 국경지역의 소수종족 반군활동과 난민 문제가 소강상태 해결 국면으로 전환이 되고, 오히려 경제 무역 협력이 갈수록 강화되고 있다.

태국은 미얀마와 육로 및 해로를 합쳐 총 2,041㎞를 맞닿아 있는데, 특별히 국경지역 매솟(Mae Sot, 태국)–미야와디 (Myawaddy, 미얀마), 매사이(Mae Sai, 태국)–따칠레익(Tachileik, 미얀마)은 양국 간 특별경제구역으로 지정되어 경제 견인차 역할을 하고 있다. 실제로 '작은 미얀마'라 불리는 매솟은 미얀마식 얼굴로 상징화되는 '따나카(Thanakha, 미얀마 전통 햇볕차단제)'를 바른 미얀마 사람들로 온통 북적거린다. '따나카'를 바른 어린아이, 젊은 이들, 노인들이 시장, 호텔과 식당, 주유소, 공장, 농장, 도로 공사장, 건축노동 현장에서 그리고 태국 가정마다 가정부(태국어로 '매반')로 일하고 있다.

국경을 넘나드는 미얀마 사람들

도전과 통찰1: 태국 내 미얀마 이주자 200-300만 이상 유입

태국에서 활동하고 있는 이주 노동자들은 지난 2011년 기준, 모두 약 3백 5십만 명이라고 국제이주노동자협회는 추산하였다. 이중 85%인 3백만 명이 태국에서 적법하게 또는 불법으로 일을 하고 있다. 그리고 이들 중 3백 2십만 명이 바로 태국 주변국 3개국인 미얀마, 라오스, 캄보디아 사람들이다. 이들 중 상당수는 태국에 머문 지 10년 이상 된 사람들로 추정되고 있다. 2016년 제작된 KBS 다큐멘터리 '고향을 넘어 귀향'에서는 실제 불법 밀입국한 사람들을 인터뷰한 결과 20년 이상 태국에 살고 있는 사람들도 의외로 많이 있다고 밝혔다. 이런 '방콕 드림', '타일랜드 드림'으로 국경을 건너와 태국에 살고 있는 사람들 중 제1위는 바로 미얀마인이다.

2017년에 태국 내 미얀마 이주자는 최소 200만 이상, 최대 300만 이상이라고 한다. 아웅산 수치(Aung San Suu Kyi)의 민주주의와 개방 이전까지 긴 공산주의와 사회주의, 군부독재, 서양의 경제제제 조치로 어려움을 겪던 미얀마는 현재 1인당 소득이 500달러 내외로 태국에 비해 $\frac{1}{8}$ 수준에 불과하다. 이제 막 개방된 미얀마는 국

매솟 그레이스 교회 주일예배

민 대다수가 아직 일자리가 마땅치 않아 많은 이들이 실업상태에 있다. 그래서 미얀마 사람들은 살기위한 최선의 선택으로 이웃 부자 나라, 비자문제가 없는 관광 대국 태국으로 거대한 밀물처럼 들어오고 있다.

도전과 통찰2: 길은 사람이다.
길을 통해 생명이 살아난다.

인류가 살던 과거부터 길은 사람 자원 정보가 흐르는 생명선 역할을 해왔다. 태국과 미얀마 국경에도 길이 있다. 자그마치 2,000㎞ 이상 되는 긴 길이 있다. 그것

도 육로와 바닷길, 심지어 실개천만 건너면 되는 그런 길도 있었다. 이런 길을 통해 사람이 만나고, 가족, 마을, 도시가 생겨난다. 사람을 살리는 교회 공동체가 세워진다.

많지는 않지만 이런 기회의 문을 주목하고 그 문을 통해 사역하고 있는 사람들이 있었다. 바로 한국선교사, 서양 선교사, 미얀마 목회자들이다. 이들은 미얀마 이주자들을 위해 방콕, 치앙마이, 치앙라이, 매솟, 매사이, 미야와디, 따칠레익 등지에 교회를 개척해왔다. 현재 태국 치앙마이의 경우는 미얀마 교회에 출석하는 미얀마인이 300명 이상이며, 국경 도시 매솟에서는 100명

이상 예배를 드리는 교회도 있다. 50-100명 정도 되는 교회들이 상당수다. 그 외 태국의 이름 없는 중소 도시, 작은 읍·면에도 미얀마인이 있는 곳이라면 교회가 교회를 세워가고 있으니 놀라운 일이다. 강력한 불교문화와 가족·친척들로 둘러싸인 본토 미얀마에선 도저히 상상할 수 없는 풍경이다. 태국 내 미얀마교회 공동체는 미국으로 이민간 한인들의 교회 공동체처럼 삶의 구심점 역할을 하고 있다.

태국의 미얀마 이주자들의 하루 일당은 태국 돈 300-400바트(Baht)에 불과하다. 한국 돈으로 1만원-1만 4천 원 정도다. 그렇지만 이들은 가난한 이들이 아니다. 미얀마 본토와 세계선교를 향해 매일 기도하고, 조국 미얀마에 교회를 개척하고 있는 부요한 사람들이다. 예루살렘에서 땅끝까지, 모든 곳에서 모든 곳을 향하는(From Everywhere To Everywhere) 신(新) 사도행전의 역사를 써내려가기 시작했다.

지금까지 좁은 길을 걸어오면서, 길을 만들어온 사람들. 길은 사람이었다! 생명이 생명을 살리는 그 길. 그 길을 앞장 서 걸어온 선교사들. 그리고 그 선교사들의 인격과 삶에 영향을 받은 동역자이자 선교 미얀마의 주역인 미얀마 이주자 그리스도인들! 낮은 자들을 통해 영광 받으시는 주님을 찬양한다.

태국 북부 관문 도시가 주는 기회

글 | 정 보애(SIReNer)

미얀마에서 바라본 태국–미얀마의 국경 출입국 사무소

'모든 도시는 관문도시이다'

하비칸(Harvie M. Conn) 박사가 한 말이다. 이는 교회가 모든 민족에게 복음을 전파하여, 제자를 삼고, 믿는 자의 무리를 배가시키며, 삶과 사역을 통해 도시 사회에 영향을 미치는 것이 얼마나 중요한지 도전한다. 곧 도시를 통한 지역과 국가 전체 복음화의 전략적 안목을 강조한 것이다.

이런 점에서 태국 북부의 치앙마이(Chiang Mai), 치앙라이(Chiang Rai)는 태국을 통한 미얀마와 라오스 등 인도차이나반도권역과 중국 소수민족 지역으로 들어가는 두 개의 큰 관문이다. 이는 지리적 위치와 현재의 기회 면에서 특히 그렇다. 우선 치앙마이는 태국 북부에서 가장 큰 관문도시이다. 도로와 항공 교통 뿐 아니라, 태국 북부 주요 대학인 치앙마이 대학교와 여러 국제 학교 등이 위치한 교육의 주요 거점이다. 게다가 최근에는 서양과 한국의 현장 선교본부나 동원부서의 상당수가 치앙마이에 들어와 있다. 무비자 관광대국의 주요 도시로서 개방성과 안전성이 확보되어 있고, 숙박, 교통, 통신 등 도시 인프라가 잘 구축되어 있어서 국제 회의나 행사를 개최하는데 상당히 용이하다는 점, 그리고 한국이나 중국 등 영향력 있는 선교국가들과의 네트워크가 뛰어나기 때문이다.

한편 치앙라이는 태국의 카렌[Karen, 꺼인(Kayin)] 족, 라후(Lahu, 拉祜) 족, 아카(Akha) 족 등 태국 북부 산지 소수종족들에게 접근하는 관문 역할을 한다. 도시 규모는 치앙마이에 비해 작지만 소수종족들과 그 문화를 경험할 수 있는 다양한 가능성은 훨씬 많은 곳이다. 또한 미얀마와 라오스, 중국 등 인도차이나로 가는 길목에 위치해 교통의 요충지 역할을 하고 있어 과거부터 전략적인 도시였다. 주변에 이모작이 가능한 너른 평야가 펼쳐져 있고, 특히 치앙라이 파인애플은 지형과 기후 특성상 달고 맛이 있어 전국적으로 유명하다. 금년 5~6월 현지 리서치 중 재미있었던 것은 치앙라이 전경이 내려다보이는 명당자리에 중국식 관음보살 사원이 세워져 있는 것이었다. 중국의 용, 말, 개 등 12간지 상, 중국식 큰 관음보살 상, 소란스러운 중국인 떼관광객들의 방문 등으로 미루어 볼 때 이 지역에 중국의 영향력이 갈수록 커지고 있음을 알 수 있었다.

또한 태국과 미얀마 국경도시인 태국의 매사이(Mae Sai)와 매솟(Mae Sot)은 전방개척 미전도국가인 미얀마로 들어가기 위해 반드시 거쳐야 하는 통로이자 동시에 미얀마 선교를 위한 가장 영향력 있는 거점으로 부상하고 있어 주목할 필요가 있다. 현재 태국에는 약 200만 명의 미얀마 이주자들이 정착해서 살아가고 있는데, 주로 이들 국경을 통해 왕래하고 있기 때문이다.

매사이는 태국 치앙라이 주에 속한 최북단에 위치한 작은 도시이면서 미얀마와의 국경을 사이에 두고 시장이 발달한 도시다. '태국과 미얀마의 변화가 가져온 기회' 글에 소개한 매솟과는 또 다른 국경도시 매사이는 작은 실개천만 건너면 바로 미얀마 샨(Shan) 주(state)의 관문도시 따칠레익(Tachileik)을 만나게 된다.

이민국 세관을 거쳐 실개천 위 다리를 건너는데 5분이면 나라가 바뀌는 것은 남북분단과 남북 합이 4Km에 달하는 비무장지대(DMZ; Demilitarized Zone)와 그마저도 결코 넘어갈 수 없는 국경 개념을 가지고 있는 필자에겐 새로운 충격이었다. 매사이는 중국과 미얀마 그리고 라오스에서 오는 물품과 태국에서 수출되는 물품들이 서로 교역되는 곳이다. 따라서 도시 전체가 상점, 재래시장, 호텔, 음식점으로 북적거린다. 중국어, 태국어, 미얀마어 소리가 사방에서 들리며, 간판도 세 나라 글자가 혼재되어 있었다. 특히 매사이는 국경지역을 통해 인도차이나를 동시에 여행하기 위한 중간 통로로 동서양 사람들이 늘 붐비는 곳이었다.

태국과 미얀마를 이어주는 다리

매사이와 매솟을 비교하면 매솟에도 국경시장 등의 전통적인 상권이 형성되어 있으나, 매사이 국경시장이 규모 면에서 훨씬 컸다. 그에 반해 매솟의 외곽은 농경지대이지만, 공업단지가 들어서면서 2016년 매솟 공항과 최신 고급 백화점이 세워지고 있었다. 두 지역을 다 가보니, 매사이가 매솟보다 도시 규모는 작지만, 중국 영향권 아래서 전통적 상권의 규모는 더 발달되어 있었고, 매솟은 신흥 공업단지와 함께 앞으로 현대식 상권의 발전이 기대되는 상황이었다.

태국 관문도시가 주는 기회

일단 모든 도시는 고향을 떠나온 많은 사람들이 살고 있어서 정서적인 면에서 복음에 대한 수용성이 높아 중요하다. 또한 도시의 발달된 교통망은 원거주지에 살고 있는 복음에 노출되지 못한 다양한 미전도 지역 사람들, 미전도종족간의 거리를 좁혀준다. 사실 남아 있는 창의적 접근지역선교에서 선교사들은 그 정착과 활동에 많은 제약이 있다.

미얀마 역시 마찬가지다. 우선 외국인이나 선교사들의 통행과 접근을 제한하고 허가가 있어야 통행할 수 있는 미개방지역이 많은데 비해, 도시 특히 관문도시들은 그렇지 않다. 우선 초기 언어학교나 자녀교육기관, 한인들과의 접촉, 거주 가능한 도시 인프라 등이 잘 구축되어 있어서 선교사가 쉽게 안착, 거주할 수 있는 장점이 있다. 한마디로 접근도가 매우 좋다. 또한 도시가 지닌 다양한 종족과 사회계층의 유입으로 직업적인 개방성이 있어 선교사가 학생, 공무원, 회사원 등 다양한 계층집단 뿐 아니라 미얀마에서 이주해오는 4대 미전도종족 버마(Burmese) 족, 샨 족, 몬(Mon) 족, 라카인 족 등을 쉽게 접촉하고 복음화 할 수 있는 열린 기회를 가지고 있다.

또한 본토 고향에서는 복음에 대해 저항적이던 사람들이 도시로의 이주 및 정착 과정에서 겪는 심리적 불안정 상태로 인해 오히려 새로운 변화와 복음전파의 기회를 얻을 가능성이 높아진다. 맥가브란(Donald Anderson McGavran)은 '복음에 가장 민감하게 반응하는 농촌이나 고향에서 도시로 이주한 이주자 집단을 주목하여 사역할 것'을 강조했다. 실제로 치앙마이 그레이스 교회는 처음에 치앙마이 나이트 바자르(Night Bazaar)라는 상업지역에서 태국인 상점에서 일용직으로 일하는 미얀마인 이주민 종업원들을 중심으로 집중 사역한 케이스이다. 2017년까 300명 규모의 미얀마 이주민 교회로 성장한 대표적 미얀마 이주민 교회 모델이다.

도시는 본토, 고향과의 네트워크를 통한 기회 또한 대단히 중요하다. 맥가브란은 도시로 이주한 이주민들이 자기가 살던 농촌, 고향, 원거주지에서 비록 몸은 떠났으나, 상당부분 사회적 네트워크 연계망을 유지하면서 살고 있음을 강조한다. 곧 정기/비정기 고향방문, 또한 기존 고향의 관계망을 통한 도시 이주의 계속적 확산, 그로 인한 새로운 기회의 생성을 강조한 것이다. 그는 이를 '하나님의 다리(Bridge of God)'로 비유하면서 한 도시를 통한 전체 지역 복음화라는 큰 그림을 제시했다.

현지 조사 결과 치앙마이 주변 항동지역에 미얀마 샨 족들이 특히 많았다. 재미있는 사실은 미얀마 샨 족의 직업이 거의 대부분 건설노동자들이라는 점이다. 이들은 현재 치앙마이 인근 고급형 전원 빌라, 스포츠센터, 까페, 주상복합단지 등의 건설노동 현장 주변에서 가족, 친척, 고향 친구 등 관계망을 통해 집단촌을 형성하고 살고 있었다. 미얀마에서 버마 족 다음으로 많은 종족인 샨 족! 이들은 태국에서 한 종족집단이 동일 직업 계층집단으로 변화되어 그 원거주지와 샨 족 전체 복음화를 위한 사역 대상으로 부상하고 있었다. 현재 미얀마 샨 족 목사, 한국인 선교사, 서양인 샨 족 사역자들이 태국에서 미얀마 샨 족 사역을 위한

미얀마 이주민교회인 치앙마이 그레이스 교회

동역을 시도하고 있다.

　"태국 치앙마이는 선교사들의 무덤이라고 합니다." 치앙마이에 거주하는 어떤 한국 선교사의 말이다. 치앙마이 거주 한국 선교사들의 중복 배치와 갈등 현상, 건강하지 못한 선교 사역자들의 증가를 빗대어 한 말이다. 안타까운 것은 한국 선교사들이 태국의 주요 관문도시에 밀집 현상을 보이고 있음에도 불구하고 도시를 거주지로만 여기고 있다는 사실이다. 도시를 통한 지역 전체 복음화, 도시를 통한 미전도종족선교의 안목이 필요하다. 도시의 특성과 사역에 대한 적절한 훈련도 요청된다. 모든 도시가 관문도시일 수 있다는 전제 아래, 관문도시를 통한 지역과 국가, 세계 복음화 기여라는 거시적 안목과 방향성을 가지고 실제적인 사역, 열린 기회를 통한 현지인들과의 동역이 더 절실하게 요구된다.

샨(Shan)은 왜 아직도 1%인가?
샨 선교역사 뒤집어 보기

글 | 강 호세아(SIReNer)

짜이퉁의 샨 족마을 풍경

미얀마 샨(Shan) 족 선교 역사는 올해로 161년(2021년 기준)이 된다. 그러나 샨 족은 여전히 복음화율 1% 미만의 미전도 종족이다. 단순 비교는 무의미하지만 우리나라보다 28년이나 앞선다. 그런데 어째서 지금까지 미얀마 샨 족은 미전도종족으로 남아 있게 된 것일까? 이 질문에 대한 답은 아무래도 미얀마 샨 선교 역사 속에서 그 단초를 찾을 수 있을 듯싶다.

샨 선교 역사는 크게 3기로 나누어 볼 수 있다.

빅스비선교사, 1827. 8. 20 - 1901. 3. 20

1기(1860-1889)
: 따웅우, 샨 선교의 태동과 준비

미얀마 샨 족 선교의 시작은 아도니람 저드슨(Adoniram Judson) 이래 미얀마 선교를 이어온 미국 침례교단이 1860년 빅스비(Moses H. Bixby)를 샨 족 최초의 선교사로 파송하면서부터이다.[1] 사실 빅스비는 미얀마 선교가 처음이 아니었다. 이미 몰레먀인(Mawlamyine)에서 버마(Burmese) 족과 몬(Mon) 족 교회를 섬기다가(1853년-1856년), 건강상의 이유로 3년 만에 본국으로 철수해야만 했던 이력이 있었다. 그러나 건강이 회복되고 미얀마 '샨 족'에게

로 다시 파송된 것이다. 그는 1861년 3월, 미얀마 양곤(Yangon)을 거쳐 북으로 약 200km 떨어진 따웅우(Toungoo)에 도착했다.

그런데 왜 샨 족 선교의 첫 사역지가 미얀마 동북부의 샨 지역이 아닌 중부의 따웅우였던 것일까? 여기에는 절묘한 하나님의 섭리가 숨어 있었다. 당시 글로-버마 전쟁(Anglo-Burmese Wars)[2]으로 미얀마 일부 지역을 점령하고 있던 영국 점령 정부는 건설 목적으로 약 1만여 명의 샨 족들을 그들의 원거주지로부터 따웅우 인근 지역으로 이주시킨다. 샨 지역을 포함한 당시

---

(1) 샨 족이 선교대상으로 처음 발견된 것은 1831년 아도니람 저드슨의 미얀마 선교대상 종족 리스트에서였고, 1835년에 인도 아삼(Assam) 지역에 13세기 아훔(Ahom) 왕국 건설을 위해 이주해온 샨 족의 후예들을 대상으로 선교한 영국 선교사들은 있었으나, 본격적인 미얀마 샨 족 선교는 1860년을 처음으로 본다.

(2) 당시 영국령에 속한 인도와 당시 버마가 벌인 국경을 둘러싸고 충돌한 전쟁, 1824년부터 3차에 걸친 전쟁 끝에 1885년 미얀마는 완전히 영국 식민지가 된다.

미얀마 북부는 반군 지역으로 외국인들의 자유로운 여행이 불가능했다. 그 말은 빅스비가 샨 족 선교사로 오기는 했지만, 현실적으로는 샨 족 마을 하나 만나는 것조차 매우 어려운 상황이었다는 것이다. 그런데 그가 왔을 때, 마침 샨 족들이 무려 1만여 명이나 그것도 제 발로 안전한 중부 따웅우까지 이주해 온 것이다. 혹자는 이를 두고 "하나님이 선교사를 샨 족들을 위해 보내셨을 뿐 아니라, 샨 족들을 선교사를 위해 보내기도 하셨다."라고 말한다. 이 같은 하나님의 섭리가 아니었다면 샨 선교의 시작은 지금보다 훨씬 더 늦춰졌을 공산이 크다.

비록 샨 본토는 아니었지만, 빅스비에 의해 따웅우에서 시작된 샨 선교 1기는 본격적인 샨 선교의 모판을 준비하는 시기였다고 할 수 있다. 그래서 그가 사역 초기에 주력한 것은 샨어 연구와 복음 전도, 현지인 양육이었다. 빅스비는 들을 사람이 있는 곳이면 집, 짜얏(zayat, 미얀마식 정자), 시장 등 가는 곳마다 항상 버마어와 함께 샨어로도 복음을 전하고 설교하였다. 그 노력의 결과 빅스비가 도착한 이듬해인 1862년 5월 샨 족 최초의 교회가 세워지고, 첫 회심자인 마웅 아웅 미얏(Maung Aung Myat)이 침례를 받게 된다. 또한 초기부터 신학교실(Theological class)을 시작하여 회심한 샨 족들을 양육하고 그들의 도움으로 함께 사역했다. 이렇게 해서 교회는 1864년 말까지 3개의 예배 처소에, 성도가 96명까지 늘어났다.

또한 빅스비는 따웅우에서의 사역과 함께 동북부 샨 지역과의 접촉을 위해 계속해서 선교여행을 시도하였다. 그 결과 1866년에는 당시 버마(미얀마)와 시암(Siam, 태국) 왕으로부터 샨 지역을 안전하게 통행할 수 있는 어인이 찍힌 정식 통행증을 얻게 된다. 이를 통해 빅스비 다음으로 샨 족 선교사로 파송 받은 쿠싱(Josiah N. Cushing) 선교사 등은 1867년에 샨 내지까지 정탐할 수 있게 되었다.

쿠싱 선교사는 그의 사역 기간 동안 계속 해서 샨 지역 더 깊은 곳으로 정탐을 진행하면서도, 샨어 성경 번역과 사전 편찬 등 샨 선교의 거의 모든 영역의 기초를 놓았다. 1869년에는 동부 샨의 중심 도시 짜이퉁(Kengtung)까지 무려 52일간 여행하면서 샨어 전도지를 배포하고, 가는 곳마다 시장에서 사람들에게 샨어로 복음을 전하였다. 또한 이후 5개월 간 배를 타고 양곤까지 가면서 미얀마 내의 샨 족 분포를 파악하며 수많은 지역에 복음의 씨앗을 뿌렸다. 한편 1876년에 중국내지선교회(China Inland Mission)가 사역하던 중국 국경 인근 바모(Bhamo) 지역 사역을 미국 침례교단 선교부가 맡게 되면서 따웅우 사역은 아내에게 맡기고, 쿠싱은 바모(Bhamo) 지역

쿠싱 선교사, 1840. 5. 4-1905. 5. 17

의 샨 사역을 개척하게 된다.

이것이 계기가 되어 쿠싱과 선교부는 산지가 많아 왕래가 어려운 샨 지역 특성상 각 거점마다 선교기지가 구축 될 필요성과 그 전략적 가치를 인식하게 되었다. 그래서 그동안 샨 지역 정탐을 통해 확인한 거점 도시들에 선교기지를 구축할 샨 선교 2기 사역의 전략적 모판을 마련하였다.

2기(1890-1929)
: 의료 선교를 중심으로 한 거점 선교

양곤에서 쿠싱의 도움을 받았던 시포의 지방토호(샨어: 샤오파, Saohpa)가 그들을 초청하여 시포(Hsipaw, 1890년)에

첫 병원과 함께 선교기지를 세우게 된다. 시포를 시작으로 몽나이(Mongnai, 1892년), 남칸(Namkhan, 1896년), 짜이통(1904년) 등 4개 거점도시에 차례로 의료 선교사들을 파송하여 병원과 학교를 세우고 샨 선교를 확장해 나가게 되었다.

이 시기 사역의 특징을 몇 가지 짚어보면, 먼저 의료사역을 중심으로 선교 기지를 구축한 것은 초기 돌파 전략으로서 상당히 주효했다. 특히 소외되었던 샨 족들에게 각 지역의 거점 도시를 중심으로 의료와 교육을 매개로 접근한 것은 선교사와 복음이 그들에게 받아들여지는데 큰 도움이 되었다.

특히 남칸은 1922년부터 사역한 시그레이브(Dr. Gordon Seagrave) 선교사와 함께 한 동역자들의 헌신적인 노력으로 병원 시설과 장비를 현대화하고, 간호사 훈련을 시작하였다. 또한 이곳에서 샨 족 2번째, 3번째 교회가 세워지고, 1942년 버마 전쟁 전에 약 500여명, 군부독재가 시작되기 직전인 1960년에는 약 2000여명의 샨 기독교인들이 있었고, 이들이 확실한 기초가 되어 지역 노회(Association)가 설립되는 등 교회 사역에서도 열매를 거두었다. 이를 통해 각 하부 지역까지 선교사역이 확산될 수 있었고, 복음이 전해질 토양이 마련될 수 있었다.

그런데 여기에 한계가 공존했던 것으

시그레이브 선교사, 1935년
사진출처: History of Shan Churches in Burma 1861-2001
_ Christian Mission _ Evangelism

로 보인다. 당시 열악한 환경에 서구 선교
사들이 적응하며 강도 높은 의료사역을 감
당하는 것은 여러모로 어려움이 있었다.
예컨데 몽나이는 흑수열(악성 말라리아)
이 심각하여 1926년 이후에는 선교사의 거
주사역이 불가능하여 철수할 수밖에 없었
고, 시포에서는 의사 선교사 수급이 어려워
1916년 이후 9년간은 폐쇄되기도 했다. 이
처럼 당시 샨 선교 역사 기록을 살펴보면,
의도한 바는 아니었지만 초기 의료사역 정
착에 상당한 역량을 쏟아야 했기 때문에 상
대적으로 매우 본질적인 복음전도, 교회개
척, 사역자 훈련 등이 우선순위에서 밀려

난 면이 없지 않았던 것 같다. 이는 당시 선
교사 동원에 있어서도 선교부가 당장 의료
선교사 수급의 어려움에 대해서는 언급하
고 있지만, 전도자나 교회개척 선교사를 동
원하고자 애쓴 흔적은 찾기 어려운 것이 그
한 단면이라고 할 수 있을 것이다.

의료사역과 전도, 교회개척 사역이 함
께 집약적으로 행해진 사례는 앞서 언급한
남칸이나 가장 나중에 개척된 짜이통에서
의 부커 형제(Dr. Richard Buker & Rev.
Dick Buker) 선교사들에 의한 사례 정도이
다. 1926년 부커 형제가 함께 동역하면서
치료와 말씀 사역을 함께 병행하는 이상적
인 선교 모델을 이루었다. 1928년 통계에
의하면 그 해에만 3,864명을 치료했고, 이
지역에 인구의 6%에 달하는 나환자들이
있었는데, 그들을 위해 무려 16개의 나환자
촌을 세워 그들의 치료와 함께 정상적인 삶
을 돕는 사역을 하게 된다. 그와 함께 말씀
사역의 시너지 효과로 그들의 사역 동안 해
마다 100여명 이상이 침례를 받았는데, 특
히 1939년에는 한번에 42명이 한꺼번에 침
례를 받고, 11곳에서 800여명이 성경교실
에 참여하는 열매가 나타났다.

이와 같은 열악한 환경과 의료사역 우
선 정책은 그 공(功)이 분명히 인정되지만,
대부분 지역에서 전도와 교회 개척, 사역자
훈련 등의 돌파는 너무나 더디게 이루어진

남칸에 세워진 병원(1896), 병원에서 근무하던 간호사들 단체 사진
사진출처: History of Shan Churches in Burma 1861-2001 _ Christian Mission _ Evangelism

것이다. 그로 인해 샨 선교 초기 역사에서 건강한 교회의 모델을 찾아보기가 어렵고, 이후 제 3기에 불어 닥친 샨 선교의 단절기를 맞아 자생적이고 자전적인 교회와 선교 사역이 이어지지 못한 치명적인 한계 야기의 주요인이라는 과(過)를 남겼다.

3기(1929-1962): 선교의 시련과 단절

초창기부터 샨 선교는 미국 침례교

단이 주도하고 있었다. 그런데 불행히도 1929년부터 10년간 지속된 미국의 경제 대공황으로 인해 샨 선교에 투입되던 재정적, 물적, 인적 후원이 대폭 축소되었고, 심지어 몽나이의 학교와 병원 시설들은 재정 고갈로 인해 지역 정부에 운영권이 넘어가기도 하였다. 그리고 이어 1939년 제 2차 세계대전이 발발하면서 미얀마를 비롯한 인도차이나 반도 전체가 전쟁의 격랑 속에 휘말리면서 그동안 일군 거의 모든 사역시설들이 파괴되는 아픔을 겪게 되었다. 전후 복구와 재건 사역이 시작되었지만, 재정 후원과 선교사 지원의 부족 등으로 인해 계속해서 어려움을 겪었다.

설상가상으로 전쟁의 상흔이 채 가시기도 전에 미얀마 북부 지역에서 소수종족 반군 투쟁이 본격화되면서 선교사들이 더 이상 현장에서 사역하기가 어려운 위험 속에 처하게 되었다. 그래서 상당수 선교사들이 위험지대가 된 거점 선교기지에서 안전한 지역 또는 본국으로 철수하게 되고, 병원 등의 운영을 황급히 선교사들을 돕던 샨족 의사들에게 이양하게 된 것이다.

남칸은 시그레이브 선교사의 조력자였던 샨 족 의사 아이룬(Dr. Ai Lun)이, 짜이퉁은 샨 족 책임 간호사였던 살라마 아이보(Salama I Bo)가, 나환자 사역은 그의 남편인 살라 아이 판(Sala Ai pan)이 맡아 운

영하게 되었다. 그 외 지역도 대부분 급작스럽게 현지인들의 손에 맡겨지게 된다. 그러나 실상 이들이 선교사들과 함께 동역한 신앙을 가진 의사들이기는 했으나, 설교나 전도, 교회 사역에 전문적으로 훈련된 사람들은 아니었기 때문에 이후 그들이 할 수 있는 최선은 남겨진 병원을 재건하고 운영하는 일일 수밖에 없었다.

그리고 결정적으로 미얀마는 1962년 군부독재 시대로 접어들게 되었다. 이와 함께 그나마 남아있던 미얀마 선교사들은 대거 추방되었고, 그나마 간접적으로 사역을 돕던 샨 선교사들도 이에 예외는 아니었다. 또한 병원과 학교 등은 상당수 국유화되고 만다. 충분한 출구전략 준비 없이 불가항력적 위기 속에 황급히 현지인들에게 이양된 선교사역은 결코 발전적인 선교의 상을 만들어 낼 수 없었고, 특히 사전에 전문 사역자들을 양성해 두지 못했던 전도, 교회개척, 사역자 훈련 등의 영역은 이후 제대로 시도조차 되지 못한 채 암흑기와 같은 미얀마 군부독재 하의 20세기 후반을 보내야 했다. 그리고 오늘날 여전히 복음화율 1% 미만의 미전도종족으로 남아 있다.

우리는 서두에서 한 가지 질문을 던지며 시작했다. '선교 161주년의 미얀마 샨족이 어째서 아직도 복음화율 1% 미만의 미전도종족으로 남아 있는가?'

앞서 살펴본 바와 같이 샨 선교의 역사를 곱씹어 볼 때, 하나는 선교의 본질인 복음전도, 교회개척을 약화시킨 초기 선교전략 설정상의 문제이고, 또 하나는 대공황, 전쟁 등과 같은 불가항력적 외부 악재들 때문이라고 할 수 있다. 전자에 대해 강력한 불교권인 미얀마 샨 족을 대상으로 초기 선교전략으로서 불가피했다거나 샨 족의 종족 특성상 "샨 족은 복음을 받아들이는데 너무 더디다"라는 평들이 있다. 그러나 같은 미얀마의 버마 족이나 몬 족 선교 역사에서는 강력한 불교의 반발로 인해 선교에 어려움을 겪었다는 증언들이 있어도

샨 족 선교 역사에서는 그러한 내용을 찾기 어렵다. 오히려 짜이퉁에서 의료와 전도사역 합작의 시너지 모델을 제시했던 부커 형제가 "왜 많은 사람들이 그들에게 전하지도 않으면서, 그들이 받아들이는데 더디다고 말하는가?"라는 외침은 당시 샨 선교 전략의 맹점을 잘 지적하고 있다고 생각된다.

후자로 제시한 외부 악재들에 대해서도 후원이 끊어지고, 전쟁이 터져서 부득이 선교사가 현장에서 철수해야 하는 상황이 말그대로 불가항력적이었던 것은 사실이지만, 전자의 선교전략 설정과 관련해서 아쉬운 부분이 있는 것은 사실이다. 비근한

동부 샨주의 나환자촌에 선교사에 의해 세워진 완콧 샨 족 침례교회

예로 중국 선교의 경우도 공산당의 박해로 선교사들이 일거에 추방당하고, 모든 자산이 몰수되는 등 중국 교회는 암흑기에 들어갔지만, 이후 중국이 개방되고 드러난 중국 교회의 엄청난 부흥은 전 세계를 놀라게 한 바 있다.

샨 선교에 있어서도 어려운 환경이었지만, 장기적 관점에서 복음전도와 그들을 통한 교회개척, 사역자 훈련에 대한 돌파 노력이 더 있었다면 비록 더딜지언정 그 노력이 한 알의 밀알처럼 심겨져 선교 단절의 암흑기를 지나 성령의 결실을 기대해 볼 수도 있지 않았을까 한다.

다시 샨 선교

우리가 지난 5월에 방문한 짜이퉁의 샨 교회는 과거의 선교부지와 선교시설들을 유지하고 있었다. 교단도 있고, 교회도 있다. 그러나 그 교회는 생명력이 없었다. 샨 교회의 한 목사는 샨 선교의 가장 시급한 필요로 첫째도 사역자 훈련, 둘째도 사역자 훈련이라고 강조했다. 남겨진 샨 교회의 유산 속에서 복음으로 부흥시킬 '사람'이 없는 것이다.

어떤 사람이 필요하겠는가? 이제 진정 샨 족 영혼들을 향한 하나님 아버지의

그 마음, 구령의 열정을 가지고 열과 성을
다해 복음을 외치고 하나님의 성경 말씀을
가르치고 증거할 사역자가 필요할 것이다.
그리고 그렇게 얻어진 천금같은 주의 백성
들에게 그들의 교회를 이루도록 도우며, 또
그러한 사역자를 양육하고 훈련시킬 수 있
는 선교사가 오늘도 필요하다.

오늘 우리는 짜이통에서 바로 그 구령
의 열정으로 작은 부흥을 이룬 부커 선교사
의 "왜 우리는 그들에게 전하지도 않으면
서, 그들이 받아들이는데 더디다고 말하는
가?"라는 고요한 외침을 가슴에 새겨야 할
것이다.

그리고 우리 중 누군가가 그 샨 족으
로 향해 161년 전 못다 이룬 구령의 열정,
힘 있는 교회의 소망을 가지고 나아가야 할
때이다.

미얀마 라카인과 로힝야, 그 슬픈 역사의 기원

글 | 정 보애(SIReNer)

2017년 미얀마 아웅산 수치(Aung San Suu Kyi)의 노벨 평화상 박탈 거론까지 야기하게 한 민족, 로힝야(Rohingya)족은 누구인가? 공식적으로 135개의 다민족으로 구성된 미얀마에서 로힝야 족은 유일하게 이슬람교를 믿는 무슬림 소수민족이다. 로힝야 족 학살, 난민 사태의 보이지 않는 이면에는 지난 19세기 영국의 식민지 정책과 20세기 미얀마 군부 독재시절의 슬픈 역사가 있다. 이번에서는 과거 역사를

중심으로 어떻게 한 나라에서 종족이 형성
되며, 종족 갈등과 종교 갈등이 유발될 수
있는지 미얀마의 라카인 주의 라카인 족과
로힝야 족간 갈등의 역사를 중심으로 살펴
보겠다.

1. 이름과 지리적 위치

미얀마 언어로 라카인은 라카인
(Rakhine) 주(State)와 라카인 종족을 의
미한다. 라카인 주는 미얀마의 서해안에 있
는데 북쪽으로는 친 주, 동쪽으로는 마궤
(Magwe) 구(Division), 바고(Bago) 구, 에
야와디(Ayeyarwady) 구 등 3개 버마 족 집
거지들과 접하고 있고, 서쪽으로는 벵골
(Bengal) 만(Bay), 북서부는 방글라데시 치
타공(Chittagong)과 인접해있다. 비공식
적으로 옛 명칭대로 아라칸(Arakan) 족이
라 부르기도 한다. 방글라데시에서는 이들
을 마르마(Marma) 족, 인도에서는 모그
(Mogh) 족으로 부른다.

2. 벵골 만과 아라칸 왕국

미얀마 라카인 족은 아라칸의 후예라
는 자긍 심이 대단한 라카인 족다. 선조
들이 미얀마 패권을 주도했던 버마 족, 샨
족, 몬 족에 버금가는 강한 '아라칸 왕국'을
건설했기 때문이다. 아라칸 왕국은 미얀마

라카인 주 서부와 방글라데시 사이에 있는
벵골 만의 해안지역의 지형적 특성을 활용
하여 현재 방글라데시 주요 항구 도시인 치
타공과 인도 북동부 트리푸라(Tripura) 주
까지 넓은 영토를 다스리기도 했다. 이들은
벵골 만 일대에서 15세기 네덜란드, 포르투
갈과 해상 무역을 주도하면서 18세기 말까
지 전성기를 구가했다.

3. 라카인 족과 인도의 영향

미얀마 라카인 족은 주로 상좌부 불교
(혹은 소승불교)를 믿으며, 버마 족, 샨 족,
몬 족과 함께 미얀마의 대표적인 4대 불교
종족 중 하나이다. 라카인 주는 지리적으로
아라칸 산맥에 의해 미얀마 본토와 분리되
어 있다. 이 산맥은 과거 미얀마 버마 족으
로부터 언어적, 문화적, 정치적으로 라카인
족을 분리시키는 역할과 함께 버마 족의 침
입을 막는 방책 역할을 해왔다. 그래서 라
카인 족이 지금은 미얀마 문화에 상당히 동
화되어 있지만, 오랫동안 독자적인 정치와
문화를 유지해 올 수 있게 해주었다. 오히
려 지리적으로는 인도아대륙에 더 가깝기
때문에 역사적으로 인도의 영향을 훨씬 더
많이 받았다. 인도 문화의 흔적은 라카인
족의 문학, 음악, 요리를 포함한 삶의 전반
에 남아있다.

1800년대 후반의 산도웨이, 출처: wikipedia

4. 세 차례에 걸친 영국과
미얀마 전쟁의 결과

제1차 영국 - 미얀마 전쟁(First Anglo-Burmese War)은 1824년-1826년까지 영국과 미얀마가 싸운 전쟁으로 영국이 승리해 미얀마의 아라칸, 아삼(Assam), 마니푸르(Manipur), 테나세림(Tenasserim) 등이 영국령으로 병합된 전쟁이다. 미얀마 서부 아라칸과 영국령 치타공 사이의 분쟁이 직접적인 전쟁 발발의 원인이 된다. 1784년~1785년에 미얀마의 버마(Burmese) 왕조가 아라칸 왕국을 공격하자, 아라칸 피난민들은 영국령 인도 치타공으로 피난을 가게 되었다. 이후 아라칸 피난민들은 군대를 조직해 미얀마 본토를 공략했고, 미얀마 내 아라칸 반란군도 당시 아라칸 왕국의 수도인 산도웨이(Sandoway)를 점령하는 사건이 발생했다. 그러자 미얀마는 이에 대한 보복으로 영국령 벵골을 침공했다가 결국 영국 식민지 지배를 불러오게 되는 비극의 씨앗이 되게 된다.

제2차 영국 - 미얀마 전쟁(Second Anglo-Burmese Wars)은 1852년-1855년까지 일어난 전쟁이다. 당시 미얀마는 버마족 꼰바웅(Konbaung) 왕조 바간(Bagan) 왕과 그 뒤를 이어 민돈(Mindon) 왕이 치

1차 영국-미얀마 전쟁(1824), 출처: wikipedia

리하던 때였는데, 미얀마의 패배로 영국이 저지대 미얀마 지역 양곤(Yangon) 주변까지 합병하게 되었다. 제3차 영국-미얀마 전쟁(Third Anglo-Burmese Wars)은 1885년 세 번째로 미얀마와 영국이 벌인 전쟁이다. 이 전쟁으로 고지대 미얀마 전역까지 영국에 합병되면서, 미얀마가 완전히 영국식민지 지배하에 들어가게 되었다.

5. 영국의 분할통치와 벵골인(로힝야 족) 미얀마로 강제 이주

이와 같은 세 차례의 전쟁에서 영국에 패한 미얀마가 다른 지역보다 먼저 할양한 땅이 바로 라카인이라는 사실이 슬픈 비극적 역사의 시작이다. 바로 영국의 '분할통치 정책(Devide and Rule)'의 첫 대상이 라카인 지역이었던 것이다. 분할통치 정책은 피지배층의 민족 감정이나 종교, 사회, 경제적 이해관계 등을 이용해 피지배 계층 내부의 갈등과 대립을 유발시켜 단합된 강력한 반대 세력이 나타나지 못하게 막는 정책이다. 이 정책을 통해 영국은 인구의 대다수를 차지하는 미얀마 주 종족 버마 족을 탄압하기 위해 소수종족들에게 영국식민지 정부의 중간 지배층 역할을 맡겨 내부 갈등

아라칸 왕국의 마지막 수도였던 므라우의 파고다, 출처: wikipedia

을 유도하고, 반(反) 영국 세력이 생겨나지 못하도록 원천 봉쇄하였다.

2018년 현재 전 세계적으로 로힝야 족은 220만 명으로 추정된다. 로힝야의 기원에 대해서는 미얀마로 들어온 이슬람계 아랍인 선원들의 후손이라는 주장이 있지만 이는 정설로 인정받지 못하고 있다. 직접적인 미얀마 로힝야 족의 기원은 1885년 제3차 영국-미얀마 전쟁에 승리한 영국이 미얀마 본토의 토지를 강제로 수탈한 뒤, 식민지 논농사를 위한 노동력 필요 때문에, 영국령 벵골에서 벵골 노동자들을 강제 이주시킨 데서 시작된다. 한 영국 문서 기록

에 따르면 1872년 미얀마에 5만 8천명 이던 무슬림들의 숫자가 1911년 3배 이상 증가하여 16만 명 이상 증가하였다. 이후에도 영국은 미얀마 식민통치 시기 동안 영국령 인도아대륙에서 많은 인도, 벵골계 무슬림들을 강제로 이주시켜서 미얀마 본토인들을 소작농으로 부리는 중간 지배층으로 활용하여 직접적인 경제 갈등을 종족과 종교 갈등으로 확산되게 하는 원인을 제공하게 된다. 미얀마 독립 직전 인구 통계 숫자로 보면 미얀마 내 벵골인(로힝야 족)들은 2%로 소수 비중을 차지했지만, 라카인 주에서는 30% 이상 거주하고 있었던 것으로

라카인 주의 로힝야족, 출처: wikipedia

보고되었다. 현재는 라카인에서 50%를 넘긴 라카인 족 다음으로 제 2위의 인구 규모이다.

6. 20세기 미얀마 군부 독재 시절과 현재의 로힝야

2차 세계 대전으로 영국이 물러나면서부터, 그동안에 쌓인 불만과 원한이 폭발하면서 로힝야 족에 대한 본격적인 보복과 박해가 시작된다. 미얀마 군정은 이들에 대해 로힝야라는 용어조차 사용하지 못하게 했다. 대신 '방글라데시에서 온 불법 이주자'라는 뜻이 담긴 '벵갈리'라는 호칭으로 이들을 경멸했다. 이들은 미얀마 독립 후 미얀마 내에서 공식, 비공식 소수종족으로도 분류되지 못한 채, 아예 시민권조차 부여받지 못해 무국적 불법 이주민 상태에 놓여 있다. 따라서 의료, 교육, 취업, 생존의 권리 등을 보장 받을 수 없다. 이는 현재까지도 마찬가지 상황이다.

미얀마 군사정부는 로힝야 족에게 무슬림에서 불교도로의 개종을 강요하면서, 이들의 토지를 몰수하고 강제 노동을 시키는 등 박해와 무력 탄압을 행사했는데, 1970년대부터 더 박해가 심해지자 배

를 이용해 태국이나 말레이시아, 인도네시
아 등 인근 국가로 탈출해 보트피플이 되었
다. 1991~1992년 2년 사이에는 25만 명이
나 방글라데시로 피난하여 난민촌을 이루
고 살아오고 있다. 더 자세한 로힝야 이슈
는 '로힝야 사태 팩트 체크' 라는 글을 참고
하면 된다.

　　결론적으로 로힝야 족은 인도아대륙,
방글라데시에서 기원한 종족임을 알 수 있
다. 원래 방글라데시에 살던 사람들인데 19
세기 영국식민통치시기에 미얀마에 강제
로 이주되어 한 때는 미얀마 전역에서 중간
계층 역할도 했으나, 현재는 미얀마 보트피
플의 원조로 미얀마 내에서 버마 족 군사정
부, 이슬람 혐오주의, 불교 민족주의, 라카
인 극우불교주의가 결합하면서 종족의 명
운이 당장 한치 앞도 알 수 없는 비극적인
상황에 처해 있다.

로힝야 사태 팩트체크

글 | 강 호세아(SIReNer)

미얀마 라카인 주에서 이재민을 돕기위한 긴급 식량, 식수 및 대피소(2012 년), 출처: wikipedia

1. 로힝야 사태 개요

로힝야(Rohingya) 족은 미얀마 북서부 지역에 거주하는 소수민족으로, 미얀마, 방글라데시, 사우디아라비아, 파키스탄 등지에 거주한다. 미얀마의 로힝야 족은 약 110만명 정도이며, 방글라데시와 접경 지역인 라카인[Rakhine, 또는 아라칸(Arakan)] 지역에 거주하고 있다. 미얀마에서는 방글라데시에서 넘어온 불법 이민자라는 의미에서 '벵갈리'라고 불린다. 미얀마 정부도 이들을 자국민으로 인정하지 않고 있으며, 대다수가 무슬림인 탓에 불교국가 미얀마에서 차별과 심각한 인권침해가 이어져오고 있다. 2012년 UN은 로힝야 족을 '세계에서 가장 박해받는 소수종족' 중 하나로 규정했다. 또한 2017년 9월 로힝야 마을 약 204곳이 초토화된 위성사진이 공개되면서 미얀마 정부의 인종청소에 대한 국제적 논란이 일고 있다. 그런데 이 사태는 단순히 미얀마 정부의 자국 내 소수종족 로힝야 족에 대한 일방적인 인권탄압으로 보기에는 생각보다 복잡한 이슈들이 깔려 있다.

2. 로힝야 족 사태 핵심 이슈

(1) 어디서부터 시작되었나?

오늘날 이 사태의 시작에 대한 전문가들의 견해는 대체로 19세기 영국의 미얀마 식민시대까지 거슬러 올라간다고 보는 것이 지배적이다.[1]

1824년 영국–버마(現 미얀마) 전쟁에서 승리한 영국은 버마의 일부 지역을 점령하고 식민지를 세웠다. 그리고 1885년 영국은 시쳇말로 '손 안대고 코 풀기' 방식의 식민지에 대한 분할통치정책으로 역시 식민지였던 방글라데시의 사람들을 강제로 미얀마 라카인 주로 강제이주시켜 버마(Burmese) 족을 지배하는 앞잡이로 삼고 식민 지배를 강화하려고 하였다. 자연히 그 과정에서 영국이 의도한대로 로힝야 족에 의한 원주민인 버마 족에 대한 탄압이 자행되었고, 이로 인해 라카인 주를 중심으로 두 종족 간의 인종, 종교, 계층적 갈등이 시작되었다. 이 후 독립과 함께 버마 족이 다시 실권을 잡으면서 반대로 로힝야 족이 열세가 되어 계층적 우열이 역전된 상황으로 그 갈등은 여전히 계속되어 왔던 것이다.

(2) 누구의 책임인가?

이것이 생각보다 단순하지가 않다. 앞서 간략히 살펴본 로힝야 사태의 역사적 연원을 따져보면 둘 사이의 씻을 수 없는 민족감정이 개입되어 있는 것을 알 수 있다. 특히 해당 라카인 주에서는 그러한 민족감

---

[1] 라카인 주와 로힝야 족에 대한 더 자세한 역사적 연원은 '미얀마 라카인과 로힝야, 그 슬픈 역사의 기원' 참조.

정이 엄청나다. 이것은 비단 주종족인 버마족 뿐 아니라 미얀마 국민으로서의 여타 소수종족들도 동일한 입장에 있다. 지금 미얀마인들의 로힝야 족에 대한 폭행, 살해, 강간 사태가 거의 '인종청소' 수준으로 비화되고 있지만, 이보다 더한 일들을 식민시대 당시 미얀마인들도 로힝야 족에게 당했다.[2] 뿐만 아니라 최근에는 그들이 무장반군단체[3]를 창설하여 라카인 주 안에서 자치독립을 주장하며 버마 족은 물론 다른 소수종족들에게까지 무차별적으로 피해를 입혀왔다는 사실이 선행되어 있어, 이것이 미얀마 내부에서 로힝야 사태를 바라보는 관점에 다분히 깔려 있다.

실제로 미얀마 정부가 상당기간 미얀마 땅에 거주하여 왔던 로힝야 족을 정식 국민으로 인정하지 않고 불법이민자 취급(벵갈리)해 온 것 역시 이해가는 부분이 있다. 만약 일제 치하 우리 민족을 압제했던 일본인들이나 그 앞잡이 노릇했던 친일파 매국노들이 우리나라가 독립했음에도 불구하고 지금까지 우리나라 어느 일정한 지역에 집단으로 거주하며 자치권을 달라고 무장투쟁을 벌이고 있다면 어떻게 해야 할까? 따지고 보면 미얀마 내부의 관점에서는 그와 동일한 상황으로 볼 수도 있을 것

이다.

그렇다면 작금의 이와 같은 사태, 무려 60만 명 이상의 로힝야 난민이 발생했고, 그들의 입에서 증언되는 미얀마 군부에 의한 아비규환 같이 잔혹한 인권 유린과 지금도 미얀마 접경 방글라데시 콕스바자르(Cox's Bazar), 쿠투팔롱(Kutupalong)의 끝이 보이지 않는 난민캠프의 참상은 단지 로힝야 족이 과거 저지른 만행에 대한 자업자득으로만 치부할 수 있는 것인가? 그래서 이 사태의 해결이 어렵고 결국 장기화 국면으로 접어들고 있는 것이다.

(3) 국제사회의 비난에도 불구하고 아웅산 수치(Aung San Suu Kyi)는 왜 이 사태에 대해 미온적인가?

지난 8월 미얀마 군부의 로힝야 족에 대한 탄압과 그로 인한 대규모 난민 사태가 전 세계적으로 알려지자 국제사회는 일제히 미얀마 정부를 비난했다. 특히 2015년 총선 승리와 함께 정권교체를 이끈 아웅산 수치의 미온적 반응에 대한 비난이 거셌다. 더욱이 아웅산 수치 여사는 미얀마 민주화와 인권 투쟁에 앞장서 노벨평화상까지 받은 인물이어서 그 노벨상 박탈 여론까지 일어난 상황이다.

그렇다면 과거의 민주인권투사였던 아웅산 수치는 권력을 잡고난 후 변절한 것

---

(2) 아라칸(라카인) 학살: 1942년에는 무장한 로힝야 족이 라카인 지방에서 미얀마 원주민 25,000여명을 학살하는 사건이 있었다.

(3) 아라칸 로힝야 구원군(ARSA: Arakan Rohingya Salvation Army)

인가? 여기에도 역시 복잡한 미얀마 내부의 정치 역학이 얽히고설켜 있다.

　　미얀마는 1988년 이래 오랜 민주화 투쟁 끝에 드디어 2015년 총선에서 아웅산 수치가 이끄는 민주주의민족동맹(NLD; National League for Democracy)이 전체 의석의 59%를 확보하면서 미얀마 민주화의 결정적 교두보를 마련하여 세간의 이목을 집중시켰다. 이 때문에 항간에서는 이제 미얀마의 군부 독재가 종식되고 완전히 민주화되었다고도 하지만, 자세히 들여다 보면 아직 미얀마의 민주화는 넘어야 할 산이 산적한 것 같다. 이러한 미얀마의 정치적 변화는 아세안(ASEAN)을 비롯한 국제사회의 압력에 밀려 미얀마 군부가 한걸음 물러나 2008년 신헌법을 제정하면서부터라고 볼 수 있다. 결국 이 신(新) 헌법을 통해 아웅산 수치와 민주주의민족동맹이 총선에서 압승할 수 있는 기회가 열렸다고 보는데, 그러나 이 헌법은 태생적으로 몇 가지 결정적 맹점을 가지고 있다. 그것은 전체 연방의회 의석의 25%는 총선과 관계없이 군부에 할당되도록 하고 있으며, 미얀마 군 통수권 역시 민선 대통령이 아닌 군 총사령관에게 부여하도록 규정하고 있다는 것이다. 이로 인해 미얀마 현실은 여전히 결코 군부의 영향력을 무시할 수 없다. 비록 아웅산 수치가 이끄는 민주주의민족동맹이 의회 과반수를 넘긴 상황이어서 여

러 가지 개혁입법은 가능해졌지만, 이것으로 국가의 권력체계 자체가 민주화 세력에게 이양된 것이라고 볼 수는 없다. 사실상 군통수권을 가진 군부가 결정적인 국가 권력은 여전히 장악하고 있다고 보는 것이 더 맞을 것이다.

　　그런데 이 설명이 로힝야 사태 논의에서 할애되어야 하는 이유는 결국 로힝야 사태 책임의 주체가 미얀마 군부이고, 로힝야 족 사태에 대해 강경한 입장을 고수하고 있는 군부는 사실상 미얀마 국가권력을 장악하고 있는 세력이기 때문이다. 최근 국정 연설에서 아웅산 수치는 "미얀마 정부는 로힝야 족 사태에 대한 책임을 회피하지 않으며 모든 인권 침해와 불법 폭력을 규탄한다. 이에 대한 처벌은 확실한 증거를 토대로 결정하겠다."라고 말했지만, 군 통수권조차 없는 이들이 미얀마 군부의 로힝야 족에 대한 탄압을 금지할 실권은 없다고 봐야 한다. "법대로 하겠다." 이것이 현재로서 그들이 취할 수 있는 최선인 것이다.

　　또한 앞서 지적했듯이 로힝야 사태를 바라보는 미얀마 내부 여론은 버마 족은 차치하고 주요 소수종족들마저도 로힝야의 인권보다는 그들 간의 역사적 원한 관계에 더 치우쳐 있음이 사실이고, 이들 소수종족의 지지에 기반하여 정권을 탄생시킨 아웅산 수치로서는 다가올 총선을 의식하지 않

을 수 없는 현실인 것이다. 자칫 잘못하면 로힝야 사태로 인해 국론이 분열되어 가까스로 일군 민주화의 여망이 수포로 돌아갈지도 모를 정치적 위기에 봉착한 셈이다. 그러니 이러한 미얀마 내부의 복잡한 정치적 역학관계 속에서 아웅산 수치를 비롯한 미얀마 정부가 로힝야 사태에 대해 불가피하게 미온적일 수밖에 없는 것이다.

3. 로힝야 사태 전망과 기도제목

이로 인하여 현실적으로 미얀마 로힝야 사태는 장기화될 가능성이 다분하다. 미얀마 내외의 상황이 너무나 복잡하게 얽혀 있어 더욱 그러하다. 그렇다면 우리는 무엇을 해야 할까? 당장에 로힝야 족 난민 구호를 위한 기부에 참여하는 것도 세계를 품은 그리스도인들의 책무를 다하는 하나의 방법이 될 것이다. 그리고 무엇보다 우리는 함께 이 사태를 바라보며 한 손은 하나님을 향해 그 도우심을 구하며, 또 한 손은 그들을 향해 긍휼과 사랑의 마음을 품고 간절히 기도해야 할 것이다.

어떻게 기도해야 할까?

(1) 우선 회개하자.

이 땅에 사는 우리의 직접적인 책임은 찾기 어렵다. 하지만 우리는 비록 시공간적으로 멀리 떨어져 있기는 하지만, 두 민족 간에 없었어도 될 이 갈등의 결정적 원인을 제공한 기독교 국가인 영국의 책임을 간과할 수 없다. 그들을 탓하자는 것이 아니다. 함께 회개하자는 것이다.

그 과오는 비단 로힝야 사태 뿐 아니라, 지금은 다소 수면 아래에 있지만, 여전한 갈등의 불씨를 지니고 있는 주종족 버마 족과 여타 소수종족들 간의 갈등과도 연관되어 있다. 이것은 이미 복음화된 일부 소수종족들에게서 버마 족으로 복음이 흘러가지 못하도록 하는 강력한 장벽으로 작용하고 있다. 여기에는 특별히 영국교회와 선교사들의 암묵적 동조가 작용한 결과이다. 우리가 이를 품고 함께 회개하고, 이 땅을 섬기는 한국 선교사들이 다시 복음으로 이를 위로하고 서로 화평케 하는 사역을 위해 헌신하도록 기도해야 할 것이다.

(2) 아웅산 수치와 미얀마 정부가 생존과 인권 문제에 대한 대승적 결단을 하도록 기도하자.

정치적으로는 안팎으로 너무나 복잡하게 얽혀져 있지만, 단순히 한 사람 한 사람의 무고한 생명이 사느냐 죽느냐, 또 그들에게 부여된 고귀한 인격이 존중을 받느냐의 문제는 냉철하게 구분되어야 한다. 이것이 당장의 참혹한 문제를 현실적으로 타개할 수 있는 최선의 방법일 것이다. 아웅

산 수치가 국정연설에서 언급한 내용이 그
저 미봉책이 아니라, 인권과 생존의 문제만
은 대승적인 차원에서 개입할 수 있도록 기
도하자. 또한 미얀마인들의 마음에 정치적,
종족적 갈등의 차원을 넘어서서 생존과 인
권의 문제에 대해 긍휼과 자비의 마음을 주
셔서 그러한 정부의 결단이 실행될 수 있는
여론적 지지가 일어날 수 있도록 기도하자.
더불어 국제 사회 역시 아웅산 수치와 미얀
마 정부에 대한 원색적 비난을 자제하고 생
존과 인권 문제를 타개할 수 있는 힘을 실
어줄 수 있도록 기도하자.

(3) 무엇보다 로힝야 난민들을 위로해 주시도록 기도하자.

지금 무엇보다 기도가 필요한 것은 바
로 로힝야 난민들일 것이다. 눈앞에서 부모
가 죽고, 자녀가 죽고, 아내가, 그 딸이 강
간당하는 것을 목격한 그들의 갈기갈기 찢
어진 마음을 오직 주님의 십자가 사랑으로
위로해 주시고, 그 고통에 얽매이지 않고
새로운 소망과 회복의 자리로 나아오도록
기도하자. 이를 위해 그들을 섬길 자, 특별
히 그 십자가 사랑으로 보듬어줄 하나님의
사람들을 많이 보내주시도록 기도하자. 그
들에게 필요한 생존 물자들과 환경 역시 넉
넉히 공급되어 영육 간에 위로를 누리도록
기도하자.

'타일랜드 드림'을 꿈꾸는 미얀마 사람들

글 | 채 형림(SIReNer)

치앙마이 복합주택단지 건설현장의 미얀마 샨 족

치앙마이의 복합주택단지 건설현장 샨 족 집단거주지

최근 태국의 이민자는 400만에 이른다. 미얀마, 캄보디아, 라오스 이주자들을 포함하여 325만 명이 태국에 이주한 근로자들이다[2014, IOM(International Organization for Migration, 국제이주기구) Thailand]. 이들은 주로 특별한 기술이 필요 없는 어업, 수산가공, 건축업, 의류공장, 호텔 등의 단순 노동일을 도맡아 하고 있다. 이중 미얀마 사람을 많게는 200만으로 보는데 이는 이주근로자의 절대 다수를 차지하는 숫자다. 태국과 2,401㎞에 걸쳐 국경이 맞닿아 있기 때문에 미얀마로부터의 광범위한 집단의 대규모 이주는 어쩌면 당연해 보인다.

태국 북부의 치앙마이(Chiang Mai)에서는 미얀마 이주근로자가 90% 이상(34%가 건설 현장, 30%는 농업, 20%는 일반 노동)을 차지한다. 실제로도 미얀마에서 유입되는 그룹들의 흐름을 금방 알아차릴 수 있을 정도다. 다양한 미얀마의 종족들이 치앙마이에 거주하고 있지만 특히 눈에 띄는 그룹이 샨(Shan) 족이다(샨 족에 대해서는 다음 기회에 더 자세히 다루어 보겠다).

예를 들어, 복합주택단지 건설현장 집

미얀마 이주 노동자들이 많이 유입된 치앙마이 나이트바자르

단 거주지에 100여 가구가 살고 있는데 이들 모두가 샨 족이었다.

이런 현상은 각 건축현장의 집단 거주지마다 나타난다. 최근에는 도시에 살고 있는 샨 이민자가 늘어나 치앙마이 내에 샨 제품의 상점, 샨(Shan) 주(State)로 송금하는 은행, 샨 족 인쇄소 등의 새로운 일자리가 창출 될 정도라고 한다. 역사적으로도 태국 북부의 타이 족과 샨 족은 뿌리가 같고 언어나 신체적 특징이 유사한 모습이어서 다른 종족에 비해 적응이 빠르고 태국어도 쉽게 배우는 편이다. 그들은 스스로를 'Tai Yai(Great Thai)'로 부르며 타이 족과 같은 종족으로 생각하고 있다.

1990년대 이전에는 계절성향의 이주 노동이나 무역, 혹은 내전이 수십 년 동안 지속되면서 과거의 저항세력들과 함께 했던 지식인들이 유입되었던 반면, 1990년대 이후부터는 미얀마의 경제적, 정치적 상황과 상대적으로 값싼 노동력에 대한 태국 내 수요 증가로 샨 족의 대규모 이주가 진행되었다. 그 외 자녀들에게 양질의 교육 기회를 주기 위한 비중도 증가하고 있다. 많은 이들이 처음에는 국경 근처의 시골에서 일을 하다가 점차 건설노동이나 서비스업에서 정착기회를 잡기를 희망하여 치앙마이

탓탓, 액세서리 가게 점원

같은 도시로 이주한다.

이들은 한 달에 약 3천-6천 바트(Baht, 한화 10-20만원)를 번다. 가정부나 종업원으로 일하는 사람의 평균 월수입은 3천 바트(한화 10만원)정도이며 건축 노동은 그에 비해 더 나은 임금을 받는 편이다. 그러나 많은 사람들이 집으로 돌아갈 충분한 돈을 모으기 위해 밤낮으로 일을 하며 돈을 모은다. 미얀마 본국 내에서는 직업의 기회가 적고 거의 4배에 달하는 두 나라간의 임금차이가 샨 족을 비롯한 미얀마 사람들의 광범위한 이주를 야기하는 가장 큰 이유로 들 수 있다.

노동허가증이 없는 이들의 '불안정한 신분'이라는 지속적인 문제에도 불구하고 치앙마이에는 계속적으로 이주민이 증가하고 있다. 자신의 종족, 친척 공동체가 있는 국경 근처의 농촌에서 더 나은 조건을 찾아, 도시의 희망을 찾아가는 그들의 이동은 계속된다.

탓탓(Htat htat, 카친 주, 버마 족, 34세) 액세서리 가게 점원

치앙마이 나이트 바자(Night Bazaar) 입구에 들어서자마자 만난 탓탓(Htat

자투, 여행사 사장

Htat)은 악세서리 가게 점원이다. 버마(Burmese) 족 아버지와 중국인 어머니 사이에서 태어난 그녀는 미얀마 카친(Kachin) 주가 고향이다. 맨 처음 시작했던 일은 방콕(Bangkok)의 한 공사현장, 하지만 그 일이 너무 힘들어 치앙마이로 옮겨와 시장에서 일을 시작한 지 이제 8년이 되어 간다.

밤에만 열리는 시장에서의 벌이로는 충분한 수입이 되지 않기 때문에 낮에는 가정부로, 밤에는 나이트 바자르에서 점원으로 일을 한다. 한 달에 이틀 정도를 쉴 수 있는데 그 날을 쉬지 않고 일을 하면 600바트(한화 약 2만원)를 벌 수 있다며 쉬는 날을 반납하고 일하는 경우가 허다하다. 9천 바트(한화 약 30-35만원)이상의 비용이 드는 고향방문은 쉬는 날을 반납하고 그녀가 한 달 꼬박 벌어들인 수입과 맞먹는 금액이다. 쉽사리 고향에 가지 못하는 이유이기도 하다.

자투(Zar thu, 양곤, 버마 족, 38세) 여행사 사장

나이트 바자르 중앙에 자리 잡은 여행사가 있어 잠시 발길을 멈추고 이야기를 나눈다. 곧 그녀가 미얀마 양곤(Yangon)에서 온 버마 족이라는 사실을 알게 되었다. 15살에 매사이(Mae Sai) 국경시장에서 보석장사를 하던 그녀가 이제는 자신의 점포를 마련하기에 이르렀다는 사연을 이야기한다. 치앙마이에 와서 여행사 점원으로 일하다가 마침내 자신의 이름을 내건 점포를 마련한 것이다. 태국에 온 지 23년이 되었다는 그녀는 태국인 남편과 함께 여행사를 운영하며 당당하고 제법 여유로운 모습이다.

아부[Abu, 까친 주, 루앙(Luang) 족, 26세), 피터(Peter, 리수(Lisu) 족] 부부 옷 가게 점원

나이트 바자르 안에는 옷을 파는 점포들이 꽤 많이 있다. 물건을 파는 사람들 사이로 'START WITH JESUS, STAY WITH

아부-피터 부부, 옷가게 점원

JESUS, END WITH JESUS'라는 문구가 적힌 티셔츠를 입은 커플이 눈에 띄었다. 얼마 전 치앙마이에서 열린 미얀마 청년 컨퍼런스의 기념 티셔츠였다. 이들도 미얀마 사람들로 치앙마이의 같은 교회에서 만나 결혼한 지 1개월 밖에 안 된 신혼부부였다. 치앙마이에 거주한 지 4년, 9년차라는 이 부부는 남편이 신학교를 마치면 자신의 고향으로 돌아가 복음을 전하며 어린이 사역을 하려는 계획을 가지고 있다. 믿음을 당당히 선포하며 일상의 삶을 살아가는 이들의 열정에 미얀마의 희망을 본다.

빨롱(Patlong, 샨 주 라시오, 샨 족, 40세) 복합 주택단지 건축 노동

치앙마이의 대규모 건축현장에서 미얀마의 샨 족들을 만나는 일이 어렵지 않다. 치앙마이 센사란교회의 샨 족 사역자 나자루와 전진영 선교사와 함께 방문한 깐따녹 마을에서 한 가정을 방문할 기회가 생겼다. 빨롱이라는 이름의 이 샨 족 여인은 점심식사를 위해 잠시 집에 돌아가는 길이었다. 치앙마이에 온 지 5년째 접어들었다는 그녀는 남편과 4명의 자녀와 함께 살고 있다. 20대 청년인 큰 아들도 부모님과 함께 건축현장에서 일을 하고 있다. 총 50여 가구 이상이 모여 사는 이 마을에는 고용주가 전기, 수도 등을 제공하고, 비자문제를 해결해 주는 대신 하루 임금이 조금 저렴한 편인 270바트 정도를 받고 있었다. 건축 단지마다 정도의 차이는 있지만 비슷한 임금과 조건을 제시한다. 마을에는 공동생활을 위한 상점, 우물, 화장실, 어린이 탁아소 등이 구비되어 있다. 주택단지가 완공되면 이들은 또 다른 건축현장으로 옮겨 갈 것이다. 이들이 다른 곳으로 옮겨 가기 전 구원의 기쁜 소식이 이들에게 전달되어지길 기도한다.

국경 도시에 살고 있는 미얀마 사람들

글 | 정 보애(SIReNer)

파안에서 몰레미얀 가는 길인 살윈 강 마을 사람들

리라 가족(카렌 족 부인, 인도계 남편)

미얀마는 총 인구 5,689만 명에 135개 종족이 있는 다종족 국가로 이웃 태국과 국경을 2,401㎞ 접하고 있다.

태국 매솟 국경도시와 접해 있는 미야와디는 미얀마의 카렌[Karen, 또는 꺼인(Kayin)] 족 자치주에 속한다. 한편 최북단 매사이는 미얀마 샨(Shan) 주(State)의 국경도시 따칠레익(Tachileik)과 접하고 있다. 흥미롭게도 샨 족은 미얀마 주 종족 버마(Burmese) 족 다음으로 가장 큰 종족이자 미복음화된 종족이어서 더 관심을 가져야 할 종족이다. 샨 족 다음으로 많은 소수 종족은 카렌 족이다.

카렌 족 역사와 현재

꺼인족은 '카렌'이라는 이름으로 더 알려졌다. 태국의 카렌 족과는 다른 사람들이다. 미얀마 카렌 족과 버마 족은 오랜 앙숙관계이다. 그 시작은 19세기 말 영국 식민통치시대로 거슬러 올라간다.

당시 영국은 '영국-버마전쟁(Anglo-Burmese Wars)'을 통해 1886년, 버마 즉 오늘날의 미얀마를 영국령 인도에 병합시킨다. 영국 식민통치당국은 불교도가 대부분인 버마 족을 효율적으로 통치하기 위해 카렌 족을 선호하는 분할통치 전략을 사용

태국 메솟 미얀마난민촌 맬라 난민캠프의 카렌 족 아이들

했다. 이 때 카렌 족이 많이 복음화된다. 카렌 족 민족주의 조직을 이끈 사람들 중에도 영국 선교사들에 의해 기독교도가 된 사람들이 많았다.

2차 세계대전 때 '영국에 충성했다'는 이유 때문에 카렌 족은 버마 족과 일본 양쪽의 공격을 받아 집단 학살당하기도 했다. 이와 같은 이유로 카렌 족은 오랜 세월 버마 족 주류의 중앙정부의 핍박을 받았으며, 군부독재 정권 시절 탄압이 더욱 심했다. 카렌 족의 수난사 속에는 식민주의, 전쟁, 군부독재라는 역사의 그늘이 모두 들어 있다.

결국 근현대 역사적 격변 속에서 카렌 족은 삶의 터전 파괴, 광산 채취, 노예 상태에 가까운 강제노동 등 억압과 가난 속에 상당수가 국경을 넘어 태국으로 가거나 난민이 되어 망명길에 올랐다. 카렌 난민이 최절정일 때 그 수가 40만 명에 달한 적도 있었으며, 2000년대 이후로는 20만 명으로 추정된다. 2016년 기준 태국 내 미얀마 난민촌은 맬라(Mae La Refugee Camp) 등 총 9개소이고, 2010년 이후 미얀마 난민촌 인구는 더 이상 증가하지 않고 감소 추세에 있다. 한동안 이슈였던 미얀마 난민선교도 이젠 돈벌이를 위해 들어온 이주 근로자 선

목가적인 풍경의 슬로우시티 파안

교로 변화의 국면을 맞고 있다.

미야와디(Myawaddy)를 거쳐 파안(Hpa An)이라는 도시까지 육로를 통해 들어가 보았다. 파안은 카렌 주의 주도(州都)임에도 도시가 매우 낙후되어 있었다. 그런데 역설적으로 훼손되지 않은 목가적 풍경은 슬로우 시티처럼 유럽인들에게 인기가 많았다. 미야와디 국경에서 가격 흥정으로 우리와 합승 택시에 동승했던 사람들 역시 프랑스 파리에서 온 청년들이었다. 파안에서 여행안내 책자에 나오던 쏘 브라더스 게스트하우스(Soe Brothers Guest House)를 찾아갔다. 주인장이 쏘 할아버지였다. 원래

미얀마 사람들은 이름으로 어느 민족인지를 구분한다고 하는데, 쏘(Soe)는 그 중에서도 대표적인 카렌 족 이름이다. 70대 후반의 깡마른 몸매에 흰 눈썹을 휘날리면서 유럽인들에게 능숙한 영어를 구사하던 쏘 할아버지! 그 포스가 대단했다. 이곳은 자식과 손자 대까지 현재 3대가 게스트 룸을 운영하고 있었다. 할아버지는 파안의 영향력 있는 유명 인사였다. 미얀마 근현대사의 부침(浮沈) 속에서 카렌 족인 이들의 가족사가 가히 짐작되어 가슴 한편이 뭉클하기도 했지만, 아쉽게도 인터뷰할 기회는 갖지 못하고 사진만 남겼다.

따칠레익 도시와 사람들

태국 매사이 국경을 통과하고 만나는 첫 미얀마 도시가 따칠레익이다. 따칠레익은 샨 주에 속한다. 따칠레익은 샨 족이 우세를 이루는 샨주의 관문도시이다. 참여관찰 결과 태국의 매솟(Mae Sot), 매사이(Mae Sai) 도시풍경처럼 상점가와 가게, 환전소, 호텔, 음식점 등 도시가 활기차고 역동적이었다. 위의 카렌 주 미야와디와는 비교가 되지 않을 정도로 도시 규모도 크고 더 발달된 곳이었다. 도심에는 현대식 피트니스 센터, 발코니를 갖춘 태국계 싱하 맥줏집, 중국계 호텔들도 보이는 것이 도시가 다양하고 화려했다.

샨 주는 미얀마 행정구역 중 가장 큰 곳이며, 남한의 1.5배(15.5만㎢) 정도의 면적이다. 미얀마의 샨 족의 인구는 약 500만으로 추정된다. 이들은 버마 족과는 언어문화적으로 유사성이 거의 없다. 오히려 태국 북부 타이(Thai) 족과 그 뿌리가 같고 신체적 외관이나 언어가 유사해 다른 종족에 비해 태국어도 쉽게 배우고 태국생활에도 잘 적응하는 편이다. 그들은 스스로를 'Tai Yai(Great Thai)'로 부르며 타이 족과의 동질성을 인식하고 있다.

따칠레익 전역에서 태국 화폐 '바트(Baht)'를 자국 화폐[짯(Kyat)]나 달러 보다 더 선호하는 것이 흥미로웠다. 호텔뿐 아니라 동네 가게 등 어디서나 통용 가능할 뿐 아니라, 더 선호하는 것이 바로 태국 바트였다. 그만큼 이 지역에서 태국의 영향력이 보편화되어 있다는 단적인 증거다.

또 하나 따칠레익에서 많이 볼 수 있는 것이 태국 남성 트랜스젠더들이다. 여성처럼 화장을 하고, 치마를 입고 다니는 트랜스젠더들을 처음에 호텔에서 만났다. 바로 호텔 매니저로 영어를 유창하게 구사하는 태국계 트랜스젠더였다. 그 후에 음식점 서빙 직원, 심지어 불교 사찰에서도 볼 수 있었다. 태국의 세속화 영향이 국경의 개방과 함께 보수적 미얀마 샨 족에게도 점차 일상화된 풍경으로 자리 잡기 시작했음을 알 수 있었다.

한편 따칠레익에 있는 쉐다곤 파야(Shwedagon Paya)는 미얀마인들에게 마음의 고향과 같은 역할을 하고 있었다. 미얀마 주요 도시들에 다 있다는 쉐다곤 파야는 바로 양곤(Yangon)의 쉐다곤 파고다(Shwedagon Pagoda)를 그대로 본 따 만든 것으로서, 규모만 보면 양곤에 비해 훨씬 작지만, 그 이름만으로도 미얀마 사람들을 종교적으로 하나로 묶는 정신적 지주가 되는 곳이었다. 우리 팀은 주말 저녁에 쉐다곤 파야를 방문했는데, 삼삼오오 몰려든 가족과 친구들, 데이트 족들이 두런두런 둘러앉아 음식을 먹으며 담소를 나누고 있었다.

양곤의 쉐다곤 파고다를 그대로 본따 만든 쉐다곤 파야

또 한편에서는 각기 모셔둔 석가 제단과 작은 신상들 앞에서 촛불을 피우고 기도하며 절하는 모습이 보였다. 행복한 미소를 지으며 한가한 시간을 보내고 있는 미얀마인들을 바라보며 여러 가지 생각과 기도를 하게 되었다. 우리의 교회는 오늘날 우리의 삶에 구심점이자 마음의 고향 역할을 하고 있는지, 미얀마 불교문화에 익숙한 사람들에게 교회는 어떤 형태여야 하는지, 한국 교회와 미얀마 교회에 대해 생각과 고민이 많았던 시간이었다.

미얀마의 독특한 매력에 빠지다

글 | 채 형림(SIReNer)

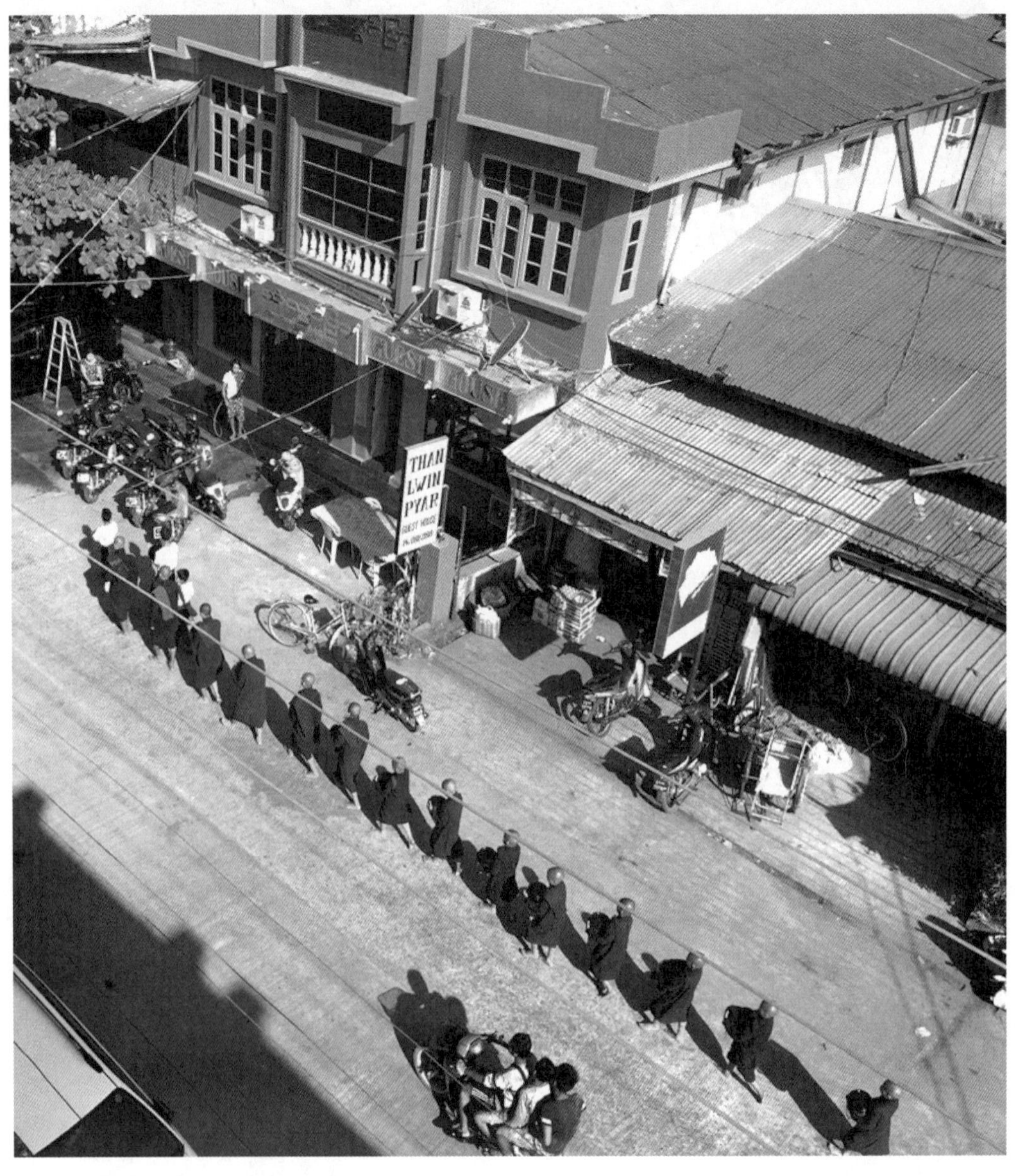

살원 강을 따라 흐르는 작은 배

태국의 국경도시 매솟(Mae Sot)과 접해있는 미얀마 카렌[Karen, 또는 꺼인(Kayin)] 주는 1940년대부터 미얀마 군사 정부와 중앙통제권을 놓고 갈등을 벌이던 지역으로 한동안 외국인에게도 출입이 제한되어 있었다. 최근 차츰 안정화 되면서 외국인 출입뿐만 아니라 아세안 경제 공동체(AEC; ASEAN Economic Community)가 구축됨으로 물류의 흐름이 활발해지고 그 개발 속도도 빨라지고 있다.

뿐만 아니라 카렌 주와 접해있는 몬(Mon) 주의 몰레먀인(Mawlamyine)은 살원(Salween) 강과 안다만(Andaman) 해가 만나는 지점에 위치한 항구도시로, 동서경제회랑 건설의 중요 기점이 될 것으로 보인다. 태국의 매솟을 방문해 볼 기회가 있다면 각각 독특한 매력을 뿜어내는 파안(Hpa An)과 몰레먀인을 함께 가 볼 것을 적극 추천한다.

미소의 나라 '미얀마'

매솟에서 차선을 넘너들며 3시간만에 도착한 파안은 카렌 주의 주도이지만, 여느 미얀마의 도시들에 비해서는 현저히 개발이 덜 된 모습이었다. 그러나 삶은 풍요롭

파안 지역에 사는 아이들

진 않지만 낯선 이방인을 향해 웃어주며 반기던 이들이 참 고마운 사람들이었다. 그것은 물질의 풍요가 아닌 마음의 풍요가 주는 여유에서 비롯된 것이리라.

숙소에서 가까운 쉐인먀우 파야(Shweyinhmyaw Paya)에는 해가 지는 모습을 보려는 국내외 관광객들로 북적인다. 먹거리를 찾던 중 사원안에서 과일을 팔고 있던 한 가족을 만났다. 한 눈에 봐도 인도인으로 보이는 남성에게 어느 종족인지를 묻자 자신을 '힌두'라고 소개한다. 파안 시내에서 인도 계열의 사람들을 쉽게 만날 수가 있는데 이는 1886년 당시 영국이 미얀마를 영국령 인도에 편입시키고 인도인들을 미얀마로 이주시켰기 때문이다.

이때 인도에서 이주해온 인도인들을 가리켜 '껄라(kala)'라고 하는데 원래 껄라라는 용어는 '검은색'을 의미하는 것으로 미얀마 원주민들이 경제적 우위에 있었던 인도인들을 비하하여 부르는 용어로 사용했다. 인도인은 자신의 종족 명칭을 종교에 따라 '무슬림(Muslim)', '힌두교(Hinduism)', '시크교(Sikhism)' 등으로 답을 하는 경향이 있다고 한다.

이들은 분명히 미얀마 국적을 지니고

쉐인먀우 사원에서 석양을 배경으로 사진을 찍는 국내 관광객들

있고 대부분이 인도에 가본 적도 없는 사람들이다. 미얀마에서 태어나 미얀마 국적을 가진 힌두라는 의미로 인도인이 아니라는 것을 강조하는 의미라는 것이다. 카렌 족 어머니와 인도인 아버지 사이에서 태어난 큰 딸은 부모님을 함께 도우며 일을 하고 있었는데 엄마는 자신의 딸이 공부를 잘 한다며 자랑을 한다. 세상의 모든 부모는 다 똑같은 모양이다.

다시 찾아온 평화의 시기

카렌 족은 1940년대부터 미얀마 군사 정부와 중앙통제권을 놓고 갈등을 벌이고 있는 상태여서 한동안 외국인에게는 출입이 제한되었지만 최근, 정부와 여러차례 협상을 거치며 차츰 안정화되어 이제 외국인도 출입이 가능해졌다. 그 때문인지 파안은 산과 호수, 강으로 둘러싸인 미얀마 남부의 전형적인 평화로운 풍경을 만날 수 있다.

대중교통이 원활치 않아 게스트하우스의 투어 프로그램에 참여해야 하지만 파안 근교에는 석회암 산기슭에 조성된 멋진 동굴들이 가득하다. 물론 단순한 동굴이 아니라 7세기 따톤(Thaton) 왕국 시기에 조성된 동굴부터 불상과 벽화, 불상들이

파안 짜욱 칼랍 수도원

즐비하다. 4~5개의 동굴이 있는데 이곳에서 과거 이들의 신심이 어떠했는지 가늠해볼 수 있는 곳이기도 하다. 특히 짜욱 칼랍(Kyauk Kalap)은 작은 인공호수 한가운데 세워져 있는 수도원인데 유난히 깍아지른 긴 바위 위에 세워져있어 그 모습이 진기하기까지 하다. 특히 계단을 따라 바위 정상으로 올라가면 그림 같은 시골 풍경이 발 아래 펼쳐진다.

무소유의 수행자 행렬 '탁발'

미얀마 내에서 불교신자의 인구(불교

76.2%)는 압도적이다. 미얀마에서는 헌법상 종교의 자유를 인정하고 있지만 헌법 제 21조 1항에 '국가는 연방의 최대 다수가 신봉하는 종교로서 불교의 특별한 지위를 인정한다'고 명시되어 있다. 미얀마에서 승려는 종교지도자 이상의 의미를 갖는 존경의 대상이자 신과 같은 존재로 여겨지기도 한다.

미얀마에서는 이른 아침 동이 트기 전에 거리로 나가면 어디서나 탁발을 하는 승려들을 볼 수 있다. 이때 여자 승려들의 모습은 볼 수 없다. 미얀마에서 남자 승려는 '폰지(Pongyi)', 여자 승려는 여성 수도자라는 뜻의 '떨라신(Thilashin)'이라고 부르

탁발 수행 중인 '폰지'들(상)과 여자 승려 '띨라신'들(하)

는데, 띨라신이라 불리는 이들도 삭박을 하고 가사를 입고 있지만 승단의 일원으로 인정받지 못하기 때문에 폰지와는 같은 시간에 탁발을 나갈 수 없다. 그래서 띨라신은 이른 아침을 제외하고 보통 한낮이나 오후에 탁발해 생활해 간다. 폰지에게는 밥이나 반찬 등을 보시하는 반면, 띨라신에게는 생쌀이나 채소등을 보시하는 것도 색다르다.

다양한 종교가 공존하는 몰레먀인

미얀마에서 몰레먀인처럼 독특한 분위기를 풍기는 곳도 드물 것이다. 몰레먀인은 1827년부터 1852년까지 영국의 식민지 수도 역할을 했던 곳으로 강변을 따라 늘어선 100년은 족히 넘어 보이는 영국풍의 가옥들 사이로 교회와 이슬람사원, 불교사원이 자연스럽게 조화를 이루고 있다. 종교만큼 인구 구성도 다양하다. 인구의 75%를 차지하는 몬(Mon) 족 외에 카친(Kachin) 족과 버마(Burmese) 족, 인도인과 중국인이 한데 어울려 살아간다.

몰레먀인에는 유난히 오래된 교회가 많다. 이 중에서 1827년 미얀마에서 최초로 세워진 제1침례교회(First Baptist Church)와 함께 1827년에서 1954년까지

몰레먀인 몬 침례교회

지어진 교회가 중심도로에 모여 있다. 중심 도로인 보족(Bogyke Road)을 따라 가다보면 이 길에만 모스크가 3개나 있다. 미얀마를 식민지화한 영국은 식민 지배하던 인도인들을 미얀마로 이주시켰는데 당시 이주해 온 인도인들은 대부분 무슬림이었다. 이 모스크들은 그 당시에 지어진 것들이다.

아도니람 저드슨의 흔적

미얀마의 기독교는 주류민족인 버마족이 아닌 카렌 족, 카친 족, 친(Chin) 족 등의 애니미즘을 섬기는 소수민족 사이에서 주로 성장했다. 그러나 미얀마 선교의 아버지라 불리는 미국인 선교사 아도니람 저드슨(Adoniram Judson)이 노력을 기울인 남 버마는 구(舊) 몬 왕조의 경계로 선교 보고에서 버마라고 명시된 곳은 사실상 버마화된 몬 족을 의미했다. 저드슨이 버마에 온 지 6년(1919년)만에 얻은 첫번째 개종자인 우 나우(U Naw)도 순수혈통의 몬 족이었다. 이곳 몰레먀인은 두번째 부인인 사라와 Nai Mehm Boke이 함께 몬족어 신약성경 번역을 시작한 곳이고, 후에 저드슨이 1862년 버마로 다시 돌아와 죽을 때까지 사역한 곳이기도 하다. Nai가 번역한 찬송가는 지금까지도 사용되고 있다. 1827년 11월 25일 몬-버마 족 교회로 불리웠던 제1침례교회(First Baptist Church)를 중심으로 학교, 병원, 교회 등 초기 미얀마 선교사들의 흔적을 광범위하게 발견할 수 있다. 몬 침례교회(Mon Baptist Church)안쪽에는 몬 족을 위해 사역했던 초기 선교사들의 묘지가 작게 조성되어 있다. 몬 족은 노회가 결성되어 있었고 신학교도 있지만, 인구 대비 2%미만의 기독교 인구와 극히 교세가 미약한 상황 가운데 있어 미전도종족으로 분류되어 있다. 한국의 서울남 교회는 유일하게 몬 족을 입양한 교회로 공식적인 몬 족 교단 본부와 직접적인 관계를 형성하고 협력함으로 지속적인 성장을 꾀하고 있다.

찌감치 하나 둘 자리를 차지하곤 앉는다. 식민지 시절의 건물을 배경으로 흐르는 살윈 강의 석양을 감상하노라면 눈부시도록 아름다운 몰레먀인에 빠져들고 만다.

몰레먀인은 영국 식민지시절 티크 나무를 운반하는 항구도시로 발전했고 현재까지도 연안 운송 거래가 활발하게 이루어지고 있는 곳이다. 베트남 동부해안에서 출발하여 라오스-태국을 거쳐 몰레미얀으로 이어지는 '동서경제회랑(EWEC; East-West Economic Corridor)'은 미얀마 경제에 새로운 물류 흐름이 만들어질 전망이다.

살윈 강 위로 흐르는 미얀마의 미래

파안에서 작은 배로 살윈 강을 3시간 정도 따라 내려가면 몰레먀인까지 다다를 수 있다. 살윈 강에서 바라보는 몰레미얀의 스카이라인은 언덕위에 세워진 불교사원의 스투파(Stupa)로 가득하다. 몬 족은 미얀마 역사에서 한따와디(Hanthawady) 왕조와 꼰바웅(Konbaung) 왕조 등 화려한 왕조들이 불교문화를 꽃피웠던 민족이다. 현재 양곤에 있는 쉐다곤 파야도 몬 족의 전성기에 완성되었다고 하니 당시 불교 문화가 어떠했는지 가늠해볼만하다. 해질 무렵이면 언덕위에 세워진 사원에 지나던 사람들이 일

마이순 카*~ 짜이퉁

글 | 채 형림(SlReNer)

짜이퉁에 있는 마하무니사원

따칠레익에서 멍라로 이어지는 아시안 하이웨이

샨(Shan) 주(state)의 많은 지역이 여행자 제한구역으로 되어 있다. 여행자들에게 허용된 지역은 북부 샨의 버마로드로 알려진 라시오(Lashio)지역, 남부의 따웅지(Taunggyi)와 인레(Inle) 호수 주변, 동부의 따칠레익(Tachileik)에서 짜이퉁(Kyingtong)과 멍라(Monglah)에 이르는 루트 정도이다.

동부 샨의 주요도시인 짜이퉁은 샨 주에서 따웅지 다음으로 큰 도시로 껭퉁(Kengtung)이라고도 불리며, 과거 마약 왕 쿤사(Khun Sa)가 미얀마 정부군에 투항한 이후 따칠레익과 함께 여행이 허용된 도시이다. 태국과 접한 국경도시 따칠레익에서 약 170㎞ 떨어진 짜이퉁은 차량으로 3시간이면 닿을 수 있는 거리에 있다. 짜이퉁은 따칠레익이 국경무역 도시로 개방되면서 경제권이 옮겨지기 전까지 태국 물품의 밀수 루트로 융성했던 도시였다. 또한 중국과는 국경도시 멍라를 거쳐 아시안 하이웨이(Asian Highway, AH3)로 이어지면서 중국과의 무역루트이기도 하다. 그래서 자국 미얀마 화폐 짯(Kyat)보다는 태국 화폐 바트(Bhat)를 더 선호하고, 태국이나 중국의 영향력이 더 큰 도시이다.

따칠레익에서 짜이퉁으로 가는 길은

따칠레익에서 짜이퉁 가는길

따칠레익 국경의 인신매매 관련 캠페인 포스터

끝없이 산에서 산으로 이어진다. 대부분의 샨 주는 샨 산맥을 형성한 북남의 높은 산들을 포함하여 구릉지대, 샨 평야로 구성되어 있고, 살윈(Salween) 강이 동과 서를 가로지르는 지형이다. 1960년대 초반에 동부 샨 주는 여러 소수종족의 반군세력과 정부군과의 충돌이 잦았으며, 이후 소위 골든 트라이앵글(Golden Triangle)이라 불리며 주요 아편재배 지역으로 알려진 곳이기도 하다. 마약왕으로 불리던 쿤사(Khun Sa)는 전 세계 아편 생산의 60%를 점유하며 군사조직을 대동하고 치외법권을 누렸다. 이 지역은 특히나 여성의 매춘을 위한 인신매매

가 공개적으로 이루어졌는데, 이는 아편 산업과 무관하지는 않은 것 같다. 순간 순간 따칠레익 국경을 지날 때 보았던 인신매매 근절 캠페인 포스터가 떠오른 것도 우연은 아닐 것이다.

짜이퉁으로 가는 길에 중간 중간 마을 사이로 계단식 논이 펼쳐진 곳을 발견한다. "이들은 샨 족인가?"라고 묻자, 우리를 안내한 따한(샨 족)은 그들은 와(Wa) 족이며 샨 족은 산에서 농사를 짓지 않는다고 한다. 대부분의 샨 족은 평평한 평야지대에서 넓게 농사를 지으며 산 중턱에 계단식 논농사를 하는 이들은 고산족들이라 답한다. 쟁

와족 마을과 마을 안에 있는 와족 교회

기질을 하던 농부의 뒤로 멋진 교회가 지어져 있다. 그는 "샨 주에서 부흥하는 교회들은 와, 라후(Lahu), 아카(Akha)와 같은 산지 소수종족 교회들이다. 그들은 빠르게 부흥하고 있고, 샨 족 교회는 굉장히 느리게 성장하고 있다."며 설명을 덧붙였다.

짜이퉁 도시 자체는 그리 규모가 크지 않아 하루 정도면 돌아볼 수 있을 정도다. 메인로드를 따라 샨의 지배자였던 소브와(샨어: 샤오파, Saohpa)의 궁전이 있던 자리에 위치한 껭퉁 호텔, 마하무니 불상이 안치되어 있는 마하무니 사원(Mahamuni Buddha Temple), 불교 수도원 등 시내를 둘러보는 재미가 있다. 특히 짜이퉁의 가장 큰 호수인 나웅 퉁(Naung Tung)을 중심으로 눈을 들어 사방을 둘러보면 즐비한 불교 사원들과 카톨릭 성당의 모습이 나란히 선 것을 볼 수 있는데 그 모습이 흥미롭다.

나웅 퉁 호수와 시내가 내려다 보이는 꽤 넓은 종교부지를 소유한 카톨릭 성당은 외관이 상당히 관리가 잘 되어있다. 초대 선교사들의 기념관을 따로 마련해 역사를 이해하는데 도움이 되었고, 남녀 기숙사가 따로 마련되어 있어 지역 고위 공무원들의 자녀들이 이용한다고 한다. 한 선교사의 보고에 의하면 짜이퉁에는 가톨릭 신자가

나웅통 호수 풍경

개신교인 보다 많으며 주로 친(Chin), 카렌(Karen), 아카(Akha) 족으로 구성되어 있고 아카 족의 50%가 가톨릭이라 한다.

짜이퉁은 해발 800미터에 위치해 다른 지역에 비해 선선하다. 도시 안에 자리 잡고 있는 나웅 통 호수의 풍경은 낯선 이방인의 마음을 사로잡을 만하다. 이 호수에서 동과 서로 2km 남짓한 호수 둘레를 산책하다 보면 다수의 상점들과 지역 맛집으로 유명한 샨 국수집을 발견하게 된다. 이곳에서는 특이하게 대두를 갈아 국수위에 얹어 비벼먹는 스타일의 샨 국수를 맛볼 수 있다. 샨 국수는 샨 주에서뿐만 아니라 미얀마 전역에서 즐겨먹는 음식으로 보편화되어, 샨 국수의 종류만 10가지가 넘는다고 하니 종류별로 샨 국수를 맛보는 재미가 있을 것 같다.

짜이퉁에서 가장 활력이 느껴지는 곳이 바로 아침시장일 것이다. 현대식 대형 마트가 없는 이곳에 시장은 모든 시민들의 생활과 가장 밀접하게 연관된 곳이다. 입구에서부터 꽉 들어찬 사람들로 길을 잃지 않으려고 애를 써야했다. 지역 생산품, 공산품, 생선류 등의 노점부터 시작해서, 상설 점포들은 구획별로 잘 정리되어 있다.

짜이통 모닝마켓

　　한쪽에는 중국인으로 보이는 이들의
음식점들이 쉽게 눈에 띈다. 미얀마 샨 주
의 중국인들은 주로 운남성을 거쳐 이주해
들어왔는데, 이들은 샨 족화된 중국인으로
'샨-떼욕((Tayok)'으로 불리며 3, 4세대를
거쳐 살아가고 있다. 그래서인지 더듬더듬
중국어를 하는 이들이 많고 어느 정도 중국
어가 통하는 정도다. 시내에 있는 모스크도
윈난(云南)에서 이주해 온 무슬림들의 예배
처소인 것으로 보아 중국 윈난 성과 샨 주
의 관계가 아주 밀접해 보인다.

미얀마의 주요 8대 종족집단과 거주지역

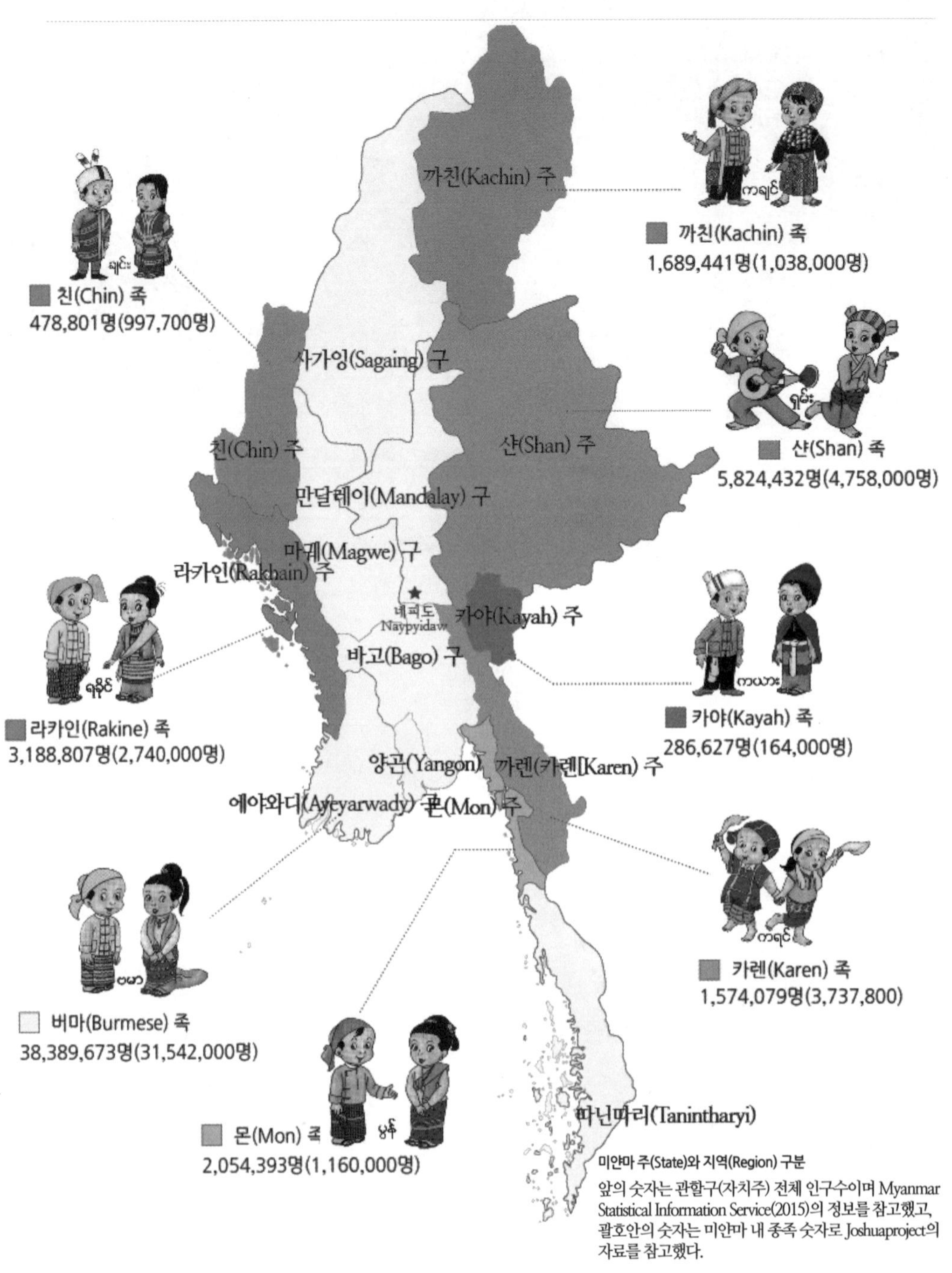

미얀마의 행정구역은 크게 7개 중앙 정부 관할의 관구(region)와 7개 종족 자치의 주(State)로 나누어져 있다. 위 지도를 보면 중앙의 평야, 분지, 삼각주 일대는 버마족 중심의 7개 관구(에야와디, 마궤, 양곤, 만달레이, 바고, 사가잉, 따닌따리)들이, 인도-중국-태국 국경에 접한 동서 양쪽 산악지대는 소수종족 거주지인 7개 주(친 주, 까친 주, 카렌 주, 까야 주, 몬주 라카인 주, 샨 주)들이 위치해 있는 것을 알 수 있다.

미얀마는 135개 소수종족으로 구성된 연합국가이다. 종족집단의 구성과 관구, 주 등 연방 구성단위들은 대체적으로 중앙의 버마 족과 국경 지방의 비 버마 족으로 구분되지만 각 지역들에서 매우 복잡한 양상을 보인다. 각 종족집단은 문화적, 언어적, 역사적으로 구분되는 다양한 소수종족으로 다시 구분되는 다층적 구조를 가지고 있으며 여기에 다수종교인 불교와 소수종교인 기독교, 이슬람교가 서로 얽혀있다.

버마(Burmese) 족

버마 족은 미얀마의 가장 큰 종족집단으로 전체의 68%를 차지한다. 버마 족은 공식적으로 다시 9개의 소수종족으로 나뉜다. 버마 족들은 버마 족 중심의 7개 지역 외에 종족 자치주에도 상당수 거주하고 있다. 버마 족은 정치, 군사, 경제의 모든 영역에서 미얀마 주류 세력이며 스스로 앞으로도 이를 유지해야 한다는 강한 인식을 가지고 있다.

샨(Shan) 족

샨 족이 주로 거주하는 샨 주는 미얀마의 ¼에 이르는 영토를 차지하고 있다. 샨 족은 대부분 불교도이며 소수종족 중에 가장 큰 종족이다. 이들은 국경이 맞닿아 있는 중국 윈난(云南) 성 일대에서 이주해 왔으며, 33개의 소수종족이 공식적으로 샨 족에 속한다.

카렌[Karen, 꺼인(Kayin)] 족

카렌 족은 꺼인 족으로도 불리며 약 400만 명까지 추정되는 두 번째 규모의 소수종족이다. 공식적으로는 11개의 더 작은 소수종족으로 구성되어 있다. 카렌 족은 종족 정체성이 매우 강하며 주요 소수 종족 중 분리 독립의 욕망이 가장 큰 집단이다. 현재 카렌 족의 30%가 카렌 주에 거주하는 것으로 알려져 있다.

라카인[Rakhine, 또는 아라칸(Arakan)] 족

라카인 족 혹은 아라칸 족은 미얀마 서부 해안에 거주하는데 방글라데시와 인도까지 분포되어 있다. 공식적으로 7개 하위 부족으로 구분된다. 2012년에는 무슬림 소수파인 로힝야 족과 다수 불교도들 간의 폭력 사태로 수 만 명이 피해를 입기도 했다. 라카인 주 전체에서 로힝야 족이 약 41%나 차지함에도 불구하고 불교도들은 이들을 방글라데시에서 유입된 외국인으로 간주하고 추방해야 한다고 주장한다.

친(Chin) 족

친 주의 48만 인구 중에서 친 족은 34만 명 정도이다. 10만 이상의 친 족은 버마 족의 사가잉 지역에 거주한다. 미얀마 정부는 친 족 내에 53개 소수종족을 인정하고 있다. 친 족도 카렌 족과 마찬가지로 복음화 된 종족으로 95%이상이 침례교도이다.

몬(Mon) 족

몬 주에는 버마 족, 카렌 족과 일부 영국계 혼혈주민도 있다. 몬 족은 남아시아에서 가장 오래된 민족 중 하나로 기원전 3000년에서 1500년 사이에 인도에서 동쪽으로 이주해 현재 태국 지역에 자리 잡은 후 또 기원전 500년 무렵에 다시 서쪽으로 이주해 미얀마 남부 일대에 정착한 것으로 보인다.

까친(Kachin) 족

까친 주는 미얀마에서 가장 고산지대에 속하며 이들 외에 버마 족, 샨 족, 중국계, 티벳계 종족들이 거주하고 있다. 12개의 소수종족이 정부에 의해 까친 족으로 구분된다. 까친 족은 대부분 기독교도들이며 샨 족과 버마 족은 불교도들이다. 중국의 공식 소수종족이기도 한 까친 족은 중국 윈난 성 지역을 통해 15, 16세기경에 이주해왔다.

카야(Kayah) 족

카야 족이 거주하는 카야 주는 미얀마 연방에서 면적과 인구 변에서 가장 작은 주며, 이 종족의 대다수가 이곳에 산다. 미얀마 정부는 까야 족을 9개의 소수종족으로 구분한다. 한 때 '적 카렌(Red Karens)'이라고 불렸지만 스스로 카렌 족과는 구분되기를 원한다.

웨린(Wai Lin)의 라카인 주 여행 이야기

글 | 웨린(미얀마선교사)

라카인(Rakhine) 종족

미얀마의 라카인(Rakhine) 지역은 미얀마 남서부에 위치한 지역으로 아름다운 해변을 끼고 있는 곳이기도 합니다. 최근 국제 뉴스를 통해 널리 알려진 '로힝야'(Rohingya)' 무슬림 종족이 거주하고 있는 지역이기도 합니다.

미얀마의 중앙지역 혹은 동쪽지역에서 라카인 지역을 가려면 이를 가로막고 있는 높은 아라칸(Arakan) 산맥을 넘어가야 하고 길도 좋지 않아 시간이 오래 걸리는 지역입니다.

공사중인 라먀웅 다리

이번 여행의 동기는 미얀마의 미전도 종족 중에서도 라카인 종족의 복음화율이 현저히 낮고, 그 지역과 종족에 대한 정보가 없기 때문이었습니다. 특히, 현재 라카인 지역에서 라카인 종족을 위해 일하는 일꾼이 거의 없다는 소식을 듣고 라카인 종족에 관심을 갖게 되어, 그들을 만나보고 어떻게 사는지 보고 싶은 마음에 여행을 떠났습니다.

양곤에서 시트웨 가는 길, 30시간

시트웨(Sittwe)는 라카인(Rakhine) 주(State) 주도로 지형적으로 북쪽으로 방글라데시, 서쪽으로 벵골(Bengal) 만(Bay)을 접하고 있는 칼라단(Kaladan) 강어귀에 위치한 항구도시입니다. 필자가 거주하는 양곤(Yangon)과는 약 900여km거리에 위치한 곳입니다. 여행을 떠나기 전에 양곤에서 시트웨까지 버스로 24시간 정도 걸린다는 이야기를 듣고 마음을 단단히 먹고 출발했습니다. 그러나 '라먀웅'이라는 다리가 공사 중이라 배로 차들을 실어 나르는 데에만 6시간 정도 소비되어 총 30시간을 지난 다음 날 오후 2시쯤(참고로 양곤에서 전날 아침 8시 출발했습니다) 시트웨에 도착

공사중인 다리대신 차를 실어나르는 배가 버스를 실어 나르고 있다

했습니다. 시트웨에 가는 방법은 버스 외에 짜욱퓨(Kyaukpyu)에서 배를 타는 방법도 있습니다. 배가 매일 운항하는 것이 아니므로 꼭 확인을 하고 이용해야 합니다. 두번째 시트웨를 방문할 때에는 짜욱퓨에서 5시간 정도 배를 타는 루트를 이용했습니다.

30시간의 버스여행은 힘들긴 했지만 처음 가는 길이고 라카인 사람들을 만난다는 설레임에 많이 지루하지는 않았던 것 같습니다. 특히, 같은 버스 탔던 분 중에 한 분이 휴게소에서 쉴 때마다 반갑게 말도 걸어주고 잘 대해 주셨습니다. 그 분은 짜욱도(Kyauktaw)에 사는 분으로, 짜욱도를

방문할 예정이라 하니 오면 꼭 연락을 달라고 하면서 연락처를 주셨습니다.

시트웨

시트웨는 라카인 종족, 중국인, 인도인, 친(Chin) 족, 로힝야 족 등 다양한 종족 섞여 사는 약 20만 인구의 주도입니다. 특히, 무슬림들이 많이 살고 있는데 무슬림 사는 마을은 구분되어 있고, 라카인 종족이 들어가지도 않고, 무슬림들도 밖으로 나오지 않아 서로 왕래가 거의 없는 지역도 있다고 합니다.

응아차욱

항구도시답게 응아차욱(생선 말린 것으로 우리나라의 멸치, 포 같은 종류), 응아몽(생선과자) 등의 생선을 가공한 지역 특산물들이 눈에 띕니다. 응아몽(생선과자)은 생선살을 얇게 썰어서 말린 것인데 기름에 튀겨서 먹으면 매우 고소하고 맛있습니다.

씨트웨를 방문하는 대부분의 여행자들은 므락우(먀욱우, Mrauk U)를 가기 위해 시트웨를 경유하지만, 과거 해양교역의 중심지 역할을 했던 유서 깊은 도시로 소소한 볼거리를 제공합니다. 수산 시장, 센트럴 마켓, 라카인 문화 박물관, 뷰 포인트(View Point), 파고다 2곳, 깐도지(Kandawgyi) 호수 등이 있습니다. 그러나 시내를 조금만 벗어나면 상가들은 거의 보기 힘들고 대부분 농사를 지으면서 생활하는 것으로 보였습니다. 천천히 칼라단(Kaladan) 강을 따라가면 바다와 강이 만나는 뷰 보인트에 다다르는데 쉬엄쉬엄 걸으며 아름다운 석양을 볼 수 있습니다.

시내 중심부의 부동산 시세는 생각보다 매우 높았습니다. 미얀마의 특징 중의 하나는 부동산이 나라의 경제적 수준에 비해 너무 높다는 것입니다. 아마도 땅의 많은 부분을 군부들이 소유하고 있기 때문이라 생각됩니다.

시트웨 풍경

라카인 언어는 버마어와 매우 비슷합니다. 글자는 같은 글자를 사용하고 있고, '밍글라바(감사합니다)'를 '몽글라바', '쩨주띤바대(감사합니다)'를 '쩨주떤바래'로 발음하는 약간의 차이가 있을 뿐 유사한 부분이 많은 것 같습니다.

시트웨는 미얀마 다른 도시에 비해 파고다(불교 사원)가 많지 않아 보입니다. 외국인 여행객 중에 동양인은 보기 힘들었고, 대부분 유럽에서 온 사람들이 많았습니다.

이곳에 라카인 교회가 있는지 궁금해졌습니다. 이곳에 라카인 교회가 있느냐는 질문에 라카인 사람들은 모두 불교도라며 없다고 합니다. 그러나 기독교에 비해 무슬림에 대해서는 매우 나쁜 인식과 적대적인 감정을 가지고 있는 것을 발견합니다. 라카인 종족들의 무슬림에 대한 인식과 감정이 생각보다 더 심각한 것 같습니다.

여행 시작 전에 시트웨를 방문할 예정이라는 얘기를 들은 양곤외국어 대학교(YUFL; University of Foreign Languages) 미얀마어과 교수님이 동생 가족들을 소개시켜 주셨습니다. 그 인연으로 가족들과 만나 시트웨에 대한 이야기와 시트웨 가정식 백반을 먹을 수 있었습니다. 심지어 조카

시트웨 시내

를 통해 자가용으로 편하게 시내 투어와 라카인 지역의 대표음식인 '몽띠'까지 대접을 받았습니다. 손님 접대에 마음을 쓰는 이들에게 따뜻한 정을 느꼈습니다.

두 번째 시트웨를 방문했을 때 다시 이들과 만날 기회가 있었는데, 지난 방문 때에 나눈 이야기를 기억하며 도와줄 일 있으면 무엇이든 물어보라고 도와주겠다고 하였습니다. 양곤에서 경험한 버마 족 사람들은 자신의 속마음을 표현하지 않는데 라카인에서 만난 분들은 자신의 생각과 감정을 솔직히 표현하는 것을 보았습니다. 아마 호전적인 종족이라고 불리는 이유가 이 때문이 아닐까 생각이 들었습니다.

짜욱도에서 만난 아저씨

시트웨를 떠나 시트웨 근교의 작은 도시 짜욱도를 방문했습니다. 짜욱도는 아주 작은 도시입니다(우리나라의 '읍' 단위정도 크기로 보입니다). 미얀마 현지인들에게는 잘 알려진 큰 파고다가 두 곳이 있어서 현지인들이 많이 찾지만 외국인에게는 그리 매력적인 곳이 아닌 것 같습니다.

짜욱도 외각으로 큰 강줄기가 있는데,

짜욱도의 무슬림 마을이 강을 경계로 분리되어 있다

강 주변에 무슬림들이 사는 지역이 나누어져 있었습니다. 무슬림들이 사는 지역에는 갈 수 없었습니다. 왜냐하면 들어가면 무슬림들이 목을 자를 것이라며 말립니다. 라카인 지역 사람들이 무슬림에 대해 갖고 있는 인식을 알 수 있는 대목입니다.

시트웨로 향하던 버스 안에서 만났던 아저씨와 연락이 닿아 짜욱도에서 반가운 만남을 가졌습니다. 도착 30분 전부터 나와서 기다리고 계셨습니다. 아저씨의 아내와 아이들은 양곤에서 지내고 혼자 살고 계셨습니다. 아내가 신장병이 있어서 치료를 받기 위해 양곤에서 지내고 있어서 1년에 한

두 번 정도 아내와 아이들을 볼 수 있다고 합니다. 가정 형편이 어려워서 양곤에 자주 가지도 못한다고 하여 마음이 아팠습니다. 이번이 가족들을 만나러 양곤에 갔다가 돌아오는 길에 나를 만난 것입니다.

아저씨는 책을 많이 읽은 분이셨는데 특히 기독교에 관련된 책도 많이 읽어서 기독교에 대해서도 알고 있었습니다. 물론 잘못 알고 있는 부분이 많았지만... 필자의 언어실력이 좋지 않아서 자세히 이해할 수는 없었지만, 사람들이 파고다에서 많은 기도의 시간과 많은 물질을 드리는데 이것이 잘못 되었다며 미얀마 사람들이 불교를 잘못

짜욱도에서 머물렀던 현지인 집

이해하고 있다고 말씀하십니다. 무엇인가를 이루기 위해서는 파고다에서 기도를 드리고, 기부를 하는 것 보다는 노력을 해야 한다고 강조하십니다. 나라를 걱정하는 짜욱도 아저씨의 마음이 전해져 왔습니다.

짜욱도에서의 해프닝

짜욱도로 가기전 짜욱도 숙소에 대한 정보가 없어서 아저씨께 호텔을 알아봐 달라고 부탁을 드렸습니다(미얀마는 외국인은 무조건 호텔에서만 머물 수 있기 때문입니다). 짜욱도에서의 일정을 마치고 숙소에 대해 물으니 외국인이 현지인 집에서 자도 괜찮은 줄 알았다며 그제서야 호텔을 찾아 나섰습니다.

이미 저녁 9시가 넘은 시간이었고 워낙 작은 도시라 호텔이 없었고, 게스트하우스를 찾아 갔더니 외국인은 머물 수 없다고 했습니다. 어쩔 수 없이 전기와 수도도 없는 아저씨 집에서 자고 새벽 일찍 버스가 아닌 개인 트럭을 타고 므락우로 출발했습니다. 짜욱도는 외국인이 머물수 있는 곳이 아니었던 것이었습니다.

므락우 파고다

므락우

먀욱우라고도 불리는 므락우는 관광 명소로 유명세를 타서 외국인 관광객이 많은 곳입니다. 므락우는 라카인 종족이 처음으로 거주하며 살기 시작된 곳으로 역사적 유물, 파고다, 불상 등이 매우 많은 곳이며, 이곳의 유적지들은 금을 입힌 파고다, 불상보다는 돌로 만든 불상과 파고다가 많다는 것입니다. 특히, 라카인 종족의 역사는 버마 종족의 역사보다 앞서 시작되었기 때문에 오래된 유적들이 많습니다.

므락우 도시를 돌아볼 때는 싸이카(세바퀴 오토바이)를 빌려서 택시 기사로부터 가이드를 받았습니다. 가이드의 설명을 통해 역사 시간에 배웠던 라카인 역사를 직접 보고 들을 수 있었고, 특히, 라카인 종족이 7개의 하위종족으로 분류된다는 사실도 알게 되었습니다. 관광명소이고 관광객이 많다보니 작은 도시지만 모텔이 많지만 숙박 비용은 다른 도시에 비해 비싼 편입니다.

응아빨리, 미얀마의 나폴리

므락우에서 응아빨리(나빨리, Ngapali)로 가는 직행버스가 있어 서둘러

응아빨리의 관문 딴뒈

예약을 하고 버스를 탔습니다. 25인승 로컬 버스였는데 에어컨은 있지만, 외국인은 필자 단 한명 뿐이었고 덜컹거리는 비포장길을 15시간 가야해서 여간해선 즐기기 어려웠습니다.

간신히 버티고 응아빨리의 관문 도시라 불리는 딴뒈(Thandwe)에 도착했습니다. 도착시간이 새벽이라 그런지 개발이 안된 오래된 도시라는 느낌을 받았습니다. 사람들의 모습도 다른 도시와는 달리 다(多)종족이 아닌 대부분이 라카인 종족이 거주하는 도시인 것으로 보입니다. 딴뒈 버스터미널에서 오토바이 택시로 15분 정도를 달

려 해변 도시인 응아빨리에 도착했습니다. 응아빨리는 라카인 주의 중남부에 위치한 해변으로, 현재 일반인에게 개방된 해변 중 가장 아름다운 휴양지로 꼽히는 곳입니다. 그래서인지 작은 도시이지만, 공항도 있고 해변을 따라 호텔, 리조트들이 줄지어 있어 미얀마가 아닌 외국의 휴양지 같은 깨끗하고 아름다운 도시였습니다.

그러나 다른 해변에 비해 물가가 비싼 편이라 외국인 관광객과 미얀마 부유층이 많은 곳이라 합니다. 현지인들의 생업은 대부분 식당, 숙박업, 수공예품(조개껍데기, 소라 껍질로 만든 목걸이와 기념품)판매, 자

웅아빨리의 아름다운 해변의 일몰풍경

전거 대여 등과 관련된 일을 하는 모습입니다. 이곳은 정탐보다는 쉼을 목적으로 간 곳이었는데, 한국에서도 본적 없는 아름다운 해변과 백사장이 있는 곳이었습니다. 저녁에는 백사장에 있는 식당에서 석양을 정면으로 바라보며 저녁을 먹으니 더없이 평안하고 아름답더군요. 자연의 아름다움을 보며, 그 아름다움을 지으시고 필자에게 쉼을 베풀어 주신 하나님께 찬양을 드렸습니다.

짜욱퓨, 미얀마 경제특구

짜욱퓨(Kyaukpyu)를 방문한 시기는 미얀마에서도 가장 더운 시기인 5월에 다녀왔습니다. 양곤에서 버스로 18시간 동안 달려서 도착한 짜욱퓨는 큰 도시는 아니지만, 미얀마의 경제 특구로 지정된 도시로 경제적 중요도가 높은 곳입니다. 짜욱퓨 또한 해안 도시로 해변이 아름다운 도시이지만, 짜욱퓨 앞 바다에서 생산되는 천연가스를 중국으로 운반하기 위한 파이프라인이 놓여져 있다고 합니다. 직접 가보지 못했지만 해안가에 대구모 공업 단지들을 건설하고 있다고 들었습니다.

싸이카를 빌려서 기사 아저씨의 가이드로 시내와 짜욱퓨 근교를 돌아보았습니

원난(云南) 성 룽링 현(龙陵县)에 있는 중국–미얀마 파이프 라인의 서브 펌핑 스테이션, 출처 wikipedia

다. 시내는 매우 작았고 거주 인구도 매우 적어 보였습니다. 시내 쪽에 둘러보다 카톨릭 교회가 있는 것을 보았습니다. 라카인 사람들도 교회에 가냐고 물어보니 일부는 교회에 다닌다고 합니다. 카톨릭 교회지만 라카인 지역에서 처음으로 본 교회여서 반가웠습니다.

짜욱퓨를 돌아보다 큰길 가에 대우 인터내셔널과 KOICA에서 설립한 공동체의 표지판을 보았습니다. 그리고 가이드의 설명으로 방글라데시 난민캠프가 있는 위치를 가보았는데 외부인들은 출입이 되지 않아서 들어가 보지는 못했습니다. 길가 멀리 서 바라만 보고 돌아왔습니다.

여행을 마치며

라카인 지역은 미얀마의 다른 지역에 비해 도로가 발달되지 않아 경제 등 여러 부분에서 교류와 발달이 아직 활발하지 못함을 봅니다. 특히, 방글라데시, 인도와 인접한 지역에는 무슬림들이 많이 살고 있고, 그 외 많은 종족들이 살고 있는 다양한 삶이 공존하는 곳입니다. 그러므로 이들을 위한 다양한 사역이 필요해 보입니다. 그리고 라카인 종족 사람들은 일반적인 미얀마 사

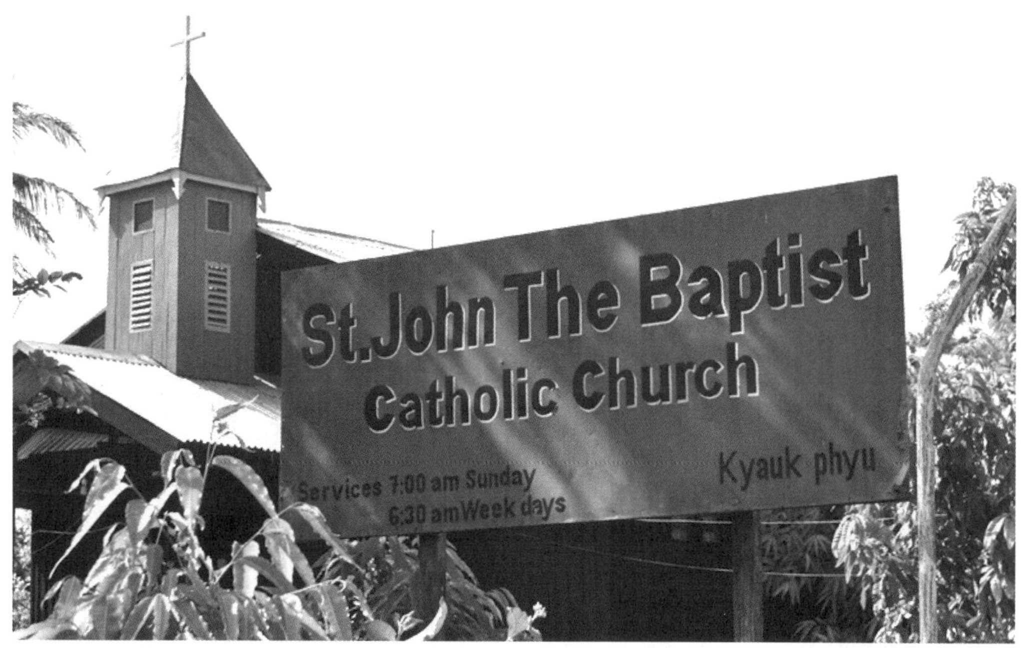

짜욱퓨 시내에 있는 카톨릭 교회

람들과는 다르게 자신의 생각이나 감정을 솔직히 표현하는 것 같았습니다. 이것은 자신의 생각이나 감정을 솔직히 표현하지 않는 다른 종족보다는 그들의 생각이나 마음을 이해하는데는 좀 더 쉽지 않을까 생각됩니다.

두 번의 라카인 주의 5개 도시를 여행하면서 혼자 하는 여행의 한계도 느끼고 전문가도 아닌 필자가 정리하기에는 전문적인 정보가 많이 부족하다고 느낍니다. 그러나 개인적으로 처음으로 라카인 지역을 밟았다는 것과 처음으로 라카인 사람들을 만났다는 것만으로 기쁘고 만족이 있었습니

다. 하지만, 앞으로 지역과 각각 종족 사람들의 삶과 특징에 대한 연구와 특히 언어에 대한 공부가가 더 필요하다고 생각됩니다. 미얀마 미전도종족에 관심이 있는 분들에게 매력적인 라카인 종족을 소개하며 추천 드립니다.

태국 매솟 미얀마 이주민 교회 셍두, 셍라 부부

정리 | 채 형림(SIReNer)

셍라(SengRa), 셍두(SengDu) 부부

엄마 리서치 팀은 2017년 2월 20일 태국 매 솟(Mae Sot)의 한 숙소에서 미얀마 사역자 셍두(SengDu, 49세), 셍라(SengRa, 46세) 부부를 만났다. 그는 현재 그레이스 선교부 교회개척 팀 멤버로 매솟지역의 그레이스 교회를 담임하고 있다. 보석무역업을 하던 사업가에서 매솟의 한 지역교회 목회자가 되기까지의 스토리를 통해 미얀마의 희망을 본다.

Q. 예수님을 믿게 된 개인의 이야기를 해 달라.

A. 카친(Kachin) 족인 나는 어려서부터 십계명에 대한 이야기를 들으며 자랐다. 난 그 십계명을 지키지 못했기에 지옥에 갈 거라 생각했다. 어른이 되고 돈을 많이 벌면 지옥에 가는 것쯤은 아무런 문제가 되지 않을 것이라 생각했다. 그러던 중 내 인생의 터닝 포인트를 맞는 순간이 있었다. 내게는 학창시절부터 친한 친구 6명이 있었는데, 그 친구들이 차례로 모두 죽음을 맞는 일이 발생했다. 당시 친구들은 30대로 다 젊었고 죽음은 생각도 못 할 때인데, 6명의 친구들이 모두 죽고 나만 남게 된 것이다. 마음속에 이제 다음은 내 차례가 되겠다는 두려움이 몰려왔다.

내가 번 돈을 다 쓰고 난 후 나이가 들어 순리대로 죽음을 맞이하는 것이 아니라 갑자기 죽음이 올 수 있다는 것이다. 친구의 시신을 태우는 불을 보면서 이런 생각을 했

다. 죽으면 지옥에 가게 될 것이고, 지옥에서의 불은 끔찍할 정도로 뜨거울 것이라는 생각이 들었다. 영원히 죽지 못하는 지옥불에 있는 것보다는 천국에 가고 싶다는 생각이 간절했다. 교회에서 건축헌금을 할 때 이렇게 기도하곤 했다. "주님, 나는 죄인입니다. 내가 이 헌금을 기꺼이 드릴 테니 내가 지옥에 갈 때는 조금은 덜 힘들게 해주세요." 이런 고민을 할 즈음 일본에 있던 자형이 양곤에 왔었다. 그와 만나 성경공부를 하면서 진리를 깨닫고 예수님을 영접하게 되었다. 명목상의 그리스도인이 거듭난 그리스도인이 된 것이다. 그 때가 결혼한 지 1년이 지난 1999년이다. 이후로 나는 가족들, 친척들에게 복음을 전하고 성경을 가르쳤으며 어디를 가든 복음을 전했다. 미얀마의 모교회(양곤 카친침례교회)에는 전도팀이 있었는데 6년 동안 양곤(Yangon) 근교로 다니며 복음을 전하곤 했다. 당시 나는 계속적으로 보석 무역사업도 하면서 아내와 함께 신학공부와 교회 전도사역을 열심히 했다.

Q. 전도하면서 있었던 에피스드가 많을 것 같다.

A. 전도에 열심을 내고 있을 때 승려들에게도 복음을 전했다. 승려들은 많은 참선을 하지만 천국에 가는 방법을 알 길이 없다고 이야기 한다. 에베소서 2장 8-9절 말

전도처 심방사역중인 셍라 사모

쓸으로 권면했고 이 말씀을 듣고 많은 승려들이 복음을 들었고 그 중 개종한 승려도 있었다. 그가 어느 날 양곤에서 가까운 불교 수도원에 방문해보자고 제안했다. 흔쾌히 제안을 받아들였고 불교 수도원을 방문했을 때 한 승려가 다가와 불교에도 천국에 다다를 수 있는 방법이 여러 가지가 있다며 언성을 높였는데, 계속 기도하면서 그와 대화를 나눈 끝에 그가 그 자리에서 예수님을 영접했다.

그 후 다른 승려들이 몰려와 복음을 들었고 성경책을 요구한 이도 있었다. 이 후에도 불교 수도원의 많은 어린 승려들이 예수님을 영접했고, 그 불교 수도원의 지도자까지 개종하는 일이 발생했다. 그 후로도 계속 많은 승려들이 우리 집을 드나들었다. 이웃들은 그리스도인 집에 승려들이 계속 드나드는 것을 이상하게 여길 정도였다. 그 개종한 승려는 자신의 고향으로 돌아가 자신의 변화된 삶을 나누고 복음을 전하겠다고 했다. 그때까지 내 주변에 심각한 상황이 벌어지고 있다는 것을 감지하지 못했다.

내가 사업차 집을 비웠을 때 몇 차례나 경찰이 집을 찾아와 문제를 일으키지 말라는 경고를 들었다. 이 사건 이후 나는 사태의 심각성을 인지하고 태국으로 옮겨왔다. 그

매솟 그레이스 교회 주일예배

것이 태국에 머물게 된 이유 중 하나였다. 하지만 이후로 고향인 미얀마로 돌아가지 못하게 될 줄은 몰랐다.

Q. 태국에 머물게 된 계기가 그 때 부터인가?

A. 처음 태국을 방문했을 때는 선교 때문이 아니라 사업 때문이었다. 보석류(원석, 비취, 루비, 사파이어 등)를 취급하는 무역 사업을 하면서 미얀마와 일본, 태국을 오가며 일을 할 경우가 많았다. 당시 태국에 사업장을 설립하기 위해 매솟을 방문할 기회가 있었는데 미얀마인들을 많이 발견했다. 그

이유를 물으니 매솟에 난민 외 미얀마인만 9만이 넘는다고 했다. 태국인에 비해 거의 10배가 넘는 미얀마인이 이 매솟 지역에 살고 있는 셈이었다. 어떻게 이 많은 사람이 이곳에 와 있을까 궁금했다. 그들의 사는 모습을 보니 미얀마에서 양곤 근교 마을을 돌며 전도하던 생각이 났다. 당시 사람들은 가난하고 일자리가 없어 작은 집에 여러 식구가 살았는데 매솟의 모습이 그들과 너무 닮아 있었다. 이들에게 복음을 전해야겠다는 생각이 들었다.

내가 카친 족이기에 카친어 전도지를 들고 카친 족 사람들을 만나려는 노력을 했는데

그레이스 신학교에 가면 카친 족을 만날 수 있다는 이야기를 들었다. 이후 아내는 그레이스 신학교의 교수가 되었고, 난 학교의 관리를 맡게 되었다. 이것이 나와 '그레이스 선교부'의 연결고리가 되었다.(*그레이스 선교부에 관한 이야기는 본 책의 다른 글 '태국에서 미얀마를 품고 섬기는 그레이스선교부' 글을 참고.)

그 후 2010년 새 학기가 시작할 즈음 그레이스 선교부로부터 매솟 지역교회 개척을 제안 받았다. 교회의 리더를 맡길 만한 사람이 없어 3년 동안 계속 기도만 해오고 있었는데 교회를 섬겨주면 좋겠다며 의견을 물어왔다. 당시에 난 여전히 사업을 진행 중이었고 미얀마와 방콕(Bangkok)에서 이미 목회 사역에 대한 제안을 모두 거절한 후였다. 아내와 함께 기도하며 고민하던 끝에 이제는 하나님의 부르심에 무조건 순종해야 한다는 결론을 내리고 매솟에서 교회를 시작하기로 결정했다.

결정 이틀 후에 일본에 거주하던 친구가 연락을 해왔다. 그는 버마인이지만 어려서 일본으로 이민을 갔고 지금은 일본에 큰 보석회사를 가지고 있었다. 연락도 없이 매솟을 방문한 그는 함께 홍콩(Hong Kong)에 가서 회사를 세우자고 제안했다. 투자금과 모든 제반시설이 준비되었으니 사업을 같이 하자는 것이었다. 왜냐하면 미얀마에서 나

오는 보석류의 원석이 카친 주에서만 나오고, 나는 할아버지의 영향으로 중국어(광둥어 포함)가 가능했고, 버마어, 영어 등 사업을 위한 유리한 언어가 가능한 사람이기에 나를 적임자로 생각한 것이다. 어마어마한 조건을 내게 내밀었다.

그러나 당시 나는 이미 목사가 되겠다고 이틀 전에 결정을 했고, 하나님의 계획에 따르기로 마음먹은 후였다. 친구에게 이 이야기를 하니 그 친구는 무척 화를 내며 가족을 돌보지 않고 자신의 욕심만 부린다며, 4일의 시간을 줄 테니 더 생각해보고 연락을 달라고 했다. 그렇지 않으면 모든 관계를 끊겠다고 엄포를 놓았다. 물론 나는 연락을 하지 않았고 우리의 관계는 끊어졌다.

Q. 매솟 그레이스 교회 이야기를 해달라.

A. 처음 교회를 시작할 때는 나와 가족들 오직 6명뿐이었다. 박권수, 최경희 선교사 부부가 함께 하면서 힘이 되었지만 시작할 당시에는 매우 힘들었다. 2010년 6월 27일부터 교회가 시작되었는데 2층 건물에 1층은 예배실, 2층은 우리 가족이 머물렀다. 그런데 교회는 한 달 만에 1층 예배실이 가득 찼고, 4개월 후에는 2층까지 차서 1년 후에는 교회를 확장해야 했다. 교회 부지를 임대해서 조립식으로 예배당과 사무실을 확장해 나갔다. 현재 매솟 그레이스 교회는

매솟 그레이스 교회 주일예배 오케스트라팀

100-200명의 성도와 60-70명의 어린이들이 참석하는 교회로 성장했다.

교회를 개척한 지 1년도 안되어 미얀마에서 했던 것처럼 매솟 근교로 전도를 시작했다. 2017년 현재 4개의 교회를 개척했고, 5개의 전도처를 매주 방문하여 교회를 세우기 위한 노력을 기울이고 있다. 교회 성도들은 거의 버마(Burmese) 족이지만 몇몇 교회에는 카렌[Karen, 또는 꺼인(Kayin)], 몬(Mon), 라카인[Rakhine, 또는 아라칸(Arakan)], 나가(Naga, 고산 부족) 족, 인도계 미얀마인 등이 섞여있다.

그레이스 선교부는 교회 개척 초기부터 3년 사이에 교회가 자립하고, 5년이 지나면 선교하는 교회가 되는 것을 목표로 하는 '3·5 system' 교회개척원리를 적용한다. 그레이스 교회도 이 원칙을 따르고 있다. 이에 4개 자교회와 5개 전도처를 자립할 때까지 돕고 있다. 이미 자립한 교회도 있다. 교회 사역은 매일 계속 된다. 월요일 오후 5개의 전도처를 번갈아 방문하며 지역 전도에 힘쓰고, 화요일 기도모임, 수요일에는 불신자 초청 저녁예배, 목요일 오전에는 금식기도회와 전도, 금요일에도 전도를 한다.

그레이스 신학교 수요예배 중인 신학생들

Q. 특별히 부탁하고 싶은 기도제목이 있는가?

A. 이곳에는 사역자가 필요하고 사역을 위한 기도 또한 필요하다. 추수할 사람들은 많은데 추수할 일꾼인 사역자는 많지 않다. 조만간 난민캠프를 철수시킬 것이라고 하는데, 매솟의 수많은 미얀마인과 난민 캠프에 있는 사람들까지 포함하면 복음을 전할 사람이 더 많이 필요하다.

우리 교회는 시내 중심부에 있어서 임대료가 굉장히 비싸 다른 지역의 10배 정도 비싼 임대료를 내고 있다. 그 외 건물유지와 차량 렌트비 충당을 위해 돈이 많이 들어간

다. 그래서 주변을 돌아보면서 지금의 교회와 멀지 않지만 시내 접근이 용이한 곳에 교회개척을 기도 중에 있다. 돌아보다 마음에 드는 땅이 있으면 물병에 흙을 담아 와서 그 병을 붙잡고 기도한다. 땅값이 너무 비싸기 때문에 주님의 도우심만 구하고 있다. 이를 위한 후원금 모집도 하고 있다. 이를 위해 기도를 부탁드린다.

매솟은 매우 작은 도시지만 2015년에 태국 정부가 경제특구 중 하나로 지정한 후 국경 무역이 활성화되었다. 지금 고속도로와 철로, 병원 등의 큰 건물과 정부기구, 대학 등이 들어서고 있다. 미얀마와 국경을 맞대고

매솟 그레이스 교회 주일예배 설교중인 셍두 목사

있고, 양곤까지 가는 길도 점점 좋아지고,
또 방콕까지 가는 고속도로가 생겨서 엄
청 가까워졌다. 매솟이 매우 중요한 지역
이 되고 있다는 증거다. 이 발전 속도만큼
이나 교회도 필요하게 되었고 특히 기도
가 더 많이 필요한 시점이다.

치앙마이 샨족 교회 나자루 전도사

정리 | 채 형림(SIReNer)

나자루 전도사(샌사란 교회, 샨족 사역자)

치앙마이의 샨족 집단거주지인 깐따녹 마을 (12마을)을 방문한 나자루 전도사

Q. 예수님을 어떻게 믿게 되었고 어떻게 이 곳 치앙마이까지 오게 되었나?

A. 어린 시절부터 죄를 지으면 지옥 간다는 불교 가르침을 많이 들어왔다. 우연히 받아 본 전도지에 '나(예수님)는 길이요 진리요 생명이니…(요 14:6)'의 말씀을 읽고 마음에 깊은 관심을 가지게 되었다. 특히 예수님을 믿기만 하면 천국에 가고 지옥에 가지 않는다는 부분이 와 닿았다. 그러던 중 크리스천인 아내를 만났고, 아내와 교회의 크리스마스 행사에 참석해서 찬양을 따라 부르기도 했다. 아내는 교회에서 찬양을 인도하는 사람이었고, 나는 절에서 행사 때마다 불교 의식을 주관하는 책임자였기에 이런 환경이 지속되니 혼란스럽고 둘 중 하나를 선택해야겠다고 생각했다. 결혼할 당시 (2003년)에 아내가 크리스천이었지만 성경에 대해 잘 알지 못했기에 서로 기독교와 불교가 섞여있는 상황이 이어졌다.

2006년도 수련회 집회에 참석하면서 구원의 확신을 가지고 개종을 결심했다. 이후 무세(Muse)와 라시오(Lashio) 근처의 어린이 기숙학교와 지역교회를 부부가 함께 섬기기 시작했다. 당시 장거리 택시 운전을 했었는데 전도의 열정이 커서 손님에게 전도도 열심히 했다. 이후 아는 분의 소개로 부부가 함께 모든 것을 포기하고 신학교에 가게 되었다. 믿음이 순간적으로 빨리 성장한 것은 아니지만 신학과 교회 사역을 병행하면서 하나님을 더 깊이 알게 되고 성장하게 된 것 같다.

졸업하기 몇 달 전 치앙마이(Chiang Mai)에서 샨 사역자를 찾는다는 이야기를 들었다. 기도하면서 '내가 치앙마이에 가게 되면 치앙마이의 잃어버린 샨(Shan) 영혼들을 위한 목적이 있을 것'이라는 생각을 하게 되었다. 그리고 하나님의 인도하심을 구하며 치앙마이로 오게 되었다. 그 때가 2015년이다.

Q. 불교 절기마다 불교 의식을 주관할 만큼 불교도로 30년을 살아왔는데 기독교로 개종했을 때 큰 갈등은 없었나?

A. 우리 마을에는 교회와 절이 함께 있었다. 나는 절에서 리더십의 자리에 있었고 존경받는 사람이었다. 보통 절에서 리더십을 가지면 돈을 많이 벌수 있는데 나는 받은 돈을 헌신적으로 다 부처에게 드렸다. 그래서 사람들로부터 존경을 받았다. 그리고 내가 사는 지역은 마약재배로 유명한 곳으로 남자들은 거의 모두가 담배, 술, 마약과 도박을 즐겼다. 어릴 때부터 나는 이 모든 것들을 가까이 하지 않고 물만 마셨다. 그래서인지 내가 개종을 하고 나서 이상하게 생각

하긴 했지만 말을 함부로 하지는 않았다. 내가 일이 잘 풀리고 복 받는 것을 보면서 마을 사람들이 나처럼 복받는 삶을 살라며 자녀들을 교회에 보내는 경우도 있었다.

Q. 본인이 생각하기에 샨 족의 독특한 특성이 뭐라고 생각하는가?

A. 샨 족은 불심이 강하고 절기 행사 때마다 참여하고 그것에 대해 서로 이야기 나누는 것을 좋아한다. 종교자체를 좋아하고 절기 때마다 모여서 행하는 불교 의식을 좋아한다. 특히 '신쀼(shinpyu)'의식(미얀마 남아들이 단기간 승려생활을 경험하는 불교 의식)은 정말 큰 잔치로 모두가 참여한다. 하지만 불교 교리나 가르침에는 관심이 없다.

Q. 사역 현황과 기도제목을 알려 달라.

A. 치앙마이에 거주하는 샨 족을 대상으로 사역하고 있다. '샌사란'이라는 교회 이름도 건축 중인 주택단지 이름이다. 그 단지를 건축하는 사람들이 모두 샨 족인데 그들의 집단 거주지가 바로 옆에 있다. 그들을 대상으로 시작한 교회가 '샌사란 교회'다. 그들의 거주지 안에 센터를 세워 방과후 교실을 운영하면서 샨 족어를 가르치고 마을 사람들과 만남을 갖는다. 이곳 외에 2, 3지역의 주택단지 건축현장의 샨 족 거주지를

방문하며 전도하고 있다.

내가 사역을 시작한지 이제 3년이 되어간다. 아직 비자문제로 어려움을 겪고 있다. 또한 샨 족 사람들도 비자문제로 고민이 많다. 이곳에서는 고용주에 따라 임금지불과 근로기간 등이 영향을 받기 때문에 좋은 상사와 지속가능한 직업을 구할 수 있기를 위해 기도부탁을 해 온다. 이를 위해 그리고 그들이 예수님을 믿게 되는 구원의 역사가 있도록 지속적으로 기도해달라. 내가 지금까지 경험한 하나님은 이 모든 것을 가능케 하실 분이기에 100% 하나님께서 이루실 것을 믿는다. 나는 이곳의 샨 족들이 주님께로 돌아오는 일을 위해 힘을 다할 것이다.

이곳 사역자들의 비자문제가 미얀마 이주자 사역에 있어서 가장 큰 장애물이라고 전진영 선교사는 말한다. 이곳에 사역의 가능성은 많으나 비자비용이 너무 비싸고 그만큼의 사역자에 대한 믿음이 있어야 도움이 가능하다는 속 이야기를 덧붙였다.

전진영 선교사는 2012년부터 치앙마이에서 샨 족 이주근로자를 대상으로 사역을 하고 있으며 나자루 전도사와 동역한 지는 3년이 되어간다. 처음 받았던 사명가운데 3년 사역기간동안 한 번도 실망하거나 힘들었던 적이 없었다던 나자루 전도사와 여러 어려운 상황 속에서도 영혼들을 위해서라면 힘이 난다는 전진영 선교사. 이들의 빛

빨롱과 심방중인 나자루 전도사

나는 파트너십이 치앙마이의 샨 족 영혼들을 위해, 나아가 미얀마 본토의 샨 족들을 위해 오래도록 함께 가는 발걸음이기를 기도한다.

치앙라이 미얀마 이주민 교회 싸이 묘민 목사

정리 | 채 형림(SIReNer)

싸이 묘민(목사, 샨 족, 40세), 느뽀시(사모, 카렌 족, 37세)

치앙라이(Chiang Rai) 그레이스 교회가 위치한 림콕(Rimkok)이라는 지역은 택시기사도 장소를 찾는데 어려움을 겪을 정도로 상당히 시 외곽에 위치해 있었다. 예배 전인데도 교회 마당에 빼곡히 주차되어 있는 오토바이가 즐비했고, 예배당에서 예배준비가 한창이었다. 치앙라이 교회 개척을 위해 결혼한 지 3주 만에 이곳에 왔다는 싸이 묘민 목사 부부(Sai myo myint, 목사, 샨 족, 40세/ Naw Phaw shee, 사모, 카렌 족, 37세)는 신분이나 재정적으로 불안정한 정착 초기에 하나님께서 많은 것을 가르치셨다고 고백한다. 이제 태국 치앙라이에서 미얀마 이주민교회 목회를 하게 되는 여정 가운데 만난 기쁨과 도전의 이야기를 들어보자.

Q. 치앙라이 그레이스 교회를 어떻게 시작하게 되었나?

A. 교회는 약 14년 전, 2003년 3월 23일 시작되었다. 나는 미얀마 따칠레익(Tachileik) 출신으로 신성호 선교사(*신성호 선교사에 대한 이야기는 '태국에서 미얀마를 품고 섬기는 그레이스 선교부' 글을 참고)의 요청으로 치앙라이 그레이스 교회를 시작하게 되었다. 처음에 크리스천 친(Chin) 족 여성을 포함한 7명이 함께 교회를 시작하게 되었는데 그 중 5명은 불교도였다. 그 중 2명의 불교도들이 교회를 세우는데 많은 도움을 주었다. 미얀마인을 만날

때마다 '미얀마에서 온 목사가 있다.'며 사람들을 불러 모았다. 그로부터 6개월 후에 20명 정도가 모였는데 당시 치앙라이 시내에 건물을 빌려서 예배를 드릴 수 있었다. 이 후 몇 명의 카렌인들을 만났는데 나를 정부군 스파이로 오해했는지 처음에는 잘 믿지 않더니 후에 적극적으로 예배에 참석했다. 약 2년이 지난 즈음에 우리는 기도하면서 교회건물을 한국의 한 교회의 도움으로 지금의 장소에 얻을 수 있게 되었다. 방 한 개는 우리 부부가 사용했고 나머지 방은 예배 모임장소로 사용되었다.

신성호 선교사가 이곳을 처음 우리에게 소개했을 때 이곳은 허허벌판이었다. 산을 깎아서 만든 곳이어서 나무도 없고, 전기, 수도, 심지어 사람도 살지 않았다. 더군다나 이곳은 무덤 근처여서 아무도 오고 싶어 하지 않는 곳이었다. 하나님의 뜻을 알지 못할 때는 걱정이 앞섰고, 주변 사람들이 이곳에 오는 것이 무모하다고 이야기했다. 심지어 태국인 목사도 그곳에서는 교회개척하기 어렵다고 말렸다. 그런데 아무것도 없는 곳에서 시작한 이 교회가 많은 변화를 이루었다. 이 교회처럼 성도들도 아무것도 가진 것 없는 깜깜한 어둠의 삶에서 예수 그리스도의 빛으로 나아가는 삶의 변화가 있게 되었다.

교회 건축을 준비할 때 모금된 헌금은 약

100여명이 모일 수 있는 정도의 아주 작은 예배당을 지을 수 있는 금액이었다. 나에게는 교회를 시작하기 전부터 200명의 성도와 함께 예배하는 비전이 있었다. 당시 선교부 리더인 신성호 선교사와 이 비전을 나누었을 때 이를 공감해주었고, 필요한 나머지 자금을 마련해 주면서 지금 크기의 교회가 지어질 수 있었다. 교회가 건축되고 2, 3년 동안은 이 비전을 잊고 5, 60명 정도 성도들이 모여 예배하는 것으로 만족하고 있었다. 그러나 2007년 이후에 이 비전을 생각나게 하셔서 나와 아내는 우리의 비전을 성취해 주시기를 기도하기 시작했다. 교회 성도들과도 함께 예배시간에 기도했지만 60명 이상이 모여지지 않고, 새로운 성도는 오지 않고 아무런 변화도 일어나지 않았다. 고민에 휩싸여 예배당에 앉아 기도하기 시작했다. 자리에 앉아 기도할 때 내 눈에 예배당 의자들이 눈에 들어왔다. 의자는 고작 60개 밖에 되지 않았다. 순간 주님이 내게 이렇게 이야기 하시는 듯 했다. "의자가 60개 밖에 되지 않는데 200명을 보내 준들 어찌 이 교회가 그들을 수용할 수 있겠느냐?" 나는 당장 의자를 200개를 구입하겠다고 결심하고 성도들과 이 마음을 나누었다. 그러자 성도들이 "교회 성도는 60명밖에 되지 않는데 왜 의자를 200개나 구입하느냐, 교회가 재정적으로 넉넉하지도 않은데 왜 그렇게 구입해야 하는가?" 물으며 불만이 속출했다. 기도하기를 권유했다. 성도

들에게 여러분들이 이것을 믿는다면 우리는 의자를 더 살 것이라고 말했다. 결국 의자를 구입했고 매 주일마다 새로 구입한 의자에 앉아가면서 기도했다. 그로부터 1년 후에 모든 의자가 가득 찼다.

Q. 교회사역을 하면서 받은 큰 도전이 있었다면?

A. 앞에서 나눈 얘기처럼 200명의 성도가 되었을 때, 우리는 그레이스 선교부로부터 사역비 받는 것을 중단하기로 결심했다. 당시 나는 선교부로부터 사역비를 받아오고 있었고, 다른 지역의 선교부 멤버들도 역시 모두 사역비를 지급받았다. 교회 멤버들도 이 사실을 알고 있었고 그들은 내가 한국 선교사로부터 급료를 받고 아무런 어려움 없이 산다고 생각을 했다. 그것이 우리가 성도들과 더 친밀해질 수 없는 이유가 되는 것을 알게 되었다. 난 가족과 같은 교회를 만들어가길 원했다. 그래서 앞으로 어려움이 있고 도전이 있을 것이 예상되었지만 재정 지원을 받지 않기로 결정하게 되었다.

선교부에서도 내 의견을 존중해 주었고 허락해 주었다. 어려움에 대한 도전은 예상을 했지만 사역비를 받지 않기 시작한 1년은 정말 어려움이 많았다. 우리 가족은 채소를 키워 내다 팔아 생활비에 쓰곤 했다. 교회 성도들이 이런 우리의 사정을 알고, 도움이

치앙라이 그레이스 교회 전경

필요하다는 생각을 스스로 하게 되었고, 목사가 목회를 할 수 있도록 돕고 교회를 도와야 한다고 그들 스스로 생각하기 시작했다.

결과적으로 재정적인 독립은 우리 교회를 굉장히 가족적인 분위기의 교회가 되도록 하는 큰 계기가 되었다. 그때 내가 배운 교훈은 내가 선교사들과 가까울수록 교회 공동체와는 멀어지고 반대로 외부 선교사들과 멀어질수록 교회 공동체와는 더 가까워진다는 사실이다. 지금 새로 세워진 건물도 교회 성도들의 헌금으로 지어진 것들이다. 이것은 우리의 자립의 시작이었고, 가족 교회(family church)로의 출발점이었다.

우리 교회가 자립한 이후로 신성호 선교사는 우리 교회를 모델로 삼아서 그레이스 선교부의 원칙을 정했다. 우리 교회가 샘플이 되어서 교회 멤버들과 가까워지지기 위해 3년 안에 자립한다는 원칙을 세웠다. 많은 교회들이 자립을 두려워했지만 이는 그레이스 선교부의 기본 원칙으로 자리 잡고 강화되었다.

Q. 현재 교회 성도들의 구성은?

A. 지금은 주일학교에 70명, 장년 그룹이 200여명(주로 20,30대가 150명 정도)이

치앙라이 그레이스 교회 주일예배

며, 보통은 15-16년 정도 치앙라이에 거주한 사람들이다. 이들은 주로 호텔이나 상점, 음식점, 가정부, 건축 노동에 종사한다. 대부분은 카렌주와 양곤시에서 온 사람들이다. 종족 구성은 카렌[Karen, 또는 꺼인(Kayin)], 버마(Burmese), 샨(Shan), 친(Chin), 아카, 라후(Lahu, 拉祜), 카야(Kaya), 카친(Kachin), 라카인[Rakhine, 또는 아라칸(Arakan)], 와(Wa, 佤) 등 다양하다. 현재 성도 200명 중 6명의 불교신자가 매주 예배 참석 중이다. 주일학교에는 5개 그룹으로 나누어 예배를 드리고, 평일에도 여러 셀그룹이 진행된다. 다음세대를

위한 태국어 수업도 진행 중이다. 아이들이 태국 학교를 다니는데 부모들이 태국어를 잘 몰라서 언어를 잘 못한다. 다행히도 난 따칠레익(미얀마 국경도시)에 살았기 때문에 태국어를 할 수 있어서 직접 가르칠 수 있을 정도다.

매 주일에는 오전 10시 30분에 아침예배, 오후 8시에 저녁예배로 2번씩 예배를 드린다. 현재 주일 낮 예배에 참석하는 성도 10~15명은 밤새도록 일하고 참석하는 사람들이다. 예배가 끝난 후에 집에 가서 잠을 자고 휴식을 취한다. 그 만큼 주일예배를 중요시한다. 또한 매 주일 2가정이 자원

주일예배 후 식사교제

해서 점심식사 섬김을 하고 있다. 이에 필요한 재정은 교회 헌금이 아니라 성도들의 자발적 참여로 이루어지고 있다. 처음부터 이런 모습은 아니었지만 그들이 복음으로 변화된 후 교회 섬김을 도맡기 시작했다. 섬김에 행복해하는 모습에 감사할 따름이다. 이들은 그리스도의 증인된 삶을 살면서 그리스도인임을 증명했다. 주변에 불교도인 친구들이 이런 질문을 한다. "왜 주일에 예배를 드리나? 주일에 쉬면 돈을 벌지 못하는데 왜 그렇게 해야 하는가?" 그러나 성도들이 변화된 모습으로 그 질문에 대한 답변을 증명해 냈다. 이들은 지금 안정된 직업, 교육, 집과 차량도 가지고 있다. 주변 친구들이 놀라 혹시 교회가 도와주는지 아니면 한국의 누군가가 도와주는 거라 생각할 정도였다. 왜냐면 불교도 태국 이주 미얀마인들은 여전히 술에 취해 있고 차도 없이 자전거를 끌고 다닌다. 15년 전 태국에 왔을 때와 달라진 것이 없다.

Q. 구체적으로 어떤 삶의 변화가 있었나?

A. 5,60명 정도가 주일에 모였는데 태국인 사장이 낮 시간에 예배드리러 가는 것을 허락하지 않았기 때문에 2-3년 동안은 주일

주일학교 어린이들

저녁예배만 가능했다. 낮 예배에는 10-15명 정도만 예배에 참석했다. 그래서 그들이 주일 낮 예배에 참석할 수 있게 해달라고 기도했다. 이것은 매우 어려운 일이었다. 먼저는 사장의 허락이 필요하고, 만약 그들이 일요일 예배에 참석하게 되면 일요일과 월요일 이틀 치의 급료를 받지 못하기 때문에 그들에게는 큰 도전이었다. 어느 순간 그들이 교회에 나와 성경 읽고 예배하기를 즐겨했다. 그러던 중 자신의 재정을 포기하기로 결단하며 주일 예배를 참석하기로 했다. 주일 예배를 참석하되 이틀 치의 급료를 포기하기로 결단한 것이다. 그 후로 2개월 만에 사장도 변화되어 주일날 예배에 참석할 수 있도록 허락을 해주었다. 이유인즉, 이전에는 술에 취해 도둑질하고, 싸우는 등 제대로 된 직업을 가지지 못했던 이들이 교회에 와서 예배를 드리고 예수님을 알게 되면서 삶이 변화된 것을 직접 눈으로 보았기 때문이다. 그들이 큰 충격을 받았고 어떤 이유로 이들이 이렇게 변화 되었는가 궁금해 했다. 그만큼 성도들의 삶이 변화되고, 직장에서도 성실함을 인정받게 된 것이다. 어떤 사장은 우리 교회에 찾아와 우리 교회에 출석하는 직원들에게 예배를 드리게 해 주는 대신, 다른 직장을 얻지 말고 계속 일해주기를 부탁까지 하고 갔다.

Q. 앞으로의 비전?

A. 미얀마 본토에 교회를 개척하는 것이다. 올해 처음으로 미얀마 양곤(Yangon)에 교회를 개척했다. 더 많은 교회를 미얀마 본토에 세우기를 원한다. 그리고 많은 목사를 지원하고 싶다. 어떤 이들은 미얀마에서 사례비도 없이 어렵게 사역한다. 지금은 따칠레익에 있는 한 목사를 후원하지만 적은 비용이라도 더 많은 사역자를 지원하려고 한다.

마지막으로 다음세대를 위한 선교센터를 세우는 것이다. 특히 2년에 1번씩 태국의 치앙마이, 매사이(Mae Sai), 미얀마의 짜이통[Kyingtong, 또는 껭퉁(Kengtung)], 따칠레익, 따웅우(Taungoo) 지역에서 온 300명의 청소년이 모여 캠프를 한다. 교회 장소와 섬김 모두 성도들의 몫이다. 그리고 성도들이 그것을 즐겨한다. 앞으로 이렇게 쓰임 받을 수 있도록 미션센터를 세우고 싶다. 미얀마 본토에서는 어렵지만 여기서는 어려운 일이 아니기 때문이다.

Q. 기도제목이 있다면?

A. 먼저는 다음 세대를 위해 기도해 달라. 지금의 부모세대는 예수님을 알고 신앙도 가졌는데, 다음 세대는 그 이상의 것을 할 수 있기를 원한다. 이곳에서의 삶의 질은 좋아질지 몰라도 그만큼 도전이 많이 생길 것이다. 지금의 신앙이 다음세대로 잘 흘러가길 바란다. 매주 이것을 위해 성도들과 함께 기도하고 있다. 다음으로 교회의 영적 성장을 위해 기도해 달라. 규모의 성장이 아닌 내면의 성숙한 믿음을 가진 교회로 성장하길 원한다. 이것이 중요하다. 개인적으로는 둘째 아이가 아토피가 심해서 2개월에 한 번씩 치앙마이 병원에 가서 치료를 받는다. 잘 치료될 수 있도록 기도를 부탁한다.

마지막으로 그레이스 선교부에게 감사를 전하고 싶다. 하나님께서 선교부를 통해 치앙라이 그레이스 교회를 세우시고 성장하도록 일하셨다. 그리고 이를 뒷받침 해준 한국의 교회에도 감사를 전한다.

주일예배 중에도 삶의 변화가 얼마나 중요한지를 강조하며 열정적으로 말씀을 전하는 한 미얀마의 목회자와 이를 집중해서 듣고 적용해 보려는 성도들을 보면서 치앙마이의 미얀마인들뿐만 아니라 미얀마 본토의 모든 종족들이 어두움에서 주님의 빛 가운데로 나아오는 꿈을 꾸어본다.

Ⅲ. 태국 동북부와 라오스, 캄보디아

라오스·캄보디아 종족 프로파일

정리 | 황 혜진

· 라오스

인구(명)	주요 종교	복음주의(%)	미전도 종족 전체 종족	주요 미전도종족
7,236,000	소승불교(59.9%)	2.52%	106 / 127	몽족, 카탕족, 라오족, 라오 푸안족, 푸 타이족, 소족

종족	태국내 인구(명)	언어	종교	복음주의 (%)	주요 거주지
라오족	3,398,000	라오어	불교	2.00	저지대(메콩강 주변 도시)
푸 타이족	223,000	푸 타이어	불교	0.40	
라오 푸안족	147,000	푸란어	불교	0.80	중북부
타이족	143,000	타이어	불교	0.30	중부(비엔티안 중심)
타이 루족	129,000	루어	불교	0.10	북서부(퐁살리, 루앙남사 등)
베트남인	122,000	베트남어	불교	1.80	전역(비엔티안, 싸완나켓, 빡세 등)
아카족	116,000	아카어	민속 종교	2.00	북부(퐁살리 중심)
타이 카오족	103,000	타이 돈어	민속 종교	0.00	북동부(좁은 상류 계곡)
소족	86,000	소어	불교	1.00	중남부(캄무안, 싸완나켓 중심)
북부 카탕족	68,000	북부 카탕어	민속 종교	0.08	남부(싸완나켓, 살라반 동부)
라벤족	58,000	라벤어	민속 종교	0.00	남서부(참파삭 볼라벤 고원)
쿠이족	48,000	쿠이어	불교	0.90	남부(싸완나켓, 살라반, 참빠삭)
상부 타오이족	48,000	상부 타오이어	민속 종교	1.80	남부(살라반 동부)
남부 카탕족	42,000	남부 카탕어	민속 종교	0.08	남부(살라반)
푸노이족	4,000	푸노이어	민속 종교	0.00	북부(퐁살리)
탈리엥족	37,000	탈리엥어	민속 종교	0.12	중남부(싸완나켓 세폰)
타이 퐁족	36,000	헝어	민속 종교	0.00	동부(후아판)
말족	36,000	말어	민속 종교	1.80	서부(메콩강 서쪽)
퐁족	31,000	퐁 캉어	민속 종교	0.00	북부(후아판)

파이족	29,000	파이어	민속 종교	0.90	북부(퐁살리, 분타이, 분누아 등)
서부 카투족	29,000	서부 카투어	민속 종교	0.80	남부(살라반, 참빠삭 등)
타이 담족	27,000	타이 담어	민속 종교	0.18	중남부(캄무안 좁은 상류 계곡)
알락족	26,000	알락어	민속 종교	0.02	남부(싸완나켓 세폰, 살라반 등)
오이족	24,000	오이어	불교	0.80	남부(볼라벤 고원)
파코족	23,000	파코어	민속 종교	0.00	남부(싸완나켓 남부, 살라반 북부)
라메트족	23,000	라메트어	민속 종교	0.80	북서부(산지 곳곳)
하부 타오이족	22,000	하부 타오이어	민속 종교	0.10	남부(사라반 북서쪽)
동부 브루족	22,000	동부 브루어	민속 종교	1.50	중남부(캄무안, 싸완나켓 중심, 베트남 국경쪽)
Nguan	20,000	크무어	민속 종교	0.85	북부(루앙남타, 보케오 등)
냐우족	18,000	냐우어	불교	0.4	중부

· 캄보디아

인구(명)	주요 종교	복음주의(%)	미전도 종족 전체 종족	주요 미전도종족
16,662,000	소승불교(82.2%)	2.05%	19 / 44	참족, 캄푸차 크롬족, 쿠어족(수에이), 탐푸안

종족	태국내 인구(명)	언어	종교	복음주의 (%)	주요 거주지
크메르족	14,045,000	크메르어	불교	1.90	전역
베트남인	815,000	베트남어	불교	0.17	남동부(프놈펜, 베트남 국경 근처)
캄푸차 크롬족	280,000	크메르어	불교	0.60	남부(베트남 국경 지방)
참족	2,520,000	참어	이슬람	0.01	남부(프놈펜, 캄퐁참 메콩강 인근)
떼오초우 한족	183,000	민난어	민속 종교	0.40	남부(프놈펜, 주요 도시)
민난 한족	145,000	민난어	민속 종교	0.55	남부(프놈펜, 주요 도시)
쿠이족	35,000	쿠이어	불교	0.53	북부(프레아 비헤아르)
라오족	23,000	러오어	불교	0.30	북부(저지대)
광동 한족	23,000	Chinese, Yue	민속 종교	0.40	동부(캄퐁참)
말레이족	17,000	말레이어	이슬람	0.00	
북부 크메르	5,200	북부 크메르어	불교	1.00	북부
버마족	5,200	버마어	불교	0.07	북서부(반테아이메안체이, 시소폰 등)
kraol	5,000	kraol	민속 종교	0.50	동부(크라체, 몬돌키리)

태국 이산 선교의 기초를 닦은 C&MA

글 | 강 호세아(SIReNer)

콘깬 교회: C&MA가 태국 이산지역에 1932년에 개척한 최초의 교회

지난 태국 동북부 이산 지역 리서치에서 가는 도시마다 선교사들이나 현지 지도자들의 입을 통해 빠지지 않고 들었던 것이 'C&MA'라는 이름이었다. 우리가 들은 C&MA에 대한 언급들은 대체로 "파송 받고 이산에 나와 보니 C&MA 교회가 있었다.", "이 지역의 선교는 C&MA 선교사들이 처음 시작했다.", "과거에 이산 지역에서 C&MA의 교세가 상당했다." 등이었다. 심지어 우리가 인터뷰 했던 콘깬(Khon Kaen)의 한 선교사는 태국으로 선교사 파송을 받을 때부터 현지 C&MA와 정식 선교협약을 맺고 사역을 시작했다고 한다.

이런 이야기들이 반복되면서 우리 안에 '도대체 C&MA가 무엇인가?'라는 공통적인 관심이 일어났다. 선교적 기회와 도전에 직면한 태국 이산 지역으로 한국 교회와 선교사들을 동원해야 하는 이 시점에 이산 선교의 기초를 닦은 C&MA에 대한 이해는 시의적절할 것이다.

C&MA(기독교선교연맹)은 미국에 본부를 둔 복음주의 교단이며, 그 명칭은 'Christian & Missionary Alliance'의 이니셜이다. 19세기 후반 미국 교회는 당시 자유주의 신학과 사회구원을 강조하는 운동이 일어나면서 지나친 교리 논쟁으로 복음이 변질되고 복음전도와 선교는 오히려 약화되는 시대적 도전에 직면하게 된다. 이에

캐나다 출신 장로교 목사 A. B. 심슨(Albert B. Simpson, 1843-1919)[1]을 중심으로 한 목사들과 선교사들은 침체된 교회의 한계를 깨기 위해 성결한 삶과 복음주의 전도와 선교를 강조하면서 1884년 C&MA를 설립, 운동을 전개하게 되었고, 참여하는 교회의 수가 늘어나면서 1887년 하나의 교단으로 세워지게 되었다.

이 과정에서 심슨은 장로교의 정통 신학 교리에 '성결, 말씀과 성령역사의 조화를 이룬 체험적 신앙'을 강조하며, '그리스도 중심의 사중복음(중생, 성결, 신유, 재림)'을 제시하였다. 이후 20세기 중반 유명한 설교가 A. W. 토저 목사와 L. L. 킹 목사 등의 왕성한 활동으로 기독교계에 큰 영향력을 끼치며, 오늘날까지 'The Alliance(www.cmaliance.org)'라는 이름으로 국제적인 선교 활동을 이어가고 있다.

C&MA는 그 명칭에서 알 수 있듯이 후방 성도(Christian)들과 전방 선교사(Missionary)들이 연합하여 효과적으로 세계선교를 이루자는 취지로 시작된 선교 운동이었기 때문에 선교 교단으로서의 정체

---

(1) 심슨은 1843년 캐나다의 장로교 가정에서 태어나 1866년 캐나다의 낙스(knox) 대학을 졸업하고 23세의 나이에 캐나다 '낙스 장로교회'의 담임목사로 부임하여 탁월한 설교로 교회를 크게 부흥시켰다. 그리고 8년 후 미국 켄터키 루이빌의 '체스트너트(Chestnut) 장로교회'와 뉴욕의 '13번가 교회(Thirteenth Street Church)'의 담임목사를 지냈다. 찬송 작시자이기도 한 심슨 목사는 우리 찬송가에 수록된 〈어제께나 오늘이나〉, 〈내 주 하나님 넓고 큰 은혜는〉, 〈주와 같이 길 가는 것〉, 〈은혜 구한 내게 은혜의 주님〉, 〈내 병든 손 내밀라고〉 등 5곡의 찬송을 작시했다.

앨버트 벤자민 심슨 목사

C&MA는 2017년 기준 130여 년간 51개국에 1,234명의 선교사를 파송하여, 교단 교회들에 속한 성도 250명당 1명꼴로 높은 선교사 파송 비율을 보이고 있다. C&MA 선교사역의 특징을 살펴보면 다음과 같다.

1. 선교사 파송과 관리의 일원화로 투명하고 효율적인 선교사 후원

2. 대도시와 같은 중요 지역에선교 역량을 집중하는 전략적 선교
   : 자체 교회를 지속, 재생산할 수 있는 교회 개척 방식 추구

3. 선교하는 자생적 토착교회 설립 목표로 선교 파송
   : 초기부터 현지 지도자 양성전략

4. 선교의 우선순위가 아시아, 아프리카 등 제 3세계 지역 선교

성을 분명히 하였다. 특히 동양 선교에 비전을 품고 집중하였는데, 그 결과로 심슨 목사의 설교를 듣고 헌신한 감리교 출신의 카우만 부부가 C&MA 파송으로 일본 선교를 시작하면서 1901년 일본에 동양선교회(OMS; Oriental Missionary Society)가 세워지게 된다. 여기서 특이할 만한 것은 이 동양선교회에서 세운 신학교를 졸업한 당시 조선인 신학생들(정빈, 김상준)이 귀국해서 1907년에 세운 교단이 성결교로서 C&MA와 한국 예수교대한성결교단은 깊은 연관을 가지고 있다.[2]

이러한 C&MA가 처음으로 태국 이산 선교를 시작한 것은1929년 아짠 폴 깐터 선교사가 우본 라차타니(Ubon Ratchathani, 이하 우본)로 파송받으면서부터였다. 그리고 이듬해 1930년 피터 화이트 선교사를 파송해 콘깬에서도 선교사역을 시작하였다. 선교사역을 시작한지 2년 만인 1931년 우본 전도처에서 첫 세례자를 배출했고, 1932년에는 콘깬 교회가 개척되었다.

---

[2] 일본 동양선교회를 설립한 카우만이 C&MA 파송 선교사였지만, 감리교 출신이기도 했기 때문에 그 영향을 받은 한국의 성결교는 감리교 알미니안적 신학색채가 더 강하다. 한 때 장로교 칼빈주의 신학의 일부를 받아들여 분파했던 예성(혁신)이 신학적으로 C&MA와 더 가까웠으나, 현재는 다시 합쳐서 예수교대한성결교단은 신학적으로는 C&MA와 유사하지만 성령론 등에서 일치한다고 보기는 어렵다.

콘깬 신학교

이후 1936년에 코랏(Khorat)에 태국 동북부신학교(NBS; Northeastern Bible Seminary, 현재 콘깬 소재)의 모체가 되는 태국 이산 최초의 신학교를 시작하였다. 이후 C&MA는 코랏, 우본에서부터 콘깬, 우돈타니(Udon Thani)에 이르기까지 이산 주요 지역에서 활발한 선교사역을 진행해서 교세를 확장해 갔다. 1948년에는 마하사라캄(Maha Sarakham)에서 태국 C&MA 첫 총회(각 교회 대표 150여명, C&MA선교사 10명 참석)가 열렸고, 그로부터 17년 후인 1965년에 태국 정부로부터 정식 종교법인 승인을 받아 태국복음주의 총회(GCT; Gospel Church of Thailand)로 교단 명칭을 확정하였다.

이와 같은 C&MA의 태국 선교 초기의 역사를 통해서도 이들의 선교사역의 목표가 무엇인지 선명하게 알 수 있다. 즉 선교사를 파송하고 즉시 복음전도를 시작하여 2~3년 안에 교회를 개척하고, 그로부터 4년 후에 신학교를 설립해서, 첫 선교사역을 시작한 지 불과 19년 만에 개척된 현지 총회를 열 정도로 그들은 '토착적이고 재생산 가능한 현지 교회'를 세우는 것이 그들의 선교 목표였음을 알 수 있는 것이다. 비록 1969년 교단 내부적 갈등으로 인해 많은 교회들이 교단을 이탈하는 사태[3]가 있어 교세가 약화되기도 했지만, 태국 이산 지역의 초기 선교역사에 있어서 C&MA와 그들이 개척한 교회들이 수고한 흔적들은 지금도 그 현장에 생생히 남아 후대 선교사들에게 도전과 자산이 되어 주고 있었다. 특히 본 선교회 리서치 팀이 이산 지역을 방문했을 때는 한국 예수교대한성결교단 파송(2001년)의 송형관, 배명실 선교사 부부가 태국복음주의총회 교단과 정식 선교협약을 맺고 C&MA의 선교적 유산인 콘깬의 총회본부와 동북부신학교, 안디옥제자훈련센터(Antioch Training Center) 등에서 활발하게 사역하고 있었다.

일종의 교회갱신 운동으로 시작했던 C&MA는 목표가 분명했다. 교단이 되었지만 선교하는 교회로서의 본질과 정체성이 선명했다. 우리는 그 흔적을 어쩌면 이제 우리가 이어받아야 할 선교적 바통(Baton)인 태국 이산에서 발견하게 된다. 태국 동북부 지역에 아직도 복음화율이 0.2%가 채 안 되는 무려 2,300만에 달하는 거대한 미전도종족 이산 족이 존재하고 있다. 그들에게는 이미 교회가 있지만, 태국의 강력한 불교 토양 속에서 여전히 선교사들의 도움을 필요로 하고 있고, 누군가는 하나님의 부르심에 순종하여 그 땅과 사람

들을 복음과 사랑으로 섬겨야 한다.

C&MA 설립자인 심슨 목사가 교단 신문인 'Alliance Weekly'에 1899년 11월 11일에 기고한 글에서 C&MA가 추구하는 정신과 그들의 사명이 무엇인지 잘 알 수 있다.

우리를 부르신 하나님의 특별한 소명을 잊지 마십시다. 우리가 모인 것은 새 교단을 설립하기 위한 것도 아니고 남들이 해온 사역을 답습하려는 것도 아닙니다. 새로운 신학입장을 내세우거나 특정인이나 인물들을 찬양하려는 것은 더더욱 아닙니다.

우리의 소명은,

첫째, 어제나 오늘이나 영원토록 동일하게 충만한 그리스도를 높이고,

둘째, 말씀에 굶주린 성도들로 하여금 영혼육 모든 축복과 특권을 누릴 영적 유산이 그들에게 속했음을 깨닫게 하고,

셋째, 그리스도께서 왕으로 재림하실 날이 임박했음을 알리고,

넷째, 하나님의 백성으로 하여금 그동안 게을리 했던 국내 불신자 전도와 해외 미전도종족 전도사역에 진력할 수 있도록 권면하고 자극하는 것입니다. 이 소명에 신실하기만 한다면 하나님

께서 우리를 축복하실 것입니다.

"그동안 게을리 했던 국내 불신자 전도와 해외 미전도종족 전도사역에 진력할 수 있도록 권면하고 자극하는 것… 이 소명에 신실하기만 한다면 하나님께서 우리를 축복하실 것입니다." 이 말이 오늘날 한 때 왕성했던 조국 교회가 서서히 쇠락해 가는 모습을 목도해야 하는 현 시점에서 사명을 맡은 우리에게 주는 도전이 아닐까 생각해 본다. 우리 한국교회도 현실에 안주하거나 낙심하지 않고, C&MA 선교사들의 수고와 헌신이 서린 그 땅 태국 이산에서 더욱 복음전도와 미전도종족 선교에 진력하여 하

나님이 주시는 회복의 축복을 누리게 되길 소망한다.

라오스 선교역사, 그 끝을 볼 수 있을까?

글 | 강 호세아(SIReNer)

비엔티안 나캄 교회

맥길버리 선교사 부부, 출처: 동남아선교뉴스레터

라오스 선교는 태국 북부 지역에서 사역하던 미국 장로교 선교사 다니엘 맥길버리(Daniel McGilvary, 1828~1911)의 라오스 북부 선교 여행을 통해 처음 시작되었다. 이후 라오스 북부 지역은 미국 'C&MA(The Christian and Missionary Alliance)'를 중심으로, 남부 지역은 '스위스 형제단(Swiss Brethren)'을 중심으로 선교가 이루어졌다. 선교사들의 열심과 헌신을 통해 많은 열매를 맺던 라오스 선교는 '2차 세계대전'과 1975년 '라오스 공산화'라는 두 번의 큰 고비를 맞으며 위기 속에서도 오늘날까지 계속 되어왔다.

1. 선교 초기

1) 라오스 선교의 시작 : 맥길버리(라오스 선교단), 싸이나부리

맥길버리의 라오스 선교의 시작 시기에 관해서는 두 가지 설이 있다. 그가 처음 라오스 북부로 선교여행을 떠났던 1872년으로 보는 설(아짠 난티야 펜껠)과 태국 북부의 종교 자유 선포 후 본격적으로 라오스 선교사역을 시작한 1880년으로 보는 설(싸앗 차이완 박사)이 그것이다. 그러나 어느 쪽이든 그것이 라오스 선교의 첫 시작에 그가 있었던 것만은 확실하다.

치앙라이(Chiang Rai) 근처의 무쏘족 가정, 출처: 동남아선교뉴스레터

태국 쭐라롱꼰(Chulalongkorn) 왕 (1868~1910, 라마 5세)의 태국 북부 지역에 대한 종교의 자유 선포는 치앙마이 (Chiang Mai) 중심의 태국 북부 뿐 아니라 오늘날 라오스 북부 지역도 태국의 지배 아래 있었던 당시 상황에서 그 지역 선교에 큰 전환점이 되었고, 맥길버리 선교팀이 태국 북부 전역과 중국 일부를 포함한 라오스까지 선교할 수 있는 중요한 계기가 되었다. 맥길버리는 수차례 라오스 북부의 선교 여행을 통해 무쏘 족 노인에게 복음을 전하고, 므앙차이의 사찰 관리인이었던 센쑤리야 가족을 만나 예수를 영접시켰다. 그리고

그의 도움으로 라오룸(Lao Lum) 족 일부와 주로 카무[Khamu, 또는 크무(Khmu)] 족 사람들에게 복음을 전했다. 맥길버리가 라오스에 처음 복음을 전하고 선교의 문을 열었지만, 그는 주로 치앙마이에 근거를 두고 사역하였기 때문에 라오스에 상주하여 사역하지는 않았다.

이후에 라오스 선교에 기초를 놓은 휴 테일러(Hugh Taylor) 선교사 역시 라오스에 상주한 선교사는 아니었다. 그러나 그는 주로 몽(Hmong) 족과 카무 족 중심으로 전도하면서 1900년에 몽 족 290명이 예수를 영접하는 열매를 거두었다. 또한 적은

수이기는 하지만 라오(Lao) 족 개종자들도 얻었고, 그들을 태국 북부에 있는 신학교로 보내어 훈련받게 하기도 하였다. 지역적으로는 우돔싸이(Oudomxay)와 싸이나부리(Xayaboury) 등을 중심으로 사역했으며, 특히 싸이나부리는 크게 부흥하여 북부를 중심으로 한 초기 라오스 선교의 중심이 되었다. 한편 1925년 태국 난에서 장사하던 쯔아(쌘짠랑)와 툰(후아이싸우 지역 거주 카무 족)이라는 사람들이 그곳에서 전도사를 만나 예수를 영접하고, 신앙 교리를 배우게 되었다. 그 후 그들이 라오스로 돌아와 고향에서 복음을 전하여 마을 사람 전부가 예수를 믿게 되었다. 이것이 시작이 되어 1926년에 싸이나부리 최초의 복음교회인 '후아이싸우 교회'가 세워지게 되었다. 이들은 처음 복음을 들었던 태국의 난 교회에 성경교사를 요청해 난 교회는 '아짠 분타'를 파송하여 싸이나부리에 상주하며 성경을 가르치도록 하였다. 그래서 그의 가르침을 받은 라오스인들 가운데 1935년 ~ 1945년에 걸쳐 6명[1]이 태국 난으로 유학을 가서 심화 성경교육을 받고 돌아와 사역하기도 했다.

2) 남부 지역 선교 : 스위스 형제단 중심, 싸완나켓

라오스 남부 지역에 상주한 최초의 선

교사는 스위스인 가브리엘 콘테스(Gabriel Contesse, 1876~1906년)이었다. 그는 24세이던 1900년 하나님의 부르심을 받고, 1901년 파리 국제학교에서 언어와 문화 훈련을 받은 후, 1902년 스위스 형제단의 파송을 받고 아내와 남동생과 함께 베트남을 통해 라오스 싸완나켓(Savannakhet) 주, 쏭콘(Song Khone)으로 들어가게 된다. 1905년 부활주일 60세 라오스인이 첫 세례를 받고, 이후 50여 명이 세례를 받기도 하였으나, 1906년에 유행한 전염병에 콘테스 선교사 부부는 7개월 된 아이를 남기고 소천하고 만다.

이처럼 전염병은 물론 당시 통치자들과 토착 민속종교의 극심한 반대, 접근이 어려운 열악한 환경 때문에 초기 라오스 선교는 많은 어려움을 겪을 수밖에 없었다. 그러나 1908년에는 7명의 선교사들이 들어와 사역을 지속하게 되었다. 그들과 적은 무리의 라오스인 성도들은 흔들림 없이 신앙을 지키고 성경을 읽고 전도해 점차 복음이 심기우고 열매를 맺어 갔다.

쏭콘에서 시작된 선교는 싸완나켓 주를 중심으로 부흥하여 1936년에는 10개 교회로 늘어났고, 그 해 열린 싸완나켓 대회에서는 200여명이 참석하여 8일간 부흥회와 성경공부를 지속하며 이후 교회개척 사역의 지경이 싸완나켓 외부 지역으로 더욱

---

[1] 무 두앙 마라, 망 프롬리차이, 텅캄 마니완, 쑤판, 싼, 싸러 부인 등 6명

확장되어갔다. 선교사들은 개척해서 예배당을 건축한 교회를 라오스인 목회자들을 세워 이양하는 방식으로 사역해갔다.

3) 북부 지역 선교 : C&MA 중심, 씨앙쿠앙으로 확장

1920년에는 남부에서 사역하던 '오데따(Odetta, 오데따 역 성경번역) 선교사'가 북부 쪽으로 선교 여행 중 맥길버리 선교사에 이어 라오스 북부를 비거주로 사역하던 휴 테일러 선교사를 만나 그와 선교 사역을 동역하게 된다. 그러나 남부에도 사역자가 부족하여 그들은 베트남과 캄보디아의 C&MA에 지원을 요청하게 되고, 1929년 당시 C&MA의 대표였던 탄 제피는 미국인 선교사 로프(G. Edward Roffe) 선교사를 라오스 북부 최초의 상주 선교사로 파송하였다. 그는 1929년부터 1951년까지 비엔티안(Vientiane, 위앙짠) 등 북부 여러 도시에 거주하며 선교하였다. 1930년에는 남부의 스위스 형제단과 협력하여 루앙프라방(Luang Prabang)에서 사역하였고, 1931년에는 라오스 왕에게 복음 전파를 허락해 달라는 공식적인 요청을 하기도 하였다.

비엔티안 중심으로 선교하던 C&MA는 1930년 경 동북부 씨앙쿠앙(Xiengkhuang) 지역으로 사역을 확장하게 되었는데, 이때 라오스 남부 스위스 형제단에 현지인 사역자 지원을 요청하였고, 이에 스위스 형제단은 '아짠 쌀리 쿤타빠야'와 왕족이었던 '씨타'를 파송하여 함께 동역하게 하였다. 그 지역은 밀림으로 인해 도로 사정이 매우 좋지 않고, 마을간 거리가 너무 멀어서 많은 어려움을 겪었다. 하지만 선교사들을 비롯한 함께 한 사역자들의 열정과 헌신으로 씨앙쿠앙 지역까지 복음 사역이 확장되었다.

그러던 1939년, 라오스를 점령한 일본과 프랑스 간 전쟁으로 모든 사역이 중단된다. 그러나 1942년 ~ 1943년 트레드와 룻 앙드리아노프(비엔티안에서 라오스어 배움) 두 선교사들이 루앙프라방에서 성경공부 중이던 라오스인 캥의 도움을 받아 씨앙쿠앙 지역으로 선교여행을 하게 되면서 이 지역 복음의 역사가 다시 일어나게 되었다. 그들을 통한 복음의 문은 의외의 방법으로 열려지게 되었는데, 그들이 씨앙쿠앙의 어느 지역으로 들어갔을 때 묵을 숙소를 찾을 수가 없었다. 그러던 중 그 지역의 영향력 있는 '무아이아'라는 무당이 일종의 시험으로 자신도 제압하지 못한 강력한 귀신이 나오는 한 집을 내어 주었던 것이다. 그런데 선교사 일행이 아무 이상 없이 지낸 것이다. 이를 보고 놀란 무아이아가 먼저 복음을 듣고, 예수를 영접하게 되고 이후 씨앙쿠앙에서의 복음은 빠르게 확산된다.

이후 두 선교사만으로는 사역이 버거

울 정도가 되자, 루앙프라방의 로프 선교
사에게 도울 사역자들을 요청하였고, 이미
씨앙쿠앙 선교를 위해 남부에서 파송받아
10여년 사역해 온 아짠 쌀리 쿤타빠야(당
시 루앙파방 신학교 교장)를 그 지역에 상
주하여 사역하도록 하였다. 그의 주된 사역
은 씨앙쿠앙에 신학교를 설립하여 사역자
를 양성하는 것이었는데, 특이할 만 한 것
은 씨앙쿠앙 선교확산의 시작이 되었던 무
당 무아이아의 아들 두빠우도 그 신학교에
입학하여 훗날 사역자가 되었다는 것이다.

2. 2차 세계대전 전후

싸이나부리, 싸완나켓, 비엔티안을 중
심으로 시작되었던 라오스 선교는 맥길버
리 선교사 이래 수많은 선교사들의 헌신
적인 사역을 통해 루앙프라방, 우돔싸이
(Oudomxay), 씨앙쿠앙 등 전국적으로 확
대되어 자유로운 복음 전도와 심방 사역이
활발하게 이루어지게 되었다.

그러던 중 1940년대에 들어오면서 2
차 세계대전의 발발로 인해 라오스 선교와
교회 사역은 위기를 맞게 된다. 1940년 일
본 군대가 점령지 군대를 동원하여 라오스
북부 싸이나부리를 침략해오면서 모든 선
교사역은 중단되고, 우상숭배를 강요당하
고 교회 지도자들이 박해를 당하게 된다.
이에 신자들은 흩어져 도망가게 되고, 사역

중이던 선교사 2가정이 필리핀으로 피하게
된다. 1942년에는 다른 선교사 그룹이 집
에서 체포당하고, 그 중 사이공(Saigon, 現
호찌민)으로 피신했던 탄 프랭 커프 선교사
는   얼마 후 사망하게 된다. 이러한 고난
의 시기를 보내면서도 라오스 교회와 성도
들은 흩어져서도 예배와 신앙을 포기하지
않고, 전쟁 후 다시 돌아와 교회를 재건하
게 된다.

1947년 전후 선교사들이 복귀하여 파
괴된 교회들을 라오스 사역자들과 함께 복
구하는 한편, 선교사들은 비엔티안과 루앙
프라방 등에서 부흥 집회를 열고, 성경을
가르치며 신앙의 회복을 도모한다. 특히 치
앙마이(Chiang Mai)에서 온 선교사 아짠
싸마리의 사역으로 라오스 교회가 다시 힘
을 얻게 되었고, 1950년에 남부 스위스 형
제단에서도 아짠 쁘라타나 씻티뎃을 북부
로 파송하여 전후 회복을 위해 동역하기도
하였다.

이후 1975년 라오스가 공산화되기 전
까지 라오스 교회는 계속해서 성장하며 확
장되어갔고, 특히 1969년을 전후로 선교사
들의 헌신적인 노력으로 라오스 교회 최대
부흥기라고 할 정도로 전쟁 후 다시 한 번
큰 사역의 열매를 맺는 시기를 경험하게 되
었다.

3. 1975년 공산화 이후

2차 세계대전 후 다시 프랑스 지배 하에 들어갔던 라오스는 1946년 독립하게 되지만, 1950년부터 베트남 공산당과 연대한 '빠텟 라오(Pathet Lao, 라오 공산당)'와 라오스 정부군 간의 내전이 시작된다. 이 내전은 결국 빠텟 라오가 승리하는 1975년까지 무려 25년간 계속 되었고, 이후 라오스는 공식적으로 공산화되었다.

공산화 이후 라오스 교회는 상당한 박해를 당하게 된다. 많은 교회들이 해체, 폐쇄되고 사실상 사역과 예배가 중단되기도 하였다. 폐쇄된 예배당은 공산정부의 지역 행정사무소로 강제 수용되었다. 또한 각 지역의 마을 이장 역할을 하는 공산정부 담당자를 중심으로 남은 교회와 성도들에 대한 박해가 자행되었다. 특히 1989년 1월, 공산화 이후에도 흔들림 없이 굳건했던 싸이나부리의 반 후아이 싸우 교회와 반 후 아이 룬 교회가 4개월 간 예배가 금지되고, 지역 행정 사무소로 강제 수용되었다. 이에 맞선 교회 지도자들의 각고의 노력 끝에 1989년 4월, 비엔티안에서 열린 기독교 관련 정부 회의를 통해 '라오스 복음교회 교단 및 복음교회 설립'을 허가받게 된다. 이에 교단(LEC; Laos Evangelical Churches)이 설립되고, 지도자들을 세우게 되나 내부적인 리더십의 갈등을 겪기도 한다.(일반 교사출신인 아짠 텅라가 회장이 되자 그의 리더십에 반발) 그러던 중 1994년 다시 공산 정부의 교회에 대한 박해가 시작되어 신앙 포기를 강요 당하고, 교회 십자가가 제거되었으며, 반 후아이 룬 교회는 파괴되고, 학교 등의 교회 재산이 몰수되기도 하였다. 이에 아짠 텅라와 아짠 짜런 등의 교단 지도자들은 신앙의 자유를 호소하는 탄원서를 제출하여 결국 다시 라오스 정부에 의해 제한된 교회사역과와 신앙의 자유를 회복하게 되었다.

4. 한국인 선교 현황

1975년 공산화된 라오스는 헌법상으로는 종교의 자유가 있지만, 사실상의 전도 행위는 금지되어 있다. 라오스 전국에 정부 공인교회와 가정교회까지 약 900여 교회와 약 13만 여명의 성도가 있다. 특히 수도 비엔티안에만 35개 교회가 있고, 수도권이라 할 수 있는 비엔티안 주에 약 100여개의 교회가 있다.

라오스 선교의 선구자들이었던 서구권 선교사들은 공산화 이후 상당수 철수한 상태이고, 한국인 선교사로서는 1994년 김재양 선교사가 최초의 라오스 선교사로 파송받아 사역했다. 이후 현재 약 100여 가정의 선교사들이 라오스에서 사역하고 있다. 2000년대 초까지 선교사가 12가정에 불과

했지만, 2009년 이후 한 해 10가정씩 늘어나서 오늘날에 이르고 있어서 2009년을 기점으로 전후 세대 선교사로 나뉜다고 한다. 한국인 선교사들은 라오스 전체 18개 주 가운데 12개 주에 들어가 사역 중이며 6개 주에는 아직 사역 중인 선교사가 없는 상황이어서 이 지역에 대한 사역 돌파와 개척이 필요하다.

라오스는 공식 라오스 복음 교단이 있지만 종교 비자는 없다. 그래서 선교사들은 사실상 주로 스포츠, 문화, 학원업을 통한 비즈니스 비자나 NGO 단체 소속으로 신분을 비밀로 하는 보안 사역 중이다. 그러나 라선협 관계자의 전언에 따르면, 라오스 정부에서 선교사들을 다 파악하고 있으나 특별한 제재를 가하지 않는 것은 선교사들이 라오스 자국에 경제, 교육 등 실제적인 유익을 주고 있고, 주로 소수 종족 대상의 사역을 하고 있어 자신들이 보호하려는 가치에 위해를 주지 않기 때문이라고 한다. 즉 이러한 라오스 정부가 용인할 수 있는 범주 안에서 사역할 경우에는 사실상 선교 사역을 묵인하고 있는 구조라 할 수 있다.

또한 이러한 맥락에서 현지 라오스 복음 교단과의 관계도 선교 사역을 유지하는 데 중요한 것으로 파악된다. 앞서 살펴본

비엔티안 나사이 교회 주일예배를 마치고

라오스 기독교 역사를 통해서 보듯이 라오스 교회는 공산화 과정에서 구조적으로 상당히 제한된 틀 안에 조정되었다고 볼 수 있고, 그로 인해 선교사들의 신분과 사역의 유지는 라오스 교단과 불가분의 관계에 있다고 보인다. 물론 여기에는 라오스 정부 또는 라오스 복음 교단이 상정하는 제한된 범주를 경계로 끊임없이 긴장 관계를 가질 수밖에 없을 것이다. 이러한 경계를 잘 지킨다면 라오스에서의 선교사역은 공산국가이며 선교사역을 허용하지 않는 상황이지만 암묵적으로 상당한 가능성이 있다고 판단된다.

맺음말

지금까지 살펴본 라오스 선교역사, 특히 최근 공산화 이후의 상황을 살펴보면서 드는 한 가지 생각이 있다. 그것은 라오스에서 선교사역이 가능하다는 사실이 과연 라오스의 온전한 복음화를 이루어가고 있는가 하는 것이다. 즉 현재도 라오스의 공인된 예배 처소에서 예배가 드려지고 있고, 적지 않은 수의 선교사들의 사역이 열심히 이루어지고 있지만, 그것이 진정 라오스와 그 안에 여전히 미전도종족인 주 종족 라오룸 족을 비롯한 여러 종족들에 대한 온전한 복음화를 이룰 수 있을지 다소 의문이 든다는 것이다. 이는 결코 선교사들의 헌신과 노력을 폄하하는 것이 아니다. 우리가 만난 라오스의 선교사들은 모두 최선을 다해 라오스 복음화를 위해 애쓰고 있었다. 다만 역사를 살폈으니, 보다 거시적인 안목으로 끝을 한 번 전망해보자는 것이다.

비근한 예로 바로 이웃 나라 태국은 공산 국가도 아니고, 모든 것이 자유로운 무려 193년 선교 역사를 가진 나라이다. 그런데 태국의 사회를 들여다보면 그 권력 트라이앵글(왕실-군부-불교) 체제를 지키기 위한 사회 구조와 장치들이 얼마나 강력한지 알게 된다. 자유롭고 평화로운 나라이면서도 한편 철저한 통제 국가라고 할 수 있다. 태국에서의 선교사역 역시 그 한계를 넘지 못한다. 그런데 그 한계를 넘지 않고 아무리 선교 역사가 7년 모자란 200년이라 한들 결국 여전히 복음화율 2% 미만의 미전도 종족, 타이 족에 대한 진정한 복음화가 가능할 것인가.

라오스도 마찬가지다. 양국의 정치체제는 확연히 다르지만, 사실상 그 권력구조와 유지 장치들은 크게 다르지 않은 것 같다. 사실상 같다. 이들이 가지고 있는 이 구조적 환경을 넘어서지 않고, 라오스의 복음화는 과연 가능할 것인가. 형태를 바꾸어 선교사역은 계속되고, 선교사들도 계속해서 사역은 할 수 있겠으나, 우리는 과연 라오스 복음화의 끝을 볼 수 있을 것인가? 혹자는 태국을 향해 '순교의 피가 필요한 나라'라고 탄식했는데, 어쩌면 라오스도 그러하지는 않을지 역사를 반추해 숙고해 볼 문제가 아닐까?

라오스의 마음을 담는 까오니여우

글 | 강 호세아(SIReNer)

까오니여우, 출처: 코트라 비엔티안 무역관, www.kotra.or.kr/KBC/vientiane/KTMIUI010M.html

출처: 코트라 비엔티안 무역관,
www.kotra.or.kr/KBC/vientiane/KTMIUI010M.html

한국인에게 김치가 그렇듯, 라오스인들도 고국을 오래 떠나 있을 때 가장 먹고 싶고, 생각만 해도 마음 편해지는 컴포트 푸드(Comfort Food)들이 있는데, 그 대표적인 것들이 바로 까오니여우(Khao Niao; 찹쌀밥), 땀막홍(Tam Makhoung; 파파야 샐러드), 삥까이(Ping Kai; 통닭구이) 등이다. 그 중에서도 라오스인들은 까오니여우를 단연 첫째로 꼽는다. 라오스인들은 중요한 일이 있을 때는 꼭 이 까오니여우와 고기반찬을 먹는다. 물론 최근 라오스의 도시 여성들을 중심으로 다이어트를 위해 당분과 열량이 높은 까오니여우를 멀리하는 모

습도 심심찮게 찾아볼 수 있다고 한다. 그럼에도 불구하고 까오니여우는 여전히 모든 라오스 음식의 기본이 될 뿐만 아니라, 음식 이상의 라오스인들 특유의 정서와 혼을 담은 소위 '소울 푸드(Soul Food)'라고 할 만한 의미를 지니고 있다. 세계 어디를 가나 쌀과 밥은 있지만, 까오니여우 만큼은 라오스에서 나는 쌀이 아니고는 그 특유의 식감과 맛을 대체할 수가 없기 때문이다.

그렇다면 라오스인들은 언제부터 까오니여우를 먹기 시작한 것일까? 관련 학자들에 따르면, 약 4,000년 전부터 라오스인들의 주식은 이 까오니여우라 불리는 찹쌀밥이었다고 한다. 라오스의 찹쌀은 우리나라에서 볼 수 있는 동글동글한 모양이 아닌 기다란 모양이다. 동남아시아 지역의 쌀인 안남미(安南米), 즉 인디카(Indica) 품종의 롱그레인(long grain) 계열이기 때문에 그러하다. 다만 찹쌀이니 안남미처럼 후두둑 날리지 않고 찰진 것이 특징이다. 라오스인들의 주식이 이 찹쌀밥인 것을 보고 처음에는 경제수준에 비해 이 사람들의 식단이 고급스럽다는 생각을 했다. 그도 그럴 것이 예전 우리나라 어려운 시절에는 특별한 날이 아니고는 쉽게 먹을 수 없었던 음식이 찹쌀밥이었으니, 우리네 정서를 생각하면 자연스러운 반응일 것이다. 그런데 그 연유를 알고 보니 오히려 안쓰러운 마음마저 들었다. 이는 어떤 근거 있는 이론이라

기보다는 일종의 '설'이기는 하지만, 그 연유란 이렇다.

먼저, 부족한 쌀 수확량 때문이다. 동남아시아 지역은 연중 고온다습한 기후 때문에 안남미 벼농사의 경우 1년 2-3모작이 기본인데, 라오스는 관개(灌漑) 기술이 취약하여 1년 1모작 밖에 못하는 형편이어서 인근 다른 나라들에 비해 안남미 수확량이 많지 못하다. 그러다보니 쉽게 날려서 헤픈 안남미보다는 점성이 있어 한톨한톨 알차게 먹을 수 있는 찹쌀을 더 선호하게 되었다고 한다. 또한, 가난해서다. 안남미는 그 자체만으로는 포만감을 주기 부족하기 때문에, 안남미를 주식으로 하는 주변 나라들의 식단을 보면 아무리 서민들이 간소하게 먹어도 넓은 접시에 안남미 밥을 담고 그 위에 조리된 나물이나 고기 등의 반찬을 덮밥 형태로 먹는 것이 일반적이다. 그에 반해 라오스는 나라 전체가 워낙 가난해서 밥에 올라가는 한두 가지 반찬도 매끼니 먹기 어려운 형편들이어서 짭조름하게 조리한 나물반찬 하나 정도에 그 자체만으로도 열량이 높고 포만감을 주는 찹쌀밥, 까오니여우를 찍어서 먹는 식단이 보다 적합했던 것이다. 그런 반찬도 여의치 않을 때나 밖으로 일하러 갈 때는 '띱(Tip)'이라는 작은 대나무 밥통에 까오니여우만 담아서 간단하게 끼니를 해결하기도 한다. 까오니여우가 라오스인들의 주식이 된 연유가 이렇다고

하니 까오니여우를 다시 보게 되었다.

까오니여우에 얽힌 라오스인들의 정서는 이러한 어려운 경제 사정만이 아니었다. 그들의 까오니여우 식사법에서도 그들의 오랜 정서가 담겨 있다. 라오스에서 식사를 하며 가장 눈길을 끌었던 것이 라오스인들이 이 까오니여우를 먹는 모습이었는데, 그들은 보통 수저가 아닌 손으로 까오니여우를 적당량 떼어서 한참을 조물조물해서 먹는다. 보통은 손을 씻고 주무르지만 여의치 않을 때는 까오니여우의 점성을 이용해 손의 때를 닦아내고 먹기도 한다. 이때 손을 닦은 까오니여우는 자연에 '고수레'한다. 원래 찹쌀은 영어로 'glutinous rice' 또는 'sticky rice'라고 해서, 끈적거리고 손에 달라붙는 쌀이란 뜻인데, 라오스의 까오니여우는 차지기는 하지만, 그런 끈적이는 성질이 없다. 그래서 손으로 한참을 조물조물해도 손에 달라붙지 않고 깔끔하게 떨어지는 것이다. 이는 쌀 특유의 성질과 함께 쌀을 불려 증기로 쪄내는 고유의 조리방법 때문이라고 한다. 까오니여우는 조물조물 할수록 당도가 올라가고 찰기가 더해지는데, 그래서 까오니여우를 먹는다는 것은 손으로 밥을 찧어 작은 찰떡을 만들어 먹는 것 같아 보였다. 식탁 아래로 손을 내려 한참을 조물조물하면서 대화를 나누기 때문에 대화에 집중하다보면 언제 먹는지도 알 수 없고, 대나무 밥통 띱을 열어

밥을 살짝 떼어내고는 밥이 쉬 굳지 않도록 하기 위해 뚜껑은 바로 다시 닫아두기 때문에 밥을 얼마나 먹었는지도 알 수 없다. 그래서 라오스 사람들의 식사 시간은 꽤 긴 편이다. 밥을 먹는지 대화를 나누는 것인지 분간이 되지 않을 정도이다.

여기에는 라오스인들의 여러 가지 복합적인 정서가 담겨 있다. 우선 그들은 자존심이 강한 민족성을 지니고 있어서 여간해서는 자기 속을 잘 드러내지 않는다. 겨우 까오니여우 한 통, 그마저도 넉넉하지 않지만 결코 빈궁하게 보이고 싶지 않아서 대나무 밥통에 밥이 얼마가 남았는지 또 내가 얼마나 먹고 있는지 보여주지 않는다는 것이다. 밥이 적어 거의 안 먹고 있으면서도 서로 드러내지 않고 오랜 시간 함께 대화를 나누며 나름의 식사(?)를 즐긴다. 한편 이는 상대에 대한 배려와 관계 중심의 정서라고 해석할 수도 있다. 내가 가난하여 비록 아침에 싸온 까오니여우 작은 대나무 밥통 하나로 점심도 떼어 먹고, 저녁도 떼어 먹고 있지만 함께 식사하는 상대가 걱정하거나 그것으로 미안해하지 않도록, 그보다는 함께 나누는 대화와 그 시간에 집중할 수 있도록 배려하는 것이다. 관계를 소중히 여기는 그들의 마음이 느껴지는 대목이다. 이러한 정서를 더 깊이 들어가 보면, 관계 형성이 결코 녹녹치 않은 라오스인들의 마음을 엿보게 한다. 라오스 선교사들의 전언에 따르면, 라오스인들은 아무리 화가 날 만한 상황에서도 사람 면전에서 좀처럼 화를 내는 법이 없고, 다른 사람이 그렇게 한다면 그것은 매우 무례한 일로 여긴다고 한다. 사람 관계에서 부정적인 감정을 드러내고, 화를 내는 것은 그와의 관계를 끊겠다는 것과 다름없고, 그래서 화를 내는 대신 차라리 그 자리를 피해 다시 그와 상대하지 않는다는 것이다.

이렇게 까오니여우는 라오스인들의 따뜻하면서도 사뭇 애달픈 정서가 담겨 있다. 밥 먹는 방식에 이러한 정서가 담겨질 정도로 오래도록 가난했으며, 지금도 그러하다. 하지만 그들은 이 까오니여우를 통해 가난 중에 자족하는 법을 배웠고, 그 속에 함께 하는 사람들을 소중하게 여기는 정을 배웠다. 또한 이를 통해 힘이 없어 당하는 부침의 상황 속에서도 스스로 자존심을 지켜왔다. 그들에게 복음을 전하고, 그들과 함께 사역하려면 먼저 라오스의 까오니여우에 담긴 그들의 마음을 깊이 이해해야 할 듯싶다.

우본 사용설명서, 우본의 왓(วัด)에는 뭔가 특별한 것이 있다

글 | 강 호세아(SIReNer)

왓 빠 나나찻, 출처: wikipedia

어떤 물건이든 그것을 사용하려면 '사용설명서'라는 것이 필요하기 마련이다. 물론 인생을 살아온 경륜과 유사한 물건을 많이 접해본 경험으로 그런 사용설명서 따위 없이도 어렵잖게 그 물건을 사용할 수 있을지 모른다. 하지만 그 물건을 목적과 기능에 맞게 충분히 활용하지는 못할 수 있다.

예컨대, 오늘날 대다수의 사람들이 새 스마트폰을 사고도 풀 버전의 사용설명서는커녕 최대한 간략하게 정리한 '간단 사용설명서'조차 열어보지 않고 바로 이미 익숙한 대로 스마트폰을 쓰는 것과 같다. 그래서 100만원 넘는 스마트폰 기능의 약 20%도 채 활용하지 못한다고 한다.

선교에서도 마찬가지가 아닐까? 선교사들이 사역하는 선교지에 대한 사전 리서치를 하기도 하지만, 역시 현행 선교 풍토상 그 이해와 탐구의 과정이 충분하지 않거나, 실제 사역은 그와는 별개로 적응하고 사역하는 것이 일반적인 것 같다.

필자는 이번 태국 우본 라차타니(Ubon Ratchathani, 이하 우본) 선교현장 리서치 과정에서 우리가 선교현장을 이해함에 있어서 어느 정도까지, 또 어떠한 관점으로까지 접근하고 이해하는 것이 필요할지에 대해 다시 생각해보게 되는 이슈를 만났다. 그런데 그것은 아이러니하게도 우본에서 만난 세 곳의 '왓'들이었다.

'왓(วัด)'은 태국어로 '절, 사원' 등을 가리키는 말이다. 그래서 '왓 포', '왓 프라깨우' 등에서처럼 태국 불교 사원 이름 앞에는 항상 이 '왓'이 붙는다. 지난 수년간 태국 전역을 다니며 방문한 40여개 도시들에서 만나고 스쳐간 '왓'들이 아마 수백 개는 족히 넘을 것 같다. 그만큼 불교국가 태국에 이 '왓'은 셀 수 없이 많고 대체로 유사하기까지 해서 사실 처음 몇 번 이후에는 더 이상 새로울 것이 없다.

그런데 이번 태국 동북부 이산 남부의 거점도시 '우본'에서 만난 '왓'들은 매우 특별했다. '선교 저널에서 무슨 불교 사원인가?' 의아해 할 수도 있을 것이다. 그러나 남들이 보지 않는 것에 주목해 의미를 찾는 것이 바로 이 '디스커버리(Discovery)물'의 가치가 아니겠는가?

필자는 우선, 다른 곳에서는 찾아보기 힘든 이 세 사원들의 독특함에 관심을 갖게 되었는데, 거기서 한 걸음 더 들어가 보니 의외로 서로 연결되는 의미상의 개연성이 있음을 발견하게 되었다. 언뜻 보기에 이 세 사원은 시기도 설립자도 서로 다르지만, 공히 이 우본 땅에 자리 잡고 있으면서 이들이 이 우본 땅에서 함께 주목하고 향유한 동일한 관점이 있음을 보게 되었다. 이를 살피는 것은 선교지 어디를 가든 그곳을 기독교적 시각으로 재빨리 판단하는데 익숙한 우리에게, 우리가 선교할 이 지역을 이미 앞선 시기에 개척하고 사역한 주류 종교의 관점을 이해할 기회를 얻는다는 측면에서 그 자체만으로도 새로운 시각과 시사점을 얻을 기회라고 생각되었다.

그러나 먼저 고백할 것이 있다. 사실 선교 리서치 사역은 그 특성상 제한된 시간과 재정의 압박 때문에 대상 지역의 흔하디흔한 주류 종교사원들은 더 중요한(?) 선교 이슈들을 위해 특별한 경우가 아니고는 일종의 랜드 마크(Land Mark)로서 그 증거 사진(?) 찍는 것 이상의 시간을 할애하기가 어렵다.

또한 우리가 가는 곳은 일반적으로 비관심 지역인 경우가 많기 때문에 사전에 우리가 접할 수 있는 상세 지역자료들도 턱없이 부족하여 이런 숨겨진 의미들까지 발견하기 어렵다는 한계도 있다.

이번 경우도 역시 그렇게 자칫 지나쳐버려 그 의미가 사장되고 말았을 공산이 크다. 그러나 우본에 계신 박선진 선교사님께서 이 사원들이 중요하다고 소개해 주시고, 이처럼 사고를 발전시킬 수 있도록 핵심 통찰들을 주셨기 때문에 가능한 일이었다. 그러한 의미에서 글의 본격적인 시작에 앞서 박선진 선교사님께 깊은 감사를 드린다.

이제 이 세 '왓'들 각각의 특이점들이 무엇이며, 또 무엇을 함께 공유하고 있는지 하나씩 살펴보자.

첫 번째 '왓'은 '왓 수 파타나람 워라위한(Wat Su Pattanaram Worawihan, 이하 왓 수파타나람)'이다. 우본을 가로지르는 문(Mun) 강 유역에 위치한 이 사원은 영화 '왕과 나(Anna and King)'로 유명한 태국 라마 4세(Ramah IV) 몽꿋(Mongkut) 왕이 세운 왕실 사원(Worawihan)이다.

왓수 파타나람에서 우선 눈에 띄는 것은 우리나라 절의 대웅전 개념인 '우보솟(Ubosot)'의 건축양식이 매우 독특하다는 것이다. 그 지붕은 태국식, 몸통은 서양식, 기초는 크메르식으로 되어 있으며, 사원 곳곳에 중국 사원 양식도 가미되어 있다. 게다가 이 우보솟은 다른 곳에서는 보기 드물게 건물 전체가 온통 백색으로 되어 있고, 입구 천장에 커다란 서양식 샹들리에까지 있어 '과연 여기가 불교사원이 맞나?' 싶을 정도로 상당히 이색적이다.

이렇게 이목을 끄는 우보솟을 품은 왓 수 파타나람, 필자의 첫 번째 질문은 '왜 몽꿋 왕은 이 변방 우본 땅에 이처럼 독특한 사원을 세웠을까?'라는 것이었다. 이 질문에 답하자면 당연히 몽꿋 왕에 대해 알아야

왓 수 파타나람 워라위한

한다. 몽꿋[1]은 왕이 되기 전 무려 27년간 (1824-1851) '바지라얀(Vajirayan)'이라는 법명의 승려로 불교에 귀의해 살았던 사람이었다.

그는 그 기간 동안 태국 전역을 여행하며 태국의 전통 불교가 그 불법(dharma)을 벗어나 기복신앙과 샤머니즘으로 혼합되어 있는 것을 보고, 정통 불법에 입각한 태국 불교 개혁의 필요를 느끼게 되었다. 또한 그는 당시 서양 문물들이 태국에 빠르게 침투하는 변화의 상황에서 불교가 그에 대한 답을 제시해야 한다는 실용주의 입장도 가지고 있었다. 그래서 그가 시작한 '탐마윳(Thammayut 또는 Dhammayut)'[2] 운동은 태국 사회에 큰 반향을 일으켰고, 이후 개혁 운동을 넘어서, 비록 상대적으로 소수이기는 하지만 'Dhammayuttika Nikaya(정법파 또는 정통파)'라는 하나의 종파로 성장해서 'Maha Nikaya(대사파 또는 대중파, 약 97%)'와 함께 태국 불교의 주요 종단으로 자리 잡았다. 소수파이지만, 태국 왕실과의 연관성 때문인지 태국 불교의 주요 요직은 오히려 탐마윳 종단에서 대

---

[1] 이하 몽꿋에 대한 내용은 en.wikipedia.org/wiki/Mongkut 에서 참조.

[2] 이하 탐마윳에 대한 내용은 en.wikipedia.org/wiki/Dhammayuttika_Nikaya 에서 참조.

라마 4세 몽꿋 왕, 출처: wikipedia

부분 차지하고 있다.

몽꿋은 승려 시절 이미 서구 선교사들을 통해 라틴어와 영어는 물론 기독교와 서양의 근대 과학과 지리에 대해 배우고 연구했다고 한다. 심지어 1930년대에 선교사를 왓으로 초대해 기독교 설교를 청하기도 했는데, 그때 그는 "당신들이 하는 것은 도덕적으로 훌륭하지만, (태국) 사람들이 그것을 믿게 하지는 못할 것 같다."라고 논평하기도 했다.[3] 그렇게 그는 투철한 불교 정체성을 가지고 서구 문물을 실용적으로 수용하고자 했던 승려이자 왕이었는데, 당시 불교 국가 태국이 기독교 선교에 대해 관용적일 수 있었던 이유를 엿볼 수 있는 대목이라 생각된다.

이러한 몽꿋 왕이 탐마윳 운동의 정신을 바탕으로 이 우본 지역에 처음으로 세운 탐마윳 사원이 바로 이 왓 수 파타나람이다. 그런데 이곳이 몽꿋이 왕위에 오르고 바로 다음 해(1853년)에 세워진데다, 사원에서 가장 중요한 우보솟 건축에 이렇게 파격적인 양식을 채용한 것은 특별한 의도가 있었다고 짐작된다. 몽꿋의 성향을 고려할

(3) Bruce, Robert (1969). "King Mongkut of Siam and His Treaty with Britain" Journal of the Royal Asiatic Society Hong Kong Branch. The University of Hong Kong Libraries Vol. 9. Retrieved 2011-06-27.

우보솟 입구의 샹들리에는 서양 문화와의 융합을 보여준다.

때, 그는 이 왓 수 파타나람의 시각적 파격을 통해 그 시대와 사람들에게 무엇인가 도전하고 알리고자 했음에 틀림없다.

몽꿋은 이 서양식을 포함한 동시대 공존하는 문화 요소들의 융합을 선보이면서, 탐마윳의 정신, 곧 불교 개혁의 방향이 어떠해야 하는지 웅변한 것 같다. 그것은 아마도 변화를 직시하고 수용하되, 본질을 지키고 발전시켜 나가겠다는 의미가 아니었을까? 불교에서 건축양식은 매우 중요하지만, 시대의 흐름 속에서 불교의 가르침과 본질을 지켜내기 위해 때로는 파격에 가까운 유연한 변화도 가능하다는 것이다. 이는

태국과 그 시대의 통치자였던 몽꿋 왕이 주변국들이 모두 서구 열강에 국권을 침탈당하는 풍전등화 같은 상황 속에서도 끝까지 나라를 잃지 않을 수 있었던 역사적 결과와 맥을 함께 한다고 생각된다.

필자는 이러한 맥락에서 이 우본이 갖는 의미를 재조명해 보는 것이 의미가 있다고 생각한다. 당시 몽꿋의 탐마윳은 태국의 중심 방콕에서 시작해 자리를 잡았고, 이미 태국 전역으로 그 운동이 확산되었다. 그리고 이제 그 시작인 몽꿋이 국왕의 자리에 올랐다.

이미 태국은 몽꿋을 왕위에 올리면서 탐마윳의 정신을 완전히 받아들였다고 볼 수 있다. 그리고 몽꿋은 마치 최우선 선결 과제를 수행하듯 국왕 즉위 바로 이듬해에, 이 변방 우본 땅에 탐마윳 사원을 세웠다. 그것도 이러한 파격을 통한 강한 웅변적 시도와 함께.

우본은 태국 관점에서는 변방이지만, 태국을 넘어서 생각해 보면 라오스와 캄보디아를 접하고 있는 접경 지역으로서 태국 너머 세계를 향한 일종의 전진 기지의 성격을 갖고 있다. 어쩌면 몽꿋은 확장되기를 바랐을 것이다. 탐마윳 불교의 창시자로서 그 개혁정신이 동일한 불교 국가인 라오스나 캄보디아 중생들에게 전파되고, 그 땅의 사람들도 온전한 불교의 가르침에 따라 살

왓 빠 나나찻

아가기를 바랐을 것이다. 실제로 탐마윳 운동은 인근 미얀마, 라오스, 캄보디아까지 전파되어 오늘날 주요 종파를 이루게 되었다.

그러나 또 한편 그는 이 불심과 함께 언제나 인도차이나 반도의 맹주가 되고자 하는 태국의 국왕으로서 아직 세력 아래 두지 못한 라오스 남부와 당시 베트남의 영향 아래 있던 캄보디아로의 세력 확장도 바랐을 것이다.

왓 수 파타나람 우보솟의 지붕 모양이 일반 사원들의 지붕들에 비해 유난히 수직으로 날카롭게 솟아있는데, 이를 군사적 '요새'와 같은 이미지로 설계한 것이라는 해석도 있다.[4] 어쨌든 몽꿋은 그것이 종교의 확장이든 국력의 확장이 든 이 우본을 중요하게 생각했고, 그것을 이 왓 수 파타나람을 통해 상징적으로 나타내었을 것이다. 즉 몽꿋에게 우본은 태국 너머 세계로의 확장을 위한 '전진기지'이자, '전략적 거점'이었을 것이라는 합리적 추론을 가져본다.

두 번째 '왓'은 왓 빠 나나찻(Wat Pah Nanachat)이다. 우본 중심에서 약

---

(4) www.travelfish.org, 여행 전문가 David Luekens의 견해 참조.

15km 정도 떨어진 시외곽에 위치했지만, 시사껫으로 향하는 226번 국도변에 있어서 접근도가 좋은 편인 이 사원은 1975년, '명상 마스터'로 전 세계적으로 유명한 'AjahnChah'[5]에 의해 세워졌다.

왓 빠 나나찻은 외국인을 위한 불교 수련을 위한 곳이기도 하지만, 설립자 Ajahn Chah가 추구하는 명상 수도원이기도 하다. 원래 우본은 '마을 거주' 불교 전통과 함께 태국 불교의 두 흐름 중 하나인 '삼림 거주' 수도원 불교 전통의 본산으로 알려져 있으며, Ajahn Chah 역시 이곳 우본 출신(1918-1992)이다.

Ajahn Cha[6]는 1939년 본격적인 출가 후, 1946년부터 정착된 수도원 생활을 떠나 방랑하며 태국 삼림 수도 전통(Forest monastic tradition)을 따르는 명상의 대가, Ajahn Mun을 비롯한 여러 스승들의 가르침을 받았다. 이 전통은 붓다(Buddha)의 계율(Vinaya)을 철저히 지키는 것을 수도 규칙으로 삼는 특징이 있다. 방랑 수업을 마친 Ajahn Chah는 1954년 자신의 고향, 우본에서 자신의 간단하고 실용적인 명상법을 전수하기 위해 '왓 농 파 퐁(Wat Nong Pah Pong)'[7]을 설립한다. 그는 이 수도원에서 수많은 제자들을 가르쳤고, 이후 태국 전역에 약 250여개 지원(branch)들과 전 세계적으로 15개의 명상 센터들로 확장되었다. 특히 그의 명상법은 영국을 비롯한 서구 여러 나라에 알려져 이를 따르고자 하는 사람들과 심지어 승려가 되고자 하는 사람들까지 생겨났다.

1966년, 서양 출신으로서 처음으로 수도승이 배출되었는데, 그가 Ajahn Sumedho이고, Ajahn Chah는 그와 함께 1977년, 영어권 서양인 제자들을 수도원 계율 안에서 훈련하기 위해 특화된 태국 최초의 수도원, 왓 빠 나나찻을 세우게 되었다. 이곳은 기본 언어가 영어로 되어 있는 세련된 홈페이지도 운영하고 있는데, 그곳에 보면 이곳을 '국제적인 삼림 수도원(International forest monastery)'이라고 표방하고 있다. 홈페이지[8]가 영어로 되어 있고, 국제적이라는 소개에서 알 수 있듯이 왓 빠 나나찻은 불교 승려가 되기 원하는 태국인이 아닌 외국인을 훈련하기 위한 불교 수도 사원이다. 주로 서양인 대상이고, 태국어를 사용하지 않는 외국인이면 가능하다. 요즘 서양인들도 불교에 관심이 많고, 승려가 되기 원하는 서양인들도 더러 있다는 것은 알았지만, 이곳처럼 전적으로

---

(5) 일반적으로 종교적 스승이나 지도자를 일컫는 태국의 존칭어, 선교사나 목사에게도 이 호칭을 쓴다.

(6) 이하 Ajahn Cha에 관한 내용은 en.wikipedia.org/wiki/Ajahn_Chah 에서 참조.

(7) 226번 국도를 사이에 두고 왓 빠 나나찻 건너편에 위치해 있다.

(8) www.watpahnanachat.org

외국인을 위한 수도 사원이 있다는 것은 처음이었고, 적잖은 충격이었다.

홈페이지 소개에 따르면 왓 빠 나나찻의 설립 목적은 '태국 문화에 익숙하지 않은 외국인들에게 불교 승려로서의 견고한 훈련을 제공하기 위함'이라고 되어 있다. 그리고 이곳의 모든 수련과정은 전적으로 영어로 진행된다. 실제로 이곳에 방문해 보니 상당히 넓은 대지에 수련과 수행을 위한 여러 건물들이 있었고, 모든 표지판과 안내문들은 전부 영어로 되어 있었다. 심지어 곳곳에 있는 명상을 위한 Ajahn Chah의 글귀들도 모두 영어로 되어 있었다. 그 말은 단순한 의사소통이나 생활 안내 뿐 아니라 불교교리나 수련에 관한 모든 내용을 영어로 설명하고 소통한다는 의미이다. 불교의 본질을 그대로 하되, 그 수련 과정을 완전히 수요자 중심으로 변형하여 전달한다는 것이다. 필자는 여기서 또 한 번 충격을 느꼈다. 그러면서 자연스럽게 앞선 왓 수파타나람과 그 독특한 우보솟이 떠올랐다. '아, 여기 뭔가 통하는 것이 있구나.'

왓 빠 나나찻 역시 그 안의 모든 가르침과 계율(본질)은 그들의 삼림 전통을 통해 철저하게 지키면서 그것을 배우러 온 색목(色目)의 서양인들을 위해 모든 수련 과정을 영어화시킨 파격적인 시도는 시대는 다르지만 동일한 맥이 통하는 것이라 할 수 있을 것이다. 그리고 우본에서 시작된 변형은 영어권 수련자들에 의해 그 본질을 세계 각지에서 더욱 통용되고, 해석되고, 확장되게 하고 있다.

세 번째 '왓'은 산티 아속(Santi Asoke)이다. 우본 중심에서 동쪽으로 약 30km 떨어진 곳에 위치한 산티아속은 거대한 코끼리 상 인공 폭포, 곳곳에 방주 모양의 건축물들이 인상적이다. 코끼리 상 인공폭포 주변에 물놀이를 즐기는 가족들과 어린 아이들이 많아 언뜻 보기에는 유원지나 놀이공원 같아 보이기도 하는데, 그 안에는 여기저기 가사를 입고 노동과 명상 중인 승려들이 있어 엄연한 불교 사원임을 알 수 있다. 사실 산티 아속은 단순히 지역에 있는 하나의 왓으로 보기보다 그 이면의 '산티 아속'[9]이라는 거대한 불교 공동체를 함께 이해해야 한다. 우본의 산티 아속 사원은 그 공동체 가운데 하나이다. 산티 아속은 한때 TV 연예인(가수, 작곡가)이었던 보티락(Phothirak)에 의해 1975년 창설되었다.

원래 '산티'는 평화, '아속'은 환희를 의미하는데, 보티락이 처음 '아소카 람 사원'에서 승려가 되었고, 이후 '란 아속'이라는 지역에서 설법을 자주 했는데, 이 보티락을 따르며 불교 계율(Dhamma)을 실천

---

(9) 이하 산티 아속에 관한 내용은 en.wikipedia.org/wiki/Santi_Asoke에서 참조.

산티 아속 입구

하고 전파하는 승려, 비구니, 불자들로 구성된 헌신적 추종자 그룹을 '아속 사람들(Asokans)'라고 부르게 되면서 이 이름이 통용되게 되었다고 한다.

오늘의 산티 아속이 있기까지는 우여곡절이 많았다. 보티락은 처음에 탐마윳 종단(Dhammayuttika Nikaya)에서 정식 승려(Bhikkhu)가 되었다. 그러나 그는 기존 태국 불교질서를 에 비판하고 개혁을 주장하면서 탐마윳에서 거부되었고, 그후 다시 다수 교파인 마하 종단(Maha Nikaya)에 의지하게 된다. 하지만 그 후에도 그가 비판적 입장을 계속 고수하면서 결국 승가(Sangah, 최고 승려회의)에서 그에 대한 시정 명령이 내려졌다. 하지만 보티락은 이를 거부하고 이미 방콕(Bangkok)을 시작으로 1972년부터 시작된 4개 수도원과 함께 태국 승가 탈퇴를 선포했다. 공식적으로 이 1975년 승가 탈퇴를 산티 아속의 창설로 본다.

그들은 이후에도 '아속 추종자들을 위한 규칙'을 제정하고, 동일한 불교 절차를 따라 승려들을 출가시키는 등 자체적인 활동을 이어갔다. 이로 인해 수십 년에 걸친 소송이 이어졌으나, 그의 실천적 사상과 불교 개혁 운동에 많은 추종자들이 따르고,

산티 아속에서 운영하는 채식주의 식당 부니윰

특히 국민들의 지지를 받는 잠롱 스리무앙 (Chamlong Srimuang) 전 방콕 시장이 산티아속 출신으로 시장직을 잘 수행했을 뿐 아니라 산티 아속의 정신을 반영한 많은 정책과 사업을 추진하면서 오히려 더 좋은 이미지로 인식되었다. 잠롱 시장과 관련해서 산티 아속은 우리나라의 기독교 공동체인 '가나안 농군 학교'의 농법 사업과 공동체 구조 등을 벤치마킹(Bench Marking)해서 산티아속 공동체에 접목 시키는 등 종교와 교파를 가리지 않고 개혁적인 행보를 지속하며 대내외적인 호평을 받고 있다.

이러한 우여곡절을 겪었음에도 태국 불교계의 비주류인 산티 아속이 존속할 뿐 아니라 오히려 종교 영역에서 뿐 아니라, 산티아속 공동체와 그와 관련된 여러 가지 공익사업 영역에서도 확장되고 있는 것은 태국 사회에서는 매우 이례적이며 독특한 현상으로 보인다. 그들이 지향하는 불교 계율(Dhamma)에 근거한 가르침과 단순한 실천과 검소한 삶은 단지 구호에 그치는 것이 아니라, 그들의 공동체를 통해 실제로 그렇게 살아낼 수 있는 삶의 구조와 환경을 만들어내는 데 있다고 생각된다. 특히 그들은 공동체를 통해 소규모 자급자족만이 아닌, 그 실천과 유익을 대(對) 사회적인 공익

사업을 통해 이웃과 사회에 환원하고 있다는 것이다.

산티아속은 부니욤(Boonniyom, 태국어, 의미)이라는 이름의 자체 기업을 설립해서 그들이 추구하는 채식과 유기농 관련 사업 뿐 아니라, 이를 기반으로 한 식당, 홍보와 판매를 위한 센터 등을 태국 전역은 물론 해외까지 확장하고 있다. 심지어 '부니욤 TV'라는 방송국도 운영하며 적극적으로 산티아속과 그 사업들을 알리고 공유하고 있다. 이를 위한 모든 생산과정은 공동체 내에서 자발적인 봉사로 이루어지고, 특히 식당은 매우 저렴한 가격 또는 무상으로 나누고 있었다.

물론 이를 부정적인 시각을 가지고 볼 여지도 충분히 있다. 하지만 필자가 여기서 이해하고 주목하고자 하는 것은 그들의 '종교적 계율과 그에 따른 단순한 실천, 그리고 그 실천이 가능한 환경을 마련하기 위한 조직화된 사회적 도모'라는 부분이다. 이것이 그들의 핵심 사상이자 실천의 틀이 아닐까 한다. 그런데 이를 뒷받침하기 위해 일정 부분 이상 기여한 것이 바로 우본의 삼림 수도 전통이라고 본다. 방콕에서 시작된 산티아속이지만, 그들의 새로운 개혁 불교 공동체와 그들이 추구하는 계율에 따른 단순한 실천 환경을 위해서는 전형적인 '마을 거주' 불교 방식으로는 한계가 있었을 것

이다. 다시 사회로 환원하더라도 우선은 속세와 분리된 공동체 공간이 필요했고, 이는 '삼림 거주' 전통이 훨씬 용이했을 것이다.

그래서 산티 아속의 여러 수도원 공동체들은 이 삼림 수도원 형태로 자리를 잡았고, 우본의 산티아속 사원 역시 그 핵심 중 하나인 것이다. 더욱이 우본이 가지고 있는 탐마윳 불교의 개혁적 전통 역시 산티아속과 잘 부합하는 자산이 되었을 것이다. 그래서 태국 내는 물론 해외에서도 산티아속 탐방을 위해 방콕 본부보다 오히려 이 변방 우본 공동체를 더 우선하는 경향이 있다고 한다.

이상으로 우본 지역에 세워진 3개의 독특한 왓들을 나름대로 돌아보았다. 이미 전술한 바와 같이 이 세 사원들은 각각이 독특한 특징들을 가지면서도 서로 통하고 공유하는 요소들이 있음을 알 수 있었다. 그 핵심을 키워드로 나열하자면, '불교적 본질, 계율 철저', '이를 바탕으로 한 개혁 추구', '우본의 삼림 수도 전통', '(자기 방식의) 불교의 확장 도모' 등이 아닐까 한다.

왓 수 파타나람을 통해 본 몽꿋 왕의 탐마윳 역시, 기존 불교의 비 계율적 관습을 비판하며 다시 붓다의 가르침, 계율을 따른 실천을 강조하되 시대의 흐름을 과감히 받아들여 조화로운 실천을 강조했으며, 이를 우본의 삼림 수도 전통과 아울러 접경

라오스와 캄보디아까지 이를 전파하고 확장하려 했다. 또 왓 빠 나나챳 역시 우본 출신의 Ajahn Chah의 개혁적 성향이 우본의 삼림 수도 전통을 바탕으로 명상을 통한 본질 추구로 발전되면서 이를 태국을 넘어 서양인들에게까지 전파하고 확장하기 위한 특별한 사원이었다.

마지막 산티아속은 셋 중 가장 실천적이고 현실세계로의 확장성이 큰 곳이라고 볼 수 있다. 기존 불교에 대한 저항도 과감했고, 이를 극복하고 자신들의 사상을 조직화하고 실천하는 면에서도 산티아속 공동체를 통한 철저한 실천이 수반되었다. 또 이를 위한 대 사회적 확장성은 모든 종교가 추구하는 바 종교 영역을 넘어서 개인의 삶과 사회를 변화시켜나가는 힘도 가지고 있었다. 이들이 서로 다르지만 서로 공유하고 통하는 이 핵심 요소들이 다른 지역이 아닌 이 태국 중에서도 변방인 이 우본에서 만나고 있다는 것은 주목할 지점이라 생각된다.

이 세 집단의 주체들은 공히 우본의 삼림 불교의 전통에 기반하고자 했다. 그것은 삼림 불교의 전통이 갖는 명상과 수도에서 비롯되는 종교성, 특히 불교적 정당성과 대중적인 설득력을 필요로 했기 때문일 것이다. 또한 이들은 공히 새로운 불교 분파 또는 개혁적 공동체로서 시작은 태국의 중심 방콕에서 시작했지만, 그곳에서의 성공 이후 확장 특히 태국 외부 세계로의 확장을 위해 변방이지만 우본을 택한 것으로 보인다. 그리고 이 세 주체들은 우본에서 그들이 기대한 효과와 소기의 목적을 달성했으며, 그들의 사상은 여러 모양으로 외부로 확장되었다.

앞서 살펴본 바와 같이 그렇게 우리보다 앞서 우본 땅에 터를 잡고 나름의 목적을 성취한 주체들은 우본을 그렇게 이해했고, 이용했다. 어쩌면 이것은 현재 이 땅에 드러나는 현상 리서치만으로는 발견하기 힘든 것일지 모른다. 그렇기 때문에 우본에서 사역할 선교사들을 위한 우본 사용설명서에는 이러한 내용까지 포함되어 있어야 하지 않을까 생각해본다.

이미 이 땅의 주류 종교 불교는 우리가 복음의 씨앗을 심고, 가꾸려 하는 이 땅을 그렇게 알았고, 그렇게 일했다. 가진 입장이 다를 뿐 이 땅에서 사역하려는 선교 주체들에게는 이것이 요긴한 정보일 뿐 아니라, 사역 접촉점이자 향후 방향에도 중요한 통찰을 제공할 수 있을 것이다.

우본의 삼림 전통은 우본에 거주하는 태국 불교도들의 신앙 깊숙히 자리 잡은 정서이자 본질일 수 있다. 우본에 터를 잡은 불교 주체들의 개혁적 성향과 그 운동은 우본 사람들이 보아온 대안적 불교의 모습이었고, 그들은 그것을 지지했던 사람들이다.

그리고 그들이 표방한 개인 삶의 실천과 대사회적 모범의 실천은 우본 사람들이 보아온 불교 승려들과 그들의 신실한 신도들의 삶의 모습이었고, 그들은 의례 그것이 종교인의 모습이라고 여길 것이다.

우리는 그 위에 본질이 다르지만 종교라는 유사성을 가진 복음과 기독교의 씨를 뿌리고 터를 잡으려 한다는 사실을 기억해야 할 것이다. 복음과 기독교의 본질을 철저히 지키되, 몽꿋 왕이 왓 수 파타나람의 우보솟에 그리 했듯 몸통은 확 바꾸는 변신이 필요할지 모른다. 뿐만 아니라 우리가 익숙한 언어와 방식에 그들이 적응하도록 하는 것이 아니라, 복음의 본질을 훼손하지 않으면서, 철저히 태국어와 태국인의 사고 틀 속에 복음을 녹여내야 하는 노력이 필요할지 모른다.

그리리고 단순히 교회개척과 주일 중심의 한국적 목회 구조, 설교 위주의 사역에 국한되는 것이 아니라 그들이 이질적인 복음을 받아들이고, 제대로 성경말씀대로 실천하고 살아낼 수 있도록 그들의 일상의 삶과 가정과 일터 속에서 그들과 함께 부대끼며 그 속에서 어떻게 이 말씀이 실현되는지를 몸소 보여주는 진정한 성육신이 필요할지 모른다.

다 아는 이야기이지만, 그저 일반적인 이론으로 접하는 것과 바로 우리가 사역할

그 땅과 그 사람들이 그렇다는 설명을 토대로 이를 대하는 것은 완전히 다를 것이다. 앞선 선교 역사도 이를 반영할 것이다. 그러나 그보다 더 앞서, 더 깊숙히 배어 있는 그 땅 종교의 그 땅 사용법이 첨부되어 있어야 제대로 그 땅을 선교적 목적과 하나님의 뜻대로 기경할 수 있지 않을까 싶다. 이것은 비단 우본에만 해당되는 것이 아니라, 모든 선교지에 적용될 필요가 있지 않을까.

세 왕국 이야기

글 | 정 보애(SIReNer)

앙코르 왓 내부, 출처: unsplash.com

'세 왕 이야기'(진 에드워드 저, 예수 전도단 출판)라는 기독교 스테디셀러 서적이 있다. 1994년에 발행된 이 책은 사울·다윗·압살롬 이라는 초대 이스라엘의 세 왕을 통해 하나님이 원하시는 진정한 리더에 대한 교훈과 도전을 주고 있는데, '세 왕국 이야기'는 그 제목에서 따온 것이다.

이 글에서 구체적으로 살펴볼 세 왕국은 과거 인도차이나의 패권을 두고 각축을 벌이던 란쌍, 앙코르, 참파 왕국이다. 이 중 란쌍(Lanxang) 왕국은 타이(Thai) 족에 의해 세워진 왕조로 이후 라오스 라오(Lao) 족의 시원(始原)이다. 역사적으로 8세기부터 13세기에 걸쳐 타이(Thai) 족이 인도차이나로 이주하면서 14세기, 태국에 수코타이(Sukhothai) 란나(Lanna) 왕국을 세우고, 현재 라오스에는 란쌍 왕국을 세우게 된다. 지난 3년여 간의 태국, 라오스, 캄보디아 현지 리서치를 진행하면서 란쌍 왕국과 앙코르(Angkor) 왕국이 지금도 여전히 라오스와 캄보디아 양(兩) 국가의 근본적인 정체성을 형성하는 구심적 역할을 하고 있는 것을 볼 수 있었다. 한편 이 두 왕국에 비해 참파(cham pa) 왕국은 현재 참(Cham) 족이라는 소수민족으로 전락하여 베트남 중남부와 캄보디아, 말레이시아에 분산되어 거주하면서 간신히 그 명맥을 유지해오고 있었다. 따라서 인도차이나의 과거와 현재를 타이 족의 이주와 분화

(分化)로 형성된 란쌍 왕국과 라오스, 크메르(Khmer) 족의 앙코르 왕국, 참파 왕국과 참 족이라는 '세 왕국 이야기'의 관점에서 살펴보는 것은 인도차이나에 대한 역사와 종족적인 이해를 확충하는 차원에서 의미가 있다.

1. 란쌍 왕국과 불교

1991년 제정된 라오인민민주주의 공화국 헌법 전문에[1] 보면 "지금으로부터 600년 전 우리 조상들은 통일된 란쌍 왕국을 건국해 번영을 누렸었다."라고 하면서, 라오스의 역사적 뿌리를 란쌍이라고 강조하고 있다.[2]

란쌍 왕국을 건국한 것은 타이계 라오(Lao) 족인 파응움(Fa Ngum, 1353년–1373년)왕이다. 그는 젊은 나이에 이 지역을 지배하던 태국 수코타이 세력을 몰아내고 흩어져 있던 소수종족들을 규합하여 수도를 루앙프라방(Luang Prabang)으로 삼고 란쌍 왕국을 건설하였다.[3] 란쌍은

---

(1) 더 자세한 내용은 주 라오스 대한민국대사관에 게시된 '라오스 알기' 자료 중 라오스 헌법(2003년, 영문판)을 살펴보라.

(2) 송위지, '라오스 불교의 역사와 현황', 『불교평론』, 69호, 2017년 3월 2일.

(3) 보다 자세한 내용은 다음 인용문을 참고하라.
"최초의 통일국가 란쌍은 루앙프라방의 옛 지명인 씨엥통(Xieng Thong)에 위치하고 있던 므엉 수아(Muang Sua)의 왕자 파응움(1316-1373)으로부터 시작된다. 당시 라오스는 인접한 수코타이 왕국(태국)과 앙코르 왕국(캄보디아), 그리고 전성기를 맞이하기 시작한 아유타야 왕국(태국)의 대립으로 혼란을 겪고 있었다. 파응움은 여기에 겹친 왕실 내부의 권력다툼을 피해 앙코르 왕국으로 망명했다. 그

란쌍 왕국 때 세워진 왓 프라 탓 파놈(Wat Phra That Phanom), 출처: wikipedia

'백만 마리의 코끼리'라는 뜻으로 이 지역에 코끼리들이 많이 살아서 붙여진 이름이다.[4] 당시는 캄보디아가 불교를 통한 선린 외교를 펼치던 시절이었기에, 캄보디아와 관계가 돈독하였으며, 캄보디아 왕조와 결혼을 통한 교류도 이루어졌다. 파응움에게 시집온 캄보디아 공주는 라오인들이 코끼리와 물소를 죽여서 제단에 바치는 영혼 공희(供犧)의식에 반대하여 라오 왕조에서 불교를 신봉할 것을 파응움에게 간청하면서,

만일 자신의 요구를 들어주지 않으면 자신은 크메르로 돌아가겠다고 선언했다. 이에 파응움이 장인의 국가인 크메르로 사신을 보내 20여 명의 승려들을 초청하면서, 라오스에 상좌부불교를 들여오게 되었다. 이를 계기로 라오스 왕실은 물론 라오스 주류 타이계 라오 족들이 상좌부 불교를 믿기 시작했으며, 이는 파응움의 정통성을 높여주고, 국민의 정신적 통일을 이룰 수 있는 요인으로 작용했다.

파응움의 뒤를 이은 그의 아들 삼센타이(Sam Sen Thai, 1373년-1416년)는 43년간 통치하면서 베트남과 센강·삼누아 전

곳에서 앙코르의 공주와 결혼한 파응움은 장군으로 성장해 아유타야와 대적하며 메콩(Mekong) 강 중부를 정복해 나간다. 북진을 거듭하며 세력을 넓힌 파응움은 마침내 자신의 고향인 므엉 수아로 귀환해 1353년 란쌍 왕국을 건립한다."

(4) 송위지, 위의 글.

투에서 승리하여 라오스의 입지를 공고히 했다. 그는 불교가 국민과 더 가까워질 수 있도록 사원과 불교를 공부할 수 있는 불교학교들을 세웠다. 특히 두 사원이 유명한데 하나는 국민들의 일체감과 통합을 목적으로 건립된 왓 카오(Wat Chao) 왕실 사원이며, 다른 하나는 프라방(Prbang) 불상[5]을 보존하는 것으로 유명한 왓 마노롬(Wat Manorom) 사원이다. 그의 재임 시기 루앙프라방은 정치적 수도였을 뿐 아니라, 불교교육과 전파를 통한 종교적 통합의 구심적 역할을 했다.

라오스 불교 발전을 주도한 또 한 명의 왕은 포티사라트(Photisarath) 왕 1520년-1550년)이다. 그는 현재의 치앙마이(Chiang Mai)와 아유타야(Ayutthaya)에서 온 두 명의 공주와 각각 결혼했으며 이들 왕국과 불교를 바탕으로 교류했다. 이로 인해 라오스는 물론 치앙마이와 아유타야에도 불교도가 늘어나게 되었다. 1523년에 포티사라트 왕은 치앙마이로 승려 프라텝몽콜이 이끄는 불교사절단을 통해 라오어로 쓰인 경(Sutra, 經)·율(Vinaya, 律)·론(Sastra, 論) 삼장(三藏)[6] 60부를 보냈다.

17세기 란쌍 왕국 시대의 석불상, 출처 wikipedia

1525년에 포티사라트 왕은 치앙마이의 불교사원에서 큰 스님에 준하는 성직자로 임명된 이후, 매우 깊이 있는 불교교육을 받았다. 1527년에는 국민에게 정령숭배를 금지하고 불교만을 믿도록 지시했으며 그동안 정령숭배가 행해지던 곳에 사원을 건립하기도 했다. 이를 계기로 그는 라오스 뿐 아니라 이웃 나라들로부터도 대단한 호평을 얻었다. 이후 포티사라트 왕은 라오스로 돌아올 때 에메랄드 불상과 스리랑카 양식의 불상인 프라시캄을 가지고 왔다.

---

(5) 불교는 국민들을 사상적으로 통일할 수 있는 기반인 동시에 왕실의 정통성을 높이는 근거가 되는데, 특히 불상은 왕실의 권위를 시각적으로 보여줄 수 있는 상징이었다. 원래 스리랑카로부터 전해져 크메르 앙코르에서도 국가의 보물로 여겨지던 '프라방 불상'이 이 때 전해지면서 란쌍 왕국에 도착한 이 불상을 국왕은 국민통합의 구심점, 불교의 권위와 통치권의 상징으로 삼고자 했다. 남수연, 위의 글.

(6) 불교에서 삼장이란 불전(佛典)을 경·율·론의 3가지로 분류하고 이를 합쳐서 부르는 것이다. 경은 석가모니의 말씀이며, 율은 승단의 질서에 대한 규범을 내용으로 하는 계와 율이며, 논은 제자들이 석가모

니의 가르침에 대해 논리적으로 설명한 철학적인 글들을 모은 것이다. 이들 각각은 경장(經藏)·율장(律藏)·논장(論藏)이라고 한다.

포티사라트 왕 이후에는 주변 미얀마, 시암(Siam, 타이의 옛 이름)과의 전쟁의 여파로 란쌍 왕국이 서서히 쇠퇴해가던 중, 1563년에 세타티랏(Setthathirath) 왕이 미얀마의 침공을 두려워해서 수도를 비엔티안(Vientiane, 위앙짠)으로 옮기게 된다. 이후 약 100년간 미얀마의 침입과 내부 분열로 혼란에 빠져있던 란쌍 왕국은 수리나웡사(Souligna Vongsa) 왕이 즉위한 후 일시적으로 안정을 누렸다. 그는 라오스 왕조 역사상 가장 오랫동안 왕위에 있으며(1637년~1694년, 57년간), 많은 업적을 쌓아 란쌍 왕국의 '황금기'를 연 인물로 평가받고 있다. 수리나웡사의 치세에 란쌍 왕국은 국제적 위상을 되찾았으며, 여러 인접 국들과의 평화조약을 통해 국경을 안정시킬 수 있었다. 그러나 1690년 그가 후계자 없이 사망하자, 내부 분열이 일어나 왕위계승 다툼이 발생했다. 이후 1698년 세타티랏(Settathirath) 2세가 왕위에 즉위함으로 분쟁은 일단락되는 듯 했으나, 그 과정에서 축출된 수리나웡사(Sourigna Vongsa)의 친족들과 지방 세력들이 독립을 선언하면서 결국 란쌍 왕국은 루앙프라방, 비엔티안, 짬빠삭(Champasak) 등 내부의 세 왕국으로 분열되는 계기가 되었다.[7] 이후 18세기에는 란쌍 왕국은 주변 강국으로 등장한 버마(미얀마), 시암, 베트남 등의 반복된 침략과 지배로 쇠퇴하고 말았다.

여기까지가 란쌍 왕국의 흥망에 관한 내용이다. 이제 대표적인 불교사원만 간략하게 소개하고 란쌍 왕국 이야기를 일단락하겠다. 먼저 왓 탓루앙(Wat That Luang)은 라오스를 대표하는 가장 큰 사원이다. 이 사원에는 석가모니의 머리카락 사리가 모셔져 있는 곳으로, 과거 여러 차례 외부의 침략 속에서도 잘 보존되어온 라오스 국민 모두가 참배하기를 원하는 주요 사원이다. 또한 왓 프라께오(Wat Prakeo)는 지금은 박물관으로 사용되고 있는데 세타티랏 왕이 창건한 사원으로 당시 국왕을 수호한다는 에머랄드 불상이 모셔져 있던 곳이다. 이후 태국과 캄보디아 연합군에 의해 에머랄드 불상을 강탈당해 현재는 태국 방콕의 왓 프라께오에 안치되어 태국과 라오스의 오랜 앙금이 있는 장소이다. 왓 시사껫(Wat Sisaket)은 메콩 강 주변에 있는 오래된 사원으로 200년 이상의 역사를 지닌 사원이다. 회랑에는 천불(千佛)이 있으며, 치앙마이와 힘을 합해 버마를 물리쳐 라오스인들로부터 추앙받는 세타티랏 왕의 동상이 세워져 있다.

2. '우꺼(吳哥)'='앙코르(AngKor)'

이제 두 번째 캄보디아의 앙코르 왕국을 살펴보자. 캄보디아 특히 씨엠립

씨엠립 시내에서 본 '우꺼(吳哥, 앙코르)'라는 이름의 병원

(Siemreap) 현지 리서치 중 '우꺼'라는 중국어 한자(漢字)를 많이 볼 수 있었다. '우꺼'는 '앙코르'에 해당하는 중국어인데, 최근 몇 년 동안 중국인들이 대규모로 관광을 오다 보니, 여관이나 호텔 마다 '우꺼'라는 이름이 많았다. 최신식 대형 관광버스에도 '미소 우꺼(Smile AngKor)'라는 여행사 브랜드가 새겨진 버스가 즐비하고, 심지어 식당 이름도 모두 '우꺼 식당(AngKor Restaurant)'인 것으로 보아 캄보디아에서 중국인의 영향력을 짐작할 수 있었다.

앙코르가 과거 앙코르 와트·앙코르 톰 등 위대한 앙코르 왕국의 유산에 깊이 뿌리를 두고, 이제는 오늘날 씨엠립의 관광산업에까지 영향력을 확대해가고 있는 것이 보였다. 캄보디아를 더 깊이 고찰하면 할수록 정치·경제·사회·문화·예술·관광·공연 등 다양한 분야에서 '앙코르'는 과거의 찬란한 영광을 재현하면서 캄보디아의 정체성을 하나로 결집시켜 구현해내고 있었다.

원래 앙코르는 산스크리트어 나가라 〉노코르 〉옹코르 〉앙코르로 음원이 변한 것이다.[8] 신들이 사는 마을, 혹은 신들의 도시를 뜻하는 말이다. 캄보디아는 인

---

(8) 위키피디아, 캄보디아 편.

앙코르 톰의 사면상, 출처: unsplash.com

도차이나 권역 중 인도문화 특히 힌두교의 영향을 많이 받았는데, 힌두교인들은 세계의 중심에 거대한 산이 있고, 이 세상은 그 산을 중심으로 만들어졌다고 믿는다. 힌두교와 불교에서는 각각 세계의 중심 산을 산스크리트어로는 수메루(Sumeru), 불교에서는 수미산(須彌山), 힌두 비쉬누파(Vaishnavism)에서는 메루(Meru) 산, 힌두 시바파(Shaivism)에서는 카일라사(Kailasa) 산이라고도 부른다.[9] 중요한 것은 캄보디아 앙코르 제국이야말로 이 세계의 중심에 신들의 성전 곧 중앙 성전 앙코르 와트(Angkor Wat)를 건설하고, 신들이 사는 도시 앙코르 톰(Angkor Thom)을 세운 '신과 신의 자녀들'이라는 것이다.

신들의 땅 앙코르, 앙코르 와트와 앙코르 톰

지난 2011년 한국 EBS는 캄보디아 앙코르 와트를 3부작 다큐멘터리로 제작하여 방송을 했다. 전체 제목은 '신들의 땅 앙코르'이며, 1부 '앙코르 와트', 2부 '앙코르 톰', 마지막 3부는 '신들의 땅 앙코르 그 숨겨진 이야기'이다. 제작진들은 "캄보디아를 비롯한 동남아국가에 대한 한국인의 부정적

---

(9) EBS TV, '신들의 땅 앙코르' 3부작 다큐멘터리, 제1부 앙코르 와트, 2011.

인 인식과 무지를 바꾸고자 이 다큐멘터리를 기획했다."면서 11-13세기에 가장 찬란했던 동남아 문명을 보여주려고 앙코르를 선택했다고 했다. '신들의 땅 앙코르'는 태양의 수호자로 일컬어지면서 오늘날 태국까지 영토를 확장하여 1177년 앙코르 와트를 건설한 수리야바르만 2세와 이후 앙코르 톰을 건설한 자야바르만 7세(Jayavarman VII) 이야기를 토대로 제작됐다.

이 다큐멘터리는 총 제작 기간이 15개월이나 걸렸는데, 당시 세계 최초의 3D 입체 영상을 통해 앙코르 와트의 넓이가 현대 축구장 20개 정도의 크기이며 높이 약 65m 탑이 빼곡한 전경을 통하여 왜 앙코르 와트가 세계 8대 불가사의로 불리는지를 잘 보여주고 있다. 다큐멘터리는 당시 지상 최고 신전으로 손꼽히는 앙코르 와트의 건국 과정을 상세하게 재현했을 뿐 아니라, 그 당시 앙코르 와트의 색상과 구조를 복원하여 본래의 화려함과 위용이 로마 제국에 견줄 만큼 대단하다는 사실을 알게 해준다.

앙코르 와트를 간단히 설명하면, 동서 1,500m, 남북 1,300m의 웅장한 국가 사원으로, 약 2만 5,000여 명의 인력을 동원하여 장장 37년 동안 건설했다. 앙코르 와트의 특징 중 하나는 겹겹의 성곽이 둘러싼 형태를 하고 있다는 것인데, 가장 바깥쪽의 성곽은 다시 폭 190m의 거대한 해자가 둘러싸고 있다. 앙코르 와트 사원을 제대로 보려면 3생(전생, 현생, 내생)을 거쳐야 한다는 말이 있는데, 1층은 미물계, 2층은 인간계, 3층은 천상계를 상징한다. 건물은 세 겹으로 된 회랑과 이 세 겹의 회랑으로 둘러싸인 중앙 사당으로 이루어져 있다.

중앙 탑, 중앙 사당은 천상의 신의 영역에 속하는 곳인데 높이 65m로 그 경사가 70도가 넘어 웬만한 담력이 없는 사람은 오르기를 포기할 정도의 급경사로 되어 있다. 아주 능숙한 등산가라 할지라도 두 손, 두 발을 다 사용하여 기어 올라가야 하는데 이들은 이를 신에게 다다르기 위한 예의라고 말한다. 모서리에는 4개의 탑이 서있는 회랑이 둘러싸고 있는데, 중앙탑은 앙코르 와트의 가장 핵심적인 상징물이다. 앙코르 와트는 신의 세계를 구현한 사당으로 중앙탑은 힌두교 외 불교에서도 세계의 중심으로 받드는 수미산을 나타내고 참배 길은 세계의 기축(基軸) 도로를 모방 상징하여 형상화 시킨 도로이며, 둘레를 에워싼 벽은 히말라야산맥을, 해자는 세계의 끝인 깊은 바다를 상징한다. 또한 앙코르 와트 사원 안 곳곳에는 비슈누(Vishnu)에 관한 신화가 조각되어 있고 국왕들의 모습을 비롯하여 코브라, 무희 등의 모습이 새겨져 있다.

한편 앙코르 톰은 12세기, 인구 100만 명이 살았던 거대 도시였음이 다큐멘터

우유의 바다 휘젖기, 출처: Wikipedia

리를 통해 밝혀졌다. 캄보디아 톤레샵 호수 북쪽에 세워진 앙코르 왕국의 수도 앙코르 톰은 한 변의 길이가 3Km, 총 길이 13.2Km, 높이 7-8m의 정사각형 모양으로 지은 거대한 성벽 도시로 북서쪽은 왕궁과 왕을 위한 구역, 북동쪽은 왕실 광장과 작은 사원들로 구성되어 있다. 그리고 남쪽은 주거시설과 상업시설, 군사시설 등으로 이루어져 있다.

앙코르 톰에는 모두 5개의 문이 있는데, 곧 동서남북 그리고, 승리의 문이다. 모든 문 양 편에는 유명한 한두 신화 '우유(milk)의 바다 휘젓기' 곧 산스크리트어로 '사무트라 만탄(Samudra manthan)'이라는 신화 내용을 조각해 놓았다. 힌두교의 가장 중요한 신화 중 하나인 '우유의 바다 휘젓기' 신화는 선한 신 디바(Deva)들과 악한 신 아수라(Asura)들이 우유바다에 강력한 약초를 넣고 메루산 동쪽에 있는 만다라차라산을 중심으로 나가(Nagas)의 왕인 용왕 바스키(Vaski)를 잡고 양쪽으로 줄다리기를 하는 것으로 바다를 이렇게 휘저으면, 불멸의 영원한 생명을 얻을 수 있는 불로장생의 감로수 암리타(Amrita)를 구한다는 내용이다. 이런 '우유바다 휘젓기'모습의 벽화는 앙코르 와트 1층 회랑 벽에도 거

자야바르만 7세 동상

대한 전경으로 그려져 있을 뿐 아니라, 캄보디아 거의 대부분의 사원들 마다 눈에 띄는데 영생불멸에 대한 인간의 갈구와 염원이 얼마나 깊은지 잘 드러내고 있다.

캄보디아의 세종대왕, 자야바르만 7세

이제 앙코르 왕국의 최전성기를 이끌었던 자야바르만 7세를 통해 앙코르 왕국을 들여다보자. 자야바르만 7세는 캄보디아 여론 조사 때 마다 매번 1등을 차지할 정도로 모든 캄보디아 국민들에게 사랑을 받은 왕이다. 우리나라로 친다면 세종대왕에 해당하는 인물로 캄보디아에서 가장 위대한 왕이며 존경받는 왕이다.

자야바르만 7세는 다란인드라바르만 2세(Dharanindravarman II)의 아들로 태어났다. 당시 그가 태어나 성장하고 있었을 때 크메르는 앙코르 와트를 건설한 수리야바르만 2세(Suryavarman II) 사후 점차 쇠퇴하던 시기로, 자야바르만은 그의 형[야소바르만 2세(Yasovarman II)]이 아버지를 이어 왕으로 재위하던 시절에 베트남 남부에 있는 참파 족 정벌 사령관으로 활동하고 있었다. 이후 내부 쿠테타로 왕인 형이 죽임을 당하고 1177년에 참파 왕국의 참파 족이 메콩 강을 통해 수도 앙코르를 기

자야바르만7세 때 참파 족 정벌 모습

습 공격하여 수도를 중심으로 한 앙코르 왕국이 참파(cham pa) 족의 지배 아래 들어가게 된다. 당시 원나라 사신 주달관이 앙코르에 머물고 있던 시절 쓴 진랍풍토기(眞臘風土記)에 보면 제국의 수도 앙코르의 도탄에 빠진 모습을 "길을 가다가 크메르인이 보이면 붙잡고 배를 갈라 쓸개를 꺼내고 1천 개가 모이면 참파왕에게 보냈다."고 기록할 정도였다. 자야바르만은 수도가 함락되었다는 소식을 듣고 고향인 캄퐁 스바이(Kampong Svay)에서 병력을 모아 힘을 기른 후 톤레샵(Tonle Sap) 해전을 통해 참파 족 왕을 죽이고 대승을 거두면서 1181년에

앙코르 왕국의 황제로 등극하게 된다. 그는 이후 30년간 크메르 앙코르 왕국을 태평치세로 다스리게 되는데 이때가 크메르 제국의 황금기에 해당한다. 재위에 오른 자야바르만 7세는 왕권의 강화를 위해 대규모 건축을 하게 되는데 바로 앙코르 톰과 바이욘(The Bayon) 사원 등을 건설한다.[10]

거대 도시 앙코르 톰은 약 20만 명이 동원되어 건설되었는데, 역사학자들에 의하면 12세기 앙코르 톰에는 약 70만-100

---

(10) 캄보디아 씨엠립에 있는 앙코르 국립박물관에 가면 자야바르만 7세와 톤레샵 해전, 중국 원나라 사신 주달관에 관한 상세한 전시가 되어 있다.

만 명의 인구가 살았던 것으로 추정된다. 13세기 파리 인구가 10만 명, 고려 수도 개경 인구가 10만 명, 당시 전 세계 1등 국가 송나라 수도 개봉의 인구가 80만 명 살았던 것으로 볼 때, 이는 엄청난 규모이다. 그 당시 앙코르제국은 로마의 도로처럼 1,200Km가 넘는 고속도로를 건설하였으며, 민생사업에도 관심을 기울여 대규모 민간 시설 확충, 100개 이상의 병원 건설, 100개 이상의 숙박 시설 건설을 통해 크메르 백성들에게 많은 사랑을 받았다. 자야바르만 7세는 원래 다른 크메르 왕족들과 마찬가지로 힌두교인이었다. 그러나 그가 사랑하던 아내 불교도 자야라자데비 공주와의 결혼을 통해 불교로 개종하면서 자기 통치기간 동안 모든 힌두교 사원에 석가모니 불상을 모셔두게 된다. 그리하여 결국 앙코르 왓도 불교 사원이 되었다. 그의 사후 힌두교가 다시 부활하게 되는데, 자야바르만 7세를 연구하는 학자들 사이에는 그의 불교개종이 힌두교의 데바라자(Devaraja) 신의 통치와 강력한 중앙집권을 강조하는 왕조 체제의 약화를 초래했다고 평가하는 이들도 있다.

3. 참파 왕국

두 번째 앙코르 왕국을 신들의 도시라고 일컫는 대표적 사원과 자야바르만 7세의 치적 위주로 살펴보았다면, 이제 세 왕국이야기의 마지막 주인공 참파 왕국에 대해 살펴보자. 참파(192년–1832년)는 과거 베트남 중부와 남부 지방 전역 그리고 현재 캄보디아의 남부지역, 라오스의 남부 짬빠삭(11)까지 통치했던 말레이계의 참 족이 세운 왕국이다. 당나라에서는 참파 왕국을 임읍(林邑), 환왕국(環王國)으로 송나라 때에는 점성(占城)(12)이라고 불렀다. 참파 왕국은 일찍부터 해상실크로드를 통한 중계무역으로 번성했는데, 특별히 인도인과의 교역과 왕래가 많아 카스트 제도를 비롯하여 정치, 사회, 문화, 종교, 언어 등에 인도의 영향을 가장 크게 받았다. 오늘날 캄보디아와 베트남에 남아있는 참파 왕국 유적에는 '참파의 인도화'가 어느 정도였는지 잘 드러내 주고 있다.(13)

특히 베트남 중부 다낭 근처에 위치한 미선(Mỹ Son) 지역은 참파 왕국의 수도로, 베트남에서 고대 참파의 힌두교 사원 유적지로 유명한 곳인데, 힌두교 시바 파의 성역이기도 하다. 또한 11세기 초 참파 지도

---

(11) 현재 라오스 남부에서 1713년에서 1946년까지 존재했던 역사 상의 왕조이다. 참파사크는 원래 참 족이 세운 참파 왕국 지역이었다가 라오스 란쌍 왕조가 강대해지면서 그 지배를 받게 된다. 이후 1690년 술리냐웡사 왕의 사망 후 왕위 계승 분쟁이 발생하여 이를 계기로 란쌍 왕국이 루앙프라방, 비엔티엔, 짬빠삭이라는 세 왕국으로 분리 독립하게 된다.

(12) 점성(占城)은 산스크리트어 참파푸라(占婆補羅, Campapura)와 참파나가라(占婆那喝羅, Campanagara)의 약칭인데, 그 중 'pura', 'nagara'는 산스크리트어로 읍(邑), 성(城)이란 뜻이다. 점성은 본래, 이 나라의 국왕이 거주하는 곳을 지칭하는 것이었다. 위키백과, 2020년 참파편.

(13) 조흥국, '동남아시아의 역사', 동남아선교지원센타 자료중 조흥국 교수 글모음, p5.

에는 당시 참파의 4개 지역을 인도식 지명 (地名)으로 구분하여 부르던 것에서도 인도화의 영향을 볼 수 있다. 곧 아마라바티 지역(阿摩羅波胝, 현재 베트남의 꽝남성, 다낭, 꽝빈성, 꽝찌성, 트어티엔후에성), 비자야 지역(比子也, 현재 꽝응아이성, 빈딘성) 카우타라 지역(古笪羅, 현재 푸옌성, 카인호아성), 판두랑가 지역(賓童龍, 현재 닌투언성, 빈투언성)이다.[14]

이처럼 참파 왕국 초기는 해상무역을 통한 지역강국으로 인도 문화권과 힌두교의 영향으로 강성할 수 있었지만, 역사적으로 캄보디아 앙코르 왕국의 등장으로 위협을 받기 시작한다. 9세기에 출현하여 13, 14세기에 최전성기를 맞이한 앙코르 왕국은 참파 왕국의 영토를 흡수하기 위해 전쟁[15]을 벌였으며, 또한 10세기 중국으로부터 독립한 베트남 역시 11세기부터 본격적으로 영토확장을 위한 남진정책으로 베트남의 중남부 지역에 위치한 참파 왕국을 계속적으로 위협하며 전쟁을 했다.

결국 이 두 강대국 사이에 위치한 참파 왕국은 베트남에 멸망당하기 직전 왕이

이슬람으로 개종하면서 참파 왕국 전체를 이슬람화하게 되었다. 결국 1471년 수도가 함락당하며 250만 명의 참 족들이 베트남의 대량학살을 피해 인도차이나 여러 지역으로 뿔뿔이 흩어지게 된다.[16] 또한 19세기 초반 1822년에는 당시 태국의 아유타야 왕조의 침략으로 인해 방비가 허술해진 캄보디아의 국경을 넘어 캄보디아로 이주해 온 참 족이 약 60만 명으로 추산된다.[17] 결국 이후 참 족에게는 언어와 이슬람이 민족 동질성을 유지하는 최후의 보루가 된 것이다. 현재 캄보디아에 살고 있는 참 족들은 이들의 후손들이다.

캄보디아의 소수민족 참 족과 이슬람

현재 캄보디아 내 참 족은 전체 인구의 4%에 해당하는 약 50만 명으로 추산한다.[18] 13,690개의 마을 중 426개의 마을에 살고 있다. 이 중 200개는 약 70-100 가정 단위로 공동체를 이루고 있다. 어떤 마을은 1천명까지 공동체를 이루어 사는 경우도 있다. 대부분의 참 족들은 캄퐁참 (Kampong Cham) 주에 살고 있지만 24개 주 중 한 개주를 제외한 모든 도시에 소수일지라도 참 족이 살고 있는 것이 현실이다. 예전에 참 족은 매콩강 물줄기 주변이

---

(14) 위키피디아, 2020, 참파 편.

(15) 참파 왕국 전성기 때에 이르러서는 당시 동남아의 맹주였던 크메르 앙코르 왕국을 침략하기도 했으나, 참파 왕국이 크메르 왕국을 점령 통치한 기간은 4년인데 비해, 크메르 왕국이 참파 왕국을 다스린 시기는 37년에 달한다. 현재 캄보디아의 3대 명절 중 하나인 물 축제는 1181년 참파 왕국과의 전쟁을 이끌었던 크메르 왕국의 자야바르만 7세의 승리를 기뻐하고 기원하는 동시에 당시의 번영을 회상하는 의미를 가지고 있다.
전호진, '캄보디아 짬(참) 이슬람', 『코람데오 닷컴』, 2012.1.19.

(16) 전호진, 위의 글.

(17) 이상호, '캄보디아 선교, 캄보디아 이슬람 교도', 2015. 2.15., '캄보디아 이슬람', 2019. 1. 1. 캄보디아 씨엠립기독교문화원 블로그.

(18) 이상호, 위의 글.

씨엠립 참족 마을

나 톤레샵 호수 주변 등 강과 바다가 만나는 지역에서 어업에 종사하며 살았다. 그러나 여러 환경적인 요인들로 인해 다양한 종류의 직업군으로 점점 변화하며 거주지를 이동, 확산하고 있다. 캄보디아 전역에 약 444개의 모스크가 있으며 캄보디아의 행정 구역과 유사하게 커뮤니티가 형성되어 있는데 무슬림 지도자 이맘을 중심으로 23개의 큰 단위와 다시 작은 단위로 조직되어져 모스크를 중심으로 생활하며 그들만의 정체성을 이어오고 있다.

캄보디아 참 족들은 1970년대 중반 '폴 포트(Pol Pot)'의 킬링필드(The Killing Fields) 때 50만 명이 학살당했다고 주장한다. 대학살의 직접적 원인은 당시 폴 포트의 부하 중 '르 카심'이라는 인물로부터 시작된다. 그는 참 족으로 플로 참파(Fulro Champa)라는 저항조직을 결성하여 이후 캄보디아 당국으로부터 엄청난 보복을 당하게 된다. 그러나 이러한 보복은 역으로 사우디아라비아 및 파키스탄의 이슬람 원리주의 와하비파로부터 많은 원조를 받게 했는데, 그 결과로 캄보디아에 150개 이상의 모스크와 35개의 이슬람 고등교육기관이 세워졌다. 뿐만 아니라 정기적으로 파키스탄 및 사우디에서 온 종교지도자들이 참

족을 방문, 이슬람 교육을 시키고 있다. 현재 매년 약 100명 이상의 참 족 학생들이 사우디 및 파키스탄으로 보내져서 이슬람 교육을 받고 있다.

특히 일부 아랍 국가들과 파키스탄 및 말레이시아의 이슬람 NGO들은 매년 2,000만 달러의 자금을 투자하여 캄보디아 안에 공공기관, 모스크 마드라사(이슬람 학교)를 건축하고 있다.[19] 모금을 주도하는 기관은 사마쿰 이슬람 캄푸챠(Samakum Islam Kampuchea)이며 사우디아라비아 제다의 이슬람 개발은행(Islamic Development Banks), 이샤크 빈 나시르, 무하마드 카심과 같은 두바이 아랍인들도 참 족들을 재정적으로 후원하고 있다. 또한 말레이시아에서 들어온 다콰 타브리(Dakwa Tabligh)라는 이슬람 전도단체도 참 족과 캄보디아 사람들을 대상으로 이슬람 전도 활동을 하고 있다.

작년 2018년 11월 이슬람의 금식기간인 라마단이 끝나는 금요일에 주 캄보디아 미국 대사관은 참 족 무슬림 지도자 200명을 초청하여 만찬회를 베풀기도 했다. 목적은 참 족 무슬림 공동체에 "제발 이슬람 테러분자들을 숨기지 말아 달라"는 요청을 하기 위해서였다.

---

(19) 이상호, 위의 글.

란쌍과 앙코르는 국가와 종족 정체성 동일, 반면 참파는 소수종족과 이슬람 정체성

세 왕국 이야기를 이제 끝내려 한다. 이 글에서 첫 왕국으로 언급했던 라오스 란쌍 왕국은 독립적인 라오스 국가의 토대를 형성한 라오스의 자부심이자 정체성의 근간이다. 란쌍 왕국은 현재 라오스 인민민주주의공화국이라는 사회주의 공산주의 국가 헌법에도 기록될 정도로 라오스의 뿌리에 해당한다. 또 두 번째로 살펴본 캄보디아 앙코르 왕국으로 현재까지도 캄보디아 주류민족 크메르 족의 구심점이며, 크메르인의 정체성이기도 하다. 이들은 단지 과거의 유적, 관광 차원에 머물러 있지 않았다. 20세기 말 원조 경제로부터 다시 회복 부상하기 시작한 캄보디아 앙코르는 이제 다시 캄보디아 사람들의 역사, 문화적 정체성으로 강한 앙코르를 재현해내고 있었다.

반면 마지막 세 번째 참파 왕국은 과거 한 때 해상무역으로 동남아 해상 실크로드 무역으로 강성하기도 했으나, 국경을 맞댄 캄보디아와 베트남이라는 두 지역 강자 사이에서 인도차이나 패권 경쟁에서 밀려나 쇠락하면서 지금은 베트남의 소수민족이자 캄보디아의 소수민족으로 전락하여 그 명맥을 유지해오고 있다. 기독교 관련 자료를 검색해보면 현재 참 족은 주변 이슬람 세계의 보살핌과 보호를 받는 약자로서

씨엠립에 위치한 모스크

무슬림 미전도종족 참 족으로 명시되어 있
다.

　　이 글을 마무리하면서 란쌍 왕국은
현재 라오스의 주류 종족 라오 족, 그리
고 앙코르 왕국은 현재 캄보디아의 주류민
족 크메르 족이라는 지배종족의 정체성으
로 국가 통일과 사회통합의 기제 역할을 하
고 있음을 알 수 있었다. 특별히 종족 정체
성이 국가적 정체성과 상호 밀접하게 연관
되어 국가 발전을 형성하면서 구현된 케이
스에 해당된다. 이에 비해 참파 왕국과 참
족은 소수종족 정체성으로 현재를 살아가
고 있다. 이 세 왕국이야기를 통해 역사적

인 관점에서 인도차이나의 라오 족, 크메르
족, 참 족의 형성과 라오스, 캄보디아, 베트
남이라는 세 국가를 좀 더 이해하게 되는
계기가 되길 바란다.

에메랄드 트라이앵글; 화해와 협력의 희망

글 | 강 호세아(SIReNer)

프레아 비헤아르, 출처 wikipedia

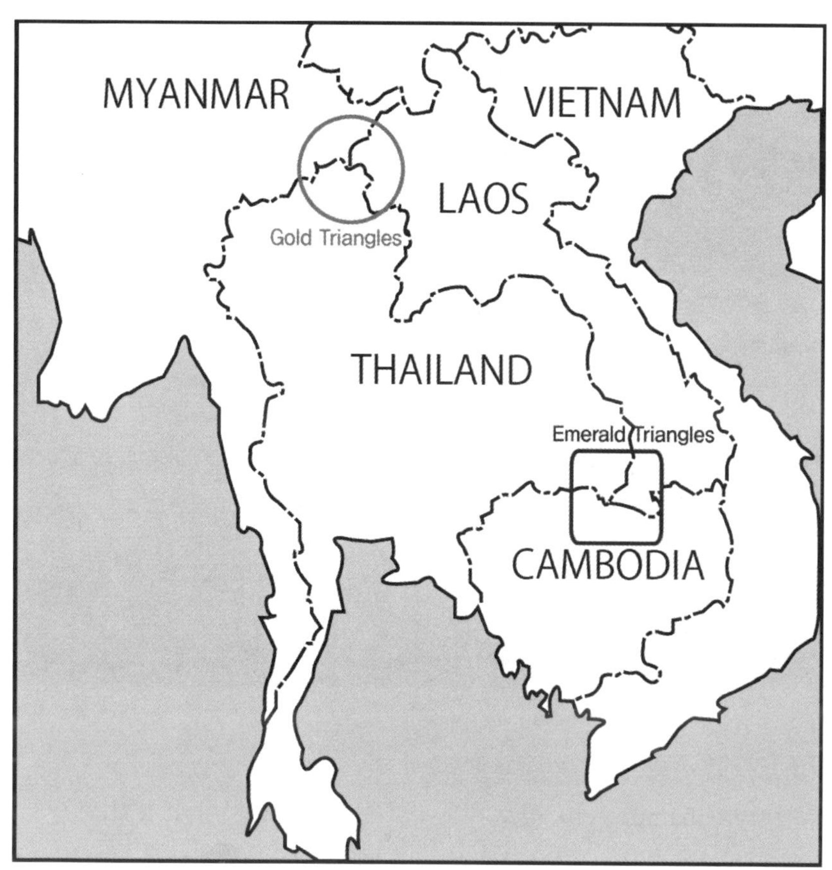

골든 트라이앵글과 에메랄드 트라이앵글

지정학적으로 3개 지역 접경지역을 '트라이앵글(Triangle)'이라는 이름으로 지칭하곤 한다. 그 중 인도차이나 반도 메콩 강 상류의 태국, 미얀마, 라오스 등 3국 접경지대에 있는 '골든 트라이앵글(Golden Triangle)'이 가장 유명하다.[1] 이 와 함께 동일한 인도차이나 반도에 있으면서 상대적으로 덜 알려진 또 다른 트라이앵글 지역이 있는데, 그곳이 바로 이제 다루고자 하는 '에메랄드 트라이앵글(Emerald Triangle)'[2] 지역이다. 에메랄드 트라이앵글은 태국 이산(동북부) 남부의 우본 라차타니(Ubon Ratchathani, 이하 우본), 라오

---

[1] 이 지역은 1950년대부터 아편왕 '쿤사(Khun Sa)' 등에 의해 아편이 대량 생산되기 시작하여 한 때 전 세계 아편 생산의 70%를 차지했으나, 21세기 들어 관련국 정부의 노력으로 차츰 줄어들었다. 현재 이 악명은 '아프가니스탄-파키스탄-이란' 3국 접경지역으로 옮겨 새로운 아편 '골든 트라이앵글'이 형성되었다. 접경은 아니지만 지역 영향력이 큰 중국까지 포함한 'Quadrangle Area'라고 불리기도 한다.

[2] 미국 캘리포니아 북부에 같은 이름의 별칭이 붙은 다른 지역이 있다. 이 지역은 Humboldt, Mendocino, Trinity 등 3개 카운티의 삼각지역이며, 이 지역도 1960년대 이후 미국 최대의 대마초 생산지로 알려져 있다.

에메랄드 불상

스 남부의 참빠삭(Champasack), 캄보디아 북부의 프레아 비헤아르(Preah Vihear) 등 3국이 만나는 접경지역을 가리킨다. '에메랄드'라는 이름 때문에 이 지역에 에메랄드가 많이 나는 것으로 생각할 수 있는데, 이 지역이 루비, 사파이어 등 보석들의 주산지이기는 하나, 정작 에메랄드의 주산지는 아니다. 그런데 왜 '에메랄드'라는 이름이 붙여졌을까?

그것은 우선 이 지역이 3국의 국경을 따라 연결되는 산맥이 형성되어 있어서 온통 녹색의 삼림지대인데, 하늘에서 보면 이 거대한 녹색이 매우 아름답다. 그리고 이

녹색에 인도차이나 불교의 상징과도 같은 '에메랄드 불상[3]'에서 기인한 녹색 보석 에메랄드에 대한 일반적 선호가 결합되어 이 지역에 '에메랄드'라는 이름이 붙은 것으로 추정된다. 즉, 골든 트라이앵글처럼 3국이 만나는 지역이면서, 에메랄드 빛 녹색 삼림지역이라는 의미에서 '에메랄드 트라이앵글'이라는 이름이 붙은 것이다.

---

(3) 전설에 의하면 원래 이 불상은 인도에서 왔으며, 캄보디아 왕국에서 표면이 입혀져 1434년 아유타야 왕국에 선물한 것으로 알려져 있다. 그러나 그 후 이 지역의 복잡한 정치사와 전쟁사를 거치며 라오스로 옮겨졌다가 다시 현재의 태국으로 옮겨왔다. 이 에메랄드 불상의 보유가 불교 정통성 확보와 맹주로서의 지위를 결정한다고 여기는 상징성 때문에 이 지역에서는 매우 중요한 의미를 갖는다. 그런데 정작 이 불상은 에메랄드가 아닌 녹색 옥으로 되어 있는데, 최초 발견한 승려가 오인한 것이 그대로 굳어진 것이라고 한다.

총복, 출처 wikipedia

이 에메랄드 트라이앵글 지역의 구체적인 위치는 총복(Chong Bok)이라는 지명으로 알려진 약 12㎢ 면적의 지역이다. 사실 이 지역에 '에메랄드'라는 거창한 이름까지 붙여가며 의미를 부여하는 것은 이 지역이 태국, 라오스, 캄보디아의 3국 접경지대라는 특이성도 있지만, 사실 이 곳이 역사적으로 오랫동안 3국간 영토 갈등이 빈번했고 지금도 여전히 갈등 요소가 상존하는 분쟁 지역이었기 때문에 그 지역적 불안 요소를 해소해 보고자 하는 시도라고 할 수 있다. 특히 태국과 캄보디아 간의 '카오 프라위한(Khao Phra Viharn, 태국 편 명칭)

/ 프레아 비헤아르(Preah Vihear, 캄보디아 편 명칭)' 사원을 둘러싼 국경 분쟁이 그 핵심이라 할 수 있다. 이 사원은 과거 크메르 문화의 위대한 유산이라고 일컬어지는 11세기 건축된 힌두사원으로서 태국과 캄보디아 간 국경을 따라 뻗은 뎅렉 산맥 정상부 밀림에 위치해 있다.

20세기 서구 식민세력의 이 지역 침탈과 잦은 전쟁으로 인해 국경 확정에 진통을 겪다가 결국 1907년 이 사원은 캄보디아 영토로 확정되었다. 하지만 깎아지른 산맥 때문에 캄보디아 쪽에서는 접근하는 것이 거의 불가능하고, 실제로 이 사원의 입구는 태국 편에 있다. 그래서 태국은 이 지역에 군대를 배치해서 입구를 봉쇄해 버렸고, 캄보디아는 계속해서 항의하는 한편 이 문제를 국제 공론화시키기 위해 2008년 이 사원을 유네스코 세계문화 유산 지정을 요청하면서 양국 간의 국경 분쟁은 재점화되었다. 그러한 의미에서 이 지역에서의 평화, 협력을 위한 노력의 역사를 살펴볼 필요가 있겠다. 1993년, 3국의 선린우호와 협력의 상징으로 'Sala Ruam Jai'라는 이름의 건물을 에메랄드 트라이앵글 지역 중심에 세우면서 항상 잠재되어 있던 긴장과 갈등의 분위기가 완화되기 시작했다.

그리고 2000년, 캄보디아가 먼저 관광, 경제, 사회, 정치 분야에서의 3국 협력을 촉진하자는 내용의 '에메랄드 트라이앵글 협력 프로젝트(Emerald Triangle Cooperation Project)'를 제안하였다. 이후 조정기를 거쳐 각국의 여론이 무르익자, 2003년 8월 2일, 라오스 빡세(Pakse)에서 3국 외교장관들이 모여 첫 번째 공식 회의를 가지게 되었다.

그 결과로 '빡세 선언'이 공식 채택되고, 먼저 관광 협력 계획을 공식화하기 위한 공동실무그룹 창설하기로 동의했다. 여기에는 1) 국경검문소 'one-stop service' 시행, 2) 인적자원 개발, 3) 에메랄드 트라이앵글 관광, 4) 인프라, 관광시설 개발 등

의 내용이 포함되어 있었다. 이를 근거로 3국 민간투자자들의 공동투자가 형성되었고, 2003년 12월 15-16일, 태국 우본 라차타니에서 실무그룹 회의가 열렸다. 이 에메랄드 트라이앵글 협력 프로젝트에는 스퉁트렝(Stung Treng), 프레아 비헤아르, 오도르민체이(Oddor Meanchey)(이상 캄보디아), 참빠삭, 살라완(Saravane)(이상 라오스), 우본 라차타니, 시사껫(Sisaket)(이상 태국) 등 7개 도시들이 참여하고, 이에 더하여 태국에서는 수린(Surin), 부리람(Buri Ram)까지 협력지역으로 확대되었다.

이러한 과정을 통해 시작부터 비교적 공통된 합의를 보인 관광 분야에서 먼저 구체적인 협력 주제가 나왔는데, 1) 국경을 따라 관광 활동 강화, 2) 국경검문소를 통한 용이한 3국간 교차 관광과 국경 관광 촉진, 3) 에메랄드 트라이앵글 내 여행 관광 명소 개발 촉진, 4) 국가, 특히 지역 차원에서의 공공, 민간 분야 협력 강화 등이 논의되었고, 가장 가시화되었던 영역이 골프관광이었다.

그러나 몇 가지 이유, 결정적으로는 앞서 언급한 태국과 캄보디아의 '카오프라위한/프레아 비헤아르 사원'을 둘러싼 국경분쟁 발발로 인해 골프관광 프로젝트는 5년이 넘도록 3국의 중앙과 지방 차원 모두에서 진척을 이루지 못했다. 그러나 모

든 유관 영역에서 이 프로젝트의 재개를 원했고, 2009년 10월 3일, 캄보디아 씨엠립(Siemreap)에서 두 번째 3국 외교장관 회의가 열리게 되었다. 이 회의에서 본 프로젝트 진행을 다시 확인했고, 관광 영역으로부터 농업, 인프라 개발, 무역증진, 지역경제 지속성장 등의 영역으로 확장해 갈 것을 결정했다. 그러나 이후로도 지방 차원에서의 협력은 몇 차례 진행되었지만, 중앙 장관급이나 정부 차원의 협력은 이어지지 않아 큰 틀에서의 아젠다(Agenda)는 대체로 공감대를 이루었으나, 세부적인 국가별 이해관계나 입장차는 여전한 것으로 보인다.

사실 시작은 골프 관광이라는 가장 낮은 단계에서 시작되는 것이지만, 이 협력 프로젝트는 관광 분야 뿐 아니라, 트라이앵글 지역과 그 인근 지역까지 아우르는 일반 경제 성장에도 실제적인 유익이 있는 사업이며, 3국 경제 발전에 지속 가능한 대안이 될 수 있는 요소가 많이 있다. 그러나 그 관광의 핵심이었던 '카오 프라위한/프레아 비헤아르' 사원을 둘러싼 양국 간의 분쟁이 결정적인 걸림돌이 되고 있다. 또한 에메랄드 트라이앵글 협력 프로젝트는 단순히 3국 접경지대의 화해와 협력 차원에만 머무는 것이 아니라, 메콩 강 경제권

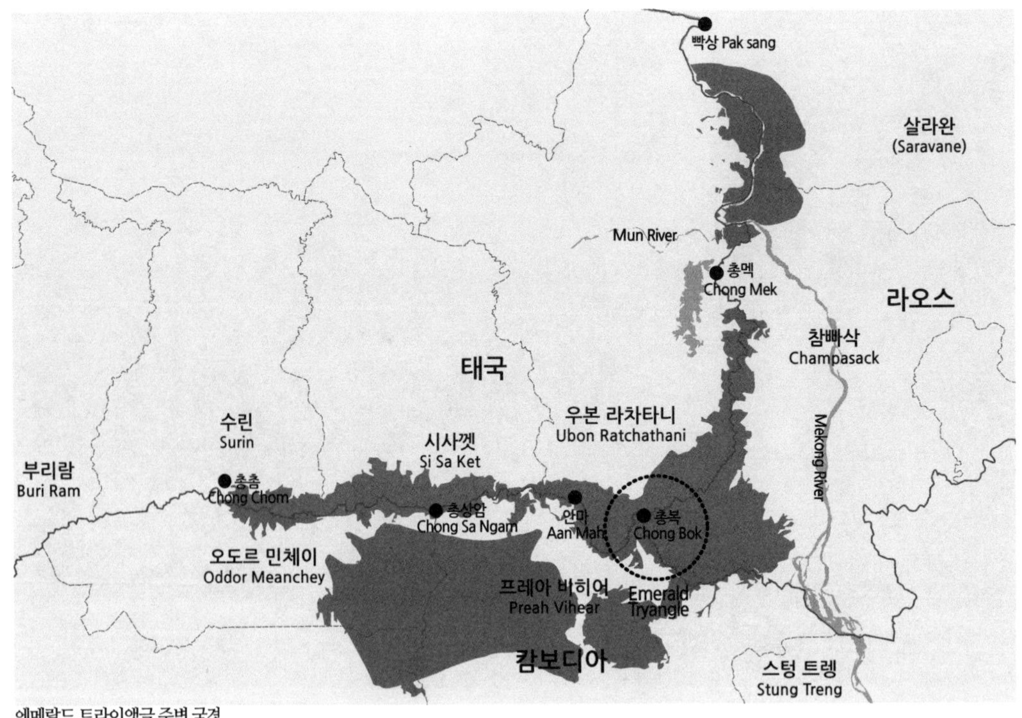

에메랄드 트라이앵글 주변 국경

(GMS; Greater Mekong Subregion) 경제 구조나 동서경제회랑(EWEC; East-West Economic Corridor)은 물론 더 나아가서 동남아시아국가연합(ASEAN; Association of South-East Asian Nations) 내의 모든 경제협력을 보완하고 완성하기 위한 대의 속에서 당사국 뿐 아니라, 주변 관련국들 간의 공감대를 얻으며 하나하나 성사되어 가야 하는 큰 그림의 한 조각이라고 할 수 있다. 그러나 이후 이 협력 프로젝트의 이행은 연기되면서 현재는 이 지역 전체가 군사통제구역으로 남아 있다.

에메랄드 트라이앵글 지역에서 협

력 프로젝트의 가시적인 실현은 답보 상태에 있지만, 국가 간 국경 무역 등은 지금까지 계속해서 활발하게 진행 중에 있다. 총복을 중심으로 이 지역에 공식, 비공식적인 국경 검문소들이 많이 있다.(총복은 현재 국경 통과가 불가능하다.) 국경 무역에 있어서는 우선 태국을 중심으로 라오스와 캄보디아를 구분해서 비교해 보는 것이 의미가 있을 것이다. 왜냐하면 이 지역에서 태국이 급성장하면서 거의 대부분의 무역 관계가 태국을 중심으로 이루어지기 때문에 사실상 라오스와 캄보디아 간의 무역은 태국과의 무역에 비해 다소 미미하기 때문이다.[4] 우선 에메랄드 트라이앵글 지역에서 태국과 라오스를 연결하는 루트로는 공식 국경인 총멕(Chong Mek) 국경과 빡상(Pak Sang) 루트가 있다. 총멕 국경은 태국 우본 라차타니 주의 피분 분사한(Piboon Munsahan)과 라오스 참빠삭 주의 방따오(Bang Tao)를 연결한다. 공식적인 국경이 아니어서인지 구글 지도(Google map)에도 나타나지 않는 빡상 루트는 태국 우본 라차타니 주의 켐마랏(Khem Marat)과 라오스 살라완 주의 나콘네펭(Nakhonepheng)을 연결한다.

태국 기준으로 이 두 국경을 통한 양국 간 무역 가치(trade value)는 2011년 기준 3억 5800만 달러(USD)로서 태국-라오스 무역량 전체 32억 7900만 달러(USD)의 약 11%를 차지한다. 물론 공식 국경인 총멕 국경을 통한 무역 가치가 빡상 루트를 통한 것보다 약 6-7배 많아서 국경 무역의 주력은 총멕 국경이라고 볼 수 있겠다. 실제로 태국 우본 라차타니에서 라오스 참빠삭으로 이동시 통과했던 총멕 국경은 유동 인구와 차량, 국경 지대에 형성된 상권이 상당했던 것으로 확인됐다.[5]

한편 에메랄드 트라이앵글 지역에서 태국과 캄보디아를 연결하는 대표적인 루트는 안마(Aan Mah) 국경과 총상암(Chong Sa Ngam) 국경, 총촘(Chong Chom) 국경이 있다. 이중 무역량이 비교적 많은 곳은 총촘 국경과 총상암 국경인데, 총촘 국경은 태국 수린 주와 캄보디아 오도르 민체이 주를 연결하고, 총상암 국경은 태국 시사껫 주와 캄보디아 프레아 비헤아르 주를 연결한다. 이 둘을 합친 무역량은 2,700만 USD로 태국-캄보디아 간 전체 무역 가치 대비 2-3% 정도밖에 되지 않는다. 이는 위에서 살펴본 에메랄드 트라이앵글 지역 내 태국-라오스 국경 무역 가치가 양국 전체 무역 가치에 차지하는 비율보다 현저히 낮은 수치이다.

그 이유는 각 국의 지리적 위치 때문에 기인하는 것이라고 생각된다. 라오스와 캄보디아 모두 태국에 대한 무역 의존도가 매우 높은 편이다. 그런데 태국도 아직까지는 대부분의 공업지대가 방콕 중심의 수도권에 밀집되어 있고, 모든 물류가 방콕을 중심으로 외부로 나가는 구조이다. 그래서 라오스와 캄보디아로 무역 물류가 이동할 때 핵심 관건은 방콕으로부터의 거리와 효율적인 경로가 고려될 수밖에 없다. 그러한 관점에서 볼 때, 라오스는 방콕으로부터 최단거리 경로가 에메랄드 트라이앵글 지역의 우본 라차타니를 거치는 경로일 수밖에 없다.

---

(4) 그래서 사실상 이 지역에서의 무역은 불균형적인 양상을 가진다. 그래서 에메랄드 트라이앵글 협력 프로젝트에 대해서 캄보디아와 라오스가 적극적이고, 태국은 상대적으로 미온적이다.

(5) 22012년 태국 통계(Chong Sa Ngam Customs House and Department of Foreign Trade, Ministry of Commerce, 2012)

뽀이뺏 국경을 통과하는 화물차

그에 반해 캄보디아는 에메랄드 트라이앵글 지역을 거치는 것보다 태국 동부의 뽀이뺏(Poipet) 국경을 거치는 것이 훨씬 효율적인 경로가 된다. 그래서 태국의 대라오스 무역은 에메랄드 트라이앵글 지역을 통한 국경 무역 비중이 높을 수밖에 없고, 캄보디아의 경우는 상대적으로 비중이 낮을 수밖에 없다고 이해할 수 있겠다. 그리고 총촘 국경을 통한 무역 가치가 총상암 국경보다 월등히 많고, 그마저도 안마 국경 쪽은 비교 대상에서도 빠진 것 역시 같은 맥락에서 방콕에서의 거리 순(총촘-총상암-안마)으로 국경 무역량이 결정될 수밖에 없기 때문인 것으로 이해된다.

또한 이 지역의 국경 무역 대상 물류 내용을 살펴보면 이 지역 국가 간 무역 구조를 더 잘 이해할 수 있다. 태국이 총멕과 빡상 국경을 통해 라오스로부터 수입하는 물류의 대부분은 농산물이고 나머지는 임산 원재료들이다. 특히 채소와 관련 가공품의 경우 빡상 루트는 전체의 73.8%, 총멕 국경은 전체의 43.9%나 차지한다. 캄보디아의 경우도 카사바(Cassava chips)[6]의 수입이 48.8%나 되는 것은 특이할 만하나,

---

[6] 길쭉한 고구마와 같은 외관을 가진 식물로 열대지방에서는 훌륭한 탄수화물 공급원으로 활용된다.

카사바, 출처 wikipedia

역시 대체로 농임산물 원재료들이다.

그에 반해 태국에서 두 나라로 수출하는 품목은 라오스의 경우 절반 이상이 생필 공산품들(빡송 62.5%, 총멕 53.5%)이고, 단일품목으로 가장 비중이 높은 것은 자동차와 관련 부품(빡송 11.0%)과 석유 관련 (총멕 29.4%)이었다. 캄보디아의 경우는 역시 생필 공산품은 뽀이뺏 국경을 통해 들어오기 때문인지 비중이 14.7%밖에 되지 않았고, 석유 관련이 68%를 차지한다.

이외에도 라오스와 캄보디아의 값싼 인력이 태국의 일자리를 찾아 매일 국경을 드나드는 인구도 수십만에 달한다. 이들은 주로 공식 국경 검문소가 아니라 비공식 국경 루트를 통해 여권이나 비자 없이 드나들어 정확한 이동 인구를 집계하기도 어렵다고 한다. 이러한 데이터를 통해 라오스와 캄보디아의 태국에 대한 무역 의존도를 이해 할 수 있다. 적어도 그 지역에서 태국은 가장 발전한 국가이고, 세 나라 중 거의 유일하게 공산품 등의 제조/생산이 가능한 대규모 공업지대를 보유한 국가이기 때문에 상대적으로 여전히 1차 산업에 머물러 있는 라오스나 캄보디아는 태국으로부터의 생필 공산품 수입을 의존할 수밖에 없다.

뽀이뺏 국경을 통과하는 농산물

특히 태국은 라오스와 캄보디아로 비교적 단가가 높은 공산품 위주의 수출을, 라오스와 캄보디아는 태국으로 단가가 낮은 농임산물 원재료 위주의 수출을 하는 구조가 강화될수록 태국과 양국 간의 무역 불균형은 계속 심화될 것이다. 그나마도 이들 국가들은 그 전에는 더 먼 국가들로부터 수입해 와야 했는데, 상대적으로 질은 조금 떨어질 수 있지만, 바로 인접한 태국에서 들여올 수 있는 품목들이 늘어나 오히려 좋은 면도 있다고 생각하는 것 같다. 그러나 그래서 더 자국 산업구조 개선 동력이 약화되고, 태국에 대한 무역 예속 관계 역시 더욱 심화될 것으로 보인다.

이상에서 살펴본 바와 같이 에메랄드 트라이앵글 지역의 협력 프로젝트가 답보 상태에 있지만, 3국 간 국경 무역은 활발하게 진행되고 있다. 그러나 또한 이미 주지한 바와 같이 그 활발한 국경 무역의 속살은 더욱 지역 내 태국에 대한 무역 의존도를 심화시키고, 태국에의 무역 예속이 심화되는 방향으로 진행되고 있다. 또 이러한 구조는 국가적으로는 이 지역 국경을 통한 무역량이 증가하는 이점이 있지만, 정작 이 트라이앵글 지역 내 각 주의 산업 생산적 동력은 더 약화시킬 수밖에 없는 구조이다.

이러한 불균형을 해소하기 위해서라도 에메랄드 트라이앵글 협력 프로젝트는 복원될 필요가 있다. 공동의 투자 그룹을 형성해서 실현 가능한 이 지역의 잠재 역량을 발굴해서 공동의 사업 프로젝트를 진행함으로서 3국의 입장이 완전히 동등할 수는 없겠으나 비교적 평등한 입장에서의 지역 발전 사업이 될 수 있을 것이기 때문이다. 이를 통해 라오스와 캄보디아도 지역 내 다른 부수 산업들이 생성될 수 있는 여지가 생기고 이것이 또 다른 영역으로 영향을 주는 순기능을 예상할 수 있기 때문이다. 또한 당초 이 프로젝트의 시작점이 관광이었던 것을 생각할 때, 이 지역의 천혜의 자연과 잠재되어 있는 관광자원들을 살리는 것은 가장 용이한 접근이면서 이를 통해 유관 산업들을 단계적으로 개발할 수 있는 좋은 지렛대 역할을 할 것이다. 뿐만 아니라 이 지역이 먼저 관광 지역으로 개발되면 국제적으로도 관심을 받게 되고, 이것이 더욱 다양한 영역에서의 지역개발을 촉진하게 될 것이다. 물론 10여년이 지난 최근까지 태국과 캄보디아의 이 지역에 대한 국경 분쟁 문제는 해결되지 못하고 있다. 하지만, 지방 주민들과 지역 당사자들은 이를 여전히 강력하게 원하고 있다.

오랜 분쟁이 있었던 만큼 이 지역의 화해와 협력의 분위기는 이 지역, 해당 국가뿐만 아니라 국제적으로도 의미가 있다.

지금의 국경 분쟁의 위기를 속히 해결하고 소망 있는 미래로 나아가기 위해서는 각 국 지도자들의 결단이 필요하다. 또한 이를 염원하고 있는 지역민들의 지속적인 노력도 필요할 것이다. 무엇보다 국제적으로 이 문제를 조율할 중재자가 나서야 할 일이기도 하다. 이 사안은 이 자체만으로도 그 지역에 대한 이해와 그 땅의 사람들의 깊은 문화적, 정서적 문제를 이해하는 중요한 도구가 될 수 있다. 또한 이를 통해 이 지역에 변화와 발전이 일어나고, 경제적인 발전과 함께 도시화와 사회적 변동이 일어나면 선교적으로도 여러 가지 기회가 생겨날 것이다. 외부 문화의 유입에 보다 수용적으로 변화되고, 복음과 기독교에 대한 수용성도 증가할 것이기 때문에 선교와 복음화를 위한 기회를 위해서도 관심을 가지고 기도할 제목이다.

중국 일대일로와 함께 떠오르는 '이산'

글 | 강 호세아(SIReNer)

일대일로(一帶一路)와 이산(Isan)

2017년 12월 21일 '코랏(Khorat)'이라고도 불리는 태국 '이산' 지역의 관문도시(Gateway City) '나콘 랏차시마(Nakhon Ratchasima 또는 코랏(Khorat), 이하 코랏이라 표기)'에서는 '방콕(Bangkok)-나콘 랏차시마'간 고속철도 기공식이 있었다. 이는 태국 최초의 고속철도라는 의미도 있지만, 한동안 인도차이나반도에서 난항을 겪던 중국의 '일대일로' 전략이 태국 구간 사업을 시작으로 다시 공식화되는 것이어서 더 큰 의미가 있을 것이다. 중국은 2013년부터 시진핑(習近平) 국가 주석이 중국을 중심으로 중앙아시아와 유럽을 잇는 육상 실크로드(일대)와 동남아시아와 유럽, 아프리카까지 연결하는 해상 실크로드(일로)의 일대일로 전략을 천명해 왔다. 이것이 최근 각 분야에서의 중국 굴기(倔起)와 맞물려 전 세계로 뻗어가는 '중화 팽창'을 본격화하고 있다. 일대일로는 본 선교회가 현재 진행 중인 인도차이나 반도 리서치에서 선교환경 변화와 관련해 매우 중요하게 예의주시하는 이슈 중 하나이기도 하다. 현재 인도차이나 반도는 이 일대일로를 축으로 변화하고 있다고 해도 과언이 아니기 때문이다. 물론 거대 중국자본이 남하하는 수단이 될지도 모르지만, 장차 이 고속철도는 중국 남부 쿤밍(昆明)에서 라오스를 거쳐 태국 방콕까지, 인도차이

출처: news.chosun.com/site/data/html_dir/2017/07/13/2017071300345.html, 2017.7.13

나 반도의 중심을 관통하는 동맥과 같은 존재가 될 것이다.

이 사업으로 인해 태국에서 새롭게 조명되고 있는 지역이 바로 본 기획특집의 주제인 '이산' 지역이다. 일대일로 고속철도의 태국 구간 주요 경유 도시인 나콘 랏차시마, 콘깬(Khon Kaen), 우돈타니(Udon Thani), 농카이(Nong Khai) 등이 모두 이산 지역에 속해 있으며, 이는 전체 구간의 약 60% 정도를 차지한다. 방콕에서 출발해 이산 지역의 첫 관문도시인 나콘 랏차시마까지 현재는 5시간 이상 소요되지만, 고속철도가 완공되면 1시간 남짓으로 대폭 줄

어들게 된다. 이로 인해 교통, 물류 상의 비약적인 발전도 예상되지만, 최근 저지대인 방콕에 홍수로 인한 침수피해가 잦아지면서 수도이전 논의가 다시 수면 위로 떠오르고 있는데, 그 대안지로 태국 제 2의 도시 치앙마이(Chiang Mai)와 함께 이 나콘 랏차시마가 거론되고 있다는 것도 향후 주목해 볼 대목이다.

태국 국내외 자본의 새로운 투자처로 부상하고 있고, 방콕에서나 있을 법한 대형 쇼핑몰들이 이산의 주요도시들에 속속 입점하고 있지만 이 지역이 원래 그럴만한 지역이었던 것은 결코 아니다. 사실 이산 지역은 불과 수 년 전까지만 해도 태국에서도 가장 열악한 불모지와 같은 곳이었다. 앞으로 달라질 것이 예상되지만 지금도 여전히 태국에서 가장 소외된 지역임에 틀림없다. 거기에는 이산 지역의 민족적, 역사적 배경이 다분히 깔려 있다. 향후 이산 지역 발전과 그와 함께 열리게 될 이산 지역의 선교적 돌파 가능성을 제대로 이해하기 위해서는 이산 지역의 지나온 세월을 반드시 이해해야 한다.

이산의 역사적 연원

'이산'은 지리적으로 태국 동북부 코랏 고원 일대 지역을 지칭하는 말이다. '이산'이라는 이름은 산스크리트어 '이샤(Īśa)'

อีสาน

이산

Phak Isan

이산 지역

Phu Isan

이산 사람

에서 온 것으로, '이샤'는 세계의 '동북부'를 다스리는 시바(Shiva) 신의 별칭이며 여기서 동북부를 의미하는 이산이 유래된 것으로 보인다. 태국 동북부 지역이라고도 하지만, '이산'이 더 보편적으로 사용되고 있다. 이 지역에 사는 사람들에 대해서 미전도종족 관점에서 과거에는 이들을 '이산(Isan)족'이라는 태국 타이 족과 구별된 또 하나의 종족으로 이해하기도 했지만, 오늘날은 통상 비교적 덜 독립적인 '이산 지역(phak Isan)', '이산 사람(phu Isan or khon Isan)'으로 칭하고 있고, 표면적으로는 당사자들도 스스로 구분되고 싶어하지 않는 것 같다. 하지만 이 지역을 조금 더 깊이 리서치하면서 이들이 단순히 태국의 한 지방으로만 이해하기에는 뭔가 부족한, 그러면서도 여전히 태국 주류 타이 족과는 확연히 구분되는 현실적 특성을 지니고 있다는 것을 발견하게 되었다. 이점은 향후 이산 지역 선교에 있어서 이 지역과 사람들을 이해하는 데 매우 중요한 이슈가 될 수 있다.

이산 지역은 넓은 면적에도 불구하고 역사적으로 주변 왕국들의 흥망성쇠에 따라 그 지배세력의 교체가 반복됐던 지역이다. 13세기 이전까지 이 지역은 앙코르(Angkor) 왕국의 크메르인의 영향력 하에 있었다. 그러던 1238년 앙코르 왕국으로부터 독립 한 타이 족의 수코타이(Sukhothai) 왕국이 13세기 말 경 이산 지역의 코랏 고원 북부를 영토에 편입하면서 이 지역은 잠시 타이 족의 영향 하에 들어갔다.

하지만 이후 라오(Lao) 족과 크메르(Khmer) 족이 반(反)타이 족 연대를 형성하게 되면서, 14세기 경 라오 족으로서 크메르 군대의 도움을 받아 오늘날 라오스 지역을 통일하여 란쌍(Lan Xang) 왕국을 건설한 파 응움(Fa Ngum) 왕이 이산 지역으로 세력을 확대하게 된다. 그와 함께 이산 지역으로 라오 족들이 대거 이주하게 되면서 라오 족이 이산 지역의 다수를 차지하게 되었다. 그래서 오늘날 이산 사람들의 혈통적 뿌리는 라오 족이라 할 수 있으며, 이들이 오랜 시간 이미 그 지역에 거주하던 크메르 문화를 수용하면서 '라오 + 크메르'의

란쌍 왕국을 건설한 파 응움 왕

혼합요소가 이산 정체성의 근간을 이루게 된다.

14세기 이후 계속 된 라오 족 란쌍 왕국에 의한 이산 지배가 흔들리기 시작한 것은 17세기부터이다. 쇠퇴하던 란쌍 왕국이 이산 지역을 둘러싼 경쟁에서 타이 족 아유타야(Ayutthaya) 왕국에 우위를 빼앗기기 시작하면서 점차 이산 지역은 아유타야 왕국의 영향 하에 들어가게 된다. 그러다가 18세기 미얀마에 의해 아유타야 왕국이 붕괴되지만, 탁신(Taksin) 장군이 다시 태국을 회복하고 더 나아가서 라오스의 분열 왕국인 루앙프라방(Luang Prabang),

비엔티안(Vientiane, 위앙짠), 짬빠삭(Champasak)까지 모두 속국으로 삼게 된다. 그리고 1827년 비엔티안의 차오 아누웡(Chao Anouvong)의 반란에 대해 군사적 응징을 감행하면서 비엔티안을 완전히 파괴시키고 라오스 왕국들을 비롯한 이산 지역이 태국 영토로 완전히 편입되는 결정적인 사건이 된다. 이후 1893년 제국주의 프랑스와의 조약체결로 메콩(Mekong) 강 동쪽의 영토를 프랑스에 할양하게 되면서 현 라오스 땅을 상실하게 되지만, 여전히 이산 지역은 태국의 영토 안에 남게 되었다.

태국 중앙정부의 내부식민주의

오늘날 태국을 크게 북, 중, 남부로 구분할 때, 방콕 중심의 중부가 전 국가적인 기득권을 가지고 나머지 북부(치앙마이 등 북부와 동북부 이산 포함)와 남부(이슬람 지역)를 통치하는 형태로 국가 구조가 확립되었다고 할 수 있다. 이산 지역이 17세기 이후 점차 태국의 지배하에 들어가게 되지만, 확인한 바와 같이 이미 이전 300여 년간 확립된 라오에 근간한 이산 정체성은 쉽게 바뀌지 않았다. 오히려 앞서 살펴본 역사적 배경 하에 이산 지역에 대한 차별과 희생을 바탕으로 중앙 정부의 발전을 도모하는 소위 '내부식민주의' 정책으로 인해 이산 지역의 중앙 정부에 대한 피해의식과 불만은 구조화 되었다고 볼 수 있다. 통

계 수치(1990년대)로만 보아도, 이산 지역 인구는 태국 전체의 ⅓ 정도로 방콕 중심의 중부 지역보다 많음에도 불구하고 국민총생산 중 동북부 지방이 차지하는 비율은 계속해서 더 낮아졌고, 1인당 국민소득은 전국에서 가장 낮을 뿐 아니라 전국 평균의 절반에도 못 미치는 그야말로 불모지와 같은 곳으로 국가발전에서 소외되어 왔다.

이와 같은 차별과 빈곤 상태는 1932년 입헌혁명을 통해 태국 역사상 처음으로 국회가 결성되면서 변화와 회복의 가능성이 보이는 듯 했다. 이산 지역 출신들이 국회로 진출하여 이산 지역의 이해관계를 대변할 수 있게 되었기 때문이다. 그러나 1947년 쿠데타로 군부정권이 들어서면서 이산 지역 출신 의원들이 라오스 공산주의와 결탁되었다거나 공산화나 분리독립 음모를 꾸몄다는 이유로 탄압을 당하게 된다. 이후에도 태국 내 정치적 변동 속에서 1980년대까지 이산 지역의 불만을 중앙에서 대변할 통로를 마련하지 못하다가 2000년대 들어 집권한 중국계 탁신(Thaksin Shinawatra) 총리 정부가 자신의 지지층인 북부(치앙마이 중심)와 동북부 이산 지역을 의식한 정책들을 펴게 되면서 상황이 다소 호전되기 시작했다. 그러나 탁신 총리마저도 부정부패로 실각하게 되면서 해묵은 이산 지역의 불평등 현상은 여전히 어려운 문제로 남아 있고, 이 문제가 완전히 해소

되기까지는 적잖은 시간이 소요되어야 할 것으로 보인다.

이산의 이중정체성

이러한 태국 중앙정부와 이산 지역 간의 배경적 역사는 이산 지역 사람들로 하여금 '소속 vs 분리'라는 독특한 '이중 정체성'을 형성하게 하였다. 이산 지역 정체성의 본질은 라오스와 태국의 주도권 다툼 속에 어느 한 쪽으로도 완전히 속하지 않았던 18세기 이전 약 200여 년 간 소위 '이산 지역주의'로 형성된 것으로 본다. 이는 혈통적으로 라오 족에 뿌리를 두고 있으나 정치경제적으로 약소한 국가인 라오스에 의존할 수도 없고, 점차 태국의 영향력 하에 속하게 되면서 점차 태국이라는 국가적 테두리 안에서 형성된 경향이 있다. 이를 더욱 강화하였던 것은 19세기 말부터 태국 중앙정부가 시행한 '중앙집권화 교육'이라 할 수 있다. 그 후 1934년까지 태국 전역의 중앙정부에 의해 통일된 의무교육이 확립되었다. 이산 지역 학생들도 타이어는 물론 중앙정부 중심의 국가관과 국왕, 불교에 대한 교육을 받게 되었다. 그 결과 이산 사람들로 하여금 중부 타이 주류 문화와 사회에 더욱 동화되기도 했지만, 그 반대급부로 자신들의 이산 문화는 상대적으로 열등하다는 의식을 야기하기도 했다. 이러한 부정적인 의식은 태국 중앙정부의 이산에 대한 내

부식민주의 정책에 의해 불만을 가중시키고 중앙에 대해 저항하게 하는 빌미가 되기도 하였다. 본 선교회의 지난 리서치(2017. 11) 결과, 이렇게 형성된 이산 지역의 태국 중앙정부에 대한 '소속 대 분리'라는 이중적 정체성은 외부인에 대해서나, 공식적으로는 '소속감(즉 자신들이 이산 족으로 구별되지 않고 태국인의 한 사람으로 비춰지기 바라는 의식)'으로 나타나는 것 같았고, 더 깊이 개입했을 때는 태국 또는 타이 족과는 다른 이산지역 또는 이산주의로서의 '분리감'으로 나타나는 것으로 보였다.

공식적, 표면적인 관계에서 후자는 잘 드러내지 않았지만, 그 '분리'의 정서와 더 나아가서는 중앙정부에 대한 저항감은 내심적으로는 분명히 존재하는 것으로 파악되었다. 단순히 태국의 한 지방, 태국민으로서의 지역 사람들로 보는 것도, 그렇다고 대놓고 '이산 족' 내지는 최소한 구별된 '이산 사람'이라고 보기도 쉽지 않은 이산의 이중정체성은 이산 사람들을 대상으로 선교 접촉을 시도하거나 사역을 전개해나갈 때 아주 중요하게 고려해야 할 이슈가 될 것이다.

이산의 새로운 선교적 기회

지금까지 살펴 본 바와 같이 태국 동북부 '이산' 지역은 오랜 시간 소외와 희생

이산 지역에 건설중인 고속철도

속에 방치되어온 지역이었다. 계속해서 태국 내부적인 개선 과정들이 있어왔겠으나 그나마 서두에서 다룬 고속철도 건설 계획 등이 발표되면서 최근 이산 지역이 새롭게 주목받고 있고, 코랏을 시작으로 고속철도 통과 도시를 중심으로 이 지역에 대한 투자 붐이 일면서 향후 이산 지역에 대한 개발이 가속화 될 것으로 예상된다.

마침 본 선교회에서의 리서치 당시 확인한 이산 지역의 풍경만 해도 예상했던 것보다 훨씬 역동적이고 변화의 기운이 강하게 느껴졌다. 코랏, 콘깬, 우돈타니, 농카이 등 다소 차이는 있었지만 가는 곳마다 도로

가 새롭게 확장되고 쇼핑몰 등의 대형 빌딩들이 건설되는 등 도시 중심부는 거의 대형 공사장 같았다. 도시의 확장과 새로운 도시의 건설은 투자되는 자본과 함께 반드시 일자리와 새로운 삶을 찾는 원거주지로부터의 사람들의 이동을 야기하게 마련이다. 또한 이는 반드시 새로운 환경과 관계 속에서 정서적, 영적 공허와 갈증이 수반된다. 이것이 곧 복음의 필요와 맞닿아 있고, 마감은 알 수 없는 결코 짧지 않은 한시적인 선교적 기회로 우리에게 주어진다. 지금 변화의 때를 맞은 이산 지역은 수많은 선교사들이 방콕과 치앙마이 등지에 집중되어 있는

이산 지역에 새로이 지어지고 있는 대형 쇼핑몰 내부 전경

태국 선교 현실에 새로운 기회를 시사하고 있는지도 모르겠다. 코랏, 콘깬, 우돈타니 등 고속철도가 지나는 주요 도시마다 그동안 소외받았던 이산 사람들의 손짓이, 복음과 선교의 청신호가 우리를 부르고 있다.

이산의 선교적 기회

글 | 정 보애(SIReNer)

안디옥 제자훈련센터(Antioch Training Center)

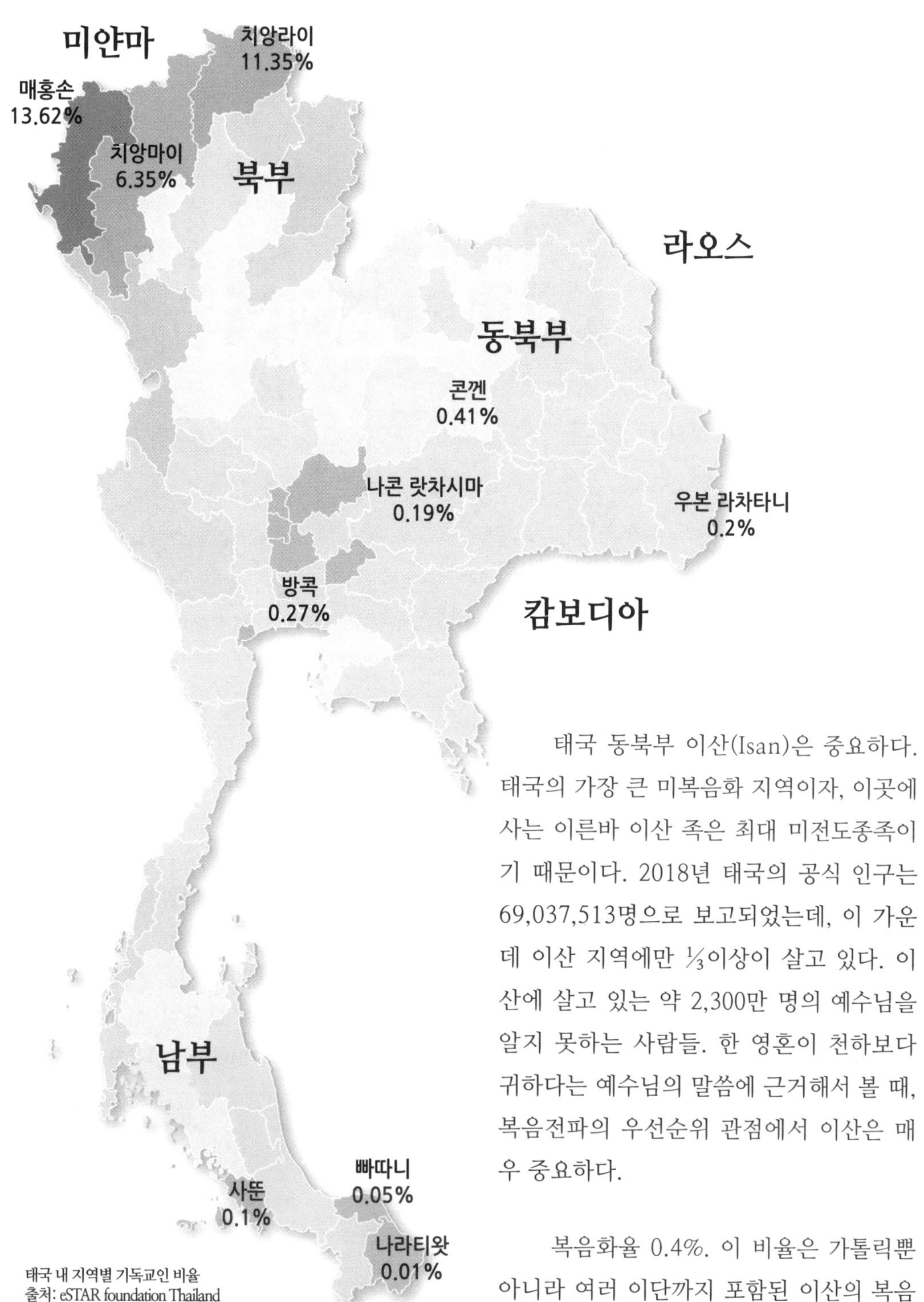

태국 내 지역별 기독교인 비율
출처: eSTAR foundation Thailand

태국 동북부 이산(Isan)은 중요하다. 태국의 가장 큰 미복음화 지역이자, 이곳에 사는 이른바 이산 족은 최대 미전도종족이기 때문이다. 2018년 태국의 공식 인구는 69,037,513명으로 보고되었는데, 이 가운데 이산 지역에만 ⅓이상이 살고 있다. 이산에 살고 있는 약 2,300만 명의 예수님을 알지 못하는 사람들. 한 영혼이 천하보다 귀하다는 예수님의 말씀에 근거해서 볼 때, 복음전파의 우선순위 관점에서 이산은 매우 중요하다.

복음화율 0.4%. 이 비율은 가톨릭뿐 아니라 여러 이단까지 포함된 이산의 복음

태국 북부 치앙마이에 위치한 치앙마이 제1교회 선교역사 기념관

화율 수치이다. 따라서 보다 더 정확하게 복음주의자의 비율로 살펴보면 이산의 복음화율은 2018년 0.2%에 불과하다(www.joshuaproject.net). 0.4%-0.2%! 이 수치만 놓고 보면 마치 기독교 박해 국가인 것 같은 착각을 하게 만든다. 이는 큰 아이러니가 아닐 수 없다. 왜냐하면 모두가 다 아는 것처럼 태국은 복음을 자유롭게 전파할 수 있는 국가들 중에서도 한국교회와 선교사들이 가장 선호하는 국가 중 하나이기 때문이다. 게다가 전 세계적인 관광지로서 사통팔달교통이 발달해 어디든 갈 수 있는 여행자들의 천국 같은 나라! 그런데 인도차이나에서 가장 거대한 미전도지역과 미전도종족이 바로 이곳에 있는 것이다.

결국 한국 선교사의 불균형적인 배치가 문제다

2,300만 명이라는 이 숫자는 태국과 국경을 접하고 있는 캄보디아 전체 인구 1,600만 명 보다 700만 명이나 많은 숫자일 뿐 아니라, 300만 명으로 구성되어 있는 국가 몽골 보다는 무려 7-8배나 더 많은 숫자이다.

왜 캄보디아, 몽골과 태국의 이산을

태국 북부 치앙마이에 위치한 태국성서공회

비교할까? 우선 캄보디아는 현재 약 1,600만 명의 인구에 1,000여 명이 넘는 한국 선교사들이 역동적으로 활동하고 있는 국가이기 때문에 선교사 배치 측면에서 너무 비교가 되기 때문이다.

캄보디아는 폴 포트(Pol Pot) 정권과 킬링필드(The Killing Fields)로 전 세계의 관심과 주목을 받으면서 해외 원조와 국제 NGO를 통해 열린 환경이 조성되었다.이에 한국교회와 선교사들도 기독교 NGO, 교회개척, 교육사역, 의료사역, BAM(Business As Mission)사역 등 다양한 사역을 펼치고 있다. 약 300만 명 인구의 몽골 역시 한국선교사들이 25년 이상 활동한 지역으로, 현재 500여 명 이상의 한국 선교사들이 사역하고 있다. 뿐만 아니라, 현지 교회와 성도들이 급성장하여 현지 교회 525개, 성도수 3만여 명의 복음화율 2%~2.5%로 세계선교를 위한 동반자 국가로 성장하고 있다.

반면 이산 지역에는 약 2,300만 명 인구에 약 80unit(부부를 각각 계산해도 160명 정도에 불과)의 한국선교사가 사역하고 있을 뿐이다. 이러한 비교만 놓고 보아도 교단과 선교단체의 선교사 배치 정책에 무엇인가 문제가 있음을 단적으로 보여준다.

우돈타니 한국문화센터에서 한국어공부에 열심인 이산 사람들

그런데 더 심각한 것은 태국 내부의 한국 선교사의 불균형 배치의 문제이다. 태국에는 약 1천여 명에 이르는 한국 선교사가 사역 중인데, 그 가운데 ⅔ 이상이 현재 방콕(Bangkok)과 치앙마이(Chiang Mai)에서 사역하고 있다. 이 때문에 방콕과 치앙마이에서는 사람과 사역의 중복, 과잉투자와 갈등 문제가 갈수록 크게 대두되는 반면, 이산 지역은 태국 주요 교단들이 해외 선교사들의 개입과 선교를 적극 환영하면서, 이산 지역으로 오는 선교사들에게는 우선적으로 비자를 제공해주고 있음에도 불구하고 여전히 상대적인 선교사 부족 문제가 해결되지 않고 있다.

이유는 선교사들이 방콕과 치앙마이의 국제학교, 한국학교 등 교육여건에 대한 선호와 다른 사역환경적인 우위도 있지만, 가장 중요한 것은 한국교회와 교단, 선교단체의 무지와 방관, 선교사 배치에 있어서 전략적인 정책의 부재 때문이다. 여기에 개 교회의 방콕과 치앙마이 위주로만 전개되는 단기선교 행태도 문제의 양상을 더욱 심화되게 만들고 있다. 따라서 한국전쟁 이후 한국교회의 첫 해외선교가 태국이었다는 자랑스러운 과거 역사에도 불구하고

시원하게 뻗어있는 일명 '인도차이나 사거리'로 불리는 콘깬의 중심 사거리

한국의 태국선교는 태국 주류 종족인 타이(Thai) 족 다음의 거대종족이자 미전도종족으로서 최우선 복음전파 대상인 이산을 마치 깊은 산 속에 살고 있는 부족처럼 무시하면서 '종족 무지(族盲)' 현상으로 눈뜬 장님과 귀머거리가 되어 2018년의 태국선교의 실정을 파악하지 못하고 있다.

이산 지역의 급격한 변화를 주목하라

과거에는 이산 지역이 별다른 주목을 받지 못했다. 그러다가 8,90년대, 선거에 의한 민주주의와 함께 인구 수(數)가 힘이 되는 시대로 들어서면서 주목을 받기 시작한다. 실제로 태국의 전(前) 수상 탁신(Thaksin)의 경우, 이산 사람들 때문에 정권이 창출할 수 있었다고 말해도 과언이 아닐 정도이다.

탁신 수상은 과거부터 소외받던 이산 지역 사람들을 위해 사회복지기금을 조성하고, 의료복지와 빈곤퇴치 정책을 시행하여 이산 사람들로부터 매우 큰 지지를 받게 된다. 그 덕분에 부정부패와 포퓰리즘으로 정치 생명이 위기에 몰렸을 때에도 이산 사람들의 여전한 신뢰와 인기, 몰표로 정권이 재창출되는 기적적인 일이 벌어지기도 했다. 이후 태국 방콕 중앙 정부에서는 이산 지역의 영향력을 절감하여 이 지역에 대한 도로와 교통 정비, 상업 쇼핑몰, 의료 시설 등 지역 경제 기반 구축에 많은 노력을 기울이고 있다.

또한 이산 사람들의 도시 이주와 함께 그들의 고향과의 연결성도 이산지역을 변화시키고 있는 또 하나의 큰 요인이 된다. 실제로 방콕, 파타야(Pattaya) 등 태국 주요 도시들에서 이산 사람들을 쉽게 볼 수가 있다. 이산 사람들이 보다 나은 미래를 위해 고향을 떠나 일자리가 많은 주요 도시로 이주하고 있기 때문이다.

특히 방콕에 살고 있는 한인들에 의하면 방콕 택시 운전사의 대부분이 이산 사람이라고 할 정도이다. 이산 사투리에서 그들을 금방 알아챌 수 있다고 한다. 또 크고 작은 공업단지와 공장에서 많이 일하며, 한인들의 사업장에서도 적지 않게 볼 수 있다고 한다. 그 외에 쇼핑몰, 호텔 종업원, 가사도우미(메반)로도 도시 구석구석 이산 사람들이 많다고 한다. 도시로 이주 한 이들은 스스로가 도시화되면서 원거주지(고향)과의 연결을 통해 이산 지역 변화를 야기하고 있다. 도시와 종족(사람들)관점에서 연계 사역이 필요한 부분이다.

다음으로 우리의 초점을 다시 원거주지 거대 이산지역으로 돌려 이 지역의 급격한 변화를 일으키는 직접적인 동인(動因)을 살펴보자. 최근의 그 핵심은 바로 중국의 일대일로(一帶一路) 정책이다. 이 정책은 육·해상 신 실크로드 경제권 형성을 통해 세계 경영을 꿈꾸는 중국 시진핑(习近平) 국가주석의 미래 국가전략이자 비전이라 할 수 있다. 한마디로 '일대는 여러 지역들이 통합된 '하나의 지대(one belt)'로, 구체적으로는 중국-중앙아시아-유럽을 연결하는 '실크로드 경제벨트'를 뜻한다. 또한 '일로'는 '하나의 길(one road)'로, 동남아아시아-서남아아시아-유럽-아프리카로 이어지는 '21세기 해양 실크로드'를 뜻한다.

이산과 일대일로! 21세기 G2로 미국을 능가하는 세계적인 패권국가가 되기 위한 중국의 빅 피쳐와 연관되어 있다는 사실을 주목할 필요가 있다. 특별히 선교적인 기회로 작동할 가장 눈에 띄는 변화는 바로 고속철도의 연결이다. 중국 남부 윈난(雲南) 성 쿤밍(昆明)에서 라오스를 거쳐 방콕까지 고속철도가 개설될 예정이어서, 그렇게 되면 태국 방콕에서 라오스 수도 비엔티안까지 소요시간이 4시간으로 단축될 전망이다. 이 일환으로 지난 2017년 12월 21일, 태국 이산 동북부 관문 나콘 랏차시마(Nakhon Ratchasima 또는 코랏(Khorat), 이하 코랏이라 표기)에서 태국 첫 표준궤 고속철 기공식이 열렸다. 1단계로 코랏과 수도 방콕을 잇는 253km의 고속철 공사가

태국 동북부 이산의 행정구역

이미 시작되었으며, 2단계는 코랏에서 라오스 국경 근처 농카이(Nong Khai)까지 355km 구간이 연결될 것이다. 이는 2021년 까지 완공될 예정이다.

지형적으로 중요
: 이산은 인도차이나의 관문이다

지형적 역사적 요인으로 이러한 다양한 문화, 언어, 종교적인 특성에, 90년대 이후 태국은 다른 인도차이나 국가와 달리 사회 경제적인 안정을 바탕으로 관광업과 서비스업이 급속하게 발전하면서 인도차이나 관문 국가로서의 또 다른 기회와 변화를 맞게 된다. 바로 국경을 접하고 있는 주변 이웃 인도차이나 빈곤 국가들의 사람들이 이주노동자 신분으로 돈을 벌기 위해서 국경을 넘어서 태국으로 물밀듯이 유입해 들어오기 시작한 것이다. 그 중에서도 특별히 미얀마, 라오스, 캄보디아 세 나라의 이주 노동자들이 가장 많아서 여기에서 발생한 선교적인 기회와 변화를 파악하고 선용할 필요가 있다.

이 세 나라의 이주민은 불/합법 이주 노동자 포함, 현재 태국 내에 2~300만 명을 넘어선 것으로 추정되고 있다. 이로 인해 현재 태국은 인도차이나 최대의 노동자 수입국의 위상을 지니게 되었다. 이와 같이 과거와 현재에 이르는 이산의 지역적, 인구 구성적인 특성은 동북 지역의 변방에 불과했던 이산을 21세기 인도차이나선교의 관문으로서 그 전략적인 가치가 새롭게 부상하고 있다.

다음으로 이산의 관문적 역할과 전략적 사역의 가능성을 이산지역의 행정구역을 통해 좀 더 살펴보자. 현재 이산은 20개의 행정구역[1]으로 구성되어 있는데, 지리적으로는 크게 세 지역, 곧 북부, 중부, 남부 이산으로 나눌 수 있다. 가장 위쪽에 해당하는 북부는 칼라신(Kalasin), 로이(Loei), 묵다한(Mukdahan), 나콘 파놈(Nakhon Phanom), 농부아 람푸 (Nongbua Lamphu), 농카이, 사콘나콘(Sakon Nakhon), 우돈타니(Udon Thani), 부엉칸(Bueng Kan) 등 9개의 행정구역이 있다. 가운데 중부는 6개로 구성되어 있는데 암낫차로엔(Amnat Charoen), 차이야품(Chaiyaphum), 콘깬(Khon Kaen), 마하사라캄(Maha Sarakham), 로이엣(Roi Et), 야소톤(Yasothon) 등이다. 가장 아래쪽에 해당하는 남부 이산에는 부리람(Buriram), 나콘 랏차시마, 시사껫(Sisaket), 수린(Surin), 우본 라차타니(Ubon Ratchathani, 이하 우본) 등 5개 행정구역이 속해 있다.

이산과 라오스 사이의 연관성은 '중국 일대일로와 함께 떠오르는 이산' 글에서 과거 역사 관계 중심으로 이미 살펴보았으며, 앞으로 또다시 다룰 기회가 있을 것이기 때문에 여기서는 캄보디아 부분만 언급한기로 한다. 위 행정구역을 보면 알 수 있듯이 이산 남부 지역 중 캄보디아와 직접적으로 국경을 접하고 있는 부리람, 시사껫, 수린 등 세 지역에서 캄보디아의 영향이 더 많이 나타난다.

특별히 수린은 고대 크메르 제국의 주요 도시로. 지역 이름의 '수'는 산스크리트어로 '신'을 의미하는 수라에서, '린=인따'는 인도 힌두교의 신 인드라에서 기원한 것이다. 그래서 수린이라는 주의 이름은 '인

<hr>

(1) 영어의 Province를 태국어로 '짱왓(Changwat, province 개념의 태국 행정단위)'이라고 하는데, 일반적으로 경상도, 전라도 할 때 '도(道)' 혹은 워싱턴주(州), 켈리포니아 주할 때 '주(州)'에 해당한다고 보면 된다.

드라 신'을 의미한다. 1990년대 태국 인구조사에서는 이 지역 인구의 63%가 크메르어를 할 수 있다고 보고되었으며, 2000년 인구조사에서는 47%가 크메르어를 구사할 수 있다고 보고되었다. 한편 수린보다도 많은 인구를 가진 부리람 역시 옛날 크메르제국 지역으로서 크메르 언어를 구사할 줄 아는 사람들이 지금도 30~40% 이상 되는 곳으로 중요한 관문지역이라 할 수 있다.

또한 수린 하면 마침 태국 내 미얀마 이주민 관련 리서치를 할 때 만났던 39세의 태국인이 떠오른다. 우리가 태국 근교 마하차이 지역의 수산물 가공단지에서 일하고 있는 미얀마 이주민들의 삶과 선교적인 기회를 파악하기 위하여 방콕에서 영어와 태국어가 함께 가능한 크리스천 현지 코디를 물색하던 중 소개받은 사람이었다. 그는 수린이 고향인 캄보디아계 태국 크리스천으로 10대 말 청소년기에 돈을 벌기 위해서 방콕으로 올라왔다가, 한국 선교사를 만나서 복음을 믿고, 제자양육의 과정을 거쳐 신학을 하고 건강하게 현지 지역교회 담임 목회를 하고 있는 사역자였다.

또 방콕에 올 때까지는 몰랐으나 마침 필자가 섬기고 있는 부천 참빛교회의 협력 선교사가 양육한 일꾼이기도 했다. 태국의 남쪽 변두리 수린에서 올라온 한 시골 청년이 한국선교사를 통해 복음을 만난 사실이 놀라웠다. 또 그 이후 여러 연단의 과정을 거치면서 지금은 방콕에서 건강한 다음 세대 목회자로 성장하여 현지교회를 목양하고 있는 현실이 고마웠다. 서로 하나님의 인도하시는 여정가운데, 그 어느 날 만나서 함께 태국에 들어온 이웃 인도차이나 미얀마 이주민들의 선교적인 필요를 살펴보며 동역하게 될 줄 어떻게 알았을까!

이날 주님의 제자로 건강하게 잘 자란 젊은 캄보디아계 태국 목회자와의 뜻 깊은 만남은 우리 엄마 리서치 사역자들에게 큰 감동을 주었다. 이는 그동안 우리가 관심을 두었던 태국을 중심으로 한 미얀마, 캄보디아, 라오스 등 인도차이나 국가의 제자 양육과 일꾼 양성이 실제로 가능함을 증명해 준 사례여서 더욱 더 하나님께 영광과 감사를 돌리게 된다.

'이산의 선교적인 기회'라는 제목으로 쓴 이 글의 서두에서는 이산에 거대한 2,300만 명에 달하는 최대의 미전도 된 사람들이 살고 있기 때문에 복음전파의 시급성과 우선성 면에서 중요하다고 설파했다. 그러면 구체적으로 어떻게 이산 지역을 선교적으로 잘 접근할 수 있는지 관문지역과 관문도시 중심으로 조망해보겠다.

현재 태국에서 가장 인구가 많은 행정구역은 물론 수도 방콕이다. 도심에만 580만 명, 도심 외곽까지 합하면 800만 명 이상이 살고 있다. 그렇다면 방콕 다음으로 인구가 많은 곳은 어디일까? 흥미롭게도 2위~4위 까지가 모두 이산지역의 곧 코랏, 우본, 콘깬이다. 이중 코랏[2]이 262만 여명의 인구로 이산에서 가장 많은 사람들이 살고 있다.

또한 이산에서 3위 인구 규모를 지닌 우본의 경우 놀랍게도 1972년까지는 이산지역 뿐 아니라 태국 전체적으로도 가장 큰 행정구역과 인구를 지닌 경제와 행정의 중심지였다. 우본은 지형적으로도 라오스와 캄보디아 두 나라와 국경을 접하고 있는 주요 도시이다. 이후 태국이 방콕 중심적인 발전정책을 강화하면서, 행정구역을 조정하여 야소톤(Yasothon)이라는 짱왓을 우본에서 분리시켜서 방콕에 1위 자리를 내주게 되었다.

아래 도표에서 이산의 인구 100만 이상 되는 거대 지역을 10대 메가 지역으로 제시하였다. 1위부터 10위까지 제시하였는데, 이산의 선교적인 기회는 우선 이 10개 지역의 관문도시들을 중심으로 하여 지역 전체와 연계된 전략적인 사역을 전개하는 것이 필요하다. 이들 10개 지역의 행정 수도 이름은 행정구역 '짱왓' 이름과 동일하다. 예를 들면 콘깬의 경우 행정수도이자 제일 큰 관문도시 이름 역시 콘깬이며, 부

리람 지역 역시 부리람이라는 도시이름이 되기도 한다. 다른 이산의 모든 지역도 동일하다.

이산 지역 내 인구 100만 이상의 메가지역

	도시	인구(명)
01	나콘 랏차시마 (Nakhon Ratchasima)	2,620,517
02	우본 라차타니 (Ubon Ratchathani)	1,844,669
03	콘껜(Khon Kaen)	1,790,049
04	부리람(Buriram)	1,579,248
05	우돈타니(Udon Thani)	1,572,300
06	시사껫(Sisaket)	1,465,213
07	수린(Surin)	1,391,636
08	로이엣(Roi Et)	1,308,318
09	차이야품(Chaiyaphum)	1,137,049
10	사콘나콘(Sakon Nakhon)	1,138,609

출처: wikipedia, 2012년 통계

선교 제안

이제 끝으로 이산의 선교적 기회와 관련해서 세 가지로 제안을 하면서 글을 마친다.

첫째, 향후 한국교회의 태국 단기선교를 이산지역으로 계획할 것을 제안한다. 그 동안의 치앙마이와 방콕 위주의 단기선교가 아니라, 방콕-코랏, 방콕-콘깬, 혹은 방

---

(2) 코랏에 대한 상세 정보는 본 책의 다른 글, '이산의 관문을 넘어 동남아시아의 관문으로, 나콘 랏차시마' 글을 참고.

콕-부리람 등 방콕을 비행기 왕복으로 하여 이산 지역의 10대 관문도시들을 중심으로 한 인도차이나를 향한 전략적인 단기선교 사역을 적극적으로 권장, 제안한다.

이유는 이들 지역에서 사역하고 있는 한국 선교사들과의 동역을 통해 한국교회가 태국의 선교적인 필요에 부합한 효과적인 선교를 할 수 있을 뿐 아니라, 국내로 돌아와서도 거대한 미전도종족 이산지역을 위한 중보기도와 사역 동원에 협력하여 시너지 효과를 거둘 수 있기 때문이다.

둘째, 이산의 선교적인 기회를 더 잘 파악하고 선교하기 위해선 우선 태국 선교 사회의 동북부 지회에 속한 한인선교사들과 협력할 것을 제안한다. 먼저 이 지역에서 선교하고 있는 한국 선교사들을 통해 이산의 전체적인 현황과 그 필요를 파악하고 상호 협력하는 것이 필요하기 때문이다.

셋째, 이미 이산지역에 집중적으로 사역을 전개한 C&MA(Christian and Missionsry Alliance)[3]라는 현지 교단과 목회자들과의 동역을 제안한다. 이 교단은 원래 미국에서 시작했는데, 특별히 인도차이나에서는 태국의 이산, 라오스, 베트남을 선택하고 집중한 선교적인 교단이었다. 또한 '업마가 만난 사람'을 통해서도 태국 콘

깬의 송형관 선교사가 이미 20년 이상 사역하면서 이 C&MA와 협력하고 있으므로 향후 이 부분에서 많은 도움을 받을 수 있을 것이다.

---

(3) C&MA에 관한 자세한 내용은 본 책의 다른 글, '태국 이산 선교의 기초를 닦은 C&MA' 글을 참조.

라오스 선교 방향과 전략

글 | 정 보애(SIReNer)

훼이싸이(huay xai)의 라오스 주민들

들어가는 말

이 글은 다음 세 가지 중요한 질문으로부터 시작되었다. 첫 번째는 "라오스인! 그들은 누구인가?", 이는 라오스인의 역사와 정체성(identity)에 관한 질문이다. 두 번째는 "라오스인! 그들은 어떻게 살고 있는가?", 이는 정치, 경제, 사회, 문화, 교육 등 라오스인들을 둘러싼 삶의 환경에 대한 질문이다. 세 번째는 "라오스인! 그들에게 적합한 선교는 무엇인가?", 이는 앞선 두 질문을 모두 포함하는 내용이자 결론에 해당된다.

이 세 가지 질문이 중요한 이유는 기존의 논문이나 선교전략에 관한 글들이 교회개척전략, 신학교전략, 제자훈련전략, NGO전략, 비즈니즈전략, 방송선교전략 등 우리가 시행하고 있는 선교의 수단과 방법에 주안점을 두는 경향이 있는데, 이는 자칫 우리가 가진 은사와 달란트 위주로만 선교전략을 논하게 될 수 있기 때문이다. 이러한 논의 흐름은 성경적인 예수님의 선교 모델인 '여러 사람에게 여러 모양으로'의 성육신적인 선교 원리가 적용되지 못할 위험이 많다.

따라서 여기서는 이러한 맥락에서 라

라오스 대통령궁

오스의 선교방향을 제시하고 전략을 수립하는데 그 초점을 두고, 특히 현대 라오스 역사와 필요에 부응하여 '인재 양성', '기독교 이미지 개선', '종족과 사람들' 이 세 가지 주제로 앞서 언급한 '그들은 누구(Who)인가?', '그들은 어떻게(How) 살고 있는가?', '그들에 대한 복음 접촉점은 무엇(What)인가?'에 대한 고민과 대답을 정리해 보았다. 구성 특성상 거시적 관점에서의 선교 방향과 전략 위주로 다루어지므로 미시적 관점에서의 구체적인 전략은 추후 보완되어야 할 필요가 있다.

1. 인재(人材)
: 라오스가 고민하는 인적 자원 양성

라오스는 2020년 세계 최빈국 탈출을 국가 개발과 개혁의 목표로 삼고 있다. 이와 관련해 현재 라오스의 가장 큰 국정 과제는 국가를 건설해 나갈 인적 자원 양성이다. 1975년 라오스가 공산화 되자 약 30만 명 이상의 지식인과 중산층이 미국, 캐나다, 호주, 태국으로 대거 탈출 혹은 이주하였다.

이러한 국내 고급인력 누수 문제를 해결하기 위해 라오스 정부는 젊은 인재들을 구소련, 동유럽, 베트남 등지로 유학 보내 다음 세대 지도층으로 양성하기 시작했다. 하지만 라오스의 인재 양성 정책은 1990년 대 초 공산권 국가들의 붕괴로 무용지물이 되는 사태가 발생했다. 이후 계속되는 세계 와 인도차이나의 급격한 정세 변화 가운데 라오스의 현재와 미래를 이끌어 갈 지도층 양성이 라오스 정부의 최우선 과제로 재등 장하게 되었다.

이와 관련하여 라오스는 1975년 공산 화 이후 현재까지 세 번의 정치사회적 개 혁을 단행하였다. 첫 번째 개혁은 1975년 ~1980년까지 시도된 과거 봉건 왕조와 식 민지 유산 청산이었다. 그러나 이는 결국 구소련과 베트남에 의존한 채, 자체 숙련된 전문 인력이 부족하여 실패하고 말았다.

이후 두 번째 개혁은 1986년부터 시 작된 사회주의 사회주의 계획경제체제에 서 시장경제체제로의 점진적 이행이었다. 이는 구소련 해체와 더불어 베트남 역시 시 장경제를 도입하면서 후발 사회주의 국가 인 라오스도 신 경제정책을 통해 국유기업 을 매각하고 사적 경제 활동에 대한 제도적 기반을 마련하기 위한 것이었다. 하지만 이 개혁 역시 이를 추진할 인재 결여로 현재까 지도 제대로 진행되지 못하고 있다.

마지막 세 번째 개혁은 1991년부터 지역적 불균형 해소를 위한 교육 부문의 개 혁이었다. 그러나 이마저도 이를 위한 교 사 인력이 부족하여 큰 어려움을 겪고 있 는 상황이다. 모든 실패가 인재 난(難)에서 비롯된 것이다. UN이 발표한 인적자원개 발지수(Human Resource Development Index: HRDI)에 의하면 라오스는 전 세계 187개 국 중 138위(2011년 통계)를 기록 했다.

인재양성의 기반이 되는 라오스의 교 육체계를 보면 다음과 같다. 라오스의 정식 학제는 유치원 3년(3-5세), 초등교육 5년 (6-11세), 중등교육 7년(12-18세, 중학교 4년과 고등학교 3년), 고등교육 5년(18-23 세, 대학교 예비과정 1년, 전공과정 4년)으 로 되어 있다. 전문대학(기술대 등)은 3년 과정이다.

기초교육인 초등교육까지는 의무교육 이지만 최근 라오스 교육부 조사에 따르면, 실제 초등교육 취학률은 전국 평균 75% 에 불과하고, 도시에 비해 지방의 취학률은 10% 이상 낮고, 남학생 취학률 대비 여학 생 취학률도 약 10% 이상 낮은 것으로 나 타난다. 그마저도 중학교 진학률은 여기서 58% 밖에 되지 않는 상황이었다.

이는 절대적으로 학교 수가 적고, 지역 간 불평등하게 분포되어 있기도 하지만, 전 국가적인 심각한 경제난 탓에 교육보다는 일찍부터 경제활동을 위해 노동에 종사하여

방과 후 농구하는 라오스 학생들

공부를 포기하는 인구가 많기 때문이다.

그러나 문제는 기초교육을 맡길 교사 인력을 양성할 대학 고등교육마저 매우 열악하여 구조적인 어려움이 크다. 우선 인구 대비 고등교육에 종사하는 인력이 매우 부족하고, 지리적 특성상 남북으로 길게 뻗어 있어 중앙인 수도와 소수 대도시를 제외하고는 고등교육의 혜택을 받지 못해 지방의 경우 대학 진학률이 평균 2%에 불과하다.

라오스에는 비엔티안(Vientiane, 위앙짠), 루앙프라방(Luang Prabang), 참빠삭(Champasack), 싸완나켓(Savannakhet) 등지의 5개 국립종합대학교를 비롯 전체적으로 총 14개의 대학교와 참빠삭 기술대학 등 30여개의 사립전문대학이 있다. 그 가운데 지난 2003년 우리나라의 포스코가 지원하여 루앙프라방에 세워진 제2의 국립대학으로 수파누웡(Souphanouvong) 대학교에서 현재 4,000여 명 이상의 재학생이 교육학부, 경상 및 관광학부, 농업 및 임업학부, 공학부, 건축학부, 언어학부 등에서 공부하고 있다. 그러나 아직 전체적인 라오스의 인재난을 해결하기에는 역부족이다.

이러한 라오스 인재난을 돕기 위해서 선교전략적으로 다양한 교육사역의 적극적

수업 마치고 집으로 돌아가는 라오스 어린이들

인 개발과 시도가 필요하다. 우선적으로 도농간, 남녀간, 빈부간의 격차를 줄이기 위해 현지 조사 후 장학사역, 학교지원 및 결연 프로젝트가 추진되어야 할 것이다. 또한 시급한 각 분야 전문요원 양성을 위한 직업훈련학교, 새마을운동과 같은 방식으로 지역사회 마을 지도자를 양성하는 등 라오스 인재 양성을 위한 다양한 영역에서의 교육 선교전략이 절실하다.

인재 양성 이슈는 라오스 기독교 교회 역시 당면하고 있는 과제이다. 기존의 교회 지도자들과 지식인 기독교인들이 공산주의 기독교 박해를 피해 대거 서구의 여러 나라와 인근 태국 등지로 이주하여 교회 지도부의 공동화(空洞化), 노령화(老齡化) 현상을 초래하였기 때문이다.

그나마 2000년 대 들어 라오스 정부가 개방정책을 취하면서 점차 라오스 교회의 인재들이 태국 파얍(Phayap) 대학교와 파야오 신학교(Phayyao Bible Seminary), 치앙마이 신학교(ChiangMai Theological Seminary) 등에서 신학공부를 하고 있으며, 이들 중 이미 학업을 마치고 라오스로 돌아와 라오스 교회를 위해 힘쓰는 인재들도 있으나 아직 미약한 수준으로 보인다.

미 CIA의 용병으로 고용되어 라오스 공산주의자들과 싸웠던 몽 족, 출처: bemil.chosun.com/nbrd/bbs/view.html?b_bbs_id=10044&num=167201

2. 기독교와 복음
: '미국의 종교', '미국 선교사' 이미지 탈피

라오스에서 기독교는 '미국의 종교'라는 이미지가 강하다. 라오스 정부가 기독교에 대한 부정적 이미지를 가지고 있는 배경에는 라오스 공산화 전 라오스 중북부에서 사역하던 미국 선교사들이 미국 정부를 도왔다는 생각이 있다.

당시 미국 선교사가 사역하던 지역의 산족, 특히 몽(Hmong) 족 기독교인들이 미국 CIA에 고용되어 라오스 공산주의자들과 싸웠기 때문에 그 배후에 미국인 선교사가 있을 것이라고 보는 것이다. 이러한 연유에서 아직도 라오스 공산정부는 중북부 산악 특별구의 몽 족들은 반정부적이며, 여전히 미국의 원조를 받고 있다고 생각하기 때문에 몽 족 기독교인들에 대한 핍박이 심하다.

이와 관련하여 '비밀전쟁(Secret War)'이라는 말이 있는데, 이것은 미국이 베트남 전쟁 종전 때까지도 라오스 내전 개입과 폭격 사실에 대해 부인했기 때문에 나온 말이다. 이웃나라 베트남에서 발발한 전쟁은 라오스에까지 심각한 영향을 끼쳤다. 그 이유는 북베트남군이 라오스를 관통하는 '호찌민 루트(Hồ Chí Minh trail)'로 전쟁 물자를 수송했기 때문이다.

당시 미군은 라오스 소수민족 특히 몽족을 동원하여 라오스 내전을 부추기는 동시에, 호찌민 루트를 차단하기 위해 비밀리에 라오스 전 국토를 폭격하였다. 1964년부터 1973년까지 무려 58만 번에 걸쳐 2백만 톤 이상의 폭탄이 투하되어 라오스 전 국토가 황폐해졌다. 현재까지도 당시 투하된 불발탄에 의해 끊임없이 발생하는 라오스 민간인 피해 현실은 심각한 재난 수준이다.

이러한 역사적 배경 속에서 라오스 정부는 "기독교는 미국 종교이기 때문에 나라를 팔아먹고 부모의 은혜를 저버리는 종교"로 전제하고 "외부에서 기독교인들이 들어와 돈으로 라오인들을 기독교인으로 세뇌해 정부를 전복하려 한다."고 선전하고 있다. 특히 교회 내에 외부 자본 유입에 대하여 대단히 강경한 입장을 취하고 있는데 지금도 수감 중인 교회 지도자들 대부분은 '외부 불순세력 물밑 거래로 내통했다.'는 이유로 수감되어 있다.

여기서 우리가 함께 생각해 보아야 할 문제가 있다. 서구 식민제국주의와 기독교와의 관련 문제에 대해 라오스는 일반적인 경우들과 그 심각성과 문제의 양태가 다르다. 라오스의 경우는 바로 종교의 자유를 표방하며 아메리카 신대륙으로 이주해 간

개신교 프로테스탄트를 종교적 기반으로 하는 미국이 식민지 제국주의의 당사자이기 때문이다.

지금까지는 서구 제국주의 식민지를 경험했던 아프리카와 아시아 여러 나라들의 경우 주로 프랑스, 스페인, 포르투갈 등 카톨릭이거나 영국 성공회가 그 종교적 배경에 려있었다. 그러나 라오스는 문제가 다르다. 기독교 개신교와 미국이 동일시되면서 이로 인한 불신과 오해가 매우 팽배하다. 마치 이슬람권에서의 십자군 전쟁처럼 베트남 전쟁의 피해와 그 부산물의 영향이 모두 기독교 이미지에 덧씌워져 있다.

이 때문에 라오스에서 기독교 선교는 이러한 오명(汚名)을 벗겨 내는 것에 주력해야 한다. 우선 전쟁으로 피해를 입은 라오스 사람들을 남북한의 이념 대립처럼 공산주의 이데올로기로 함부로 판단, 평가하지 말아야 할 것이다. 마치 작금의 한국교회가 교회의 변질과 타락을 아파하며 회개하는 것처럼 라오스를 위해 하나님의 마음으로 민망해하고 우는 자들이 필요하다. 회개와 중보기도가 선행되어야 한다.

뿐만 아니라 씨엥 쿠앙(Xieng Khouang) 등 불발탄(UXO, Unexploded Ordnance) 문제로 고통을 겪는 재난 지역이나 피해자 가족들을 적극적으로 구호하는 활동과 세심하게 돌보고 위로하는 사역

루앙프라방에 위치한 불발탄 방문자 센터

을 유관 기관들과 함께 전개해 나가야 한다. 또한 어마어마한 재정과 인력이 필요한 불발탄 제거작업을 위한 교회와 NGO 간의 공조와 협력이 필요하다.

지금 한국 선교사들의 라오스 사역을 보면 NGO를 통해 비자를 획득하여 유치원, 피아노 학원, 빈민아동센터 등 다양한 선교활동을 하고 있다. 여기에 한국교회의 단기선교도 라오스 현지 한국 선교사들의 그러한 사역적 필요를 돕는 활동에 그치고 있다.

여기서 아쉬운 것은 라오스의 과거, 현재, 미래를 조망하면서 라오스에서 기독교의 이미지가 새롭게 회복될 수 있도록 라오스 선교에 대한 보다 근본적인 고민과 해결책이 필요하다는 것이다.

미국으로 대변되는 라오스 내 기독교에 대한 현대판 적폐 청산이 라오스 정부와는 다른 각도에서 필요하기 때문에 우리의 지혜와 수고가 모아질 필요가 있다. 이후 라오스와 미국, 라오스와 개신교 선교 등 한국선교들과 교회들에게 도움이 되는 관련 포럼이나 세미나가 우선 개최될 필요가 있다.

끝으로 현재 라오스 기독교와 교회의 몇 가지 문제점을 간단히 언급하고 기독교와 복음 부분을 마무리한다. 첫째, 사실상 기독교 신앙의 자유가 없다는 것이다. 둘째는 훈련을 받은 경험 있는 목회자 및 평신도 지도자의 부족이다. 여기에 하나 더하면 라오스의 현존하는 유일한 공식 교단인 라오스복음교단(LEC; Laos Evangelical Churches) 관계자들의 물질적 타락과 세대교체 문제이다. 이상과 같은 주제는 따로 구분하여 깊게 다루어야할 내용이기에 다음을 기약한다.

3. 종족과 사람들 : 라오스를 대표하는 3대 종족을 아우르는 방향과 전략

현재 라오스 정부가 인정하는 공식적인 종족 수는 49개이지만, 실제로는 라오스 인구 700만 가운데 160여 개 종족들이 공존하고 있다. 이는 전 국토의 70%가 산악지대인 라오스에 역사적으로 시대를 달리하여 이주해 온 여러 민족들이 서로 충돌을 피해 정착하는 과정에서 다양한 종족집단으로 분화된 것에서 기인한다. 그러나 크게는 거주 지역의 높이에 따라 '라오룸(Lao Lum), 라오쑹(Lao Sung), 라오텅(Lao Tung)' 등 세 가지로 구분한다. 현재 라오스 인구의 약 60%는 라오룸이고, 라오쑹이 약 10%, 라오텅이 30% 정도 된다.(소수의 중국계, 베트남계도 있음)

이러한 세 구분은 1975년 공산화 이후 라오스 정부가 '통일된 라오스 국가에서 모든 라오스인은 평등한 국민'임을 강조하기 위한 수단으로 거주지에 따라 분류한 것에 근거한다. 곧 라오룸은 평지에(Lower Land Lao), 라오쑹은 산 위에(Upper Land Lao), 라오텅은 그 중간인 구릉지대에 (Middle Land Lao) 사는 민족들을 가리킨다.

라오스에서 발행되는 1,000낍(LAK)짜리 지폐를 보면 이 세 민족을 대표하는 여성들의 모습이 그려져 있어 정부에서 추구하는 라오스의 종족 간 공존과 평화 이미지를 잘 나타내고 있다.

• 주류 종족 라오룸 족

그러나 일반적으로 라오스의 주류 라오족이라고 하면 일반적으로 평균 고도 400m 이하 평지에 사는 라오룸 족이다. 이들은 가장 비옥한 메콩 강 주변에 살고 있다. 수도 비엔티안을 비롯한 주요 도시에 거주하며 생활수준도 상대적으로 괜찮은 편이다. 쌀농사를 기반으로 하고, 주식은 찹쌀이다. 라오스 표준어로 간주되는 언어를 사용하며 라오스의 정치, 경제, 사회, 문화 전 영역을 이끄는 종족이다.

라오룸 족과 비슷한 종족으로 타이(Thai) 족이 있다. 태국을 의미하는 타이

(Thai)와는 다르게 구분해야 하기 때문에 라오 타이(Lao Tai)라고 한다. 그러나 민족의 연원으로 보면 라오룸 족이나 라오 타이나 실제로는 중국 남부에서 내려 온 타이 족이 분화한 민족으로 한 줄기이다. 타이 족은 의상에 따라 타이담(검은색), 타이댕(빨간색), 타이카오(하얀색) 등 세분화된다. 각자 고유 언어를 가지고 있다. 이 중 타이담(Tai Dam)은 비교적 전통을 잘 보존하고 있어 사진 속에 잘 등장한다.

• 라오텅 족

라오텅 족은 흔히 몬(Mon), 크메르(Khmer) 또는 몬크메르(Mon-Khmer)라고도 불린다. 고도 약 400m~900m 산 중턱에 거주하는 라오텅 족에는 카무족, 틴족 등이 있다. 가장 널리 알려진 종족은 카무[Khamu, 또는 크무(Khmu)] 족으로 라오룸 족 다음으로 인구수가 많다.

라오텅은 원래 라오스 땅에 살던 선(先)주민으로 크메르족의 지배를 받고 있다가 라오룸 족이 등장하면서 산지로 밀려났다. 라오텅은 과거에 노예를 뜻하는 '카(Kha)'로 불릴 정도로 다른 민족에 비해 열악한 생활을 해왔다. 실제로 라오 왕정시대에는 왕족들의 노예였다. 라오텅은 라오스 북쪽에 가장 많이 살고 있고 남쪽에는 볼라벤 고지를 따라 소수가 살고 있다. 현재

는 점차 저지대로 내려와 라오룸 족에 흡수 또는 동화되는 경향을 보인다. 언어와 문화 측면에서 이미 30% 정도는 동화된 것으로 알려진다.

• 라오쑹 족

라오쑹은 보통 1,000m~1500m 이상 고지대에 사는 종족들을 지칭한다. 몽 족, 메오(Meo) 족, 야오(Yao) 족, 아카(Akha) 족이 유명하다. 중국에서 북부 베트남을 거쳐 넘어 온 민족이어서 문화와 언어에서 중국적인 모습을 찾아볼 수 있다. 이들은 라오스 북부 산지에서 주로 화전을 일구어 산지형 벼 또는 옥수수를 심고 가축을 키워 생계를 유지한다. 물론 이들 중에도 저지대에 살고 있는 이들이 있으나 자체적인 문화적 독자성은 유지하는 편이다.

이 가운데 몽 족은 라오 정부로부터 핍박을 받고 있는 대표적인 소수 종족이다. 이유는 이 글의 두 번째 주제인 '기독교와 복음: 미국 종교, 미국 선교사 이미지 탈피'에서 다룬 것처럼 베트남 전쟁 당시 미국 편에서 비밀 전쟁을 몽 족들이 수행했다는 이유 때문이다. 1975년 빠텟 라오(Pathet Lao, 라오 공산당)가 라오스의 정권을 장악하자, 수만 명의 몽 족은 태국이나 미국 등 서구 다른 나라로 정치적 망명을 택했다. 현재 전 세계에 흩어진 몽 족 인구는 약

라오스 천낍짜리 지폐 앞면, 인물은 라오쑹(좌), 라오룸(중앙), 라오텅(우)으로 대표적 전통의상을 입고 있다.

400-500만 명 정도로, 주로 중국(300만 명), 베트남(100만 명), 라오스(70만 명), 미국(26만 명), 태국(15만 명), 그 외 소수가 서구에 살고 있다. 중국에서 몽 족은 중국 서남부 소수민족 가운데 하나인 미야오 족(Miao, 苗族)으로 불린다.

• 종족과 사람들 결론

향후 라오스의 선교방향은 종족적으로는 우선 주류 종족 라오룸 족 선교와 비주류 종족 선교로 구분할 필요가 있겠다. 왜냐하면 지금까지 라오스에서 가장 많이 복음화된 종족이 주류 종족 라오룸 족이 아니라 라오텅에 속한 카무 족이고, 그 다음이 라오쑹에 속한 몽 족이기 때문이다.

라오스 선교 역사를 살펴보면 선교사들이 계속적으로 라오스 주류 라오 룸족 보다 비주류 종족 사역에 주력해왔음을 알 수 있다. 문제는 이러한 과거 경향이 현재 후발 한국선교사들에게서도 동일하게 나타나 중복, 편중 현상이 심각하다는 것이다. 이는 다른 나라들에서도 나타나는데 비근한 예로 베트남은 주류 종족 비엣[Viet, 또는 낀(Kinh)] 족, 태국은 중부 타이에 거주하는 주류 종족 타이 족, 미얀마도 주류 종족 버마(Burma) 족, 캄보디아 역시 주류 종족 크메르(Kmer)르 족이 미전도종족이다.

그러나 지금까지 선교역사는 저항이 강력한 이들 주류 종족들보다는 상대적으로 사역이 용이한 비주류 또는 소수 종족들 중심으로 선교가 집중되어 왔다는 것이다.

동남아시아(South-East Asia) 광범위

인도차이나반도를 관통하는 어머니강 '메콩 강'(라오스 훼이싸이 슬로우보트 선착장)

지역권역이든 보다 세분화된 인도차이나 소승불교권역(베트남, 태국, 미얀마, 캄보디아. 라오스)이든 이 지역에서 현재 선교가 돌파(Breakthrough)해야 하는 최대 과제는 바로 '주류 종족 내 사회 계층집단과 거점 도시에 거주하는 사람들'이다. 라오스 역시 동일한 과제를 해결해야 한다. 라오스도 주류 종족 라오룸 족이 가장 미복음화되어 있다. 라오스 선교전략은 전체 라오룸 족을 어떻게 복음화할 수 있을지를 다각도로 모색하는 방향이어야 한다.

라오스 인구의 60% 이상인 라오룸 족을 복음화하기 위해서는 라오룸 족이 주로 살고 있는 메콩(Mekong) 강 일대의 주요 도시들, 그 주변을 거점으로 삼아 선교사들이 거주할 필요가 있다. 우선 북부, 중남부 지역별 주요 거점 도시들을 파악하여 라오룸 족 중 어린아이, 대학생, 직장인, 여성, 도시중산층 혹은 농촌에서 도시로 이주한 사람들 등 다양한 사회계층을 대상으로 한 사역들이 각각의 필요에 맞게 전개되어야 한다.

또한 라오스의 지형적 특성상 여전히 도로사정이 열악해서 접근하기 어려운 도시 외곽지대나 산간지대에 거주하는 소수종족들도 라오스 전체 복음화 측면에서 결코 간과되어서는 안 될 것이다. 라오스에 살고 있는 공식 49개 종족 그리고 혹독한 자연환경, 역사적 경험 가운데에서도 삶을 영위하면서 경제적, 영적 이중적 가난에 직면해 있는 160여 개 소수종족 사람들에게도 복음의 빛이 동일하게 비추어져야 한다. 이들의 필요와 상황에 적합한 NGO, 주거 개선, 직업 및 학교 교육, 보건 위생 등 복음적 접촉점을 통해 여러 선교주체들이 효과적으로 연합하여 사역을 전개할 필요가 있다.

인도차이나의 슬픈 '진주' 라오스

글 | 정 보애(SIReNer)

빠뚜사이(Patuxay, 비엔티안의 개선문)

태국 농카이에서 라오스 방향으로 바라 본 메콩 강

인도차이나반도 중앙 내륙에 위치한 라오스. 정식 명칭은 라오 인민민주주의공화국(Lao People's Democratic Republic), 사회주의 국가이다. 하지만 중국과 베트남처럼 실질적으로는 시장경제 체제와 대외개방정책을 시행해오고 있다. 라오스의 전체 국토 면적은 남북한을 합친 것보다 약간 큰 약 23만 6,000㎢이고, 남북 종단 길이는 약 965km에 이른다. 인도차이나에 대해 강의할 때, 라오스가 어디에 있느냐고 질문하는 사람들이 있다. "태국 위, 베트남 옆에 있는 나라"라고 답하면 그제야 알겠다는 반응을 보인다.

인도차이나의 숨은 진주 라오스, 아름다운 진주의 영롱함과 함께 슬픈 운명의 국가! 지금부터 라오스의 현재와 과거를 '주변 강대국'과의 관계를 통해 들여다보고, 이해해보자.

'메콩 강의 진주(The Jewelry of Mekong)'

라오스 사람들 스스로 라오스를 일컫는 말이다. 메콩(Mekong) 강을 빼놓고 라오스를 이야기할 수 없기 때문이다. 라오스에서는 메콩 강을 '어머니의 강'이라는 뜻의 '메남콩(Mae Nam Kong)'이라 부른다.

그만큼 메콩 강은 라오스를 탄생시킨 젖줄이자 오늘날까지 식수, 농업용수, 교통, 전력자원 등 라오인들에게 무한한 혜택을 주는 그야말로 어머니와 같은 역할을 하고 있기 때문이다. 총 길이 약 4,200km, 세계에서 12번째로 긴 메콩 강은 여러 나라를 관통하는 국제 하천이다. 그 가운데 1,898km 구간이 라오스의 루앙프라방(Luang Prabang), 비엔티안(Vientiane, 위앙짠), 싸완나켓(Savannakhet), 빡세(Pakse), 빠삭(Champasack) 등 주요 도시를 관류하며, 라오스 전 국토의 90%가 메콩 강 본류 및 지류와 연결되어 있다. 최근 라오스 정부의 야심찬 수력발전 프로젝트인 '아세안 배터리'라는 54개 수력발전 댐 건설도 메콩 강이 라오스 전역을 흐르기 때문에 가능한 것이다.

왜 슬픈 진주가 되었나?
라오스 운명을 결정해온 주변국

하지만 메콩 강의 아름다운 진주 라오스는 지정학적 위치 때문에 외부 강대국들로부터 수많은 침략을 당하게 된다. 역사적으로 과거 주변 강대국인 중국·캄보디아·미얀마·태국·베트남의 침략을 받았고, 서구 제국주의의 식민전쟁의 무대가 되기도 했으며, 최근 20세기 베트남 전에서 미국의 호찌민루트 파괴를 빙자한 대대적인 라오스 폭격을 당하는 등 등 굴곡 많은 역

사의 아픔을 겪었다.

라오스는 중국과 인도차이나 4개국에 둘러싸인 내륙 국가이다. 북서쪽으로는 미얀마, 남서쪽으로는 태국, 남동쪽으로는 캄보디아, 동쪽으로는 베트남, 북쪽으로는 중국과 국경을 접하고 있다(표1) 아래 도표는 라오스와 접경하고 있는 국가들을 접경 거리순으로 정리한 것이다.

순위	접경국	접경 길이(Km)
1	베트남	2,000
2	태국	1,835
3	캄보디아	535
4	중국	505
5	미얀마	236
합계		5,180

(표1) 라오스 접경국과 접경길이

도표를 보면 베트남이 라오스와 가장 긴 접경을 이루고 있을 뿐 아니라, 오늘날 라오스에게 가장 많은 영향력을 가진 나라 역시 베트남이다. 베트남은 1975년 라오스 공산화 이전부터 라오스의 현 집권세력인 라오인민혁명당(LPRP; Lao People's Revolutionary Party)과 이념적 혈맹, 동반자 관계를 이어오고 있다.

라오스는 베트남, 캄보디아에 이은 인도차이나 반도의 사회주의 후발주자로서, 국가체제와 발전모델로서 베트남을 벤치마킹하고 있으며, 기독교 등 대 종교정책 역시

베트남 모델을 따르고 있다.

　과거 13세기까지 라오스는 태국, 베트남과 마찬가지로 캄보디아의 전신인 크메르 제국의 영향 아래 있었다. 당시 인도차이나 반도의 패권국이 크메르(Khmer) 제국이었기 때문이다. 그러던 16세-18세기 크메르 제국의 쇠퇴 이후에는 미얀마, 태국, 베트남 등 주변 3국의 각축전 속에 라오스가 놓이게 된다. 그리고 19세기 이후부터 현재까지는 주로 태국, 베트남, 중국 등 3국으로부터 경제, 정치, 외교적으로 큰 영향을 받고 있다.

　우선 태국의 영향이란 태국 동북부 이산 지역과 라오스 간의 언어·문화·민족적 유사성에 기반한다. 역사를 보면 양국은 과거 라오스 란쌍(Lanxang) 왕국 시기부터 상호 교류가 활발했다. 특별히 라오스가 공산화된 1975년을 전후해서는 왕족들과 중산층들이 대거 태국으로 이주, 정착해서 살고 있어 이들과 이들의 후손들을 통한 왕래가 빈번하다. 당시 라오스 전체 인구의 1/10이 태국으로 건너갔다고 한다.

　현재는 태국-라오스 접경지역을 통해 태국으로 유입되는 수많은 합불법 라오스 노동자들의 이주로 새로운 국경 풍경이 조성되고 있다. 또한 라오스는 자국 산업 기반이 취약해 태국산 농수산품, 공산품 등은 물론 태국 방송을 라오스 전국에서 볼 수 있

으며, 태국 화폐 바트(Baht) 또한 라오스에서 자유롭게 통용되는 등 라오스 내 태국의 영향력은 독립국가 라오스를 태국의 한 지방, 혹은 문화 속국처럼 보이기도 한다. 그러나 이는 겉으로 보이는 일면일 뿐 라오스 국민들은 과거 자신들을 지배한 태국에 대한 경계심이 상당히 크다. 마치 한국이 일본에 갖는 감정과 유사하다고 할 수 있다.

　다음 중국은 인도차이나 반도 진출의 교두보를 마련하기 위해서 라오스가 중요하다. 특히 중국은 라오스 지도부 내의 솜사밧 부총리 등 친중(親中) 인맥을 바탕으로 제조업·광업·도소매업 등 여러 분야에 계속해서 직접 투자를 늘려오고 있다. 지난 2009년에는 수도 비엔티안에서 개최된 동남아시안게임(Southeast Asian Games)을 위한 종합운동장과 선수단아파트 건설을 중국이 지원하기도 했으며, 2012년에는 아시아·유럽정상회의를 위한 국제공항 증축, 대형 호텔건설 등에 중국이 주도적인 역할을 했다. 2013년에는 수저우(蘇州)대학이 중국 대학 중 처음으로 라오스 비엔티안에 분교를 열어 친중 인재를 양성하고 있으며, 이 대학은 라오스 정부가 학위를 인정하는 대학으로서는 처음으로 인가 난 외국 대학이기도 하다.

　최근에는 중국 자본이 주도하는 라오스 북부에서 비엔티안에 이르는 고속철도

라오스 씨앙쿠앙 주 일대에 대량 투하되었던 UXO 제거 작업

건설 사업을 시행되고 있는데, 이처럼 갈수록 중국의 라오스에 대한 영향력이 커지면서, 라오스의 한국선교사들 사이에서는 "이제 라오어가 아니라, 중국어를 배워야 하는 것 아니냐"는 말이 나올 정도이다.

마지막으로 베트남이다. 라오스의 현재 대 베트남 관계는 중국의 지나친 영향력 확대를 견제하는 측면에서 매우 중요하다. 2천년대 이전까지 베트남과 라오스는 후발 사회주의 국가로서 서로에게 의미가 각별했다. 라오스는 베트남 전쟁 당시, 호찌민이 주도하던 베트민이 승리할 수 있도록 '호찌민 루트(Hồ Chí Minh Trail)'

라는 중요한 전략물자 수송루트를 제공하기도 했다. 이로 인해 미국의 수많은 폭격기들이 라오스 씨앙쿠앙(Xiangkhouang) 주 일대에 대량 폭탄 투하를 감행하여 UXO(UneXploded Ordnance, 불발탄) 문제로 현재까지도 라오스 인명피해가 상당하다. 어쨌든 라오스-베트남 양국은 1976년에는 공동성명을 통해 양국 관계를 '특별관계(Spesial Relationship)'로 규정했으며, 1977년에는 우호협력조약을 체결해 국방부문까지 협력을 확대하기까지 했다. 특히 라오스는 1979년 중국-베트남 분쟁시, 베트남을 지지하면서 베트남과의 우의를 더

란쌍 왕국 초대 왕 파응움

욱 과시하기도 했다. 또한 라오스는 베트남과 동일하게 후발 아세안(ASEAN) 가입국(베트남은 1995년, 라오스는 1997년 가입)으로서 사회주의 정치체제를 유지하면서 대외 개방을 통한 경제개발 정책을 추구하는 베트남 모델을 따르고 있다.

이상과 같은 현재 라오스의 주변국과의 관계와 국제적 입지의 약세는 무엇에서 기인했을지 생각해보면 그 답은 머지않은 과거에서 찾을 수 있다. 찬란했던 치세를 누렸던 란쌍 왕국이 국가 내외부적인 악재와 분열의 악재를 거듭하면서 자존, 자립할 수 없는 상태에서 오늘까지의 역사로 이어오고 있는 것이다. 오늘날 라오스를 있게 한 란쌍 왕국 흥망성쇠의 역사를 살펴보자.

란쌍 왕국의 성립과 분열

란쌍 왕국은 메콩 강 중류 지역에서 14세기에서 18세기에 걸쳐 존재했던 역사적인 왕조이다. 13세기, 초대 왕 파응움(Fa Ngum)이 당시 여러 지역에 흩어져 있던 호족 세력을 하나로 통합하여 란쌍 왕국을 세움으로써 최초로 하나 된 라오스의 정체성을 부여하게 된다. '백만 마리의 코끼리'라는 뜻을 가진 란쌍(타이 학자들은 '란

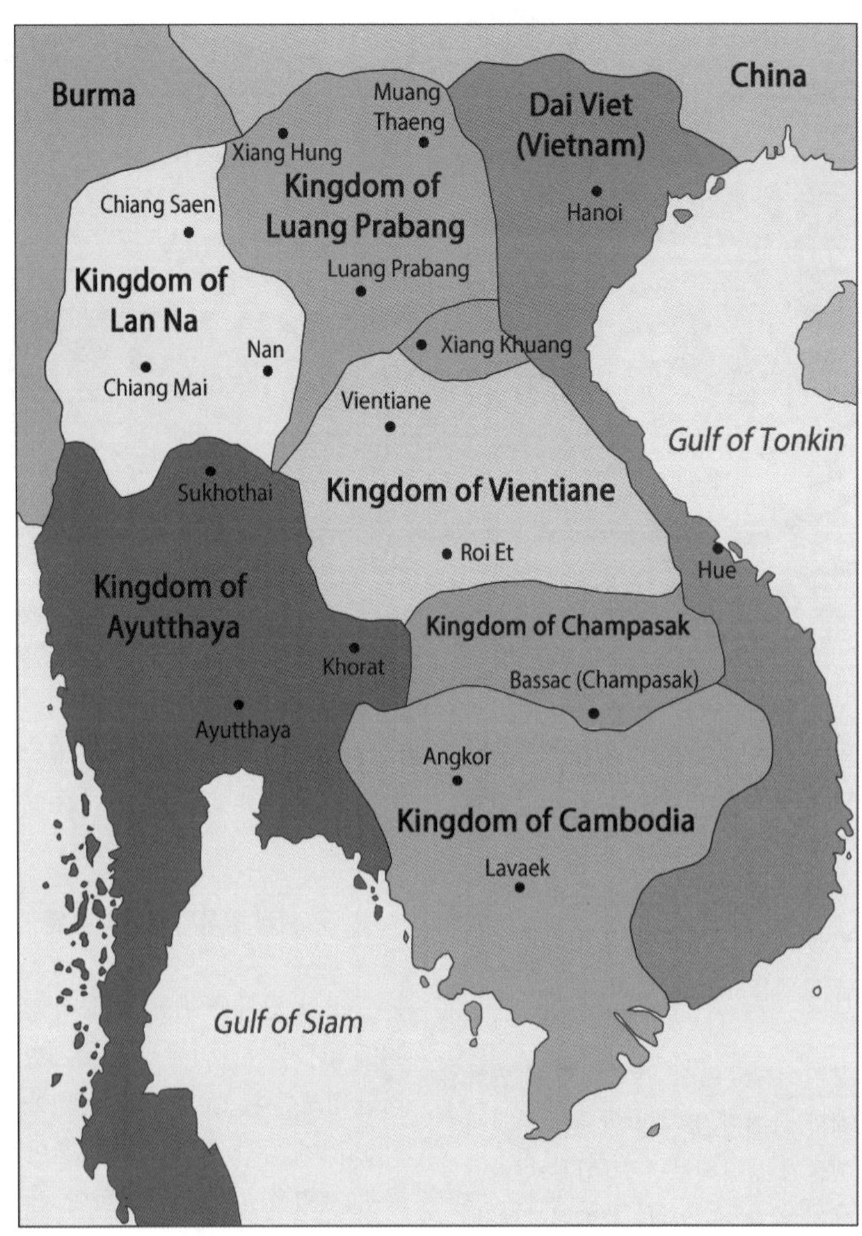

수리나윙사 왕 사후 란쌍 왕국은 루앙프라방 왕국, 비엔티안 왕국, 참빠삭 왕국으로 분열

창'으로 표기)은 당시 북쪽의 쳉훙(Chiang Hung) 왕국, 서쪽의 란나(Lanna) 왕국 등과 어깨를 나란히 하며, 거의 현재 라오스 영토 전체를 지배했기 때문에 라오스의 정체성의 기반으로서 라오스의 또 다른 이름으로 사용되기도 한다. 그래서 현재까지도 란쌍을 건국한 파응움은 라오스의 국부로 추앙받고 있다.

그는 당시 무앙수아(Muang Soua)로 불리던 현재의 루앙프라방을 수도로 삼고, 주변국인 크메르 앙코르(Angkor) 왕국과 타이 아유타야(Ayutthya) 왕국 틈바구니에서 영토를 확장하는 동시에 소승불교를 도입하여 국가 발전을 꾀했다. 이 때 스리랑카의 황금 불상이라고 불리는 프라방과 수많은 불경을 들고 주변 국가들의 사절단이 라오스를 방문했다.

파응움 사후, 아들 삼센타이(Sam Sen Thai)가 왕위를 계승했는데, 그는 인구조사를 통해 라오스 조세 제도의 기반을 확립하고, 당시 수도였던 루앙프라방을 무역의 중심지로 발전시켰다. 이렇게 발전하던 란쌍 왕국은 1520년 왕위에 오른 포티사라트(Photisarath) 시대까지 인도차이나 반도의 강력한 국가로 성장했다. 그러나 미얀마, 시암(Siam, 타이 왕국의 옛 이름)과의 전쟁의 여파로 란쌍 왕국이 서서히 쇠퇴해가던 중, 1560년에 셋타티랏(Setthatirat) 왕이

미얀마의 침공을 두려워해 수도를 비엔티안(Vientiane, 위앙짠)으로 옮기게 된다.

이후 약 100년간 미얀마의 침입과 내부 분열로 혼란에 빠져있던 란쌍 왕국은 수리나웡사(Souligna Vongsa) 왕이 즉위한 후 일시적으로 안정을 누렸다. 그는 라오스 왕조 역사상 가장 오랫동안 왕위에 있었으며(1637년-1694년, 총 57년), 많은 업적을 쌓아 란쌍 왕국의 '황금기'를 연 인물로 평가받고 있다. 그러한 수리나웡사의 치세에 란쌍 왕국은 국제적 위상을 되찾았으며, 여러 인접국들과의 평화조약을 통해 국경을 안정시킬 수 있었다. 그러나 1690년 그가 후계자 없이 사망하자, 왕위계승 다툼이 발생했다. 이후 1698년 셋타티랏 2세(Settathirath Ⅱ)가 왕위에 즉위함으로 분쟁은 일단락되는 듯 했으나, 그 과정에서 축출된 수리나웡사의 친족들과 지방 세력들이 독립을 선언하며 루앙프라방, 비엔티안, 참빠삭 등 세 왕국으로 분열되는 계기가 되었다.

루앙프라방 왕국

루앙프라방이라는 이름은 크메르(캄보디아)에서 들여온 유명한 불상(Phra Bang 이라는 황금 불상)의 이름에서 유래되었으며, 1353년부터 란쌍 왕국의 수도가 되면서 알려지기 시작했다. 이곳은 불교의

란쌍 왕국의 수도를 비엔티안으로 옮긴 셋타티랏 왕

중심지뿐만 아니라 비단길의 교차 지점에 있어 부유하고 강력한 힘을 갖게 되었다. 1560년 비엔티안이 수도로 정해지기까지는 루앙프라방이 수도의 지위를 지켰다.

그 후 1707년 란쌍 왕국이 분열되면서 이곳을 중심으로 한 루앙프라방 왕국이 세워지게 된다. 초대왕은 낏사랏(kitsarat)인데, 왕조의 힘이 약했기 때문에 주변 강국인 시암 타이, 버마, 베트남에게 시대를 달리하면서 공물을 바쳐야 했다. 1828년에는 타이 군대가 비엔티안을 침공하여 도시를 완전히 파괴하고 주민을 추방해 왕국이 사라지고 나자, 인접한 루앙프라방 왕국도 타이 권력자의 꼭두각시로 전락을 하고 만다. 1887년-1893년까지는 해적 파빌리온 누아르의 점령과 약탈로 타격을 입었으며, 1893년 프랑스가 들어오고서야 해적 세력과 타이의 속국 신세에서 벗어나게 된다. 루앙프라방 왕조의 마지막 국왕인 시사왕웡(Sisavang Vong)은 1885년에 태어났는데, 프랑스의 보호아래 시사왕웡의 치세 기간 동안 루앙프라방은 종교 도시이자 왕국의 수도로 재건되었으며 많은 사원들이 복원되었다. 그는 1904년, 프랑스령 인도차이나를 구성하는 프랑스의 보호국이었던 루앙프라방 왕국의 국왕으로 즉위하여 라

오스를 다스리다 1959년 10월 29일 사망
했다.

비엔티안 왕국

비엔티안 왕국은 현재 라오스 중부에
서 18~19세기에 존재했던 왕조로서, 1706
년 란쌍 왕국에서 분열되어 비엔티안에 수
도를 둔 왕국를 가리킨다. 비엔티안 왕국의
성립 배경은 다음과 같다. 1706년, 수리나
웡사의 손자인 킨 낏사랏과 인타솜 형제가
루앙프라방에서 독립을 선언하자, 당시 왕
이었던 셋타티랏 2세는 독립 세력을 제거
할만한 힘이 없어 이웃 타이의 아유타야 왕
국 산페트 8세에게 원군을 요청했고, 다음
해 1707년 아유타야의 군대가 비엔티안에
도착했다. 그러나 란쌍 왕국의 약화를 노리
는 아유타야 군대가 비엔티안에서 움직이
려고 하지 않았고, 결과적으로 란쌍 왕국은
루앙프라방 왕국과 비엔티안 왕국이라는
두 분단된 나라로 갈라질 수밖에 없는 상황
에 몰렸다.

이후 비엔티안 왕국은 루앙프라방
을 지지하는 형태로 갈 수 밖에 없었지만,
1713년에는 다시 타이 아유타야 왕국의 계
략에 의해 참빠삭 지역이 참빠삭 왕국으로
분리 독립되면서 세 왕국으로 분열되고 만
다. 이중 루앙프라방 왕국과 비엔티안 왕
국은 란쌍 왕국의 정통성으로 갈등하게 되

는데, 1773년 비엔티안 왕국이 루앙프라
방 왕국으로부터 침공을 받지만, 이 때 동
맹 관계에 있던 타이 시암에게 원군을 요
청하지 않고, 주둔지가 가깝다는 이유로 당
시 시암과 전쟁 상태에 있던 버마 꼰바웅
(Konbaung) 왕조에 원군을 요청하여 이
문제로 타이의 큰 불만을 사게 되었다. 결
국 시암의 탁신은 1777년 버마의 침공을
저지하는 동시에 비엔티안을 침공하여 수
도를 점령하고 비엔티안 왕국을 속령으로
삼았는데, 당시 시암은 수많은 귀족들과 에
메랄드 불상(Phra Kaew Morakot)을 전리
품으로 얻고, 1780년에 철군했다.

후에 비엔티안 왕국은 1803년 인타
라웡(Intharavong)이 사망하자 짜오 아누
웡(Chao Anouvong)이 왕위를 잇게 했
다. 짜오 아누웡의 치세(1804-1829)에 비
엔티안 왕국은 황금기를 맞아 1807년 새
로운 왕궁, 1808년 타트 파놈 다리(Tattoo
Phanom Bridge)와 시분판 사원[농카이
(Nong Khai) 주], 1824년 세인 사원을 건
설하는 등 각지에서 당시 건축 기술의 정수
를 보여주었다. 또한 1827년 짜오 아누웡
은 왕실 회의를 열고 시암 짜끄리(Chakri)
왕조의 국내외 정세의 혼란을 틈타 속국에
서 벗어나 독립을 꾀하였다. 여러 신하들의
반대에도 불구하고, 짜오 아누웡은 방콕 침
공을 강행했다. 그러나 이를 알아챈 루앙프
라방 왕국과 불만을 가지고 있던 부왕 티사

등에 의해 전략이 누설되었고, 결국 작전 도중에 시암에 간파되어 도리어 수도 비엔티안이 역공을 받아 점령당하면서 반란은 실패로 끝났다. 이에 짜오 아누웡은 도주를 시도했으나 1828년에 시암군에 체포되어 옥중에서 사망했다. 시암은 비엔티안 점령 후 짜오 아누웡 추종세력에 의한 반란을 우려하여 수도를 철저히 파괴하고 비엔티안 왕국의 주권을 박탈하여 영토를 시암으로 편입시켰다. 이렇게 하여 사실상 1828년에 비엔티안 왕국은 멸망하고 만다.

참빠삭 왕국

참빠삭 왕국은 현재 라오스 남부 참빠삭 주를 중심으로 한 지역에서 1713년에서 1946년까지 존재했던 왕조이다. 참빠삭은 고대 참 족이 세운 참파 지역이었다고 추정되는데, 이후 란쌍 왕조의 지배하에 들어가게 된다. 직접적으로는 1690년 수리나웡 사 왕의 사망 후 수도 비엔티안에서 발생한 왕위 계승 분쟁으로 스만카라 공주가 신하 3,000명과 함께 메콩 강을 건너 남부의 참빠삭에 이르게 되면서 참빠삭 왕국이 시작되게 되었다.

당시 참빠삭에는 백성들로부터 존경을 받던 고승(高僧) 놋께오(Nyot Keo)와 그의 승려집단, 사원이 있었는데 스만카라(Smankara) 공주는 이들의 보호를 받게 된

다. 이에 대해 비엔티안 왕국에서는 무력으로 놋께오 일파에 대항했지만, 란쌍 왕조의 약화를 노린 아유타야 왕조 산펫 9세(Sanpet IX)의 계략으로 1713년에 놋께오가 참빠삭 독립을 선언하는 사태에 이르렀고, 이것이 참빠삭 왕국의 기원이다.

독립 선언 후, 초대 국왕 스만카라 공주의 장녀인 노까삿(Nokasad)이 즉위하여 참빠삭을 통치하다가, 1737년 그녀가 사망한 이후, 장남 사야꾸만(Sayakumane)이 왕위를 계승했다. 그동안 왕국은 번영하였고 왕국의 세력도 점차 확대되어 갔다. 하지만 1779년에 시암[톤부리(Thonburi) 왕조]이 비엔티안 왕국과 루앙프라방 왕국을 침공하여 제압하면서 참빠삭 왕국도 다른 두 왕국과 마찬가지로 무력으로 시암의 속령이 되고 만다.

참빠삭의 다른 명칭은 바삭(Bassac)이다. 북쪽으로 살라완(Saravane) 주, 북동쪽으로 세콩(Xekong)주, 동쪽으로 아타푸(attapeu) 주와 경계를 이루고 서쪽으로 타이 우본 라차타니(Ubon Ratchathani) 주, 남쪽으로 캄보디아 스퉁트렝(Stung Treng) 주, 남서쪽으로 캄보디아 프레아 비헤아르(Preah Vihear) 주와 국경을 접한다.

이후 1986년 비엔티안 주와 캄무안 주에서 분리되어 주(州)로 신설되었다. 몬 크메르(Mon Khmer) 족에 속하는 라오 텅

족(Lao Theng) 등 소수민족의 주 거주지역이다. 주도는 빡세로 라오스 남부의 행정, 경제, 교통의 중심지이다. 참빠삭은 유네스코 세계문화유산으로 지정된 왓푸(Vat Phou) 덕분에 관광객들이 많이 찾는 곳이기도 하다.

결론: 슬프지만 영롱한 진주 라오스

결국 란쌍 왕국은 이러한 분열을 통해 국가 부흥이 아닌 쇠퇴의 길을 가고, 이후 여러 주변국들의 침략과 식민 시대를 거쳐 오늘에 이르게 된 것이다. 지금까지 살펴본 라오스의 주변 강대국과의 관계와 내부 란쌍 왕국 역사는 오늘날 라오스를 다시 한 번 생각하게 한다. 그동안 라오스는 한국인들에게 TV 프로그램 '꽃보다 청춘 라오스 편'을 통해서야 관광지로 알려지기 시작했다. 교계와 선교계 역시 비슷한 수준일 것이다. 바라기는 이 글을 통해 라오스라는 국가와 라오스 사람들을 좀 더 이해하게 되는 계기가 되었으면 좋겠다. 글을 작성하기 위해 자료들을 읽어가면서 작지만 강한 라오스의 면모를 보기 시작했다. 인도차이나라는 지정학적인 위치. 영국과 프랑스라는 서구 식민제국주의 영향, 미국과 베트남간 베트남전쟁으로 인한 상처를 딛고 일어난 독립국가 라오스! 란쌍 왕국이란 찬란함이 오히려 내부 분열과 갈등으로 치닫고, 인구도 약소한 라오스지만, 국가를 보존하고 문화를 꽃피어 온 라오스!

지금 라오스는 과거와 현재의 고난과 갈등 극복을 극복하고 주변 강대국 틈바구니에서 지혜로운 외교를 행하며, 내륙 국가로서 관문국가(Gateway Country)로서 도약의 꿈을 꾸고 그 가능성을 실현해가고 있다. 쉽지 않겠지만 라오스를 응원한다.

역사가 알려주는 한 가지 진리가 있다. 영원한 제국은 없으며, 영원한 변방도 없다는 사실이다. 마치 조개가 모래와 이물질의 침입으로 그 상처를 끌어안고 결국 진주를 만들어 내듯이 메콩 강의 진주 라오스가 극동의 변방 조국 대한민국처럼 우리와 함께 세상을 섬기고, 복음의 빛 된 증인들을 주변 인도차이나와 열방에 보내는 나라가 되길 소망한다.

캄보디아 선교의 뜨거운 감자: 한인 선교사 수(數)와 교회 자립

글 | 정 보애(SIReNer)

출처: unsplash.com

앙코르 와트, 출처: unsplash.com

캄보디아의 기본 토양 살피기

캄보디아를 연상하면 가장 먼저 떠오르는 것이 바로 '앙코르 와트(Angkor Wat)'이다. 캄보디아 역사상 크메르(Khmer) 제국 혹은 앙코르 제국으로 불리며 인도차이나를 다스리던 때부터 지금까지 캄보디아의 정체성이 바로 앙코르 와트이기 때문이다.[1]

앙코르는 산스크리트 언어인데, '신들이 사는 마을', '신들의 도시'를 의미한다. 그리고 와트는 사원, 절을 의미한다. 따라서 앙코르 와트는 신들의 성전(聖殿)이자 세계의 중심 사원이라는 뜻을 내포하고 있다.[2]

또 하나 캄보디아하면 '킬링필드(The Killing Fields)'가 연상된다.[3] 킬링필드는 캄보디아의 군벌 폴 포트(Pol Pot)가 이끄는 크메르 루즈(Khmer Rouge) 무장 공산주의 단체에 의해 저질러진 대학살로, 캄보디아 전체 인구 700만 명 중 ⅓에 해당하는

---

(1) EBS TV, 앙코르와트 3부작 다큐멘터리중, '신들의 땅 앙코르', 1부 '앙코르와트', 2011년.

(2) 관련된 더 자세한 내용은 '본 책의 다른 글 '세 왕국이야기' 참조.

(3) 킬링필드(The Killing Fields)는 1975년에서 1979년 사이, 캄보디아 민주 캄푸치아시기에 폴 포트가 이끄는 민주 캄푸치아의 준군사 조직 크메르 루즈가 자행한 학살로 죽은 시체들을 한꺼번에 묻은 집단매장지이다. 현재까지 20,000개 이상의 킬링필드가 발굴되었다.

씨엠립 시내

200만 명을 학살한 사건으로 전 세계를 충격에 빠뜨렸기 때문이다.[4] 이중 불교문화의 핵심 앙코르 와트는 현재까지도 캄보디아의 자긍심이자 정체성으로 자리매김하면서 '불교와 크메르 민족주의', '현대화', '불교를 통한 국가와 국민 통합'에 중심적인 기제로 역할을 하고 있다. 킬링필드는 정반대로 캄보디아인에게 부끄러움과 수치심(羞恥心)의 기제로, 독일의 유대인 대학살 '홀로 코스트(Holocaust)'처럼 전체주의 체제와 인간의 극단적인 야만성을 드러내 주는 역할을 하고 있다. 이처럼 앙코르 와트는 캄보디아 불교 세계관의 뿌리 깊은 근본적 토양을 형성해왔으며, 반면 킬링필드 사태는 80년대, 90년대를 거치면서 한국 선교사들에게 캄보디아 선교의 열린 기회로 2000년대 이후 수많은 선교사들이 캄보디아로 진입하는 중요한 환경을 제공했다.

수(數)의 문제 : 캄보디아 국가 인구 규모 대비 최대의 한인 선교사 비율

우리 선교회가 인도차이나반도 권역을 태국 중심으로 연구 조사하던 때 필자는 캄보디아 선교가 인도차이나반도 권역 선

(4) 위키 백과, 캄보디아 편.

교에서 다른 나라에 비하여 독특한 점이 무엇인지를 선교 전문가들에게 질문해보았다. 이들이 대답한 내용을 중심으로 캄보디아 한인 선교 현황을 살펴보면 다음과 같이 정리가 된다.

"약 1,600만 명[5]의 캄보디아 전체 인구에 대비해 보았을 때, 선교사 수가 제일 많은 나라[6]가 캄보디아에요. 그래서 이에 대해 부정적인 시각으로 보는 분들이 많이 있어요. 사실 그런 위험성이 있는 것도 현실이구요." – 김창훈 선교사(캄보디아)

"현재 한국인 캄보디아 선교사들만 해도 자칭, 타칭 선교사라고 하는 분들까지 다 포함하면 2천명을 넘어섰습니다.[7]"
– 전호진 박사(前 고신대 학장, 前 아시아 연합신학대학원 원장, 前 캄보디아장로교 신학교학장)

"최근 10년 동안 한국선교사들이 가장 많이 파송되고 있는 국가가 바로 캄보디아에요. 이는 양면성이 있습니다. 지난 2000년 초반에는 캄보디아 한인 선교사 순위가 한 국세계선교협의회 통계로 매년 10대 파송 국가 중 9위에 해당했는데, 2천년 중반 이후 현재까지는 독립선교사까지 포함할 경우 실제로는 4~5위 규모에 이를 정도로 캄보디아 한인 선교사 수가 많아졌습니다.[8]"
– 조명순 선교사(한국형선교개발원장)

이상의 전문가들의 말을 종합하면 캄보디아 선교는 현재 '양과 질의 불균형과 이로 인한 선교지 혼란과 문제'가 해결되어야 할 큰 과제임을 시사한다. 캄보디아의 국가 전체 인구 규모에 비해서도 또한 인도차이나반도 다른 나라에 비해서도 선교사(한국 이외의 아시아, 서구, 아프리카 선교사)와 한인 선교사의 양적 비율이 대단히 높다는 현상 이면에 여러 가지 부정적인 문제들이 나타나고 있다는 것이다. 가장 많이 지적된 부분은 선교사로서의 부르심이 확인이 안 된 선교사들과 선교사 훈련을 제대로 받지 않은 선교사들이 대거 들어와 있다는 점이었다.

이유는 2000대 이후 캄보디아가 정치, 경제적으로 안정이 되고 관광업이 발달하면서 다른 나라에 비해 비자 발급이 쉽고, 선교사들이 교회개척부터 교육, 고아원, 비즈니스 등 모든 것을 다 할 수 있는 자유가 있는 국가라는 점과 상대적으로 싼 물가환경이 선교사들이 캄보디아로 대거

---

(5) KOTRA 국가 지역 정보 캄보디아, 2018년 통계인구, 정확하게는 16,449,519 명.(자료원 출처: CIA world fact book, 2018 기준)

(6) 현 캄보디아 선교사인 장완익선교사는 캄보디아에 주재하는 개신교 선교사들을 3,000 여 명이라고 말한다. 더 자세한 내용은 다음 영문 자료를 참고하라.
Steve Hyde, 'A Critique of Unnecessary Yoke article and iincluding the related book We are Not the Hero: A Missionary's Guide for Sharing Christ, Not a Culture of Dependency, by Jean Johnson', 『Cambodia Mission Forum』, 2014.

(7) 전호진 박사, 인터뷰 자료, 미간행물, 2018.

(8) 조명순 선교사, 인터뷰 자료, 미간행물, 2019.

유입될 수 있는 기회를 제공하게 되었다.

인터뷰 결과 선교단체나 교단 소속이 없는 독립 선교사들이 위에서 언급한 경우에 많이 해당된다는 것을 알 수 있었다. 이로 말미암아 현재 신생 선교지 캄보디아에서 이런 선교사들이 한국교회에 보고할 때 물량적인 성과와 보여 주기식 선교가 가능하기에 캄보디아 현장을 잘 알고 그에 필요한 적정(適正) 사역을 하기 보다 단기성과 위주의 프로젝트성 선교가 점점 더 많이 진행되고 있어 심각한 문제가 되고 있다.

캄보디아 한인 선교역사는?

한국인에 의한 캄보디아 개신교 선교는 거슬러 올라 가면 1958년 처음 시작되었지만,[9] 1993년 1월 1일, 캄보디아에 입국한 강창윤, 지주옥 선교사를 통하여 본격적으로 시작이 되었다.[10]

2013년은 캄보디아 개신교 선교가 90주년이 되는 때[11]였는데, 마침 한인 선교도 20주년이 되는 시점이었다. 이에 한인 선교사들은 '캄보디아 개신교 90주년 포럼'[12]을 캄보디아의 수도 프놈펜에서 개최하고, 『캄보디아 선교역사』라는 단행본을 발행하면서 캄보디아 기독교 선교의 과거, 현재, 미래를 조망하는 계기를 가졌다.

그때로부터 다시 7년이 지난 지금 2020년에 한인 선교사들의 캄보디아 선교는 27년째를 맞고 있다. 캄보디아 한인선교 역사 27년. 이는 같은 인도차이나 권역 태국이나 베트남의 한인선교 역사와 비교하면 아직 그 기간이 짧다고 볼 수 있다. 왜냐하면 태국은 1956년 6.25 전쟁 직후 최찬영, 김순일 두 가정을 최초로 태국 선교사로 파송하여[13] 현재 64년 째 이르고 있고, 베트남도 공식 1호 한인 선교사가 베트남전쟁 시기였던 1970년에 처음 파송되었으니 한인선교 역사가 50주년이 되었기 때문이다.[14]

---

(9) 1958년과 1975년 당시 태국에서 사역하고 있던 최찬영 선교사가 캄보디아를 방문하여 부흥집회를 인도했는데, 이것이 처음 한국인에 의한 캄보디아 사역의 시작이다. 이후 1974년부터 1979년 까지 임세종 태권도 교관의 고아원과 학교 및 난민 캠프에서의 사역, 1992년부터 1995년 차연미 선교사의 난민 캠프에서의 사역 등도 본격적이 사역 이전 시기 초기 사역에 포함된다.
자료 출처: 주캄한인선교사회, 선교역사연구분과, 『캄보디아 선교역사』, 서울: 도서출판 첨탑, 2013, pp. 185-195.

(10) 주캄한인선교사회, 선교역사연구분과, p. 198.

(11) 캄보디아에 첫 개신교 선교사를 파송한 단체는 C&MA이다. 1887년 알버트 심슨(Albert B. Simpson)목사에 의해 미국에서 설립된 복음주의 배경의 선교단체 및 교단이다.

(12) 2013년 5월 28일~31일 까지 캄보디아 수도 프놈펜(Phnom Penh)에서 열렸으며, 주캄한인선교사회와 한국세계선교협의회(KWMA)가 공동 주최하였다.

(13) 손승호, '한국교회 태국선교의 역사', 『한국 기독교와 역사』, 제28호, 2008년 3월.

(14) 임도마, '베트남선교의 역사와 미래', 『2012년 마닐라포럼 자료집』, 2012.
"한국교회가 처음 베트남과 인연을 맺은 것은 1964년 한국군을 월남전에 파병하면서부터이다. 당시 베트남전쟁에서의 사기 진작을 위해 조직된 군목과 군종을 통해 베트남 교회와 소수민족들과 만남을 갖게 되면서, 자연스럽게 구제와 봉사, 선교가 시작되었다. 1968년 한국 국방부가 파월 4년 동안에 한국군 사상자가 4천 91명이 넘었다고 발표하면서 이때부터 교계에서 한국 젊은이들의 피가 뿌려진 월남땅에 선교사를 파송해야 한다는 여론이 조성되면서, 드디어 1970년 1월 7일에 예장통합 교단 파송으로 박상준 선교사가 베트남에 제1호 한인선교사로 사역을 시작하게 되었다."
이 인용문은 임도마의 베트남선교의 역사와 미래 글 가운데, 2. 한인 선교사의 베트남 선교역사에서 이해를 돕기 위해 부분적으로 발췌 인

씨엠립(Siem Reap) 톤레삽(Tonle Sap) 호수 근처 다일공동체

물론 선교역사가 얼마나 길고 짧은가 하는 것만으로 선교를 분석하거나 비교할 수는 없다. 선교지 현장이 가지고 있는 환경과 토양이 제 각각 다르기 때문이다. 우선 태국은 인도차이나에서 유일하게 식민지 경험을 하지 않고 국가가 발전하면서 전통적인 입헌군주제와 전통 종교인 불교가 상부상조하면서 태국을 현대화할 뿐 아니라 복음의 확산을 방해하는 기제로서 역할을 하고 있다.

한편 베트남은 베트남 전쟁이라는 국가적인 큰 재난의 과정을 거치고, 도이모이 정책이라는 경제개발 정책을 통하여 국가가 부강하게 되면서, 점점 중국 방식의 종교정책을 채택하여 외국 종교라 여겨지는 특히 기독교 선교를 통제하고 있다.

하지만 캄보디아는 태국과 베트남 두 나라와 비교할 때, 현대화 경험뿐 아니라, 종교를 대하는 태도에서도 매우 다르다. 캄보디아는 국가를 재건하고 발전시키기 위하여 내부에 인적, 물적 토대가 될 만한 자원이 없었기 때문에 외부에 전적으로 의존하는 경제 원조와 인적 자원의 도움을 요청하는 정책을 시행했다. 특히 1990년대 후

용한 것이다.

반부터, 2000년대 들어서 더 적극적으로 해외 원조와 개발, 기독교 NGO에 문호를 전면적으로 개방했는데, 이와 같은 캄보디아 정부의 해외 원조에 기반한 정책이 수많은 기독교 관련 인사와 선교사들을 캄보디아로 불러들이는 요인이 되었다.

캄보디아 한인선교의 의미와 과제는?

그렇다면 캄보디아 한인선교가 가지는 의미는 무엇일까? 현재 어떤 의미가 있으며, 이후 어떤 방향을 지향해야 할 것인가? 이에 대한 해답은 캄보디아 선교, 특별히 한인 선교사에 의한 캄보디아 선교는 인도차이나반도 선교의 후발주자로서 태국이나 베트남 등 주변 국가들의 한인 선교의 성과와 시행착오를 타산지석으로 삼아 건강한 캄보디아의 기독교 토양을 만들어나가는데 일조해야한다는 것이다.

이는 기독교 선교 역사가 환기시켜주는 필연적 당위성이기도 하고, 전략적 차원에서도 대단히 중요한 사안이기 때문이다. 보다 성경적이고 건강한 캄보디아의 기독교 토양을 조성하기 위해서 필자는 캄보디아의 한인 선교 현황을 통해 선교를 재고(再考)하는 작업이 반드시 선행되어야 한다고 생각한다.

그런데 감사하게도 캄보디아의 선교

현황을 비판적인 성찰을 통해 대안을 모색하려는 캄보디아 선교사들 또한 적지 않았다. 이들은 협력과 연합의 정신으로 캄보디아 영혼들을 사랑하면서 캄보디아의 미래를 위하여 많은 건강한 고민과 실천을 하고 있었다. 캄보디아 개신교 선교사들은 특별히 지난 2013년 캄보디아선교 90주년을 전후하여 선교역사를 정리하여 인도차이나반도권역 나아가서 한국교회와 적극적으로 공유하기 시작하였다.[15]

필자 역시 캄보디아 선교 역사와 선교 관련 자료, 더 나아가서는 인도차이나반도 선교사들의 선교대회 관련 자료 및 연구성과를 통해 많은 도움을 받을 수 있었다.[16]

---

(15) 구체적으로 주캄보디아한인선교사회에서는 2012년 3월부터 선교역사분과를 구성하여 일 년 이상, 캄보디아 선교역사를 연구하고 공동 집필하였으며, 다음 해 2013년 5월에 한국세계선교협의회(KWMA)와 공동으로 '캄보디아 개신교 90주년 선교포럼'을 개최하고, 『캄보디아 선교역사』를 출판하였다. 이후 이 책은 캄보디아한인선교사회 모든 회원에게 배부되고, 한국교회와 선교단체에도 공유되어 캄보디아 선교 현황을 파악하는데 많은 도움을 제공하였다.

(16) 이 글을 쓰는데 도움을 받은 참고자료는 다음과 같다. 캄보디아 선교에 관심이 있는 분들에게 추천한다.
• 인도차이나한인선교사대회 신학분과, 『인도차이나 지역의 교회자립』, 2011.
• 주캄한인선교사회, 선교역사연구분과, 『캄보디아 선교역사』, 서울: 도서출판 첨탑, 2013.
• 이교욱, '인도차이나 선교 상황과 핵심 이슈들', 『인도차이나 지역의 교회자립』, 20011, pp. 16-33.
• 김정호 외 18인, '캄보디아의 교회 자립', 『인도차이나 지역의 교회자립』, 2011. pp. 152-307.
• 백신종, '북미 주에서 본 캄보디아 선교의 과제와 전망', 『캄보디아 선교 90주년 및 한인선교 20주년 기념대회 자료』, 2013.
• 장완익, '캄보디아 개신교 90년사에 나타난 교회 자립과 지도력 이양', 『한국교회사학회지』, 제37집, 2014.
• 장완익, '캄보디아 장로교회 자신학화의 현실과 미래', 제1차 권역별선교전략회의자료집(2014 RCOWE I), 서울: KWMA/KWMF, 2014.
• 장완익, '종교개혁의 정신 아래에서 본 한국인의 캄보디아 선교의 내일', 『종교개혁 500주년 기념 학술심포지움』, 미간행물, 2018.
• 장완익, '21세기 캄보디아 질서 변화에 따른 선교적 대응', 『프놈펜 포럼 2019연구자료집』, 2019.
• 공베드로, '캄보디아선교특강 및 인터뷰자료(UPMA)', 미간행물, 2019.

이 자료들은 현재 캄보디아 선교의 현황과 과제, 캄보디아 선교의 미래에 대한 조망까지 다루고 있었다. 상대적으로 다른 국가에 비하여 길지 않은 선교역사인데도 한국교회와 선교단체 사역자들이 함께 현장의 이슈를 가지고 대안을 공동으로 모색할 수 있게 해주신 선교사님들께 지면을 빌어 감사를 드린다.

필자 개인적으로는 기존 연구된 자료들이 캄보디아에 있는 2천 명 모든 한인 선교사들과 더 나아가 국내에서 캄보디아 선교를 지원하고 동역하는 한국교회와 공유되기를 바란다. 그 동안 주로 프놈펜 포럼, 인도차이나반도 대회 등 중견 이상의 선교사 전문가 그룹이 연구역할을 해왔다면, 이제는 보다 광범위하게 실제적인 역할들이 더 요구된다. 이를테면 캄보디아에 지속적으로 단기선교로 가고 있는 한국교회들을 대상으로 이러한 실제와 필요를 계속적으로 알리고, 함께 미래 대안을 모색하는 단기선교가 되어야 할 것이다.

선교지에서 수많은 단기 팀을 받아서 활동과 행사 위주로 진행되는 단기선교로 그쳐서는 안된다. 부정적인 필리핀 선교의 재현이기 때문이다. 중장기 선교의 경우도 마찬가지이다. 수많은 시니어 선교사들, 소

속과 정체감이 없는 많은 독립 선교사들 문제를 도외시하거나 간과하기에는 그 위험성이 너무나 크다. 이와 같은 문제를 해결하고 건강한 대안을 마련하기 위하여 한국교회와 선교현장이 하루 빨리 협력하여 가능한 대안을 모색할 필요가 있다.

교회 자립

다음으로 캄보디아 선교의 두 번째 뜨거운 감자라 할 수 있는 현지 교회 자립이라는 과제를 한 번 살펴보자. 보통 선교지 교회의 자립 문제를 논할 때는 우선적으로 성경에 근거한다. 모든 교회의 주인이 하나님과 현지 지역의 교인들이기 때문이다. 바울을 비롯한 선교사들은 현지 지역교회가 세워지도록 초기 전도와 지도자 양육 등 선교적인 돌파의 역할을 하거나 선교지가 꼭 필요하다고 요청하는 사역을 섬기고 돕는 역할을 했다. 또한 19세기 이후 기독교 개신교 선교 실제에서는 성경적 원리를 심화 발전시킨 '삼자(三者)원리[17]', 혹은 '사자(四者)원리'가 중요한 선교 현지 교회의 자립 기준이 된다. 삼자원리란 구체적으로 자립(自立), 자치(自治), 자전(自傳)하는 교

• 김창옥, 캄보디아 선교현황 씨엠립 현장 인터뷰자료(UPMA), 미간행물, 2019.
• 함윤정, '캄보디아 한인선교 현황과 선교의 재고', 『한국선교 KMQ』, 2014, 통권 52호, 겨울호.

(17) 삼자원리는 19세기 영국 국교회의 헨리 벤(Henry Venn)과 미국 회중교회파인 루퍼스 앤더슨(R ufus Anderson)에 의해 그 개념이 정립되었으며, 이후 중국 선교사 출신인 존 네비우스(John Nevius) 및 존 로스(John Ross)등이 한국 선교사들에게 와서 이 삼자원리를 전하고 실행한 계기를 통하여 한국에서 자립적이고 토착적인 교회 형성에 기여하게 된다. 배안호, 『한국교회와 자립선교』, 서울: 한국학술정보, 2008.

회를 설립하는 것이 목표이며, 여기에 '자신학화(自神學化)'라는 현지인에 의한 신학적인 자립까지 고려한 것이 사자(四者) 원리이다.[18]

이에 근거하여 캄보디아 현지교회를 살펴보면 캄보디아 개신교회는 아직 온전히 자립된 교회[19]라고 보기는 어려우며 또한 교회의 지도력을 스스로 발휘하고 있다고 보기 어려운 실정이다. 이는 현지 선교사들의 말이다. 선교사들의 말은 어디에 근거하고 있는가? 캄보디아 선교사들과 현지 교단은 지난 2013년 캄보디아 선교 90년을 기념하면서 캄보디아 교회를 진단하고 교회 자립에 대해 평가하는 시간을 가졌다. 그 한 해 전인 2012년에 먼저 캄보디아 현지 복음주의의 가장 영향력 있는 단체인 EFC(Evangelical Fellowship of Cambodia)가 2012년 말까지의 캄보디아 개신교회 통계를 발표하면서 전국에 2,697개의 교회와 168,887명의 신자가 있는데 이는 전 국민의 1.19%에 해당하는 비율이다.[20] 이 단체는 캄보디아 전국의 무(無)교회 지역에 교회를 세우기 위한 목표로 'MK(Mission Kampuchea) 2021운동'을 주도하고 있다. EFC는 1995년에 설립되었으며, 캄보디아 개신교회와 선교단체의 70% 이상 소속되어있는 복음주의 배경을 가진 연합단체이다.

다시 교회자립이라는 주제와 관련하여 의미 있는 사실은 2013년 캄보디아 선교 90년, 한인선교 20년을 계기로 한국 선교사들이 자립 교회와 이양을 분명한 선교 목표로 선정하고 선교사의 역할을 재확인할 수 있었다는 것이다. 이를 계기로 캄보디아 선교 10년 내지 15년 이상 된 한인 중견 선교사들 중심으로 사역의 전환이나 사역지 이동이 일어나고 있으며, 한편 현지 교회들은 전도와 민족복음화를 통한 캄보디아 교회 개척과 확장 운동에 더욱 매진할 것을 촉구하는 각성이 있었다. 캄보디아 선교에서 2013년은 대단히 중요한 한 해였다.

각 교단/단체의 교회 자립 정도

지금까지는 교회자립과 관련하여 총론적인 부분을 다루어 보았는데, 이제부터는 구체적인 각론으로 캄보디아의 주요한 5개 교단/단체의 교회 자립 정도를 살펴보겠다. 캄보디아에서의 현지 교회자립을 보다 더 실제적으로 이해하는데 각 교단/단체들을 살펴볼 필요가 있기 때문이다. 이러한 작업을 통해 교회자립 문제를 보다 객관

---

(18) 윌리엄 D. 테일러, 김동화 외 4인 옮김, 『21세기 글로벌 선교학』, 서울: CLC(기독교문서선교회), 2004.

(19) 자립된 교회, 자립교회는 경제적인 면을 포함하여 스스로 조직하고, 다스리며, 전도하는, 특별히 외국 교회나 외국인 선교사로부터 별도의 지원이나 간섭을 받지 않는 상태의 교회를 의미하기 때문이다. 장완익,'캄보디아 개신교 90년사에 나타난 교회 자립과 지도력 이양', 『한국교회사학회지』, 제37집, 2014. p. 4.

(20) MK 2012 Cambodian Churches Presentation, 2012년; 장완익 (2014), p.2에서 재인용.

C&MA 교회

적으로 비교 분석, 적용할 수 있을 것으로 사료된다.

1. C&MA/KEC: 1923년부터 그 후 약 50년 동안 캄보디아 선교를 주도하였으며, 전도와 교회개척 사역을 주로 하였다. 처음 1923년에 두 선교사가 들어왔는데 먼저 입경한 선교사는 프놈펜 중심으로 성경 번역 사역을 하였으며, 후에 들어온 선교사는 바탐방을 중심으로 성경학교와 교회개척 사역을 시작하였다.

C&MA(The Christian and Missionary Alliance) 사역은 "우리는 우리의 가진 모든 노력과 자원을 역동적이며, 건강한 지역 교회를 세우는데 초점을 맞춘다."에서 볼 수 있듯이 전도와 교회개척을 강조하면서 자체 교단을 세우지 않는다는 원칙을 가진 단체이다.[21]

1948년에는 C&MA의 영적인 양육을 받은 현지 목회자들 중심으로 최초의 현지 교단 KEC(Khmer Evangelical Church, 크메르복음교회)가 조직되었으며, 현재 선교단체인 C&MA와 협력하고 있다. 참고로 2012년 KEC 교단 산하의 지 교회는 205개

---

(21) 장완익(2014), p. 5

바탐방에 있는 캄보디아 최초 교회(Chhkekaun Baptist Church)

이며, 이중 크메르(Khmer) 족을 대상으로 하는 교회가 155개, 소수 종족 대상 교회가 50개이다.[22]

2. OMF(Overseas Missionary Fellowship) 캄보디아: 1973년에 캄보디아 사역을 시작하였는데 청년 학생 대상 사역과 교회개척 사역, 현지교단 KEC 소속 지역교회 리더들과 성도들에게 성경을 교육하는 사역을 전개했다. 캄보디아가 공산화된 이후에는 태국 국경의 난민 캠프에서 구제선교 및 제자 양육사역을 통해 현재 캄보디아 교회를 이끌어가는 중요한 인재를 양성하였다.

90년대 이후에는 OMF 캄보디아 내 한인 선교사들[23]이 교회 설립과 함께 교회 자립과 지도력 이양에 대한 이론적인 근거를 마련하였다. 특별히 OMF의 경우는 교회 개척 이론을 실천하면서 오는 시행착오를 선교사들이 직접 경험하고 그 노하우를 축적 공유하였다는데 그 의미가 있다.

(22) MK 2012 Cambodian Churches Presentation, 2012년; 장완익 (2014), p.7.

(23) 대표적인 사례는 OMF 한인선교사로 조학현 선교사, 공베드로 선교사를 들 수 있다. 공선교사는 캄보디아 농촌지역에서 지난 25년간 교회개척사역을 해오다, 현재 한국 OMF 대표로 사역하고 있다. 관련된 문헌자료는 「인도차이나 지역의 교회자립」에 사례로 발표된 공베드로의 '캄보디아 농촌지역의 교회개척과 자립(콤뽕쫌롱/꼼뽕뽀별 지역을 중심으로)'를 참조하면 된다.

3. CBU(Cambodia Baptist Union): 캄보디아 종교부에 등록된 캄보디아 침례교회(교단)의 현재 명칭이다. 그 전신은 KBC(Khmer Baptist Convention), CBC(Cambodia Baptist Convention)이다. 미국 남침례교단 중심으로 농촌 위주로 1993년부터 시작된 현지인 사역자 중심의 교회개척 배가운동(CPM; Church Planting Movement)을 통해 한때 캄보디아에서 가장 큰 개신교단인 CBC(Cambodia Baptist Convention, 캄보디아 침례교회)를 형성하기도 했다.

그러나 10년 뒤 2004년 미국 남침례교단이 완전히 철수한 이후, 선교사들에게 의존했던 재정, 선교사들의 캄보디아 문화에 대한 이해가 없이 전개된 빠른 지도자 이양, 도시에서 거주하면서 농촌마을 중심의 현지인들과 함께하지 못한 행정적인 선교, 제도적 조직적 교회로 발전하지 못하고 가정교회 형태로의 교회개척운동이 지닌 한계 문제 등으로 결국 캄보디아 내에서 체계적인 교회 자립과 지도력 이양에 실패했다는 평가를 받는다.[24]

이에 한인 침례교 선교사들은 이를 반면교사로 삼아 보완된 교회개척사역에 주력하고 있다. 2010년 자체 통계에 의하면 캄보디아 14개 시도에 232명이 목회자가

304개의 교회를 섬기고 있으며, 전체 교인이 12,914명이라고 한다.[25]

4. MMC(Methodist Mission in Cambodia): 캄보디아 감리교회는 다른 교단 교회에 비하여 비교적 늦게 캄보디아 사역을 시작하였다. 첫 캄보디아 선교사는 한국에서 1993년 파송된 송진섭 선교사였다. 송진섭 선교사는 1993년 프놈펜에서 감리교선교센터를 마련하여 한국감리교선교부(KMC)를 조직하고 교회개척 사역을 중점적으로 추진하였으며, 1997년에는 캄보디아감리교신학교를 창립, 운영하기 시작했다. 이후 캄보디아에 들어와서 선교활동을 해오던 4개의 외국선교부 곧 한국감리교선교부(KMC), 미국감리교회세계선교부(UMC), 싱가포르감리교회(SMC), 세계중국인감리교회연합회(WEFCMC)가 지난 2003년에 하나의 통합된 선교조직체로 MMC로 통합되면서 본격적으로 감리교단 사역을 함께 시작하게 되었다.

특별히 2005년에는 제 2회 연례회의를 통해 전국 지방회를 조직하여 당시 152개 교회를 7개 지방회 조직으로 구성하고 감리사를 통해 지도 관리하도록 함으로, 이때부터 하나의 캄보디아 감리교 연합선교부 MMC로만 존재하게 된 것이다. 2011년까지 교세 통계는 11개 지방 150개 교회

---

(24) 안희열, '캄보디아의 교회개척 배가운동(CPM)에 관한 평가와 전략적 제안', 『복음과 선교』, 제6집, 2006.

(25) 장완익(2014), p. 10.

한국교회의 협력으로 세워진 바탐방 지역의 감리교회

로 성장했으며, 매 주일 평균 출석인원은 어린이를 포함하여 6,200명 정도라고 발표했다.[26]

당시 이들은 2016년까지 캄보디아 내에 감리교회가 자치, 자립, 자전하는 건강한 토착교회로 성장하여 다른 외국의 감리교회와 같은 정식 자립 연회가 조직되고, 캄보디아인 감독이 세워지며, 다른 외국의 감리교회들과 동등한 지위를 가지고 동역하게 되는 목표를 수립하였다.[27] 이후 근황을 보면 지난 2018년 9월에 캄보디아 감리교회가 제 10회 선교연회(선교사연회), 제 1회 (임시)자치연회를 개최하여 캄보디아 첫 감리교 감독이자 연회장으로 룬 소피 목사를 선출하였다.[28]

한편, 현재 KMC는 40가정, 72명의 선교사를 캄보디아에 파송하고 있으며, 이 중 23가정이 MCC와 직접적인 선교협력을 진행하고 있다. 또한 캄보디아감리교신학교(CMBS; Cambodia Methodist Bible School)에서 사역하는 소수의 선교사 가정

(26) 송진섭, '캄보디아 감리교회의 토착교회로의 성장 방안', 『인도차이나 지역의 교회 자립』, 2011, p. 174.

(27) 송진섭(2011),p. 175.

(28) 송양현기자,'캄보디아 감리교회 자치연회로 성장', 2011. 9. 11. KMC뉴스(www.kmcnews.kr).

바탐방(Battambang) 열방대학

을 제외하고는 대부분의 선교사가 지역교회를 중심으로 개척 및 목회사역을 감당하고 있다.

MCC가 창립된 이후, 위의 4개의 창립멤버 교회(UMC, SMC, WFCM, KMC)들은 MCC를 위해 분담금을 책정하여 돕고 있으며, 연간 MCC를 위한 본부 부담금으로 UMC가 $18,000, KMC $9,000, SMC $9,000, WFCM $9,000을 돕고 있으며 이외에도 목회자 사례비를 한국(감리교 아시아선교회)과 미국(UMC 버지니아연회)에서 각각 연간 약 $36,000의 예산을

지원하고 있다.[29]

5. PCC(Presbyterian Church in Cambodia): 캄보디아 장로교회(PCC)는 위의 감리교 MMC와 동일한 해 2003년에 연합체로 첫 출범을 하게 된다. 장로교의 경우 1993년 처음으로 캄보디아에 들어온 강창윤 선교사를 비롯하여 이후에 들어와 사역을 하던 7개의 한국 장로교단 선교사들이 개신교 선교 80주년, 한국 장로교 선교 10주년이 되는 2003년에 캄보디아 장로교 공희회(약자로 캄장공)를 조직하면서

---

(29) 송양현 기자.

처음 기틀을 마련했다.[30] 곧 합동, 통합, 고신, 대신, 고려, 개혁, 합신 교단 등 7개 교단 소속 선교사 23명에 의해 캄장공이 설립되었는데 당시 개척된 교회는 모두 32개였다. 캄장공이 조직된 이후에는 바로 캄보디아 장로교 신학교(약자로 캄장신)를 개교하여, 본격적으로 목회자 양성과 함께 장로교 교단 교회개척사역을 전개하기 시작했다.

지난 2009년에 캄보디아 정부로부터 기독교 교단으로 정식 허락을 받게 되었으며, 이후 2013년 7월에는 캄보디아 목사와 장로로 구성된 첫 장로교 독노회를 설립하였다.[31] 당시 캄보디아 전국 7개 시찰의 176개 지교회와 84개의 기도처를 배경으로 한 65명의 목사, 8명의 장로 및 32명의 언권회원 선교사가 참여하였다. 독노회 예배 후 첫 회무회의에서는 캄장신을 졸업하고 목사고시에 합격한 6명의 캄보디아인 목사를 안수함으로 캄보디아 장로교회의 첫 캄보디아인 목사를 배출하여, 캄보디아 장로교 독노회 목사 회원이 71명이 되었다.

이후 보다 더 온전한 교회의 자립과 지도력 이양의 시점은 2020년 총회를 조직하는 때로 보고 있는데, 현재 캄장신과 캄보디아 장로교회가 당면한 과제는 이 사역이 정체와 소강상태에 처할 위험에 있다는 것이다. 이유는 캄보디아에서 갈수록 장로교 소속의 선교사들이 수적으로도 가장 많을 뿐 아니라, 각각 하는 사역들도 교육, 문화, 사회개발 등 다양화하면서 모든 것을 다할 수 있는 캄보디아에서 여러 사역 부분의 하나로 되면서 선택과 집중력이 약해지고 있다는 것이다.[32] 여기에 초기 선교사들의 이탈과 사역 전환, 후임 선교사들의 새로운 유입도 지속적이고 발전적인 사역에 영향을 미치고 있다.

글을 마무리하며

글의 분량이 예상보다 많이 늘어났다. 그래서 글을 마무리하면서 제목을 다시 상기해본다. '캄보디아 선교의 뜨거운 감자 : 한인 선교사 수(數)와 교회 자립', 이 주제로 캄보디아 선교현장의 이슈를 들여다보았다. 여기서 필자는 먼저 한인 선교사 2000명이라는 숫자가 말하는 기회와 위험 요인을 언급했는데, 이는 교회자립 문제와도 맞물려 캄보디아 선교를 좌초시키는 암초와도 같아서 빠른 해결책 모색이 필요하다. 2,000명 선교사들이 모두 각자 자기와 관련된 교회들에서 개별적인 사역을 전개

---

(30) 장완익(2014), p. 14.

(31) 장완익(2014), p. 14.

(32) 이에 대해 장완익 선교사는 2014년에 발표했던 자신의 글 '캄보디아 장로교회 자신학화의 현실과 미래' 부분에서 외국인 선교사들의 올바른 역할은 현지 자립교회를 위해 제자양성, 지도자양육, 신학교육이라고 강조했다. 장완익, '캄보디아 장로교회 자신학화의 현실과 미래', 제1차 권역별선교전략회의자료집(2014 RCOWE I), 서울: KWMA/KWMF, 2014.

톤레샵 호수 주변 무슬림 마을

한다면 캄보디아 전체 복음화는 과연 제대로 진척될 수 있을지 의구심마저 들기도 한다. 더 심각한 것은 한편에서는 캄보디아의 교회자립을 위하여 눈물과 수고를 아끼지 않는 헌신을 하고 있지만 이미 각 교단별로 신학교, 지도자, 교회개척사역에 있어서 중복과 경쟁의 현상이 나타나고 있으며 캄보디아 현지인지도자들이 외국선교사들에게 더욱 더 의존하도록 하는 고질적인 문제로 나타나고 있다는 점이다.

다가오는 '2023년 캄보디아 선교 100주년! 한인선교 30주년!'에는 캄보디아 현지교회 자립은 어느 정도까지 이루어져있을까? 그 때에는 외국인 선교사의 역할은 어떻게 한계가 지어지고 선교사 주도적인 선교에서 사역은 어느 정도 이양되어질 것인가? 그 끝이 올 수 있는가? 함께 지켜보고 함께 고민하고 함께 풀어야할 과제이다. 마침 코로나로 전 세계가 변동과 대전환을 겪고 있는 이 시점에서는 더욱 더 자립선교가 필수불가결하게 대두되고 있다. 글을 마치면서 캄보디아 현장선교사들의 안위와 건투를 기도한다.

이산의 관문을 넘어 동남아시아의 관문으로, 나콘 랏차시마

글 | 채 형림(SIReNer)

코랏 버스터미널

태국 동북부 이산 지역 행정도시

‘이산(Isan)’지역 이라 불리는 태국의 동북부 지역은 우리에게 꽤 낯선 곳이다. 방콕의 모칫2 북부 터미널에서 버스로 3~4시간 거리에 위치한 나콘 랏차시마[Nakhon Ratchasima 또는 코랏(Khorat)] 주(짱왓; province에 해당하는 태국의 행정단위)는 7,8시간 거리의 치앙마이(Ching Mai)보다도 가까운 곳이지만 이곳을 방문한 이는 많지 않다. 유명 관광지나 휴양지가 있는 곳은 아니지만 인구 263만 규모(2017년, IMF)의 태국 제 2의 지역이며, 태국 전체 면적의 약 ⅓을 차지하는 이산지역에서 가장 주로 무시할 수 없는 중요한 곳이기도 하다.

이산 지역은 코랏 고원(Khorat

Plateau)을 포함하여 북동쪽으로 메콩 (Mekong) 강을 따라 라오스와 국경을 맞대고 있고, 남동쪽으로 캄보디아, 서쪽으로는 페차분(Phetchabun) 산맥과 산깜펭 (Sankamphaeng) 산맥에 의해 태국 북부, 중부 지역과 분리되어 있다. 이 산맥들은 여름철에 불어오는 계절풍을 차단하기 때문에 산맥 동쪽에 위치한 이산지역에 비 그늘(rain shadow)을 만들어 바다를 끼지 않고 있는 내륙지방에 큰 가뭄의 피해를 주고 있다. 농업(벼농사) 의존도가 높은 이산 지역 사람들에게는 3모작도 가능한 타지방에 비해 치명적인 경제적 타격을 안고 있는 셈이다. 이러한 경제적 빈곤은 매년 수많은 이산 지역 사람들이 방콕과 같은 대도시나 타국에 일자리를 찾아 이주하게 만드는 요인이 된다.

코랏은 태국의 77개 주 중 유일하게 2개의 이름을 가진 곳이다. 공식적인 명칭은 '나콘 랏차시마'지만, 사람들이 일반적으로 사용하는 이름은 '코랏'이다. 고대 앙코르(Angkor) 왕조에서 유래된 이름으로 코랏 지역이 과거 크메르인의 영향 아래 있었음을 알 수 있다(이산지역의 역사적인 유래는 본 책의 다른 글 '중국 일대일로와 함께 떠오르는 태국 이산' 참조). 실제로 코랏 주에는 크메르인(지금의 캄보디아)이 아직 많이 거주하고 있으며, 캄보디아의 언어인 크메르어는 캄보디아 국경 지역인 부리람

(Buriram), 수린(Surin), 시사껫(Sisaket)에서 널리 사용되고 있다. 코랏 시에서 약 60 km 거리의 피마이(Phimai)는 11세기 크메르(Khmer) 제국 시대의 중심지로 피마이 역사 공원 곳곳에는 가면 당시의 풍부한 문화를 보여주는 유적들이 고스란히 남겨져 있다.

코랏은 코랏 고원의 서쪽 끝 고원 지대에 위치해 있어 이산 즉 태국 동북부의 다른 지방으로의 출입구 역할을 하는 곳이다. 주도인 코랏시는 이산 지역에서 가장 큰 도시이지만 도시의 크기에 비해 외국인 여행객이 선호하는 곳은 아니다. 하지만 태국 최대 도시 방콕과 인접해 있고 방콕으로부터 라오스 국경의 관문지역인 농카이 (Nong Khai)까지 철도와 고속도로가 연결되어 남북으로 도시를 관통하고, 동쪽으로는 캄보디아와 맞닿아 있는 우본 라차타니(Ubon Ratchathani, 이하 우본)까지 남동쪽을 가로지르는 교통이 발달해 있어 태국의 북, 동북 및 동부 지역 등 태국의 거의 모든 도시로의 여행을 가능케 한다. 중국의 일대일로 정책으로 인해 계획된(북으로 라오스, 남으로 말레이시아까지 고속철도를 연결한다는 계획) 방콕(Bangkok)-나콘 랏차시마까지의 1단계 고속철도 완공이 2021년으로 예정되어 있어 방콕과의 거리는 1시간 남짓으로 줄어들 전망이다. 이로써 코랏시는 이산지역으로의 출입구 뿐 아

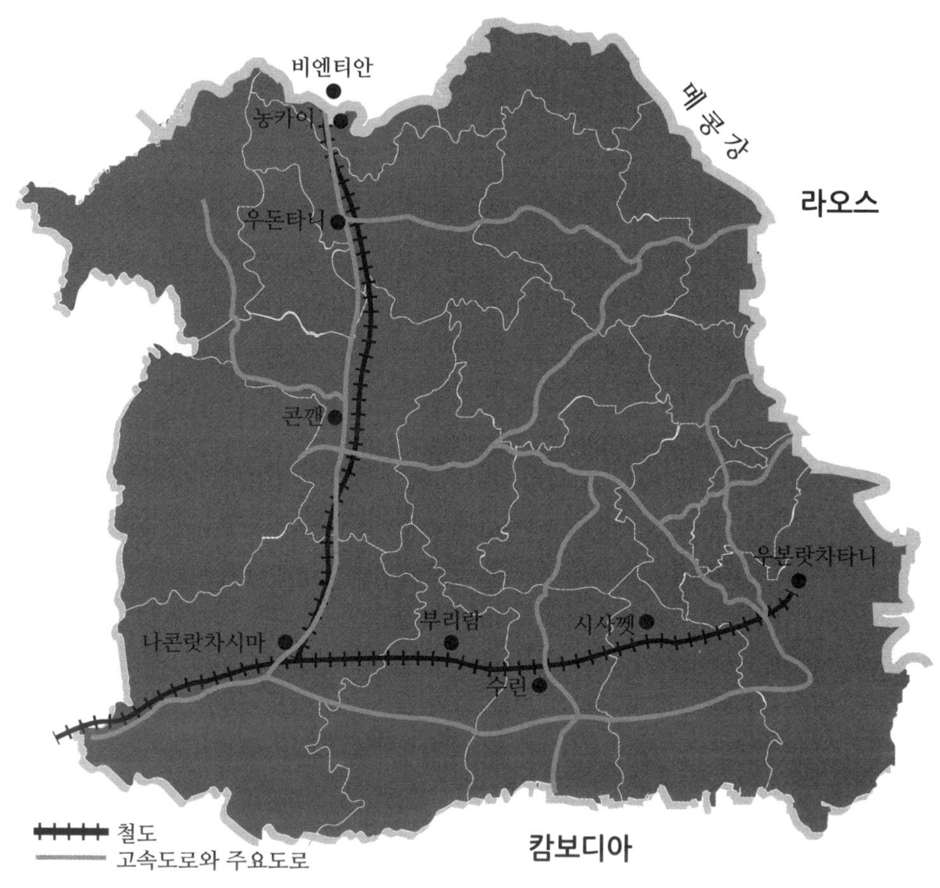

태국 동북부 이산 지역의 주요도로와 철도

니라 동남아시아의 관문도시의 중심지로 큰 변화를 맞이하게 될 것으로 보인다.

이런 도시들 간의 연결 확대로 인한 변화를 감지한 발 빠른 산업체들은 방콕과의 근접성과 아세안(ASEAN) 국가들과의 상품수요를 예상해 이미 코랏으로 거점을 삼았다. 코랏 시 외곽에는 세계적인 하드 디스크 제조업체 Seagate와 Cannon 프린터 공장 아시아 지점이 이미 자리를 잡았고, 대형 할인 매장인 Big C, Tesco Lotus, Makro와 더불어 최근 2-3년 동안 태국의 양대 백화점 체인인 Central 백화점과 The Mall 및 Terminal 21 등의 고급 쇼핑몰이 들어선 상태다. 현재의 수요인구보다는 훨씬 규모가 큰 수준이다. 앞으로의 코랏이

춤폰 게이트

맞이하게 될 변화를 예측한 결과임이 분명해 보인다.

코랏은 이산 지역에서 가장 큰 도시임에는 틀림없지만 역사적, 문화적으로 다른 이산 지역과는 이질적인 면이 있어 보인다. 이산 사람들이 자신을 '콘 이산(이산 사람)'이라 칭하며 태국인[타이(Thai) 족]들과는 구별된 정체성을 갖고 있는데 여기에는 오랜 시간 거주해온 크메르 족과 란쌍(Lanxang) 왕국으로부터 이주해 온 라오(Lao) 족의 혼합 요소가 근간을 이룬다. 그러나 코랏 시 자체도 아유타야(Ayutthaya) 왕조의 나라이(Narai) 왕이 란쌍 왕국과 크

메르 왕국의 공격으로부터 아유타야 왕국의 동북 국경을 보호하기 위해 견고한 성벽을 쌓아 만든 전략적 거점으로 시작되었다. 17세기에 동북부 지역 경영을 위한 요새의 흔적은 시내 중심의 해자가 둘러싸고 있는 성벽에서 발견된다. 1656년에 세워진 서쪽 문인 '춤폰(Chumphon) 게이트'는 도시를 출입하던 4대문 중 유일하게 원형을 보존한 성문이다. 이 문을 지나가는 외국인은 코랏에서 오랫동안 머물게 된다는 속설이 있다.

춤폰 게이트 뒤쪽으로는 코랏의 영웅이자 신으로 받들어 지고 있는 타오 수라나

타오 수라나리 기념비 앞에서 복을 비는 사람들

리(Thao Suranaree) 기념비를 만날 수 있다. 1779년 란쌍 왕국이 태국의 식민지가 된 이후, 란쌍은 1820년대 태국에 대한 저항 전쟁을 일으켰다. 이 과정에서 당시 비엔티안(Vientiane, 위앙짠) 왕국의 아누웡(Anouvong) 왕의 군대가 코랏을 점령하고 그 주민들을 비엔티안으로 끌고 가려고 했으나, 그 주민들의 저항으로 이 작전이 실패하게 된다. 이 때 쿤잉 모(Khunying Mo) 혹은 야 모(Ya Mo; 모 할머니라는 뜻)라는 여인이 결정적인 역할을 해서 아누웡 왕의 군대를 진압했고, 이 공로를 인정받아 라마 3세(King Jessadabodindra)로부

터 타오 수라나리라는 칭호를 받았다고 한다. 이를 두고 여러 해석이 존재하지만 적어도 코랏에서는 거의 신과 같은 존재로 인식되고 있는 것은 분명하다. 1934년 건립된 이 기념비 상단에는 1.85m의 수라나리 구리동상이 오른손에 칼을 들고 서있는 모습이 세워져 있다. 이 기념비 앞에는 밤낮으로 동상 앞에서 무릎을 꿇고 향과 꽃을 선물하고 기도를 올리며 시간을 보내는 사람들을 항상 볼 수 있다.

별로 알려진 볼거리가 없는 코랏에서 수라나리 공과대학(Suranaree University of Technology)은 큰 자랑거리다. 앞서 설

코랏의 경제 활성화를 보여주는 야시장

명한 코랏의 영웅 타오 수라나리의 이름을 따서 지은 대학으로 1990년에 설립된 태국의 9개 국립 연구 대학교 중 하나이다. 이 대학은 이산 지역의 고등교육 기회의 장을 마련하기 위해 태국 왕실의 지원으로 설립된 최고 수준의 공립 대학교로 농업 기술 연구분야 뿐만 아니라 물리학 및 고급 연구 과정에서 이 지역 최고라는 자부심이 대단하다.

코랏에 거주하는 한 사역자는 최근 5년 사이에 일어난 코랏의 변화가 상당하다고 말한다. 인구가 증가하고 공장들과 대형 백화점이 들어서는 등의 변화가 이를 뒷받침한다. 많은 사람들이 2011년에 있었던 방콕의 대홍수 사건을 기억할 것이다. 태국인들에게는 그 사건은 치명적이었다. 당시 아유타야나 촌부리(Chonburi)의 공장들이 홍수에 피해를 입으면서 코랏으로 상당수의 공장들이 옮겨왔고, 방콕에서 가깝고 상대적으로 안전하다고 느끼는 코랏으로 이주해 온 이들이 꽤 있을 것이라는 추측이다. 아세안 경제협력이 본격화 되면서 미얀마와 라오스의 경제활동 활성화가 태국 국경무역에 영향을 끼치고, 중국의 일대일로 정책의 하나인 고속철도 건설은 코랏 뿐 아니라 이산 지역 변화의 속도를 높이게 될

2014년 문을 연 코랏 시의 기독 국제학교

것으로 전망하고 있다.

　이러한 급격한 변화와 맞물려 0.1% 미만의 복음화 된 이산 지역에는 사역자의 필요성이 시급해 보인다. 이 시기에 2014년 문을 연 코랏 시의 기독 국제학교(Wesley International School)는 코랏 시를 비롯한 이산 지역으로 몰려 올 사역자들의 자녀교육의 짐을 덜어줄 것은 틀림없어 보인다. 특히 태국과 같이 공교육 기관에서 철저한 불교 교육이 시행되는 환경 가운데 선교사들이 마음 편히 자녀들을 학교에 보낼 수 있는 환경이 마련된 것은 아주 큰 의미가 있다. 이제 이산 지역을 넘어서 동남

아시아의 관문으로 도약하는 나콘 랏차시마, 코랏에 기회의 문이 준비되어 있다. 누가 이 문을 열고 믿음으로 열매를 취할 것인가!

Calm & Fast, 이산의 중심 콘깬

글 | 채 형림(SIReNer)

콘깬 나콘 호수 주변의 도시 풍경

한참 공사중인 2번 국도 미트라팝도로

태국 동북부 즉 이산(Isan) 지역의 가장 큰 도시가 코랏(Khorat)이라면 콘깬(Khon Kaen)은 이산의 중심도시라고 말할 수 있겠다. 코랏, 우돈타니(Udon Thani), 우본 라차타니(Ubon Ratchathani, 이하 우본)와 더불어 이산의 'Big 4'로 불리는 콘깬은 이산의 교육, 금융, 정부 기관, 교통의 중심도시이다. 태국 정부는 콘깬 지방을 육성하기 위해 2005년 콘깬 공항을 국제공항으로 승격시켰고, 현재는 국내외 주요 항공 노선을 운항 중이다.

방콕(Bangkok) 으로부터 445km 거리에 위치한 콘깬은 태국-라오스 국경 '우정의다리'까지 이어지는 태국의 가장 중심을 가로지르는 2번 국도 미트라팝(Mittraphap)도로가 시내 중심을 관통한다. 이 도로를 따라가다 보면 일명 '인도차이나 사거리'라 불리는 시원하게 뚫린 사통팔달 도로를 마주하게 되는데, 좌측으로 난 도로를 따라 치앙마이(Chiang Mai), 치앙라이(Chiang Rai)를 거쳐 미얀마로, 우측으로는 라오스와 베트남으로 연결된다. 실제로 광역 메콩강 지역(GMS, Greater Mekong Subregion)[1] 경제회랑의 교통 인

(1) 메콩강을 중심으로 중국과 동남아 국가들(중국, 베트남, 라오스, 캄보디아, 태국, 미얀마 등 5개국)을 아우르는 지역 개발 추진 사업이 'GMS(Greater Mekong Subregion) 프로젝트'다. GMS는 1992년 ADB(아시아개발은행) 지원 하에 국가 간 경제, 인프라 개발과 인접국

GMS 6개국으로 시작된 국제 실크 축제

프라 개발로 인해 중국에서 동남아로 연결되는 북남(North – South)경제회랑과 베트남에서 미얀마로 가는 동서(East – West)경제회랑이 만나는 교차점이 되는 지점이 된다. 앞으로 콘깬이 수년 내에 상업 무역의 허브도시로의 도약을 가능케 하는 부분이다. 실례로 태국에서 생산되는 실크는 동북부의 것이 최고라 정평이 나있는데, 콘깬에서는 매년 11월이면 국제 실크 축제(International Silk Festival)가 개최된다. GMS 6개국으로 시작한 이 축제는 아세안(ASEAN)국가로 확대되어 중국 남부[광

시(廣西) 및 윈난(云南) 성], 캄보디아, 인도네시아, 라오스, 미얀마, 필리핀, 싱가포르, 태국, 베트남 등이 함께 참여하여 각 나라의 실크 및 기타 OTOP[2]제품이 전시되고 판매된다. 그 외 국제 음식 박람회, 실크 패션쇼, 콘서트, 미인 대회, 전시회, 세미나 등 다양한 행사가 축제기간 내내 진행된다. 이와 함께 약 10만 명이 모여 함께 벌이는 동북부 지역의 전통행사 'Pook Xiao'와 거리 퍼레이드는 축제기간 동안 가장 큰 볼거

간 연계와 협력을 강화하기 위해 출범한 지역개발사업으로 중국과 일본의 경제 주도권 경쟁이 치열하다.

(2) OTOP은 'One Tambon One Product'의 약자로 태국 전역의 각 지역(땀본, tambon)에서 하나의 독특한 제품을 생산하고 판매하는 것을 지원하기 위한 정부 프로그램이다. OTOP 제품은 수공예품, 면화 및 실크 의류, 도자기, 패션 액세서리, 식품을 포함한 다양한 지역 제품을 취급한다.

콘깬 대학교

리다. 2017년에 완공된 4,500평 규모의 국제 컨벤션 센터(Khon Kaen International convention & exhibition center)는 태국뿐 아니라 아세안 국가들의 무역 거래의 중심이 될 것이 확실해 보인다.

콘깬에는 무역의 허브역할만이 아니라 태국 동북부의 교육의 허브역할을 하는 콘깬 대학교(Khon Kaen University)가 있다. 콘깬 대학은 1964년 태국 동북부에 설립된 최초이자 최고의 대학으로 다른 지역에 비해 열악한 이산 지역 교육 인프라 구축을 위한 목적으로 설립되었다. 최근에는 태국의 9개 국가연구대학 중 하나로 선정되어 명실공히 메콩 강 지역의 교육 센터 역할을 감당한다. 900헥타르에 달하는 녹지에 설립된 콘깬 대학은 500여 명의 해외 유학생을 포함하여 101개의 학부 전공과 138개의 석사 과정, 77개의 박사 과정 등 광범위한 과정에 참여하는 학생이 4만여 명에 달한다. 왕실에서 세운 대학답게 해마다 졸업식이면 왕가의 유명인이 내려와 학위수여식에 참석한다. 졸업식이 끝나면 항상 들른다는 닭요리 전문점은 맛도 유명세도 대단해 보인다.

특별한 관광지가 없는 콘깬에서 붕캔 나콘(Bueng Kaen Nakhon) 호수는 아름

붕캔 나콘 호수 주변에서 사이클을 즐기는 주민과 반대편으로 보이는 프라마하탓 캔나콘 사원

다운 풍경을 제공하는 손에 꼽히는 곳이라 할 수 있다. 약 100헥타르에 달하는 호수를 중심으로 공원, 레스토랑, 사원이 조성되어 시민들의 휴식처가 되고 있다. 번잡한 도시가 싫증났다면 호수를 산책하면서 사색에 잠겨도 좋을 것 같다. 해질 녘이 되면 아름다운 석양을 뒤로하고 호수주변에 가족과 함께 산책을 하거나 사이클을 즐기는 이들로 호수는 금세 북적인다.

호수를 따라 남쪽 끝에 다다르면 눈에 띄게 화려한 사원을 발견하게 된다. 9층짜리 높이의 왓농웽(Wat Nong Waeng)으로 알려진 프라마하탓 캔나콘(Phra Mahathat Kaen Nakhon) 사원 안에는 이산의 문화와 콘깬의 역사를 묘사한 현대적인 벽화들과 역사적 전시물이 진열되어 있어 각 층을 오르며 보는 재미가 있다. 9층에 마련된 전망대에도 올라갈 수 있는데 가쁜 숨을 몰아쉬며 9층까지 오르면 호수를 둘러싼 아름다운 콘깬의 모습이 한 눈에 들어온다. 처마 끝에 매달려 울리 퍼지는 풍경소리와 함께 보여지는 콘깬의 매력은 누구라도 빠져들 수밖에 없으리라.

금강산도 식후경! 태국에서 야시장을 언급하지 않을 수 없는데 콘깬도 예외는 아니다. 2012년 문을 연 떤딴 마켓(Ton Tann

떤딴 마켓

Green Market)은 쇼핑몰과 시장이 결합된 모양으로 보통의 야시장보다는 깔끔하고 고급스런 분위기다. 다양한 먹거리 뿐 아니라 수제 공예품과 패션 소품들의 구입이 가능하고 곳곳마다 아트 갤러리를 발견하게 되는데 우리나라의 동대문 시장과 인사동의 쌈지거리를 합해 놓은 듯한 분위기를 자아낸다.

콘깬은 여행자들에게는 크게 볼거리가 없어 매력이 없는 도시처럼 느껴질지 모르나 이산 지역의 중심도시로 도시의 인프라가 잘 갖추어져서 태국의 어느 지방도시보다 살기에는 좋은 곳이다. 방콕에 비해 엄청 저렴한 물가와 콘깬 대학교라는 최고 수준의 종합대학교, 시간 맞춰 운행하는 썽태우 시내버스, 고급 쇼핑몰 센트럴 프라자가 구비되어 있고, 향후 시내를 운행하는 트램 건설과 방콕과 연결되는 고속철도가 계획 중이니 이보다 더한 최적의 조건이 없을 듯하다. 이산 지역의 교육, 정부기관, 교통의 중심도시 콘깬은 아세안의 중심도시로 조용하지만 빠르게 변화해 가는 중이다.

북동부의 상업도시, 우돈타니

글 | 채 형림(SIReNer)

농 프라작 공원에 세워진 우돈타니를 상징하는 대형 토기 조형물

한참 공사중인 2번 국도 미트라팝 도로

우돈타니(Udon Thani)는 '북쪽의 도시'라는 뜻으로, '우돈(Udon)'은 산스크리트어의 'utara'에서 파생 된 것으로 북쪽 방향을, '타니(Thani)'는 '도시'를 의미한다. 즉 우돈타니가 방콕의 북동쪽인 것을 말한다. 짧게 '우돈'이라 불리기도 한다.

우정의 길

또다시 '미트라팝 도로(Thanon Mittraphap)'다.

한 낮 태양이 내리쬐는 정오에 우리 일행은 우돈타니의 '미트라팝' 도로 확장 공사장 안을 한참 헤매고 나서야 도로 건너편으로 건너는데 성공했다. 미트라팝 도로는 이산(Isan)의 주요 도시를 거쳐 라오스의 수도 비엔티안(Vientiane, 위앙짠)과 인접한 국경도시 농카이(Nong Khai)까지, 그리고 또 다시 태국-라오스 사이의 "우정의 다리"로 연결되는 중요도로다.

'우정의 길'이라는 의미를 가진 미트라팝 도로는 미국의 재정 지원을 받아 세워진 태국 최초의 고속도로이다. 이러한 미국과의 '우정'은 베트남 전쟁으로 거슬러 올라간다. 베트남 전쟁 시에는 우돈타니 왕

우돈타니 왕립공군기지 전투기 wing 23

립 공군기지(Udorn Royal Thai Air Force Base)가 미 공군의 최전선 기지로 쓰였고, 미국 중앙정보부의 경찰항공정찰대가 라오스 영토내의 호찌민(Hồ Chí Minh) 통로를 공격하는 데에 이 공군기지를 사용할 수 있게 하는 등 태국과 라오스에서 CIA의 반공산주의 운동을 위한 가장 큰 기지였다.

당시 미국 군인들의 휴양지 역할을 한 우돈 시내에는 바(bar), 커피숍 및 호텔들을 운영해 돈을 번 현지인들이 상당했고, 그들 중 영어가 가능한 이들은 세계 시장에도 뛰어드는 계기가 되었다. 무엇보다도 공군기지는 동북부의 상업 중심 도시로 발전하는데 큰 역할을 했다. 호텔 주변으로 형성된 유흥시설과 상점들이 그 예로, 외국 문화의 유입이 자유로운 우돈을 형성하는데 중요한 영향을 끼쳤다. 현재는 퇴역군인들이 노후를 보내기 위해 이곳을 찾는 경우가 많다. 태국 내 외국인과 결혼한 태국 여성들의 비율이 가장 높은 지역 또한 우돈이다. 이런 이유에서인지 나이가 지긋한 외국인 커플들의 모습은 우돈 곳곳에서 어렵지 않게 발견된다. 멜 깁슨(Mel Gibson) 주연의 영화 '에어 아메리카(Air America)'는 당시 공군기지의 모습을 배경으로 한 영화로 시대 상황에 대한 이해와 함께 재미도

중국문화센터에는 우돈타니에 정착한 중국인들의 역사를 한눈에 볼 수 있다

선사해 준다. 또한 우돈타니에는 베트남 전쟁 당시 이주해온 난민들이 다수 거주하면서 현재 태국 전역에서 가장 큰 베트남 공동체를 가진 곳이 되었다.

우돈타니의 중국인 공동체

공군 기지와 함께 중국인들의 시장 형성은 우돈을 상업도시로 발달시키는 데 중요한 역할을 했다. 라마 3세(King Jessadabodindra) 통치 동안(1824-1851) 태국에는 수많은 중국인이 이주해서 정착했다. 중국에서 일어난 전쟁으로 인해 이주

해 온 이들은 그들 특유의 부지런함과 끈질김, 무역에 상당히 익숙한 장점을 살려 사업을 시작했다. 그들은 우돈타니에 정착하기 전부터 방콕(Bangkok)과 태국의 여러 도시로 상품들을 실어나르는 사업을 한 첫 번째 사람들로, 우돈타니에 정착한 후에는 '올드마켓(Ta-lad Kao)'이라 이름붙인 작은 식료품가게를 오픈하고 사업을 시작했다. 도시의 발전에 따른 사람들의 다양한 요구에 따라 작은 식품점에서부터 우돈타니 첫 번째 금거래 상점, 최초의 약국, 타이 향신료 가게, 최초의 사진관, 첫 번째 주유소를 세웠다. 특히 중국 상인들은 우돈타니

북동부의 상업도시, 우돈타니　　369

챠오푸야 사당

주의 주요 수입원인 사탕수수로부터 추출한 시럽을 팔기 시작했는데 후에 설탕공장 사업으로 확장되어 우돈타니 최초의 설탕공장을 세웠다. 이들이 우돈타니 최초의 중국인 공동체를 이루게 되었고 부와 번영을 이루었다. 초기 중국인 공동체의 흔적은 올드마켓 안의 100년 넘은 세월동안 보존된 건물에서 발견할 수 있다.

중국인들의 이주는 꾸준히 이어져 1910년에는 태국인구의 10%에 달할 정도로 많은 수가 이주해 왔다. 이후 태국과 중국간의 공식적인 외교관계가 수립되면서 태국 시민권을 가진 이들이 늘어났고 태국인 다음으로 큰 공동체를 이루게 된다. 이들 공동체는 공동기금을 마련해 농부아(Nong Bua) 공원 근처에 조상을 모시는 사당(Chao Pu-Ya Shrine)을 건립하고, 사당 부지 안에 타이-중국인 문화센터(2009년)를 섭립했다. 이 센터는 박물관, 명예의 전당, 교육센터, 정원 등으로 구성되어 있으며, 자신들의 문화 예술과 전통을 유지시켜 나가기 위한 노력을 기울이고 있다. 그들은 이미 오랜 세월동안 태국화가 되었지만, 문화센터를 중심으로 전통적인 유교 숭배와 조상을 섬기는 예절을 철저히 따르고 있는 모양새다.

라오스 물품구입의 통로가 되는 우돈타니의 마켓

이산의 주요 상업 중심지

우돈타니는 라오스를 이웃 국가와 연결해주는 중요한 거점도시로, 라오스가 우돈에 미치는 경제적인 영향력 또한 상당하다. 우돈타니의 백화점이나 병원을 이용하는 라오인들이 상당하고, 실제로도 우돈타니의 대형 백화점 센트럴 프라자는 라오스 상류층들의 결혼식 장소나 중요 이벤트 장소로 자주 사용고 있다. 라오스의 수도 비엔티안에서 80km 거리의 우돈타니는 560km 떨어진 태국의 수도 방콕보다도 거리상으로 훨씬 가까워 라오스 물품구입의 통로가 되는 중요한 역할을 하고 있다. 대형 마트에서 물품을 구입하는 라오스 사람들을 발견하는 일은 이제 일상이 된 지 오래다. 어느 일간지에는 은퇴 후에 가장 거주하고 싶은 곳으로 우돈타니가 선정되기도 했다고 한다.

라오스에 비해 풍부한 자원, 저렴한 물가, 기차나 국제 항공노선[방콕-치앙마이(Chiang Mai)-푸껫(Phuket)]이 있는 교통 등의 편리한 이점이 작용한 것이다. 역사적으로도 한때 라오스의 영토였다는 점과 라오 민족들이 살고, 이산어로 불리는 지역 사투리(라오어와 상당히 유사하여 서로 의사소통에 아무런 문제가 없다)를 사용

우돈타니 3호수공원

하기에 정서적으로도 이질감이 적은 것도 이유일 게다. 극단적으로 표현하는 이는 우돈타니는 라오스의 도시라고 말할 정도다. 분명 우돈타니는 태국 북동부의 주요 상업 중심지이지만 라오스로 가는 관문이 되는 중요한 도시임에 틀림없어 보인다. 이런 이유에서인지 우돈타니 근방에서 라오스에 관심을 가지고 예의 주시하고 있는 사역자도 만나 볼 수 있었다. 이외에도 우돈타니 주에는 세계에서 가장 오래된 청동기 시대 문명이 존재한다. BC 2100년 부터 AD 200년 사이의 것으로 보이는 토기와 청동 파편이 반 치앙(Ban Chiang)에서 발견되어 유네스코 세계문화유산으로 지정되었다. 대형 토기 모양의 조형물은 우돈을 대표하는 상징물로 주민들이 가장 많이 모이는 농 프라작(Nong Prajak) 공원에 세워져 있다.

한국문화센터를 찾는 이산인

이러한 문화유산을 지닌 위상과 상업 도시로서의 유명세와는 달리 우돈타니 외곽 시골지역에서의 경제적 어려움은 지속적으로 이어져왔다. 경제적인 활동을 할 만한 곳이 없기에 대도시나 일본, 이스라엘,

우돈타니 한국문화센터

대만 등 해외 근로자로 취업한 젊은이들이 적지 않다. 특히 한국은 가장 인기가 많아 한국어를 배우기 위해 우돈타니의 한국문화센터를 찾아오는데, 먼 지방에서 온 이들을 위해 기숙시설까지 갖추었다. 1년에 두 차례 치러지는 한국어 능력시험이 취업에 결정적인 역할을 하기에 기꺼이 많은 돈을 지불한다. 우리가 방문한 한국문화센터는 태국인이 운영하는 곳으로 많게는 80명 정도의 태국인들이 한국어 공부에 매진하고 있었는데 그 규모가 작지 않았다. 현재 한국과 태국간의 고용허가제(EPS; Employment Permit System) 양해각서에 의거해 연간 한국어능력시험 합격자 약 6,000여 명의 태국 근로자들이 한국으로 송출되고 있는 상황이다. 우리나라에 들어와 있는 태국인의 대부분이 우돈타니가 포함된 이산 지역의 이주 근로자로, 0.2%의 복음화율의 원거주지(고향)와의 연결을 통한 변화에 집중, 지원해야 할 부분이다.(*이와 관련된 내용은 본 책의 다른 글 '이용웅 선교사 & 찾아온 디아스포라, 의정부 펠로우십 교회에서 만난 태국 이주민들' 참조.)

메콩 강에 울려 퍼진 라오스 연가, 농카이&비엔티안

글 | 채 형림(SIReNer)

메콩 강의 수호신이라 불리는 '나가'

"메콩(Mekong) 강에 어둠이 내리고 보름달이 뜨면 강 깊은 곳에서 붉은 태양을 닮은 불덩어리가 공중으로 치솟는다. 수 십 개의 불덩이가 솟아오는 동안 사람들이 소원을 빌며 경의를 표한다. 메콩 강의 수호신이라 불리는 '나가(Naga)'가 불을 뿜어내며 부처를 찬양하고 지역 주민들의 번영을 기원한다고 믿는다."

〈라오어로 '낙(ນາກ)'이라고 부르는 용 '나가'는 7개의 뱀 머리를 가지고 사지가 달린 가상의 동물로 물과 관련한 종교의식에 자주 등장한다.〉

태국 이산의 최북단 소도시 농카이(Nong Khai)에는 '나가'의 전설을 눈으로 확인하려는 50만명의 관광객이 방문한다. 라오스로 향하는 관문도시라는 것 외에 볼거리가 없는 농카이에 나가의 불구경을 보기 위해 모여들어 매년 약 15억 원 정도의 돈을 소비하고 간다고 한다. 그들의 기원대로 '나가'가 이곳에 부를 가져오는 것이라 확신하는 듯하다. 필자도 이 불덩이를 보는 요행을 기대하며 메콩 강변을 걸어보았지만 신심이 부족(?)했던지 볼 수는 없었다 (주로 매년 10월경에 발견된다고 한다). 메콩 강변 너머 '우정의 다리'로 연결된 라오

태국 농카이와 라오스 비엔티안을 잇는 제1 우정의 다리

스가 손에 잡힐 듯 한 눈에 들어온다.

　라오스는 바다가 없는 내륙국가로 육로를 통한 물류 이동에 의존하기 때문에 태국과 라오스 사이 '우정의 다리' 연결은 매우 중요하다. 호주의 지원으로 1994년에 개통한 '제1 우정의 다리(1,170m)'는 태국 농카이와 라오스의 수도 비엔티안(Vientiane, 위앙짠)을 연결한다. '제1 우정의 다리'를 시작으로 현재 5번째 '우정의 다리' 공사가 진행 중이다.

　라오스는 태국과 '우정의 다리'를 연결하여 무역 거래를 확대하려는 노력을 지속하고 있다. 태국과의 교역량이 많아지면서 점점 태국의 경제 식민지가 되는 것이 아니냐는 우려도 커지는 상황이다. 그러나 제조공장이 없어 물자 공급이 어렵고 경제 기반이 약한 라오스는 대부분의 일반 생필품을 태국에서 수입하고 있는 실정이다. 다리 하나만 건너면 저렴한 가격에 물품 구입이 가능한 라오스 국민들의 태국으로의 여행은 불가피해 보인다.

　최근에 한 매체에서 "2017년 한 해 동안 '우정의 다리'를 통해 태국을 방문한 라오스인이 153만 정도"라는 보도가 나왔다. 비엔티안 시민이 80만 정도인데다 태국 여

태국 농카이 쇼핑센터 'Asawan'

권을 소지한 사람의 숫자가 한정적인 것을 감안하면 굉장한 숫자다. 인구 4만 6천(2011)의 소도시 농카이에 Makro, Tesco, Mega Home과 같은 대형 마트가 들어선 것은 라오스의 소비자 층을 겨냥한 것이라 볼 수 있다. 농카이를 '라오스의 도시'라고 여겨도 될 만큼 실제로 주말이면 농카이에는 라오스 사람들과 관광객들이 넘쳐난다. 조금 더 여유있는 사람들은 1시간 거리의 백화점이 있는 우돈타니(Udon Thani)까지 여행을 하며 쇼핑을 즐긴다. 역사적으로 국민감정이 별로 좋을 리 없지만 태국이 언어, 문화적으로 많은 공통점을 지녔고 경제적으로 의존도가 가장 높은 나라인 것은 확실하다.

농카이는 태국 이산(Isan)지역의 특징을 가장 많이 가지고 있는 곳으로, 라오스와 상당부분 유사한 점이 발견된다. 과거 전쟁과 가뭄으로 라오스 사람들의 이동이 잦았고, 시암(Siam) 군대를 공격한 비엔티안이 패배하고 난 후, 난민이 된 시민들이 1828년에 재정착하여 세운 도시가 농카이다.

20세기 베트남 전쟁 당시에는 농카이를 비롯한 이산지역에 많은 라오스, 중국, 베트남 이주민이 살고 있었다. 그래서 많은

쌀라깨우꾸 공원

사람들이 베트남 공산주의자들의 옹호자라는 의심을 받기도 했다. 베트남인들은 농카이에서 경제적으로 성공을 이룬 공동체다. 'Daeng Naem Nueang'은 그 대표적인 음식점으로 메콩 강변에 자리 잡은 유명 베트남 식당이다. 'Daeng'은 항상 사람들로 북적거리는데 주말이면 200여명에 가까운 손님으로 인산인해를 이룬다. 메콩 강변에는 이런 음식점 외에 베트남 커피를 파는 유명 카페도 존재한다. 이런 베트남 외식업체는 강 건너 비엔티안에서도 흔하게 발견된다.

그 외 농카이에 관광지로 이름난 쌀라깨우꾸(Sala Kaew Ku)가 있다. 이곳은 부다(Buddha) 공원으로도 불리는 곳으로 힌두교와 불교의 신들을 형상화한 거대한 콘크리트 조각이 있는 것이 특징이다.

이 공원을 조성한 분르아 쑤리랏(Luang Pu Bunleua Sulilat)은 농카이 출생의 라오인으로, 베트남에서 힌두 성인으로부터 가르침을 받아 메콩 강 건너편 비엔티안에 '씨앙 쿠완(Xieng Khuan)'이라는 부다 공원을 세운 후에, 농카이로 피신하여 또 다른 공원 쌀라깨우꾸를 세웠다. 이 두 공원은 동일하게 시멘트로 조각상들을 만들었는데 약산인 빗물에 씻겨 수백 년이 지난 것처럼 보여 기묘한 분위기를 자아낸다.

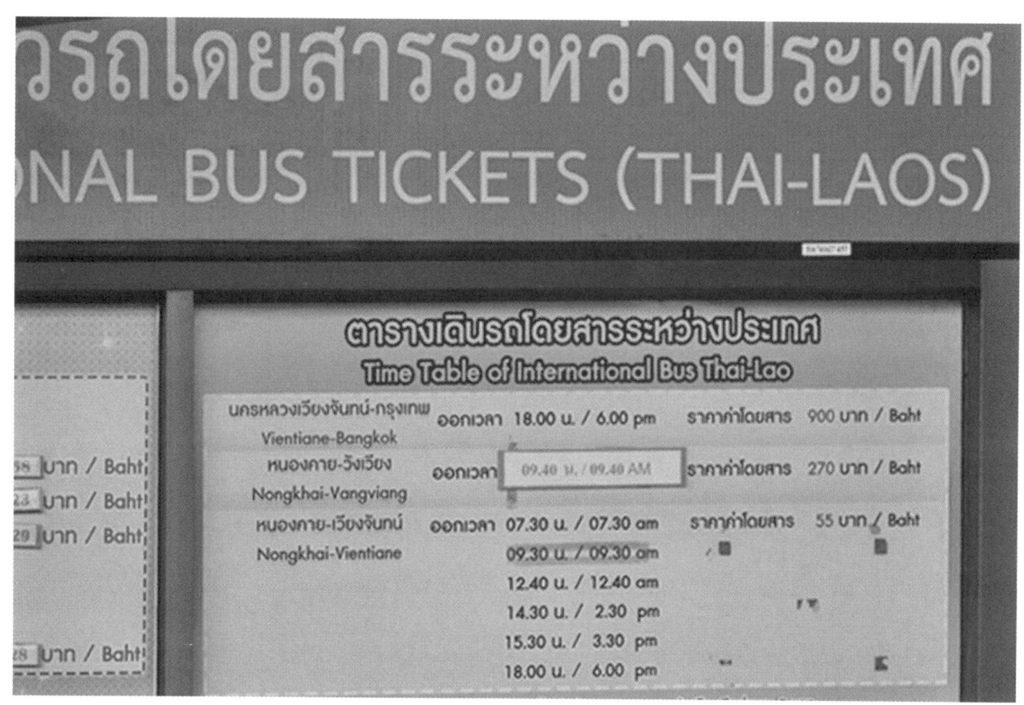

태국 농카이 버스터미널

농카이에서 라오스로 가는 방법 중 가장 쉬운 방법은 버스를 타는 것이다. 농카이 버스 정류장을 출발한 버스는 라오스 출입국 관리소를 지나 라오스 시내 중심부에 정차한다. 출입국 수속을 하는 시간을 제외하고 실제로 다리를 건너는 시간은 채 5분이 되지 않는다. 태국과 라오스 사이에 세워진 '우정의 다리'를 건너보니 국경으로 나뉘기 전에는 이웃집처럼 드나들었을 이들의 모습이 그려진다. 매솟(Mae Sot)이나 매사이(Mae Sai)처럼 육로로 걸어서 국경을 넘어가는 것은 불가능하지만, 국경 간 이동버스를 이용하거나, 농카이 역과 라오스의 타나랭(Thanaleng) 역을 운행하는 기차를 이용할 수 있다.

보통 라오스에는 기차가 없다고 하는데 2006년 완공된 협궤열차가 라오스와 태국 사이를 운행 중이고 이것이 현재 라오스 유일의 그리고 최초의 기차인 셈이다. 이 기차는 앞으로 추진 될 대규모 프로젝트인 라오스 비엔티안과 중국 쿤밍(昆明) 사이 고속철도 사업으로 연결되어 중국-아세안 경제벨트가 더욱 가속화될 전망이다.

'우정의 다리'를 지나 국경을 통과 한 후 40여분 이면 라오스의 수도 비엔티안에

라오스의 중요 건축물 1호인 탓루앙 사원(황금사원)

도착할 수 있다. 라오스에 진입하는 순간 태국에 비해 사회적 기반이 열악하다는 것을 한눈에 발견할 수 있다.

라오스는 장기간에 걸친 강대국의 지배와 베트남 전쟁 기간 동안 내전을 치르며 최빈국을 면치 못하고 있다. 비엔티안 시내에 진입하자 라오스의 정치, 경제, 문화의 중심도시답게 프랑스 식민시대의 흔적과 6,70년대의 과거 그리고 빠르게 발전하는 현대 도시의 모습이 공존하는 것이 보인다. 현재 비엔티안은 외국인 투자자들에 의해 엄청난 경제 성장을 이루었으며, 중국의 거대한 자본 유입으로 시내 중심부에 중국 백화점이 들어서고 고층 빌딩 건설이 진행 중이다.

비엔티안은 수도이자 라오스의 다른 도시로 이동하려면 반드시 거쳐야 하는 관문도시이기도 하다. 라오스 중요한 경제성장의 견인차 역할을 하고 있는 비엔티안은 '위앙짠(Viangchan)'[1]이라고도 불리는데, 루앙프라방(Luang Prabang)에 란쌍(Lan Xang) 왕국을 세울 때부터 중요한 도시 중 하나였다. 셋타티랏(Setthatirat) 왕이 1563년 버마 왕국의 공격을 피해 비엔티안

---

(1) 라오어의 현지 발음으로는 "위앙짠(Viangchan)"이라고 부르며 비엔티안(Vientiane)은 프랑스어 표기이다.

으로 옮겨 오면서 공식적으로 란쌍 왕국의 수도가 되었다.

이후 셋타티랏 왕이 천도를 기념하며 '탓루앙(Pha That Luang)'이라는 황금빛 탑을 세우게 된다. 탓루앙을 개축하고 셋타티랏 왕은 자신을 불교의 수호권자로 각인시키고, 란쌍 왕국 전 지역에 있는 지방 관리들의 충성심을 확인하고 왕국이 안전하게 유지되도록 강화시키고자 종교적 행사를 마련했다. 이는 매년 11월 14일 '분 탓루앙(Bun That Luang)' 이라하는 탓루앙 축제일로 라오스인이라면 '평생에 한 번은 반드시 참가해야 한다'고 알려져 있을 만큼 중요한 축제가 되었다.

탓루앙을 종교적 상징물로서뿐만 아니라 국가적 상징물로서 라오스를 대표하는 가장 중요한 건축물 1호로 지정하여 보호한다. 라오스 지폐에는 공산화 주역인 까이손 폼위한(Muang Kaysone Phomvihane) 1대 총리와 탓루앙이 포함된 국장이 표시되어 있을 정도다.

탓루앙 광장 앞에 세워진 불탑과 유사한 무명용사 탑에는 원시불교와 불교의 유입, 공산화 과정, 발전된 미래 모습을 함께 새겨놓았다. 국가적 경축일 및 장례식 등 각종 행사들을 탓루앙 광장에서 개최하면서 라오 인민 민주주의 공화국의 건국이념과 불교가 밀접하게 연관되어 있음을 강조하

며 체제의 정당성을 계속 각인시키고 있다.

셋타티랏 왕은 탓루앙 외에 태국 북부 지역 왕조인 '란나(Lanna) 왕국'에서 가져온 에메랄드·불상을 비치할 목적으로 호 프라깨오(Haw Phra Kaew) 사원도 건설했다. 하지만 셋타티랏 왕 이후 수차례 전쟁 끝에 소실되었고 에메랄드 불상도 태국에 빼앗기고 말았다[이 불상은 방콕의 왓프라깨우(Wat Phra Kaew) 사원에 있다]. 현재의 건물은 1936년-1942년 사이에 재건축된 것으로 박물관으로 사용되고 있다.

현재 비엔티안에 남아있는 사원 중 가장 오래된 것은 왓 시사껫(Wat Si Saket)이다. 이 사원은 1818년 란쌍 왕국의 마지막 왕인 짜오 아누웡(Chao Anouvong)에 의해 세워진 것으로 군주들이 국왕에게 충성을 서약했던 장소이기도 하다. 1828년에 시암군에 의해 모든 사원들이 파괴되었으나 왓 시사껫만 유일하게 파괴되지 않은 사원으로 보존되어 있다. 1924년과 1930년에 프랑스 제국이 보수 재건하여 원형을 잘 보존하고 있어서 '후기 라오건축의 보석'이라 불리는 사원이다.

라오스에는 총 1,500km 길이를 자랑하는 13번 국도가 북부에서 남부까지 관통한다. 육로의 젖줄이라고 불리는 이 13번 국도는 비엔티안 시 중심으로 이어진다. 이 도로를 따라 명소들이 들어서 있어 방문 시

왓 시사껫

에 기점으로 삼으면 좋을 것 같다.

특히 가장 중심부에는 비엔티안의 랜드마크인 빠뚜싸이(Patuxai)가 위치해 있다. 빠뚜싸이는 제2차 세계대전과 프랑스 독립전쟁에서 사망한 사람들을 기리기 위해 건설된 승전기념비로 프랑스의 개선문과 유사한 형태로 지어진 것으로 유명하다. 입장료를 내고 7층 높이의 전망대에 올라가보면 비엔티안 시의 고도제한을 풀고 건설 중인 중국의 대형건물들과 비엔티안 시내가 한눈에 들어온다.

바로 앞에 중국이 조성해 줬다는 공원도 보인다. 부처의 형상을 한 창틀로 보이는 비엔티안 풍경은 급변하는 현 시대를 살아가는 라오스인들이 부처의 자비로 인해 평안과 번영을 누리기를 바라는 마음을 대변하는 듯하다.

13번 국도를 따라가 보면 라오스에서 가장 유명한 세 인물들의 기념비를 마주할 수 있다. 이들은 라오스의 전신인 란쌍 왕국을 세운 파응움(Fa Ngum) 왕, 태국에 반기를 든 영웅 짜오 아누웡(Chao Anouvong), 라오스 독립과 공산화 혁명의 주역인 제1대 총리 까이손 폼위한으로 라오스 역사의 맥을 잇는 인물들이다.

란쌍 왕국을 세운 파응움 왕

왕조의 침략을 받게 되었지만 란쌍을 세우고 가장 넓은 영토를 차지한 왕으로 여겨지고 있다.(*란쌍과 분열왕국에 대한 자세한 내용은 본 책의 '인도차이나의 슬픈 '진주' 라오스, 들여다보기'를 참고)

란쌍 왕국의 분열로 인해 현저하게 중앙 정부의 지배력이 약화되고, 특히 시암과 베트남 응우옌(Nguyen) 왕조에 모두 조공을 바치는 속국의 신세가 되어 있던 시기에 등장한 인물이 짜오 아누웡 왕이다. 아짜오 아누웡 왕은 이런 상황을 타개하기 위해 왕위에 오른 후, 예전의 란쌍 지역의 재통합 계획에 착수하였다. 짜오 아누웡은 1827년 시암령 코랏 분지 지역으로 진격하여 시암 북동부의 주요 도시 나콘 랏차시마[Nakhon Ratchasima 또는 코랏(Khorat)]를 점령하고, 수도 방콕(Bangkok)에서 108km밖에 떨어지지 않은 중부의 싸라부리(Saraburi)까지 일시적으로 진격해 들어갔으나, 결국 절대적인 군사력의 한계에 직면한 비엔티안군은 우돈타니(Udon Thani) 전투에서 결정적으로 대패하여 와해되고 말았다.

시암군은 역으로 비엔티안까지 진격하여 도시를 초토화하였다. 시암군의 보복 침공으로 라오인들은 시암으로 강제이주되었으며, 이로 인해 태국의 이산 지역에는 약 1,900만 이상의 라오계 타이(Thai)

파응움 왕은 라오민족의 첫 통일국가인 란쌍 왕국(1353년)을 세워 외부세계에 라오스라는 이름을 알리는 역할을 한 인물이다. 그는 크메르(Khmer) 왕국의 도움을 받아 크고 작은 왕조 세력들을 통합하여 왕좌에 올라 루앙프라방를 수도로 삼았다. 또한 테라바다 불교(Theravada Buddhism)를 국가 종교로 도입하고, 후에 아유타야 왕조의 공주와의 정략결혼을 통해 태국의 강대 왕조 사이에서 메콩 강 유역뿐 아니라 태국의 코랏(Khorat) 분지까지 영토를 확장시켰다. 후에 왕위 다툼으로 란쌍 왕조가 분리되고 1779년에는 태국의 시암(Siam)

족인 이산 족이 살게 되었다. 반면 독립국
가인 라오스에는 6백 만의 라오인이 거주
하게 되는 아이러니가 발생했다. 이 전쟁
과 관련된 이야기는 결정적으로 태국과 라
오스 두 국가사이에 역사적인 갈등의 원인
을 제공하게 되었고 두 나라의 자존심을 건
역사 논쟁이 계속되고 있다. 2010년 라오
스 정부는 비엔티안 설립 450주년 기념식
에 맞추어 태국과 가장 가까운 메콩 강변에
짜오 아누웡 공원을 만들고, 라오스 민족의
영웅인 거대한 짜오 아누웡 동상을 세웠다.
짜오 아누웡 상은 시암 왕국에 당한 역사
적 설움을 설욕하고 란쌍 왕국을 재현이라
도 하려는 듯, 한손에는 큰 칼을 차고 다른
한손은 국경을 가르는 메콩 강 너머 태국을
향해 뻗고 있다.

태국에 반기를 든 짜오 아누웡

19세기 후반부터는 프랑스가 동남아
에 영향력을 확대하여 남부 베트남과 캄
보디아를 식민지화하기 시작했다. 메콩 강
을 따라 중국까지 교역로를 확보해야 했
던 프랑스는 라오스를 북부 베트남 보호
령으로 만들면서 공식적으로 지배하기 시
작했다. 2차 세계대전이 끝나갈 무렵 연
합군의 잇따른 승리에 라오스에서도 펫싸
랏(Phatsalat) 왕자를 중심으로 저항 세력
인 '라오 이싸라(The Lao Issara; 자유 라
오스)'를 구성하며 1945년 9월, 독립을 선
포하고 새로운 정부를 세우게 된다. 이후
1950년 베트남 독립동맹회(越南獨立同盟

會; Việt Nam Độc Lập Đồng Minh Hội)을
모델로 한 사회주의 해방운동단체 '빠텟 라
오(Pathet Lao, 라오 공산당)'가 조직되고,
수파누웡(Souphanouvong) 왕자와 까이
손 폼위한이 이끄는 저항군이 1954년 12월
디엔비엔푸(Dien Bien Phu) 산에서 승리함
으로 프랑스로부터 독립을 이루어 낸다.

빠텟 라오는 1975년 1월 6일 미군
의 지원을 받고 있던 왕정을 무너뜨리
고 같은 해 12월에 라오스인민민주공화
국(Lao PDR; Lao People's Democratic
Republic)을 세웠다. 빠텟 라오가 현재 라
오스의 유일 정당인 라오 인민혁명당의 모

태인 셈이다. 그 후 라오스는 까이손 폼위한 인민혁명당 서기장 겸 총리의 지도하에 사회주의 건설을 추진해왔다. 그는 1975년부터 1991년까지 라오스 인민 민주주의 공화국 수상을 거쳐 1991년부터 1992년 서거까지 대통령직을 역임하면서 라오스 건국에 큰 영향력을 끼친 인물로 2천 낍(kip) 이상의 라오스의 지폐에는 공산화 주역인 까이손 폼위한이 새겨져 있다. 까이손 폼위한은 1992년 사망했으나 그의 동지들은 지금까지도 당의 정치국원이나 중앙위원으로 활동하면서 그의 통치철학을 계승하고 있다. 라오스 정부는 까이손 폼위한 사후에 베트남에서 부분적인 지원을 받아 8백만 달러의 금 도금을 한 기념관을 비엔티안에 건립하였다. 베트남은 라오스의 독립과 건국 과정에 큰 역할을 했고, 양국 공산당이 공산주의 국가 건설을 위해 함께 활동했던 인연으로 현재까지 '공산혁명의 동지'라는 특별한 관계를 유지하고 있다. 베트남은 라오스의 주요 3대 투자국으로 이 특별한 관계는 경제적으로도 끈끈하게 이어져 오고 있다.

해가 지고 난 후 메콩 강변의 짜오 아누윙 왕의 동상이 있는 공원을 다시 방문했다. 라오스 메콩 강 주변은 우리나라 한강처럼 일부 구간이 조성되어, 매일 5시가 되면 강변도로가 차단되고 시장이 형성되어 낮과는 전혀 다른 모습이 된다. 급변하는 라오스의 단면을 보듯 한쪽 편엔 라오스인들의 지역 야시장과 다른 한편엔 막대한 자본을 투자한 중국 대형마트와 호텔들이 들어서있다. 동남아 5개국에 둘러싸인 내륙국으로 인프라가 열악해 인근 국가 경제 의존도가 높은 라오스가 아세안 경제공동체 출범 이후 경제발전을 꾀하면서 2020년까지 세계 최빈국 탈출과 함께 인도차이나 반도의 물류 허브로의 도약을 꿈꾸며 기대감에 차 있다.

그도 같은 꿈을 꾸는 것일까. 조명 때문인지 짜오 아누윙 왕이 마치 란쌍 왕국의 가장 화려했던 시절을 꿈꾸며 태국을 향해 서서 애처로운 연가를 부르는 것처럼 보였다. 메콩 강 건너 농카이에서 라오스의 영적 부흥의 날을 꿈꾸며 매일같이 라오스를 향해 목 놓아 '라오스 연가'를 부르시던 선교사님의 모습이 겹쳐 보인다.

"나는 가리라 저 예루살렘
기를 들고 나팔을 불며
전하리라 주님의 이름
임하게 되리 하나님 나라
주 사명 가슴에 안고
깨우리 비전의 라오스
비록 피를 흘려도 나는 멈출수 없네
주비전 이루게 되리 보게 되리
선교의 라오스
이 복음 땅 끝에 이를 때까지"

큰 불상의 도시 루앙프라방

글 | 채 형림(SIReNer)

루앙프라방, 출처: unsplash.com

루앙프라방(Luang Prabang)의 12월 새벽은 생각보다 차가웠다. 거리는 새벽 5시 반부터 시작되는 딱밧(탁발공양, 라오스에서는 Sai Bat이라고 불린다.)에 좋은 자리를 차지하고자 모여든 사람들로 북적였다. 저마다 손에 찹쌀밥 바구니와 각종 공양할 음식들을 나누어 들고 자세를 가다듬고 스님들을 맞이할 준비를 하고 있었다.

딱밧 행렬이 가까워지기 시작하자 관광객들은 분주해진다. 이 특별한 의식에 참여하는 자신의 모습을 오래 간직하려는 관광객들의 분주한 셔터소리와 플래시 세례는 경건한 새벽 딱밧 풍경을 상상했던 나를 적잖이 실망시켰다(의식에 참여할 때는 카메라 플래시를 사용하지 말아야 하고, 구경을 하려는 사람은 스님들의 행렬로부터 3미터 이상 떨어져야 한다는 규칙이 있었다).

지금은 상당히 상품화 되었지만 이것만을 위해 루앙프라방을 방문하는 불교도들이 많다는 이야기에 조금 놀랐다. 가까운 불교 나라 태국에서도 스스로 세속화되었다고 생각해서 주말이면 이곳에 와서 공덕을 쌓으려는 불교도의 수가 상상을 초월할 정도라니, 루앙프라방은 불교도들의 성지 순례 필수 코스인 셈이다.

정신없이 관광객과 뒤섞인 스님들의 딱밧이 끝나자 순식간에 사람들의 모습은

딱밧(탁발공양 행렬)

사라지고 어둠속에 가려졌던 도시 풍경이 아침 태양빛에 모습을 드러냈다. 뉴욕 타임즈가 선정한 '꼭 가봐야 할 여행지(2008년) 1위' 혹은 해외 다수 매체에서 '최고의 여행지'로 손꼽았다는 루앙프라방 본연의 모습을 드러내는 순간이었다.

라오스의 북쪽 중앙에 위치한 루앙프라방(혹은 루앙파방)은 북동쪽으로 남 칸(Nam Khan) 강과 서쪽의 메콩(Mekong) 강이 만나는 지점에 정착한 도시이다. 라오스 북부 산악지역에 자리해 자연경관이 수려하고, 기와지붕의 사원뿐만 아니라 프랑스 식민 지배 당시에 건설된 건물까지 역사

왓 센수카람(Vat Sensoukharam), 루앙프라방에서는 사원을 골목마다 흔하게 볼 수 있다.

와 전통이 고스란히 남아 있는 문화도시이다. 파응움(Fa Ngum) 왕에 의해 란쌍(Lan Xang) 왕국이 건립된 1354년부터 비엔티안으로 천도한 1563년까지 란쌍 왕국의 수도였으며, 오랜 동안 라오스의 정치, 문화, 종교의 중심지가 되었던 곳이다.

루앙프라방의 루앙(Luang)은 '거대한', 프라방(Prbang)은 '성스러운 상(불상)'이라는 뜻으로, '큰 불상의 도시'라는 의미가 있다. 이름이 말해 주고 있듯이 곳곳마다 왕궁과 황금사원들이 골목을 돌 때마다 모습을 드러내는 곳이다. 루앙프라방은 인구가 약 6만에 불과하지만 라오스에서 세

번째로 큰 도시로, 1995년 도시 전체가 유네스코 세계문화유산으로 지정되어 현재 라오스에서 가장 인기 있고 유명한 곳이 되었다. 최근 인구가 급증하고 각종 건축물이 지어지고 있지만, 유네스코 세계문화유산으로 지정된 이후 건축물을 3층 이내로만 지어야 하는 규정이 있어 과거의 모습을 그대로 유지하고 있다.

14세기에 건국된 란쌍 왕국 이후 라오스의 국교로 자리 잡은 불교(남방계 소승불교, Theravada Buddhism)는 종교로서 뿐만 아니라 국민의 생활원리로 자리하고 있다. 모든 마을은 사원이 구심점이 되

사원안 신에게 바쳐진 쌀밥

어 도시지역을 벗어나면 사원이 마을의 가장 큰 건물일 가능성이 높아 종교활동 장소뿐 아니라 노인정, 학교, 놀이터 등의 지역 커뮤니티 활동의 장의로서의 기능도 한다. 아침마다 행해지는 딱밧은 신도들의 선업을 쌓는 행위이자 지역민의 부를 분배하는 일이다. 라오스 남성은 일생에 한 번은 일정 기간 동안 승려로 지내게 되는데, 이는 불교적 문화가 사회 전반에 유지되도록 하는 데 일조하고 있다.

라오스의 축제들은 불교와 연관되어 있는 것이 많다. 그 중 '카오 판사(Khao Phansa Day)'는 불교용어로 '하안거(夏安居)'에 해당하는 참선기간을 일컫는데, 우기철 외부에서의 수행에 어려움이 있고 갑자기 쏟아지는 비를 피하기 위해 초목과 벌레를 다치게 하는 경우가 있어 되도록 외출을 삼가는 이유에서 시작됐다.

카오 판사 기간에 사원에서는 각종 축제와 함께 스님들이 참선기간이 끝나는 '억판싸(出安居, The End of Buddhist Lent Day)'까지 바깥활동을 최소화하며 좌선과 수행에 전념한다. 이 때 일반인들은 전통적으로 혼례나 계약, 구매 같은 상업적인 행위는 가급적 하지 않으며 음주가무 역시 자제한다. 이는 일정한 곳에 머무는 관습과 주식인 쌀 수확이 없는 농번기에 유흥을 줄여 궁핍함을 막고, 농사에 집중하도록 하기 위해서 만든 종교적 행사로서 라오스뿐만 아니라 태국과 미얀마, 캄보디아 등 동남아 불교국가에서 거의 비슷한 시기에 시작된다.

현재도 국민의 70%이상이 농업에 종사하는 라오스에서 쌀은 단순히 식량이 아니라 신으로부터 온 생명을 부여받고, 신과 인간 사이의 의사소통의 매개로 간주되어 신성시되어 모든 유형의 종교의식에 가장 광범위하게 사용되는 상징적인 존재이다.

문득 '사회주의 국가에서 종교와의 공존이 가능한가?'라는 의문이 들었다. 라오스는 현재 종교의 자유를 인정하고 있지만,

'황금 도시의 사원' 이라는 뜻의 씨양통 사원

정부가 종교국을 따로 두고 승려들을 통제해 불교의 가르침과 공산주의 원칙이 일치하도록 강요하고 있다. 과거 1947년 제정된 헌법에 의해 불교는 라오스의 정식 국교로 채택되고 승려의 사회적 지위는 왕 다음으로 높았다.

그러다 1964년부터 1973년까지의 전쟁기간 중 불교는 정치 투쟁의 소용돌이에 휘말리게 되면서, 라오 왕국과 공산권 양 진영이 그들의 선전과 선동을 위해 불교를 이용하려 했다. 1968년 라오애국전선(Lao Patriotic Front)은 정강의 일부로서 "불교를 숭상하고 보전하며 경배의 자유와 승려의 설교를 존중하고 각기 다른 종파의 승려들과 일반 신도들 사이의 상호단합과 원조를 증진"한다는 내용을 포함했다.

1970년대 초반까지 라오애국전선은 종교분야에서의 선동전에서 승리하고 많은 승려의 지지를 받았지만, 1975년의 공산화 이후에는 많은 변화가 일어났다. 불교는 초등학교 교육과정에서 제외되었고 승려에게 음식을 제공하는 것도 금지되었다. 승려들은 그들의 가르침에 어긋나게 땅을 경작하고 가축을 기르도록 강요받았다.

그러나 신도들의 불만이 커지자 정부

는 1976년 승려에게 음식을 제공하는 것
을 금하는 정책을 폐지하고 오로지 쌀만 공
양할 수 있도록 했다. 그렇지만 여전히 일
반인들은 쌀 제공만으로는 부족하다고 여
겼으며, 또한 승려들도 땅을 경작하지 않
을 수 없었으므로 불만이었다. 결국 정부는
1976년 말 전면적인 봉양을 허용하게 되었
다. 국민들의 지지를 얻기 위해서는 종교의
지원이 필요했던 것이다. 그러나 여전히 어
디까지나 정부의 통제아래에서만 가능하다
고 명시하고 있다.

루앙프라방은 격자로 조성된 구획마
다 사원이 있어 '사원의 도시'라는 별명이
붙을 정도로 라오스의 불교문화를 경험할
수 있는 곳이다. 그 중 가장 유명한 곳이 바
로 씨앙통(Xieng Thong) 사원이다. '황금
도시의 사원'이라는 뜻의 씨앙통 사원은 루
앙프라방의 관문이 되어왔다. 참고로 씨앙
통은 루앙프라방의 옛 이름, 므앙 씨앙통
(Muang Xieng Thong)으로 알려지기도
했는데, '므앙'은 독립적인 지휘를 누리는
도시 형태의 국가를 의미한다.

이 지역을 오랫동안 점령했던 미얀마
와 시암의 세력들이 메콩 강 반대편에서 배
로 메콩 강을 건너 강변의 계단 길을 따라
사원을 통과하여 도시로 들어섰다고 한다.
이 사원은 란쌍 왕국이 서쪽으로는 시암
(Siam), 북쪽으로는 버마(Burma)와 각축

왓 씨앙통 '삶의 나무' 모자이크

을 벌이는 동안 셋타티랏(Setthatirat) 왕이
1560년에 건설한 것이다. 얼마 후 바간 왕
조를 이은 버마의 따웅우(Taungoo) 왕조
의 간섭을 받고 어쩔 수 없이 수도를 비엔
티안(Vientiane, 위앙짠)으로 옮겼지만 왕
정이 유지된 1975년까지 왕실의 후원을 받
아 잘 보존되어 왔다.

대법전 뒷면 전체에는 '삶의 나무
(Tree of Life)'라 불리는 힌두교와 불교를
바탕에 둔 우주론을 형상화한 모자이크가
만들어져 있다. 그 외 갖가지 색상을 입혀
라오스 일상생활의 모습을 보여주는 외벽
의 모자이크 장식은 정원과 어우러져 아시

푸시 언덕 정상의 황금탑 탓 쫌씨

아에서 가장 화려한 사원을 만들어냈다.

또한 '푸씨(Phou Si, 신성한 산)'라고 불리는 루앙프라방 중앙에 솟아있는 산이 있는데, 이곳은 루앙프라방의 정신적, 종교적 중심이다. 불교와 힌두에서 말하는 우주의 중심인 메루(Meru) 산을 상징하는 것으로, 언덕 정상에 황금탑인 탓 쫌씨(That Chomsi)가 세워져 신앙의 대상으로 여기고 있다. 정상에 오르면 메콩 강과 남칸 강에 둘러싸인 루앙프라방의 전경이 시원하게 펼쳐진다.

특히 해질녘이면 메콩 강 너머로 아름다운 일몰을 보기위해 수많은 관광객들이 몰려들어 발 디딜 틈이 없을 정도다. 관광객들 사이로 석양에 비친 루앙프라방의 모습은 시간이 멈춘 듯 고요하고 느리게 흘러가는 듯 보였다. 일몰을 보고 푸시에서 내려올 시간이 되면 왕궁 박물관 주변의 거리 일대에 야시장이 들어선다. 한때 몽(Hmong) 족들이 모여 수공예품을 만들어 장사하던 곳이 관광객이 몰려들면서 대규모 기념품 시장으로 변한 것이다.

라오스의 대표적인 종족을 크게 세 그룹으로 나누는데, 메콩 강 주변의 평야지대를 삶의 터전으로 살아온 라오(Lao) 족으로 대표되는 라오룸(Lao Lum), 낮은 산을 삶의 터전으로 살아온 카무[Khamu, 또는 크무(Khmu)] 족으로 대표되는 라오텅(Lao Tung), 고산 지대에서 살아온 몽 족으로 대표되는 라오쑹(Lao Sung)이 있다. 특히 북부 지방에는 라오룸보다 라오텅과 라오쑹에 속하는 종족들의 인구가 다수를 이루는데, 루앙프라방에는 전체 거주 인구 중 카무 족(46%)과 몽 족(14%)이 많은 비율을 차지한다.

야시장에서 발견되는 수공예품들은 루앙프라방 일대의 소수민족들의 제품이라고 보면 된다. 물론 대량생산된 태국산과 중국산도 많지만 아기자기하고 독특한 문양의 장신구와 실크와 직물 등 라오스 전통

루앙프라방 야시장

이 가득한 제품들을 어렵지 않게 구입할 수 있다. 루앙프라방의 거리에는 강변의 야외 테라스가 있는 레스토랑이나 꽤 이름난 카페들을 쉽게 발견할 수 있다. 몇 년 전까지만 해도 한두 개에 불과하던 카페(커피숍)가 고소득 업종으로 부각되면서 새로운 카페들이 우후죽순처럼 들어서고 있다. 과일 주스를 즐기던 라오스 사람들도 젊은 층을 중심으로 커피의 진한 향에 빠져들고 약속과 모임의 장소로 이용되고 있다.

라오스 커피의 유기농 생산과 공정무역 규정을 강화하면서 농가들의 역량강화를 위해 시설과 교육을 제공하는 일이 늘어났다. 그 결과 농가의 커피 품질 개선과 생산량 증대가 이뤄졌고 수익도 2배 이상 늘어나게 되었다고 한다. 이미 이름난 조마(Joma)나 샤프론(Shaffron) 등의 카페도 커피 판매 뿐 아니라 커피 원두를 생산하면서 현지 직원들을 교육하고, 농가들의 생산 증대에 힘쓰는 모습이었다. 이들의 창업주들이 크리스천이었다는 사실은 필자가 마시는 커피에 희망을 더한 맛을 선물했다.

이처럼 라오스는 아름다운 자연과 낭만으로 가득 찬 도시로 배낭 여행자들의 천국으로 알려져 있지만 이면에 불발탄이 곳곳에 숨겨져 있다는 사실을 아는 사람은 많

루앙프라방의 랜드마크가 된 조마 카페

지 않다. 도대체 이 불발탄은 왜 라오스에 묻혀 있게 되었는가? 제 2차 인도차이나 전쟁 당시 미국이 인도차이나반도의 공산 화를 우려해 약 200만 톤의 폭탄을 라오스 전역에 뿌려져 수많은 사상자를 냈다. 하지 만 당시 투하된 폭탄 2억 6천만 개 중 터지 지 않고 남아있는 8천만 개의 불발탄 피해 가 계속되고 있는 것이다.

라오스 정부도 UN을 비롯한 국제기 구와 NGO단체들의 지속적인 도움 속에서 불발탄 제거를 위해 상당한 예산과 인력을 투입하였지만 아직도 남아있는 불발탄의 피해는 계속되고 있다.

루앙프라방에는 불발탄 피해 와 복구상황에 대한 정보를 제공하는 'UXO(Unexploded Ordnance, 불발탄) 방 문자 센터'가 있어 방문해 볼 만하다. 센터 에 들어서면 15분가량의 다큐멘터리 영상 물을 시청하게 되는데 여기에서 충격적인 장면이 등장한다. 당시 B52폭격기가 출격 할 때 병사들을 앞에 놓고 함께 예배드리며 기도를 하는 모습이었다. 기독교는 '미국의 종교'라는 인식을 심어주고 이 영상물을 시 청하게 되는 누구나 기독교에 대한 반감을 사기에 충분한 장면이었다. 이는 공적인 행 사에서도 공공연히 상영되어 '미국은 우리

UXO 방문자 센터의 영상물에서 피해자 인터뷰 한 장면

의 적'이며, '기독교는 우리의 적'이라는 인
식을 계속적으로 심어주고 있다. 이러한 기
독교에 대한 부정적 이미지는 라오스 선교
의 넘어야 할 큰 산처럼 보인다.

태국 이산 남부 지역의 꽃, 우본 라차타니

글 | 채 형림(SIReNer)

우본 라차타니의 상징, 연꽃

우본 시내 진입로

우본 라차타니(Ubon Ratchathani, 이하 우본)는 '연꽃이 만개한 왕의 땅'이라는 의미를 가진 곳이다. 보통 지명(地名)에 '왕궁' 혹은 '성'이라는 의미를 지닌 '라차타니(Ratchathani)'라는 이름을 붙이지 않는데 이 단어가 사용된 것으로 보아 과거 중요한 곳이었음을 짐작해볼 수 있다. 문강 북쪽에 이주해 온 라오스 공동체에 의해 지방 수도가 세워진 이후 짜끄리(Chakri) 왕조의 첫 번째 왕인 라마 1세(Rama I, Phra Phutthayotfa Chulalok) 통치기간 중인 1792년 비로소 '우본 라차타니 스리바나라이'라는 이름의 행정 도시를 세우게 된다. 이 도시는 훗날 몬톤 이산(Monthon Isan)[1]의 행정 중심역할을 하고, 1933년 몬톤 제도가 폐지되면서 지금의 우본 라차타니 짱왓(Changwat, province 개념의 태국 행정단위)의 주도가 되었다. 지금은 규모가 많이 축소되었지만, 야소톤(Yasothon, 1972년 분리)과 암낫 차른(Amnat Charoen, 1993년 분리)이 분리되기 전까지는 태국 내에서 가장 큰 규모의 짱왓이었다.

---

(1) 몬톤은 20세기 초에 시행된 태국의 행정구역으로, 만다라(mandala)라는 단어의 태국어 버전이다. 몬톤은 지방정부 행정시스템의 일부로 만들어져 1897년에 공식적으로 채택되었으며, 오늘날에는 짱왓, 암포(Amphoe), 땀본(Tambon)이란 용어로 정리가 되었다.

베트남 쌀국수 식당

미국 공군 기지를 설립하고 미국, 영국 및 호주 군인들이 몰려들면서 새로운 산업이 탄생하기도 했다. 식당과 부동산 부분이 성장해 활기를 띠었고 미군을 위한 새로운 일자리와 시설이 설립되기도 했다.

1900년 방콕에서 나콘 랏차시마(Nakhon Ratchasima 또는 코랏(Khorat), 이하 코랏이라 표기)까지 첫 번째 철도 노선이 개설된 이후 1928년에는 북동쪽 철도 노선의 일부가 우본으로 확장되었는데, 철도 개설은 당시 우본이 성장하는데 큰 역할을 했다. 그러나 1955년에 콘깬(Khon Kaen)과 우돈타니(Udon Thani)을 거쳐 농카이(Nong Khai)로 향하는 철로가 확장되면서 예전만큼의 활기는 찾아보기 힘들지만 최근에는 인도차이나 반도 여러 나라로 가는 무역의 거점으로 다시 각광받기 시작했다.

우본은 앞에서 다루었던 태국 북동부를 일컫는 이산(Isan)지역 다른 도시(나콘 랏차시마, 콘깬, 우돈타니)와 함께 Big4에 해당하는 이산의 대표적인 도시 중 하나이며, 방콕에서 629km 떨어진 태국의 가장 동쪽에 위치한 짱왓의 주도이다.

라오스, 캄보디아 국경을 접하고 있는 산악지대인 우본은 태국에서 가장 동쪽에 있는 명상하는 수도승만 사는 외진 땅이었지만, 전쟁은 평화로웠던 이곳에 변화를 일으켰다. 인도차이나 전쟁 동안 베트남 이민자들이 메콩 강을 건너 피난처를 찾아 태국 북동부에 정착했고 이들 중 상당수는 현재 태국에 자리를 잡아 돼지고기 소시지나 음식을 파는 상점을 운영한다. 2차 세계대전 동안에는 일본인들이 거주하고, 우본의 통 스리 므앙(Thung Sri Mueang)은 연합군 병사들을 수용하는 전쟁 포로 수용소로 사용되기도 했다. 또한 베트남 전쟁 중에는

대부분 이산 지역이 서쪽에 위치한 산맥으로 인해 내륙지방의 가뭄 피해가 심한데 비해 우본은 문(Mun) 강이 중간을 가로질러 메콩(Mekong) 강으로 이어지기에 물

우본의 문강

이 풍부하고, 문강이 가로지르는 고원과 산맥은 태국과 라오스 사이의 자연 국경 역할을 한다.

남쪽으로 캄보디아, 북쪽과 동쪽은 라오스와 국경을 접하고 메콩 강이 캄보디아로 유입되는 이 지역은 웅장한 녹색 경관을 형성하여 '에메랄드 삼각 지대(Emerald Triangle)'로 불리며 태국 북부의 '골든 트라이앵글(Golden Triangle)'과 대조를 이룬다. 이산에서 가장 손상되지 않은 국립공원(Phu Chong Na yoi, Pha Taem National Park)이 있는 우본은 태국, 라오스, 캄보디아 3국의 국경에 에메랄드 삼각

지대 관광지 개발과 더불어 경제교류 등의 협력에 합의하면서 지역 활성화를 기대했지만, 현재 태국과 캄보디아와의 국경 문제 외에 여러 이유로 답보상태에 있다.

특히 캄보디아 북쪽 프레아 비헤아르(Preah Vihear) 지역과 태국 동북부 시사껫(Sisaket) 지역 사이의 국경에 위치한 프레아 비헤아르 사원의 두 국가 간 소유권 분쟁은 심각한 갈등을 일으키고 있다. 백 년이 넘게 이어진 이 소유권 분쟁은 이 사원이 캄보디아 소유의 유네스코 세계유산으로 인정받으면서 일단락되었지만, 양국 간의 긴장과 갈등은 여전히 계속되고 있다.

우본의 대표적인 양초 행렬 축제

우본은 태국 전역에서 인구 대비 불교 사원의 비율이 가장 높은 곳으로 알려져 있다. 실제로 골목마다 사원을 발견할 수 있고, 풍요로운 자연환경으로 인해 이름난 산림 명상센터가 자리 잡고 있는 곳이기도 해서 불교도들의 순례 장소가 된다. 이러한 종교적 헌신과 사원의 숫자는 매년 7월에 열리는 양초 행렬 축제(Candle procession Festival)로 대표되며 그 절정에 달한다. 태국의 대표적 축제 중 하나인 이 축제는 불교의 사순절이라는 '카오 판사(Khao Phansa Day)[2]'에 시작되는데 도시 전역에서 다양한 지역 사회 단체와 함께 거대하고 정교하게 양초 조각품이 만들어지는 아주 중요한 행사다. 이전에는 다른 헌물과 함께 미니 양초 묶음을 승려에게 주고 그 대가로 승려들이 축복하는 식이었으나 오늘날에는 힌두 신화나 불교 전설에 영감을 얻어 조각한 거대한 양초를 선보이는 것으로 바뀌었다.

이 행사의 하이라이트는 역시 이 거대한 양초 조각품을 실은 50개 이상의 수레 행렬일 것이다. 축제기간 동안 가장 아름

(2) '우기 안거(雨期安居)'라는 의미인 카오 판사는 장마철인 7월 중순부터 10월초까지 3개월 동안 스님들이 사원에 머물러 이동을 자제하는 것을 뜻한다. 7월부터 우기가 시작되는 태국에서 동네를 돌며 탁발을 하기 힘들게 된 스님들이 사원에 머물며 수양을 한데서 유래됐다.

통 스리 므앙 공원의 양초축제 기념탑

답게 조각한 초를 가리는 경연대회나 미인대회, 공연 등을 통한 다양한 상품이 판매되고, 축제가 끝난 후에는 몇 주 동안 우본의 사원 곳곳에서 수상작을 전시해 놓아 많은 사람들이 볼 수 있도록 한다. 결국에는 녹아 없어져 버리는 조각품들은 '삶의 어떤 것도 영원하지 않다'는 불교의 신념에 따른 것이라 한다. 시내 중심에 위치한 녹색 광장(Thung Sri Mueang Park)에는 우본의 왁스 조각 스타일을 모방 한 기념탑을 발견할 수 있다. 이는 2000년 푸미폰 왕의 72번째 생일에 헌정된 것으로 큰 기둥 앞에서 날개를 뻗은 가루다(힌두 신화 속에 등장하는 반반 남자)와 태국 민족 상징의 모습이 새겨져 있다.

우본이 수세기 동안 불교가 번성했다는 것을 증명하듯 도시 안팎에는 많은 사원이 있다. 석가 탄신 2500년을 기념하여 1957년에 건립된 대불탑이 유명한 왓 농부아(Wat Nong Bua)[3]와 담마윳띠까 니까야 종파[Dhammayuttika Nikaya, 간

----

(3) 부처가 깨달음을 얻었다는 인도의 부다가야(Buddhagaya)에 있는 마하보디(Mahabodhi) 사원을 모델로 한 사원으로 다른 태국 사원과는 다른 모습을 한다. 높이 56m의 거대한 탑은 종 모양으로 끝까지 좁아지는 형태를 하고 그 안에는 부처의 사리가 봉인되어 있다. 뛰어난 양초 조각팀을 지원하는 농부아 사원은 종종 캔들 페스티발에서 최고상을 받았고, 그들 중 하나가 성전 부지에 전시되어 있는 것을 볼 수 있다.

석가 탄신 2500년을 기념하여 1957년에 건립된 대불탑이 유명한 왓 농부아

단히 탐마윳(Thammayut)]의 이산지역 첫 번째 수도원인 왓 수 파타나람(wat su pattanaram)[4], 도시 외곽에는 세계 각국에서 수양을 하기 위해 모여드는 대표적인 국제 산림 명상원 왓 빠 나나찻(Wat Pa Nanachat)[5]이 있다.

이러한 강한 불교의 영향 때문이었을까. 의도하지 않았어도 우본은 선교사에게

도 외면당하는 땅이 되었다. 그나마 우본은 현재 5가정이 180만이 넘는 인구를 책임지고 있지만, 이산 남쪽 지역의 부리람, 수린, 시사껫에는 각 짱왓(평균 인구 150만)에 1-2가정만이 배치되어 있으니 씁쓸한 마음을 감출 길이 없다. 불교 개혁에 앞장섰던 몽꿋(Mongkut) 왕의 라오스 선교를 위해 세웠다는 왓 수 파타나람의 독특하면서도 아름다운 사원을 바라보고 있으니 그의 열망이 어떠했는지 전해져 오는 듯하다.

우본 시내에서 라오스 방면으로 메콩강을 향해 달리면 유일하게 육로로 이어진 국경 총멕(Chong Mek)에 갈 수 있다. 태

(4) 왓 수파타나람은 태국 불교 담마웃띠까 니까야 종파의 첫 번째 불교 수도원으로 라마 4세 몽꿋 왕에 의해 설립되었다. 이 사원은 태국 스타일의 지붕, 독일식 건물 구조, 고대 크메르 스타일의 기초 양식이 융합된 독특한 모습을 보인다.

(5) 왓 빠 나나찻은 시내에서 15㎞ 떨어진 작은 숲에 위치하고 있다. 1957년 첫 번째 외국인 승려가 농파퐁 사원(Wat Nong Pah Pong)에 머문 이후 점차로 늘어 많은 외국 승려들이 참선을 하는 곳으로 유명해졌다.

불교개혁에 앞장섰던 몽꿋 왕이 설립한 왓 수파타나람

국과 라오스는 보통 메콩 강을 중심으로 국경이 나뉘어 있어 다리를 통해서만 두 나라 사이를 오갈 수 있지만, 이 지역은 메콩 강이 라오스 내륙으로 흐르고 있어 육로를 통해서 국경이 이어진다. 라오스로 가는 가장 쉬운 방법은 우본 버스 정류장과 라오스 빡세(Pakse)의 남부 버스 터미널 사이를 오가는 태국-라오스 국제 버스를 이용하는 방법인데 3시간 남짓이면 라오스에 다다를 수 있다. 라오스에 머무는 기간이 30일만 넘지 않는다면 비자 없이 거주가 가능하다.

역사적으로 우본은 10세기부터 아유타야(Ayutthaya) 왕국(1351-1767)이 점령

하기 전까지 크메르(Khmer) 제국의 일부였기에 우본을 포함한 부리람, 수린, 시사껫 등지에서 당시의 유물들을 발견할 수 있다. 나콘 랏차시마의 피마이(Phimai) 역사공원과 부리람의 파놈룽(Phanom Rung) 역사공원, 수린의 타눔 사원(Prasat Ta Muean), 시사껫(Sisaket)의 사캄팽야이(Prasat Wat Sa Kamphaeng Yai) 사원 등이 크고 잘 보존된 크메르 유적들이다. 이 모든 사원은 앙코르 제국의 자야바르만 7세(Jayavarman VII) 통치 기간인 10세기에서 13세기 사이에 세워졌다. 주요 구조물은 벽돌과 사암으로 만든 같은 바닥에 시바신

나콘 랏차시마의 피마이 역사공원

(Shiva)에게 바쳐진 사원으로 힌두신전과 불교사원이 함께 어우러져 있는 모습이다.

라오스의 참빠삭(Champasack) 주의 왓 푸(Wat Pu)는 캄보디아의 앙코르 와트(Angkor Wat)나 피마이 역사공원보다도 앞선 시기에 설립된 것으로 크메르 제국의 유적의 발자취를 따라 떠나는 여행에 의미를 더할 수 있으리라 생각된다. 한때는 거대 제국의 영화를 누리고, 전쟁을 발판삼아 성장을 거듭한 우본은 아세안 경제협력과 일대일로라는 변화의 물결 속에 이제 새롭게 꽃 피울 준비를 하는 중이다.

그 외 이산의 도시들

• 부리람(Buri Ram)

부리람은 역사적 유산들이 도시 전체 약 60여개 이상의 지역에 산재해 있는 곳으로 '행복의 도시'라는 의미를 갖고 있다. 부리람은 크메르 제국의 지배를 받았으며 초기에는 '무엉 뻿(Mueang Pae)'이라 불렸는데 '뻿'은 크메르어로 부리람의 상징 꽃을 의미한다.

부리람 지역에서 '뎅렉 산맥'은 특히 유명한 곳이다. 산맥을 잇는 다양한 산악지

부리람 창 자동차 경기장

역은 캄보디아와 국경이 맞닿아 있어 두 나라 간의 비공식적 왕래가 잦은 곳이다. 태국인들은 부리람을 일부러 방문하는 일은 흔치 않지만 부리람의 또 다른 볼거리인 태국 프리미어 리그 챔피언 팀인 '부리람 유나이티드(BuriRam United)'와 '부리람 창 자동차 경기장(Chang International Circuit)'에서 경기가 있을 때 주로 찾는 곳이다.

농경지가 대부분인 곳에 축구팀은 어울리지 않아 보이지만 경기장은 지금은 태국에서 가장 멋진 시설을 갖춘 축구 경기장으로 거듭났으며, 축구장 자체만으로도 관광거리가 되고 있는 효자 경기장이다. 부리람 유나이티드 팀이 경기가 있는 날은 일대가 인산인해를 이룬다. 부리람 홈팀 경기장 '창 아레나(Chang Arena)'는 태국 내 클럽 팀이 운영하는 최대 규모의 경기장이기도 하다.

부리람의 파놈룽 역사공원의 정확한 이름은 Prasat Hin Phanom Rung(Phanom Rung Stone Castle)이며 사람들은 이곳을 미니 앙코르 와트이라고도 부르는데 사실 캄보디아의 앙코르 와트와 비교해 크기가 조금 작기 때문에 이름만 '미니'일 뿐 그 규모는 꽤나 큰 편이다. 그리고 사원의 완성도와 구조 등에서는 결코

프라야 수린 팍디 스리 나롱 짱왕기념비

앙코르 와트에 뒤처지지 않는 가치가 있다.

• 수린(Surin)

도시 자체의 정확한 역사는 잘 알려져 있지 않지만, '수아이(Suay)' 또는 '쿠이(Kuy)'라 불리는 이 지역 사람들은 항상 코끼리를 잡거나 길들이는 기술이 뛰어난 이들이다. 1960년 이래로 코끼리가 대부분의 노동 직종에서 기계로 교체 된 시기에 수린의 코끼리 라운드 업(Surin Elephant Round-Up)은 지역 및 국제적으로 알려진 연례행사가 되었다. 이 행사에는 축구경기와 줄다리기 같은 기술을 보여주는 다양한 쇼가 포함되어 있으며, 행사 장소인 Si Narong Stadium에서는 '세계 최대 코끼리 마을'이라는 수식이 붙을 정도로 수많은 코끼리를 볼 수 있다. 코끼리의 도시답게 도시 중심부에는 최초의 수린 통치자를 중심으로 코끼리 상아 모양의 상징물인 프라야 수린 팍디 스리 나롱 짱왕(Phraya Surin Phakdi Si Narong Changwang) 기념비가 위치하고 있다. 이는 고대부터 수린의 풍부한 코끼리 뿐만 아니라 전쟁 코끼리를 통제하는 주인의 탁월한 재능을 상징하며, 한때 도시의 성벽이었던 마을의 남쪽 문에 위치하고 있다.

크메르 유적이 잘 보존된 시사껫의 사캄팽야이 사원

• 시사껫(Sisaket)

우본 라차타니와 1시간 거리에 위치한 시사껫은 이산 지역에서 가장 가난한 지역 중 하나이다. 이곳은 캄보디아와의 국경 갈등을 빚고 있는 프레아 비헤아르 사원이 있는 주와 바로 접해 있는 곳이기도 하다. 한때는 태국의 영토였던 이곳은 현재 캄보디아에 소유권이 넘어가 있어 태국에서는 이 사원에 접근이 불가능하다. 우본을 포함한 위의 3도시가 속한 짱왓은 모두 캄보디아와 직접적으로 국경을 맞대고 있다. 최근 태국-캄보디아 사이의 국경분쟁으로 공식적인 교류가 활발하진 않지만, 공식적인 6개의 국경 체크 포인트[뽀이뻿(Poipet), 꼬꽁(Koh Kong), 다운렘(Daun Lem) 및 오스맛(O'smach), 빠일린(Pailin)과 안롱벵(Anlong Veng, 안롱웽) 및 삼라옹(Samraong)] 외에 크고 작은 체크 포인트를 통해 비공식적 교류가 활발히 이루어지고 있다고 전해진다. 국경 분쟁 문제만 해결된다면 이 두 나라 사이의 경제 교류는 기대 이상일 것이라 현지에서는 전망하고 있다.

'어머니 강'에서 진짜 '라오스'를 발견하다
라오스 남부 중심도시 빡세

글 | 채 형림(SIReNer)

푸 살라오 사원의 황금 부처

푸 살라오 사원에서 바라 본 빡세 시내

  '강어귀(mouth of the river)'라는 이름과 딱 들어맞는 풍경 앞에 한참을 바라보고 서 있다. 세돈(Xe Don) 강이 메콩(Mekong) 강과 합류하는 지점에 세워진 빡세(Pakse)는 진한 황토빛 강물이 굽이쳐 일렁이는 비현실적인 풍경을 품고 존재한다.

  이런 아름다운 풍경을 독점하고 있는 이가 있으니 바로 푸 살라오 사원(Wat Phousalao)의 황금 부처다. 높이 23m, 너비 13m의 대불상과 함께 세워진 301개의 크고 작은 불상들은 하나같이 메콩 강을 향해 있다. '어머니 강'의 범람을 막아주고 빡세 지역에 안전을 약속이나 하는 듯 온화한 표정으로 …

  빡세는 라오스의 수도 비엔티안에서 남쪽으로 600km 이상 떨어져 있으며, 라오스 남부 참빠삭(Champasak) 주의 주도이다. 라오스에서 세 번째로 큰 규모의 도시이나 유명 관광지가 있는 참빠삭이나 시판돈(Si Phan Don)[1] 혹은 태국이나 캄보디아 국경을 넘기 위해 드나드는 여행객들

---

(1) 메콩 강은 라오스 영토를 따라 흐르다가 최남단에 이르러 삼각주를 이루는 시판돈이다. 시판돈은 '4,000개의 섬'이라는 의미로, 강에서 흘러와 쌓인 토사가 이룬 섬이 약 4,000개에 이른다고 해서 붙여진 이름이다. 건기 때 수면 위로 모습을 드러냈던 섬들이 우기가 되면 그 모습이 사라지기도 해서 방문 시기에 따라 다른 섬들을 볼 수 있다. 빡세는 볼라벤 고원, 시판돈(4,000개 섬), Xe Pian National Protected Area 및 Tat Lo 및 Lao Ngam과 같은 작은 마을과 같은 자연 경관으로 여행객에게 좋은 볼거리를 제공하고 있다.

빡세 중심에서 동쪽으로 8Km 지점의 터미널인 '까우롯 락 뺏(8Km 터미널)'

이 반드시 거쳐야 하는 곳이라는 것 외에는 알려진 바가 없다. 편리한 지리적 위치 덕분에 프랑스 식민지배 시기에 집중적으로 개발되었지만 특별한 볼거리가 많은 곳은 아니다.

그러나 실제로 캄보디아, 태국과 국경을 접하고 있는 라오스 남부 지방의 상업 중심지 역할을 위한 교통편은 잘 구비되어 있는 편이다. 빡세 국제공항은 씨엠립(Siemreap), 비엔티안(Vientiane, 위앙짠) 및 방콕(Bangkok)과 같은 주변 도시와 연결하고, 빡세 버스 터미널에서는 태국을 비롯해 캄보디아의 관문도시 스퉁트렝(Stung Treng), 씨엠립, 프놈펜(Phnom Penh)까지 여행이 가능하다.

빡세로 가는 가장 편한 방법은 태국 우본 라차타니(Ubon Ratchathani, 이하 우본)에서 국제버스를 이용하는 것이다. 우본 버스 터미널에서 오전 9시 반, 오후 3시 반, 하루 두 번만 운행하는 버스를 이용하여 태국 국경 마을인 총멕(ChongMek)을 지나 빡세까지 이동이 가능하다. 당일 예매만 가능하므로 일찍 서둘러야 표를 구할 수 있다. 우리 일행은 국제버스를 놓쳐서 국경까지 이동하는 '롯뚜(미니밴)'을 이용하여 몇 번씩 갈아타는 불편을 감수해야만 했

라오스 남부 마지막 왕이었던 Jao Boon Oum을 위해 지어졌던 궁을 개조한 참빠삭 팰리스 호텔

다. 라오스에서는 빡세 중심에서 동쪽으로 8Km 지점의 터미널인 '까우롯 락 뼷(8Km 터미널)'에서 이 버스를 이용할 수 있다. 현지인들이 이 곳 지명을 주로 거리로 표현하는 것을 자주 듣게 되는데, 예를 들면 8km, 2km 터미널, 13km 마을 등과 같은 것이다. 특이하면서 실용적인 표현이라 생각이 들었지만 거리 감각이 둔한 내게는 너무 어려운 지역명이었던 것으로 기억된다.

빡세는 참빠삭 주의 주도이지만 약 68,093명(2015년 인구센서스) 인구로 도시의 규모는 크지 않은 편으로 구시가는 걸어서 한 바퀴 돌 수 있는 정도의 규모이다.

라오스와 통일될 때까지 참빠삭 왕국의 수도로 사용되었지만 1946년 라오스 왕국이 세워지면서 참빠삭 왕국의 왕실과 궁전은 파괴되었으며 남은 유적이 많지 않다. 1905년 프랑스 식민지 개척자들에 의해 설립된 도시의 모습이 시내 곳곳에서 간간히 발견되는 정도이다.

빡세는 세돈 강 어귀 근처에 구(舊)시가지가 있으며 도시를 가로지르는 13번 국도를 따라 양쪽으로 신(新)시가지가 형성되어 있다. 시내를 조금만 돌아 다니면 오래된 프랑스 식민지 시대의 건물, 베트남 지구, 중국 사원 및 오래된 가톨릭 교회를

오래된 프랑스 식민지 시대의 건물

발견하게 된다. 특이한 점은 가게마다 베트남어, 중국어, 라오어가 함께 표기된 보이는 간판이 쉽게 발견된다는 점이다. 중국과 베트남 여행객들이 많은 이유도 있겠지만 빡세는 도시의 인구 중 중국인과 베트남인의 비율이 높은 지역이기도 하다.

라오스가 프랑스의 보호국이었을 때 프랑스 식민지 정부는 많은 베트남인들이 라오스에서 공무원으로 일하도록 이주시키는 정책을 펼쳤다. 이 문제는 라오스 왕국으로부터 격렬한 지탄을 받았으나 이들을 라오스 사람들로 대체하는 데는 실패하고 말았다. 1943년까지 베트남 인구는 거의 40,000명으로 증가했고, 라오스의 주요 도시에서 베트남인은 대다수의 인구를 구성하고 자신들의 지도자를 선출할 권리를 누렸다. 그때까지 북쪽의 루앙 프라방 만이 라오인이 다수를 차지했고, 비엔티안 인구의 53%, 빡세 인구의 62%가 베트남인이 차지했다. 현재 라오스의 베트남 공동체 규모는 약 3만 여명(2012년, Voice of Vietnam)으로 추정하고 있으나, 베트남 언어를 구사하는 이들은 8만 여명(2009, Ethnologue)에 달한다고 보고되었다.[2]

---

(2) Martin Stuart-Fox, A History of Laos, University of Queensland(1997)

베트남어, 영어, 라오어가 함께 표기된 간판

유한 사업체가 370개에 달했으니 그 규모가 상당했다. 계속적인 중국인들의 이주로 인해 1975년에는 베트남의 호찌민(Hồ Chí Minh), 캄보디아, 태국에 이미 만여 명이 넘는 중국인들이 있었다.[4]

그러나 1975년 라오스 사회주의 해방 운동단체인 '빠텟 라오(Pathet Lao, 라오 공산당)'가 정권을 잡고 라오스인민민주공화국(Lao PDR; Lao People's Democratic Republic)이 세워진 이후 경제적으로 성공한 중국인들은 공격대상이 되었다. 또한 1980년대까지 이어진 베트남과 중국과의 갈등은 이를 부추겼고, 한때 1,500명 이상의 학생이 넘쳐났던 중국인 학교의 학생 수는 겨우 몇 백 명 정도만 남게 되었다. 그러나 1900년대 이후로 경제가 회복되어 300-400여명이 빡세로 다시 돌아왔고, 현재 참빠삭 지역의 가장 큰 건축 자재 상점과 메콩 강 모래 준설 독점권, 정미소와 금은방을 소유한 거대 상인은 중국인이다. 빡세에서 가장 유명한 재래시장 다오 흐엉(Dao Heuang) 시장의 소유자 또한 중국계 라오인이다.

1940년부터 1970년대 초까지 라오스 남부의 중요한 상업 중심지로의 역할을 했던 곳으로 중국인들 또한 베트남을 거쳐 빡세로 이주해 온 하카(Hakka)와 차오 저우(潮州) 출신으로 당시 약 4천여 명에 달했다.[3] 빡세의 경제 활동은 급성장하고 세돈 강에서 약 200m 떨어진 곳에 중국 시장이 있었는데 시장의 대부분은 중국인이 운영하는 상점이었다. 1959년까지 중국인이 소

이 시장은 빡세 인근 마을에서 각종 먹거리와 생필품을 사고 파는 중심 시장으로, 전체를 다 둘러보려면 한두 시간으로는 부족할 만큼 큰 규모로 활기찬 라오스 사람

---

(3) 빡세에서 중국 공동체의 역사는 중국 광동성(동관)을 떠나 베트남에 정착한 하카(Hakka) 중국인 Liu Tian Xiu(劉天秀)로부터 시작된다. Liu Tian Xiu는 베트남인의 라오스 이주를 격려하던 프랑스의 권유에 베트남인과 결혼하여 1906년 빡세로 이주해 왔다. 당시 빡세의 인구는 매우 적었고, 빡세에서의 기회를 보고 Liu Tian Xiu는 자신의 고향인 광동에 있는 친척과 친구들에게 이주를 권하는 편지를 보냈다고 한다. 그 이후 주로 중국인의 수가 점차 증가해 1930년까지 중국 공동체는 크게 성장했다.

(4) Yos Santasombat, Chinese Capitalism in Southeast Asia: Cultures and Practices, Palgrave Macmillan(2017).

해발 약 1,000-1,350m 높이의 약 3,000ha에 이르는 대규모 커피농장 빡송 하이랜드

들을 볼 수 있는 곳이니 오가는 길에 한 번쯤 둘러 볼만하다. 다오 흐엉 그룹은 소규모 무역회사로 시작하여 현재 라오스 최대 커피와 차를 생산하는 대기업이 되었다.

커피 애호가라면 라오스도 커피로 유명하다는 이야기는 잘 알고 있을 것이다. 특히 남부 참빠삭 지방의 볼라벤 고원(Bolaven Plateau)은 연중 서늘한 기후와 비옥한 화산토, 풍부한 강수량으로 커피 재배에 알맞은 조건을 갖추고 있다. 라오스 전체 17개 주 중에서 절반 이상인 10개 주에서 커피가 생산되고 있고, 그 중 참빠삭 주의 빡송(Paksong), 세콩(Xekong) 주의

통엥(Tongeng), 살라완(Salavan) 주의 라오응암(Laongam) 지역은 라오스 전체 생산량의 95%이상(커피 생산면적 7만 헥타르)을 차지하는 3대 생산지로 모두 볼라벤 고원에 위치한다.

다행히 커피 3대 생산지 중 한 곳인 빡송은 빡세에서 한 시간 남짓 거리의 비교적 가까운 곳에 위치해있어 방문해 볼 기회를 가졌다. 커피 운송을 위해서인지는 잘 모르겠지만 빡송으로 향하는 도로는 라오스에서 쉽게 볼 수 없는 곧고 넓은 포장도로다. 빡세로부터 21km 지점에 이르면 라오스 최대 커피기업인 다오 흐엉 그룹의 대

빡세와 인접한 태국의 우본에도 다오 커피가 진출해 있다

형 커피 공장이 들어서 있는 모습을 볼 수 있었다. 빡송 지역의 80%이상을 다오 그룹에서 매입한다는 이야기도 전해질 만큼 라오스에서 다오 그룹의 세력은 대단하다. 최근 중국의 한 무역업체와 계약 체결을 하는 등 라오스 커피 수출의 60-70%를 차지할 정도로 그 규모가 어마하다.

그러면 어떻게 라오스에 이토록 커피 산업이 왕성해진 것일까?

라오스는 커피 생산 강국인 베트남 못지않은 커피 생산국으로 많은 양의 커피를 생산하고 있다. 라오스의 커피산업은 100여 년 전 프랑스 지배당시 도입되어, 베트남 전쟁으로 경제적 위기도 겪어야 했지만 여전히 생산량이 적지 않아 현재 라오스의 가장 큰 수출품 중 하나가 되었다. 라오스인들 사이에서는 프랑스 식민 이후 그들이 남긴 것이 하나도 없지만 그 중 '유일하게 쓸 만한 것'이 커피라고 말할 만큼 현재 라오스의 중요 경작물이 되었다.

빡송에서는 커피 재배 및 판매뿐만 아니라 커피 농장에서 직접 수확해 보는 체험을 할 수 있는 커피 투어가 진행 되고 있어 빡세에 온 여행자들의 필수 코스이기도 하다. 해발 1,200미터의 빡송은 토양, 날씨,

세계문화유산으로 등재된 동남아시아에서 가장 오래된 건축물 왓 푸

물 등 삼박자를 갖춰 커피 재배에 최적인 곳이다. 우리 일행은 빡송의 커피 농장이 보이는 커피숍에서 질 좋은 커피 한 잔으로 만족할 수밖에 없었지만 그 맛은 지금도 잊을 수가 없을 만큼 그 맛과 향이 달콤했던 것으로 기억된다.

여러 경로를 통해 빡세에 도착한 여행자들의 최종 목적지는 대부분 참빠삭 주의 왓 푸(Wat Phou)일 확률이 높다. 라오스 참빠삭 주에 위치한 왓 푸 사원은 천년이 넘는 유적지로서, 2001년 세계문화유산으로 등재된 동남아시아에서 가장 오래된 건축물 중 하나이다. 참빠삭 주의 카오

산(Phou Kao, 해발 1,408m)에 있는 크메르(Khmer) 제국의 힌두사원의 유적이지만 15세기에 시암인(Siam)이 불교를 전파하면서 불교사원으로 바뀌었다. 그러다가 17세기 무렵 대지진으로 지금은 비록 폐허 상태이지만 5세기 경에 지어진 왓 푸는 12세기에 지어진 캄보디아의 앙코르 와트(Angkor Wat)보다 오래된 사원이다.

건축 양식, 조각 문양 등을 보면 가히 '앙코르 와트의 전신'이라 불릴 만하다. 세계유산으로 등재된 왓 푸는 구역 면적이 390㎢에 달하여 캄보디아 씨엠립(Siem Reap)의 앙코르 와트 유적(401㎢)과 거의

맞먹는 규모이지만 현재 남아있는 건축물 규모는 앙코르 와트에는 미치지 못한다. 이 폐허 상태의 유적을 복원하기 위해 인도와 프랑스, 이탈리아, 일본 등 해외의 관심이 집중되었고 현재도 복원 공사가 진행 중이다. 이런 왓 푸 유적 복원에 라오스 지역에서는 처음으로 한국문화재보호재단이 직접 보존 복원 사업에 뛰어들었다고 하니 더욱 관심 있게 유적을 바라보게 된다.

사원 입구부터 시바(Shiva) 신을 모셔놓았다는 신전까지 꽤 멀고 고된 77개의 폭이 좁고 가파른 길을 올라야만 한다. 천상의 세계에 오기 전 허리를 꼿꼿이 세우지 말고 네발로 걸어 낮은 자세로 오도록 하기 위함이라고 하니 '신의 세계로 이르는 길'이 참으로 고달프기만 하다. 그 고달품을 견디고 신전이 위치한 곳에 이르면 그림처럼 아름다운 풍경이 펼쳐지니 '천상의 풍경'을 놓치는 일이 없길 바란다.

"빡세가 어디야? 거기 특별한 게 있어?"

빡세에 다녀왔다는 말에 수많은 사람들이 물었던 질문이다. 이글을 쓰고 있는 지금도 그 질문에 선뜻 '빡세는 이런 곳이야'라고 자신 있게 말할 수는 없지만 내겐 너무도 아름답고 선한 사람들이 있는 곳이라고 말할 수 있다.

무라카미 하루키가 그의 에세이에서

도 '라오스에 대체 뭐가 있는데요?'라는 질문에 말문이 막혔노라고 고백한 것을 보면 우린 항상 무언가 특별한 것이 있어야만 관심을 가지는 버릇이 있는 것같다. 라오스에는 라오스만의 것이 있었다고 답한 하루키의 대답은 기가 막히게 들어맞았다.

라오스 빡세에는 그 어느 곳에서도 발견할 수 없는 '빡세'가 있었다. 우린 그것을 경험하기도 전에 다른 이의 평가와 정보에 의해 그 지역을 판단해 버린다. 민수기에 등장하는 이스라엘 정탐꾼처럼 하나님이 보여주신 소망의 땅을 볼 수 있는 믿음의 눈으로 라오스를 본다면 하나님이 보여주신 약속의 땅 '진짜' 라오스를 발견할 수 있으리라.

현대판 '낙원'을 꿈꾸다
라오스 남부 최대의 도시 싸완나켓

글 | 채 형림(SIReNer)

싸완나켓은 2005년 라오스 초대 대통령 '까이손 폼위한'의 고향이기도 하다.

열악한 라오스의 도로 사정

라오스에는 수도 비엔티안(Vientiane, 위앙짠)과 남쪽 끝 빡세(Pakse)를 관통하는 남북으로 긴 13번 도로가 있다. 우리 일행은 이 길을 '지뢰밭'이라 불렀는데, 왜냐면 우기철이라 도로 곳곳이 우묵하게 패인 곳이 많아 운전하는 도중에 험한 꼴을 당하기가 일쑤였고, 소나 염소가 언제 어디서 도로위로 튀어나올지 예상할 수 없는 위험한 상황이 자주 발생했기 때문이었다. 그러나 라오스의 남부지역 도로 중에서는 가장 좋은 도로라고 하니 다른 도로 사정은 어떨지 상상이 되지 않는다.

빡세에서 출발해 이 13번 도로를 따라 북쪽으로 4시간 남짓 거리에, 라오스 남부의 길목이자 태국 국경과 맞닿은 도시인 싸완나켓(Savannakhet)이 등장한다. 7세기부터 10세기까지 참파(cham pa) 왕국의 영향을 받았으며 19세기 프랑스 식민기까지 남부 라오스의 태국, 베트남 교역지로 발달한 곳, 싸완나켓. 태국과 베트남을 잇는 9번 도로 덕분에 일찍부터 교통의 중심지로 성장할 수 있었던 싸완나켓은 라오스 전체 지도를 놓고 봤을 때 3개국을 잇는 라오스의 허리에 해당한다.

국경을 접한 전 국토를 경제특구로 조성중인 라오스는 그 중에서도 개발 투자 가

라오스 싸완나켓 주와 태국 묵다한을 연결하는 2호 우정의 다리

능성이 가장 높은 곳으로 중남부 지역인 싸완나켓과 타켁(Thakhek)을 꼽았다. 싸완나켓은 2호 우정의 다리가 연결되면서 물류이동이 훨씬 쉽고 동서를 이어주는 국제 물류교류의 역할을 감당하게 되었다.

육로를 통한 물류 이동에 의존해야 하는 라오스는 메콩 강을 가로지르는 교량의 역할이 클 수밖에 없다. 현재 태국과 라오스를 연결하는 다리는 4호까지 완성이 되었고 현재 5, 6호 교량 건설을 계획 중에 있다. 2호 우정의 다리(1.6km)는 미얀마에서 베트남으로 이어지는 경제회랑 상에서 라오스 싸완나켓 주와 태국 묵다한

(Mukdahan)을 연결한다. 20분도 채 되지 않는 거리의 2호 우정의 다리는 메콩지역 교역과 투자, 관광을 활성화시키기 위한 인프라 개발계획과 경제요소의 중요한 부분을 차지하고 있다.

라오스에서 가장 중요한 물류산업의 중심지가 되고 있는 싸완나켓은 13번 국도에서 약 30Km 떨어진 메콩 강변에 위치한다. 싸완나켓으로 들어가는 갈림길에 타켁과 이어지는 '세노(Xeno)'라는 교통 요충지가 있는데, 위로는 수도 비엔티안과 중국, 아래로는 캄보디아, 서쪽으로는 태국, 동쪽으로는 베트남으로 향하는 사통팔달의 도시

묵다한과 싸완나켓을 오가는 국제버스 터미널

다. 세노를 지나 동쪽 므앙핀(Muang Phin)을 거쳐 베트남 국경 덴싸완(Dansavan)까지 3시간이면 다다를 수 있다.

특히 베트남 항구 중 가장 큰 규모로 대형 선박의 정박 가능한 다낭(Danang)까지 거의 일직선상에 놓여 있는 점은 투자의 큰 매력이 된다. 새롭게 조성되는 경제특구와 배후 산업단지는 중국기업과 태국, 베트남 투자자들이 무차별적으로 임대하거나 사들여 빈 땅이 없을 정도로 이미 점령당한 상태이다. 세노를 가장 먼저 선점한 베트남은 도시를 중심으로 많은 공장을 세우고 라오스 정부로부터 땅을 할양 받아 대단위 고무나무 농장을 조성하고 설탕공장을 가동했다.[1]

싸완나켓에는 라오스, 태국, 중국, 베트남인 등 다양한 민족이 거주하지만, 빡세에 비해서 중국인보다는 베트남인의 영향이 더 많은 지역이다. 프랑스 식민 시절, 베트남에서 싸완나켓으로 이민을 온 사람들이 많아 라오스에 정착한 베트남인이 운영하는 쌀국수 가게를 도시 곳곳에서 쉽게 찾아볼 수 있다. 게다가 베트남 국경까지 약 240km로 수도인 비엔티안과 비교해보았

(1) 라오스 K사역자 사역계획서, 2014. 8.

2008년 2월 정부와 말레이시아 Pacifica Streams Development(주)는 MOU를 체결하고, 2호 우정의 다리에서 2km, 국제공항에서 5km 떨어진 곳에 경제특구(Savan Park)를 구축했다.

을 때 비교적 거리가 가까운 것 또한 이유로 들 수 있다. 싸완나켓에서 부동산을 소유하거나 건물을 소유한 사람들의 대부분은 베트남계 라오인들이다.[2]

라오스에는 동서경제회랑(EWEC; East-West Economic Corridor)[3]과 남북회랑 두 개의 경제회랑(Economic Corridor, 经济走廊)이 겹쳐져 중국, 태국,

베트남을 전부 연결할 수 있는 장점을 지닌 곳이 있는데, 이곳이 바로 싸완-세노(Savanh-Xeno) 공단이다. 싸완-세노 공단은 이 동서·남북이 겹치는 요충지에 자리잡은 산업단지로 2004년에 싸완-세노 경제특구(SEZ; Special Economic Zone)[4]가 만들어졌다. 향후 9번 도로와 함께 말레

(2) 라오스 K사역자와의 인터뷰, 2019년 8월.

(3) 100여 년 전에 프랑스가 인도차이나를 점령하고 지배하고자 하는 장기개발 계획으로 세워놓은 동서경제회랑은 미얀마 몰레먀인(Mawlamyine)에서 시작해서 태국의 매솟(Mae Sot), 콘깬(Khon Kaen), 묵다한(Mukdahan)을 지나 라오스의 싸완나켓, 덴싸완을 통과하여 베트남의 라오바오, 동하(Dong Ha)를 통해 북쪽으로는 빈(Vinh), 남쪽으로는 후에(Hue)-다낭항으로 연결되는 4개국을 잇는 최단거리의 육로이다. 이 루트의 중심에 싸완나켓이 있다.

(4) Special Economic Zone은 싸완나켓 주의 싸싸완-세노 SEZ, 보깨오(Bokeo) 주 골든 트라이앵글(Golden Triangle) SEZ, 참빠삭 SEZ, 루앙프라방 SEZ의 4개소이며, 기타 개발단지에 해당하는 수도 비엔티안 최초의 공장단지 VITA Park와 싸이세타 개발단지(Saysetha Development Zone)를 제외한 나머지 지역은 Specific Economic Zone으로 지정되었다. 투자자가 가장 많이 찾은 경제특구는 라오스 북부에 중국과 국경을 접한 Boten(59개), Golden Triangle(47개)이다. 라오스 남부지역에 위치한 대표적인 산업단지인 Savan Seno(22개), 태국과 국경을 마주한 Pakse-Japan SME(13개), 이외 수도 비엔티안에 위치한 Saysettha(6개), Vita Park(5개) 순이다.(Kotra 해외시장뉴스, 2019. 02)

'라오스의 삼성'으로 불리는 현지 최대 기업 코라오 그룹

이시아의 자본을 들여 건설하게 될 싸완-라오바오(Lao Bao) 연결 철도 및 일본의 자금 지원으로 건설된 도로를 통해 물류를 이송할 계획을 가지고 있어 싸완나켓의 성장이 가속화될 것으로 보인다.

경제적 활성화와 더불어 가사 도우미, 식음료, 운송 및 관광 등 6개 분야의 노동력 이동 자유화를 추진하고 있어 외부에서 유입되는 인구의 증가도 예측되고 있다. 이러한 예측과 기대감과 함께 내부에 경쟁력이 빈약한 상태에서 외부자원의 유입소식은 모두 환영할 만한 것은 아니다. 그러나 활짝 열리고 있는 경제처럼 복된 소식을 듣고 말씀의 씨앗들을 통해 닫힌 마음의 문이 열리고 잠든 영혼이 깨어나길 기대해 본다.

라오스에서는 다른 동남아시아 국가들에 비해 현대자동차의 1톤 트럭 '포터'를 비롯해 스타렉스, 싼타페, 모닝 등 현대와 기아의 차량을 비교적 자주 발견할 수 있다. 도로 사정이 열악한 라오스에서 차체가 튼튼한 포터는 라오스 최고의 교통수단으로 평가된다. 이와 함께 '라오스의 삼성'으로 불리는 현지 최대기업 코라오(KOLAO) 그룹(대표 오세영)이 일찌감치 일본 등 경쟁국 보다 앞서 라오스에 진출해 시장을 개척한 것도 한 몫을 했다. 중고 오토바이

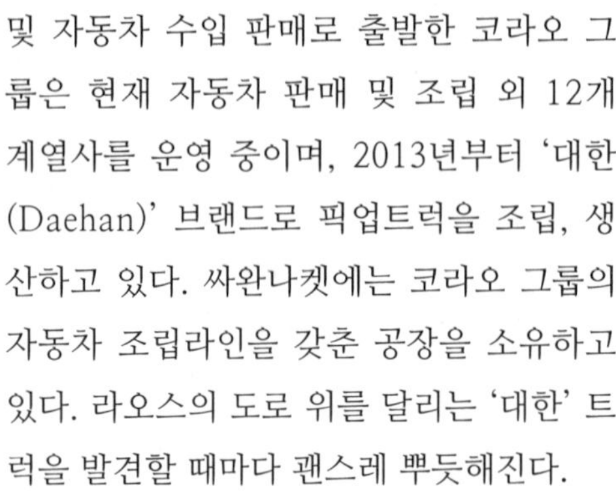

팔각 첨탑의 희고 소박한 성 테레사 성당

10세기 크메르 왕조 시대의 불탑 탓잉항

및 자동차 수입 판매로 출발한 코라오 그룹은 현재 자동차 판매 및 조립 외 12개 계열사를 운영 중이며, 2013년부터 '대한(Daehan)' 브랜드로 픽업트럭을 조립, 생산하고 있다. 싸완나켓에는 코라오 그룹의 자동차 조립라인을 갖춘 공장을 소유하고 있다. 라오스의 도로 위를 달리는 '대한' 트럭을 발견할 때마다 괜스레 뿌듯해진다.

싸완나켓은 라오스에서 2번째로 큰 도시지만 사실 여행자들을 끌어 들일만한 대단한 볼거리는 없다. 그러나 프랑스 식민시대 당시에 건설된 유럽풍 건물들이 주변을 둘러싸고 있는 작은 광장(Talat Yen Plaza)과 팔각 첨탑의 희고 소박한 성 테레사 성당(St. Teresia Catholic Church), 공룡 박물관, 그리고 몇몇 현대식 사원들이 다소 밋밋한 도시를 매력적으로 만든다.

그 외 10세기 크메르(Khmer) 왕조 시대에 처음 건설되었으며 남부 라오스에서는 왓 푸 사원 다음으로 중요하게 여기는 불탑인 탓잉항(That Ing Hang)이 있다. 부처가 설법을 한 후 이곳의 '항(Hang)' 나무 아래에 '기대어(Ing)' 휴식을 취하였다고 하여 이를 기념하여 건설된 것이다. 힌두교를 믿은 크메르 왕조의 영향으로 탑의 기단 부분에 새겨진 화려한 시바 신의 형상을 볼

싸완나켓 대학교

수 있다.

싸완나켓은 '교육의 도시'라고도 불리는데, 그 명성에 걸맞게 라오스의 지식인 중에 싸완나켓 출신이 많기로 유명하다. 물론 대학교도 많지만 라오스 사회주의 혁명을 통해 나라를 세운 까이손 폼위한의 고향이기 때문이기도 하다. 2005년 라오스 초대 대통령의 업적을 기념하여 '므앙 까이손 폼위한'으로 공식적인 명칭을 바꾸었으나 이렇게 부르는 사람은 아무도 없다.

라오스에서 최고의 직업은 공무원을 꼽는데 실제로 고위 공무원직에 이곳 출신들이 많은 것으로 알려져 있다. 라오스에는 수도 비엔티안의 라오 국립 대학교(NUOL), 루앙프라방의 수파누윙 대학교, 싸완나켓 대학교, 참빠삭 대학교 등 전국에 4개의 국립대학이 있다. 싸완나켓 대학교는 2009년에 설립되어 중부지방[싸완나켓, 살라완, 캄무안(Khammouane), 보리캄싸이(Bolikhamxai)]의 사회, 경제개발 전략을 달성하기 위한 인적자원 개발의 책임을 진다. 학생은 총 3,442명이고, 5개 학부(농업, 경영, 식품과학, 교육, 자연과학부)와 2개의 센터(종족 및 영재 학생들을 위한 중

물에 잠겨버린 쏭콘 교회가는 길

등교육 R&D, IT)가 있다[5]. 동서 경제회랑, 경제 특구라는 지리적 장점을 이용해 경제 연구 및 중부지역의 사회, 경제발전의 동인이 될 것으로 기대한다. 그러나 그러한 기대감만큼 졸업생들을 수용할 만한 취업 자리가 없어 라오스 내에서는 해결해야 될 문제 중 하나로 떠오르고 있다.

싸완나켓의 경제적, 지리적 중요도와 함께 선교 역사 측면에서도 굉장히 중요한 의미를 갖는다. 라오스 남부 지역 최초의 선교사인 가브리엘 콘테스(Gabriel Contesse)가 1902년 스위스 형제단(Swiss Brethren)의 파송을 받고 아내, 남동생과 함께 처음으로 들어온 곳이 바로 쏭콘(Song Khone)인데, 쏭콘이라는 지역이 바로 싸완나켓 주에 속해 있다. 1905년 첫 번째 라오인이 세례를 받은 후 50여 명이 세례를 받기도 했고, 쏭콘에서 시작된 선교가 싸완나켓 주를 중심으로 외부 지역까지 확장되는 부흥의 시기도 있었다. 당시 선교사가 세운 쏭콘 교회는 라오스 목회자들에게 이양되어 지금까지 존재한다.

우리 일행은 교회 방문을 시도했지만 우기철이라 길이 물에 잠겨버리는 바람에

(5) '라오스를 위한 365일 기도정보', 라지연(2017, 10)

봇야이 교회

역사적인 장소를 방문하는 일에는 실패하고 말았다. 당시 이런 곳까지 배를 타고 복음을 전했을 초기 선교사들의 노고를 생각해 보며, 환경을 탓하지 않았던 구령의 복음 전도자의 모습을 다시금 되새겨 보게 된다.

싸완나켓은 짧게 줄여 '싸완'이라고 많이 불리는데, 싸완은 라오어로 '천국' 혹은 '낙원'이라는 뜻이다. 고대로부터 메콩 강의 풍성한 혜택을 누리며 넓은 평야에서 쌀을 재배하며 예술과 문화를 누린 지역이었기 때문이었으리라. 그러나 현재는 라오스 정부가 투자 기업에 세금을 감면하고 산업 활동을 위한 인프라 구축이 한창이지만 라오스를 둘러싼 중국과 베트남, 태국 3국의 각축전이 되는 싸완나켓이 오늘의 '낙원'으로 도약하게 될지 지켜볼 일이다.

태국을 중심으로 한 인도차이나반도 주요 국경들

정리 | 장 영순(SIReNer)

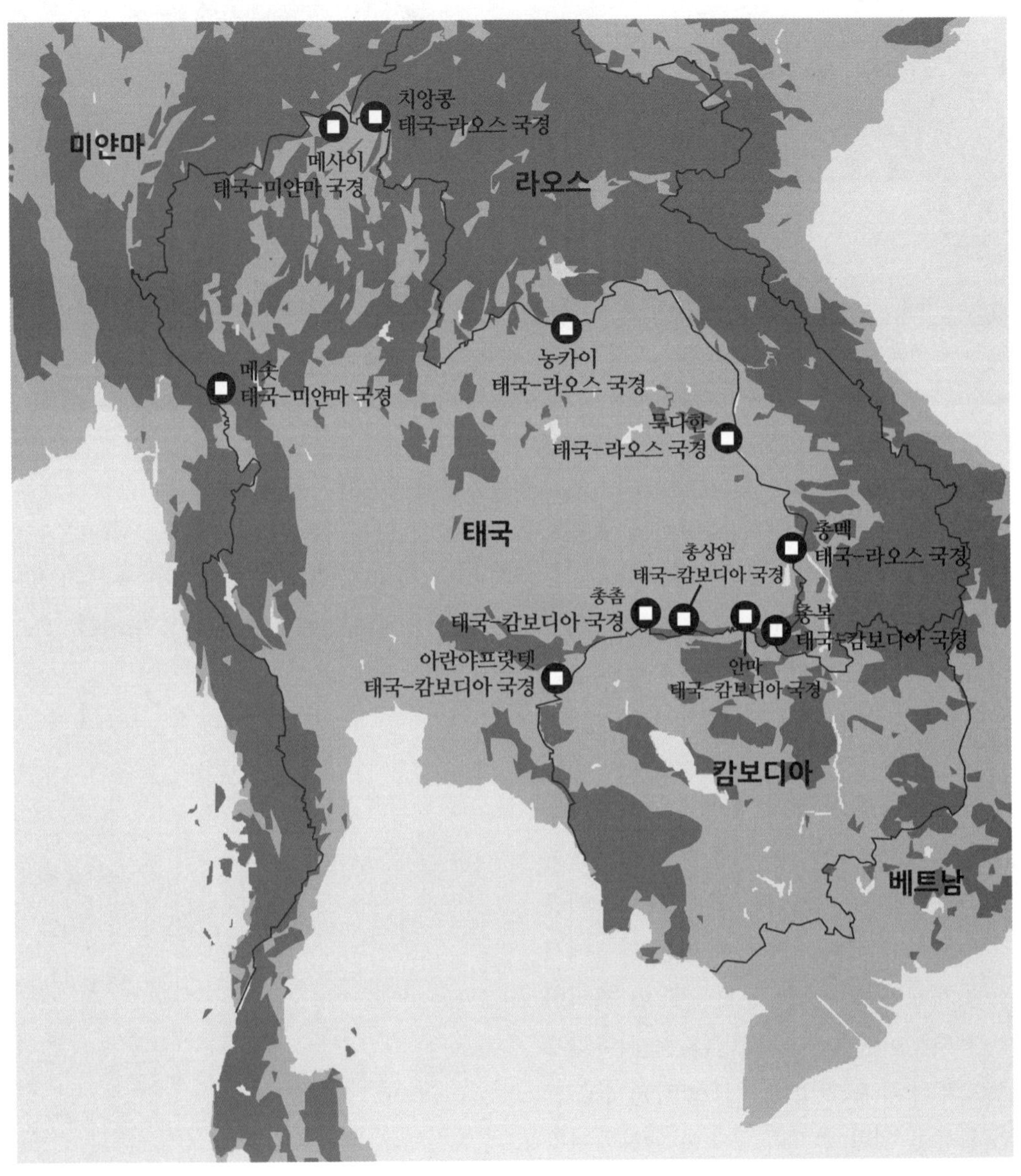

본 선교회의 태국 중심의 인도차이나반도 현장 리서치에서 다룬 주요 국경들에 대한 이해를 돕기 위해 지도상의 위치와 간략한 소개를 정리하였다. 국경은 국가별로 정리하였고, 여기서 소개한 국경 외에도 많은 국경 통로들이 있지만, 여기서는 가장 빈번한 왕래가 있는 주요 국경들 중심으로 다루었다.

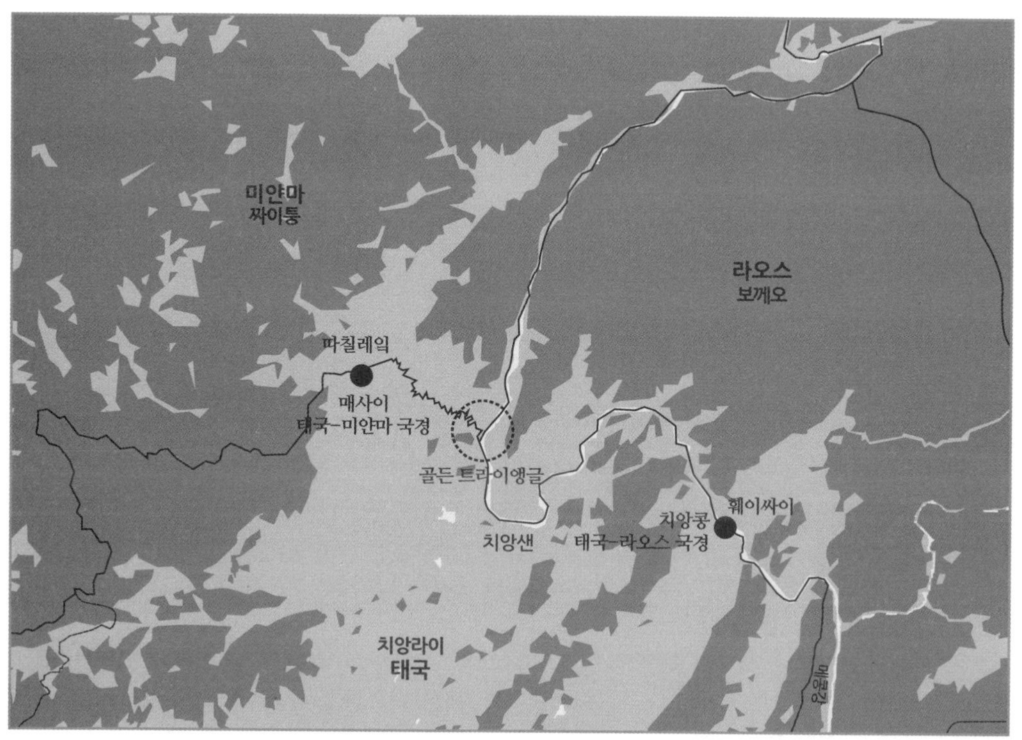

매사이 – 따칠레익 국경 검문소

1. 태국 - 미얀마 국경

(1) 매사이 – 따칠레익 국경 검문소

매사이(Mae Sai) 태국 북부 치앙 라이(Chiang Rai)를 통해 미얀마 따칠레익(Tachileik)으로 통하는 국경이다. 이곳은 방콕에서 북쪽으로 850km, 치앙 라이에서 북쪽으로 61km 떨어져 있다.

국경만 없었다면 하나의 도시라고 할 정도로 양국 간 주민들의 이동은 자연스럽다. 매사이 국경지대는 꽤 큰 시장이 형성되어 있는데, 태국 쪽보다는 미얀마 쪽

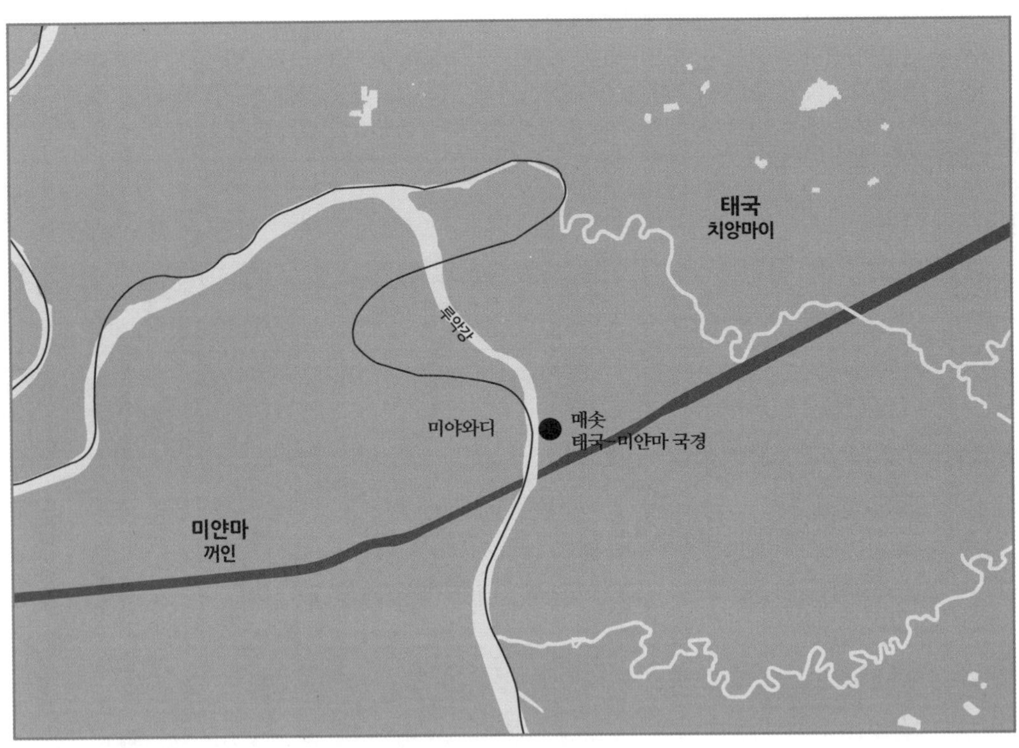

매솟- 미야와디 국경 검문소

에 짝퉁 제품을 판매하는 곳을 중심으로 더 큰 시장이 있다. 매사이 시장(Mae Sai Market)은 수공예품과 기념품이 주를 이루고 있으며 이곳을 오가는 이들이 대개 여행자이거나 이 지역 사람이 아니라는 것을 엿볼 수 있는 대목이다.

(2) 매솟- 미야와디 국경 검문소

매솟(Mae Sot)은 태국 북부 치앙마이를 통해 미얀마 동부 미야와디(Myawaddy)로 통하는 국경이다. 우정의 다리를 사이에 두고 양국 간 무역의 중심지로 발달한 이곳은 상당히 많은 미얀마 이주민들과 난민들이 살고 있다.

국경 지역에는 수입품, 보석 도매와 티크 같은 목공품을 취급하는 림 모에 시장(Rim Moei Market)이 있다. 이 지역 전역의 땀방(Sweatshop; 사회적으로 용인할 수 없거나 불법적인 근무 조건이 있는 열악한 작업장을 의미) 및 공장에 미얀마 사람들이 일하고 있다. 또한 이곳은 불법밀수, 인신매매, 마약의 암거래를 하는 암시장으로 악명을 얻었다.

메사이 국경 검문소

매솟 – 미야와디 국경 검문소 사이의 메콩 강

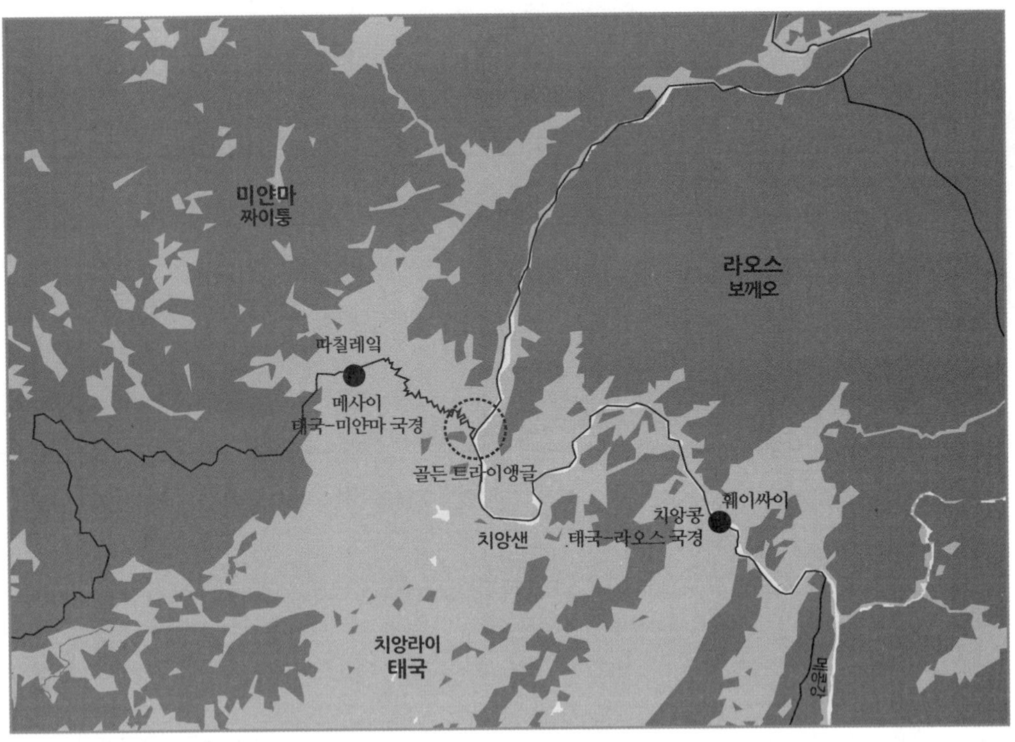

치앙콩 – 훼이싸이 국경 검문소

2. 태국 - 라오스 국경

(1) 치앙콩 – 훼이싸이 국경 검문소

치앙콩(Chiang Khong)은 태국에서 라오스로 가는 관문 역할을 하는 태국 북부 치앙라이의 작은 도시로 메콩(Mekong) 강을 사이에 두고 라오스의 보께오(Bokeo)의 훼이싸이(Huay Xai)와 마주하고 있다. 여행객들이 주로 치앙콩과 훼이싸이를 거쳐 라오스 루앙프라방(Luang Prabang)까지의 여행 루트를 따라 이동하기 때문에 적지 않은 유동인구가 있는 편이다. 도시 자체에는 특별히 볼거리가 없어 국경을 넘기 위해 여행자들이 하룻밤 머물고 떠나는 도시지만 유유히 흐르는 메콩 강을 바라보며 빈둥거리는 자유를 만끽하기 위해 찾는 이들도 있다.

2013년 12월 중순 치앙콩과 훼이싸이 사이 메콩 강을 가로 지르는 4번째 태국-라오스 우정의 다리가 개통되어 치앙라이-보께오 간 새로운 버스 노선이 운행되기 시작했다. 치앙콩은 태국인, 라오스인, 고산 족을 포함한 인종적 다양성으로 인해 연중 내내 3개의 달력에 따라 다양한 축제가 열리는데 방문하기 가장 좋은 시기는 10월부터 4월, 그 중에서도 물 축제로 유명

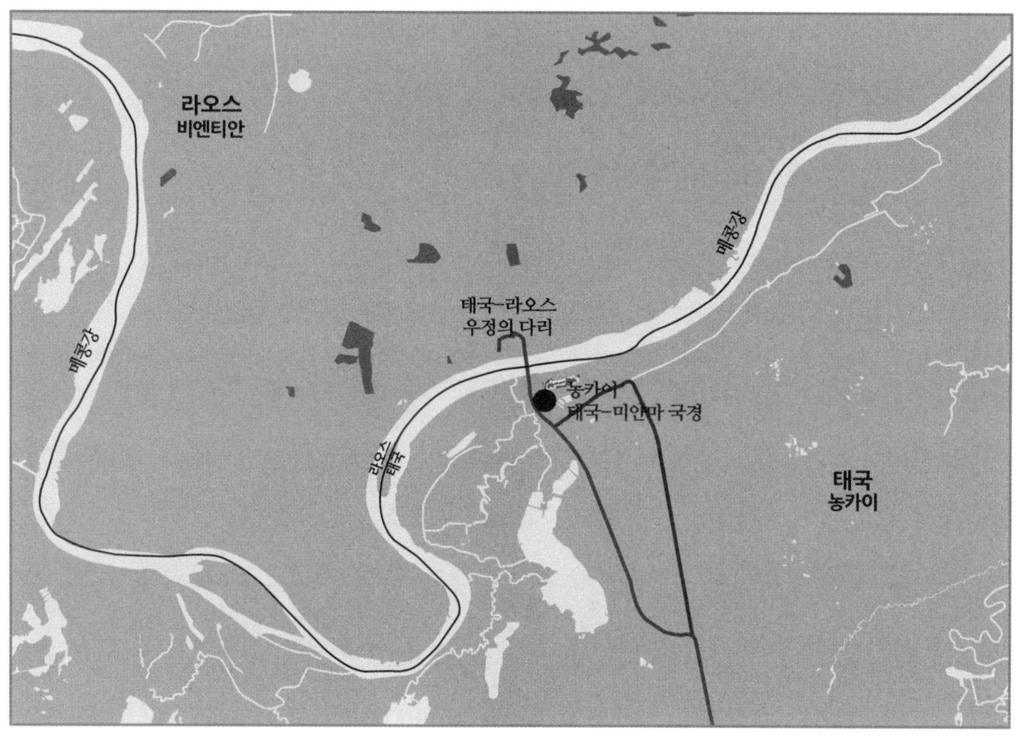

농카이 – 타날렝 국경 검문소

한 '쏭크란(Songkran)' 축제기간 때가 가장 좋다.

(2) 농카이 – 타날렝 국경 검문소

태국 동북부 이산 지역의 최북단 농카이(Nong Khai)는 라오스의 수도인 비엔티안(Vientiane, 위앙짠)까지 이어지는 도로 및 철도의 관문으로 1994년 태국, 라오스, 호주 정부의 합작으로 태국-라오스 우정의 다리가 연결되었고 타날렝(Tanaleng)에 2009년 3월 5일에 철도가 개통되었다. 비엔티안과의 거리도 25km 밖에 안 될 정도로 가까워 라오스와 교역이 활발하다. 라오스에서 생산한 쌀, 사탕수수 거래의 중심지로 라오스에서 수송되는 물자의 대부분은 농카이를 통해 육로로 방콕까지 수송된다.

수도 비엔티안 조차도 사회, 경제적 인프라가 상당히 부족한 라오스 상류층 사람들은 농카이 국경을 통해 상업도시 우돈타니(Udon Thani)까지 가서 생필품을 사고, 문화생활을 즐길 정도로 라오스 사람들의 국경 이용 빈도는 매우 높은 편이다.

(3) 묵다한 – 싸완나켓 국경 검문소

묵다한(Mukdahan)은 메콩 강을 사

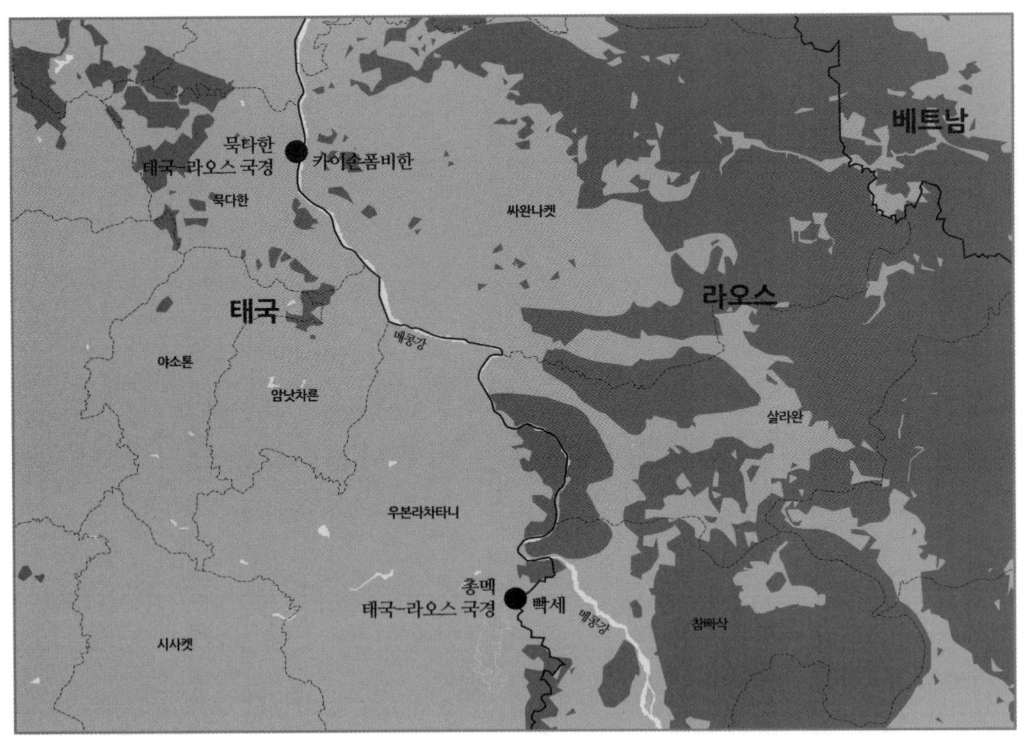

묵다한 – 싸완나켓 국경 검문소, 총맥 국경 검문소

이에 두고 제 2 우정의 다리로 연결되어 있는 태국-라오스 간 국경이다. 묵다한은 방콕에서 약 642㎞ 떨어져 있으며, 방콕에서 우본 라차타니(Ubon Ratchathani) 또는 나콘파놈(Nakhon Phanom)까지 항공편으로 이동 후 버스로 묵다한까지 가거나 방콕에서 우본 라차타니까지 기차를 이용한 후 묵다한까지 버스로 이동할 수 있다.

보통 태국에서 라오스 중북부로 갈 때는 농카이 국경을 이용해서 비엔티안으로 가고, 남부로 갈 때는 총맥(chongmaek) 국경을 넘어 빡세(Pakse)로 가는데 그 중간쯤에 있는 라오스 싸완나켓(Savannakhet)으로 갈 때는 묵다한 국경을 넘어서 가는 것이 좋다.

태국 아유타야(Ayutthaya) 왕조(1350~1767) 말기에 라오(Lao) 족이 형성한 마을이 도시의 시초이며, 구 명칭은 묵(Muk)이었다. 본래 우돈타니(Udon Thani) 주의 일부였으나 1907년 현 나콘파놈 주에 편입되었다. 이후 1982년 묵다한 주로 분리, 독립하였다.

주요 관광지로는 65.5m 높이의 전망 타워인 호깨오 타워(Ho Kaeo Tower)와 불교사원인 왓 쏭콘(Wat Song Khon), 왓 욧

치앙콩 국경 검문소

깨우 시위차이(Wat Yot Kaew Siwichai) 등이 있다. 매년 1월 시청에서 특산품과 관광지를 홍보하는 룸 파오 타이 묵다한(Ruam Phao Thai Mukdahan) 축제가 열린다.

(4) 총맥 국경 검문소

총맥은 태국 동북부 우본 라차타니와 라오스 남부 빡세를 잇는 국경 도시이다. 우본 라차타니에서 버스로 1시간 정도 가면 국경이 나오고 태국 국경 검문소에서 라오스 국경 검문소까지 5분 거리이며, 비자 발급 후 라오스 국경에서 빡세까지는 1시간 가량 소요된다.

이 도시는 태국에서 라오스로 가는 대부분의 여행객들에게 개방된 유일한 육로 국경이다. 이곳에는 태국 관광객들에게 인기있는 국경 간 상품을 판매하는 큰 시장이 있었지만 2007년 묵다한에 제 2 우정의 다리가 개통된 이후 묵다한으로 그 시장이 옮겨졌다.

농카이 국경 검문소

묵다한 국경 검문소

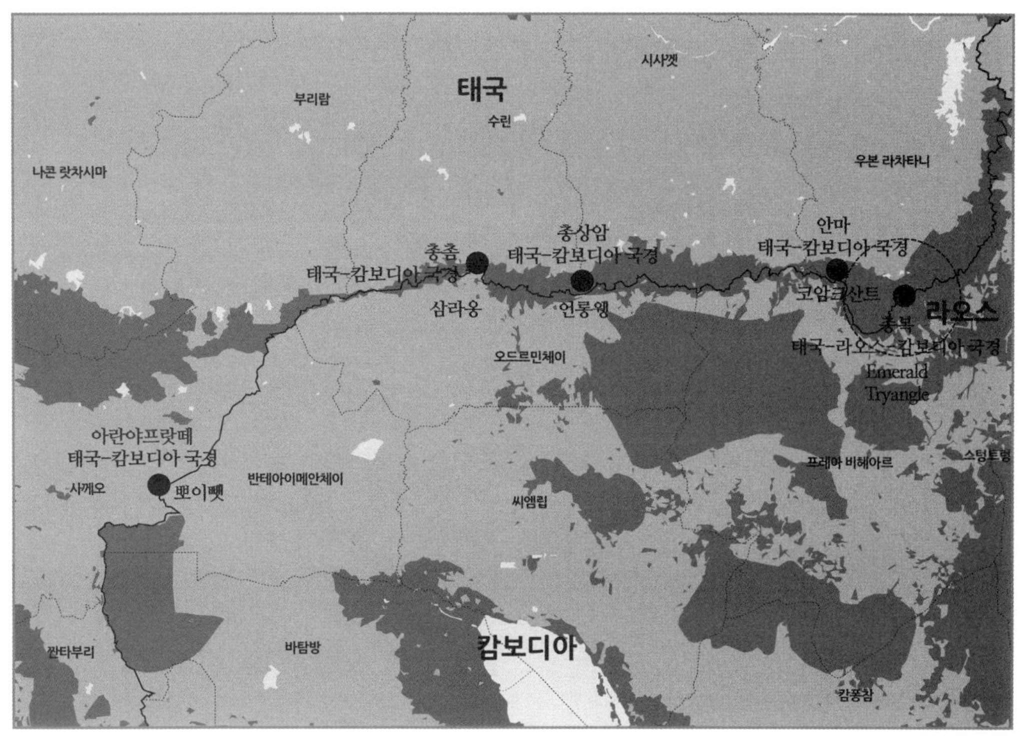

태국 - 캄보디아 국경

3. 태국 - 캄보디아 국경

(1) 아란야 프라텟 – 포이펫 국경 검문소

태국 동부와 캄보디아 서부를 연결하는 국경으로서 태국의 사께오(Sakeo) 주(State)에는 아란야 프라텟(Aranyaprathet) 국경 검문소가, 캄보디아의 반띠 메안쩨(Banteay Meanchey) 주에는 뽀이뺏(Poipet) 국경 검문소가 있다.

태국에서 씨엠립(Siemreap)으로 이동하는 여행객들에게 가장 잘 알려져 있는 편한 루트로 대부분 이 국경을 통하여 들어오게 된다. 태국 국경에는 거대한 롱클루아 시장(Rongkluea Market)이 있다.

국경을 넘기 전 호객꾼들이 달려들어 비자 절차가 까다롭고 비싸므로 자기들이 도와주겠다고 말할 때, 절대 그들에게 비자 대행을 시키지 말고 직접 비자 발급을 받는 것이 좋다. 이들은 캄보디아 리엘로 환전해야 한다고 속여 낮은 환율로 환전을 해주려고 할 것이다. 하지만 캄보디아에서는 캄보디아 리엘과 함께 태국 바트는 물론 달러 사용도 가능하고, 환율도 별로 차이가 없기 때문에 국경을 넘기 전 환전해야 할 필요가 없다.

뽀이뺏 국경 검문소

1975년 크메르 루즈(Khmer Rouge)가 캄보디아를 붕괴시킬 때까지 아란야 프라텟은 태국 방콕과 캄보디아 수도 프놈펜(Phnom Penh)을 연결하는 철도 정류장이었다. 현재 방콕과의 철도 연결은 유지되어 있지만 크메르 루즈가 철로를 파괴 한 이후로 인근 캄보디아 도시 뽀이뺏은 철도사용이 중지되었고, 뽀이뺏 기차역만 폐쇄된 채 남아 있다.

캄보디아 사람들은 제품을 적재한 사이드카가 달린 푸시 카트와 스쿠터로 매일 아란야 프라텟 국경으로 넘어간다. 주거래 물품은 중고의류이다.

캄보디아 뽀이뺏 국경지역에는 카지노가 많이 있는데 태국과 캄보디아에서 도박이 불법임에도 캄보디아 정부는 국경지대의 카지노를 허가했다. 캄보디아 사람들은 이 뽀이뺏 국경 카지노에서 도박을 할 수 없지만, 많은 태국인들이 뽀이뺏의 카지노를 이용하기 때문에 방콕에서 출발하는 특별 무료 버스가 운행되고 있다.

(2) 총촘 국경 검문소 / 오스맛

태국 수린(Surin)과 캄보디아 오도르 민체이(Oddor Meanchey) 사이의 국경으로 태국 수린주에는 총촘(Chong Chom)

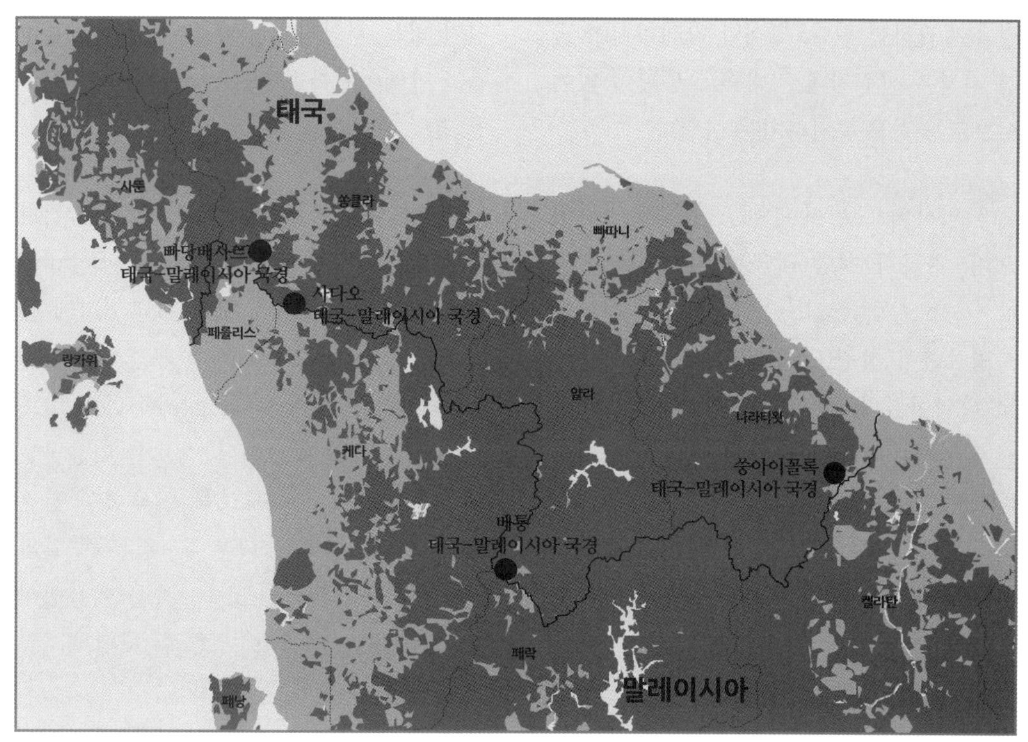

태국 - 말레이시아 국경

국경 검문소가 캄보디아의 오도르 민체이 주에는 오스맛(O'smach) 국경 검문소가 있으며, 오도르 민체이에서 씨엠립 북쪽으로 넘어오는 루트이다.

(3) 총상암 국경 검문소/언롱웽

태국 시사껫(Sysaket)과 캄보디아 오도로 민체이 사이의 국경으로 태국 시사켓 주에는 총상암(Chong Sa Ngam) 국경 검문소가 캄보디아의 오도르 민체이 주에는 안롱웽(Anlong Veng) 국경 검문소가 있으며, 오도르 민체이 주에서 씨엠립의 북서쪽으로 넘어오는 루트이다.

4. 태국 - 말레이시아 국경

(1) 싸다오 – 히탐 국경 검문소

싸다오(Sadao)는 태국 남부 쏭클라(Songkhla) 주와 말레이시아 케다(Kedah, 끄다) 주를 연결하는 국경이다. 히탐(Hitam)은 말레이시아 편 국경 검문소이다. 태국의 4번 국도와 말레이시아 1번 국도를 연결하는 싸다오-히탐 연결로이며, 아세안 고속도로(AHN; ASEAN Highway Network) 2번으로 지정돼 있다. 이 구간을 이용하려면 태국 남부 중심도시인 핫야이(Hatyai)에서 싸다오까지 버스를 타고 국경을 통과하면 된다. 그러나 말레이시아 국경 지역은 산림지대로 대중 교통편이 없어 도보로 국경을 통과하기는 어렵다.

역사적으로 싸다오는 창런의 일부였으며, 영국과 시암(태국)이 1909년 앵글로-시암 조약(Anglo- Siamese Treaty)에 서명하면서 창런(Changlun)은 두 부분으로 나뉘어졌다. 창런의 주요 국경 도시는 현재 말레이시아의 케다에 있는 말레이시아 연방 선거구(Kubang Pasu)이다. 말레이시아에서는 싸다오를 세르다와(Sendawa)라고 한다.

(2) 빠당베사르 국경 검문소

빠당베사르(Padang Besar)는 태국과 말레이시아가 만나는 국경 도시로 말레이시아인들과 태국인들의 왕래가 많은 여행지다. 빠당베사르 기차역 플랫폼은 태국인들과 말레이시아인들이 함께 관리하고 있어 특별한 출입국 관리와 표지판이 없다면 국경을 구분하기 힘들 정도로 양국의 문화가 한데 얽혀 공존하는 독특한 풍경이 특징이다.

철로 너머에는 직물, 의류, 수공예품, 음식, 과일, 기념품 등을 저렴하게 판매하는 지역 시장인 페칸 시암(Pekan Siam)이 자리하고 있다. 이 도시는 '쇼핑 천국'이며 면세 쇼핑으로 인해 말레이시아인들에게

인기 있는 지역이어서 매주 주말과 공휴일 동안 말레이시아 반도 및 태국 남부에서 수천 명의 방문객을 끌어들인다.

빠당베사르로 향하는 가장 쉬운 기차는 쿠알라룸푸르 센트럴역(Kuala Lumpur Sentral Station)에서 매일 저녁 8시에 출발하는 랑카위(Langkawi) 야간 급행열차(Overnight Express Langkawi Coach)로 약 10시간 정도 소요된다. 육로를 이용하는 경우에는 남북 고속도로를 이용하여 창룬을 경유하여 출구로 나온 후, 창룬-쿠알라펄리스(Kuala Perlis) 고속도로를 이용하여 캉가르(Kangar)까지 이동 후 빠당베사르에 도착한다.

1970년대 태국과 말레이시아는 밀수를 막기 위해 국경에 콘크리트와 강철로 벽을 세워 약 10m 정도 너비의 '사람 없는 땅'이 만들어졌고 이 땅은 밀수업자에게 편리한 피난처가 되었다. 그래서 2001년 두 나라는 태국 영토 안에 위치한 국경을 따라 단 하나의 벽을 건설하기로 합의했다.

벽을 건설한 이유는 밀수와 침입을 막기 위한 것이었지만, 1970년대와 1980년대 초반 태국과 태국의 반란에 연루된 말레이시아 공산주의 단체들로부터의 보호를 위한 것도 한 가지 이유였다.

태국의 빠당 베사르 이민·세관 및 검역 검문소, 출처 wikipedia

(3) 베통 국경 검문소

양쪽 모두 베통(Betong)으로 부르는 곳이다. 태국에서는 얄라(Yala)에서 들어갈 수 있다. 얄라에서 들어가는 길이 이슬람계 무장세력들이 활동하는 지역이므로 되도록 이 국경은 피하는 것이 좋다.

(4) 쑹아이꼴록 – 란타우판장 국경 검문소

말레이시아 동해안으로 가려면 이쪽으로 들어가는 것이 좋다. 란타우판장(Rantaupanjang)에는 숙소가 없으므로 코타바루(Kota Baharu)까지 가야 하는데 시

내버스를 이용해서 들어갈 수 있다. 쑹아이꼴록(Sungai Kolok)은 기차나 버스로 갈 수 있다.

자료출처:

- wikipedia, wikitravel.org, malaysia travel, 두산백과

현지 교단과 함께 성장하다, 송형관 선교사

정리 | 채 형림(SIReNer)

송형관 선교사

송형관 선교사는 2001년 콘깬으로 파송(안디옥 교회, 신화석 목사) 파송되어 현지인 제자훈련, 교회개척, 신학교, 목회자 재교육, 스포츠 코칭, 복음 라디오 사역 등의 사람을 세우는 일과 현지교단 C&MA(The Christian and Missionary Alliance)와 협력하며 사역하고 있다. 배우자 배명실 선교사와의 사이에 사랑, 드림 두 자녀를 두었다.

Q. 콘깬(Khon Kaen)은 한국인들에게 생소한 곳이다. 어떻게 이곳에 오게 되었나?

A. 젊을 때 담임목사의 영향을 받아 선교사가 되기로 서원했었다. 공부하고 교회사역에 몰두하다보니 그 서원을 잊고 살았다. 그런데 어느 날 말씀을 보는 중 선교사로 서원한 기억이 떠오르며 나가야겠다고 생각했다. 그 때 하나님께서 문득 이런 마음을 주셨다. '현지인과 한 번도 같이 먹고, 살고, 놀아보지도 못한 사람이 어떻게 그들을 사랑할 수 있겠는가.' 당시 나는 선교지 경험이 전혀 없었기에 당장 회개하고 팀을 꾸려 단기선교를 나갔다. 그곳이 바로 콘깬이었다. 이들이 내 마음속에 들어오지 않으면 선교할 수 없겠다는 생각이었다. 콘깬에 다섯 차례 단기선교를 왔을 때, 이곳이 "나의 선교지"라는 생각이 들어 당장 집사람과 함께 밥숟가락 하나 들고 들어왔다. 태국에 오는 대부분의 선교사들은 방콕에서 언어훈련을 하는데, 나는 바로 콘깬으로 들

어와 현지인들에게 부끄러움을 당하면서 언어를 배웠다. 아마 콘깬이 아닌 방콕에서 언어훈련을 했으면 이곳으로 오지 못했을 것이다. 선교사에게 언어가 생명이라고 생각하는데 콘깬에서 언어훈련을 한 것이 나에게 축복이 되었다. 또 한 가지는 파송교회 담임목사님이 태국선교에 비전을 가지고 있었고, 더군다나 콘깬에 본거지를 두고 있는 C&MA와 관계가 있었기 때문에 이곳으로 올 수 있었다.(C&MA에 대한 자세한 내용은 본 책의 다른 '태국 이산 선교의기초를 닦은 C&MA' 참조) 다 하나님의 인도하심이었다고 생각한다.

Q. 사역소개를 부탁드린다.

A. 제자훈련이 주 사역이고, 제자훈련 사역을 하다 보니 제자들이 현장학습을 할 수 있는 장이 필요해서 교회사역을 하고 있다. 그리고 크리스천 영어교사 훈련, 스포츠 지도자를 세우는 사역, 목회자 재교육, 신학교 사역이 있다. 콘깬 시내에 동북부 신학교(NBS; Norheastern Bible Seminary)와 콘깬 신학교(KTS; Kon kaen Theological Seminary)가 있는데, 그곳에서 교수 사역을 하고 있다. 그 외 복음 라디오 방송사역과 BEE(Bible Education by Extension), 어성경(어, 성경이 읽어지네)같은 사역을 통한 동북부 선교사를 돕는 일, 라디오 DJ 훈련 사역, 미자립교회 지원 및 교회개척사

안디옥제자훈련센터(Antoch Training Center)

역 등 모든 게 사람을 세우는 사역들이다. 이렇게 사람을 세우는 일에 주력하는 데는 이유가 있다. 태국에 복음이 들어온 지 192년이 넘었지만 교회가 바로 세워지지 못했다. 교회는 세워졌으나 일꾼이 없어서 문을 닫는 경우가 많다. 동북부 지역만 봐도 50%이상의 교회가 비어있다. 한 목회자가 2,3개 군데를 돌아가면서 하는 순회목회를 하고 있고, 또 목회자가 없다보니 '푸 복크렁'이라 불리는 평신도가 성경을 가르치는 수준이다. 우리말로 풀이하면 장로라고 말할 수 있는데 교인들 중에 가장 신앙생활을 오래한 사람들이나 연장자로 그들이 대부분 교회를 이끌어 나가고 설교를 하는 식이다. 설교가 자신이 알고 있는 성경 지식 정도를 가르치다 보니 사람들이 양육되지 못하는 현상들이 동북부에 주로 나타난다. 동북부 교회 50%이상이 이런 상태이다. 사람을 세우는 훈련이 절실히 필요하다.

Q. 혼자서 감당하기에는 인력이나 재정적인 면에서 어려울 것으로 보인다. 이 많은 사역을 어떻게 감당하시나 궁금하다.

A. 나는 한국에서 선교회 활동을 해본 적도 없고 훈련을 받아본 적도 없다. 훈련의

마음도 있긴 했으나 교회 사역을 하다 보니 사실 어디 가서 훈련받을 기회가 없었다. 한 교회에서 자라서 한 교회에서 훈련받아 나온 경우다. 이것이 장점도 되고 단점도 된다. 그런데 모든 선교훈련은 교회에서 받았다고 생각한다. 그 안에서 여러 가지 일들을 할 수 있는 역량이 준비된 것 같다. 제자훈련을 주창하시던 목사님이기 때문에, 제자훈련하고 그 안에서 행사를 진행하고 구성하는 것을 많이 해봤다. 사실 나는 한꺼번에 많은 일을 하는 스타일이다. 앞에 열거한 것보다는 사역의 조직이 더 방대하다. 지금 현재 하고 있는 목회사역은 개척 교회만 18개다. 물론 내가 직접 목회를 하지 않고 모두 훈련받은 사역자들이 파송되어 예배 인도, 찬양인도, 재정, 행정 등 교회운영을 리더들이 알아서 한다. 나는 그냥 둘러보고 메시지만 전하고, 그 외 제자훈련을 담당한다. 한 때 이양을 했다가 실패한 경험이 있지만 최종 목표는 제자에게 이양을 하는 것이다. 다른 프로그램의 경우 신학교는 직접 사역하고, 큰 훈련 프로그램은 주기적으로 있는 것이라 그리 바쁘진 않다.

그리고 현재 C&MA와 협력하여 사역하고 있는데, 처음부터 물질 선교를 하지 않겠다고 선언하고 그들의 동의하에 사역을 시작했다. 지금 있는 안디옥훈련센터도 거의 3만평 이상에 달하는데 모든 재산을 총회로 환원하고 협력사역을 시작한 것이다. 이때부터 총회가 마음을 열고 나와 더 적극적으로 협력하며 사역을 하게 되었다. 총회에 들어가서 더 효과적으로 사역할 수 있는데 그렇게 연계해서 사역하시는 분이 많지 않다. 나는 동북부 전체를 대상으로 사역하는데 C&MA 뿐 아니라 초교파적으로 사역한다. 우리 사역은 현지인들이 차비를 들이고, 식대, 책값을 내고 스스로 훈련받는 자립을 원칙으로 한다. 수백 명이 모이는 훈련사역에는 현지인들 스스로가 낸다. 아직도 돈도 안 내주는데 무엇 하러 훈련에 가나 이렇게 생각하는 현지 리더도 많지만 오시는 분들은 그렇게 하고 있다. 모든 프로그램이 그렇게 진행된다. 지금은 한국에서 후원하는 교회가 없지만 현지 교회사역과 일부 개개인이 보내주는 헌금으로 사역비를 충당하는데 우리는 밥만 제공해주는 정도다. 그래도 행복하게 훈련받고 간다. 보시면 아시겠지만 여기 건물들 모두 직접 땀 흘려가면서 리모델링한 것들이다. 학사에서 훈련받는 학생들이 공부만 하는 것이 아니라 노동도 한다. 학사는 공동체 생활을 말하는데, 매년 전국에서 50명 정도(여기서 50명이면 우리나라 5천명과 맞먹는 숫자다)를 모집해서 그 중에서 2명을 뽑는다. 그 친구들과 8년 동안 함께 살면서 훈련하고 신학교까지 마치게 해서 평신도 리더로 파송하기도 하고, 목회자로 파송하기도 한다. 그런데 선발할 때 목회자 자녀가 우선이다. 왜냐면 목회자들이 생계에 신경 쓰기 시작하면 목회에 집중하지 못하기 때문에, 목회자 자녀들을 지원해 주고 그 목회자가 전적으로 집중할 수 있도록 교단과 함께 하고 있다. 그 사역이 주된 사역이고, 나머지 사역들은 부차적인 사역들이다. 그렇지만 그 사역들이 학사에서 훈련받은 친구들을 중심으로 운영되도록 한다. 물론 우리가 다 잘하는 것은 아니지만 지난 10여 년간 이렇게 할 수 있다는 것이 감사한 일이다.

Q. 콘깬에 대한 설명을 해 달라.

A. 태국 동북부 지역 도시 중 코랏이 제일 규모가 크고, 콘깬은 행정을 담당하는 곳이다. 코랏(Khorat)은 방콕(Bangkok)과 가까운 곳이기도 하고 실제로 동북부로 안 보는 경향이 있다.

콘깬에 미트라팝(Mittraphap) 즉 '우정'이라는 뜻을 가진 도로가 있는데, 말레이시아부터 라오스까지 직진으로 뻗어있는 2번 국도로 태국의 가장 중심을 가로지르는 아주 중요한 도로다. 도로 주변으로 큰 도시가 있는데 코랏, 콘깬, 우돈타니(Udon Thani)가 있고, 이 세 도시와 라오스와 캄보디아를 들어가는 관문에 우본 라차타니(Ubon Ratchathani, 이하 우본)이 있다. 이를 일컬어 동북부의 4대 도시라 하는데, 콘깬을 통해 이 모든 도시에 이를 수 있다. 행정, 교육도시다보니 큰 학교들, 대학생

그리고 행정 공무원들이 많다. 콘깬은 만미라 부르는 실크의 산지다. 주로 아낙네들이 누에고치를 재배해서 베를 짜는 일을 하고, 농사도 짓는다. 태국의 다른 지역은 1년에 2, 3모작도 가능하지만 이곳은 비가 거의 안 와서 1모작도 어렵다. 그런 상황이다 보니 농사 외에 소를 키우거나 사탕수수를 재배하고 말을 재배하고 베를 짠다. 이렇게 열악하고 소외된 지역이라 경제가 살지 않아 젊은이보다는 노인과 어린이가 대부분인 곳이 많다. 젊은이들은 큰 도시나 외국으로 나가는 경우가 많은데 한국의 태국인 노동자들 대부분이 이곳 동북부 지역 사람들이다. 그래서 우리도 훈련된 제자를 선교사로 역파송 했다. 내가 한국에 들어가서 태국인 교회를 개척을 하고 지금 태국인 제자가 태국인 목회사역을 하고 있다. 한국에 있는 태국 사람들을 복음화하는 것도 상당히 중요한 전략이다. 그분들이 다시 돌아와서 동북부 지역에 복음을 전하게 된다면 엄청난 파급효과가 있을 것으로 본다. 실제로 한국에 간 태국 노동자를 약 10만 명(비자소유 6만 명, 무비자 4만 명) 정도로 보는데, 태국에 있는 한국인이 2만 명 정도밖에 안 되는것에 비하면 10만 명은 상당한 숫자다. 그리고 다른 부류는 중부 방콕, 파타야(Pattaya) 등의 관광지에 많이 간다. 그곳에서 서빙하고 허드렛일 하는 사람들 대부분이 이곳 사람이다. 태국 동북부의 경제권은 대부분 중국과 일본이 잡고 있다고

콘깬 호수

보면 되는데 일본은 자동차, IT 공장 등을 세우고, 중국계 태국인들은 이를 판매하는 직종에, 그 밑에서 일 하는 사람들이 동북부 사람들이다. 태국인들도 보이지 않는 차별을 하면서 동북부 이산 사람들과 중부 오리지널 족속과 구분을 짓는다. 특히 방콕에서 동북부 이산어(라오스어)을 쓰면 사람들이 무시한다. 우리도 방콕에 가면 이산어가 아닌 표준어를 쓴다. 그렇지 않으면 차별을 당하기 일쑤다 .

태국은 다양한 민족들이 사는 나라다. 동북부는 특별히 베트남, 라오스, 캄보디아 사람들이 많이 산다. 예전에는 콘깬도 라오스에 속했었다고 하는데, 그래서인지 언어적, 문화적으로 라오스의 영향을 받았다. 다른 도시인 우본, 시사껫(Sisaket), 이쪽으로는 캄보디아 영향을 많이 받아서 캄보디아인들이 많이 산다. 그래서 특별히 캄보디아, 라오스 영향이 크다고 보면 되겠다. 그리고 베트남 사람들도 많이 살고 있다. 콘깬에서 오른쪽으로 쭉 가면 라오스 남부와 캄보디아가 나오는데 그곳을 조금만 벗어나면 베트남 중부의 다낭에 다다른다. 이 때문인지 베트남 사람들도 많다. 그들은 이곳에서 베트남 식당을 많이 운영한다.

콘깬이 지금과 같이 발전하게 된 계기는

콘깬 국제 컨벤션 센터

2004년도 APEC정상회의가 열리면서다. 2001년도만 해도 2차선이었던 도로가 넓어지고, 건물도 들어서고 오래된 차량들도 바뀌는 등 발전이 있었다. 당시 수상이 탁신(Thaksin)이었는데 가장 열악한 서민들에게 관심을 가지면서 동북부 지역을 많이 발전시켰다.

콘깬은 행정, 교육도시라고 했는데 이곳에 왕이 세운 콘깬 대학이 유명하다. 동북부 안에서는 콘깬 대학이 가장 수준이 높고, 태국 안에서도 4,5번째 되는 대학이다. 전에는 왕이 직접 와서 졸업식을 진행했는데 지금은 두 번째 공주인 시린턴 공주가 와서 졸업장을 수여하고 있다.

아세안 경제협력이 시작되었다고는 하나 콘깬에서는 아직 피부로 와 닿지 않는다. 그런데 아세안의 관문을 콘깬으로 이야기 한다. 끄라비(Krabi)는 관광을 위해서 개발한 지역이고 콘깬은 아세안(ASEAN)을 위해서 개발한 지역이기에 정부에서 공항을 넓히는 등 지원을 많이 한다. 콘깬이나 동북부는 관광으로 유명한 곳이 아니다. 콘깬에서 유명한 것은 거북이 마을, 코브라 마을, 공룡마을 이 3가지다. 콘깬은 과거 공룡이 서식했다고 한다.

태국 동북부지역 축구를 통한 선교사역

Q. 콘깬의 기독교 상황은 어떠한가?

A. 동북부 지역 중에는 콘깬이 복음이 많이 들어갔다. 특별히 콘깬이 태국 전체 복음화율의 2%정도로 제일 높고, 그 나머지 지역은 1%도 안 된다. 교회 분포를 보면 동북부 지역 교회들의 성도 숫자가 평균 10여 명에 불과하다. 보통 50명 이상의 성도수면 목회자 한명을 지원할 수 있는 정도가 된다. 그 정도가 되면 자립수준에 이르렀다고 보는데 완전한 자립이라기보다는 어느 정도 유지되는 정도다. 동북부지역의 성도 50명 정도 규모의 교회를 약 10%로 본다. 태국에는 각 지역마다 목회자 연합이 있다.

한 달에 한번정도 모임을 갖고 여러 방향을 논의하는 것으로 알고 있다.

C&MA 모교회인 콘깬 교회의 성도는 320명 정도다. 동북부 선교는 C&MA 선교회가 주도하다시피 했다. 아마 C&MA가 꾸준히 사역을 해왔으면 태국에서 가장 큰 교단이 되지 않았을까 생각한다. 그런데 중도에 여러 어려움이 있어서 C&MA가 약화되었다.

안디옥제자훈련센터는 C&MA가 전초기지로 사용했던 곳으로, 나환자들을 치료하고 그들에게 성경공부를 시킨 곳으로 시작

호수를 둘러싼 콘깬 풍경

되었다. 나중에 C&MA가 본거지를 시내에 있는 동북부 신학교로 옮기고 지금은 제자훈련 센터로 사용하고 있다. C&MA 소속교회는 135개 교회로 동북부에 가장 많고 전국적으로 분포되어 있다. 그리고 장로교, 침례교, 순복음, 안식교가 있다.

현재 태국의 종교 현황에 기독교가 0.4%라고 하는데, 이 0.4%는 천주교, 이단까지 합해진 숫자다. 동북부 지역에서 젊은 사람들이 도시로 일하러 갔다가 교회를 나간 경우 그 교회 성도들 중에 동북부 사람들이 굉장히 많은데 그 숫자들이 겹쳐지는 경우가 많다. 실제적으로 기독교 인구를 0.4%로 봐

야 하느냐는 의문이다. 우리 태국인 학생들도 신앙생활 하고 있지만 이를 유지하는 것이 정말 힘들다. 나는 태국에서의 선교를 '복층 선교'라 말한 적이 있다. 태국의 크리스천은 1층에서 불교인으로 태어나 살다가 복음을 듣고 크리스천이 되면 2층으로 옮겨와 살게 된다. 평일에는 불교행사와 불교문화를 접하고 살다가 일주일에 한번 교회에 나오는 생활을 반복하게 된다. 그러다가 친척들의 핍박이나 어려움을 당하면 바로 아래층으로 내려가 버리는 현상을 말한 것이다. 또 태국인들은 교회 행사 때는 한 번 가줄 수 있지만 종교는 절대 못 바꾼다는

의식이 있다. 왜냐면 죽으면 내 남편, 내 부모를 못 만난다는 신앙관을 가지고 있기 때문이다. 그리고 예전에는 주민등록상에 종교를 쓰게 되어 있어서 기독교인이라 하면 불이익을 당하는 경우도 많았다. 이런 상황을 이해해야만 한다.

Q. 콘깬으로 오는 신임 선교사들에게 해주고 싶은 말은?

A. 선교사들이 태국에 오면 먼저 방콕에 머물면서 언어 공부를 하고 자녀들을 국제학교에 보내고 많은 사람들과 관계를 맺는다. 그러면 나중에 다른 곳에 못 간다. 왜냐면 개척에 대한 두려움이 있고, 자녀들의 교육문제 때문이다. 동북부 지역은 자녀교육이 힘든 지역이다. 지금은 국제학교들이 생겨나고 있다. 아마 앞으로는 좋아질 것이다. 콘깬에는 영어와 태국어를 같이 사용하는 이중언어(Bi-lingual)학교들이 여러 개 생겼다. 비용은 한 학기에 150~400만원 정도로 비용에 따라 영어와 태국어의 비율이 달라진다. 이런 선교사자녀 교육을 위해서 MK들을 홈스쿨링(Home Schooling)해 주는 프로젝트가 있다면 상당히 좋을 것 같다. 다른 나라의 선교사 그룹은 MK 홈스쿨링 프로그램만을 지원해주는 단기선교팀이 해마다 방문한다고 들었다. 우리처럼 학교를 보낼 수 없는 상황에서 사역을 해야 한다면 그런 홈스쿨링 선교프로젝트가 생긴

다면 큰 힘이 될 것이다.

또 한 가지는 선교사가 되기 전에 먼저 선교지를 가보고 현장에서 응답을 받으라고 말하고 싶다. 정말 하나님이 현지인들을 사랑하는 마음을 주실 때 사역을 시작하면 좋겠다. 그리고 현지인들 사역을 돕고 현지인들이 세워지는 것을 최종 목표로 삼고, 그것이 성취되면 빠져나가서 선교 사역을 마치는 그림을 그리면 좋겠다. 내가 태국에 처음 왔을 때 태국에 선교사가 60명 정도였는데 지금은 1,000명 이상이 되었다. 선교사가 많은 것은 좋은데 한국 선교사들이 시간이 좀 지나 커지면 법인을 만들어서 재산권을 보호한다. 나는 이것을 절대 반대한다. 웬만하면 태국 총회에 들어가서 태국교회를 돕고 사람을 세우는 사역을 하면 좋겠다. 나는 현지인들을 말씀으로 잘 양육해서 그들이 이 사역을 잘 감당할 수 있도록 돕고, 결국에는 이양하는 것이 목표다. 이 사역을 마치고 나면 한국에 돌아가서 죽을 때까지 태국인 사역을 하고 싶다.

이용웅 선교사 & 찾아온 디아스포라,
의정부 펠로우십 교회에서 만난 태국 이주민들

정리 | 채 형림(SIReNer)

이용웅 선교사

주일 예배 후 2부 순서로 진행된 부부학교(온누리교회에서 지원하는 프로그램)

2018년 4월 현재 국내 체류 외국인수는 약 254만 명을 넘어섰다. 이 중 중국 동포를 포함한 중국인이 약 46%를 차지하고, 베트남(7.9%), 태국(7.4%), 미국(6.7%) 순이다. 2030년이면 500만의 외국인이 국내에 체류하게 될 것이라는 예상은 앞으로 더욱 외국인 사역의 중요성 또한 증가할 것을 의미한다. 이 중 세 번째로 한국 체류 비율이 높은 태국 국적의 18만 명이라는 숫자에 주목하고자 한다. 태국의 정치, 경제적 이유로 인해 농촌의 젊은이들이 도시에서 일자리를 찾기가 힘들고, 태국과 한국이 무비자협정을 맺어 관광비자로 입국이 쉬워진 점, 그리고 한류의 영향으로 한국을 찾는 이들이 점점 늘어나고 있는 추세다. 이들은 태국 전역에서 모여든 사람들이지만 유독 '이산(Isan)'이라 불리는 태국의 동북부 지역 출신이 7,80%를 차지한다. 이산 족(UPMA에서는 이산지역의 사람들을 '이산 족'이라는 종족그룹으로 구분하기로 하였다)의 복음화율이 0.2%에 그친 것을 고려해 본다면 이들은 명확한 미전도 종족이다. 그런 점에서 복음을 전할 수 있는 기회의 땅 한국에 온 이들에 주목할 수밖에 없다. 지난 12년 동안 의정부의 태국인교회(펠로우십 교회)를 섬겨온 이용웅, 백운화 선교사를 방문해 태국 이주민 사역에 대한 이야기를 들어 보았다.

Q. 태국인교회 사역을 시작하시게 된 배경은?

A. 저희 부부는 1996년부터 2005년까지 방콕에서 태국인 교회를 개척해서 사역했고, 이후 본부 사역(GP선교회)을 하던 중 의정부 지역의 태국인 교회 사역자가 급하게 사임하게 되어 도와달라는 연락을 받았다. 당시에는 우리는 본부 사역 중이었기에 난감했다. 하지만 교회가 어려움에 빠진 것을 보고 외면할 수 없어서 주일만 일시적으로 돕는 조건으로 교회사역을 시작했다. 그때가 2007년이니 지금까지 14년째 사역하는 중이다. 2015년 본부사역을 마칠 즈음에 의정부로 이사해서 지금은 전적으로 태국인 교회 사역에 집중하고 있다. 우리가 교회 가까이 거주하니 수시로 교인들을 접할 수 있고 그들의 필요를 채울 수 있어 태국 교인들이 좋아한다.

Q. 태국인들의 거주지역과 교회는 거리가 있는데, 의정부에 교회가 세워진 이유가 있는가?

A. 의정부는 경기 북부 지역에서 허브 도시이다. 지금은 고속도로가 생겨 서울에서 포천, 동두천으로 직접 가는 길이 생겼지만, 얼마 전까지만 해도 동두천, 포천, 양주 사람들이 서울 가려면 의정부를 통과해서 가야 했다. 그리고 의정부는 백화점 등 상권이 잘 형성되어 있다. 그러니 주말이면 젊은이들이 이곳에서 쇼핑도 하고 여가시간을 즐긴다. 우리 교인들은 주로 양주, 동두천, 포천 사람들이지만 이들도 유일하게 쉬는 일요일에 쇼핑도 하고 시장도 보기 위해 의정부에 오고 싶어 한다. 이런 요인은 이들이 교회에 올 수 있는 중요한 동기부여가 된다.

Q. 펠로우십 교회에 출석하는 성도들에 대한 설명을 부탁드린다.

A. 우리 부부만 제외하고 교인들 모두 태국인들이다. 최근 치앙라이(Chiang Rai) 라후(Lahu, 拉祜) 족이 들어오긴 했지만 지방으로 많이 옮겨갔고, 90%는 이산 지역 출신이다. 이들은 다른 태국지역 출신보다 생활력이 강해서 웬만한 환경에는 잘 적응해 간다. 태국에 있는 태국교회들은 대부분 헌금이 적고 재정이 약해서 태국의 교역자들이 별도의 직업을 가지고 돈을 벌기 때문에 사역에 대한 집중도가 떨어진다. 그것은 당연히 교회 성도들에게 영향을 끼친다. 그러나 한국에 나온 현지인들은 잘 훈련시키면 재정적으로도 자립하면서 교회를 잘 세워갈 수 있는 가능성이 있다. 이들이 처음에 교회에 나올 때는 고향 사람을 만나고, 태국 음식을 같이 먹고, 정보도 얻고, 한글도 배울 수 있다는 다양한 목적을 가지고 오지만, 한국에 와서 처음 교회를 접하고는 신앙생활을 시작하게 된다. 이들 중에 사역자로 세워진 좋은 모델도 있다. 우돈타니

의정부 펠로우십 교회 주일 예배

(Udon Thani) 출신 한 명이 한국에 와 있는 동안 신학을 공부하고 고향으로 돌아가 지금은 우돈타니에 있는 한 교회를 맡아서 사역하고 있고, 한국 교회가 그 분을 현지 선교사로서 임명하고 협력하는 상황으로 발전했다. 이것이 바로 그 가능성이다.

우리 교회가 규모는 작지만 매달 6곳의 선교지에 헌금을 한다. 그러면서 교인들이 함께 기도한다. 이 모두 자발적으로 하는 일이다. 또한 우리 교회는 운영위원회를 세워 그들 스스로 교회 운영을 하게 한다. 특히 교회 부설 쉼터는 임시 거처로 사용되기도 하는데, 쉼터 운영을 그들이 맡아서 한다.

지방에서 일거리를 찾아 수도권에 와 있는 사람들이 SNS나 친구 소개로 많이 찾아오는데 아무나 받을 수 없어서 우리 내외가 아닌 그들이 결정하도록 하는 것이다. 그것을 굉장히 좋아한다.

Q. 사역의 어려움은?

A. 첫째, 지속적 양육이 어렵다는 것이다. 우리 정부는 외국인들에게 장기 거주 비자 발급은 제한하고 있고 대부분 외국인들이 단기 노동비자 등으로 거주하고 있다. 그러다보니 체계적으로 장기적인 목표를 가지

주일예배 시작 전 쿤 빼오 전도사의 인도로 진행되는 성경공부

고 양육하기 어렵다. 잘 훈련된 교인들이 돌아간다고 하면 낙심이 되었으나 지금은 생각을 바꾸었다. "우리 교회는 선교훈련원이다. 일정 기간 훈련받고 교회 없는 그들의 고향에 돌아가 교회 공동체를 형성하여 선교적 사명을 감당하도록 하는 것이다." 라고 마음을 바꾸니 평안이 왔다. 둘째, 현지에 가서 적응이 쉽지 않다. 우리 교회는 2,30대의 비슷한 또래나 친척들이 모인 동질 집단이다. 그런데 태국에 가면 이런 교회를 찾기가 힘들고, 태국 교회는 예배, 양육, 케어 면에서 한국에서 그들이 경험한 교회 모습과 많이 다르기 때문에 실망하는

경우도 있다. 마지막으로 우리교회는 노동자 중심의 교회이기에 예배, 친교 시간 등이 부족하다. 대부분 토요일까지 일하기 때문에 주일을 최대한 활용해야 되는데 유일하게 쉬는 휴일에 그들을 오랫동안 교회에 붙들어 놓는다는 것이 쉬운 일은 아니다.

Q. 앞으로의 사역 계획이 있다면?

A. 이주민들에게 연합사역이 중요하다. 16년 전부터 약 15개 태국인 교회가 연합하여 설과 추석 두 차례에 걸쳐 약 300여 명 규모의 연합집회를 열고 있다. 연합사역의

쿤*쨍과 쿤 싸이롱

가장 큰 열매는 공동으로 운영하는 신학교 사역이다. 신학교 사역을 한지가 8년 정도 되어 가는데 이를 통해 사역자 배출에 도움을 받고 있다.

또한 경기북부의 이주민 교회 사역자 네트워크가 있는데 비영리 단체 등록(열방선교네트워크)도 했다. 총체적인 이주민 사역을 하려면 한 교회가 실행하기에는 역부족이다. 법률, 의료, 문화 등 협력하고 서로 역할을 분담하는 일은 앞으로 더욱 중요해질 것이다.

쿤(1)* 쨍(34세)

치앙라이에서 왔고, 태국에서 NGO계통에서 사무원으로 일했다. 교회에 나온 지는 4년 정도 되었다. 한국에 온지 일주일 만에 쿤 파이툰의 소개로 교회를 오게 되었다. 처음부터 교회에 어려움 없이 적응했고 아주 재미있고 분위기도 좋다.

태국에 있는 아이를 위해 돈을 보내고 있다. 돈을 많이 벌어서 재정적인 부분에서 염려하지 않았으면 좋겠다. 태국으로 돌아

(1) 쿤(Khun): 태국에서 사용하는 존칭으로 이름 앞에 사용하여 서로를 칭한다.

가게 되면 가까이 있는 교회를 물질적으로
섬기고 싶다.

쿤 싸이롱(34세)

이산 지역 펫차분(Phetchabun)이라는 마
을에서 왔다. 태국에서는 호텔경리로 일했
고 한국에 온지는 4년 되었다. 현재 한국에
서는 양주에 있는 플라스틱공장에서 일한
다.

현재 남편 수입과 합해서 100만 원정도 태
국에 보내고 나머지는 생활비로 사용한다.
한국에서 돈을 벌면 돌아가서 내 이름으로
농장을 소유하여서 더 이상 남에게 월급 받
는 일이 아니라 내가 충분히 가족을 부양할
수 있는 생활을 하고 싶다.

마트를 운영하는 파이툰 집사 부부를 통해
교회로 인도되었다. 태국에서는 교회를 본
적도 없다. 태국인들은 개인주의적이어서
남을 돌보거나 신경 쓰는 일이 없는데 교회
에서는 서로 돌보고 사랑을 가르치고 이런
것이 태국에서 경험할 수 없는 일이다. 지
금 교회에 다니는 것이 굉장히 좋다. 보통
금요일까지 일하고 주말에는 오전까지만
일하는 경우가 많다. 시간이 나면 교회에
와서 음악팀 봉사도 하고 음식도 함께 준비
한다. 그 자체가 재미있다.

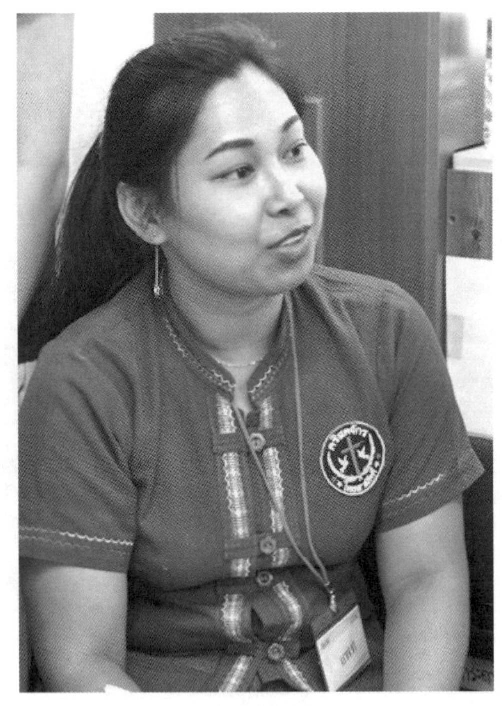

쿤 팻

쿤 팻(31세)

친구 소개로 한국에 왔고 현재 양주에서 일
한다. 태국 우돈타니가 고향이다. 한국에
온지 2년 되었을 때 하나님 믿게 되었다.
펠로우십 교회에 나오게 된지는 6년 되었
다. 월요일부터 토요일까지 일하고 일요일
에는 교회에 나온다. 주일에는 교회 예배
후에 격주로 오후 5시 30분부터 8시까지
신학을 공부하고 있다. 평일에는 인터넷을
통해서, 주일에는 교회에서 성경을 공부하
고 있다.

오전 5시30분 부터 일을 시작해서 모든 일

쿤 파이툰

이 끝나면 밤 10시쯤 된다. 보통 집에 오면 12시가 다 된다. 한국인 친구는 없지만 사장님 가족과 많이 대화한다. 그러면서 한국어가 많이 늘었다. 가족들이 많이 그립지만 매일 영상 통화를 할 수 있으니 괜찮다.

쿤 파이툰(44세)

고향은 농카이(Nong Khai) 아래에 있는 나콘파놈(Nakhon Phanom)이다. 메콩(Mekong) 강 옆에 있고 아름다운 곳이다. 한국 온지 15년 되었고 가족과 함께 살고 있다. 한국에서 태국 식품 취급하는 마트를 하는데 배달 위주로 한다. 비즈니스 비자로 있고 1년에 한 번씩 연장된다.

처음에는 돈 많이 벌고 싶어 한국에 왔는데 한국에 온지 2년이 되었을 때 많이 아팠다. 병원도 많이 다녀 봤는데 원인을 모르는 병으로 치료가 되지 않았다. 한 3~4개월 정도 돈도 못 벌고 방에 있는데 어느 날 한국 사람이 문을 두드리며 예수를 믿으라고 했다. 그 때는 태국말을 하는 선교사가 없었고 한국말로 전도했는데, 목사님이 계속 방문하고 기도하면서 병이 나았다. 그 이후로 하나님을 믿게 되었다. 한국에서 계속 일하고 싶었기에 기도만 했다. 운전도 못하던 때인데 어느 날 큰 외국 식품회사에서 연락이 와서 직장에 들어가게 되었다. 나는 장사를 하고 싶은데 왜 회사에 들어가게 하셨을까 의문을 가졌다. 그런데 회사에 들어가서 운전도 배우고, 거래처를 만들어 의정부, 일산, 서울 등으로 외국인들에게 물품배달을 다녔다. 그 때 일을 많이 배웠다. 그리고 지금은 양주에서 태국 식품을 취급하는 마트를 운영하고 있다. 그 때에 비로소 내 기도가 기도응답 받은 것을 알았다. 하나님 하시는 일은 내 생각과는 다르다.

쿤 엠(35세)

한국에 온 지 4년 되었고 포천에 있는 청바지 공장에서 일한다. 처음에는 일 적응하

쿤 엠

는 것이 너무 힘들었다. 특히 급하게 납기일 맞추는 것이 너무 힘들었지만 지금은 많이 적응되었다. 북부의 람빵(Lampang)이 고향이고 학교에서 회계학을 공부했다. 불교 가정에서만 지내왔기 때문에 한국에 오기 전에는 교회를 구경도 못했고 한국에 와서 처음으로 교회를 접하게 되었다.

펠로우십 교회 다니던 친구가 교회를 소개해서 오게 되었고 친구들 3명과 함께 교회를 나왔기 때문에 자연스럽게 적응을 했다. 교회에 나온 지 4~5개월 되었는데 열심히 배우고 있다. 물론 처음에는 굉장히 적응이 안 되었다. 불교는 조용한데 교회는 일어나서 예배도 드리고 손도 들고 해서 어색했다. 태국에서 불교도로 있을 때는 생활 속의 종교이고 불경을 읽고 공부한다는 것에는 관심이 없을 뿐만 아니라 별로 강조하지도 않았다. 그러나 교회 나오면서 하나님이 누구신가에 대해서 많이 알게 되고 지금도 알아가는 중이다. 공장에서는 크고 작은 갈등이 많이 있는데 만일 크리스천이 아니었으면 굉장히 심각했을 것이다. 이런 어려움도 신앙생활을 하면서 많이 극복하고 그들을 이해하고 용납하는 마음의 변화가 일어났다.

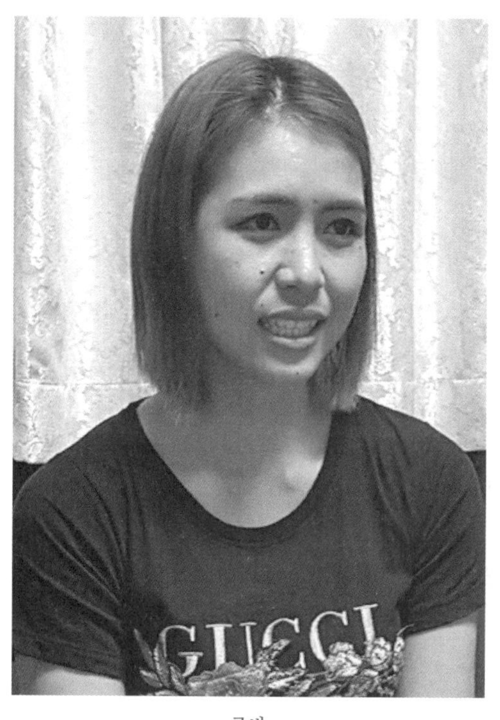

쿤비

쿤 비(라후 족, 24세)

고향에서는 집안 모두가 가톨릭이지만 교회에 가서 성경을 배우거나 은혜를 받는다는 것은 없었다. 부모도 별로 관여하지 않았고 주변 사람들도 마찬가지였다. 목사 아들인 남편과 결혼을 해서 시댁에 와서 같이 살면서 교회를 나가게 되고 신앙생활 하면서 믿음이 이런 것이구나를 알게 되었고 이곳에서 믿음을 키워가고 있다.

라후 족 가톨릭 집안에서 태어나 어려서 영세를 받았다. 현재 남편과 3살짜리 딸이 있는데 이들은 태국에 있고 혼자 한국에 왔다. 한국에 오면 돈을 벌수 있다고 해서 2017년 10월에 한국에 왔다. 태국에서 일을 아무리 해도 수입이 만족스럽지 않다. 남편이 먼저 한국에 왔다가 비자가 없어서 추방당했다. 그래서 남편과 아이를 두고 혼자 왔다. 태국에서는 가족들이 함께 모여다 같이 사는데, 이곳에서도 모두가 모여 함께 산다. 이곳도 시누이가 초청해서 왔고, 여동생도 함께 와 있다.

'베테랑의 겸손' 우본 라차타니의 박선진 선교사

정리 | 채 형림(SIReNer)

최정화, 박선진 선교사

태국, 라오스, 캄보디아 선교현장 리서치 여정 중 '우본 라차타니(Ubon Ratchathani, 이하 우본)'는 의도하지는 않았지만 주변 지역을 리서치하고 반드시 돌아오게 되는 도시가 되었다. 라오스에서 캄보디아로 가는 여정 중에도 예약된 직항 비행기가 갑자기 취소되는 바람에 다시 우본으로 돌아와야 하는 일도 있었다. 그만큼 자연스레 우본에서 우리를 많이 도와주신 박선진 선교사님을 자주 만나게 되었다. 만날 때마다 여행에서 돌아온 자녀를 품어주는 아버지처럼 넉넉한 품을 내어 주셨던 선교사님의 미소가 그립다. 인터뷰 내내 태국에서 이미 누구나 존경하는 베테랑 선교사이심에도

벌써 10년이나 된 우본에서는 아직 새내기에 불과하다는 그 겸손함에 고개가 숙여졌다. 많은 인터뷰 내용이 있지만, 지면의 한계상 내용을 요약 또는 발췌하여 싣게 된 점이 아쉬움으로 남는다.

Q. 태국에서의 사역을 시작하신 지 만 34년이 되셨다. 소개를 부탁드린다.

A. 1985년 9월 태국에 파송되어 15개월 방콕(Bangkok)에서 언어공부를 하고, 프레(Phrae) 우따라딧(Uttaradit)에서 6개월 정도 사역을 하다가 1987부터 2002년 까지

2000년 타싸니교수(여자)와 람캄행 대학교 동문 선배들

는 방콕 랑캄햄(Ramkhamhaeng) 대학에서 대학생들을 대상으로 사역을 했다. 방콕에 있을 때는 방콕 사역만이 아니라 인근 주변나라(V국, N국, M국, B국)의 지역 책임자로 사역했다. 당시 랑캄햄 대학을 선택한 이유는 지방에서 올라온 학생들이 많아서다. 당시에 대학사역을 하면서 교회를 개척하는 것을 많은 사람들이 생각하지 못했지만 교회를 시작하게 되었다. 직접 전도와 기숙사를 통한 전도를 하면서 방콕 프라까루나 교회가 시작되었다.

사역이 성장하게 된 계기는 랑캄행 대학에서 한 7년 정도 사역할 즈음, 타싸니라는 교수가 부임해 오면서 시작되었다. 이 교수님은 원래 콘깬 대학교 출신인데, 기차 안에서 자기 앞에서 앉은 인도네시아에서 사역하던 서양 선교사로부터 복음을 듣고 그 자리에서 예수님을 믿으신 분이다.

람캄행 대학 안에 기독학생회가 있었지만 동아리를 맡으신 교수님은 조용한 성품을 가지셔서 자신의 일인 교회의 반주자로만 활동을 하시고 학생들을 돌아보는 일은 거리감이 있어 보였다. 그리고 다른 교수님 한 분은 기독교인이라고 말씀을 하시는데 교회를 안 다니는 분이셨다. 그런데 이 타싸니 교수님은 태국 사람 같지 않게 굉장히 신앙이 뜨거워서 강의시간에도 자유롭게 복음을 전하곤 했다. 지금은 은퇴하셨지만 여전히 예수밖에 모르는 분이다. 그리고 크리스마스 때는 우리 교회 학생들 다 불러서 총장실에 교수님들 앞에서 크리스마스 특송을 부르게 할 정도로 아주 열정적인 분이셨다.

그 분과 함께 호흡을 맞춰 사역하면서 놀라운 일들이 일어났다. 그 분이 환경공학과 교수님이셨기 때문에 교회 내에서 환경에 대한 특강을 하고 석유화학기지가 있는 라용(Rayong)의 공단지역에 가서 청소하는 프로그램을 계획하게 되었다. 당시 태국은 환경에 대한 관심이 많지 않을 때였다. 그랬더니 이 교수님이 방송국에 제보를 한 것이다. 그래서 방송 덕에 그 지역에 있는 교회들과 함께 협력하면서 지역 주민들과 학생들이 많이 찾아 왔다.

그리고 그 교수님과 함께 새벽기도 시간을 만든 것이다. '우리가 랑캄행을 복음화시키자'는 슬로건을 내걸고 매주 수요일 아침 5시에 기독학생들이 모여 랑캄행 대학교를 위해서 공대 옥상에서 기도회를 시작했다. 그렇게 해서 교회는 교회대로, 랑캄행 대학은 랑캄행 대학대로 성장하기 시작했다.

당시 람캄행 대학교 사역을 하면서 신학교 동창 목사님과 함께 한 교회를 개척했는데, 태국 북부 치앙마이의 해발 1,400미터에 있는 동쌈믄 마을에 세운 프라까루나동쌈믄 교회이다. 당시 학생들을 제자훈련하고 있었는데 훈련이 선교까지 나가야 한다는 목표가 있었다. 그런데 그 당시에는 학생들에게 해외로 나가는 선교를 하기에는 무리가 있었다. 그래서 국내 타종족, 소수민족 가운데서 복음을 듣지 못한 그런 마을을 찾아야겠다고 생각을 하고 몽(Hmong) 족 기독교 협의회를 찾아가서 교회 개척 장소를 소개해 달라 부탁을 드렸다.

그 후 4개의 마을을 찾아다니며 그 중 가장 가난하고 먼 지역을 택했다. 그 때가 1996년이었는데 수도시설도 없고 전기도 안 들어오는 지역이었다. 그곳에 가서 제일 먼저 한 일은 마을의 가장 어른들을 찾아뵙는 일이었다. 어른이 두 명이 있었는데 한 사람은 그 마을을 개척한 사람, 또 한사람은 그 마을 이장 같은 역할을 하는 공무원이었다. 이들에게 교회를 허락받기 위해서 2-3달에 한 번씩 방문했다.

이 마을은 치앙마이(Chiang Mai)에서 130km 떨어진 곳으로 당시만 해도 차로 5시간 걸렸고 비만 오면 못 올라가는 지역이었다. 미얀마에서 이주해 오신 이 어른과 2차 세계대전 때 일본군이 태국에 들어왔을 때 그들을 피해서 오게 된 치앙라이(Chiang Rai) 출신 아내분이 만나면서 이 마을이 시작되었다고 한다.

프라까루나 동쌈믄 교회 주일학교

어느 정도 소통이 시작된 이후에는 주일학교 사역부터 시작을 했다. 그리고 한편으로는 신학생을 키웠다. 그래서 4년간 신학과정을 공부시키는 동안에 그 신학생이 방학 때 올라와서 교회를 지키도록 하면서 사역하게 했고, 그때 태국어 더빙 예수영화도 상영하면서 사역에 좋은 효과를 얻었다.

지금은 당시 주일학교 학생이였던 전도사가 교회를 책임지고 있다. 교회가 잘 성장해서 어른 80여명, 아이들 40명 정도 교회에 출석한다. 예전에 교회로 사용하던 집이 너무 오래되기도 했고, 주변에 교회를 방해하는 이들의 방화사건도 있고 해서 교회를 새로 건축하기로 했다. 그런데 재정이 넉넉하지 않으니 자재의 비용을 한국에 있는 한 교회에서 감당하기로 하고 자신들의 차량을 이용하여 시냇가의 모래를 퍼 올리고 예배당을 지으면서 성도들이 노력봉사를 한 것이다. 그러니까 이들은 에배당을 자신들의 힘으로 지은 것이다. 130Km 떨어진 치앙마이로부터 자재를 사고 그 높은 곳까지 운반하는 노력을 하므로 그들 스스로가 너무 아끼는 교회가 되었다. 자신들이 직접 교회를 짓는 노력과 이로 인해 생겨나는 교회에 대한 애정, 이것이 교회개척에서 정말 중요하다고 생각한다.

대학교 기숙사에 거주중인 프라까루나 와린 교회 성도와 함께

Q. 사역이 그렇게 잘 되고 있었는데 우본으로 사역지를 옮기게 된 이유는 무엇인가?

A. 2002년 GP(Global Partners)선교회 대표 사역을 위해 대학생 사역을 후배 선교사에게 위임하고 국내로 복귀했다. 국내 본부에서는 2002년부터 2005년까지 사역을 했고, 2006년도부터는 R&D 전략 책임자로 있었다. 국내에 있는 동안에도 마음은 항상 랑캄행 대학교에 있었다. 아울러 그 기간이 차기 사역을 준비하는 기간이 되기도 했다.

한국에 있으면서 임기를 1년 남겨두고 나는 앞으로 어떻게 할 것인가를 두고 고민을 했었다. 그 때 대학 사역을 맡아 주었던 김동건 선교사가 교회를 체크해 보니 90%이상 자립이 된 것으로 파악이 되었다. 그들이 다 알아서 운영하는 상황이니 내가 다시 돌아갈 이유가 없었다.

예전부터 관심을 가졌던 태국 남부로 가려고 마음먹었지만, 본부 사역을 마칠 때 즈음 태국 남부에서 테러사건이 많이 발생했고 많은 사람들의 만류로 남부로는 가지 못했다. 그래서 기도하면서 R&D(Research and development) 전략 책임자로 있을 때 다시 한 번 태국의 여러 지역을 리서치하게 되었다. 그런데 우본에 대학생 사역을 하는

2019년 프라까루나 와린 교회 부활절 예배 후

사람이 없다는 것을 발견하고 이곳에서 대학생 사역을 해야겠다고 생각했다. 그런데 결과적으로는 안 맞았다.

첫 번째 이유는 그 때 내 나이가 학생들의 아버지보다 많았던 것이다. 내가 젊다고 생각하고 '하면 된다'고 생각했는데, 만남은 되지만 생각만큼 관계가 형성되질 않았다.

두 번째는 방콕에서는 학생들이 부모로부터 멀리 떨어져 있으니 한 달에 한 번 정도 생활비를 보내주는데 우본의 학생들은 고향집이 멀지 않으니 용돈을 주 단위로 받아오는 패턴이었다.

10년 전 우본의 생활 수준은 태국 전체 77개 짱왓 가운데 66위였고, 시사껫(Sisaket)은 75위였다. 또한 부모들 대부분이 소작농을 하는 경우가 많았다. 그러니 가정 형편들이 대체로 넉넉하지를 못해서 학생들이 월요일에서 금요일까지는 우본에서 공부하고 주말이 되면 집에 가서 그때그때 필요한 돈을 받아오는 것이었다. 결국 주일에 우본에 남아있는 학생들이 별로 없는 것이 사소하지만 문제가 되었다.

또 한 가지는 신앙적인 면에서도 이들은 불교문화 속에 있지만 절에 가는 날이 정해져 있는 것은 아니어서 정기적으로 가는 강제

성은 없는데, 예수를 믿으면 매주 정기적으로 교회에 와야 하니 귀찮은 것이다. 나라 이름이 자유라는 뜻을 의미하듯 태국이라는 나라가 무엇인가에 매이기를 싫어하는데 교회에 나오라고 하면 싫어하는 것이다. 또한 태국은 듣는 문화인데 성경책을 읽으라고 하니 그것도 어려워했다.

내가 처음 동부에 들어갈 때는 지금과 같지 않고 -지금은 비행기도 다니지만- 10년 전에는 버스로 가는데 논스톱으로 8시간 30분 걸렸다. 지금도 도시를 조금만 벗어나면 아직도 씨족 사회 개념이 존재한다. 그러니까 부모들이 '예수 믿으면 안 돼'라고 하면 안 되는 것이다. 하지만 지금은 사회, 문화가 변화하면서 그런 측면이 많이 약해졌다. 그래서 한편으로는 하나님께서 지금 문을 열어 주시는 것이 아닌가 싶다.

이런저런 이유로 자연스럽게 대학생 사역보다는 교회개척에 집중하게 되었다. 우본에는 2006년 12월에 왔고 2007년 3월에 교회를 개척했다. 그 때 방콕에서 일하시던 찐다전도사님(북부지방 출신)이 교회개척에 동참하시겠다고 하시면서 함께 오게 되었고, 찐다전도사님이 양육하던 '풍'자매(중부지방 출신)와 함께 와서 우리 부부와 4명으로 교회를 시작하게 되었다. 그것이 우본 프라까루나('긍휼'이라는 의미의 태국어) 교회다.

2013년에 이원석 선교사(내수동 교회 출신)가 와서 함께 사역하다가 2014년에 새로 와린 프라까루나 교회를 개척했다. 남쪽의 와린 참랍(Warin Chamrap)이라는 지역에서 3년 사역하시다가 방콕으로 사역지가 재배치되면서 우리 가정은 찐다전도사님에게 맡기고, 와린 프라까루나 교회에서 사역을 하고 있다.

Q. 태국의 중부, 남부, 동북부(이산) 지역이 각각 다른 특성을 지닌 것 같다. 선교적 측면에서 각각의 특징을 설명해 달라.

A. 태국교회가 시작될 때 당시 선교사들이 가장 가고 싶은 선교지는 중국이었다. 당시 싱가폴, 말레이시아, 태국은 선교 실습장 같은 지역이었다. 태국에 처음 들어 온 선교사 구츨라프(Karl Friedrich August Gützlaff)도 중국선교사로서 태국에 3년을 머물다 중국으로 갔다.

태국의 북부와 남부는 부흥의 역사를 가지고 있다. 중국이 공산화된 이후 태국에 서양선교사들이 들어오면서 우리나라와 같이 지역이 구분되었다. 예를 들면 중국내지선교회는 명칭을 OMF로 변경하고 북부지역을 감당하고, 남침례교회는 태국의 동부(파타야(Pattaya), 촌부리(Chonburi) 등) 지역에 진출을 했다. 본래 OMF선교사들이 사역하던 곳이 중국 윈난(云南)이었는데, 1949년도에 공산화되면서 중국을 떠날 때 중국어를 할 수 있는 사역지를 찾던 중에 중국인들이 사는 태국의 북부지역으로 옮겨간 것이다.

그 외 선교사들이 화교들이 많은 남부지역으로 몰리게 되었다. 그리고 남부 나콘 시 탐마랏(Nakhon Si Thammarat)근교에 나환자촌이 있었는데 초창기에 이들이 예수를 많이 믿게 되었다.

태국의 남부가 지금과 같이 견고하게 된 이유는 중국 사람인 존 성(John Sung)이라는 전도자가 태국에 3,4차례 방문해서 방콕의 중국인교회, 남부의 중국인교회를 대상으로 부흥회를 하면서 교회를 견고하게 했다. 이를 계기로 태국교회가 부흥하는데 큰 밑바탕이 되었다. 태국인 교회는 자기 건물도 없었다. 건물이 없었다는 것은 그 사람들 헌금으로 지어진 예배당이 없었다는 것이다. 얼마 전까지만 해도 태국인들이 태국인의 힘으로 예배당을 세운다는 것은 상상하지 못한 일이었다. 거의 중국인 교회들이 건물을 가지고 있었고 많이 모였다. 그러다가 7,80년도에 태국인교회가 많이 일어나기 시작했다.

이후 WEC선교부는 딱(Tak), 수코타이(Sukhothai) 등 북부의 서쪽지역을 중심으로 사역을 하였다. 전통적으로 미전도종족에 관심이 많은 단체로 카렌[Karen, 꺼인(Kayin)] 족 등 소수민족을 대상으로 사역을 많이 하고 있다. 1980년대 중반에 접에 들면서 서양선교사들은 지역분할의 개념을 없애고 자유롭게 사역하는 것을 방향을 잡았다.

1828년에 개신교가 들어왔는데 선교사도 동북부(이산)지역에는 들어가지 않았다. 버려진 땅이 되었다. 이산(Isan) 지역이 원래 라오스의 땅이었다가 이후 태국 땅이 된 이후에는 태국인을 조금씩 이주 시키고, 태국식 교육을 시키면서 왕을 섬기게 하고, 정치적으로 라오스인들은 그 지역에서만 살게 하니 결과적으로는 사회 계층에서 더 낮아지게 되었다. 그래서 이산지역이 태국에서 가장 가난한 지역이 되었다. 지금은 그들이 한국에 와서 이주 노동자로, 방콕에서는 뚝뚝이 운전기사, 공장 노동자로, 가정부로 험한 일들을 하고 있다.

1929년도에 C&MA(The Christian and Missionary Alliance)가 CCT(The Church of Christ in Thailand, 태국기독교총회, 1934년 설립)의 허락을 받고 사역을 시작했다. 그 당시에 도로가 없어서 초기 선교사들이 엄청 고생했다. 그리고 이산은 불교가 제일 강한 지역이다. 개인적인 생각인데 쫄라롱꼰(Chulalongkorn, Rama V) 왕이 위대한 업적을 이룬 배경 중에는 그의 아버지 몽꿋(Mongkut, Rama IV) 왕의 영향이

몽꿋 왕과 그의 자녀들, 출처: wikipedia

크다고 생각하는데, 그것은 그가 기초를 많이 다져놓았기 때문이다.

특히 몽꿋 왕은 태국의 불교를 상당히 개혁했다. 보통 태국의 절에 가면 도깨비, 귀신 등의 형상을 볼 수 있다. 당시 몽꿋 왕은 이런 불교가 지금 정부를 지켜줄 수 있는가에 대한 고민이 있었을 것이다. 이래서는 안 되겠다고 생각해서 만든 종단이 있는데 탐마욧(Thammayut), 쉽게 얘기해서 '부처의 가르침을 따라 살자'는 종단이 등장하게 되었다. 몽꿋 왕 때부터 개혁이 시작되어 불교와 왕실이 네트워크가 강화된 시스템으로 간 것이다. 그것을 안하면 무너질 수밖에 없기 때문이다. 태국인들에게는 왕이 하나님이다. 이 일도 아마 몽꿋이 했을 것이다.

태국의 북부지역에 다니엘 맥길버리(Daniel McGilvary) 선교사를 통해서 부흥이 일어난 것은 너무나도 잘 알고 있을 것이다. 당시에는 선교사 숫자가 많지 않았다. 태국 북부에 부흥이 일어나니 학교를 세우는 정책이 나왔을 것이다. 태국 북부에 가면 지금은 많이 사라졌지만 기독교 학교가 많았었다.

학교를 세우려면 교사가 있어야 하는데 당시에 배운 사람이 많지 않았다. 학교를 세

왓 빠 나나찻

우면 그 학교 일꾼이 교회에서 와야 하는데 거기에 걸 맞는 배운 사람들이 없었다. 내가 방콕에 있을 때 잘 아는 기독교학교 교목이 있었는데 이런 이야기를 한 적이 있다. 학교에서 교장을 세우려니 하니 크리스천 중에는 교육대학을 나오고 교사 경험을 한 교장이 없다는 이야기를 했다. 교장에 걸 맞는 지식을 갖춘 현지인이 없다는 이야기다. 방콕 크리스천 칼리지도 똑같은 문제를 가지고 있다. 학교 교사 가운데 크리스천 교사가 절반 이하인 것이다. 학교 명칭은 기독교 학교인데 교사는 불교인들이 들어가는 것이다. 그것이 현실의 문제이다.

건물은 있는데 불교도나 혹은 우리가 세속화 되었다고 보는 사람들보다 떨어지는 실력인 것이다. 그런데 운영은 해야 하니까 거기에 누굴 앉히겠나? 운영자들은 학교가 문 닫으면 안 되니까 실력 없는 크리스천보다는 운영 잘하는 사람을 앉힌다. 크리스천 학교라서 조회 시간에 불경 외우기 등 같은 행위는 안하지만 교사들을 통해 아이들이 교육을 받기 때문에 불교의 영향을 받을 수밖에 없다. 우리는 예수 외에는 길이 없다고 가르치는데 태국 사람들은 예수 외에도 길이 있다고 가르친다.

Q. 우본이 가지는 특징을 설명해 주신다면?

A. '우본'은 '수련, 연꽃'이라는 뜻이다. 즉 물 위에 핀 꽃이라는 뜻이다. '라차타니'는 왕궁이라는 뜻으로 예전부터 굉장히 이름난 도시, 고도시라고 할 수 있다. 그리고 1850년도에 몽꿋 왕이 여기에다가 라오스의 불교를 전파하기 위해서 사원을 세웠다는 것은 큰 의미를 가진다. 또 예로부터 워낙 사원이 많은 도시이고 특히 산림 명상원들이 곳곳에 많다. 왓 빠 나나찻(Wat Pah Nanachat)에 가보셨는지 모르겠는데 굉장히 잘 해놓은 것을 보면 우리가 이들에게 어떻게 접근해야 될 것인가를 고민하게 한다.

몇 년 전까지만 해도 우본은 태국에서 10위 도시였다. 이산에서 제일 큰 도시는 코랏이다. 이곳은 한 때 군사도시였으며 지금도 코랏은 경제적으로 대단한 도시이다. 그 다음으로 우본이 될 수 있는데 지금은 경제 상황이 우위니까 콘깬이 앞선다고 볼 수 있겠다. 도로가 라오스의 비엔티안으로 먼저 뚫려서 빨리 발전한다. 지금은 우돈타니보다 순위가 뒤로 밀렸다.

경제발전이 더딘 이유 중에 하나가 캄보디아와의 국토분쟁이다. 태국명으로 '카오 프라 위한(Khao Phara Viham)'이라는 땅 문제가 해결이 안되어서 어려움이 있는데 그것이 해결되면 많이 변화될 것이라고 생각

된다. 일본인들이 이 지역에 신경을 많이 쓴다.

우본은 치(Chi) 강과 문(Mun) 강이 합쳐지는 지역이라 물이 풍성하고 가뭄으로 인한 피해가 적고, 기차역과 비행장이 있는 곳으로 개인적으로는 캄보디아와의 문제만 해결되면 여기는 관광지로 뜰 확률이 높다. 여기 보면 캄보디아에서부터 이어진 산맥(Dângrêk)이 있는데 수린(Surin)을 시작으로 우본 라차타니까지 이어진다.

이 산맥을 끼고 태국 쪽에는 국립공원이 있고 캄보디아도 유네스코 세계유산인 프레아 비헤이어(Preah Vihear) 사원이 있다. 그것 때문에 이 지역을 어떻게든 개발하려고 하고 있다.

Q. 앞으로 태국 선교가 어떤 방향으로 갔으면 좋겠는지 그리고 앞으로 어떠한 선교사가 필요하다고 생각하시는지 개인적인 의견을 듣고 싶습니다.

A. 글쎄, 나도 태국 전체를 못 보고 우본에 있는 우물 안 개구리나 마찬가지다. 태국 선교도 결국은 한국 교회의 선교문제이지 않나. 예를 들어 선교사들이 노령화 되었다는 것은 분명한 현실이다. 적어도 30대 후반이나 40대 초반에 들어오시니까 언어 공부하고 한 텀만 마치면 40, 50대 되버

2019년 8월 프라까루나 우본 교회

린다. 그러면 지방으로 가기가 힘들어진다. 왜냐면 자녀가 중고등학생 되면 교육 문제가 부모한테 걸리기 때문에 누구에게 맡길 수가 없다. 얼마 전에 상담을 한 적이 있는데 자녀의 문제가 걸리니까 나도 감히 말을 할 수가 없었다. 이건 내가 책임질 수 있는 문제가 아니라 본인이 결정해야 하는 문제이기 때문이다. 그러면 한국 본부 쪽에서 선교사를 찾아서 보내주어야 하는데 그런 일들을 못한다. 이런 것들이 굉장히 현실에 부딪히는 문제이다. 이 문제는 태국 선교뿐만 아니라 다른 나라도 마찬가지일거라 생각한다.

그렇다면 거꾸로 얘기를 해서 내가 일하는 사역장에서 현지인 사역자를 빨리 세워 나가는 일이 굉장히 중요하다는 생각을 하는데, 여기 선교현장의 토양이 한국같이 빨리 되는 것이 아니라 시간이 요구되는 일이다. 여기는 믿는 것은 쉽다. 믿으라고 하면 믿겠다고 하는데 믿는 것에는 온도차이가 있다. 그리고 선교사에 대한 이해가 다르다. 선교사는 Volunteer 같이 생각하니까 '무언가를 가지고 오는 사람들'로 이해를 하는 경우가 많다. 되도록 그런 인식을 바꿔주려고 노력하는데 시간이 아주 오래 걸린다. 왜냐하면 선교사가 복음으로 살고 이 사람들이 교회개척을 경험해 봐야 되기 때문이다. 예배당을 세워 놓고 와서 앉으라고 하면 이들은 다른 사람이 오더라도 예배당 세워놓은데 가서 일하려고 하고 자기는 자리에 앉아주는 사람으로 생각하게 된다. 그리고 메시지도 이 사람들에게 맞게 처음부터 어렵지 않고 쉽게 해 주면서 들어가야 되지, 그냥 한국에서 하듯이 어렵게 해서는 안 되는 일이다. 바로 이런 것들이 시간이 걸리는 것이다.

그러니까 사람을 세우는 문제도 맨 처음에 눈에 들어오는 사람이 좋은 사람이 아니고, 1년, 2년 지나 봐야 아는 것처럼 현지 사역자를 세우는데 있어서도 시간이 걸린다. 때로는 마음에 들던 사람도 떠나고...이런 것들이 현지에서 부딪히는 문제라고 생각한다. 태국이 200년 가까이 선교가 되었음에도 불구하고 자립도 안 되고 태국 현지인 사역자들도 헤매고 있는 어려운 현실의 가장 큰 원인은 영적인 감화가 없다는 것이다. 영적인 감화라는 것은 말씀 속에서 그리고 현장에서 나오는 것인데 현지인 사역자 가운데 부흥이 없다는 것은 곧 말씀의 부흥이 없다는 것이다. 목사든 평신도든지 말씀으로 사역할 수 있는 사람이 와서 일하면 좋겠다고 생각한다. 예를 들어 교회든 캠퍼스에서든지 그 가운데에서 말씀으로 변화되고 그들이 또 사람을 키워갈 수 있도록 하는 것이 중요하다. 그 일을 감당할 수

있는 영성이 깊은 하나님의 사람들이 왔으면 좋겠다는 생각이다.

나도 말은 그렇게 하지만 고민이다. 왜냐하면 이게 영성과 관계되기 때문이다. 그런데 태국 사역자들도 한국 선교사들에게 본을 보여줄 것을 요구한다. 한국 사람들이 한국에서는 목회를 잘하는데 선교사들은 여기서는 왜 잘 못하냐고 물어보는 이도 있다. 문제를 진단해서 조언을 하면 선교사들이 한 번 해보고 우리한테 보여 달라고 말하는 사람도 있다. 그런데 토양이 다른 이 상황 속에서 하나님의 사람으로 바르게 선 사람이 한국 사역자 가운데서 있느냐의 문제다. 그게 우리 선교사에게 부딪히는 직접적인 고난이다. 우리가 해보지만 이게 만만치가 않은 일이다. 나도 교회 개척을 하고 있지만 헤매고 있는 상황이다. 생각해보면 선배 선교사님들은 훌륭했다. 그분들 때문에 신학교가 살아나고 교회가 살아났다. 그리고 후배들이 그 선배 선교사들의 본을 따라서 살 수 있게 되었다. 그것이 내게는 큰 부담이 된다. 중간 선배로서 나는 어떤 방향을 제시하고 본을 보일 것인가 그 문제가 항상 걸리는 문제다.

조용히, 삶으로 복음이 전해지길 소망하는 박다니엘 선교사

정리 | 황 혜진

라오스를 관통하는 메콩 강, 출처: unsplash.com

Q. 간단한 소개를 부탁드린다.

A. 박다니엘, 아내는 권사라 선교사이다. 아이들은 4세부터 17세까지 4남매를 두고 있다. 2000년 초부터 O국에서 일하다가 평신도 선교사였던 아내를 만나 결혼하여 파송 받았다.

Q. 처음 O국으로 들어갔던 2000년대 초의 상황과 이후 선교 상황은 어떻게 변화되었나?

A. 2000년에는 대사관 파악 교민 수가 80여 명이었다. 대사관 직원, 선교사 몇 사람만 빼고는 대부분이 경제사범이었는데, 당시 O국과 한국은 범죄인 인도조약이 체결되지 않았던 상황이라 잡히더라도 돈만 주면 풀려나니 다른 동남아 국가에서 범죄를 저지른 사람들이 O국으로 야반도주해왔다. O국은 그 당시에도 기독교 박해지수 상위권 국가로, 선교사님들이 많이 추방당했고 북쪽과 남쪽에서는 교역자들이 살해를 당하는 어려운 상황이었다.

교회는 O국에서 인정받은 현지교회 3곳과 외국인교회 1곳, 허가받지 않고 NGO사무실 한쪽을 사용하던 한인교회 1곳이 있었다. 그중 언어훈련이 끝나고 갔던 외국인교회에서는 어느 싱가포르인 선교사님이 추방당하시는 것을 보기도 했다. '24시간 내

추방 명령'을 받고 다른 국가로 넘어가시는 모습을 보며 '이것이 무슨 나라냐'라는 생각을 하기도 했다. 아시아권에서 온 선교사는 조금 여유를 두고 보는 반면, 특별히 서구권에서 온 분들의 경우 제자훈련을 한다 싶으면 내란음모나 스파이 죄로 몰려 추방 1순위가 되었다. 2002년에도 병원에서 근무하시다가 독일 의사분과 결혼한 한국여자 선교사님이 계셨는데, 한밤중에 경찰들이 찾아와서 마룻바닥까지 뜯어보며 독일어든 한국어든 성경책만 나오면 바로 추방한다며 떠나라고 했다고 한다. 기아대책도 지금은 다시 들어가 있지만 99년도에 북쪽으로 들어갔다가 1년도 채 안되어 추방당했는데 그때 상황은 정말 살얼음판이었다고 한다.

사실 지금 상황도 여전하다. 호주 남편분과 학원을 하시는 한국분이 계시는데 경찰이 두 번 왔다갔다고 하신다. 경찰이 왔다는 건 이미 조사가 다 끝나고 대질신문하러 온 것이기에 상황이 조금 어려울 것 같다. 매년 한 분 정도 추방 당하는데 꼭 선교를 해서라기보다는 O국과의 관계성 때문인 것도 있다.

Q. 변화된 점이나, 반대로 개방된 것 같지만 동일한 것은 무엇인가?

A. 지금까지는 한국 선교사들에 대한 검증

이 필요했던 시간이었다는 생각이 든다. 미국 선교사들이야 O국 정부 관점에서는 민족 간 내전에 미국의 개입이 컸고 그 다리역할을 미국 선교사들이 했다고 보기 때문에, 기독교화 된 소수종족은 미국에 세뇌된 사람들이고 그들의 지도자는 미국 선교사들이라고 간주했다. 선교사로 인해 그들이 다 적군이 되어 자기들의 등을 찌른 사람들이다보니 그들과 다시 만나는 서양 선교사들은 추방 1순위였던 것이다.

그에 반해 한국 선교사들에 대해서는 상대적으로 여유를 가지고 관망하는 편이다. 그 이유는 우선 한국 선교사들을 통해 생활비나 사역비로 적지 않은 자금이 들어오고, 자국에 유익한 사업들을 많이 하기 때문에 국가적으로 나쁠 것이 없다고 생각하는 것 같다. 또한 O국은 주류종족에 대한 선교는 매우 경계하는 반면 소수종족에 대해서는 비교적 느슨한 편인데, 한국 선교사들은 주로 소수종족 사역을 하고 있고, 이러한 소수종족들은 체제 전복을 시도할 가능성이 낮다고 보기 때문인 것도 있는 것 같다. 그래서 재작년까지 단기팀 사역이 활발하게 진행될 수 있었던 것도 그러한 분위기 때문이지 않을까 싶다.

그런데 작년부터 한국 사람이 사역을 시작하면 한국어 잘하는 O국 사람이 와서 두 가지를 물어본다고 한다. 첫째로 선교사인

지, 둘째로 앞으로 선교활동을 할 마음이 있는지. 대답한 것을 자료로 남겨놓고 거기서 '예'라고 대답한 사람들은 나중에 정부 각처로 서류가 들어가서 불이익도 있게 된다. 겉으로만 봤을 때는 O국이 많이 열렸다고 하지만 통제는 훨씬 더 강화되었다. 예전에는 한 번 추방되어도 전산 시스템이 잘 안되어 있어서 다른 루트로 들어가는 것이 가능하기도 했는데, 얼마 전에 우리나라에서 IT 지원 사업을 하면서, 얼굴인식 시스템 구축에 도움을 주어서 그 덕에 이제 선교사들이 한 번 추방당하면 다시 들어오지 못하는 상황이 되었다.

Q. 그럼 선교사들은 O국 정부에 다 감시대상에 들어가 계신가?

A. 그렇다. 2000년에 들어왔을 때 혼자 살았는데, 2주에 한 번씩 동네에 반상회가 열렸다. 그래서 집주인 아저씨에게 어디 가는지, 왜 이렇게 반상회를 자주 하는지 물어봤는데 "응 네 얘기하는 거야."라고 해서, 농담인줄 알았는데 마을 안에 외국인이 들어오면 그렇게 모여서 한마디씩 하는 것이 의무라는 것이다.

지금은 그렇게까지는 안하는 것 같지만 어느 정도 그 체제가 유지는 되는 것 같다. 외국인이 많이 오가는 시내에서도 O국 사람들이 항상 보고 다닌다. 2년 동안 O국 회사

에서 일했을 때도 처음 한 달 동안 출근을 못했다. 직원들이 나를 감시해야하는데 출장과 집안일로 바쁘니까 오지 말라는 것이었다.

파송 받아 와서는 NGO사역을 하며 무료 교육 센터를 열었는데 항상 경찰이 와서 수업을 들었다. 수업 때마다 내가 하는 말을 그대로 필기하기에 열심히 수업을 듣는 줄 알았는데, 시험을 보면 점수가 안 나왔다. 1년 쯤 지나서야 그렇게 다 감시해서, 예수의 '예'자도 말을 못하게끔 만드는 시스템이구나 하는 생각이 들며 마음이 어려웠다.

Q. 그러한 O국 상황 속에서 부르신 삶에 대해 어떻게 직면하셨는지.

A. 2005년쯤에 옆집 사는 아줌마가 우리 모습이 보기 좋다며 자기도 교회에 가고 싶다고 찾아와서 같이 다니게 되었다. 그리고 O국 기독교 박해율이 떨어지고는 있었지만 전도는 못하기 때문에 접촉점을 찾기 위한 한 방편으로 집에서 아이들에게 피아노를 가르쳤는데, 딸과 함께 온 엄마가 우리 집에 있던 현지어 성경책을 읽다가 기회가 되어서 예수님을 전하고 영접까지 하게 되었다.

그렇게 한두 명씩 모여 8명 정도가 매주 현지 교회에 가서 예배를 드리게 되었다. 유리 상자 안에 있는 것 같은 갑갑한 상황에서 오히려 그들이 마음의 문을 열고 찾아오는 모습을 보며 '하나님께서 의롭지 않은 우리를 통로로 쓰시고 계시구나.'라고 생각하며 감사했다. 그러면서 NGO사역도 잘 진행되고, O국 선교사 협의회에서의 역할도 잘 감당하면서 모든 것들이 안정적인 상황이었다.

그때 나는 평신도였기 때문에 목사님을 잘 섬기고 교회를 잘 세워가는 충성스러운 장로, 권사, 집사를 세우는 것이 최고의 사역이고 큰 열매라고 생각했다. 직업훈련 사업도 계획하고 있었는데, 시내에는 인쇄소, 미용실, 자동차 정비소를 차리고 외지에는 직업훈련원을 세워서 산학 협력으로 현지인을 세워나가는 구상을 하고 있었다.

그러던 중 한 사건이 있었는데, 미국에서 온 여선지자라는 분이 현지교회를 돌아다니며 레위기 말씀을 전하는데 거기서 장풍을 쏘면 사람들이 다 넘어간다는 것이다. 그러나 실상을 보니 사람들이 눈치를 보다가 분위기에 휩쓸려 넘어가는 것이었다. 같이 예배를 드리던 현지인이 그것을 보고 "이것이 옳은 거냐?"라는 질문을 해왔다, 그래서 그 말에 무엇인가 정확한 답을 주어야 할 것 같아서, 일주일만 기다려달라고 하고는 집에 가서 고민을 했다. 그러다가

'선교는 무엇인가? 그 나라에 제대로 된 성경을 해석해줘서 그들이 바른 진리를 갖고 살아가게끔 하는 것이 진짜 선교 아닌가?'라는 생각까지 이어졌다. 그런데 내가 성경을 해석해 주기에는 자신이 없었다. 팀 사역을 하면서 새벽예배 설교도 해보긴 했지만 내 안에 어떤 기준이 없어서 이게 옳은지 되묻곤 했다. 다른 선교사들과 이런 고민을 나눴더니 그게 바로 '신학'이라고 하시면서, '합신(편집자주:합동신학대학원)'을 추천해주셨다. 그때 O국에 진짜 필요한 것은 바른 신학을 공부해서 제자훈련하는 것이라는 확신을 갖게 되었다.

함께 교회를 다녔던 8명 중에는 8살 아이부터 60살 할머니까지 다양한 형편과 처지의 사람들이 있었는데, 가만 보니 이게 교회더라. 교회는 사역을 가르쳐주는 것이 아니고 믿는 자가 크리스천의 삶으로 살아내도록 가르쳐줘야 하는데, 당시 저는 그렇게 할 준비가 너무 안 되어 있었다. 그래서 그분들에게 정말 목회가 무엇인지, 교회를 이루어가는 것이 무엇인지 배워서 5년 후에 돌아오겠다고 했다. 사실 5년 후에는 성경이 막 꿰뚫어지고 대단한 사람이 되어 있을 거라고 생각했는데, 실제로 5년이 훨씬 지나도 아무 것도 모르겠더라.^^

그렇게 신학을 배우고 시간이 흘러 부교역자로 사역하던 교회에서 담임목사님과 함께 청년들을 데리고 O국으로 단기선교를 갔고, 다시 그로부터 5년 후에 O국으로 파송 받아 나오게 되었다.

나중에 담임목사님께서 한사람이라도 꾸준하게 만나서 그 삶을 잘 세워가라고, 1년에 한 사람 만난다고 생각하고 조용히 잘 살기만 하라고 하셨다. 당신께서 보신 O국은 내실을 기하려면 조용히, 선교사인 것을 드러내지 말아야 한다고 생각하신 것 같다. 그래서 다시 우리 가정이 O국으로 돌아와서는 이미 많은 현지인이 우리에 대해 알고 우리가 무엇인가 할 것이라고 기대했지만, 목사님 말씀에 순종해서 처음에는 조용히 언어공부만 했다.

Q. 그렇게 신학하고, 다시 O국으로 돌아가서의 사역은 어떻게 변화되었나?

A. 합신에서 신학하기 전 사역은 내 중심이었다. 내가 필요하다 생각하는 것들을 하고, 현지인은 그 일을 위한 직원에 불과했다. 그러다보니 사람들을 만나도 일로서만 만나게 되고, 사람과 사람의 관계는 없었다. 다시 돌아와서는 어떤 일이든 시작하면 또 그렇게 될 것 같아서 여러 사역에 대한 요청이 있었지만 다 거절했다. 그러다보니 이전에는 굉장히 일 중심적인 사람이었는데, 다시 와서는 집에만 있으니까 '내가 지금 잘하고 있는 것인가?'라는 생각이 들기

도 했다. 그래서 예전에 했던 무료 교육 센터에 가봤는데, 폐건물이 되어 있었다. 아이러니하게도 그 모습을 보는데 감사한 마음이 들었다. 건물이나 일이 사람을 바꿀 수 없음을 보여주시며, 다시 한 번 내가 집중해야 할 것은 바로 사람임을 보여주시는 것 같았다.

O국으로 다시 들어갈 때 출구전략에 대해 생각했었다. 내가 진행해 나가는 것이 아니라 처음부터 현지인을 세워서 동역의 관계로 나가며 현지인의 사역이 되도록 세워주는 사역. 먼저 앞장서게끔 해주고 본인이 결정하게 하지 않으면, 내 출구전략은 실패할 수밖에 없다는 생각에 계속 기도했다. 그 마음을 가지고 다시 돌아가 언어공부를 하고 있을 때 언어교사로 소개받은 형제가 마침 크리스천이었다. 이 형제는 기도하며 사역을 준비하는 사람이었고, 지금까지 이 형제와 성경용어 공부를 계속 하고 있다. 어느 정도 대화가 가능해지게 될 때쯤, 이 형제네 마을에서 한 여자아이가 담장이 없는 초등학교 옆을 지나가다가 죽는 일이 있었다. 부모는 그 학교 선생님이었는데 그 일로 학교 담장을 지었으면 좋겠다고 학교에 돈을 보냈지만 금액이 충분치 않아서 진행이 안 되고 있었다. 그동안 형제와 함께 마을을 위해 기도하면서 이 형제가 마을에 대한 소망이 크다는 것을 알았기 때문에 형제가 섬기는 현지교회를 통해 담장 세

우는 일을 해보자고 제안했다. 그래서 형제가 직접 학교를 찾아가고 필요한 물품들도 구매하며 준비했고, 나는 한국의 단기팀을 통해 필요한 재정을 마련했다. 단기팀이 와서도 현지교회에서 하는 일을 박수쳐주는 역할만 하고 같이 복음을 전하는 활동만 했다. 그 일로 이 형제가 동네에서 나름 유명해지게 되었고 후에는 마약하거나 학교를 중퇴한 애들을 데리고 축구교실을 진행하면서 더욱 마을에서 인정을 받게 되었다.

그 때 이 형제가 한 말이 있는데 그 말에 참 많이 울었던 기억이 난다. "내가 우리나라에 온 선교사들을 더러 만났는데 너 같은 사람은 처음이다. 다른 선교사들은 본인이 뭔가 만들어 놓고 거기에 필요한 현지인들 데려다가 일을 시키는데 너는 처음부터 내 등을 떠 밀어서 내가 스스로 사역을 하게 했다.

이제 나는 이 일이 내 사역이라고 믿는다. 당신이 없더라도 나는 이 사역을 계속 할 것이다." 그 말에 나는 "내가 하고 싶었던 것이 바로 그것이다. 내가 당장 추방당하거나 죽어도 내가 만난 사람이 자기 사역을 해 나가는 것. 3년 동안 이렇게 너 한 사람이 내 곁에 있다는 것이 참 감사하다."라고 그 친구에게 고백했다. 지금 이 형제는 자기 마을을 포함한 3개 마을의 중심이 되는 교회를 세우기 위해 고군분투하고 있다.

이 전에는 어려운 가운데 예수 믿고 사는 게 귀하고 대견하다고만 생각했는데 이 형제를 통해 현지교회의 내부 사정을 더 많이 알게 되면서 더 기도하게 되고, 어떻게 하면 이들을 더 하나님의 사람들로 세워갈 수 있을까 고민하게 된다.

Q. 외국인이 O국에 거주할 수 있는 지역은 어디인가?

A. 사업이나 NGO 비자가 있다면 거주 할 수 있다. 혹은 학교나 정부의 정식 비자를 발급받으면 된다. 그러나 해당 지역에서 거주가 가능하지만 일단 들어가면 감시 체제가 작동된다. 우리 같은 경우에는 현재 연결된 학교에서 비자가 나오는데 만약 다른 지방으로 갈 경우, 학교의 분교처럼 독립해서 나갈 수 있다. 다른 지역으로 여행은 가능하지만 거주를 옮기는 경우에는 바로 비자를 확인하게 되어 있고, 만약 행정적인 서류 처리가 안 되어 있으면 다시 돌아가라고 한다.

Q. 여행객이 방문해서 돌아다니는 것은 괜찮은가?

A. 한 두 사람이 돌아다니는 것은 괜찮지만 5-6명 이상이 다니면 사복경찰이 와서 비자 검사를 하게 된다. 만약 차를 렌트할 경우, 반드시 가이드가 있어야 한다. 가이드 자격증이 없는 사람과 다닐 경우에는 위법이다. 단체관광하시는 분들은 여행사에서 정부에게 여행계획서를 허가 받고 하는 것이다.

Q. O국 교단은 지역적으로 구분이 되어 있나 아니면 종족별로 되어 있나?

A. 정부에서 인정하는 교단은 단 하나이다. 이들이 추구하는 것이 '하나 된 O국, 하나 된 기독교'로서 O국 정부의 통제 하에 있다. 인접국에 걸쳐 있는 일부 소수종족 교회가 있지만, 정부에서는 공식 교단만 인정하기 때문에 이들도 이 교단에 연결되어 있다고 본다. 그런데 요즘은 북쪽의 감리교가 거의 분리된 상태로 되어 가고 있다. 대체로 감리교는 더 독립적인 느낌이지만 마찬가지로 중심 되는 교회들은 이 교단에 대부분 소속되어 있을 것이다.

Q. 기독교는 O국내에서 어떤 종교인가?

A. O국 사람들에게 기독교는 여전히 외국 종교이고, 자신들이 결국 마지막에 돌아갈 곳은 불교라고 생각한다. 현지 교회 목사도 선교사들이 세웠기 때문에 선교사의 직원이라고 생각해서 성도들이 목사에게 사례를 하지 않는다. 이러한 현실의 단면이 얼

마 전 O국에서 가장 큰 교회에 화재가 난 적이 있는데, 재건비로 50%를 선교사들이 부담하고 나머지 50%를 현지교회와 성도들이 부담했다. 그런데 얼마 떨어지지 않은 불교 절에서도 화재가 났는데 O국 사람들이 스스로 100% 돈을 부담해 이전보다 훨씬 더 웅장한 절을 지었다고 한다. 어떻게 그렇게 했는지 물어보니, 절은 자기와 가족들이 묻힐 곳이니 대출을 받아서라도 투자를 한다는 것이다. 교회에도 공동묘지가 있지만 그 역시도 '외국의 것'이라는 인식이 있는 것이다.

Q. 기도제목이 있다면?

1. 저희 가족 모두가 먼저 하나님 앞에 예배자로 살게 하시며 기쁨과 감사로 충만한 삶을 살게 하소서.

2. AOA 학원 허가 서류를 위한 재정이 마련되고 서류가 완비되어 전 도와 예배의 장소로 쓰임받게 하소서.

3. 부활절 찬양 영상 제작이 잘 진행되게 하시며 복음 성가집 제작도 원활히 진행되도록 은혜를 더하소서.

4. 계속되는 언어공부, 라오어 성경공부, 소그룹 교재번역, 컴퓨터 사역 등을 통해 한 영혼 한 영혼을 세우게 하소서.

5. 어려움 속에서도 후원하는 교회와 가정과 동역자들을 안전하게 지키시며 피차간에 은혜의 소식이 오가게 하소서.록

6. 새로운 학교에서 아이들은 잘 적응하고 있음에 감사드리고, 장남 세빈이는 한국에서 대학을 가기 위해 귀국하여 공부중에 있는데 모든 과정을 주님의 섬세한 손길로 인도하여 주소서.

IV. 태국 남부와
빠따니 말레이

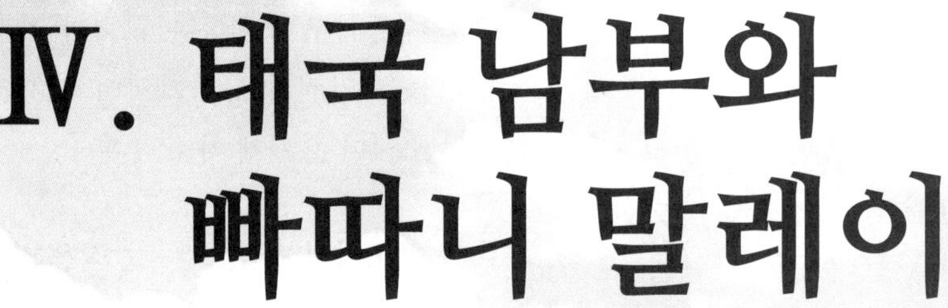

그곳에 무슬림이 살고 있었다

글 | 강 호세아(SIReNer)

태국 남부 얄라 철도역, 출처: unsplash.com

태국 남부지역 도시들

태국 남부 지역 전체적으로도 선교사들이 잘 오지 않지만, 그 중 특정 지역은 공식적으로 아예 선교사가 상주하지 않고 있고, 사역조차 거의 시도되지 못하는 곳이 있다. 그곳이 바로 이제 다루려고 하는 '빠따니 말레이' 지역이다.

지도상 태국 남부 중에서도 최남단에 위치해 있기 때문에 'Deep south'라고도 불리는 '빠따니(Pattani), 얄라(Yala), 나라티왓(Narathat), 사뚠(Satun)' 등 4개주가 여기에 속한다. 이러한 구분은 지리적인 이유보다 이 지역의 민족구성과 종교의 차이 때문이라고 할 수 있다. 이곳은 불교를 숭상하는 태국 주류 종족과는 달리 말레이(Malay) 족 무슬림들이 다수를 이루는 지역이다. 또 편의상 함께 분류되지만, 엄밀히 '빠따니 말레이'라고 하면 사뚠은 다른 3개주와는 역사적 뿌리가 다르다. 빠따니, 얄라, 나라티왓은 지금은 말레이시아에 속한 켈란탄(Kelantan, 끌란탄), 트랭가누(Terengganu) 등과 함께 다소 강성 이슬람의 빠따니 왕국의 후예들이고, 사뚠 역시 현재 말레이시아에 속한 케다(Kedah, 끄다)와 함께 온건 이슬람의 케다 왕국의 후예들이다. 그래서 태국 남부의 분리주의 무장운동과 테러들은 대체로 이 빠따니 말레이 3개주를 중심으로 발생해 왔고, 사뚠은 비교적 온건한 분위기와 함께 시간이 지나면서 전반적으로 상당히 '태국화'된 경향을 보인다.

13세기 경 동남아시아에서 가장 먼저 이슬람을 받아들인 이 지역의 왕국들은 본래 독립 왕국이었으나, 17세기부터 사실상 태국 영향 하에 들어갔고, 1902년에 강제 합병 당했다. 그러다가 1909년에 당시 말레이시아를 식민지배하고 있던 영국의 압력으로 방콕 조약(Bangkok Treaty)을 맺으면서 태국과 말레이시아에 분할 합병되었고, 독립을 약속했던 영국이 이 지역에서 물러나면서 현재와 같이 분리된 채로 남아 있다.

말레이시아로 편입된 지역들은 동일한 이슬람권이자, 여러 이슬람 술탄(Sultan) 왕국의 연합체로 시작된 말레이시아에 무난하게 편입되었다. 하지만 태국에 속한 빠따니 말레이 지역은 종족은 물론, 언어(Jawi어)와 종교, 관습이 다른 태국 지배 하에서 쉽사리 동화되지 못하고 끊임없이 독립을 요구하며 투쟁해 왔다. 태국 중앙정부가 이 지역에 대한 '태국화 정책'과 불교도 태국인의 이주 정책 등을 시행하자, 1960년 이후 PULO(Pattani United Liberation Organization), BRN(Barisan Revolusi Nasional) 등의 분리주의 무장단체들이 조직되면서 폭력 활동이 본격화되기 시작했다. 특히 강경파 탁신(Thaksin) 정권이 들어서면서 압박이 강화되는 만큼 테러의 수위도 높아졌고, 2004년 발생한 대규모 테러 이후 계엄 상태가 지속되며 10여 년간 수 천 명이 사망하는 비참한 상황에 놓이게 되었다. 그 영향으로 외부인들에게 태국 남부는 '이슬람 테러'로 더 유명해졌고, 접근 제한 지역으로 분류되어 이 지역에서 사역하던 선교사들도 대거 철수하는 사태를 맞기도 했다. 앞서 이 지역에 공식적으로 선교사가 상주하지 않고 있다고 했던 이유도 이 때문이다.

태국 남부 도시 곳곳에서 볼 수 있는 검문소

남부의 테러는 2012년 얄라와 핫야이에서 발생한 대규모 연쇄 폭탄테러 등으로 긴장이 극에 달했으나, 이후 태국의 정치 상황이 변화하면서 빠따니 말레이 지역에 대한 정책들도 상당히 완화되고 있는 추세이다. 최근에는 이러한 변화와 함께 그 양상이 종교와 정치적인 것에서 경제적인 것으로 전환되는 경향을 보이며 다소 소강상태에 들어갔다고 현지에서는 보고 있다.

실제로 본 선교회는 2018년 현장 리서치 당시 빠따니 말레이 3개 주에 4일간 체류하며 렌트 차량으로 여러 지역을 두루 리서치하였다. 처음에는 남부 타 지역의 현장 선교사들도 위험성 때문에 만류하기도 하였으나, 최대한 안전에 주의하여 들어가 보니 비록 체류 기간이 짧았으나 당초 우려했던 것만큼의 상황은 아니었던 것 같다. 여전히 계엄상태가 지속되고 있기 때문에 빠따니로 들어가는 초입부터 무장 군인들과 검문초소, 바리케이트들이 계속되었으나, 시간이 지날수록 오히려 여느 지방 도시의 일상과 다를 바 없음을 경험할 수 있었다. 보다 위험성이 높다는 얄라와 나라티왓은 현장 선교사들의 조언에 따라 체류하지는 않고 주간에 주요 장소들만 방문하였는데, 그럼에도 그곳에서 평화로운 공원 분

얄라 침례교회

위기 속에 현지인을 만나고, 얄라 침례교회를 방문해 목회자와 만나 간단한 인터뷰도 하고, 모스크 예배도 참관하고, 거리 식당에서 식사도 하는 등 충분한 참여관찰이 가능했다. 그러나 아직 간헐적으로 테러가 발생하고 있고, 여전히 계엄 상태에 있기 때문에 선교사의 상주나 사역의 가능성은 장담하기 어렵다. 하지만 앞으로는 점차 상황이 나아질 것으로 예측된다.

태국 선교역사가 190년이나 되는데 반해 태국 무슬림 선교의 역사는 66년밖에 되지 않았다. 초창기 이곳의 선교는 중국으로부터 철수한 선교사들을 중심으로 이루어졌는데, 그 시작은 1953년 OMF(Overseas Missionary Fellowship) 소속 선교사, 라우리에 우드(Laurie Wood)와 고든 알디스(Gordon Aldis)가 얄라 지역에서 무슬림들을 발견하면서부터이다. '발견'이라는 것은 그들이 처음부터 무슬림들의 존재를 알아서 그들을 대상으로 사역하기 위해 들어간 것은 아니었다는 것이다. 이들은 처음에는 태국인과 태국 중국인 대상 사역을 위해 갔다가 뜻하지 않게 무슬림들을 발견한 것이었다. 그만큼 태국 남부 무슬림들은 그 존재조차 알려진 바가 없었다.

처음 얄라에 들어간 우드와 알디스는

1955년 싸이부리(Sai Buri) 지역에 작은 기독교 진료소를 개원하고, 이곳을 중심으로 의료사역을 진행하게 된다. 1958년을 전후로 여러 개종자들이 생겨났으며, 1959년에는 나라티왓에서 최초로 세례 받는 사람이 나오게 된다. 그러나 그는 이슬람의 압력으로 다시 무슬림으로 재개종되고 만다. 그러나 1963년에는 나환자 치료 프로그램을 시작하게 되면서 이를 통해 나환자들에게 장기간 복음을 전하고 가르칠 수 있게 되었다. 그리하여 1968년 몇 명의 나환자들이 개종하였고, 이들을 중심으로 1972년에 태국 남부 최초의 말레이인 교회가 개척되었다. 그리고 1973년에 5명이 세례를 받게 되었다. 이후 무슬림 선교사들이 늘어나 1980년을 전후로 나환자 중심의 소규모 교회들이 싸이부리와 빠따니 지역에 개척되었다. 그러나 나환자 중심의 사역은 보편적인 지역 사회로 확산되는데 한계가 있었다.

1976년 데이비드 스트라찬(David Strachan)과 밥 조이스(Bob Joyce)는 집중적인 선교를 위해 5개 마을을 선정하여 지속적으로 복음을 전했다. 설교와 간증, 영화상영 등으로 대중 전도집회를 열기도 하였으나, 기대했던 열매는 없었다. 다른 선교사들이 여러 가지 시도를 해 보았지만 결과는 마찬가지였다.

그러던 1989년, 나라티왓에서 나환자가 아닌 일반인들로 구성된 교회를 개척했다. 그러나 멤버 중 1명이 살해당하면서 교회는 해체되고 말았다. 이후 무슬림 선교 방식에 대한 여러 이견들로 사역자들 간의 갈등이 생기고, 핵심 사역자들이 여러 가지 사유로 현장을 떠나면서, 빠따니 말레이 무슬림 선교의 동력은 점점 약화되어 갔다.

그러던 1991년 OMF는 피터 코터렐 박사(Dr. Peter Cotterell)를 강사로 싸이부리 지역에서 집회를 갖게 되었다. 이는 선교사들이 태국 무슬림들을 향한 하나님의 사랑과 사명을 재확인하고, 신구(新舊) 선교사들 간의 갈등이 봉합되는 계기가 되었다. 또한 이 모임을 통해 선교사들은 태국 남부 무슬림 선교를 위해 남부 지역의 현지 교회들의 중요성을 인식하고, 복음전도를 위한 상황화된 접근 방법과 사랑의 행위로서의 사회적 활동의 필요성을 공유하게 되었다. 이후 OMF 뿐만 아니라 YWAM(Youth With A Mission)에서 미국인 제시(Jesse)와 영국인 스티븐(Steven) 선교사 두 가정이 나콘 시 탐마랏(Nakhon Si Thammarat, 이하 나콘)에서 사역 하게 되었고, 미국의 남침례교단, 말레이시아 감리교단, Frontiers, Pioneers, 필리핀 교회 등 세계 여러 선교 단체와 교단에서 파송된 선교사들이 태국 남부 무슬림들을 위해 사역하였다.

나라티왓 센트럴 모스크

이 비슷한 시기에 한국 선교사들도 태국 남부 무슬림 사역을 위해 왔다. 빠따니 말레이 지역 최초의 한국인 선교사는 1995년 얄라에 들어온 OMF 소속의 유홍태 선교사였다. 그러나 그는 당시 OMF가 이 지역에서 태국인을 위한 사역과 무슬림을 위한 사역을 분리하면서, 전자인 태국인을 위한 사역을 담당하였기 때문에 무슬림을 위한 선교사로 보기는 어렵다.

사실상 이 지역의 무슬림을 위한 최초의 선교사는 1996년 OMF 소속의 정상엽 선교사였다(단, 개인사정상 1년 만에 철수). 다음으로 1999년 양덕훈 선교사

(KGAM)가 얄라에서, 2000년 유다니엘 선교사(YWAM)가 핫야이에서 사역하였다. 그 외에도 보안 사역으로 드러내지 않고 사역하는 여러 선교사들이 있었다. 한국인 선교사들은 현지 교회와 연합하여 사역하기도 하고, 주로 지역 대학교를 중심으로 사역했다. 그러나 이러한 여러 선교사들의 빠따니 말레이에서의 태국 남부 무슬림들을 위한 선교사역은 다른 지역의 이슬람 선교와 마찬가지로 쏟은 열심에 비해 얻어지는 열매는 적었다. 더욱이 2004년부터 분리주의 무장반군의 도발과 테러의 위협이 거세지면서 결국 대부분의 선교사들은

나콘 시 탐마랏 모닝 마켓

안전을 위해 철수할 수밖에 없었다. 일부는 태국을 떠나기도 했으나, 대부분 같은 남부의 핫야이나 쏭클라(Songkhla), 나콘 등으로 철수하여 무슬림 사역을 이어가거나, 무슬림들이 많은 방콕에서 새로운 사역을 시작하기도 하였고, 소수는 철저한 보안사역을 계속해 나가는 경우도 있다. 현재 태국 남부 무슬림 선교의 전선이 빠따니 말레이 지역에서 핫야이나 나콘까지 후퇴한 측면이 있다. 하지만 이 지역에도 다시 봄날이 찾아오면 새로운 돌파 기회를 얻게 될 수도 있을 것으로 본다.

본 선교회의 2018년 현장 리서치에서 파악한 빠따니 말레이 지역은 최소한 과거의 테러의 위협으로 인한 안전 문제는 상당 부분 완화된 것은 분명해 보였다. 다만 장기적으로 상주하면서도 사역이 가능한지는 보다 면밀하게 변화되는 상황의 추이를 지켜보면서 철저한 검증이 필요할 것이다. 전쟁에서도 한번 후퇴하여 철수한 지역을 다시 탈환하기 위해서는 방어하고 지키는 것의 3배의 전력이 투입된다고 하는데, 선교사역 역시 영적 전쟁이므로 일맥상통하리라고 본다.

태국 무슬림의 심장이자, 본산인 빠따니 말레이 지역은 이 지역 복음화를 위해서

핫야이 센트럴 페스티벌 내의 맥도날드

는 반드시 다시 도전되어야 할 곳이다. 이 지역의 상황이 호전되고 있는 상황에서 가장 주효한 것은 가장 근접한 도시인 쏭클라 주의 핫야이를 베이스로 우선은 비거주로 오가면서 상황을 살피면서 단계적으로 사역을 시도해 보는 것도 가능하리라 생각된다. 그러면서 길을 여시면 다시 본격적인 사역이 시작될 수도 있을 것이다. 최근에는 빠따니 말레이 지역이나 남부의 이슬람과 관련해서 급속한 '무슬림 확산'이 이슈가 되고 있다. 이는 태국 전역으로 일어나고 있으나 주로 태국 남부 주요 도시들을 중심으로 이루어지고 있다. 본 선교회 리서치 팀이 방문한 남부 주요 13개 도시의 거의 모든 동리마다 모스크와 아잔 소리, 히잡 쓴 무슬림들을 쉽게 접할 수 있었고, 심지어 불교 전통 도시 나콘 랏차시마도 여전히 전통적인 태국 불교 본산으로서의 위상을 유지하고 있는 듯 했지만, 그 속에 곳곳에 침투해 섞여 생활하는 이슬람 확산의 영향 또한 확연하게 감지되고 있었다.

본 선교회 리서치 팀은 이러한 현상의 이유를 처음에는 종교적 관점으로 접근해서, 배후에 이슬람의 적극적인 포교전략이 있는 것으로 추정하였다. 물론 여러 가지 요인이 있겠으나, 현장에서의 리서치 결

과는 1차적으로는 그러한 이슬람의 적극적인 전략적 요인보다는 경제적인 상황이 더 근원적인 요인을 제공한 것으로 파악되었다. 즉, 오랜 기간 계속된 태국 중앙정부의 강경노선과 테러에 대한 경제봉쇄정책은 빠따니 말레이 지역의 경제 악화로 이어졌고, 그로인해 이 지역 주민들(무슬림)이 생계를 위해 일자리를 찾아 여러 지역으로 이주하면서 나타나는 현상이라는 해석이다. 그렇게 사람들이 이주하게 되니 무슬림으로서 그들의 삶 그 자체라 할 수 있는 이슬람 신앙을 위한 종교적 요소들도 자연스럽게 동반형성된 것으로 보인다. 물론 그

로 인해 이슬람 거점들이 생겨나면서 결과적으로 태국 남부 전역에서 빠르게 이슬람 확산이 일어나고 있고, 현지 이슬람에서도 이를 전략적으로 포교에 활용하고 있음은 주지하는 사실이다. 그래서 푸껫(Phuket) 같은 관광산업이 성행한 도시들은 일자리가 많아 무슬림 이주가 타 지역에 비해 짧은 기간에 더욱 두드러졌다고 한다. 푸껫의 거리에서는 마치 우리나라 도심에 교회들이 그러하듯, 거리마다 크고 작은 모스크들이 세워져 있는 것을 볼 수 있었다. 이러한 빠따니 말레이 지역으로부터 남부 전역으로의 무슬림 이주는 혹자들의 우려처럼

이슬람 테러 등의 위험의 확산 징후는 상당히 약해 보이고, 오히려 불교 토양의 주류 종족들과 말레이 무슬림들이 서로 영향을 주되 그렇다고 완전히 동화되지도 않는 서로 다른 '태국인'으로서의 어색한 공존이 진행되고 있는 것으로 보였다. 어쨌든 태국인들도 이슬람과 무슬림 문화들에 상당히 익숙해져 있다는 것만은 분명했고, 딥 사우스(Deep South)로 내려갈수록 '태국 주류(Majority) 사회 안에서 비주류(minority)로서 살아가는 다수의 무슬림'이라는 독특한 사회현상이자 구조를 엿볼 수 있었다. 이는 지금과 앞으로 태국 남부 무슬림 선교에 있어서 중요한 통찰이 될 수 있을 것이라고 생각된다.

빠따니 말레이 이외의 지역으로의 무슬림 확산은 태국 무슬림 사역을 위한 좋은 기회로 보인다. 특히 태국은 무엇보다 불교 주류의 사회이기 때문에 태국 내의 무슬림들은 비주류 종족들이다. (물론 빠따니 말레이는 사실상 무슬림 주류 사회이므로 별개로 하고) 게다가 태국은 실제로는 주류 타이족들에 대한 선교는 보이지 않는 제한이 있지만, 어쨌든 종교자유가 보장된 나라이기 때문에 비주류인 무슬림들에게는 크게 제약이 없이 선교할 수 있는 상황이다. 태국 남부의 주요 도시들에는 이미 상당한 무슬림들이 집단 거주지를 형성하며 정착해 살고 있고, 곳곳에 모스크와 기도처들이 즐비하다. 어디를 가나 무슬림들이 장사를 하고, 무슬림들이 없는 곳이 없을 정도이다.

태국 남부처럼 무슬림이 다수인 사회임에도 무슬림 선교가 자유로울 수 있는 곳이 세계에 또 어디에 있을까?

현재 전 세계적으로 IS 사태 등으로 인해 과거 북아프리카에서 일어난 자유의 물결 '아랍의 봄(Arab Spring)' 이전보다 더 이슬람 선교의 문이 닫혀진 상황에서 이슬람 선교의 비전을 가진 선교사들이 한 번쯤은 이 태국 남부 무슬림들을 향해 시선을 옮겨도 좋지 않을까 생각한다. 태국 남부뿐 아니라 방콕(Bangkok) 이슬람 중앙성원 추산 100만 명의 무슬림이 거주하고 있다는 방콕 역시 무슬림 선교를 위해서는 최적의 지역이 될 것이다. 방콕의 다른 사역은 이미 중복, 포화 상태이지만, 방콕의 무슬림 사역자는 손에 꼽을 정도이므로 무슬림 사역이라면 방콕으로 배치되는 것은 예외적으로 추천한다. (물론 선교사 수급 차원에서 우선은 남부이다.) 뿐만 아니라, 선교사역은 물론 이슬람 선교 훈련을 위해서도 태국은 그 어느 지역보다 유리한 지역이다. 물론 이슬람도 지역마다 특성이 다르지만, 기본적인 신앙과 고유문화는 대체로 공유하고 있다고 할 때, 태국에서 이슬람 문화 훈련과 사역 훈련을 수행하는 것이 매우 효과적이라 생각한다. 이곳에서 훈련받

방콕 아랍인 거리에 있는 이집트 식당

고, 동일 문화권인 말레이시아나 인도네시아 무슬림 선교를 시도하는 것도 적극 추천한다. 본 선교회가 다녀온 태국 남부 현장은 또 하나의 선교적 기회의 땅이었다. 물론 태국을 품은 선교사들이 선뜻 이곳으로 자원하지 못하는 자녀교육문제나 안전 등의 현실적인 문제들이 있음도 파악이 된다. 그러나 그보다는 태국 남부를 너무 모르고, 이곳의 선교적 필요와 기회들이 너무 알려져 있지 않기 때문에 시도 자체가 드문 것이 현실이다. 어찌 이 눈앞에 있는 이 선교의 황금어장을 그냥 방치만 해 둘 것인가? 태국 남부와 더 나아가서 빠따니 말레이 지역까지 한국 교회와 선교계가 도전해 볼 가치가 충분히 있다. 제한사항과 한계는 돌파하면 된다. 이 문제를 돌파할 수 있도록 현실적인 대안과 구체적인 지원을 위해 조직되고 연합된 한국교회와 선교 동역의 힘이 절실히 필요하다. 이는 비단 태국 남부 뿐 아니라, 필요와 기회가 보이지만 현실적 한계에 직면해 도전하지 못하는 수많은 미전도지역과 종족들에 공통적으로 풀어야 할 숙제일 것이다. 지금도 보이지 않게 계속해서 고독한 수고를 기울이고 있을 일꾼들의 열매를 보게 될 날을 고대해 본다.

태국과 고무나무

글 | 정 보애(SIReNer)

태국 남부 얄라 철도역, 출처: unsplash.com

태국 남부의 고무나무 숲길이 그림처럼 펼쳐져있다

고무나무의 천국, 남부 태국을 가다

"2018년 업마(UPMA)팀들과 함께 동행했던 남부 태국 현장조사 때 자동차를 렌트해서 각 주요 도시와 마을을 이동하면서 다니다보니, 가는 곳마다 고무나무가 많이 보였다. 끝없이 펼쳐진 20~30년 이상 자란 고무나무 숲과 농장들, 그리고 주변의 고무나무 공장이나 고무산업 기업 간판들, 또막 묘목수준을 벗어나 아직 고무채취 전의 어린 고무나무 숲이 장관처럼 펼쳐져 있었다. 심지어 이 도시에서 저 도시로 옮겨도 밝은 햇살 속의 푸르른 고무나무 숲의 전경과 관련된 고무산업 주변 풍광들이 오버랩 되고 있었다. 처음 보는데도 결코 낯설지 않은 익숙한 데자뷰 현상은 낯선 이국의 도시에 친근하게 다가갈 수 있는 문을 열어주었다. 그러면서도 남부 태국으로 점점 더 깊이 들어갈수록 고무나무에서 하루 종일 고무수액을 채취, 가공하는 남부 태국사람들의 고단함과 희노애락(喜怒哀樂)이 더 많이 보이기 시작했다."

위 글은 필자가 태국 남부를 돌면서 현장일지에 기록했던 참여관찰 내용이다. 당시 태국 남부지역 사람들의 삶이 '고무나무와 고무나무 산업'과 불가분의 관계가 있는 것 같아서, 이후 관련 자료를 찾아서 읽던 중 중요한 이슈로 확인이 되어 '태국과 고무나무'라는 주제로 글을 쓰게 되었다. 아쉬운 것은 처음부터 이 주제에 주목했던 것이 아니어서, 현장에서 이와 관련된 인터뷰나 연구조사를 실시하지 못하고 돌아온 후 인터넷 관련 자료에 의존하다보니 글 쓰는데 어려움이 있었다.

기후적으로 태국은 열대 기후 지역인데, 일 년이 3개의 계절로 구분이 된다. 보통 3월부터 5월까지는 덥고 건조한 날씨로 평균 기온이 34℃ 정도까지 올라가는 매우 더운 계절이다. 이후 6월에서 10월까지는 평균 29℃ 정도의 우기에 해당한다. 하루에 한 두 차례 소나기가 내리며, 비가 오지 않을 때에는 화창한 날씨이다. 한국의 겨울에 해당하는 11월에서 2월은 태국의 계절 중 가장 시원한 날씨로, 낮에는 32℃까지 올라가지만 아침과 저녁에는 20℃ 정도까지 내려가서 여행하기 가장 좋은 계절이다.

이러한 열대기후적 특성과 또한 남북으로 긴 지형으로 구성되어 있는 태국은 지역별로 농업 생산 품목이 조금씩 다르다. 태국 각 지역의 농업 주요 생산품은 중부지역은 곡창지대로 관개지가 풍부하여 쌀 생산이 많이 되며, 북부지역은 치아마이, 치앙라이 등 고산지대의 특성상 파일애플 등 과일이나 채소가 많이 재배된다. 한편 이산 지역이라 불리는 동북부 지방은 태국 내에

서 최고의 쌀 농업지대이지만 상대적으로 다른 지역에 비해 해안가나 주요 도시들과 거리가 멀고 다른 산업발전이 이루어지지 않아 가장 낙후되어 있다. 이 가운데 특별히 남부지역은 풍부한 일조량과 1년 내내 비가 내리는 등 훌륭한 농업조건을 가지고 있을 뿐 아니라 관련 산업을 발전시킬 교통 항만 등 인프라 구축으로 고무의 생산과 수출이 가장 높은 곳이다. 지난 2003년도의 태국 각 지역별 토지 사용 현황 조사 보고서에 의하면, 당시 남부 지역의 경우 57%의 토지를 고무나무 재배에 사용하고 있었다.[1]

뜨랑, 라텍스 최초의 태국 고무나무 재배지

필자가 남부 태국을 방문하기 전에는 라텍스라는 용어의 정의조차 알지 못했다. 라텍스 침대, 라텍스 베개 정도의 이해 수준이었다. 그래서 우선 라텍스(latex) 라는 용어를 사전으로 검색해 보았다. "라텍스는 고무나무의 껍질에 상처 흠을 낸 뒤 채취하는, 우유 빛의 액체"라고 정의되어 있었다. 부연하면 라텍스는 모든 속씨식물의 10%에서 자연적으로 볼 수 있는 우유 빛의 액체로서, 지난 17세기 이후로 식물 내 액체 물질을 일반화하여 사용되고 있었다. 이를 한자로는 고무나무 유액(乳液)이라 하며 탄

---

(1) 손수현, '태국 농업 개황', 『세계농업』, 제159호, 2013. 11, p3.

성고무라고도 부르는데, 현재 라텍스는 천연 라텍스 고무를 가리키기도 하며, 또 합성 고무 라텍스를 가리키기도 한다.[2] 결국 라텍스는 처음에는 천연 고무나무의 수액을 라텍스라고 불러왔으나, 고무 산업이 활성화되면서 합성고무 및 합성수지(플라스틱) 에멀전(유탁액)이 출현한 이후에는 이러한 것들을 통칭하여 라텍스라고 부르게 된 것이다.

한편 역사적으로 태국에서 최초로 고무나무가 재배된 지역은 남부의 관문 도시 뜨랑(trang)이었다. 뜨랑은 과거부터 태국 남부의 중요한 항구도시였는데, 전설에 따르면 뜨랑 항구에 배들이 항상 아침에 도착했고, 이로부터 말레이어로 '빛'을 의미하는 '테랑'이라고 그 이름이 불리다가 이후 현재의 이름이 되었다고 한다. 뜨랑의 깐탕(Kantang) 도로 주변에는 1899년 '태국 최초의 고무나무' 단지가 조성되어 태국 고무 농장 산업의 개척 역사를 기념하고 있다.[3]

뜨랑은 중국계 태국인이 많이 사는 곳으로 처음 태국으로 고무나무를 가져오고 고무농장을 건립한 사람 역시 중국계여서, 이후 태국의 고무산업에 중국계 태국인들이 많이 종사하게 된다. 태국 남부지역이 일반적으로 무슬림들이 주를 이루는 것에 비해 뜨랑은 화교들이 많이 모여 사는 곳인 만큼 중국적인 색채들을 곳곳에서 만날 수 있다.

사실 태국의 고무나무 산업 태동에 영향을 준 동남아시아에서의 고무산업의 연원은 19세기 영국 식민정부와 밀접한 관계가 있다. 당시 영국은 농사에 기후 조건이 좋은 말레이 반도에 대단위 플랜테이션 농업을 장려하기 시작했다. 그때부터 많은 영국인들의 잉여 자금이 말레이 반도의 상업화된 농업으로 유입되었는데, 1790년대에는 향료와 후추를, 1830년대에는 설탕을, 1870년대에는 커피를 재배했으며, 20세기 초반부터는 집중적으로 고무나무 재배를 하기 시작했다. 당시 백금(White Gold)라고 불릴 정도로 상업적으로 가치가 높았던 고무를 채취하기 위해 많은 회사들과 사람들이 고무나무 재배에 투자를 했다.

이처럼 영국의 동남아, 인도차이나 식민지 진출과 맞물린 시기 곧 1899년에 태국인 프라야 랏사다누프라딧 마히손 팍디라는 사람이 처음 태국에 고무를 가지고 왔다. 그는 인도네시아를 방문했을 때 고무나무 묘목 4그루를 몰래 숨겨와서 뜨랑주 깐땅에 옮겨 심었으며, 이후 뜨랑 전 지역과 나라티왓(Narathat)까지 확장해 심었다고 한다.[4]

---

(2) 위키피디아, 라텍스편.

(3) www.waymarking.com/ "First-rubber tree in Thailand"

(4) www.rubber.co.th/ 'Rubber History'

공식적으로는 1911년 '루엉라차마이 뜨리'가 짠타부리(Chanthaburi) 지역에 고무 종자를 가져와 재배한 후 남부지역 14개 주와 동부지역 3개 주에 심었고, 점차 중부 지역과 동북부 지역까지 확장시킨 것으로 되어있다.[5] 이후 지속적으로 고무나무는 태국 전역으로 재배되면서, 19세기부터 21세기 현재까지 태국인들의 인생과 삶에 깊은 영향을 끼치고 있다.

남부 쏭클라 고무도시 건설

지난 2016년에는 세계 20개국이 주도하는 '세계 고무 컨퍼런스' 정식 명칭은 'Global Rubber Conference 2016'이 태국 남부 끄라비(Krabi)에서 개최되기도 했다(2016년 10월 11-13일). 한 통계 자료에 따르면 태국 전체 고무나무 농장의 80% 이상이 태국의 남부지역에 밀집되어 있다고 한다.[6] 특별히 지난 2017년에는 남부 쏭클라에 '고무도시 공업단지(Rubber City Industrial Estate)'가 설립되었다. 사실 그동안 태국 고무제품은 주로 수출을 위한 1차 가공단계에 머물러 있어, 태국 고무를 수입해 최종생산품을 만드는 수입국에서 더 많은 부가가치를 창출하고 있었기 때문이다. 오랫동안 이 문제를 해결하기 위

해 태국 정부에서 남부 핫야이(Hat Yai)(Songkhla) 지역에 '고무도시 공업단지'를 조성하기로 결정하고 이곳에 설립 및 입주 기업에 대한 투자 인센티브 제공으로 태국 고무 산업의 경쟁력 강화를 도모하고자 애쓰고 있다.

공식적으로 고무도시 공업단지는 Southern Industrial Estate (Tambon Chalung, Amphor Hadyai, Songkhla province)에 위치하고 있으며. 크기는 1,218 레이(487.20 에이커)이다. 향후 고무 혁신 제품, 농축 라텍스, 복합 고무 및 기타 관련 산업 전반에 이르기까지 고무 제품의 허브 또는 클러스터로 사용되어질 계획이어서 이로 인한 도시발전과 사람들의 삶에 가져올 변화를 주목할 필요가 있다.

태국, 세계 최대 천연고무 생산 및 수출

이제 태국 남부에서 화제를 돌려 전체 태국에서 고무나무 산업의 현황은 어떤지 한번 살펴보자. 2019년 현재 태국은 매년 전 세계 350만 헥타르 규모의 고무 재배 지역에서 450만 톤 이상의 천연 고무를 생산하면서, 수십 년 동안 세계 최대의 천연고무 생산 및 공급 국가로서의 지위를 유지해오고 있다. 원래 태국은 전통적으로 쌀 수출국이었는데, 언제부터 본격적으로 고무를 수출하게 된 것일까? 관련자료를 보니,

---

(5) 위의 글.

(6) 김민수, '세계 고무 생산량 1위, 태국 고무산업 동향', 『코트라 해외시장 뉴스』, 2016. 10. 13.

1973년에 "고무수출액이 40억바트(Baht, 2억달러)를 기록함으로써 태국 역사상 처음으로 쌀 수출액을 능가하는 신기록을 수립했다."[7]고 기록하고 있다. 이후 현재까지 태국은 부동의 세계 고무 생산량 1위를 지켜오고 있다. 한편 중국은 태국으로부터 가장 많은 고무를 수입하는 국가이다. 그 다음으로는 일본, 미국, 한국 등의 순이다. 평균적으로 2천년 이후 매년 세계 총 고무 수출량의 약 40%가 태국을 통해 전 세계에 제공되고 있다.

순위	고무 생산국	총 수출액($)
1	태국	60억
2	인도네시아	51억
3	말레이시아	11억
4	인도	10억5천만
5	베트남	10억1,900만
6	중국	10억 5백만
7	필리핀	10억
8	나이지리아	7억
9	코트디브와르	5억
10	스리랑카	3억

세계 10대 천연고무 생산국가

아시아와 10대 천연 고무 생산

지금까지 태국과 고무나무에 관련하여 태국의 생산 규모와 태국 남부 지역 위주로 살펴보았다. 잠시 태국 이외에 고무나무 생산과 관련하여 어느 국가들이 이 산업에 주력하고 있는지 한번 살펴보자. 2019년 현재, 전 세계적으로 고무를 생산하고 있는 국가는 총 28개인데 이중 생산량이 가장 많은 12개 국가 모두가 아시아 지역에 속한 나라들이어서 더욱 흥미롭다. 2019년 세계 10대 고무 생산 국가를 아래 도표로 살펴보면, 나이지리아와 코트디브와르 두 나라를 제외하고 8개 국가 모두가 아시아권이다. 또한 그 뒤를 이어 미얀마(11위), 라오스(12위), 캄보디아(15위)가 천연 고무 수출 산업을 대규모로 확장, 활성화 하고 있어 향후 인도차이나의 변화에 주목할 부분이기도 하다.

현재 왜 인도차이나에서 고무 산업이 부상하나?

그럼 왜 지금 시기에 동남아와 인도차이나 권역의 아시아 국가들이 고무 산업에 심혈을 기울이는 걸까? 그 이유를 살펴보았더니 다음과 같이 세 가지로 요약된다.

첫째, 그동안 이 권역에서는 주로 팜유(palm oil)라는 '기름야자 열매의 과육을 쪄서 압축 채유되는 식물성 유지'를 재배, 수출해왔다. 그러다가 전 세계적인 웰빙 추세로 팜유가 건강에 미치는 영향 등이 알려지면서, 대체 작물로 천연고무를 더 많이 생산하기 시작하였다.

(7) 출처, 매일경제뉴스의 '태국의 고무산업'이라는 기사로 원래 1974년 9월 3일 최초의 기사 내용.

둘째, 중국의 영향 때문이다. 중국은 전 세계적으로 고무나무를 가장 많이 수입하는 국가인데, 그동안 계속 태국에서 가장 많이 수입해오다가, 비용 상승과 태국의 정국 불안, 태풍 등의 수입 불안요인 가중으로 인해, 태국 인근 다른 국가들로 수입처를 확대시키고 있다.

셋째, 고무 농장의 농장주들이 미얀마, 라오스, 캄보디아 등 태국 인근 국가의 저렴한 노동 인력을 사용하여 고무 생산 인건비를 절감하려고 하기 때문이다. 태국을 비롯하여 일찌감치 고무 생산의 효과를 눈여겨본 각 국가들의 중국계 화교들이 고무 농장, 고무공장, 수출입 관련 무역업 등 고무 산업에 많이 종사하고 있다. 이들의 발달된 화교 비즈니스 네트워크를 통하여 고무 산업이 인도차이나 후발 국가들의 주력 사업으로 대두되기 시작했다.

태국과 인도차이나의 고무나무 산업 추이와 전망

"2011년 올해 초부터 태국의 고무농가는 고무나무의 원액인 라텍스의 채취량이 50%나 줄었다. 타이어의 원료인 천연고무의 글로벌 수요가 감소된 것이 주요인이다. 결국 고무업계 종사자 30명 중 20명은 퇴직하거나 수입이 최저임금을 하회하고

있다."[8]

"태국의 주요 고무 수출국은 중국, 말레이시아, 일본, 한국, 미국 등이다. 특히 중국은 태국의 고무를 제일 많이 수입하는 국가였다. 그런 중국이 계속적으로 고무 수입 의존도를 태국에서 다른 나라들로 전환하고 있는 중이다. 뿐만 아니라 2014년부터 전 세계적으로 고무 가격이 하락함으로 인해 태국 고무 산업 노동자들과 고무 농장주들이 어려움을 겪고 있다. 2016년 이후 들어서 회복세라고는 하지만, 이상 기온과 태국 남부의 대대적인 홍수로 인해 공급량이 감소됨으로써 전체 시장 전망은 앞날이 불투명하다."[9]

이 글을 마무리하면서 현재 지속되는 고무가격 하락 및 세계 시장에서의 경쟁력 약화 등으로 태국이 고전 중이라는 사실을 알게 되었다. 태국 국내적으로도 지난 2011년, 2013년, 2016년, 2018년 계속해서 고무농장 관련 종사자들이 수도 방콕(Bangkok)까지 올라와서 고무가격 하락과 대책 마련을 요구하는 농성 시위하는 사진들도 보인다.

더욱이 최근에는 세계 주요 2개국(G2)인 미국과 중국이 무역 문제로 계속

---

(8) 한우리, '동남아시아 고무산업 동향 – 줄었다 늘어나기를 반복하는 혼돈의 고무 시장', 『월드스타』, 2016. 4. 25

(9) 위의 글.

충돌하면서 태국 고무나무 산업에 막대한 피해를 가져오고 있다.[10] 미중간의 관세 전쟁으로 중국 내 공장들의 천연고무 수요가 급감함에 따라 천연고무 가격이 지속적으로 폭락하고 있기 때문이다. 중국은 태국 라텍스의 최대 수출국으로 가장 중요한 시장이다. 이처럼 태국고무에 대한 중국에서의 갑작스러운 수요 감소뿐만 아니라 장기적 관점에서는 태국 이외 인도차이나, 동남아 국가들의 신흥 고무산업 생산으로 인한 글로벌 과잉공급 위기와 겹치면서 천연고무 가격의 대 폭락을 가져왔다.

최근 태국의 고무산업 불황 문제는 태국 군부가 나서 해결책을 강구해야 하는 정치적인 문제로까지 확대 비화되고 있다. 그 이유는 천연고무 농장의 농장주와 노동자들 대부분이 군부 지지 세력이 많은 남부 출신으로 상황이 나빠지면 계속적으로 시위나 불만으로 정부에 반대할 확률이 높기 때문이다.

태국은 이러한 국내외적 위기를 돌파하기 위해 전 방위적으로 농가, 정부, 국가기관, 업계, 학술기관 등과 연계를 통한 고무산업 경쟁력 강화를 위한 노력과 더불어 이제부터는 본격적으로 완제품을 생산함으로써 오랫동안 누려왔던 세계 제 1위 고무나무 생산의 명성을 향후에도 지속적으로 이어가려 고심하고 있다.

태국 관련 전문가들의 분석에 따르면 여러 대내외적인 악조건에도 불구하고 자동차 산업, 건강 및 위생에 관한 관심 증대에 따라 고무장갑 및 의료용 장갑 등 전체적인 고무의 수요가 지속적으로 증대될 전망이라고 희망적으로 보고 있다. 태국과 부상하는 인도차이나권역에서 고무 산업과 관련한 현지인들의 삶의 변화가 주요한 이슈로 향후에도 계속 제기될 것으로 예측되는데, 이런 '도시와 사람들'의 환경적 변화가 선교적으로는 어떤 기회와 도전이 될지 좀 더 관심을 가지고 지켜볼 필요가 있다.

---

(10) 김지수, '미·중 무역전쟁의 또다른 피해자', '태국 고무 생산업계', 아시아투데이, 2018. 11. 26.

남부 태국(Southern Thailand)의 의미와 중요성

글 | 정 보애(SIReNer)

나콘 시 탐마랏 센트럴 모스크

들어가면서

남부 태국은 전방개척 미전도종족선교 측면에서 2021년 한국교회와 선교계에 어떤 의미가 있을까. '신속한 세계 복음화'라는 주 방향성과 '타문화권 제자 양성'이라는 성경적 선교 원리에 근거해 이 두 가지 전제를 가지고 글을 시작한다. 이는 작금의 한국교회와 선교적 현실을 좀 더 잘 보여줄 수 있을 것으로 생각되기 때문이다.

남부 태국은 무슬림 선교 사역지 & 최소 선교지 & 최소 전도 사역지

권오혁 선교사는 태국 남부 나콘 시 탐마랏(Nakhon Si Thammarat, 이하 나콘)에서 29년 째 사역을 하고 있는 한국 예장 합동 소속의 선교사이다. 그는 현장사역을 정리하고 방향을 제시한 박사학위 논문에서 남부 태국을 '도전과 기회의 땅'이자, '무슬림 사역지'라고 일괄했다. 태국 현지 CCT(The Church of Christ in Thailand, 태국기독교총회, 1934년 설립) 교단 지도자들과 한국선교사들을 각각 설문조사, 인터뷰 조사한 내용을 그 근거로 제시하면서, 2007년 당시까지 총 80% 이상의 선교사들이 방콕(Bangkok) 중심의 중부와 치앙마이(Chiang Mai) 위주의 북부에 거주하여 살고 있다고 지적했다. 뿐만 아니라 이런 현상은 태국 현지교회 사역자들 역시 마찬가지로 역시 80% 이상 두 지역에 집중되어 있어서 사람, 재정, 사역적인 빈익빈 부익부 현상이 심각하게 나타난다고 지적한다.

이 논문에서 한 가지 흥미로운 점은 한국 선교사들에 비해 오히려 태국 현지 사역자들의 48.4%, 거의 50%에 육박하는 사람들이 태국 남부를 '무슬림 선교지'라고 규정하고 있는 점이다. 이에 비해 한국인 선교사들은 36.1%만 무슬림 선교사역지라는 이해도를 보이고 있었다. 이는 한국선교사들에 비해 현지인들이 태국 남부지역의 역사적인 특수성을 피부로 더욱 가깝게 느끼고 있다는 반증일 뿐 아니라, 반대로 한국선교사들에게는 '가능성과 도전, 기회의 땅'으로 아직은 막연한, 실제 사역대상으로 보고 있지는 않다는 것이 보다 정확한 해석일 것이다, 십수년이 지난 상황은 더욱 심각하다. 지난 2년 여간 태국 현장 리서치에 집중한 우리 선교회의 리서치 결과, 남부 태국은 현지교단이나, 한국선교사들의 최소 배치 지역임이 재확인되었다. 북동부 미전도 지역 이산지역만 해도 80 유닛 이상이 있으나, 남부 태국은 최대 26 유닛에 불과해 가장 심각한 수준이다(*상세한 현황은 본 책의 '태국 남부는 아직도 선교사가 고프다'를 참고).

한국교회와 단체의 파송을 통해 1천 명이 넘게 사역하고 있는 태국! 복음을 자

태국 남부지역 행정구역

유롭게 전파할 수 있는 절대적 비교우위 국가! 그런데 실제 그 내면을 살펴보니 심각한 선교사 불균형 배치 문제, 이로 인한 중복투자와 사역적 불균형 현상의 피해를 볼 수가 있었다. 한국의 교단이나, 선교단체, 파송교회에서 이에 대한 시급한 대책과 정책 마련 없이 태국 선교를 이대로 계속 진행하게 한다면 현재의 80대 20의 불균형은 곧 90대 10이라는 최악의 불균형 현상을 초래할 것으로 예견된다. 인재(人災)가 아닐 수 없다!

여기서 잠시 남부 태국에 대한 논의를 진전하기 전에 태국의 지역적 이해를 다시 한 번 복습해보자. 일반적으로 태국을 지역적으로 구분할 때 4개로 구분한다. 곧 북부, 북동부, 중부, 남부이다. 각 지역적으로 여러 특징들이 있지만, 인구 구성적 특성을 주목하면 다음과 같은 흥미로운 점을 발견할 수 있다. 한국에 잘 알려진 치앙마이, 치앙라이(Chiang Rai)로 대표되는 북부는 카렌[Karen, 또는 꺼인(Kayin)] 족, 라후(Lahu, 拉祜) 족 등 고산 족과 므엉 타이(Meung Thai)로 불리는 북부 타이인으로 구성되어 있다, 한편 동북부는 태국과 국경을 접하고 있는 라오스와 동일한 민족이라고 분류되는 이산(Isan) 지역 사람들, 그래

얄라 중앙 모스크 금요예배 모습

서 종족적으로 타이인이나 라오스인과 구분하기 위하여 태국의 '이산 족'으로 부르기도 하는 사람들의 부류이다. 그 다음으로 중부에는 방콕 공화국을 구성하고 있는 중부 타이인들이 살아오고 있다. 이들은 짜오 프라야(Chao Phraya) 강을 중심으로 15세기부터 본격화되어 가는 타이(Thai) 족 중심의 태국 건설, 곧 태국의 정치, 경제, 문화, 권력의 정중앙 중심부에 살고 있어서 이들을 '중앙 타이(Central Thai)'로 지칭하기도 한다.

다시 이 글의 주제 남부 태국의 의미와 중요성에 집중하여 태국의 각 지역

적 인구 구성 특성으로 살펴보면, 팍 타이(Pak Thai)라고 불리는 600만 명 이상의 남부 태국인과 200만 명 이상 되는 말레이(Malay) 족이 남부 태국 지역에서 두 개의 큰 민족으로 살고 있다. 3위는 중국계 사람들이다. 다음은 지리적으로 남부 태국은 바다와 상관관계가 매우 많다. 지형적으로 동서로 안다만 해와 타이 만(Gulf of Thailand)에 둘러 싸여 있기 때문이고, 남단으로는 말레이 반도를 보유하며, 말레이시아와 맞닿아 있다. 따라서 문화적으로 말레이 문화의 영향을 받은 태국 문화가 발달했고, 과거부터 교역과 무역의 지역 특성

상 중국인이나 말레이인이 많이 살고 있었기 때문에 양쪽 모두의 문화가 각각 독립적으로 존재하기도 하면서, 또 태국인의 문화를 통해서 서로 섞여 혼재하고 있는 것이 큰 특징이다. 한편 인종적으로 남부 태국인은 말레이인과의 혼혈이 많다. 종교적으로는 남부 타이 역시 태국이라는 큰 틀에서처럼 상좌부 불교(소승 불교)가 주류이긴 하지만, 이보다는 다른 태국 지역에 비해 이슬람교도가 많다는 점을 주목할 필요가 있다. 특별히 흔히 '빠따니 말레이 무슬림'이라 부르는 사람들의 존재와 이로 인한 갈등의 양상이 남부 태국의 큰 특징으로 뉴스와 SNS상에 등장하고 있기 때문이다.

참고로 남부 타이의 현재 총 인구는 위키피디아 2015년 통계에 의하면 929만 명이다. 또한 행정 구역상 남부는 모두 14개의 주(州)로 구성되어 있다. 곧 춤폰(Chumphon) 끄라비(Krabi), 나콘 시 탐마랏(Nakhon Si Thammarat, 이하 나콘), 나라티왓(Narathiwat), 빠따니(Pattani), 팡아(PhangNga), 파탈룽(Phatthalung), 푸껫(Phuket), 라농(Ranong), 사뚠(Satun), 쏭클라(Songkhla), 수라타니(Suratthani), 뜨랑(Trang), 얄라(Yala)이다. 향후 태국 남부의 전략적인 중요지역과 관문도시에

대한 상세한 연구와 조사, 이해가 필요하다. 그래야만 전략적 배치와 재배치, 사역 방향 설정이 가능하기 때문이다. 이제 아래에서는 태국 남부를 좀 더 심층적으로 이해하기 위한 이슈 인사이드로 고대에서 근현대까지 중요한 지역 패권 왕국과 이들의 변천을 살펴보겠다.

남부 타이를 지배했던 세 왕국
: 랑카수카, 스리비자야, 말라카

AD 2세기 경 말레이 반도 북부지역에 랑카수카(Langkasuka) 왕국(2-15세기)이 세워졌다. 이 왕국을 중국에서는 '랑야시우(狼牙修)' 혹은 '랑시지아(狼西加)'라고 음역하여 불렸는데, 남부 태국과 말레이반도 일대 지역사(地域史)에서 가장 큰 영향력을 지녔던 것으로 평가된다. 당시 이들은 말레이 반도 서쪽 해안의 케다(Kedah, 끄다)-빠따니 횡단로를 장악하는 한편 동쪽 해안의 빠따니를 중심으로 서해안의 뜨랑 일대 영토를 지배하였다. 랑카수카 왕국은 현재의 말레이시아 케다 주, 켈라탄(Kelantan, 끌란탄) 주, 트랭가누(Terengganu) 주 및 태국의 빠따니 주, 얄라 주, 쏭클라 주, 사뚠 주를 다 포함한다. 랑카수카 왕국은 인도인들이 이주해와 세

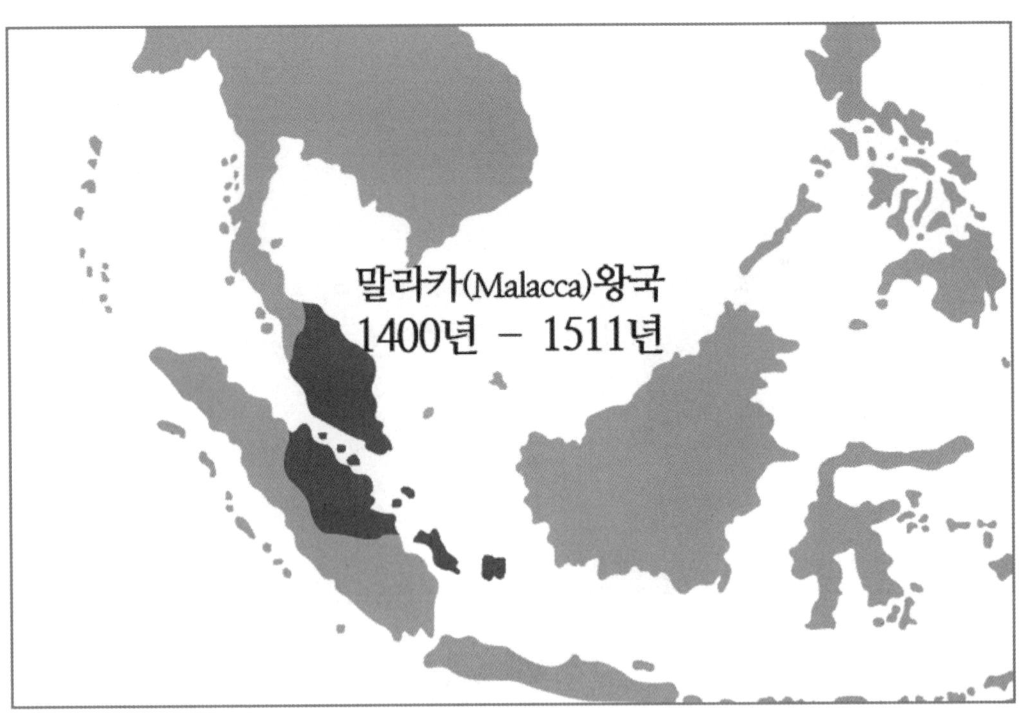

운 왕조로 힌두교 사원을 비롯해 주변국에 인도의 영향력을 심화, 확대시켰다고 평가된다.

그 후 7-13세기에는 말레이 반도 남부 해안 일대에서 시작해 전역에 걸쳐 인도네시아 수마트라(Sumatra) 섬의 팔렘방(Palembang)을 수도로 한 스리비자야(Srivijaya, 말레이어, 자바어로는 스리위자야, Sriwijaya 라고도 부름) 제국이 등장하게 된다. 이들이 남부 태국과 말레이의 두 번째 지역 강자였다. 스리비자야는 인도와 중국을 연결하는 항로 한 가운데 있을 뿐 아니라, 말라카 해협과 순다 해협의 중앙에 위치한 유리한 지리적 조건으로 인해 8세기가 되면서 해상무역국가로 빠르게 발전하기 시작한다. 마침 서쪽의 이슬람 제국에서 무역상선(商船)들이 자주 이 지역을 통해 동쪽으로 교역을 확대하기 시작했으며, 중국 당나라도 풍부한 시장성을 파악하고 진출하기 시작한 때였기 때문에 스리비자야는 중계무역지로 번성할 수 있었다. 스리비자야는 불교가 융성했던 불교 왕국으로 10세기가 최전성기였으며, 그 후 점점 쇠락하다 14세기에 몰락하게 된다.

15세기 초에 이르면 스리비자야의 왕자였던 파라메스와라(Parameswara)가 마자파힛(Majapahit) 왕국의 침략을 피해서 말라카(Malacca) 해협에 말라카 왕국(1402-1511)을 창건하여 말레이(Malay) 반도에서 첫 독립 국가를 성립하게 된다. 말라카 왕국은 1402년 건국 할 때까지는 힌두 국가였지만, 1409년 필리핀 파사이(Pasay)의 공주와 결혼을 통해 이슬람으로 개종을 하면서 위로부터 이슬람화가 시작되었다. 그 후 무자파르 샤(Muzaffar Shah) 시기에 이슬람을 국교로 정하고 타이(Thai)의 아유타야(Ayutthaya) 왕조의 침공을 물리쳐 말레이 반도 전역과 수마트라 섬 동해안에 세력을 확대하면서 점차 동서 무역의 중계항으로 번영하기 시작했다. 무자파르 샤 사후 1459년 만수르(Mansour) 시대부터 자기를 술탄국(Sultanate)으로 자칭하면서, 이때부터 말라카 술탄국으로 불리기 시작했다. 만수르는 당대 아유타야의 속국인 파항[오늘날 말레이시아 파항(Pahang) 주]을 함락하기도 했다.

당시 말라카는 향신료 무역의 중계항으로서 인도, 중동에서 많은 이슬람 상선이 이곳을 찾아왔으며, 이 때문에 동남아시아 이슬람 포교의 거점이 된 지역이다. 또한 중국 명(明)나라의 영락제(永樂帝)가 파견한 해상 왕 정화(鄭和)의 함대가 남중국해와 인도양에서의 통상 패권을 목표로 하여 말라카를 근거지로 하여 기반을 닦은 곳이기도 하다. 이때부터 말라카는 명(明)의 충실한 조공국이 되었다. 중국어로 말라카는 '완러지아(滿剌加)'로 표기한다. 현재 말레이시아에는 이 이름을 계승한 말라카 주가 있다. 말라카 술탄국은 16세기 1511년 동방으로의 진출을 노리던 포르투갈에 대패하면서 함락되고, 남쪽으로 피신하여 조호르(Johor) 술탄국을 세우게 된다. 이후 네덜란드, 영국의 영향권 아래 긴 서구 식민주의 시대를 겪게 된다.

남부 태국 빠따니(말레이)의 등장과 변천

1511년에 말라카 해협 무역을 주도하던 말라카 술탄국이 멸망당하고 나서, 말레이 무역의 중심은 현재 태국의 빠따니(Pattani) 주를 중심으로 하는 빠따니 왕국으로 넘어가게 된다. 빠따니 왕국은 말라카 왕국이 망한 후 5년이 지나서 1516년에 건국된다. 당시 16-17세기 대항해 시대를 맞이하면서 지난 과거부터 남중국해와 인도양의 강자였던 중국, 인도 이외에도 서구의 해상강국으로 등장한 포르투갈, 네덜란드 영국이 무역 사무소(商館)를 빠따니에 설립했으며, 일본 상선들도 드나들면서 일본인 거리도 형성되어 있었다.

빠따니 왕국은 4명의 여왕 라투 히자우(Ratu Hijau), 라투 비루(Ratu Biru), 라투 웅우(Ratu Ungu), 라투 쿠닝(Ratu

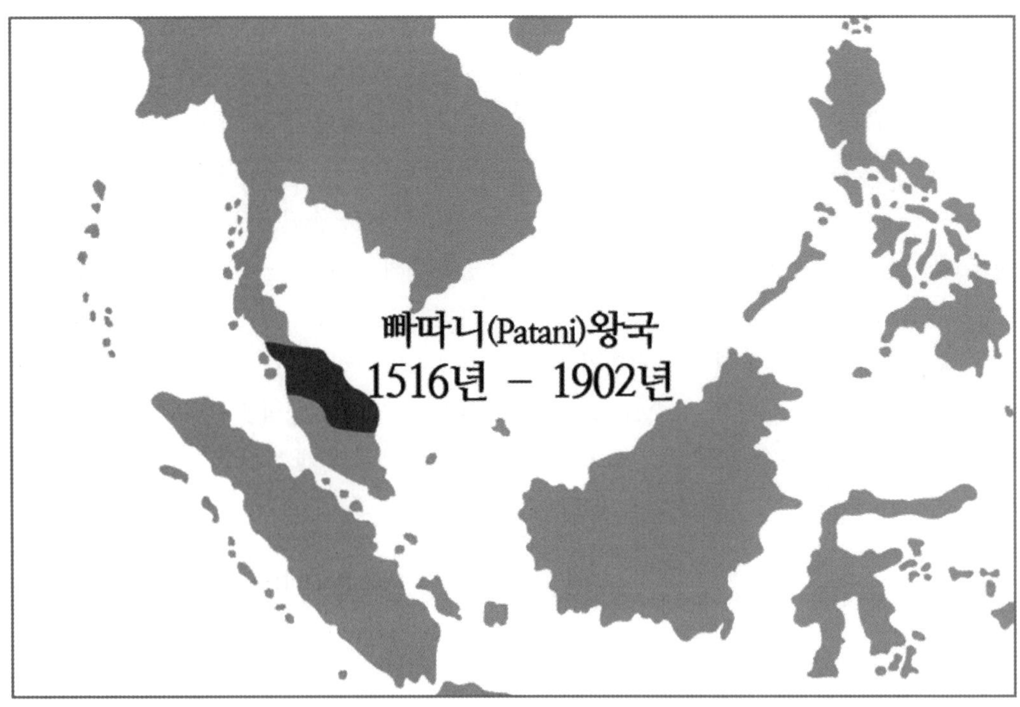

Kuning)시기에 최전성 시기를 맞이하게 된다. 당시 중국의 복건(福建), 광동(廣東)에서 중국 이주민들이 계속해서 유입되기 시작했으며, 이들이 이슬람화하여 관리로 근무했다는 기록도 남아 있다. 이때 빠따니 왕국은 같은 시기 무역으로 번성했던 인도네시아 수마트라 섬 북부 아쩨(Aceh) 술탄국과 경쟁 상대였다. 한편 빠따니 왕국은 정치적으로는 14세기, 15세기를 거치면서 중부 타이 족 중심의 태국 수코타이 왕국, 아유타야 왕국의 남하 정책과 팽창, 무역항 확보와 통치 아래에서 절반의 독립 상태로 존속해 오고 있었다. 술탄 무자파르 샤 시기에는 무력을 동원하여 태국으로부터 독립을 꾀하기도 했지만 결국 실패하였다. 그러던 중 아유타야 왕조가 1767년 강력한 버마에 의해 멸망당하면서 빠따니 왕국은 잠시 완전한 자립을 이루게 된다. 그러나 그 후 얼마 되지 않아 방콕에 짜끄리(Chakri) 왕조가 들어섰고, 왕조를 연 라마 1세[프라풋타엿파쭐라록(Phra Phutthayotfa Chulalok), Rama I]는 1795-1796년에 걸쳐 다시 빠따니를 정복하여 빠따니를 얄라, 나라티왓 등 더 작은 지역들로 분할하여서 통치하기 시작하였다.

짜끄리 왕조의 창시자인 프라풋타엿파쭐라록 왕(1737~1809)

태국의 근대화를 이끈 쭐라롱꼰 왕(1853~1910)

20세기 1902년에는 라마 5세였던 쭐라롱꼰(Chulalongkorn, Rama V) 왕에 의해 개혁의 일환으로 빠따니 지역을 방콕 중앙정부의 직접 통치 아래 편입시켰으나, 주민들의 이슬람 의식 각성과 정부의 냉탕과 온탕사이의 일관되지 못한 임시변통적인 정책적 착오로 지금까지도 폭력 시위와 반란이 계속되는 지역이 되고 말았다. 직접적으로는 1909년 영국과 시암(Siam)간 체결된 방콕 조약(Bangkok Treaty)으로 인하여 빠따니 령의 일부인 태국 남부의 3개 주(州) 빠따니, 얄라, 나라티왓이 각각 독립된 행정 주로 완전히 분리 분할되었을 뿐 아니라, 말레이시아 케다 주의 한 지역이었던 사뚠이 태국의 한 영토로 복속되었다. 사뚠은 그 후 푸껫(Phuket)에 편입되었다가, 1933년에 정식으로 남부 태국의 한 주가 되었다.

일반적으로 태국의 무슬림이 다수인 3개 주하면 빠따니, 얄라, 나라티왓을 가리킨다. 이유는 세 지역에서 무슬림 인구가 무려 80~88%를 차지하고 있기 때문이다. 여기에 무슬림이 68%를 차지하는 사뚠 주까지 포함시켜서 태국의 4대 무슬림 지역으로 부르기도 한다. 이들은 원래 종족적으로 타이 족이 아니라, 말레이 족이다. 언어

빠따니 Bic C 마트

도 말레이어의 한 종류인 자위어(Jawi)를 사용하고 있으며, 이슬람 문화와 풍습, 전통을 과거부터 대대로 지켜오고 있었다. 그런데 근대 태국시기인 1910년 쭐라롱꼰 대왕의 행정 개혁으로 큰 변화를 맞게 된다.

그동안 자치권을 인정받아 고유의 문화와 종교, 언어를 고수해왔는데, 방콕 중앙정부가 지방 영주들의 권한을 대폭 축소시키고 중앙정부에서 파견한 태국인 관료들을 무슬림 지역의 영주로 대치시키는 개혁을 시행하면서 남부 태국 무슬림에 대한 강압적인 동화정책을 시도하였기 때문이다. 이때부터 빠따니 말레이 주민들의 태

국 정부에 대한 반발과 찬란했던 과거 빠따니 왕국 시절의 기억을 주요동인(動因)으로 하여 빠따니 왕국의 부활을 위한 분리 독립운동이 현재까지 벌어지고 있다.

특별히 2천 년대 들어 태국 북동부 이산지역에서 가장 많은 인기를 구가했던 탁신(Thaksin) 정부 시절, 태국 총리 탁신이 불교 민족주의를 표방하면서 남부 무슬림들을 인권적으로 탄압하고, 이들을 테러리스트라고 규정한데다가, 경제적으로도 차별함으로 2004년 빠따니 무슬림 폭동에 불을 지폈다.

태국 정부가 남부 무슬림을 탄압하고 테러리스트로 규정하여 무슬림 폭동이 일어났을 때 진압과정에서 생긴 총탄자국이 남아 있는 크르세 모스크

나오면서

지금까지 주로 빠따니 말레이 무슬림에 초점을 맞추어 남부 태국의 의미와 중요성을 살펴보았다. 특별히 역사적인 전개와 지역 변천사를 위주로 남부의 특징과 개략적인 이해에 주안점을 두었다. 이유는 현재 미전도종족의 실제에서 17억 제 1위 거대 미전도종족군인 이슬람권 사람들 중 복음 전파가 자유로운 비교우위 국가 태국 남부에 빠따니 말레이족이 미전도종족으로 200만 명 이상 존재하고 있기 때문이다.

이들은 한국교회와 선교사들에게 시리아의 ISIS (Islamic State of Iraq and Syria)로 촉발된 이슬람 테러로 인한 중동 이슬람선교에 대한 두려움과 안전 문제, 선교사 비자 문제 등에 있어 상대적으로 대단히 자유롭다.

태국 남부는 ^{아직도} 선교사가 고프다

글 | 강 호세아(SIReNer)

뜨랑 장로 교회

태국 기독교의 시작은 1555년 두 명의 포르투갈 출신 가톨릭 선교사에 의해 시작되었다. 개신교(1828년)보다 273년 앞서서 시작된 것이다. 태국 왕실은 대체로 가톨릭 선교사에 대해 우호적인 편이었으나, 선교의 열매는 미약했다. 더욱이 1688년 선교사 코스탄틴 풀콘(Costantino Paulkon)이 프랑스의 태국 침략과 연관된 내란 음모 사건으로 처형당하면서 이후 거의 150여 년간 선교의 문이 닫히게 된다. 강력한 불교와 정치적 문제가 결부되면서 오랜 선교 역사에도 불구하고 사실상 가톨릭 선교는 그 벽을 넘지 못했다.[1]

이후 맥길버리의 사역은 1878년 쫄라롱꼰(Chulalongkorn, Rama V) 왕에 의해 태국 북부지역에서의 자유로운 선교를 보장하는 '종교관용칙령(Proclamation of Religious Toleration)'이 공포되면서, 치앙마이(Chiang Mai)와 태국 북부를 넘어 당시 태국의 영향 하에 있던 지금의 라오스로까지 확장되어 갔다. 방콕(Bangkok)은 태국의 수도이기 때문에 예나 지금이나 태국 선교의 중심이 될 수밖에 없다. 그에 반해 치앙마이는 맥길버리의 도전으로 북부의 소수종족들이 새로운 선교 기회가 되어 부흥할 수 있었다. 그 결과 치앙마이는 방콕에 버금가는 태국 기독교와 선교의 중심지가 되었다. 맥길버리의 치앙마이 도전은 당시로서는 획기적이었고, 그 열매도 컸다. 그러나 이후 또 다른 지역에서 제2, 제3의 치앙마이는 등장하지 못했다. 그리고 사실상 이때부터 태국 선교의 판도는 방콕과 치앙마이 중심으로 굳어지게 된다. 물론 다른 지역에 대한 시도들이 계속되었지만 한계가 있었고, 결국 거의 대부분의 선교 역량이 이 두 지역으로 집중되어 온 것이다.

1956년 태국에 첫발을 디딘 한국 선교사들 역시 지난 60여 년간 그 판도를 벗어나지 못하고 있어 '선교사 과밀, 중복 선교'라는 문제가 제기되고 있다. 그런데 500년 가까운 가톨릭 선교는 물론 190년 개신교 선교역사에도 불구하고 태국은 복음화율 1% 미만으로 여전히 미전도지역이다. 강력한 불교에 기반한 혼합주의 토양과 태국 내부의 정치문화적 환경 자체가 진정한 복음화를 위한 선교는 어려운 지역임에 틀림없다. 그러나 과거 맥길버리처럼 지금도 방콕이나 치앙마이만이 아닌 동북부 이산(Isan)이나 남부 지역 같은 선교 불모지에서도 새로운 선교 기회를 포착하고 개척하는 시도와 전략적인 집중이 필요해 보인다. 이러한 맥락에서 본지는 2018년 한 해 동안, 인구 2,300만(태국 전체 인구 6,900만의 약 ⅓), 태국 국토 면적의 약 ⅓에 달하지만, 한국인 선교사는 80여 unit에 불과한 동북부 이산 지역 현장을 리서치하고,

---

[1] 손승호, '한국교회 태국선교의 역사', 한국 기독교와 역사 제 28호 p48.

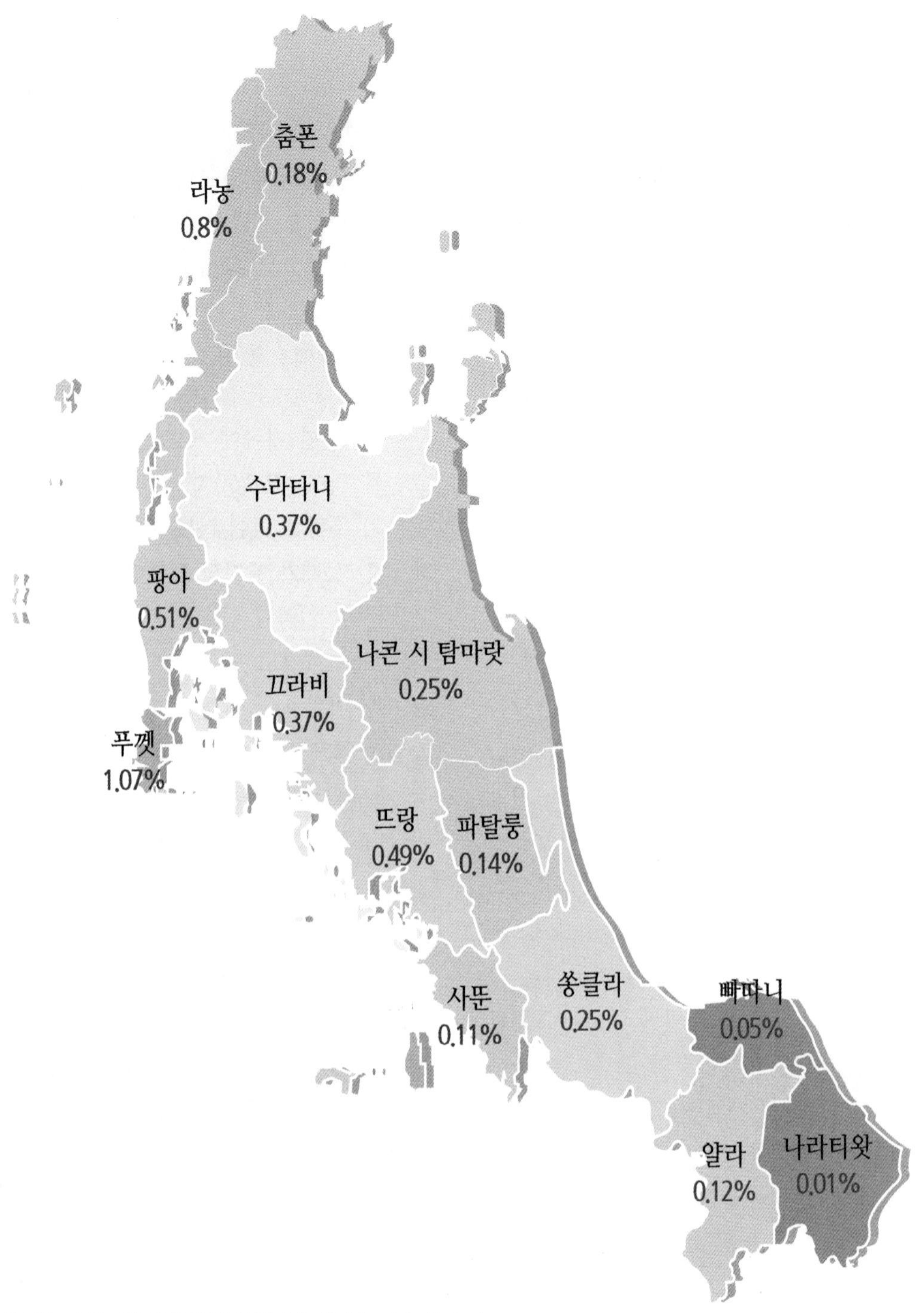

태국 남부 지역별 기독교인 비율(2021년 3월), 출처: eSTAR foundation Thailand

UPMA의 웹저널 CAS를 통해 집중적으로 다루었다(CAS11호-15호). 그리고 이제 이산 지역 못지않은 기회의 땅, 태국 남부 지역을 주목하고 있다. 그래서 여기서는 한국 교회에 잘 알려져 있지 않은 태국 남부의 교회와 선교 현황을 살펴봄으로써 이 지역의 전략적 가치를 나누고자 한다.

태국 남부는 일반적으로 행정구역상 춤폰(Chumphon) 주 이남의 14개 주를 포괄하는 지역을 의미한다. 인종적으로는 주로 '팍타이(Pak Tai)' 족이라고 불리는 남부 태국인들과 말레이시아 접경 지역의 말레이족 등 전체적으로 약 900만 명이 거주하고 있다. 본 선교회에서는 2018년 '태국 남부 현장 리서치'[2]에서 태국 남부를 아래와 같이 3개 지역으로 구분하기도 하였다.

- 안다만(Andaman, 서부해안) 벨트 : 라농, 팡아, 푸껫, 끄라비, 뜨랑
- 타이만(Gulf of Thai, 동부해안) 벨트 : 춤폰, 수라타니, 나콘 시 탐마랏, 파탈룽, 쏭클라
- 빠따니 말레이(Patani Malay, 말레이시아 접경) 벨트 : 빠따니, 얄라, 나라티왓, 사뚠

안다만(Andaman) 벨트 지역은 푸껫(Phuket)을 중심으로 주로 관광 산업이 발달한 지역이고, 타이 만(Gulf of Thailand) 벨트 지역은 나콘 시 탐마랏(Nakhon Si Thammarat, 이하 나콘)을 중심으로 태국 불교의 본산이라 불리는 전통적인 불교지역이며, 빠따니 말레이(Pattani Malay) 벨트 지역은 일반적인 태국과는 이질적인 인종, 문화의 이슬람 강성 지역이다.

태국 남부 선교의 시작은 1899년 후반, 미국 장로교의 시암 선교회(방콕)와 펫차부리(Phetchaburi) 선교회가 협력하여 남부지방을 처음으로 선교하면서부터이다. 이듬해 1900년에는 나콘에, 1910년에는 뜨랑에 선교기지가 세워지면서 남부지방 선교가 본격화되었다. 후에 설립된 태국 CCT(The Church of Christ in Thailand, 태국기독교총회, 1934년 설립) 교단은 나콘을 중심으로 9노회, 나콘 서쪽 뜨랑(Trang)을 중심으로 17노회, 나콘 북쪽에 위치한 수라타니(Suratthani)로부터 중부의 관문인 펫차부리까지 아우르는 8노회를 세우고, 이슬람 지역인 빠따니 말레이 4개 주는 얄라(Yala)에 무지역 노회인 12노회를 세웠다.

CCT 교단 남부 노회의 대표적인 교회는 처음 선교가 시작되었던 나콘에 세워진 120년 역사의 베들레헴 교회이다. 성도 수가 100여 명 정도 되는 이곳은 태국 남부 교회가 모두 존경하는 텅므안 쑥반 목사[3]가 40년간 담임 목회했던 교회이다. 태

---

(2) UPMA는 태국을 중심으로 한 인도차이나 반도 리서치의 일환으로 2018.8.16- 9.7까지 23일간 태국 남부 11개 주(14개 주에서 라농, 춤폰, 수라타니 제외), 총 13개 도시를 리서치하였다.

(3) 본 책의 Ⅳ. 태국 남부와 빠따니 말레이 I 엄마가 만난 사람, '텅므안 쑥반, 까룬 쑥반 목사 부부' 글을 참조

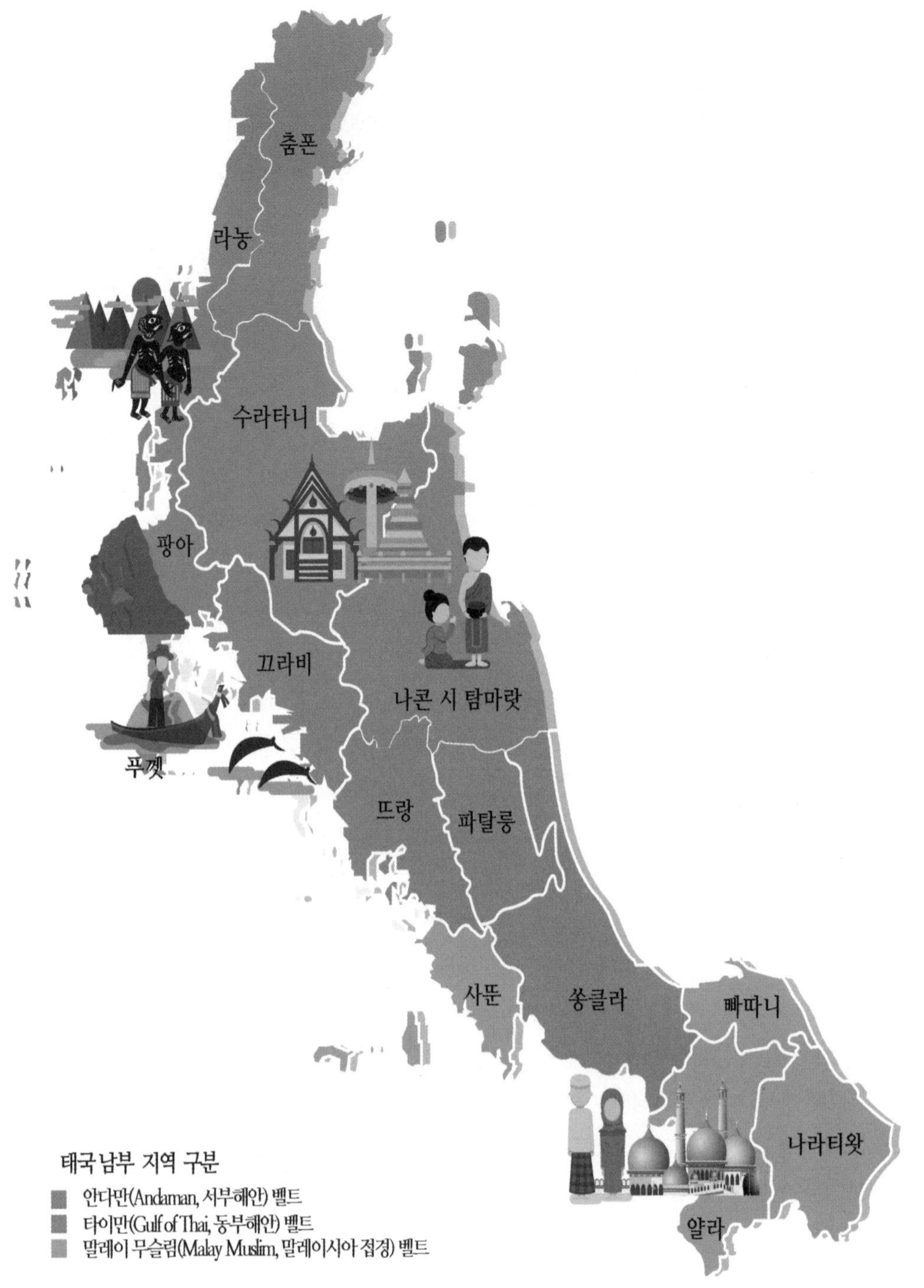

춤폰
라농
수라타니
팡아
끄라비
나콘 시 탐마랏
뜨랑
파탈룽
푸껫
사뚠
쏭클라
빠따니
나라티왓
얄라
태국 남부 지역 구분
안다만(Andaman, 서부해안) 벨트
타이만(Gulf of Thai, 동부해안) 벨트
말레이 무슬림(Malay Muslim, 말레이시아 접경) 벨트국 CCT 교단의 담임목사직은 4년마다 재신임 투표를 하도록 되어 있음을 감안할 때 특이할 만한 일이라 할 수 있다. 나콘에는 초창기 선교사들이 베들레헴 교회와 함께 세운 병원(Nakhain Hospital)과 학교(Si Thammarat Suksa)가 있다.[4] 베들레헴 교회가 가장 전통 있는 교회라면, 뜨랑 주의 뜨랑 교회는 주로 화교 중심의 교회로, 재적성도 수가 1,000여명에 달할 정도로 남부에서 가장 부흥한 교회라 할 수 있다. 과거 중국인 선교사에 의해 많은 이적을 경험하고, 후에 제자훈련이 잘 이루어져 부흥할 수 있었다고 한다. CCT 교단에 소속되지 않은 교회들과 주로 선교단체들이 연합하여 1954년에 세운 EFT(Evangelical Fellowship of Thailand, 태국복음주의연맹)은 남부를 8개 지역[5]으로 나누고, 8개 지역의 지역장과 15명의 실행위원을 두어 사역하고 있다. 현지에서 EFT(Evangelical Fellowship of Thailand, 태국복음주의연맹)은 일반적으로 CCT가 조직과 기관사역이 강한데 반해, 보다 전도와 교회개척 중심적이라고 알려져 있다. 남부 EFT 교단의 주요 교회로는 핫야이 순복음 교회(300명 성도), 핫야이 HIM 교회(과거 방콕 소망 교회 지부), 푸껫 말렛판 교회(700~800명

성도)가 있다.[6] 또한 이밖에도 태국정부는 소수의 침례교, 제칠일안식교, 가톨릭을 공식적으로 기독교단으로 인정하고 있다.

남부 각 주(짱왓)별 교회와 교인 수 현황은 다음과 같다.(교단 무관)

주(짱왓)	교회수 (개)	기독교인 수(명)	기독교인 비율(%)
라농	60	1,503	0.8
팡아	36	1,351	0.51
푸껫	48	4,138	1.07
끄라비	25	1,698	0.37
뜨랑	25	3,148	0.49
사뚠	12	343	0.11
얄라	10	629	0.12
춤폰	21	884	0.18
수라나티	61	3,715	0.36
나콘 시 탐마랏	61	3,865	0.25
파탈룽	13	707	0.14
쏭클라	53	3,498	0.25
빠따니	7	338	0.05
나라티왓	3	93	0.01
총 교회수	435	총 기독교인 수(명)	25,910

태국 남부 14개주 기독교 현황(2021년 3월)
출처: Estar foundation(www.estar.ws)

위와 같이 교회들이 있지만, 일부 주요 교회들을 제외하면 대부분이 교인수 20-30명 미만의 미자립 교회들인 형편이

---

(4) 나콘 시 탐마랏 주재 권오혁 선교사 인터뷰(2018.8.24)

(5) ① 쏭클라 ② 빠따니, 얄라, 나라티왓 ③ 나콘 시 탐마랏 ④ 사뚠, 뜨랑, 파탈룽 ⑤ 푸껫, 팡아, 끄라비 ⑥ 수라타니 ⑦ 춤폰, 라농 ⑧ 프라추압피리칸

(6) 태국 남부 최남단 사다오 교회(EFT 소속) 끄리사다 목사 인터뷰 (2018.9.2).

다. 태국 선교역사가 191년, 남부 선교역사가 120년 가까이 되었고, 교단을 갖춘 지도 85년이나 되었으니, 이것만 놓고 보면 태국 전체나 남부 지역 기독교에 무엇인가 가시적인 결과가 있기를 기대해볼 만도 하다.

그러나 위 통계에서 보듯 태국 남부의 기독교 상황은 상당히 아쉬운 현실이다. 태국 남부만 놓고 볼 때, 전체 인구 9,290,708 명 대비 총 기독교인(25,910명) 비율은 0.3%도 되지 않는다. 이는 방콕(1.1%), 치앙마이(6.37%)는 물론 태국 전체 기독교인 비율(0.77%)보다도 훨씬 낮은 수치이다.(*Estar foundation, www.estar.ws) 2021. 3. 통계 기준)

물론 현재 남부의 성도들을 생각하면 강력한 불교 토양에서 그들이 신앙을 지키고, 교회를 지키기 위해 얼마나 많은 헌신과 수고를 감당했을지는 충분히 인정되어야 하고, 또한 단순히 파악된 숫자만으로 평하기는 조심스럽다. 다만 이 통계가 분명히 우리에게 말해주는 것 하나는 어쨌든 이것이 지금 태국 남부 복음화의 현실이라는 것이다. 그것은 태국 남부가 지금도 계속해서 이 지역과 사람들에게 맞는 방식으로 복음이 전해져야 하고, 누군가 태국 선교를 하려고 한다면 우선적으로 이곳을 고려하도록 강권해야 할 만큼 선교적 필요가 큰 지역이라는 의미이기도 하다. 그 필요를 더

욱 선명하게 하는 것은 다음의 태국 남부의 선교사 현황이다.(한인 선교사 기준)

주(짱왓)	선교사 수
라농	1
팡아	1
푸껫	2
사뚠	0
얄라	0
춤폰	1
나콘 시 탐마랏	5
끄라비	5
쏭클라	5
나라티왓	0
수라타니	4
파탈룽	0
뜨랑	0
빠따니	0
기타	3
총계	**27**

태국 남부 14개주 한국인 선교사 현황(2019년 2월)
자료제공: 권오혁 선교사(나콘 27년 사역)

위 통계에서 보듯 태국 남부(총 인구 9,290,708명)에 상주하며 사역하는 한국인 선교사는 총 27가정인데, 이는 산술적으로 선교사 1가정 당 약 35만 명을 감당해야 하는 수준이다. 앞서 언급한 역시 미전도지역인 태국 동북부 이산 지역이 인구 약 2,300만 명에 상주 선교사 85가정으로 선교사 1

가정 당 약 27만 명 수준임을 고려하면, 선교사 비율 면에서 태국 남부의 선교적 공백이 더 심각하다고 할 수 있다.[7] 이는 곧 이산 지역과 함께 태국 남부 지역으로도 더 많은 선교사와 선교자원들이 투입되어야 할 필요를 역설하는 것이다.

앞서 언급한 2018년 현장 리서치에서 본 리서치 팀은 여러 선교사들을 만나 인터뷰 했다. 그 중 태국 남부에서만 올해로 27년째 사역하고 있는 나콘의 권오혁 선교사는 "태국에 헌신한 많은 선교사들이 방콕까지는 오는데, 남부로 오는 선교사는 거의 없다."라며 태국 남부의 한국 선교사 부족(또는 기피)에 대해 아쉬워했다.

또 태국 동북부 콘깬(Khon Kaen)에서 3년간 교회개척 사역을 하다가 남부로 이주해 온 정지명 선교사는 자신의 자발적 재배치의 이유에 대해 "콘깬에서 개척한 교회가 자립하게 되어 하나님께서 복음이 더 필요한 곳에서 새로운 교회를 개척할 마음을 주셔서 오게 되었다."라고 설명했다. 우리가 때마침 이런 경우의 선교사 가정을 만날 수 있었던 것은 참 감사한 일이었으나, 안타깝게도 실상 정 선교사와 같은 '복음이 더 필요한 곳으로의 자발적 재배치' 사례는 정말 찾아보기 드문 일이라고 한다.

태국에는 전 세계에서 손꼽힐 정도로 많은 선교사가 파송된 나라이지만, 여전히 미복음화 국가이다. 그러나 태국 남부는 그 많은 선교사마저도 가져보지도 못한, 방콕까지는 오지만 남부까지는 내려오지 않는다는 저(低) 파송 지역이다. 복음 전래 120년에 가까운 기독교 역사를 가진 태국 남부, 그러나 이곳은 여전히 복음이 고프고, 복음 전할 선교사가 고프다.

---

(7) 지역 단위가 달라 단순 비교는 어려우나, 일반적으로 방콕(약 570만 인구) 거주 선교사 수를 약 500가정으로 추산할 때, 선교사 1가정 당 약 11,400명 수준인 것과 비교하면 상당한 차이를 보인다.

태국 남부 SOUTH THAILAND를 가다

글 | 채 형림(SIReNer)

핫야이 공항

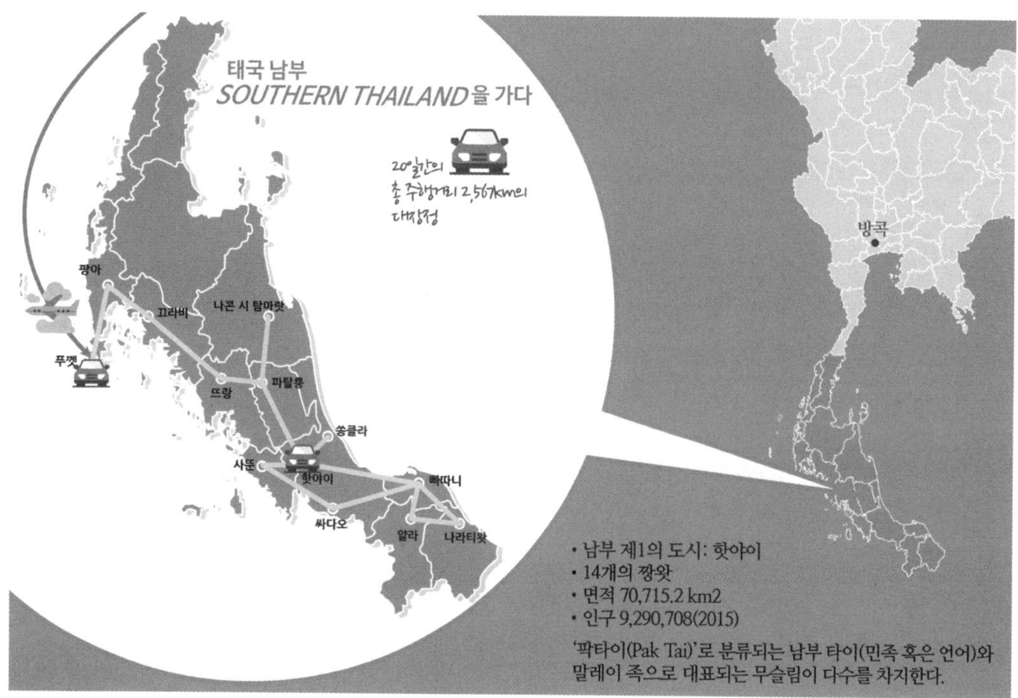

2018년 8-9월 약 20여 일 동안 4명의 SIReNer는 태국 남부의 총 14개 중 11개의 짱왓(Changwat, province 개념의 태국 행정단위), 15개 도시를 방문하여, 총 주행거리 2,567km의 대장정을 마쳤다. 태국 남부는 안다만(Andaman)해와 타이만(Gulf of Thailand) 사이의 말레이반도 일부 지역을 말하며, 지리적인 구분으로 태국의 춤폰(Chumphon)을 시작으로 최남단의 나라티왓(Narathiwat)까지 총 14개의 짱왓을 포함한다.

태국의 다른 지역과는 달리 서늘한 겨울철이 없는 남부는, 긴 우기(1년 2차례)가 있는 고온 다습한 아열대성 기후를 보인다. 이런 기후로 인해 태국 내 최대 고무 생산량(70%)을 자랑한다. 동서로 바다와 인접해 어업이 발달하여 풍성한 해산물을 접할 수 있다. 남부의 도로위로 펼쳐진 푸르른 고무나무와 저렴한 가격으로 배불리 먹었던 해산물 뷔페가 불현듯 그리워진다.

이름난 휴양지인 푸껫(Phuket), 끄라비(Krabi) 외에는 잘 알려진 바가 없는 남부 지역에 눈을 돌리게 된 것은 태국 내에서도 복음화율 0.2%이하의 미전도전방개척 지역인데다 미전도종족인 빠따니 말레이(Pattani Malay) 종족(0.01% 복음화율)

나콘 시 탐마랏에 위치한 해산물 뷔페식당(랑쿽식당)

이 다수를 이루는 지역이 포함되어 있기 때문이었다. 게다가 최근에 남부 전역으로 이슬람의 확산이 빨라지고 있다는 '이슬람 북진설'에 대한 실태파악이 필요하다는 판단이 주요했다. 불교의 나라 태국에 무슬림이 있다는 사실에 의아해 하실 분들이 있을 것이다. 그러나 태국 전역에 6백만이 넘는 무슬림이 거주한다는 사실을 아는 이는 매우 드물다.

특히 말레이시아에 인접한 태국 남부 3개 짱왓[빠따니(Pattani), 얄라(Yala) , 나라티왓(Narathiwat)]에는 '자위어(Jawi)'라고 불리는 말레이 방언을 구사하며 이슬람을 믿는 빠따니 말레이 무슬림들이 많이 산다(인구의 약 80%). 사뚠(Satun)도 다수의 말레이계 무슬림(70%)이 거주하는 곳이지만 빠따니 말레이와는 다른 말레이시아 케다(Kedah, 끄다) 방언을 사용하고, 10% 미만만이 자신을 말레이 족이라 주장하는 상당히 태국화된 무슬림들이다.

그러나 언어, 종교, 민족적으로 말레이의 일부였던 지역이 불교 국가인 태국에 속하면서 그에 따른 갈등과 분리 독립운동이 남부 남단의 4개 짱왓에서 끊임없이 일어났다. 2000년대 이후로 급증한 크고 작은 폭발 사고와 총기 사건으로 인한 공포와

'팍타이'라 불리는 남부 타이 사람(과거 중국인들과 몬-크메르계열 사이의 후손들로 알려져있다)

불안이 커지면서, 남부에 대한 인식은 높은 범죄율, 지방 특유의 관료적 부패와 밀수 등 부정적인 평판이 대분을 차지하였다. 남부 지역 사람들 역시 중앙 정부로부터의 멸시와 차별을 받으면서, 불평등에 대한 지역적 반감이 증가하며 남부특유의 독립적인 지역적 정서를 형성해 왔다.

필자는 이러한 정서는 사실상 정치, 경제와 맞물려 남부 무슬림들의 도시 이주를 부추기는 주요 원인이 되었다고 본다. 치안과 교육이 불안전하고 다른 지역에 비해 열악한 사회 속에서 살아가는 것은 힘든 일이었을 것이다. 게다가 2004년 동남아시아를 덮친 쓰나미의 피해로 많은 이들이 삶의 터전을 떠났다고 현지 사역자들은 전한다.

태국 남부지역에서 발생하고 있는 '이슬람 북진설'은 강경 무슬림의 전략으로 인한 이슬람의 확산이건, 아니면 정치나 경제 혹은 기후적인 이유에서의 자연적인 확산이건 태국 남부 말레이들의 이주는 서서히 지속적으로 진행되고 있다는 점에서 맞는 이야기다. 이는 "이슬람이 몰려오고 있다."며 날을 세우고 단지 경각심을 갖기보다, 그들이 복음을 보다 접하기 쉬운 거점도시로 "가까워지고 있다."는 기회로 볼 수 있기를 바라는 마음이다. 그러나 태국 남부를

말레이시아, 중국, 파키스탄, 방글라데시, 인도네시아에서 유입된 남부 타이 무슬림

단순하게 무슬림 권역이라고만 오해하지 말기 바란다. 남부에는 빠따니 말레이 종족 외에 다양한 종족그룹이 존재한다.(*종족들의 숫자는 joshuaproject를 참고, 2021)

'팍타이(Pak Tai)'라 불리는 남부 타이는 가장 큰 그룹(5,099,000명, joshuaproject)으로, 주로 불교도들(99.10%)이며 몇 세기 전부터 중국으로부터 이주해 살아온 중국인들과 몬 크메르(Mon - Khmer) 계열 사이의 후손들이다. 이들은 방콕(Bangkok)을 중심으로 한 태국 중부에 거주하는 타이인들과는 구분되어 같은 타이어를 사용하지만 중부인 들로부터 자주 무시를 당해왔다. 팍타이의 언어 구조상 목소리가 크고 싸우는 듯 하고, 성격이 과격하고 의지가 강하며 고집이 센 편이다. 이로 인해 타 지역사람들이 적응을 못하고 극성스럽다고 여기는 경우가 많다고 한다.

두 번째 그룹은 남부 타이 무슬림(1,328,000명)으로 주로 말레이시아, 중국, 파키스탄, 방글라데시, 인도네시아에서 유입된 무슬림들이 이에 속한다. 빠따니 말레이(Pattani Malay) 족(1,035,000명)이 그 뒤를 잇는다. 이들은 빠따니 말레이 왕국의 후손들로 주로 빠따니, 얄라, 나라티왓 주에 거주하고 있다. 이들의 대부분이 무슬림이다.

그 외 상당수의 중국계 타이가 있다. 남부뿐만 아니라 태국 전역에 걸쳐 넓게 퍼져있어 정확한 숫자는 알 수 없지만, 핫야이 주변 남쪽 지역의 상권을 가진 이들로 상당한 경제력을 지닌 그룹이다.태국 남부는 다양한 종족그룹이 존재하는 것과 같이 말레이 무슬림의 문화 외에도 힌두교와 토착신앙이 혼합된 불교와 오래전부터 무역으로 교역을 하며 정착해 온 중국인들의 문화까지 합해진 독특한 남부만의 문화를 형성해 왔다.

'부처의 도시'라는 뜻을 가진 나콘 시 탐마랏(Nakhon Si Thammarat, 이하 나콘)은 일찍부터 소승불교를 받아들인 곳으로, 태국 남부 불교의 중심지라는 자부심이 강하다. 나콘 도심에는 국보급의 남부 최대의 절인 '왓 쁘라마하탓(Wat Phra Mahathat)'과 80개 이상의 대형 사원들은 불교문화의 정수를 보여준다.

이 외에 독특한 중국계 태국인들의 토착신앙의 전통 '낀제(Vegetarian Festival)'가 있다. 태국 남부 전역에서 강하게 지켜지고 있는 전통으로, 과거 푸껫(Phuket)의 광산 개발에 투입되었던 중국 노동자들 사이에 퍼진 열병을 막기 위해 채소만 먹으며 신을 달래는 제사로 시작되었다고 한다.

세계적인 축제로 명성이 높아져 수많은 사람들이 모여 드는데, 축제동안 자신의 몸을 자해하며 피를 흘리는 등의 쇼킹한 장면을 목격하게 될 수도 있다.

태국 남부 리서치를 끝내고 돌아보니 스치듯 지나간 순간들이 떠오른다. 안다만 해를 지나며 마주했던 아름다운 해안 절벽의 풍경, 대형 몰 KFC에서 버거를 주문하던 무슬림 소녀들, 자신과 다음세대의 신앙을 지켜내기 위해 평생 온갖 핍박을 견뎌낸 노년의 목사님, 얄라 거리에서 맛 본 한국 야쿠르트의 달달한 맛, 남부가 위험하지 않다며 이민을 오라던 중국 화교 부부... 셀 수없이 많은 이들 모두가 필자가 마주했던 아름다운 태국 남부였다.

이토록 아름다운 곳에 태국 이산(동북부)보다도 선교사나 교단의 도움이 턱없이 부족했던 이유는 무엇일까. 아마도 위협과 테러, 혹은 팍타이라 구분 짓고 분리시켰던 커다란 장벽들이 아름다움을 가리고 버티고 있었기 때문 아닐까. 태국 교단 내에서도 남부를 가장 사역하기 꺼리는 장소로 여길 정도로 복음에 소외되어 있는 곳, 그래서 더욱 외부 선교사들의 필요를 간절히 기다리고 있기에 이 기회를 활용해 보길 권해본다.

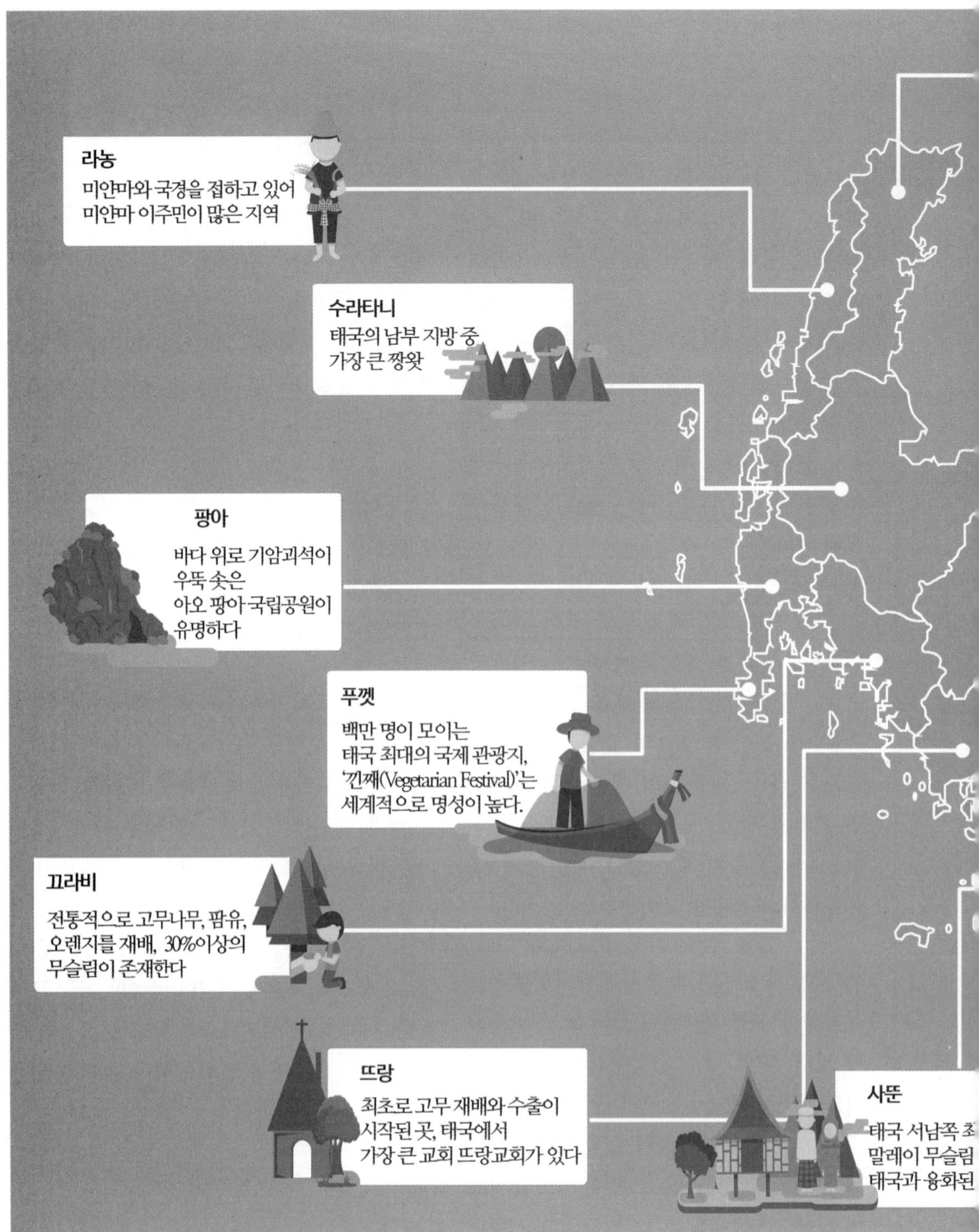

라농
미얀마와 국경을 접하고 있어
미얀마 이주민이 많은 지역

수라타니
태국의 남부 지방 중
가장 큰 짱왓

팡아
바다 위로 기암괴석이
우뚝 솟은
아오 팡아 국립공원이
유명하다

푸껫
백만 명이 모이는
태국 최대의 국제 관광지,
'낀째(Vegetarian Festival)'는
세계적으로 명성이 높다.

끄라비
전통적으로 고무나무, 팜유,
오렌지를 재배, 30%이상의
무슬림이 존재한다

뜨랑
최초로 고무 재배와 수출이
시작된 곳, 태국에서
가장 큰 교회 뜨랑교회가 있다

사뚠
태국 서남쪽 초
말레이 무슬림
태국과 융화된

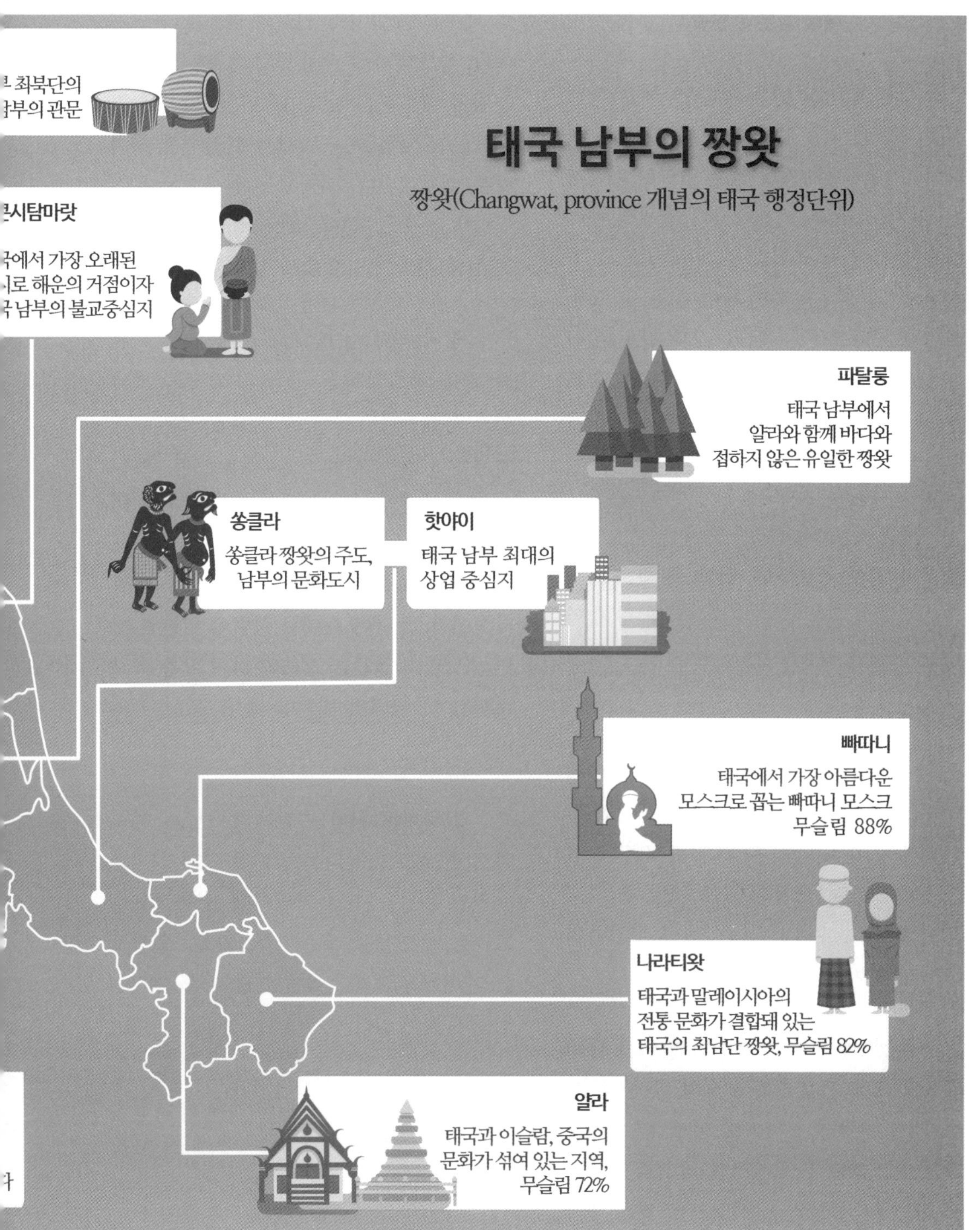
최북단의
부의 관문

시탐마랏
에서 가장 오래된
로 해운의 거점이자
남부의 불교중심지

태국 남부의 짱왓
짱왓(Changwat, province 개념의 태국 행정단위)

파탈룽
태국 남부에서
얄라와 함께 바다와
접하지 않은 유일한 짱왓

쏭클라
쏭클라 짱왓의 주도,
남부의 문화도시

핫야이
태국 남부 최대의
상업 중심지

빠따니
태국에서 가장 아름다운
모스크로 꼽는 빠따니 모스크
무슬림 88%

나라티왓
태국과 말레이시아의
전통 문화가 결합돼 있는
태국의 최남단 짱왓, 무슬림 82%

얄라
태국과 이슬람, 중국의
문화가 섞여 있는 지역,
무슬림 72%

태국 남부의 짱왓

라농(Ranong)은 안다만 해를 따라 서쪽 해안에 있는 태국의 남부 지방 중 하나이다. 태국에서 가장 적은 인구가 거주하는 짱왓(Changwat, province 개념의 태국 행정단위)이다. 라농은 미얀마 남단과 인접해 있다. 안다만 해를 사이에 둔 두 도시, 미얀마 꼬따웅(Kawthoung)과 라농은 타이 전통 보트인 롱테일 보트로 30분 정도면 오갈 수 있다. 미얀마와 국경을 접하고 있어 미얀마 이주민이 많은 곳이다.

춤폰(Chumpon)은 태국 남부지방으로 가는 길에 첫 번째로 만날 수 있는 짱왓으로 남부의 관문이다. 수라타니와 함께 타이만에 있는 섬들로 가기 위한 교통 도시 역할을 맡고 있다.

수라타니(Surat Thani)는 방콕에서 남쪽으로 약 65킬로미터 거리에 위치한 타이만의 항구 도시로, 태국 남부 지방의 현관으로 불린다. 태국의 남부 지방 중 가장 큰 짱왓으로, 수라타니는 ‘선한 사람들의 도시’를 의미한다.

푸껫(Phuket)은 해변이 많아서 태국 최대의 국제 관광지로 발전해 왔다. 2004년 12월 최악의 쓰나미로 인한 큰 피해가 있었지만 회복 후 국제적인 리조트 도시로서 한층 더 발전을 이루었다. 푸껫은 태국

의 대부분 지역처럼 인구의 다수는 불교도이나, 상당한 수의 무슬림(30%)이 있다. 무슬림의 대부분은 말레이족이며, 이곳에 거주하는 중국인들은 19세기에 이주한 주석 광부의 후손이다. 이들로부터 시작된 토착신앙의 전통인 ‘낀째(Vegetarian Festival)’는 남부 전역에서 강하게 지켜지고 있다.

팡아(Phang Nga)는 아름다운 해변과 많은 국립공원을 지닌 지역이다. 바다 위로 기암괴석이 우뚝 솟아 있는 아오 팡아 국립공원(Ao Phang-nga National Park) 등 여기저기 흩어진 섬에서는 씨 카누를 비롯한 해양 스포츠를 즐길 수 있다. 파니섬(Koh Panyi)은 약 500세대의 무슬림 어촌 마을이다. 쓰나미 피해로 사망한 이들을 위한 쓰나미 박물관을 방문해 당시 상황과 그로 인한 이 지역의 변화를 볼 수 있는 곳이다.

끄라비(Krabi)는 높이 솟아있는 석회암 절벽 뒤로 아름다운 바다가 펼쳐지는 환상적인 풍경을 지닌 지역이다. 전통적으로 끄라비 주민들은 고무나무, 팜유, 오렌지를 재배해왔고 최근에는 관광이 중요한 수입원이 되고 있다. 이 지역은 불교도(66%), 무슬림(33%), 모켄족(바다 집시)들이 주를 이룬다. 푸껫, 팡아, 끄라비 모두 무슬림들이 30%을 상회하지만 무슬림들에 의한 폭동이나 테러 등의 갈등은 발생하지 않으며

평화를 유지한다.

파탈룽(Phatthalung)은 태국 남부에서 얄라와 함께 바다와 접하지 않은 유일한 짱왓이다. 별다른 볼거리는 없지만 안다만과 타이만 사이에 위치에 동서를 잇는 곳이다. 대다수가 태국 불교도들이지만 무슬림이 11.1%를 차지한다. 파탈룽에 사는 많은 무슬림들은 태국계와 결혼하여 태국화 된 말레이 종족들이다. 뜨랑(Trang)은 태국에서 최초로 고무 재배와 수출이 시작된 곳으로, 900년 전부터 남부 지역에서 중요한 무역기지였던 지역이다. 뜨랑 타운자체는 별다른 볼거리는 없지만 중국에서 이주해 온 중국계 타이인들에 의해 세워진 태국에서 가장 큰 교회 뜨랑장로교회가 있다.

나콘시탐마랏(Nakhon Si Thammarat)은 태국 남부 스리비자야 왕국 시기인 775년 건립된 태국에서 가장 오래된 도시 중 하나로 옛날부터 해운의 거점으로 번영을 누린 지역이다. 태국 남부의 행정 중심지이며 태국 남부의 불교중심지로 알려진 나콘에는 국보급의 남부 최대의 절인 '왓 쁘라마하탓'과 80개 이상의 대형 사원들은 불교문화의 정수를 보여준다.

쏭클라(Songkhla)의 주도는 쏭클라지만 이 짱왓의 가장 큰 도시는 핫야이(Hat Yai)다. 핫야이는 가장 인구(약 16만 명)가 많은 남부 태국의 메트로폴리탄 지구로

남부 최대의 상업 중심지이다. 쏭클라 주는 말레이시아와 국경을 접하고 있어 무슬림이 많이 거주하며, 이슬람 색채가 강하게 느껴지는 것도 특징이다.

또한 말레이시아에서 건너온 비즈니스맨들을 상대로 한 유흥업도 발달해 있다. 태국 남부지방답게 화교와 무슬림이 어울려 살며 거리 곳곳에 중국어 간판과 히잡을 쓴 이슬람 여성들을 어렵지 않게 만날 수 있다. 최근 태국 남부 최대 크기의 모스크가 완공되었다.

주도인 쏭클라는 말레이시아 반도 동쪽에 있는 해변 휴양지 중의 하나다. 남부의 문화도시로 조용하고 한가로운 분위기가 느껴진다. 불교도는 인구의 70%이상이 불교도로 대부분이 태국인 또는 태국계 중국인 출신이고 약 20%정도의 무슬림이 있으며 대부분이 태국계 무슬림이다. 말레이 종족이라고 주장하는 사람들은 소수이며 쏭클라에 거주하는 말레이족은 민족과 문화면에서 말레이시아 켈란탄의 말레이족과 매우 유사하다. 그들은 빠타니 말레이어를 사용한다.

사뚠(Satun)은 태국 서남쪽 최남단에 위치해 말레이시아와 국경을 접하고 있다. 1813년까지 말레이시아의 영토였으며, 1925년이 되어서야 태국의 영토에 편입됐다. 태국 남부 도시들이 그러하듯 사뚠 또

한 무슬림의 영향이 강하게 느껴지는 곳으로 70% 정도의 무슬림이 거주한다. 인구의 10%만이 자신을 말레이종족이라 주장하고 대다수가 남부 타이어를 사용하며, 사뚠에서 사용되는 말레이방언은 빠따니 말레이어와는 다른 케다(Kedah) 방언에 훨씬 가깝다.

사뚠은 짜끄리(Chakri)왕조에서 아유타야와 시암 왕조에 이르기까지 강한 관계를 유지하는 케다 술탄국(Kedah Sultanate)에 속해 있었기 때문에 말레이 무슬림들은 일반적으로 심각한 종교적 주저없이 태국의 불교도와 결혼했다. 이 관례는 혼합된 사람이라는 의미의 'samsam'으로 알려진 사회 집단을 만들었다. 대부분의 samsams은 무슬림이다.

태국의 다른 무슬림 대다수와 달리 사뚠은 방콕의 중앙 권력과 정치적으로 대립한 역사를 가지고 있지 않으며 태국의 대다수를 구성하는 불교도들과의 긴장감을 갖고 있지 않다.

빠따니(Pattani)는 자연과 역사, 태국과 중국, 이슬람이 혼재된 문화 등 다양한 관광자원을 지닌 지역이다. 빠따니 센트럴 모스크(Pattani Central Mosque)는 태국에서 가장 아름다운 이슬람 사원으로 꼽힌다. 2014년 인구 조사에서 무슬림이 인구의 약 88%를 차지하고, 이 지역의 강경한 무슬림들은 자신을 빠따니 말레이 종족이라 주장한다. 이들의 상당수가 빠따니 말레이(Pattani Malay) 언어를 구사한다.

얄라(Yala)는 태국과 이슬람, 중국의 문화가 섞여 있는 지역이다. 주민들의 72%는 말레이어를 사용하는 무슬림들이며 주로 시골 지역에 거주한다. 나머지는 도시에 사는 태국인과 태국인 불교도들이다.

말레이시아와 국경을 접하고 있는 **나라티왓(Narathiwat)**은 태국과 말레이시아의 전통 문화가 결합돼 있는 태국의 최남단 짱왓이다. 주민의 82%는 무슬림이고 17.9%는 불교도이다. 또한 80.4%가 빠따니 말레이(Patani Malay)어를 모국어로 사용한다. 이들은 말레이시아의 켈란탄(Kelantan)의 말레이 종족과 민족 문화가 매우 유사하다.

'팍 따이'라 불리는 남부 타이가 가장 큰 그룹(5,054,000명, joshuaproject)으로이들은 주로 불교도들(99.10%)이며, 몇 세기 전 부터 중국으로부터 이주해 살아온중국인들과 몬–크메르계열 사이의 후손들이다. 이들은 방콕을 중심으로 한 태국 중부에 거주하는 타이인들과는 구분되어같은 타이어를 사용하지만 중부인들로부터 자주 무시를 당해왔다. 팍따이의 언어구조상 목소리가 크고 싸우는 듯 하고,성격이 과격하고 의지가 강하며 고집이 센 편이다. 이로 인해 타 지역사람들이 적응을 못하고 극성스럽다고여기는 경우가 많다고 한다.

남부 타이(팍 따이, Pak Tai)

'팍 따이'라는 그들의 고유 언어와 문화를 고집하는 집단 주의의식은 태국 내에서도 그들을 '마음이 검은 사람(콘 짜이 담)' 혹은 '물어뜯는 사람(콘 둣)'이라 부르게 되었다.

남부 무슬림(남부 타이, 빠따니 말레이)

남부 타이 무슬림(1,284,000명)와 빠따니 말레
이족(1,035,000명)이 두, 세 번째로 큰 그룹이
다. 남부 무슬림은 주로 말레이시아, 중국, 파
키스탄, 방글라데시, 인도네시아에서 유입된
무슬림들이며, 빠따니 말레이족은 빠따니 말레
이 왕국의 후손들로 주로 빠따니, 얄라, 나라티
왓 주에 거주하는 이들이다. 대다수가 무슬림
(인구의 약 80%)이며 '자위어(Jawi)'라고 불리
는 말레이 방언을 구사한다. 사뚠(Satun)도 다
수의 말레이계 무슬림(70%)이 거주하는 곳이
지만 빠따니 말레이와는 다른 말레이시아 케다
(kedah)계통의 방언을 사용한다. 이들은 태국
에 상당히 동화되었다.

중국계 타이

그 외 상당수의 중국계 타이가 있다. 남부뿐만
아니라 태국 전역에 걸쳐 넓게 퍼져있어 정확
한 숫자는 알 수 없지만 남부에는 약 10%정도
가 중국계라고 한다. 핫야이 주변 남쪽 지역의
상권을 가진 이들로 상당한 경제력을 가졌고,
태국 남부의 행정 중심도시 나콘도 차이나타운
을 중심으로 도시가 형성되어 있다. 특히 곳곳
마다 중국문화센터를 통해 그들의 정체성과 공
동체성을 강화시킨다.

태국 남부 전통과 불교의 뿌리, 나콘 시 탐마랏

글 | 채 형림(SIReNer)

나콘 시 탐마랏, 왓 쁘라 마하탓

나콘 시 탐마랏, 성벽터 old city wall

나콘 시 탐마랏(Nakhon Si Thammarat, 이하 나콘)은 나콘 시 탐마랏 주의 주도로 태국 남부에서 두 번째로 큰 도시(인구 1,561,927명, 2019년)이다. 나콘은 방콕(Bangkok)에서 남쪽으로 약 610km 떨어진 말레이 반도 동해안에 위치하여 역사적으로 태국 남부의 행정중심지 역할을 수행해 왔다.

태국에서 가장 오래된 도시 중 하나인 나콘이 언제 처음 세워졌는지 정확히 알 수는 없지만, 중국 당나라 문헌에도 등장할 정도로 역사가 깊다. 랑카수카(Lankasuka) 왕국 시대에는 'Ligor'라는 이름으로 인도 남부와 중국 간 무역 중심지로 발달했고, 인도네시아 수마트라를 기반으로 하는 스리비자야(Srivijaya) 왕국 통치 시기인 약 7세기경에는 'Tambralinga'라는 이름으로 오랫동안 동남아시아와 인도 대륙를 잇는 주요 무역항 역할을 해왔다. 17세기에는 영국, 포르투갈, 네덜란드 상인들이 많은 공장을 두고 광대한 무역이 이뤄지는 거점이 되기도 했다. 이러한 흔적은 나콘 공원(Sanam Na Muang Public Park)을 둘러싼 오래된 성벽터에서 발견되는데, 이 성벽은 나콘의 상징적인 쁘라 마하탓(Wat Phra Mahathat) 사원의 설립자이자

인 'Sri Thamma sokarat' 왕에 의해 건축된 것으로 12세기 중반의 것으로 추정되고 있다.

이러한 역사적 명성에 비해 지금의 나콘은 먼지 날리는 태국의 다른 도시들과 다를 바가 없어 보이지만, 도시 곳곳에는 태국 남부를 대표하는 역사와 전통에 대한 자부심의 흔적이 가득하다.

태국 남부의 고결한 사원, 왓 쁘라 마하탓

나콘은 인도와 스리랑카 사이에서 오랫동안 무역을 한 지역으로 경제 뿐 아니라 문화적으로도 긴밀한 유대관계를 유지해왔다. 특히 도시의 상징과도 같은 '왓 쁘라 마하탓(Wat Phra Mahathat Woramahawihan)'에서 볼 수 있듯이 스리랑카에서 번성했던 테라바다(Theravada) 불교의 중심지가 바로 나콘이다. 'Phra Mahathat Woramahawihan'의 원래 의미는 '팔리어(Pali)'[1]로 'vara maha dhatu vara maha vihara', 즉 '위대하고 고귀한 스투파[2]의 위대하고 고결한 사원'이라는

Sri Thamma sokarat 왕의 동상

의미를 담고 있다.

이 사원이 건축될 당시 나콘은 전쟁과 전염병으로 황폐화된 상태였다. 마을을 재건하고 마을 공동체를 하나로 모으고자 아소카 왕은 소원을 담아 왓 쁘라 마하탓을 건축하였고, 결국 마을을 재건하는데 성공한다. 이를 기리는 의미로 왕의 별명인 'Sri Dhammasoka-raja'라는 이름을 따서 '다마라자(Dhammaraja, 부처의 불법)의 마을'로 불렸고, 이후 태국식 이름인 '나콘 시 탐마랏'으로 바뀌게 되었다. 이는 곧 '부처의 도시'이자 곧 '아소카 왕의 도시'라는 의미로서 나콘이 테라바다 불교의 중심지가

---

(1) '경전본문'을 의미하는 인도 중부지방의 언어로, 5세기 이후 인도, 스리랑카, 미얀마, 태국 등 여러나라에서 소승불교 경전에 사용되었다.(두산백과)

(2) 스투파는 불사리탑이라고도 하는데 원칙적으로 석가의 사리를 그 안에 넣지만 머리카락이나 치아를 넣은 스투파도 전해지고 있다. 실제로는 유골 대신에 보석이나 귀금속 등을 이용하거나 경문 등의 법사리를 넣은 것도 있다. 기원전 3세기의 아소카(Ashoka) 왕은 최초의 8탑 중의 7탑의 사리를 분골해서 인도 각지에 8만 4000개의 스투파를 조립했다는 전설이 있다.(네이버 지식백과)

나콘 시 탐마랏, 왓 쁘라 마하탓

되는 중요한 계기가 되었다. 이는 후에 수코타이(Sukhothai) 왕국에도 강력한 영향을 미치게 된다. 강한 믿음을 가진 아소카 왕이 자신의 바람처럼 마을을 재건하고 나콘이 불교의 중심지로 유명세를 떨칠 수 있는 유산을 남긴 것이다. 태국 남부에서 가장 중요한 사원으로 여기는 왓 쁘라 마하탓 중심에는 78m 높이의 '체디(Chedi, 태국의 스투파)'에 부처의 치아가 안치되어 있다. 이 체디는 현재 스리랑카 스타일이지만 이전에는 스리비자야 스타일로 지어졌었다고 한다.

쁘라 마하탓에 얽힌 재미난 전설도 존재한다. 인도 왕자와 공주가 자신들의 마을에 전쟁이 나자 유물(부처의 치아)을 안전한 곳에 옮기고자 스리랑카 섬으로 가는 배에 타게 된다. 이 때 폭풍우를 만나 말레이 반도의 뜨랑(Trang)에 정박하게 되었는데, 그들은 그곳이 스리랑카라고 생각하고 유적을 묻기에 좋은 장소를 찾아 헤맨다가 치아를 묻은 곳이 지금의 나콘이라고 한다. 부처의 치아를 묻은 정확한 장소에 체디가 세웠졌다고 전해져 이곳을 찾아 복을 받으려는 불교도들의 방문이 끊이지 않는다.

이렇게 역사 속에 존재하는 나콘은 불교를 기반으로 세워진 도시이다. 그만큼 불

까놈라라는 밀가루 튀김과자

교가 도시 건립에 중요한 역할을 했고, 현재도 남부지역을 굳건하게 지켜가는 역할 뿐만 아니라 태국의 불교를 보존하는 중요한 역할을 하고 있다. 왕을 보필하는 왕실 승려가 가장 많이 나올 만큼 나콘에서 불교는 이 지역의 역사이자 뿌리이며, 자부심이다.[3] 나콘에서 행해지고 있는 수많은 불교 축제는 이러한 역사와 전통을 고수하려는 이들의 의무이자 특권으로 인식된다. 불교에는 의식이 없지만 브라만교는 종교의식이나 관혼상제, 제사 등 의례적인 면에서 영향을 주고 있어 태국의 의식들은 이것에

서 기인한 것이라 볼 수 있다. 태국은 1년 365일 불교 축제 속에 살아가고 있다고 해도 과언이 아닌데, 태국인의 일상 속의 종교의식들과 축제들은 이러한 영향이 크다고 할 수 있다. 까놈라라는 밀가루 튀김과자, 보시품으로 사용하는 전통과자 중 하나로, 쌋드안십[4]에 주로 사용한다.

도시를 지킨다, 락 므앙

락 무앙(Lak Muang)은 도시가 세워

---

(3) 권오혁 선교사 인터뷰 중(2018. 7. 10)

(4) 쁘라페니 쌋드안십(쌍십절)은 죽은 선조에게 제사를 지내는 날로 덕을 쌓기 위해 행하는 의식이다. 태국 남부에서 주로 행해지는 행사이다.

나콘의 도시 수호사원인 락 무앙

질 때 도시의 번영과 안전을 기원하기 위해 기둥을 세우는 전통에서 비롯된 도시 수호 사원이다. 이는 태국 전역에 존재하는 것으로 태국인들은 새로운 도시를 방문할 때마다 기둥에 경의를 표하고 보호를 위해 기도하는 것이 보통이다. 특이하게 나콘의 락 므앙은 기둥 맨 꼭대기에 4면으로 된 브라만의 얼굴이 디자인되어 있다. 기둥 양 옆으로 'Jatukam Ramathep'[5]이라 불리는 '비슈누(Vishnu)'의 분신인 지역 수호신이 있는데 이들이 오랫동안 왓 쁘라 마하탓의 체디를 지켜왔다고 믿고 있다.

이와 관련한 기괴한 이야기도 전해진다. 사원이 지어진 직후 은퇴한 한 경찰관이 'Jatuken Ramathep'을 행운 부적으로 만들어 살인 사건의 해결을 도왔다는 소문이 나기 시작하자 이 부적을 사려는 사람들로 한동안 품귀현상이 나타나 웃돈을 주고 사려는 이들이 넘쳐났다고 한다.[6] 급기야 2007년에는 나콘의 한 사원에서 부적을 얻기 위해 밀려드는 인파속에 한 여성이 짓밟혀 사망하는 사건이 발생하기도 했다.

태국의 불교는 일반적으로 소승불

---

[5] Jatukham Rammathep은 태국 남부의 스리비자야 왕국의 두 왕자의 이름을 딴 것이다.

[6] wikipedia

그림자극 낭따룽의 대가 Suchart Subsin 의 집

교로 알려져 있지만, 정작 안을 들여다 보면 '애니미즘(animism)과 브라만교 (Brahmanism)'가 혼합되어 있다. 오늘날 태국의 애니미즘과 불교와 브라만교의 관계는 지극히 혼합적이면서도 불교에 의하여 통합되고 있는 모양이다.

복음을 담은 열정의 낭따룽을 꿈꾸며

태국 남부에서는 다른 지역에서는 보기 힘든 '낭 따룽(Nang Talung)'이라는 그림자 인형극이 있다. 낭 따룽은 하얀 천 뒤에서 밝은 조명을 통해 조각된 가죽 인형을 조작하여 관객이 볼 수 있는 화면에 그림자를 드리우는 극의 한 형태이다. 그림자 인형극의 실제 기원은 정확하게 알려진 바는 없지만 중국, 동남아시아 등지에서 비슷하지만 다양한 형태로 나타나고 있다. 극의 내용은 주로 힌두 서사시의 태국어 버전인 '라마키엔(Ramakien)'이나 부처에 대한 이야기 '라마야나(Ramayana)', 민속 전통 이야기 또는 지역 마을 생활을 소재로 새롭게 쓴 이야기들이다.

낭 따룽(Nang Talung)은 태국 남부 지방의 파탈룽(Phatthalung)이라는 태국 지방에서 그 이름을 따온 것이다. 그러나

House of the national artist, Suchart Subsin

나콘은 태국에서 손꼽히는 낭 따룽의 대가 'Suchart Subsin'의 고향으로, 그의 일생과 예술에 대한 열정을 엿볼 수 있는 작은 박물관이 있다. 지금은 전통악기를 다루는 그의 아들이 그 명맥을 이어가고 있지만 작은 건물에 진열된 다양한 인형들과 그의 작품들을 볼 수 있고, 시간만 허락된다면 낭 따룽을 볼 수도 있다.

낭 따룽을 즐기는 일은 남부 인들의 일상이기도 하다. 나콘에서 가장 오랜 시간 사역해 온 권오혁 선교사는 그의 논문 '태국 남부 지역의 효율적 교회 자립 전략으로서의 문화 선교에 관한 연구'에서 이 낭 따룽을 잘 사용하면 태국 남부 선교에 좋은 기능적 대체가 가능할 것이라고 말한 바 있다. 모든 태국 남부인들이 낭 따룽을 좋아하지만 판에 박힌 식상한 그림과 스토리보다는 새로운 내용을 찾고 있기 때문에, 복음의 순수한 내용을 낭 따룽을 통해 전달한다면 멋진 도구가 될 수 있다는 것이다. 실제로 시골 지역에서는 예수님을 믿기 전에 낭 따룽에 열정적으로 참여했다가 뒤늦게 집사, 장로가 된 분들이 많다고 한다. 이들을 잘 활용하여 훈련된 전문가가 된다면 복음을 효과적으로 전달할 수 있을 것으로 보았다.

120년 전에 세워진 베들레헴 교회 전경

불교 중심지에 뿌리 내린 복음의 씨앗

나콘은 역사적으로 불교의 영향력이 강한 곳이기도 하지만 태국 남부지역에서 최초로 세워진 베들레헴 교회가 있는 곳이기도 하다. 120년 전 미국 북장로교회 파송 선교사가 개척한 베들레헴 교회는 남부 지역의 선교가 이뤄지도록 하는데 중요한 역할을 해왔다.

초창기 태국에는 선교사는 모두 의사로 인식할 정도로 많은 의사 선교사가 파송되었다. 나콘에는 의사가 없었기 때문에 몸이 아픈 사람들은 방콕까지 찾아가 선교사들에게 진료를 받곤 했다. 그러던 어느 날 나콘의 도지사가 병에 걸려 방콕의 한 선교사로부터 치료를 받고 중병이 나으면서 나콘 지역에 큰 소문이 나기 시작했다. 이 소식을 들은 몇몇 중병에 걸린 환자들이 방콕으로 향하던 중 펫부리[Phetburi 또는 펫차부리(Phetchaburi)] 지역의 한 선교사로부터 치료를 받던 중에 복음을 전해 듣고 예수님을 믿게 되었다고 한다. 중병을 치료하는 데는 2-3개월의 시간이 걸렸기에 이 기간 동안 계속적으로 복음을 전해들은 것이다. 이들이 돌아와 몸이 아픈 자들에게 전도하기 시작하면서 크리스천들이 늘어나게 되었는데 이들에 의해 시작된 공동체가 베들레헴 교회의 전신이 되었다. 1895년에 소수의 크리스천 공동체로부터 시작된 베들레헴 교회는 1900년에 선교 기지가 세워지면서 나콘 지역에 의료, 교육 선교를 함께 시작했다. 이 때 시작된 곳이 지금의 나콘 크리스천 병원(NCH, Nakorn Christian Hospital)과 나콘 시 탐마랏쓱사(Sithammarat Suksa School) 학교이다.[7]

처음 선교사들이 교회와 학교를 먼저 시작했는데 남학교로 시작한 기독교학교(나콘 시탐마랏쓱사, Sithammarat Suksa School)는 현재 유치원부터 고등학교까지 학생 5,000명, 교사 300여명의 규모의 나콘에서 가장 큰 학교가 되었다. 학교 내에는 큰 규모의 영어 프로그램을 운영 중이다. 시탐마랏쓱사는 종종 'Sirat' 또는 'AMC'라고도 불리우며, 이들 중에는 40여 명의 학생들과 30여 명이 크리스천인 것으로 알려져 있다.

초창기 나콘 선교기지에서 세운 나콘 크리스천 병원은 현재 CCT(The Church of Christ in Thailand, 태국기독교총회, 1934년 설립) 교단에서 독립하여 운영되고 있고, 현재 원장 및 소수의 의사들만이 크리스천이며 심지어 간호사 중에는 크리스천이 전혀 없다고 한다.

나콘을 방문하는 동안 50년이 넘는 시간을 복음전도에 힘을 써온 귀한 사역자들을 만나볼 기회가 있었다. 그분들의 헌신과 노력으로 세워진 제자들에 의해 복음의 불모지로 여겨졌던 나콘에 교회가 세워지고 또 교회들은 지금까지 굳건하게 설 수 있었다. 현지 사역자들 모두 입을 모아 태국에 남겨진 과제를 목회자를 포함한 평신도 지도자 양성이라고 말한다. 나콘의 교회, 병원, 학교 모두 크리스천 교사, 의료진이 턱없이 부족하다. 이러한 전반적인 지도자 부족 문제는 처음 복음의 기초아래 세워진 기관들이 선교적 비전을 잃게 되는 수순을 밟게 될 것이다. 순교의 정신으로 뿌려진 복음의 씨앗이 열매 맺게 하는 일, 이는 크리스천 지도자들을 얼마나 잘 세워가는가에 달려있다.

(7) 베들레헴 교회 담임목사 수라삿 라차랏 인터뷰 중(2018.08.25)

다양성이 공존하는 태국 남부 최대의 도시, 핫야이

글 | 채 형림(SIReNer)

해질 무렵의 핫야이 시립공원

쏭클라 인공폭포

태국에는 우리나라의 도에 해당하는 짱왓(Changwat, province 개념의 태국 행정단위)이 있는데, 보통 이 짱왓에는 같은 이름을 가진 1개의 행정도시를 포함한다. 간혹 2개의 도시가 있는 짱왓도 있는데 '쏭클라(Songkhla) 짱왓'이 그 예이다. 쏭클라가 주도이지만 규모면에서 핫야이가 더 크고 많은 사람들에게 알려져 있어 핫야이를 쏭클라 짱왓의 주도로 알고 있는 사람들도 있다. 핫야이(Hat yai)는 태국 내에서 방콕(Bangkok), 치앙마이(Chiang Mai) 다음으로 큰 남부 최대 도시이자 남부 경제의 중심지로 나콘 시 탐마랏(이하 나콘)과 함

께 눈여겨보던 곳이기도 했다.[1] 나콘 시 탐마랏(Nakhon Si Thammarat, 이하 나콘)에서 출발하여 타이 만(Gulf of Thailand)을 끼고 3시간 남짓 해안도로를 따라 달리면 쏭클라에 도착한다. 쏭클라에 가까워져 갈수록 긴장감이 몰려왔다. 쏭클라 짱왓은 외교부에서 3단계 여행경보인 철수권고가 발령된 'The Deep South'[2]라 일컫는 지역

---

(1) 2019년을 기준으로 도심부의 인구는 156,802명이며, 핫야이 전체로는 80만 명에 이른다. 핫야이는 쏭클라 짱왓의 가장 큰 도시이자 가장 인구가 많은 남부 태국의 메트로폴리탄 지구이다. 그리하여 종종 쏭클라 짱왓의 주도로 착각하는 일도 있다. 쏭클라가 주도이며 행정과 문화의 중심이지만, 핫야이는 비즈니스의 중심지가 된다. 이 두 도시는 가까운 거리 때문에 쌍둥이 도시로 여겨지며, 핫야이와 송클메트로폴리탄 지구를 구성하고 있다.(wikipedia)

(2) The Deep South는 말레이시아 국경에서 가까운 나라티왓, 얄라, 빠따니, 쏭클라 , 사뚠, 파탈룽 및 뜨랑 주를 일컫는다. 이 지역에는

타이만에 접한 아름다운 쏭클라 사밀라 해변

에 속해 있다. 쏭클라 짱왓을 포함하여 말레이시아와 국경을 맞대고 있는 3개 짱왓(빠따니, 얄라, 나라티왓)에 발생하는 잦은 테러와 소요 탓으로 가급적 여행을 제한하고 있었기 때문이었다.

쏭클라 시는 말레이시아 반도 동쪽에 있으며 방콕에서 950km 떨어진 곳으로 해변 휴양지 중의 하나다. 타이만에 접한 아름다운 해안과 거대한 담수호가 있는 쏭클

라는 핫야이와 차로 약 40분 거리로 비교적 가까운 곳에 위치하고 있다. 핫야이가 교통, 경제 중심지로 번성하면서 주도인 쏭클라는 남부의 문화도시로서의 여유로운 분위기가 느껴진다. 핫야이 진입로에 들어서는 순간 사뭇 복잡한 도시 풍경으로 변한다. 쏭클라와 핫야이 간의 도로위에는 새로운 고가도로 건설이 한창이어서 도로가 차량들로 꽤 복잡하게 엉켜있다. 그렇게 복잡한 도로를 빠져나가 넓은 도로를 달리다 보니 도로 한편으로 거대한 모스크가 모습을 드러낸다. 시내에 있던 쏭클라 중앙 모스크가 이전 확장하여 건설 중이라는데 태

2000년 초반까지 끊임없는 폭탄테러 및 유혈 충돌이 있어왔으며 우리나라 외교부에서 철수권고지역으로 지정하기까지 하였으나 2019년 상반기에 쏭클라 주에 발령되었던 여행경보는 해제 되었다가 코로나 발생으로 인해 철수권고지역으로 다시 지정되었다. 그리고 빠따니, 얄라, 나라티왓 주의 철수권고는 그대로 유지되고 있다.(외교부 해외안전여행)

태국 내 최대규모의 쏭클라 센트럴 모스크

국 전역에서 가장 큰 모스크라고 한다. 공사는 막바지에 다다른 모습이었다. 쏭클라 짱왓은 70%이상이 불교도이지만 오래전부터 말레이(Malay) 왕국의 영향을 받아서인지 이슬람 색채가 강한 곳이기도 하다. 태국 남부의 무슬림 비율이 ¾을 차지하는 4개 짱왓[빠따니(Pattani), 얄라(Yala), 나라티왓(Narathat), 사뚠(Satun)]의 관문이 되는 핫야이 입구에 들어선 거대 모스크의 위용이 대단하다. 쏭클라 짱왓은 다수가 불교도로 대부분이 태국인 또는 중국계 태국인들이며, 인구의 ¼인 태국계 무슬림이 함께 어울려 살아간다. 그런 이유에서인지 거리곳곳에 중국어 간판이나 히잡(hijab)을 쓴 이슬람 여성들을 어렵지 않게 만날 수 있다. 더욱이 화교들이 핫야이 상권을 장악했기 때문에 말레이시아와 싱가포르에서 온 화교들이 중국어로 대화를 주고받을 수 있는 것도 중국계 사람들에게는 이점이다.

김영(GimYong) 시장은 핫야이 중심에 위치한 유명한 시장으로, 1928년 영향력 있는 중국인 사업가인 Xi Gim Yong(徐金榮)에 의해 설립되었다. 시장에서는 중국산 물품과 수입산 과일들을 판매하며, 김영 시장을 중심으로 주변에 수많은 상점과 포장마차들이 즐비하다. 이전에는 가장

핫야이의 랜드마크가 된 핫야이 상권의 중심인 김영 시장

큰 상권이었지만 리가든 프라자 호텔(Lee Gardens Plaza Hotel) 폭탄테러[3] 이후 규모가 좀 줄고, 이후 태국 남부에서 가장 큰 쇼핑센터인 센트럴 페스티벌이 들어서면서 센트럴 근처로 젊은 세대들이 몰리고 있다고 한다. 처음에 김영이라 해서 한국인 마켓으로 오해했다가 나중에 아니라는 것을 파악하고는 적잖게 실망한 기억이 있다.

태국 남부의 큰 축제 중 하나인 중국계 태국인의 축제 '낀제(Vegetarian Festival)'가 시작되면 이곳 핫야이에서도 굉장한 행사가 이어진다. 각 사원마다 이를 기념하기 위해 육식을 금하고 채소만 먹는 의식, 자신의 몸을 자해하며 신을 달래는 토착신앙의 전통을 지킨다. 핫야이의 낀제는 최대 규모인 푸껫 다음으로 큰 규모로 이를 보기위해 수많은 사람들이 모여든다.

중국인들의 쏭클라 이민 역사는 오래 전에 시작되었는데, 특히 18세기 중국 광동(廣東) 성(省)과 복건(福建) 성에서 많은 중국인이 들어와 경제적으로 크게 성공을 이루었다. 1777년에는 중국인 가문이 정치력

---

(3) 2012년 3월 31일 리가든 프라자 호텔에서 차량 폭탄이 터져 최소한 5명이 사망하고 수백 명이 부상당했다. 태국인과 말레이시아 관광객 다수가 희생되었고 태국 당국은 빠따니에 있는 분리주의 단체 민족혁명전선(BRN; Barisan Revolusi Nasional)의 공격이라 밝힌 바 있다.

끈제 축제

도 얻게 되어 영향력을 행사했다. 당시 주지사였던 오 양(吳 讓, Wu Rang)이라는 사람은 그의 가문으로 지위가 계승되어 1901년까지 8대에 걸쳐 집권하기도 했다. 현재 그의 집은 1953년 쏭클라 국립 박물관으로 개조되었다. 핫야이에는 태국 남부의 상업과 교통의 중심지답게 Robinson, BigC, Tesco, Makro, Cental 등 태국의 알만한 마트와 쇼핑몰, 백화점 들은 모두 들어서 있어 쇼핑을 즐기려는 사람들을 불러 모으고 있다. 그러나 핫야이가 처음부터 지금과 같은 도시의 모습은 아니었다. 콕사멧춘(Khok Samet Chun)이라는 이름의 4가구

만 있는 작은 마을이었지만, 나콘에서 빠따니로 이어지는 철도가 연결되면서 타운으로 발전하기 시작하여 1995년 도시로 승격되었다. 이 철도도 쿤 니팟친콘(謝樞泗, Hakka Chinese)이라는 중국인의 투자로 시작되었다.

핫야이 기차역은 철도가 건설 된 이래 태국 국영 철도가 제공하는 26개의 열차와 말레이시아의 KTMB가 제공하는 2개의 열차를 포함하여 하루 28개의 여객 열차를 처리하는 국제 철도역으로 남부 지역 기차 노선의 중심지이다. 철도역을 중심으로 건설된 도시 핫야이는 동서로 뻗어 있는

해질 무렵의 싸다오 국경

주요 해안도로와 국제선이 오갈 수 있는 교통편이 구축되어 있기에 태국의 주요 도시뿐만 아니라 말레이시아의 페낭(Penang), 쿠알라룸푸르(Kuala Lumpur)와 싱가포르를 연결하는 남부의 교통 허브로써의 역할도 톡톡히 해내고 있다. 핫야이 국제공항은 2011년 태국 내에서 다섯 번째로 분주한 공항으로 선정되기도 했으며, 특히 메카(Mecca)로 순례하는 이슬람교도들에게 중요한 공항이기도 하다. 남쪽으로 시원스레 뚫린 도로를 따라 30여 분을 달려내려 가는 동안 도로 옆으로 거대 산업 단지들이 들어서 있는 모습과 연이어 국경에서 흔히 볼 수 있는 시장과 유흥업소들이 즐비한 풍경이 펼쳐진다. 특히 말레이시아에서 건너온 비즈니스맨들을 상대로 한 유흥업도 발달해 있어 밤에는 또 다른 얼굴의 모습으로 사람들을 유혹한다. 남쪽으로 말레이시아와 가까운 지리적 위치 때문에 물가도 싸고 종교적으로 자유로운 태국으로 쇼핑과 유흥을 위해 찾아온다고 한다. 쏭클라 짱왓에는 말레이시아와 맞닿아 있는 체크 포인트가 싸다오(Sadao)와 파당 베사르(Padang Besar) 두 곳이 있는데 싸다오는 태국과 말레이시아를 횡단하는 가장 바쁜 육로이기

쏭클라 대학교 핫야이 캠퍼스

도 하다.[4] 태국 상무부에 따르면 태국-말레이시아 국경 무역의 약 98%가 싸다오를 통해 이루어진다고 한다.

태국 남부에서 핫야이의 중요성은 교육면에서도 드러난다. 국가의 상위 10위인 Hatyai wittayalai School을 비롯하여 여러 유명한 고등학교의 본거지이기도 하며, 남부 지방 최대의 명문 대학인 쏭클라 대학교가 있다. 쏭클라 대학교는 태국 내에서 지방대학으로는 치앙마이 사범대학에 이어 두 번째 명문대학으로 꼽히며 전문적인 여러 연구 활동을 비롯해 태국 남부에서 유능한 인재를 배출하고 있는 대학이다. 원래는 남부대학교(university of South)였지만, 전 국왕의 아버지 이름인 Prince Mahidol of Songkla를 따서 쏭클라 나크린대학교(Prince of Songkla)로 바꾸었다. 남부지역에 최초로 설립된 쏭클라 대학교는 빠따니, 핫야이, 푸껫, 수라타니(Suratthani), 그리고 뜨랑(Trang) 등지에 총 5개의 캠퍼스를 두고 있다. 이중 이공계는 주로 핫야이 캠퍼스에, 인문계는 빠따니 캠퍼스에 있다. 쏭클라 대학교 빠따니 캠퍼스에서는 1984

(4) 육로 국경 통과는 보행자, 승용차 및 버스에 한하여 오전 5시부터 오후 11시까지(말레이시아 표준시 기준 오전 6시 부터 12시 자정까지)이며, 2019년 6월 18일부터 3개월간의 시험 기간 동안 화물 트럭의 경우 24시간 동안 개방된다.

핫야이 시립공원에서 바라본 핫야이 시내 전경

년에 한국외국어대학교와 학문교류협정을 체결하여 한국 유학생을 받아들이고 태국에서 최초로 한국어과를 설립하기도 하였다. 핫야이에 있는 캠퍼스에는 공과대학, 과학대학, 의과대학, 간호대학 등이 있다. 특히 쏭클라 대학교의 대학병원은 남부 최대 규모의 시설과 의료진을 갖추고 있으며 남부지역 3차 의료기관의 역할을 수행하고 있다. 빠따니 캠퍼스보다 오히려 규모가 커서 총장도 핫야이 캠퍼스에 있다고 한다. 태국 남부는 주류의 불교도들과 비주류의 무슬림들이 겪어온 갈등으로 역사적으로 일체감을 갖거나 태국인 정체성을 가지기

힘든 지역이었을 것이다. 이러한 태국 남부의 지역 사정에 비추어 볼 때, 교육 분야의 투자는 남부 지역을 개발하는데 있어서 태국 정부나 왕실이 내밀 수 있는 최고의 해결책이 아니었나 싶다.

다이내믹한 핫야이를 쉬지 않고 둘러보니 숨이 차오른다. 잠시 공원에 앉아 핫야이를 비롯한 태국 남부를 리서치하기 위해 검색했던 처음의 순간을 떠올려본다. '폭탄테러' 이 네 글자는 태국 남부를 보기도 전에 두려움에 떨게 만드는 장벽이 되었었다. 물론 얼마 전까지만 해도 빈번하게 시내 한복판에서 폭탄이 터지는 무시무

아세안 나이트 바자르

시한 곳이기도 했다. 그러한 위기도 있지만 점차 평화의 분위기가 감도는 핫야이에는 그 이면에 가능성과 희망이 감추어져 있었다. 핫야이의 한 사역자는 이 도시를 한마디로 설명하는 것은 불가능하다고 이야기한 것이 생각났다. 왜냐하면 핫야이는 한마디로 설명할 수 없는 민족적, 언어적, 문화적 다양성이 존재하기 때문이었다. 이로 인해 다양성과 독립성이 어느 정도 용납되는 분위기이다. 태국 정부가 국가 통합을 위해 태국의 상좌부불교를 강조하고 있기는 하지만 태국의 다른 지역에 비해 이슬람의 세력도 무시할 수 없는 그룹으로 불교만을 강

조할 수 없고, 그 불만은 폭력으로 드러날 것이 뻔하기 때문에 서로 어울려 사는 방법을 선택한 것일 테다. 여기에 기회가 있다. 핫야이에서 가장 높은 커홍산 시립공원 전망대에 올라 구름이 걷힌 핫야이 시내를 내려다보며 이런 생각이 들었다. '두려움이라는 먹구름을 지워내니 아름다운 핫야이의 무궁무진한 가능성이 발견되는구나.' 이슬람교에 있어서는 태국의 내륙인 북쪽으로 향하는 거점도시로, 복음적인 측면에 있어서는 0.1%이하의 복음화율을 보이는 남쪽으로 향하는 거점도시로 핫야이가 지속적으로 전략적 우위를 가지게 될 것이 확실해 보인다.

복음의 황금어장 태국 남부를 지키는 권오혁, 우종복 선교사

정리 | 채 형림(SIReNer)

권오혁, 우종복 선교사

2018년 8월 태국 나콘 시탐마랏의 사역센터(한태문화센터)에서 태국 남부에서 가장 오랫동안 사역을 해오고 계신 권오혁, 우종복 선교사 부부를 만났다. 당시 모두가 꺼려하던 남부에 와서 기적적으로 2자녀를 얻게 하시고 인생의 영적 멘토를 만나는 축복을 받았다고 고백한다. 선교지에서의 희노애락을 시와 그림으로 표현해내는 시인이자 화가이기도 한 권오혁 선교사님을 소개한다.

Q. 선교사님 직접 본인 소개를 부탁합니다.

A. 태국에서 사역한지 27년 된 GMS(총회세계선교회) 파송 권오혁 선교사다. 이곳은 방콕(Bangkok)에서 850km떨어진 나콘 시 탐마랏(Nakhon Si Thammarat, 이하 나콘)이다. 처음 나콘에 왔을 때는 워낙 열악한 곳이라 한국 선교사가 한명도 없었다. 1년을 채우지 못하고 나가신 분도 계시고, 이후 선교사들이 방콕으로 철수하면서 많은 분들이 나콘을 떠났다. 현재 나콘에는 10년, 15년 정도 사역 중인 분들이 몇 분 계시고, 내가 가장 오래된 선교사가 되었다. 사역지 환경도 어렵고 열매를 얻기도 어렵기 때문이다. 특히 자녀교육문제로 인해 사역지를 방콕이나 다른 대도시로 옮긴 분도 여러 명이다. 처음에는 젊은이(대학생) 사역을 하면서 공동체 사역을 했다. 말레이시아에서 가장 가까운 대도시가 핫야이인데, 이곳에 미션홈을 세웠다. 태

국에는 대표적 교단이 CCT(The Church of Christ in Thailand, 태국기독교총회, 1934년 설립) 교단과 EFT(Evangelical Fellowship of Thailand, 태국복음주의연맹)가 있는데, CCT 교단은 태국교회 노회들의 연합이고 EFT는 선교단체가 연합된 교회개척을 자유롭게 하는 단체이다. CCT 교단의 정책은 건물 세우는 사역보다는 제자훈련, 사람 세우는 일에 집중하고 있다. 나는 처음 11년 동안 CCT 교단에 속해 사역하다가 이후 교회개척과 신학교 사역을 해야 하기 때문에 EFT에 속하게 되었다. 당시 CCT 교단에서 사역할 때는 정책상 선교사가 교회개척을 할 수가 없었기 때문에 주로 젊은이, 대학생들을 대상으로 사역을 했다. 심지어 10여년은 집에서 함께 공동체 생활을 하면서 지냈다. 이후 사역이 커져 시내에 건물을 빌려서 아이들에게 제자훈련을 했고, EFT에 들어가서 교회개척을 하게 되었다. 의도하지 않았지만 태국에서 가장 큰 두 교단을 경험할 수 있게 되었다. 교회개척을 하면서 교회가 성장하고 규모가 커지면서 신학교에 대한 필요도 느끼게 되었다. 지금은 성경학교 단계지만 신학교를 시작으로 그들을 제자화해서 지역을 복음화하는 방법을 시도하고 있다.

Q. 나콘 시 탐마랏은 어떤 곳인가요?

A. 이곳은 태국 남부의 중심도시라 할 수

EFT소속 껫띠꾼쏨분 교회

있다. 짱왓(Changwat, province 개념의 태국 행정단위)의 인구는 160만으로 제 2의 도시인 치앙마이(Chiang Mai)와 비슷한 수준이다. 시 인구는 10만 정도 된다. 나콘 시는 남부에서 불교가 처음 발원된 곳으로, 부처의 치아가 안치되어 있다고 전하는 1700년 된 '왓 쁘라 마하탓(Wat Phra Mahathat)'이 있다. 이곳은 불교도들의 마음의 성지로 죽기 전에 꼭 한번은 방문한다는 명소이기도 하다. 기독교 측면에서는 약 120여 년 전 미국 북장로교 선교사가 세운 교회와 병원, 학교들이 있다. 장로교의 영향으로 한국 교회와 매우 비슷하다. 예배의 식과 찬송가도 동일하다.

Q. 태국 남부의 기독교 현황에 대해서 설명해 주십시오.

A. 태국 남부는 황금어장이다. 누구를 만나든 무슬림 아니면 불교도가 99%이므로 아무에게나 전해도 된다. 남부 기독교 교세가 태국 전체의 1/10도 안될 것이다. 교회 평균 출석이 20-30명, 10년 이상을 해도 50명이 안 넘는 열악한 곳이다. CCT교단에서 같이 일했던 현지인 목회자들도 위험하고 열매가 없고, 매너리즘에 빠져 남부를

떠났다. 아무래도 방콕이 생활이나 자녀교육이 낫기 때문이다. 하지만 최근 5년 사이에는 증가한 편이다. 지금 태국 남부의 한국선교사는 대략 23단위 정도 된다. 남부에는 14개 짱왓이 있는데 약 400만 명 정도가 말레이[빠따니(Pattani), 얄라(Yala), 나라티왓(Narathiwat), 사뚠(Satun), 쏭클라(Songkhla)] 지역에 거주한다고 본다. 사실 이곳은 과거 말레이시아 영토였다. 2차 대전 후에 태국으로 귀속되고 난 후, 말레이말레이(Malay) 왕조의 영향이 남아있는 빠따니 말레이 지역(빠따니, 얄라, 나라티왓)은 계속적으로 분리 독립운동이 일어나고 있다. 공공시설, 경찰서, 학교 등에 불을 지르는 등의 테러가 일어나고 1년에 500명 이상이 죽기도 했다. 남부에 대형 백화점이 없는 이유가 테러의 위험 때문이라는 소문이 있다. 빠따니 지역에서 제자를 통해 간접적으로 사역을 한 적이 있다. 당시 찬양 반주나 제자훈련을 도와 다년간 사역을 했었다. 한 번은 제자인 사역자가 얄라의 한 교회에서 사역을 시작하게 되었는데 장로님들과의 첫 만남에서 절대 공개적으로 복음을 전하지 말고 조용히 자신의 일만 하고 가라는 당부를 했다는 것이다. 왜냐면 교회에 폭탄이 터질까 두려웠던 것이다. 남부의 상황이 이 정도로 어려웠다. 태국에서 선교사 재배치 이슈는 아주 오래되었는데, 힘들지만 우리 시대에 해결해야 될 과제이다. 이제 앞으로 남부는 황금어장이 될 것이다.

교단들도 방콕이나 치앙마이는 정책적으로 배치를 금하고 있고 태국의 교단도 남부로 오는 것을 환영한다.

Q. 남부가 황금어장이라고 하셨지만 어려운 환경의 문제는 어떻게 해결해야 하는가?

A. 앞에서도 얘기했지만 불교도, 무슬림, 외국인 노동자 등 사역 대상 면에서 남부는 황금어장이다. 외부 환경은 어려울 수 있지만 반면 장점도 많다. 우선 물가가 싸다. 푸껫(Phuket)이나 끄라비(Krabi)는 관광지라 물가가 비싸지만 나콘은 그렇지 않다. 나콘에 온 지 20여 년 되었지만 그 동안 집값이 오르지 않았다. 두 번째, 남부에 해산물과 과일이 풍성하다는 점이다. 내가 남부로 사역지를 정하게 된 이유 중 하나다. 세 번째, 남부 사람들의 기질이다. 사람들이 싹싹하고 호탕하다. 아주 조용하고 다른 사람들에게 피해 주기를 싫어하는 전형적인 방콕 사람들은 남부 사람들을 무서워한다. 큰 목소리 때문인지 사람을 물어뜯는 사람으로 여기는 선입견이 있다. 네 번째, 남부 사람들은 대체로 재정적으로 어려움이 없다. 남부는 1년 내내 가뭄이 없는 비가 자주 오는 곳이어서 과일, 쌀 등이 풍부하다. 방콕 다음으로 잘 사는 사람이 남부사람들일 것이다. 남부는 예부터 주석, 고무나무, 야자나무 주산지로 자원이 풍부한 곳이다. 좀 부유한 사람들은 자녀들을 유럽이나 캐나다

과일, 쌀 등이 풍부하고 석, 고무나무, 야자나무 주산지로 자원이 풍부한 나콘

로 보낼 정도이고, 방콕의 경제, 예술계 쪽에 남부 출신들이 많다. 하지만 빠따니 말레이 3개 짱왓(빠따니, 얄라, 나라티왓)은 사정이 좀 다르다. 정부가 정책적으로 재정적인 지원을 하지 않기 때문에 빠따니 지역은 열악하다.

Q. 태국 남부 중 전략적 재배치 지역을 추천한다면?

A. 나콘, 핫야이, 수라타니 이 3곳을 추천하는데, 이곳을 중심으로 주변지역을 돌아보면 좋겠다. 수라타니에는 통합측 선교사들이 팀사역을 잘 하고 있다. 통합측은 재배치에 성공한 경우가 많은데 특히 태국 남부의 경우가 그렇다. 푸껫에 한인교회, 라농, 핫야이(Hat Yai)에 선교사가 있고, 나콘에는 없지만 수라타니(Suratthani)에 재배치를 한 경우다. 그 외 도시 중에 뜨랑(Trang)과 라농(Ranong)이 있다. 뜨랑은 나콘 다음으로 중요한 지역이다. 나콘에서 110년 전에 9노회가 있었는데, 20년 후 17노회로 분가한 노회가 있는 곳이다. 뜨랑에는 태국에서 가장 큰 교회(뜨랑 장로 교회, 천여명 성도)와 센터가 있다. 신학교까지 해서 5층 건물을 보유하고 있다. 만약에 지역 선택을

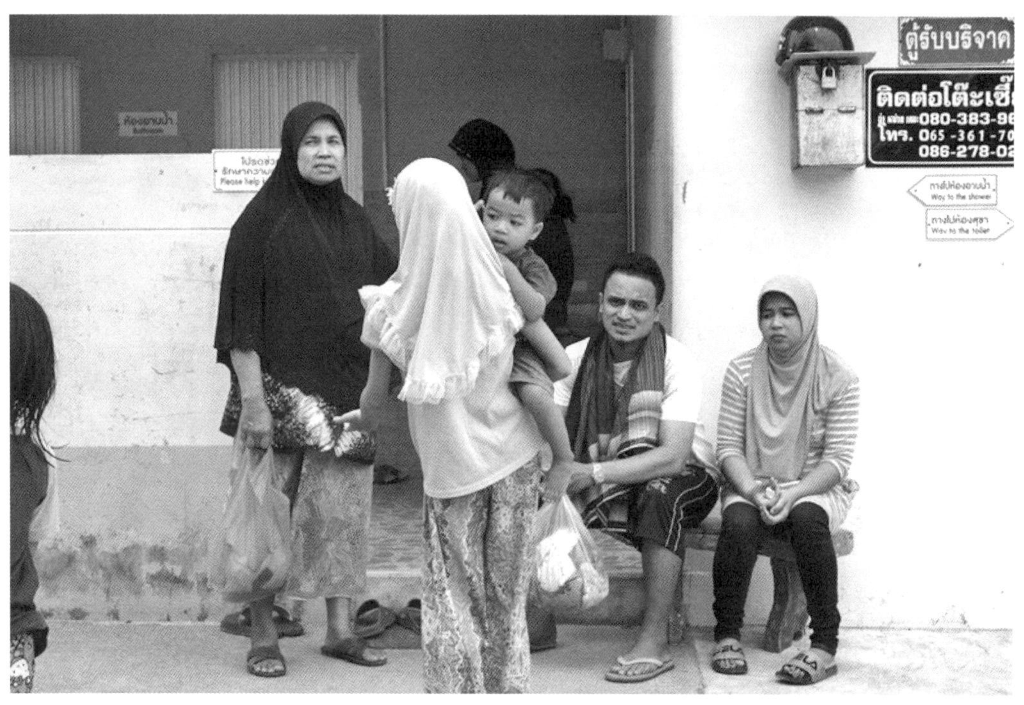

나콘에 살고 있는 무슬림들

한다면 수라타니보다 뜨랑지역을 가보는 것이 좋겠다. 라농은 태국인보다 미얀마 사람이 더 많은 곳이다. 영어에 자신 있거나 미얀마 사역을 하고 싶은 이들에게는 매력이 있다. 왜냐면 지역적으로 낙후되어 있어 꼭 복음이 들어갈 필요가 있고 미얀마 노동자들이 굉장히 많은데 사역자들이 이들을 잘 케어하지 못한다. 여기에 교회 문만 열면 수많은 사람들이 올수 있다. 이곳에는 한국 선교사가 딱 한명이 있다.

Q. 빠따니 무슬림들의 확산이 어느 정도라고 보시나요?

A. 관광지 중심의 안다만(Andaman) 해 지역은 무슬림의 비율이 (비공식적으로)50%가 넘었고 이미 이슬람화 되었다. 핫야이도 그런 추세고, 나콘같은 경우도 20%가 무슬림이다. 나콘이 무너지면 방콕까지 확산될 수 있다. 방콕에도 대단위 무슬림 공동체가 많다. 그러므로 영적으로 깨어서 남부를 사수해야 한다. 교회를 세우고, 개종자가 나오도록 힘쓰고, 영향력 있는 사람들이 나와야 한다. 태국 남부는 인도네시아, 말레이시아와 함께 동남아 무슬림 권역으로 보아야 한다. 이 권역이 무슬림의 분포가 가장 많은 권역이다. 중동의 아랍권에는 필요가

전 세계 다양한 국가의 무슬림들을 만나 볼 수 있는 방콕의 이슬람총회 모스크

있지만 선교사가 갈 수 있는 현장이 상당히 제한적이지만 태국 남부는 열려있다.

Q. 태국이라는 불교사회에서 무슬림들은 오랜 시간 함께 살아왔다. 방콕을 비롯한 태국 내 무슬림 혹은 이슬람에 대한 이해가 어느 정도인가요?

A. 태국 사회에서는 이슬람의 테러로 인해서 이슬람에 대한 부정적인 인식이 강하다. 여기에 기회가 있다. 이슬람을 부정적인 종교로 보는 반면 기독교에 대해서는 평화의 종교라며 함께 손잡고 갈 수 있다고 생각한다. 그래서 기독교 인구가 늘어나고 있다. 불교의 부패정치에 반대하는 젊은 세대들이 교회로 나오는 경우가 증가하고 있다. 그리고 한국 선교사들이 교회 개척에 열심인 것도 한몫 했다. 태국 전역의 ⅓이 한국 선교사가 개척한 교회일 것이다. K-POP에 대한 관심과 인기는 이를 부추기고 있다. 그러나 종종 한국선교사들이 연합하지 못하기 때문에 태국 교회 내에서 한국선교사에 대한 부정적인 인식이 있기도 하다. 이것만 개선한다면 한국 선교사에 대한 이미지는 점점 더 좋아지고 함께 협력해서 할 수 있는 일들이 많아질 것으로 보인다.

권오혁 선교사가 새로 개척한 새비전 교회

Q. 후임 선교사가 태국으로 들어갈 때 먼저 준비되어야 할 것이 있다면?

1. 신뢰할 만한 교단이나 선교단체를 먼저 선정하라.

2. 태국에 들어와서는 태국 현지인들을 존경하고 존중해야 한다. 한국선교사들이 너무 자기중심적으로 하다보면 태국인들의 자기감정을 잘 드러내지 않는 습성 상 앞에서는 잘 도와주는 것 같아도 뒤에서는 욕한다. 가능한 한 CCT 교단이나 EFT 등 현지 교단으로 들어가서 그들이 못하는 일을 발견해서 집중적으로 사역하는 것이 중요하다. 예를 들어 청소년사역, 찬양사역, 대학생사역, 제자훈련사역과 태국 현지인들 문화사역(한국의 문화만 고집하지 말고)을 같이 하라.

3. 기본적으로 언어를 잘 구사해야 하고 대인관계를 잘해야 한다. 남부에서 사역을 하려면 남부에서 언어를 배워야 한다. 현지인의 마음을 움직일 수 있는 유하고 배려심이 있는 사역을 하면 열매가 있을 것이다.

복음에 뿌리를 내린 믿음의 선배, 텅므안 쑥반, 까룬 쑥반 목사

정리 | 채 형림(SIReNer)

텅므안 쑥반(우, 83세), 까룬 쑥반(좌, 82세) 목사 부부

복음의 불모지에서 복음에 뿌리내린 믿음의 선배들을 만나는 일은 새로운 선교현장을 리서치하면서 가장 즐거운 일 중에 하나이다. 태국 남부에서 27년을 사역하신 권오혁 선교사님을 따라 자신의 '영적 아버지'라 부르는 쑥반 목사님 부부(텅므안 쑥반, 까룬 쑥반)를 만날 수 있었다. 태국 CCT(The Church of Christ in Thailand, 태국기독교총회, 1934년 설립) 교단 제 9노회 노회장을 역임하고, 베들레헴 교회 담임목사로 40여 년을 사역해 오신 쑥반 목사님 부부를 만나고 나니 이 나콘 시 탐마랏(Nakhon Si Thammarat, 이하 나콘) 지역에 교회가 120년 간 굳건히 서 있을 수 있었던 이유를 조금이나마 알 수 있을 것 같았다. 여느 시골 아낙네 같은 모습으로 반갑게 우리를 맞이하는 까룬 사모님은 우리를 보자마자 손에 초콜릿을 쥐어 주시며 파킨슨 병을 앓고 계신 텅므안 목사님을 대신하여 인터뷰에 응해 주셨다.

Q. 태국에서 목회자들이 가장 꺼려한다는 남부에서만 40년 넘게 사역하셨다. 태국 북부 출신이라고 하시던데 남부까지 어떻게 오게 되셨는지 궁금하다.

A. 텅므안 목사와 나(까룬)는 모두 할아버지 세대부터 예수를 믿는 가정에서 태어났다. 텅므안 목사는 치앙마이(Chiang Mai), 나는 치앙라이(Chiang Rai) 둘 다 태국 북부 출신으로, 조부모가 선교사로부터 복음을 듣고 장로가 된 분들이다. 우리는 치앙마이의 맥길버리 신학교([파얍(Payap) 신학교])에서 만나 졸업 후 결혼했다. 신학교 강당에서 결혼식을 올린 1호 커플이다(웃음). 그 때가 1967년이다.

당시 맥길버리 신학교(McGilvary College of Divinity)는 4년 동안 학교에서 수업을 듣고, 2년은 지방 교회로 목회 실습을 하는 총 6년 학제를 운영했다. 그때 목회 실습지가 나콘이었다. 이곳에서 2년 동안 병원과 시골 지역으로 전도를 다녔다. 텅므안 목사는 북부의 프래(Phrae)라는 지역으로 실습을 나가서 결혼 전에 각기 다른 곳에서 목회실습을 했다.

사실 결혼 후에 처음 사역했던 곳도 텅므안 목사가 실습했던 프래라는 지역이었다. 산악지형인데다 교통도 좋지 않아 성도의 집에 심방을 가면 그 집에서 잠을 자고 올 수밖에 없는 일이 허다했다. 프래에서 3년 동안 사역하면서 4개 교회를 순회하며 목회를 도왔고, 4개의 전도처를 개척했다.

이후 나콘의 친구로부터 사역자가 없다는 소식을 듣게 되었다. 베들레헴 교회를 담임하던 목사(까룬 사모가 목회 실습할 때 함께 사역했던 목사)가 펫부리[Phetburi 또는 펫차부리(Phetchaburi)]로 사역지를 옮기면서 목회자가 공석이 된 것이다. 당시 남부의 상황은 지금보다 훨씬 좋지 않았다.

방콕을 제외한 지방 특히 시골지역에는 공산당이 득세하던 시기여서 핍박도 많아 사실 두려운 마음이 있었다. 하지만 "남부로 파송되었다."는 선교의 마음으로 내려왔다. 5개월 된 딸을 데리고 나콘으로 내려온 때가 1971년이다. 2013년에 은퇴했으니 나콘에서 정식으로 사역한 기간이 42년이다.

Q. 나콘에서의 사역도 쉽지 않았을 것 같은데 당시 사역 이야기를 들려 달라.

A. 1971년 나콘에 왔을 때 이 지역에 2개의 교회와 2개의 전도처가 있었지만 건물이 있는 교회는 베들레헴 교회뿐이었다. 나콘에서의 사역은 주로 전도하는 일이었다. 항상 어딜 가든지 전도했다. 전도처가 많이 생겨난 후에는 주일날이면 오전에는 베들레헴교회에서 예배하고, 오후에는 성도들이 함께 전도처에 가서 사역했다. 이 일은 그 전도처가 자립할 때까지 이어졌다. 목회자가 없어서 여기 저기 교회를 개척하고 살피느라 처음에는 참 힘들었다. 현재는 20개의 교회가 개척되었고 10개 내외의 전도처가 세워졌다.

나콘에 온지 6, 7년 쯤 되었을 때, 나는 목사 안수를 받고 교사로 섬기던 나콘의 기독교학교(시탐마랏 쏙사)에서 교목으로 섬기게 되었고, 그즈음 텅므안 목사는 CCT 교단 제9노회장을 맡아 2005년까지 28년 동안 사역했다. 나콘에서 사역을 잘한다고 소문이 났는지 사역을 시작한 지 10년 쯤 되었을 때 맥길버리 신학교에서 총장 제의가 들어왔다. 고민은 되었지만 나콘의 영혼들을 버리고 갈 수가 없어 거절하고 남은 여생을 이곳에서 보내고 싶다고 얘기했다. 태국 교계에서는 다들 이해할 수 없다고 했다. 편하게 사역할 수 있는 기회를 버리고 계속해서 남부에서 사역을 이어가겠다고 하니 그런 것이었다.

한 번은 텅므안 목사가 뇌졸중으로 쓰러져 모두들 가망 없다고 이야기했었다. 그 때가 권오혁 선교사가 나콘으로 처음 부임해 왔던 해였을 것이다(1992년). 하지만 기적적으로 되살아나 20여년을 더 사역할 수 있었다. 태국 교회는 매 2년마다 담임목사가 재신임을 받아야 계속해서 사역할 수 있는데, 계속 재신임을 얻어 42년 간 사역할 수 있었던 것은 전적인 하나님의 은혜였다. 지금은 건강이 많이 안 좋아져서 2013년에 은퇴했다.

Q. 48년 동안 목회를 하시면서 참으로 많은 일들이 있었는데, 그 중에 가장 기억에 남는 일이 있다면?

A. 기억에 남는 것보다는 감사로 정리하고 싶다.

텅므안 목사님 베들레헴 교회 담임 목사 취임식

첫 번째로 제일 중요한 사람을 키울 수 있었던 것에 감사한다. 나콘에서의 주 사역은 전도와 제자양육이었다. 집을 오픈해서 다음 세대 중에서 가능성이 있는 아이들과 함께 살며 양육했다. 이렇게 제자훈련해서 성장한 아이들 중에 10여 명이 목사가 되었고, CCT 교단 총회장 혹은 총회 총무가 된 사람도 있다. 이 중에서 아짠 수라폰은 불우한 환경에서 자랐지만, 텅므안 목사님의 권유로 초등학교 때 불교학교에서 기독교학교로 전학해서 집에서 함께 살면서 양육한 아이다. 어려서부터 시골지역에 가서 설교도 하고 어딜 가든 말씀으로 훈련하고 전

도했다. 후에 변호사가 되었고, 기독교학교 교장, CCT 교단 총회 총무까지도 하게 되었다. 이렇게 잘 자라주어 참 기쁘다. 지금의 베들레헴 교회 담임목사도 고등학교 때부터 데리고 살면서 훈련했던 사람이다.(이분들 뿐 아니라 현 제 9노회장을 비롯한 나콘 지역의 많은 사역자들을 배출했다고 권오혁 선교사는 전한다. 텅므안 목사는 태국 남부에서 살아있는 성자로 불릴 정도로 삶으로 그리스도를 드러낸 사람이라 덧붙였다.)

두 번째는 남부에 교회개척이 너무 힘든데 20개의 교회를 개척하고 사람들을 세워 이

양하게 된 것이 감사하다. 나는 할 수 없었지만 하나님께서 사람을 뽑아주시고 집중하게 하시고 지역사람들에게 복음을 전하게 되어 교회가 세워진 것이 감사하다. 다만 우리는 도구로 쓰임 받을 뿐, 우리가 했으면 하지 못했을 일을 하나님께서 하게 하셨다.

한 번은 이런 일도 있었다. 방학이 되면 산속 마을에 들어가 복음을 전하곤 했는데, 그 마을의 예수님을 믿게 된 첫 번째 집에 머물면서 학생들을 위한 캠프를 하게 되었다. 그러던 중 어느 날은 잠을 자다가 얼굴에 무언가 떨어져 비가 오는 줄 알고 잠에서 깼는데 일어나 보니 비가 아니라 핏물이었다. 마을의 공산당 폭도들로 인해 그날 밤 일행 중 2명이 죽임을 당했다. 그 2명의 장례를 치르는 동안 어려움을 많이 경험했다. 당시 죽은 순교자의 손자가 베들레헴교회 현 담임 목사가 된 아짠 수라샷이다. 교인 중에는 아들 2명을 하나님께 드린 분도 있다. 교회는 이런 순교의 피 위에 세워지게 되었다.

세 번째는 우리 가족 모두가 예수님을 믿게 되고 기독교학교의 지도자 혹은 선교사로 섬기게 된 것이 감사하다. 두 딸과 아들 하나가 있는데, 첫째 딸은 사업을 하고, 둘째가 아들인데 목사 안수를 받고 현재 기독교학교(시탐마랏쓰사) 음악 총괄 담당자로 일하고 있다. 지금은 둘째 아들 가족과 함께 살고 있다. 막내 딸은 권오혁 선교사의 제자인데, 의학공부를 하고 현재는 선교사가 되어 캄보디아의 베트남 교회를 섬기고 있다. 처음에 선교사적인 사명으로 나콘에 와서 복음을 위해 헌신했지만, 생활은 물론 교육에도 어려움이 많아서 아이들에게 미안한 마음이 많았다.

맥길버리 신학교 총장 제의를 받았을 때 이 모든 것이 해결될 수 있는 조건이었지만, 우리는 갈 수가 없었다. 당시 나콘 병원 원장이었던 쫑디가 찾아와 "목사님이 가버리시면 나콘의 영혼들은 어떻게 되느냐? 돌봐줄 사람들이 없는데 우리를 버리지 말라"는 부탁이 마음을 움직였다. 교회가 사례를 충분히 못해주었지만, 쫑디 원장이 매달 돼지고기를 끊이지 않게 공급해 주었다. 이런 어려움에도 아이들이 잘 자라주었으니 참 감사하다.

Q. 제자들이자 믿음의 후배들에게 당부하고 싶은 말이 있을 것 같다.

A. 48년 동안 하나님께서 지금까지 지켜주셨다는 데에 감사가 넘치지만, 생각해보니 하나님의 일을 할 때 가장 흥분되고 신이 났던 것 같다. 특별히 어려운 일을 당했을 때 그것을 하나하나 극복해 나가는 과정이 너무 즐거웠다. 예전 목회자들은 좋은

환경 속에서 사역하지는 못했지만 매일 말씀과 기도 속에서 찬양하고 전도하며 하나님을 가까이하는 방법들을 배워나갔다. 때로는 하나님 앞에 납작 엎드려 하나님의 도우심을 바라고, 하나님의 음성을 듣고 도전을 받아 다시 일어났다. 아무것도 없는 상태에서 한 영혼을 세우고 개척하면서, 평안할 때는 느끼지 못하는 하나님의 놀라운 위장된 축복을 깨닫는 일이 많았다.

그런데 지금의 젊은 목회자들에게는 이런 것이 없다. 편안하고 쉬운 방법, 자녀 교육을 잘 시키는 것 등 이렇게 인간적인 것들을 중요하게 여기니 매일 주님과 만나고 일대일로 말씀을 통해 도전받는 일이 사라진 것 같다. 하나님께서 우리를 향한 계획을 가지고 어떻게 운행해 나가시는가 하는 것을 깨닫는 일은 고통과 절망 속에서 오히려 더 커지는데, 우리는 너무 편한 세대로 살아가고 있다. 하나님을 경험한 세대들은 점점 사라져가고, 요즘 젊은이들에게는 어려움 속에서 역사하는 하나님을 보지 못하는 것을 보게 된다. 그것이 가장 안타깝다.

이전에는 한권으로 번역된 성경이 없고 쪽복음 밖에 없어서 그걸 가지고 계속 반복해서 읽으면서 내 삶의 양식이 되고 진리가 되어 내 인생의 지표가 되는 경험을 했다. 내가 성장해가면서 하나님에 대한 질문도 생기고 의심도 생겨났지만 이것도 하나님

텅므안 쑥반 목사님(은퇴 전)

을 인격적으로 만나게 되는 과정이었다. 세상적인 학문을 하다보면 의문이 생기는데, 이럴 때마다 참 진리와 거짓 진리를 구별할 수 있게 해 달라고 기도하며 하나님의 위대하심을 인정하게 되었다.

태국에는 왕이 있으니 하나님을 왕이라 말하는 성경에 'why?'라는 의문도 가졌다. 하지만 이것도 말씀을 통해서 위대하신 하나님은 한 분 뿐이라는 것을 알게 되었다. 그래서 교목으로 있을 때에 불교도이건 이슬람교도이건 모든 아이들에게도 예수님을 전할 수 있는 좋은 계기로 삼았다. 하나님만 유일한 분이심을 가르치고 말씀만 선포

하니 지금까지 잘 지켜주셨다.

Q. 우리가 태국 남부를 위해서 어떻게 기도하면 좋을까?

A. 나는 태국만을 위해 기도해 달라는 이기적인 기도제목을 부탁하지 않겠다. 하나님의 위대하심과 권능은 모든 민족과 언어의 장벽을 뛰어넘어서 위대하시기 때문에 태국만이 아니라 세계 어느 곳에서든 복음을 전할 때 듣는 이들이 하나님을 인정하고 하나님 되심을 선포하는 민족과 방언 열방이 되기를 위해 기도하라.

그리고 두 번째로 예수님을 믿는 사람들을 위해 기도하라. 예수님을 믿는 자가 되었어도 삶의 모본을 보이지 않으면 누가 예수님을 따르겠는가? 예수님을 따르는 사람들이 철저히 회개하고 말씀을 통해 삶이 변화되면, 그 삶을 통해서 간증이 되고 간증을 통해 말씀으로 돌아오게 되는 일이 있게 된다. 특별히 예수님을 믿는 이들을 위해 기도해야 할 것이다.

Q. 세계 복음화 외에 개인적인 기도제목도 알려 달라.

A. 마지막으로 우리 부부의 거처를 위해 기도해 달라. 지금 지내는 곳은 임시거처다.

은퇴 후에 거처할 곳이 없어서 고민하던 중에 어느 독지가가 기부한 금액으로 작은 집을 지었다. 자녀 셋이 함께 평생 목회로 고생한 우리 부부를 위해 집을 지어주고 싶다 해서 여기에 땅의 기초작업을 하는 중이다. 하나님이 주신 땅이라 하며 손주가 지어 준 "수완 에덴(에덴동산)"이라는 이름도 있다. 우리 부부를 위한 거처를 위해서 기도를 부탁한다.

Q. 마지막으로 하시고 싶은 말씀은?

A. 인간의 눈으로 보면 형편없는 별 볼일 없는 존재이지만 하나님의 거룩한 눈으로 볼 때는 우린 모두 귀한 존재이다. 형편없는 우리를 불러주셔서 하나님의 종으로 쓰임 받을 수 있었다는 것이 정말 감사하고, 전 생애를 하나님의 도구로 사용되었다는 것이 자랑스럽고 기쁘다.

여러분도 한국에 돌아가서 주의 종으로 각자 맡겨진 곳에서 최선을 다하면 하나님의 귀한 도구로 하나님이 사용하실 줄 믿는다. 우리가 지금 이렇게 웃을 수 있는 것은 어려움을 당할 지라도 하나님께서 이기게 하시고 승리하게 하시기 때문일 것이다. 능력 주시는 주 안에서 모든 것을 할 수 있다는 믿음으로 살아갈 수 있길 바란다.

42년 동안 한 교회의 담임목사로, 노회장

텅므안 목사님 베들레헴 교회 담임 목사 취임식

으로 사역하셨던 분이 은퇴 후에는 지낼 거처가 없어서 힘든 상황을 한탄할 수 있었지만, 쑥반 목사 부부는 인터뷰 내내 감사로 시작해서 감사로 끝을 맺었다. 태국 남부의 살아 있는 성자로 추앙받을 정도로 삶을 통해 예수 그리스도를 드러내고, 수많은 제자들을 양육하는데 한 평생을 쏟아 부은 쑥반 목사 부부를 통해 태국에만 국한된 것이 아니라 지금의 한국 교회에도 던지는 메시지가 크다. 인터뷰가 끝난 후에도 까룬 사모는 텅므안 목사의 손을 꼭 붙잡고 목청껏 감사의 찬양을 올려드린다.

"주의 인자는 끝이 없고 주의 자비는 무궁하며 아침마다 새롭고 늘 새로우니 주의 성실이 큼이라 성실하신 주님~~~"

핫야이의 '짜오라비얍' 이완균, 양란주선교사

정리 | 채 형림(SIReNer)

양란주, 이완균 선교사 부부

2018년 8월, 보통 1, 2년을 버티기 힘들다는 태국 최남단 핫야이(Hat Yai)에서 15년간 사역해 오신 이완균, 양란주 선교사 부부를 만났다. 태국인들로부터 '짜오라비얍(원칙주의자)'이라는 별명을 얻을 만큼 처음 받은 비전을 치열하게 지켜온 부부의 모습을 보며, 상황에 따라 흔들리는 필자의 게으른 모습을 반성하게 만들었다. 아가페 선교센터 안에는 자신들과 같이 복음과 타협하지 않는 행복한 크리스천 젊은이들로 가득하다.

Q. 잘 알려지지 않은 남쪽의 도시 핫야이로 들어가게 된 계기는?

A. 올해로 남부에서 15년째 사역 중이다. 처음에는 방콕(Bangkok)에서 신학교 사역을 계획하다가 당시 상황이 저희가 굳이 방콕에 머물 필요가 없다는 결론을 내리고, 선교사가 없는 지역이나 저희를 필요로 하는 지역을 찾다가 한 선교사님이 올린 자료를 보고 저희가 필요한 지역일 수도 있겠다는 생각을 하고 한 번 리서치를 와서 그 분을 만나면서 많이 동화가 되었고 저희가 있어야 할 곳이라는 생각이 들었다. 그 때 한창 테러가 아주 심각하던 때여서 저희가 소속된 단체도 반대가 많았다. 하지만 양란주 선교사가 간단하게 동의해주어서 언어훈련을 마치고 바로 내려오게 되었다. 당시 태어난 지 얼마 안 된 갓난쟁이(첫째)를 안고 이곳에 내려왔다. 주위를 둘러보니 핫야

이에는 큰 종교 기독교, 불교, 이슬람이 다툼이 없이 공존하는 지역이었다. 그런데 선교사는 없는 지역이었다. 치앙마이(Chiang Mai)는 선교사가 포화상태였기 때문에 이곳이 우리가 있을 곳이 아니겠는가 생각해서 내려오긴 했는데, 처음에는 아는 사람도 아무도 없고 할 수 있는 것도 아무것도 없었다.

선교사는 무조건 교회개척을 해야 되는 줄 알고 오자마자부터 교회개척을 했다. 시작한지 몇 달 만에 30명 정도가 모여드니 교만함이 몰려오기도 했다. 2시간 거리의 가정을 심방해야 하는데 교통편이 없어서 문제가 자꾸 발생했다. 이 문제 해결을 위해 현지 교회와 협력하기 시작했다. 그런데 오히려 차량문제로 인해 현지교회의 협력이 어렵게 되었다. 우여곡절 끝에 결국 가진 모든 것을 다 잃고 빈털터리가 되었다. 그 때 후원교회에서 차량구입비로 천만 원을 받았는데 결국 센터사역(AGAPE PLUS CENTER, 태국 기독교교육문화센터)을 시작하는데 써버렸다.

Q. 두 분의 사역에 대해 소개를 부탁드린다.

A. 저희는 태국감리교 교단 소속으로 사역하고 있고, 남부지역에서 사역하지만 무슬림 전문 사역자는 아니다. 이 지역이 워낙 종교가 다양하기 때문에 특정 종교를 대상

으로 사역하지는 않고, 다만 현지인을 위한 사역을 하고 있다. 그래서 다양한 종교인들을 다 만나 사역한다. 물론 우리가 만나는 사람들이나 성도 중에도 무슬림 출신들이 있지만 딱히 무슬림들만을 대상으로 사역하지는 않는다. 우리는 교회 개척을 돕는 일들은 했지만 교회 사역이 중심이 아니었고, 원래 교육문화사역이 주 사역이었다. 교육문화사역을 통해 무슬림 단체나 학교 기관과 연결해서 교육하는 사역을 통해 접촉점을 찾고, 다른 교회나 다른 선교단체가 들어갈 때 연결해주는 사역을 계속해 왔다.

13년 전, 교육문화 사역을 시작할 때 이곳은 이미 한류를 타고 한국에 대한 관심이 많던 시기였다. 그래서 선교사들도 태도나 한국어 사역을 많이 했고, 우리는 핫야이에서 어떤 사역을 할지 고민했었다. 다른 사람들이 안하는 사역을 하고 싶었고, 단순히 우리의 문화를 보여주는 것으로 끝나지 않고 그들에게 스스로 할 수 있도록 가르치는 일이 필요하다는 것을 느꼈다. 그래서 학교를 돌아다니며 한국 문화 동아리사역을 만들어 나갔다. 당시에는 한국 선생님이 없었기 때문에 한국어를 가르치고 동아리를 통해 접촉점을 만들어 나갔다. 물론 우리가 가진 자료들은 성경을 바탕으로 한 것이라는 것을 미리 밝히고 시작했다. 한국어 수업만으로는 시간이 부족하기 때문에 꼭 동아리 사역을 하는 것이 중요했다. 학교마

다 돌면서 한국 문화동아리 사역과 교사 강습회가 반복되다 보니 학교와 관계가 좋아지고 서로를 신뢰하게 되었다. 그렇게 학교를 돌아다니면서 사역하다 보니, 남부에서는 다른 지역에서는 하지 못하는 불교 외의 다른 종교행사(이슬람 관련)가 가능한 것을 보게 되었다. 남부에 이슬람이 워낙 강하다보니 그들의 종교를 무시하고 불교만 강조할 수 없는 분위기였기 때문이었다. 그래서 우리가 기독교 행사도 함께 할 수 있도록 허락을 구했다. 그러자 국립학교는 어렵고 사립학교에서는 가능하다는 이야기를 들었다. 그래서 사립학교에 찾아가 프로젝트를 제안하고 교내에 한국 문화 동아리 모임을 만들어 이를 통해 접촉점을 찾고자 했다. 쌓아놓은 신뢰를 바탕으로 프로젝트 제안서와 운영계획서를 작성해서 학교에 제출하고, 학교에서 채플운영을 할 수 있도록 기회도 얻었다. 태국에서는 원칙대로 절차를 밟아 문서화하는 것을 좋아한다. 처음 채플에 참석하는 아이들이 3명 정도였지만 지금은 30명 정도로 늘어났다. 기독교인들뿐만 아니라 불교도, 무슬림들도 모여들었다. 프로그램이 재미있다 보니 자신들의 종교시간을 빼서 우리 채플에 참여한 것이다. 채플시간은 20~30분 정도밖에 되지 않아 상당히 제한적이다. 그래서 짧은 시간 최대한 성경 말씀을 전할 수 있도록 도구를 만들고 최선을 다했다.

태국 사립학교 한국문화 동아리 사역을 통해 만난 교회 멤버들과 함께

핫야이의 학교에서는 1년에 한번 종교별로 캠프를 해야 하는데 국립이든 사립이든 마찬가지로 이것이 패스가 안 되면 사회과목에 점수가 안 나기 때문에 꼭 참석해야만 한다. 그래서 이 캠프를 이용해서 집중적으로 복음을 들을 수 있도록 프로그램을 짰다. 이게 참 중요한데 우리교회에 처음 나오기 시작한 아이들이 100% 이 동아리 출신들이다. 이 한국문화 동아리는 초등학교부터 대학교까지 모두 가능하지만, 대학교는 어느 정도의 절차가 필요하다. 태국의 학교제도 특성상 한 학교에서 6년 동안 중고등학교를 다니게 되니 동아리 사역을 시작하게 되면 청소년 아이들에게 복음을 전할 수 있는 충분한 시간이 된다. 경험 상 중고등학생이 가장 효과적이었다.

Q. 계속해서 교육문화 사역만 약 13년 하시다가 교회를 시작하신지는 얼마 되지 않으셨다.

A. 교회사역(직접 목회)은 2017년부터 시작했다. 처음 핫야이에서 현지 교회와 협력이 어그러졌을 때 교회사역이 우리 몫이 아니라고 생각했다. 그런데 지금 다시 교회사역을 하게 된 걸 보면 우리의 생각이 항상 옳은 것은 아닌 것 같다. 앞서 말한바와 같

이 우리교회 멤버들은 학교에서 동아리사역으로 만난 아이들이었다. 그래서 대부분 연령층이 젊다. 대부분은 청년층으로 25살을 넘는 이가 거의 없고, 30대 넘어가는 사람들이 10여 명 정도 있다. 지금 현재 예배 참석인원만 50명 된다. 우리교회는 5년 안에 자립하는 게 목표다. 이들의 목표는 숫자적인 부흥이 목표가 아니다. 우리 아이들이 전도해서 오는 청년들로 매주 정신이 없다. 처음에는 우리부부가 전도한 아이들이지만 최근에 50%정도는 우리 성도들이 전도해서 온 사람들이다. 우리는 기본을 가르쳤는데 아이들은 응용하는 단계까지 이르렀다. 우리 교회 아이들이 예수 믿은지 거의 1년 반 정도 되었는데 처음부터 기도훈련부터 하나씩 가르치니 이들이 자라는 속도가 정말 빠르다. 한번 힘들게 기초를 닦아놓으면 그 다음엔 가속도가 붙어서 우리를 능가한다. 요즘엔 자발적 헌금도 가르쳤다. 지금은 현재 썽태우(픽업 트럭)를 사기 위해 모금을 시작했다. 지금 임대로 빌려서 운행하고 있는데 사용해보니 편한 것을 알고는 썽태우를 사기위해 직접 모금을 시작했다. 지난달에 헌금된 게 610바트였다. 지금은 적지만 자신들이 원하기 때문에 기쁘게 하고 있다(지금은 이미 1대의 썽태우를 구입하여 사용하고 있고 또 다른 썽태우를 위해 모금 중이다).

사역 면에서 양란주 선교사와의 사역 공유

가 지금의 가장 큰 힘이다. 나는 방향제시 정도의 역할만 하지 실무와 현지 사역자들과의 관계는 모두 양란주 선교사가 한다. 사실 처음에는 남부에 오려는 현지인 사역자를 찾기가 어려웠고, 현지인 사역자를 두기에 재정적 부담도 컸다. 특히 남부지역은 사역자가 귀하다 보니 교회가 떠받들어 모셔야 하는 경우가 허다하다. 남부 교회에 오는 북쪽 출신 사역자들도 있지만 사역자를 두는데 너무 스트레스를 받고 힘드니까 아예 사역자를 두지 않는 곳도 있고, 사례비로 생활비 해결이 안 되어 다른 일을 겸해서 하는 사역자도 있는데 그러다가 힘들어서 그만두는 경우도 많다. 그래서 우리 센터도 우리가 직접 할 수밖에 없는 상황이 되었다. 그리고 센터사역 특성상 학교에 들어가서 사람들을 만나고 관계를 맺는데 남성 사역자보다는 여성이 더 유리한 부분이 많다. 교회 성도들을 일일이 찾아가서 기도해주는 일은 양 선교사가 감당하고 있다. 이전에는 교회사역을 하다가 상처를 받기도 했지만 센터사역을 통해 또 다시 교회와 함께 할 수 있게 된 계기가 되었다.

교육문화센터 사역은 지금의 우리 교회가 단기간에 성장할 수 있었던 이유 중 하나이고, 우리 교회 성도들 대부분이 초신자로 모일 수 있었던 요인이 되었다. 그래서 점점 양선교사의 사역이 많아지고 있다. 그래서 자연스럽게 하루 종일 함께 있어야 하는 일이 많다. 누군가는 24시간 붙어 있어서 힘들지 않느냐고 묻는다. 시간이 없어서 그렇지 시간만 있다면 더 많은 시간을 같이 하고 싶다.

Q. 무슬림 청소년도 이 교회 출석하는데 부모들이 반대하지는 않는가?

A. 지금까지는 없었다. 축구를 통해서, 친구 따라서, 어떤 아이는 꿈속에서 예수님을 만났다며 찾아온 아이도 있다. 현재까지 다섯 명의 무슬림이 우리 교회에 나온다. 모두 자발적으로 오기로 결정한 아이들이고, 부모들이 허락했는지를 꼭 확인한 후에 받아들였다. 여기서 우리가 돼지고기 많이 먹는데, 그 아이는 아직 돼지고기를 먹지 못한다. 그 아이만을 위한 요리를 따로 준비하기도 한다. 어떤 아이는 식사준비 하면서 불만이 있다. 그 한 사람을 위해서 나머지 50명이 섬기는 것이 예수님 사랑을 나타내는 것이라며 다독였다. 그렇게 예수님의 사랑을 배워가고 있다.

Q. 핫야이라는 도시에 대해서 설명해 주신다면?

A. 남부에서는 핫야이가 가장 큰 도시이고 항공, 철도, 수산, 항만, 문화, 정치적으로 다 몰려있다. 정계에도 핫야이 출신들이 많다. 핫야이 아래 빠따니(Pattani), 얄라(Yala), 나라티왓(Narathat)은 경제사정이 안 좋지만, 그래도 전체적으로 동북부 이산 지역보다는 나은 편이다. 한국에 들어온 사람들은 동북부 출신이 대부분인데 허드렛일은 모두 동북부 사람들이 하고 남부 사람들은 그들보다 높은 자리에 위치한다. 남쪽 지역은 자연적인 환경이나 천연가스, 고무 농장, 수산자원이 풍부하고 과일도 풍부하고 산업기반시설도 핫야이를 중심으로 잘 되어 있다. 동북부 사람들은 일자리를 찾아서 여기저기 다니지만 여기 사람들은 아니다. 여기 자체에서 수급하기도 바쁘다. 여기는 조금이라도 여유 있는 사람들은 자녀들을 호주, 필리핀, 영국 등으로 유학을 보낸다. 교회 자매 중 1명도 대학 진학 대신 말레이시아로 언어연수를 갔다. 아주 어려운 가정만 현지학교에 보내지 일반적으로 남부의 많은 사람들은 자녀들을 해외로 유학 보낸다. 기본 근로소득도 차이가 난다. 동북부 지역은 하루 일당이 300~320바트 정도인데, 남쪽지역은 350~400바트 정도 된다. 교회 사역자도 월 사역비가 5천~8천 바트 정도도 괜찮은 수준인데, 남쪽은 15,000바트는 주어야 한다.

핫야이의 상권은 화교들이 잡고 있다. 시내 중심에 있는 김영 시장이 아주 유명한데, 오래전에 우따파오(U-Tapao) 강을 따라 중국인들이 이곳에 많이 들어왔다고 한다. 김영시장(金榮市場, Kim Yong Market)을 중심으로 화교들이 밀집되어 있는데 길 맞은편으로 크고 작은 중국 사원들이 있다. 해마다 중국 화교들의 채식주의 축제인 '낀제(Vegetarian Festival)' 기간이면 이곳이 북새통을 이룬다. 매년 10월 쯤 되면 1~2주 정도 사원에 들어가서 금식을 하고 영적인 체험을 하곤 한다. 핫야이 경제를 가장 잘 볼 수 있는 곳이 김영 시장과 최근에 생긴 센트럴 페스티벌 근처다. 김영 시장을 중심으로 리 가든 플라자 호텔 (Lee Gardens Plaza Hotel) 쪽으로 상권이 밀집되어 있는데 센트럴이 생기면서 판도가 바뀌었다. 핫야이의 큰 행사는 대부분 센트럴에서 이뤄진다.

핫야이는 무엇이라 한마디로 설명하기 어려운 매우 복잡하게 집약된 곳이다. 태국인들 스스로 "Amazing Thailand"라고 하는 이유가 있는 것 같다. 할 수 있는 것도 많고 가능성도 많다. 태국 선교가 시작된 지 200년 이상 되었지만, 복음화는 0.5%밖에 되지 않았다. 종교적으로도 모든 것이 가능하지만, 이것을 어떻게 풀어갈 것인가는 숙제다. 15년 넘게 여기서 살았지만 매일 또 다른 것들을 배워가는 중이다.

Q. 핫야이를 포함한 태국 남부는 테러의 도시로 알려져 관광조차 꺼리는 곳이 되었다. 사역하시면서 위험을 느끼지는 않는가?

A. 우리도 선교편지에 그런 내용을 썼었다. 그랬더니 이곳에 아무도 오지 않았다. 여기는 늘 불안하고, 한국에 한 번 씩 다녀오면 이곳에 오자마자 철수권고 문자가 뜬다. 예전에 테러가 크게 났을 때는 돌아가야 되나 고민을 한 적도 있다. 이제는 여기 오기를 꺼려하는 이들에게 우리가 살아있는 것을 보라고 한다. 태국 남부 실제로 테러가 있지만 너무 과장된 부분도 있다. 굳이 안 알려도 되는 부분을 알려서 두려움을 준 것도 있다.

쏭클라(Songkhla)를 포함한 핫야이 아래 지역은 말레이 지역에 속한 빠따니 왕국이었다. 지금은 태국 땅이 되어 분리주의자들과 공산주의자들의 위협까지 있던 곳이다. 태국과 말레이시아는 예전에는 자유롭게 넘나들었는데 테러 문제로 국가 간의 정치적인 문제와 외교문제가 일어나고, 또 아세안 경제 공동체(AEC; ASEAN Economic Community)로 묶어가면서 민감하게 반응한다. 국가 간 문제가 발생하는 것을 경계하고 국가 간 이동을 많이 간섭하고 있다. 무단 월경, 이중 국적자에 대한 간섭이 심해졌다. 국경에 가보면 큰 국경도 있지만, 외진 곳에 작은 출입구 같은 국경도 있다. 그런 지역으로 테러리스트들이 넘나들었다. 테러는 다 무슬림이 했다고 알려져 있지만, 그 분위기를 조장하는 것은 정치세력과 마약세력이다. 마약세력이 북부지역에 많았

수요 성경공부

는데 최근에는 남쪽으로 이동해서 핫야이에서 많이 활동하고 있다. 최근에는 밀입국자들을 태국 국경을 통해 말레이시아로 보내는 일들이 많고, 이 지역에 이해관계가 있는 사람들은 이 지역이 무엇인가 문제가 되고 이슈가 되도록 하는 것이 유리하기 때문에 이들이 일부러 조장하고 있는 부분도 있다. 그래서 마약, 밀입국, 인신매매가 많아졌다. 이것을 역으로 종교적 문제로 자꾸 부풀려서 정부에서 이용하는 것도 있다.

Q. 핫야이의 교회 상황은 어떠한가?

A. 핫야이에는 나콘시탐마랏과 같은 기독학교나 병원은 없다. 초창기 선교사들이 교육이나 의료사역을 시작하려 했지만 현실적인 어려움에 부딪쳤다고 한다. 하지만 핫야이에는 침례교회, 중국인교회, 방콕 소망교회와 같은 계열의 HIM교회, 오순절계통의 쌈판교회 등 생각보다 규모가 있는 교회들이 있다. 태국의 규모가 있는 교회들은 오순절 계통이다. 열심인 교회들도 있지만 여전히 전도하는 일에는 무관심한 교회도 상당하다. 선교사들은 한 10년 전후로 해서 상당수 철수하거나 위쪽 지역으로 후퇴했다. 서양 선교사들이 1차 철수를 많이 했

제1회 전교인 체육대회

고, 그리고 한국 선교사들이 철수해서 현재는 선교사가 새로 들어가는 분들은 거의 없다. 과거에는 빠따니가 마지노선이라고 생각하고 이 지역은 무슨 일이 있어도 막아야 한다고 했다. 하지만 지금은 그렇게 사역하던 선교사들이 이미 다 철수하고 후퇴한 상태다. 과거에는 빠따니 지역으로 들어가서 여행사 하시는 분도 있고 그랬는데, 지금은 대개 안전지역에 있으면서 오가는 방식으로 사역하고 있다. 공식적으로 남부 3개 짱왓(빠따니, 얄라, 나랏티왓)에는 서양이든 한국 선교사는 없다고 보지만, 이 지역과 가장 근접 쏭클라, 핫야이에 거주하면서 사역한다. 물론 그곳에도 교회가 있고, 태국 지역교회도 그곳으로 전도를 나가지만 아직은 미약한 편이다.

Q. 그럼 핫야이에서 단기로든 장기로든 가장 필요한 영역이 있다면?

A. 태국에서는 다양한 전문인 사역이 필요하다. 특히 축구 같은 경우는 태국에서 아주 인기가 많기 때문에 축구를 가르쳐주고 코치해 줄 수 있는 사람이 필요하다. 태국은 시마다 축구팀이 있어서 선수로 와서 가르치는 일을 한다거나 전문 클럽에서 사역

하면 좋을 것 같다. 학교 내에서 스포츠나 문화 동아리 사역도 좋을 것 같다. 스포츠 팀이 좋은 것은 이들은 단합을 중요시하기 때문에 제자훈련이나 기도훈련을 할 때 매우 좋다. 악기를 가르치는 것도 좋다. 하지만 태국은 장시간 레슨보다는 단기간에 성취를 느낄 수 있도록 프로그램을 짜는 것이 좋다. 2~3개월 안에 무언가 효과를 볼 수 있는 것들을 해야 한다. 그래서 우리 센터에서도 코드와 클래식을 적당히 믹스한 것으로 악보를 새로 만들기도 했다. 그 외 학원사역도 좋을 것 같다. 태국에는 구몬이 일찌감치 들어와서 자리를 잡았다. 수학, 과학, 영어 등 학원이 인기가 많다. 핫야이에서 학원은 비자 제한 영역이 아니기 때문에 가능성이 있다. 미용사역도 괜찮다. 직접 사업을 하기는 어렵지만 현지인에게 미용 기술을 가르치거나 뒤에서 돕는 사역을 하면 좋다.

많은 선교사들이 관계형성을 위해서 강습회를 많이 시도했다. 하지만 많은 이들이 단회성 이벤트로 끝나버리는 경우가 많다. 거기에서 끝나서는 안 된다. 목적이 교육에 있지만 한 단계 더 나아가야 한다. 심방도 하고 그 이상의 자료도 주고, 그들의 마음을 터치해주는 데까지 가야만 그들의 마음을 살 수 있다. 태국인들은 지나친 관심을 부담스러워하기 때문에 너무 지나친 것은 피해야 한다. 지혜롭게 접근하는 것이 필요하다. 태국은 종교의 자유가 있는 나라이지만, 모임에 대해서 민감하다. 현명하게 공식적인 범위 안에서 움직여야 한다. 어떤 경우는 확실한 증명서를 보여주어야 하는 경우도 있다. 현재 태국교단은 그동안 남발되었던 비자를 회수하고 남부 사역자들을 위한 비자로 전환시키고, 교단들이 각 지역에 지회를 만들어 사역을 시작하고 있다. 예전에는 태국남부하면 빠따니 무슬림만을 주로 생각했지만, 지금은 많이 상황이 변했다. 무슬림 대상으로 한 사역뿐만 아니라 태국인 불교도들을 위한 사역, 태국 현지교회와 협력하는 사역 등 다방면에서 사역자가 필요한 상황이다.

U/P/M/A
미전도종족선교연대

UPMA(Unreached People Missions Alliance)는 KWMA(한국세계선교협의회)의 산하 독립연대기구로서 1993년 설립되어 **교회, 선교단체, 현장 선교사와 연합**하여 **미전도종족의 복음화**를 위해 사역하는 **선교전략정보연구네트워크 선교단체**입니다.

UPMA가 하나님이 우리를 부르신 **선교적 사명(Mission)**이라면,
SIReN은 우리의 **선교적 정체성(Identity)**이며,
CAS는 우리의 **선교적 관점(Perspectives)**입니다.

UPMA 정체성: SIReN

Strategy(전략)
전방개척선교 돌파를 위한 전략

Information(정보)
현장의 다양하고 신속한 정보

Research(연구)
도시와 종족, 권역, 영역별 연구

Network(네트워크)
지역교회, 선교현장의 동역 네트워크

UPMA 전략 관점: CAS

City & people
'도시와 종족'의 관점으로
선교현장을 바르게 이해하고

Area
'미전도전방개척권역'에
우선성을 두어 중복을 피하며,

Specialization
'사역 영역 전문화'를 통한 선교역량
다변화를 추구하는 네트워크 선교전략

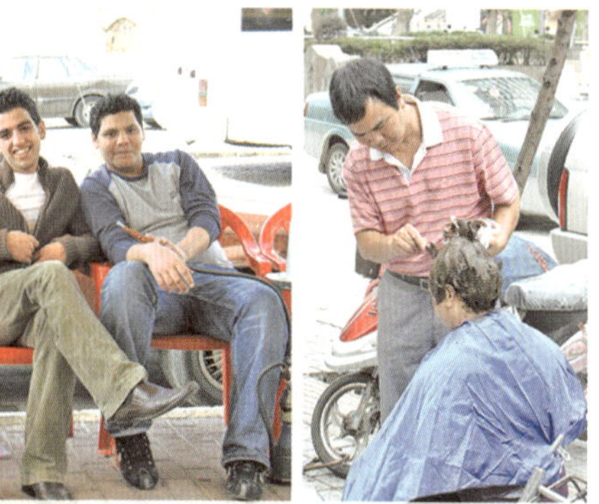

UPMA 현장리서치 사역

훈련된 '전략정보네트워크 선교사(SIReNer)'들이 오늘의 선교현장 속에 살아가는 미전도종족들의 삶과 선교적 필요를 알리기 위해 직접 찾아가 만나고, 실제로 발로 누비며 '그들을 향하신 하나님의 마음을 배우는 사역'을 수행하고 있습니다.

국내 다문화·이주민 선교 리서치 | 2021년 진행 중
인도차이나반도권역 | 2017-2019년
중국 광서좡족자치구 | 2016년
이주민사역(경기, 이태원 등) | 2015년
서남아무슬림권역 | 2014년
한국의 미전도종족선교 20년 리서치 | 2012-2013년
온누리교회, 바울선교회 선교사역 컨설팅 | 2010년, 2011년

UPMA는 남은 과업으로서의 선교의 방향을 분명히 알리는 파수꾼과 등대의 역할을 감당할 것입니다. 여러분의 동역이 선교의 방향을 바꿀 수 있습니다.

UPMA BOOKs

최후의 개척자들을 위한

선교정탐훈련 표준강의안

미전도종족 정탐을 위한 연구문제 및 이론, 연구 설계, 자료수집과 분석, 정탐의 실제와 적용, 지역 교회 응용 및 관련된 읽기자료들로 편집되었다. 선교를 위한 훈련뿐만 아니라 후보선교사, 기존 선교사의 재교육 및 교회나 선교단체의 장단기 비전트립을 위한 훈련 등에 유용하다.

IMPAC No.29

서남아무슬림권역

단일 권역으로 무슬림 인구가 가장 많은 서남아무 슬림권역(북인도, 방글라데시, 파키스탄)을 이해 하고 이 권역의 미전도종족을 알리기 위해 실시한 지역 현장 참여관찰, 문헌조사, 국내외 현장사역 자의 인터뷰 등의 리서치 결과와 각국 사역자들의 글들을 함께 엮어 놓았다.

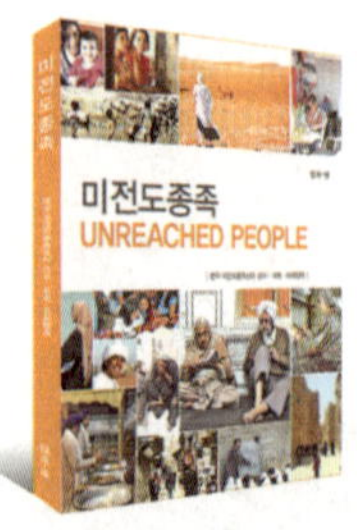

미전도종족

한국 미전도종족선교
성과·과제·미래협력

한국 미전도종족 선교를 성찰하고, 변화하는 선 교현장의 도전 속에서 남은 과업으로서의 다음 세 대 미전도종족선교를 향한 지역교회, 선교단체, 선교현장의 연합과 복음과 선교의 본질 회복을 위 한 제언을 읽을 수 있다.

복음서·사도행전

성경이 말하는 선교

이 책을 발행하게 된 것은 모든 성도들이 『성경 이 말하는 선교』가 과연 무엇인지 분명히 알고, 그 말씀대로 선교에 헌신하게 하기 위함이다. 또 한 강단의 목사님들이 이 책을 활용해서 성경이 말하는 선교적 설교를 많이 해 주시기를 바람에 서이다.

미전도종족선교 지도

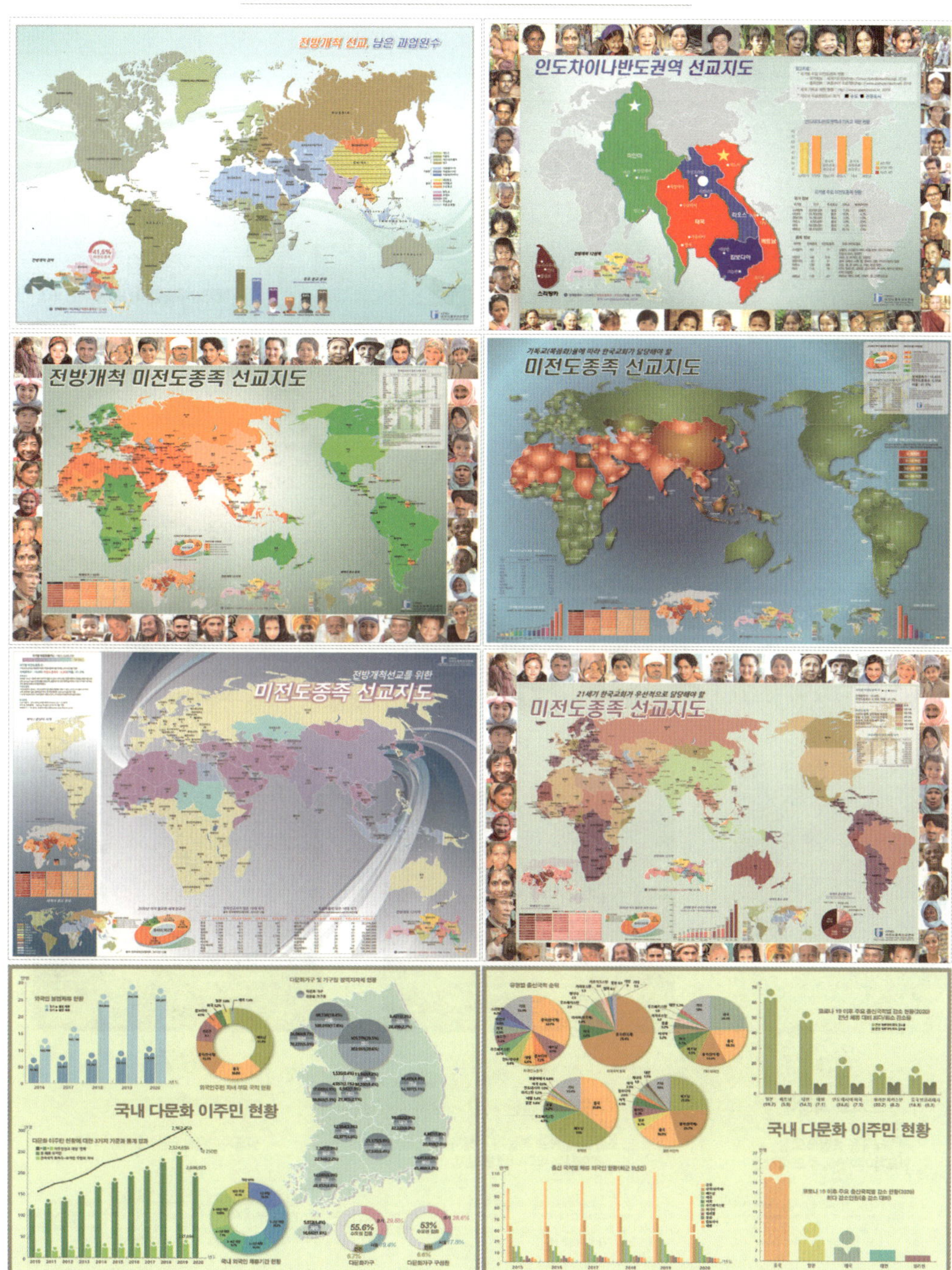

Web 저널 'CAS(카스)'는

현장 리서치를 기반으로 UPMA(미전도종족선교연대)가 발행하는 **선교전략정보 웹 저널**입니다. 알려지지 않은 **선교현장 정보**와 시급한 **선교전략적 필요**를 공유합니다. UPMA는 CAS를 통해 변화하는 시대의 **선교전략정보네트워크(SIReN) 플랫폼**을 지향합니다.

02 성경이 말하는 CAS

사도행전(5) 안디옥 교회, 선교사 파송

성경에서 '안디옥'이라는 이름이 처음 등장한 것은 사도행전 6장에서입니다. 거기서 초대교회 일곱 집사를 세우는데, 그 중 한 명이 "안디옥 사람 니골라"입니다. 그 후에 한참 언급이 없다가, 11장 19절에서 스데반 순교 후 일어난 박해 때문에 ……

01 업마 생각

코로나와 선교, 선교사에 관한 단상 : 사스와 메르스 때 개인 경험

최근 코로나로 전 세계가 어려운 시국에 감염병 유행과 관련된 과거 기억들이 되살아난다. 첫 번째는 지난 2003년 사스(SARS, 중증급성호흡기증후군)의 기억인데, 그때 나는 선교사로 중국에 있었다. 당시 아버지가 그 해 5월에 돌아가셨는데 ……

04 CAS 디스커버리

태국의 무슬림 복음화를 위한 도전

필자는 태국의 무슬림사역자로 지난 2006년 3월에 태국에 입국했다. 이 글은 학적인 목적이 아니라, 아직도 우리에게 많이 알려져 있지 않고, 복음으로부터 소외된 상태의 태국 내 무슬림들을 향한 선교적 도전이 일어나기 원하는 소망 ……

03 이슈 인사이드

캄보디아 선교의 뜨거운 감자 : 한인 선교사 수(數)와 교회 자립

캄보디아를 연상하면 가장 먼저 떠오르는 것이 바로 '앙코르 와트(Angkor Wat)'이다. 캄보디아 역사상 크메르 제국 혹은 앙코르 제국으로 불리며 인도차이나를 다스리던 때부터 지금까지 캄보디아의 정체성이 바로 앙코르 와트이기 때문이다. ……

05 도시와 사람들

태국을 중심으로 한 인도차이나반도 주요 국경들

본 선교회의 태국 중심의 인도차이나반도 현장 리서치에서 다룬 주요 국경들에 대한 이해를 돕기 위해 지도상의 위치와 간략한 소개를 정리하였다. 국경은 국가별로 정리하였고, 여기서 소개한 국경 외에도 많은 국경 통로들이 있지만 ……

06 업마가 만난 사람

조용히, 삶으로 복음이 전해지길 소망하는 박다니엘 선교사

박다니엘, 아내는 권사라 선교사이다. 아이들은 4세부터 17세까지 4남매를 두고 있다. 2000년 초부터 O국에서 일하다가 평신도 선교사였던 아내를 만나 결혼하여 파송 받았다. 2000년에는 대사관 파악 교민 수가 80여명이었다. 대사관 직원, 선교사 몇 사람만 빼고는 ……

07 미전도종족

인도차이나반도권역을 위한 기도

지난 2016년부터 본 선교회가 인도차이나반도 현장 리서치를 통해 만난 그 땅의 주요 미전도종족들은 미얀마 버마족, 산족, 라카인족, 태국 타이족, 이산족, 타이 무슬림, 빠따니 말레이족, 라오스 라오족, 캄보디아 크메르족, 참족 등 10개 종족이다. 이들을 위한 선교는 짧게는 수십 년 ……